NomosPraxis

Dr. Rainer Kemper
Universität Münster

Das neue Vormundschafts- und Betreuungsrecht

Kommentierte Synopse mit Einführung und Schnellübersicht

Nomos

Zitiervorschlag: Kemper Vormundschafts-/BetreuungsR-Synopse Rn/§ ...

Die Deutsche Nationalbibliothek verzeichnet diese Publikation in der Deutschen Nationalbibliografie; detaillierte bibliografische Daten sind im Internet über http://dnb.d-nb.de abrufbar.

ISBN 978-3-8487-7551-4 (Print)
ISBN 978-3-7489-3526-1 (ePDF)

1. Auflage 2023

Vorwort

Am 1.1.2023 wird das Gesetz zur Reform des Vormundschafts- und Betreuungsrechts vom 4.5.2021 in Kraft treten. Damit kommt ein langer Reformprozess zu seinem Ende. Das Reformgesetz bringt nicht nur Randkorrekturen an den §§ 1773 ff. BGB, sondern ordnet das gesamte Vormundschafts-, Betreuungs- und Pflegschaftsrecht komplett neu. Dadurch bedingt kommt es zur „großen Paragrafenwanderung" (Schwab): Nichts steht mehr an gewohnten Platz. Diese Synopse ist deswegen als Arbeitshilfe gedacht. Sie will den Rechtsanwender durch den Dschungel des neuen Rechts leiten. Dazu finden sich eine ausführliche Gegenüberstellung des neuen mit dem alten Recht (Abschnitt D, als Kurzsynopse auch in Abschnitt C) und des alten mit dem neuen Recht (Abschnitt B).

Das Gesetz zur Reform des Vormundschafts- und Betreuungsrechts beschränkt sich aber nicht auf die Neuordnung dieser Rechtsgebiete. Zahlreiche Änderungen des materiellen und des Verfahrensrechts kommen hinzu. Die Gründe dafür sind einsichtig: Das bisherige Vormundschaftsrecht stammte in weiten Teilen aus der Entstehungszeit des BGB, also aus dem Jahr 1896. Es enthielt detaillierte Regelungen zur Vermögenssorge des Vormunds, die allerdings weithin die Verhältnisse um das Jahr 1900 abbildeten, und nur (zu) wenige Regelungen zur Personensorge. Auch das gerade 30 Jahre alte Betreuungsrecht bedurfte besonders im Hinblick auf das Gebot größtmöglicher Selbstbestimmung von Menschen mit Behinderungen im Sinne von Artikel 12 des Übereinkommens der Vereinten Nationen vom 13.12.2006 über die Rechte von Menschen mit Behinderungen (UN-Behindertenrechtskonvention) der Modernisierung. Zudem gab es Qualitätsmängel bei der praktischen Umsetzung der gesetzlichen Vorgaben, die auch Änderungen der gesetzlichen Rahmenbedingungen erforderlich machten.

Ob und inwieweit das neue vom bisherigen Recht abweicht oder ob dieses wegen andersartiger Regelungsprinzipien keine Regelungen zu dieser Frage enthielt, ist in Fußnoten und in Randbemerkungen vermerkt. Auch dort, wo nicht besonders darauf hingewiesen wird, stützen sich diese Ausführungen maßgeblich auf die Bundestagsdrucksachen zum Gesetz zur Reform des Vormundschafts- und Betreuungsrechts, namentlich BT-Drs. 19/24445 und 19/27287.

Frau Buchdunger und Herrn Michel vom Nomos Verlag danke ich für ihre Unterstützung.

Lingen, im Oktober 2022 *Dr. Rainer Kemper*

Hochschule Osnabrück, Fakultät MKT, Lingen

Inhaltsverzeichnis

A. Einführung

Über die Notwendigkeit der im Januar 2023 in Kraft tretenden Reform des Vormundschafts- und Betreuungsrechts bestand bei den im Bundestag vertretenen Parteien grundsätzliche Einigkeit. Zu sehr war das bisherige Vormundschaftsrecht der Gedankenwelt des 19. Jahrhunderts verhaftet, zu sehr dominierten vermögensrechtliche Fragestellungen die Behandlung kindschaftsrechtlicher Fragen, und selbst das viel jüngere Betreuungsrecht zeigte erhebliche Lücken in der Gewährleistung der Rechtssubjektivität der Betreuten. 1

I. Übersicht über die Gründe für die Reform

Die Gründe für die Reform des Vormundschafts-, Pflegschafts- und Betreuungsrechts waren unterschiedlich:

1. Vormundschaftsrecht

Am deutlichsten zeigte sich der Bedarf nach einer Novellierung im Vormundschaftsrecht. Dort lag der Fokus der gesetzlichen Regelungen bei der Vermögenssorge. Diese war detaillierten Vorschriften unterworfen. Die kindschaftsrechtliche Seite war dagegen nur rudimentär geregelt. Im Wesentlichen wurde auf die Regelungen der elterlichen Sorge verwiesen. Diese Schwerpunktsetzung entsprach nicht mehr den heutigen Bedürfnissen, weil sie den Mündel zu sehr als Objekt staatlichen Handels sah und nicht als selbst bestimmten Grundrechtsträger. 2

Rechtstechnisch entsprachen die Vorschriften über die Vermögenssorge auch nicht mehr den heutigen Verhältnissen. Durch viele Ergänzungen und Änderungen ist das Vormundschaftsrecht unübersichtlich geworden; inhaltlich sind viele Regelungen unmodern geworden. Das betraf nicht nur die Bargeldzentriertheit der Regelungen und die Vorschriften über die mündelsichere Anlage von Geld, sondern auch die gerichtlichen Genehmigungserfordernisse, die zudem noch sehr unstrukturiert wirkten. Diese Defizite belasteten den Vormund bzw. Betreuer mit erheblichem bürokratischem Aufwand. 3

2. Betreuungsrecht

Insgesamt hat sich die rechtliche Betreuung als ein Rechtsinstitut bewährt, das streng am Selbstbestimmungsrecht der Betroffenen ausgerichtet ist. Es handelt sich um ein modernes Instrument des Erwachsenenschutzes, das nach dem individuellen Bedarf des aufgrund einer Krankheit oder Behinderung eine Unterstützung bei der rechtlichen Besorgung seiner Angelegenheiten benötigenden Menschen zur Anwendung kommt und seine verbliebenen Fähigkeiten berücksichtigt, seine Selbstbestimmung möglichst wahrt und Rechtseingriffe auf das notwendige Maß beschränkt. Die rechtliche Betreuung bildet ein System der Unterstützung im Sinne von Art. 12 Abs. 3 und 4 der am 26.3.2009 in Deutschland in Kraft getretenen UN-Behindertenrechtskonvention, durch welches Menschen mit Behinderungen Zugang zu der Unterstützung verschafft wird, die sie bei der Ausübung ihrer Rechts- und Handlungsfähigkeit gegebenenfalls benötigen. Sie steht dabei in einem Spannungsverhältnis zwischen Freiheit und Fürsorge, das sowohl in den gesetzlichen Grundlagen als auch in der Anwendungspraxis in jedem Einzelfall ein ver- 4 nünftiges, das Selbstbestimmungsrecht weitestgehend wahrendes Austarieren im Sinne einer praktischen Konkordanz zwischen Selbstbestimmung und Schutz gebietet.

5 Nach dem bisher geltenden Recht diente das Vormundschaftsrecht nach Maßgabe und im Umfang der in § 1908i BGB aF geregelten Einzelverweisungen als Grundlage für das Betreuungsrecht. Viele, wenn nicht gar die meisten, Regelungen für den Vormund galten über diese Verweisungen sinngemäß auch für den Betreuer. Das betraf vor allem die Vorschriften über die Vermögenssorge und zur Aufsicht des Gerichts, aber auch diejenigen über den Aufwendungsersatz und – mit einer Differenzierung im VBVG – auch für die Vergütung. Die Verweisungsnorm des § 1908i BGB aF war für den Rechtsanwender hinsichtlich der betroffenen Regelungsbereiche unübersichtlich und bereitete nicht nur Nichtjuristen Schwierigkeiten bei der Feststellung, welche Regelungen bei der Wahrnehmung der verschiedenen im Rahmen der rechtlichen Betreuung anfallenden Aufgaben zu beachten waren.

6 Auch sonst war die bisherige Regelungstechnik unglücklich, stellen sich doch im Vormundschaftsrecht und im Betreuungsrecht ganz unterschiedliche Fragen, und auch die Prämissen für deren Beantwortung weichen voneinander ab: zum einen ist die Vermögenssorge im Rahmen der Anwendungspraxis der Betreuung von vergleichsweise größerer Bedeutung als bei Vormundschaften – Erwachsene mit Vermögen sind häufiger als Minderjährige mit Vermögen –; zum anderen werden die Lösungen der aufgeworfenen Fragen von unterschiedlichen Prämissen beherrscht. Im Vormundschaftsrecht galt und gilt das Kindeswohlprinzip in der Weise, dass die vom Vormund getroffenen Entscheidungen dem Wohl des Mündels entsprechen müssen.

7 Für die Besorgung der Angelegenheiten des Betreuten durch den Betreuer galt dagegen nach Maßgabe von § 1901 Abs. 2 und 3 BGB aF schon bislang[1] ein grundsätzlich anderer Entscheidungs- und Handlungsmaßstab als für den Vormund: Die Betreuung Volljähriger steht unter dem Gebot, dass der Betreuer sein Amt so ausübt, dass dem subjektiv aus Sicht des Betreuten zu bestimmenden Wohl und den Wünschen des Betreuten entsprochen wird. Gemäß § 1901 Abs. 2 S. 2 BGB aF bzw. § 1821 Abs. 2 und 3 BGB gehört zum Wohl des Betreuten auch die Möglichkeit, im Rahmen seiner Fähigkeiten sein Leben nach seinen eigenen Wünschen und Vorstellungen zu gestalten. Folglich darf der Betreuer sein Handeln grundsätzlich nicht nach seinen eigenen Vorstellungen von einem objektiven Wohl ausrichten, sondern das im geltenden Recht vorgesehene Wohl ist stets subjektiv aus Sicht des Betreuten zu bestimmen. Dies gilt auch im Rahmen der Vermögenssorge mit der Folge, dass, selbst wenn durch die Erfüllung der Wünsche des Betreuten dessen Vermögen – den Interessen seiner Erben zuwider – erheblich geschmälert wird, der Betreuer einen Wunsch des Betreuten nicht wegen Vermögensgefährdung ablehnen darf, solange dieser sich von seinen Einkünften und aus seinem Vermögen voraussichtlich bis zu seinem Tod wird unterhalten können.[2]

8 Infolge der Verweisung in § 1908i Abs. 1 S. 1 BGB aF auf die vormundschaftsrechtlichen Vorschriften über die Vermögenssorge wurde die Einhaltung dieses besonderen betreuungsrechtlichen Maßstabs nur über die „sinngemäße" Anwendung sichergestellt.

1 Daran ändert die Reform auch nichts.
2 BGH 22.7.2009 – XII ZR 77/06, BGHZ 182, 116.

Dies barg das Risiko einer fehlerhaften bzw. unzureichenden Rechtsanwendung im Betreuungsrecht, die dazu führen konnte, dass der Vorrang der Wünsche des Betreuten bei der Besorgung von Vermögensangelegenheiten in der Praxis nicht immer beachtet wurde.

3. Pflegschaftsrecht

Das bisherige Pflegschaftsrecht verband Rechtsinstitute, die an sich nichts miteinander 9 zu tun hatten, weil sie einerseits nur Minderjährige betreffen konnten (Hauptfall: Ergänzungspflegschaft), während andere nur Erwachsene betreffen konnten (Pflegschaft für ein Sammelvermögen, Abwesenheitspflegschaft).

4. Internationales Privatrecht

Das deutsche Internationale Privatrecht knüpfte Fragen der Geschäftsfähigkeit, Vor- 10 mundschaft, Betreuung und Pflegschaft immer noch an die Staatsangehörigkeit des Betroffenen an. Das widersprach den Entwicklungen auf internationaler Ebene, vor allem dem Haager Erwachsenenschutzabkommen, wo primär an den gewöhnlichen Aufenthalt des Betroffenen angeknüpft wird.

5. Ehegattenvertretung

Ehegatten und Lebenspartner konnten nach dem bisher geltenden Recht weder Ent- 11 scheidungen über medizinische Behandlungen für ihren nicht mehr selbst handlungsfähigen Partner treffen noch diesen im Rechtsverkehr vertreten, solange sie nicht als rechtliche Betreuer ihres Partners bestellt wurden oder von ihm im Rahmen einer Vorsorgevollmacht hierzu wirksam bevollmächtigt worden waren. Besonders in der ersten Zeit nach einem Unfall oder einer plötzlich aufgetretenen schweren Krankheit kann es für Betroffene und Angehörige jedoch eine zusätzliche erhebliche Belastung bedeuten, wenn es erst eines gerichtlichen Verfahrens zur Betreuerbestellung bedarf, um dem Ehegatten auch in rechtlicher Hinsicht beistehen zu können.

II. Die Ziele der Reform

Die Ziele der Reform korrespondieren den vorgefundenen Defiziten des bisherigen 12 Rechts: Der Gesetzgeber wollte in erster Linie sowohl im Vormundschafts- wie im Betreuungsrecht moderne übersichtliche Regelungen schaffen. Der Gesetzesaufbau sollte vereinfacht werden und die jeweils unterschiedliche Bedeutung der Regelungen für das Kindschafts-, Vormundschafts- und Betreuungsrecht besser widerspiegeln.

1. Vormundschaftsrecht

Im Vormundschaftsrecht soll die Veränderung der Lebenswirklichkeit auch im gesetz- 13 lichen Leitbild der Vormundschaft zum Ausdruck kommen: Das gesetzliche Leitbild des Vormundschaftsrechts war bislang geprägt durch die Sorge für Kinder, die ihre Eltern verloren hatten und um die sich ein ehrenamtlicher Einzelvormund kümmerte, der idealerweise noch von den Eltern bestimmt worden war und der die Vormundschaft in Erfüllung seiner staatsbürgerlichen Pflicht unentgeltlich außerhalb einer Berufsausübung führte. Die historische Konzeption ist deswegen auf das bei Verwandten lebende Waisenkind ausgerichtet. Das Gesetz regelt die Personensorge des Vormunds daher bis heute nur ansatzweise unter Verweisung auf das elterliche Sorgerecht, während sich zahlreiche Vorschriften mit der Vermögenssorge des Vormunds befassen.

14 In der heutigen Lebenswirklichkeit bildet dagegen die Amtsvormundschaft mit einem Anteil von ca. 80 Prozent den Regelfall. Die Vormundschaftswirklichkeit ist geprägt von Fällen der Rechtsfürsorge für Kinder und Jugendliche, deren Eltern das Familiengericht zuvor wegen Kindeswohlgefährdung nach § 1666 BGB die elterliche Sorge entzogen hat und die ganz überwiegend in Pflegefamilien oder Einrichtungen leben. Es kam in der Praxis zu Fällen von Kindesmisshandlungen bis hin zum gewaltsamen Tod von Kindern, die auch der für sie bestellte Vormund nicht verhindert hat und auch nicht verhindern konnte, weil entsprechende sorgerechtliche Befugnisse des Vormunds fehlten. Der gesetzliche Fokus sollte durch die Reform auf die Personensorge des Vormunds verlagert werden. Gesetzessystematisch zeigt sich das darin, dass die Vermögenssorge nun im Betreuungsrecht geregelt wird (in den §§ 1835–1860 BGB) und im Vormundschaftsrecht nur auf diese Vorschriften verwiesen wird (§§ 1798–1801 BGB), während die Personensorge nun klar und autonom in den §§ 1795–1797 BGB geregelt ist.

2. Betreuungsrecht

15 Das heutige Betreuungsrecht verwirklicht das Gebot größtmöglicher Selbstbestimmung von Menschen mit Behinderungen nicht durchgängig in zufriedenstellender Weise. Die Reform steht daher unter dem Leitgedanken, die betreuungsrechtlichen Vorschriften so zu verbessern, dass sie in ihrer Gesamtheit auf den verschiedenen Anwendungsebenen eine konsequent an der Verwirklichung des Selbstbestimmungsrechts des Betroffenen orientierte rechtliche Betreuung zu gestalten vermögen, bei der die in der Praxis beteiligten Akteure alle im konkreten Fall anwendbaren Schritte unternehmen, um den Erwachsenen bei der rechtlichen Besorgung seiner Angelegenheiten im konkret erforderlichen Umfang zu unterstützen.

16 Der Erforderlichkeitsgrundsatz wird deswegen ebenso betont (§ 1821 Abs. 1 BGB, deutlicher als bisher) wie die grundsätzliche Wunschbefolgungspflicht des Betreuers (vgl. § 1821 Abs. 2–4 BGB) auch für die Vermögenssorge (§ 1838 BGB). Zudem werden die einzelnen Bestimmungen innerhalb des Regelungsbereichs der Vermögenssorge nach betreuungsrechtlichen Maßstäben ausgestaltet, aber zugleich mit der familiären Situation harmonisiert, so etwa die Anwendung des Trennungsgebots bei gemeinsamen Vermögensgegenständen, wenn ein Ehegatte den anderen Ehegatten rechtlich betreut (§ 1836 BGB). Darüber hinaus werden aber auch die Regelungen über die Aufsicht des Betreuungsgerichts in das Betreuungsrecht überführt und gleichfalls nach betreuungsrechtlichen Grundsätzen neu gefasst (§§ 1861 ff. BGB). Durch die Abschaffung der komplizierten Verweisungstechnik und die Neuregelung der Vermögenssorge sowie der Aufsicht im Betreuungsrecht erhalten sowohl die Betreuer, die in der Mehrzahl ehrenamtlich tätig sind, als auch die Betreuungsgerichte mehr Rechtsklarheit und damit Rechtssicherheit. Das im Betreuungsrecht so zentrale Selbstbestimmungsrecht des Betreuten, dem nunmehr in den betreuungsrechtlichen Vorschriften klar und deutlich Geltung verschafft wird, wird hierdurch gestärkt.

III. Sachliche Schwerpunkte der Reform

1. Vormundschaftsrecht

a) Stärkung der Personensorge

Mit der Reform wird die Stellung des Mündels als Subjekt der Vormundschaft sowie die Verantwortung des Vormunds für die Förderung seiner Entwicklung, Pflege und Erziehung deutlicher hervorgehoben. Die Personensorge hat auch im Gesetzestext die ihr zukommende Bedeutung erhalten (§§ 1795–1797 FamFG) und soll auch in der Praxis (faktisch) gestärkt werden. Die Rechte des Mündels auf Pflege und Erziehung, Fürsorge und Förderung seiner Entwicklung wurden ausdrücklich im Gesetz verankert (§ 1788 BGB). 17

aa) Verhältnis Vormund – Pflegeperson

Das Verhältnis zwischen Vormund und der den Mündel im Alltag erziehenden Pflegeperson wurde neu bestimmt (§ 1796 BGB). Der Vormund ist auch dann für die Personensorge verantwortlich und hat die Pflege und Erziehung des Mündels persönlich zu fördern und zu gewährleisten, wenn der Mündel bei einer Pflegefamilie oder in einer Einrichtung lebt (§ 1795 Abs. 1 S. 2 BGB). Die Pflegeperson erhält die Entscheidungsbefugnis in den wiederkehrenden Angelegenheiten der Alltagssorge, wenn der Mündel für längere Zeit bei ihr lebt, und handelt insoweit als gesetzlicher Vertreter des Vormunds (§ 1797 Abs. 1 BGB), der verantwortlich bleibt. Dem Vormund wird das Gebot der Rücksichtnahme auf die Belange der Pflegeperson auferlegt, wie er auch gehalten ist, bei seinen Entscheidungen in Angelegenheiten der Personensorge die Auffassung der Pflegeperson zu berücksichtigen (§ 1796 Abs. 1 BGB). Sowohl Vormund als auch Pflegeperson sind zur gegenseitigen Information und Zusammenarbeit im Interesse des Mündels verpflichtet (§§ 1796 Abs. 2, 1792 Abs. 2 BGB). 18

Auf diese Weise wurde sichergestellt, dass die Sorgeverantwortung grundsätzlich beim Vormund liegt und auch da, wo die Sorgeverantwortung ausnahmsweise mehreren Personen übertragen ist, jedenfalls eine Mitverantwortung des Vormunds bestehen bleibt (§ 1797 BGB). Das soll vermeiden, dass das Mündelwohl gefährdet wird, weil mehrere Sorgeverantwortliche davon ausgehen, der jeweils andere werde sich am Mündelwohl orientiert um die Angelegenheit kümmern. 19

Wenn der Mündel seit längerer Zeit in Familienpflege lebt, können der Pflegeperson vom Familiengericht bestimmte Sorgeangelegenheiten übertragen werden, wenn über die Übertragung Einvernehmen zwischen Vormund und Pflegeperson besteht und sie dem Wohl des Mündels dient (§ 1777 BGB). Ein entgegenstehender Wille des Mündels ist zu berücksichtigen. Im Umfang der ihr übertragenen Angelegenheiten hat die Pflegeperson die Stellung eines Pflegers iSv §§ 1809 ff. BGB. Vormund und Pflegeperson sind auch in diesem Fall zur gegenseitigen Information und Zusammenarbeit im Interesse des Mündels verpflichtet (§ 1792 Abs. 2 BGB). Sorgeangelegenheiten, deren Regelung für den Mündel von erheblicher Bedeutung sind, können der Pflegeperson nur zur gemeinsamen Wahrnehmung mit dem Vormund übertragen werden (§ 1777 Abs. 2 BGB). Pflegeperson und Vormund tragen gemeinsam die volle Sorgeverantwortung und entscheiden im gegenseitigen Einvernehmen (§§ 1789 Abs. 1 S. 2, 1792 Abs. 4 BGB). Können sich Vormund und Pflegeperson nicht einigen, so trifft auf Antrag das Familiengericht die Entscheidung (§ 1793 Abs. 1 Nr. 3 BGB). 20

21 Unberührt bleibt die Möglichkeit des Familiengerichts, die Pflegeperson selbst zum Vormund zu bestellen.

bb) Verhältnis Vormund – Pfleger

22 Neben der Möglichkeit, die Pflegeperson zum Pfleger zu bestellen, steht die Möglichkeit, bei Einsatz eines ehrenamtlichen Betreuers bestimmte Sorgeangelegenheiten auf einen zusätzlichen Pfleger zu bestellen, wenn der ehrenamtliche Vormund zur Wahrnehmung bestimmter Sorgeangelegenheiten die Unterstützung durch einen weiteren gesetzlichen Vertreter erfordert (§ 1776 BGB). In diesem Fall hat der zusätzliche Pfleger bei seinen Entscheidungen die Auffassung des ehrenamtlichen Vormunds einzubeziehen (§ 1792 Abs. 3 BGB). Der Vormund hat auch bei Entscheidungen des zusätzlichen Pflegers eine Mitverantwortung für das Wohl des Mündels, indem er sich zu den Entscheidungen des Pflegers ein eigenes Urteil bilden und seine eigene Auffassung notfalls bei Gericht geltend machen muss (§ 1793 Abs. 1 Nr. 3 BGB-E), wenn er andernfalls das Wohl des Mündels für gefährdet hält.

23 Auch der ehrenamtliche Vormund und der zusätzliche Pfleger sind zur Information und Zusammenarbeit im Interesse des Mündels verpflichtet (§ 1792 Abs. 2 BGB).

24 Zu beachten ist, dass eine Mitverantwortung des Vormunds dagegen in den Fällen ausscheidet, in denen einem Ergänzungspfleger die Sorge für eine bestimmte Angelegenheit übertragen ist, da der Vormund tatsächlich oder rechtlich an der Ausübung der Sorge verhindert ist (§ 1809 Abs. 1 BGB).

b) Stärkung der personellen Ressourcen für eine persönlich geführte Vormundschaft

25 Um die personelle Situation bei der Bestellung von Vormündern zu verbessern, wurden die verschiedenen Vormundschaftstypen zu einem Gesamtsystem zusammengefügt und ihre Rangfolge untereinander neu geregelt. Auf diese Weise sollten die anderen Vormünder neben dem in der Praxis als Amtsvormund vorherrschenden Jugendamt gestärkt und die Bestellung natürlicher Personen gefördert werden. Die tragende Rolle des Jugendamts als Amtsvormund wurde anerkannt; es steht nun gleichrangig neben den anderen beruflichen Vormündern (§ 1774 Abs. 1 BGB). Im Einzelnen gilt: Die Vereins- und die Amtsvormundschaft werden mit der ehrenamtlichen und der beruflichen Einzelvormundschaft in § 1774 BGB zusammengefasst und um den Vormundschaftsverein und das Jugendamt als vorläufigen Vormund erweitert. Die berufsmäßig tätigen Vormünder einschließlich des Jugendamts werden bei den Vorschriften zur Auswahl des Vormunds durch das Familiengericht gleichrangig einbezogen (§ 1778 BGB). Die ehrenamtliche Amtsführung bleibt aber im Rahmen der Eignungsvoraussetzungen vorrangig (§ 1779 Abs. 2 BGB). Der Vereinsmitarbeiter soll anstelle des Vormundschaftsvereins als persönlicher Vereinsvormund bestellt werden (§ 1774 Abs. 1 Nr. 3 BGB-E). Dem Mündel wird damit eine natürliche Person und nicht mehr eine juristische Person zur Seite gestellt. Zur Auswahl des bestmöglichen Vormunds besteht nun die Möglichkeit, einen vorläufigen Vormund zu bestellen (§ 1781 BGB).

c) Auswahl des Vormunds

26 Von besonderer Bedeutung für das Gelingen der Vormundschaft ist die Auswahl des für den Mündel richtigen Vormunds. Das Familiengericht soll daher unter allen mög-

lichen Vormündern den Vormund aussuchen, der am besten geeignet ist, für die Person und das Vermögen des Mündels zu sorgen (§ 1778 BGB). Im Gesetz werden hierzu differenzierte Voraussetzungen für die Eignung des Vormunds benannt (§ 1779 BGB). Bei vorhandener Eignung hinsichtlich der Wahrnehmung der Aufgaben hat die Bestellung eines ehrenamtlichen Vormunds Vorrang (§ 1779 Abs. 2 BGB). Steht bei Anordnung der Vormundschaft noch nicht fest, welcher Vormund die Voraussetzungen in Bezug auf den Mündel am besten erfüllt, ist vorübergehend ein Vormundschaftsverein oder das Jugendamt als vorläufiger Vormund zu bestellen (§ 1781 BGB).

Ist also die Vormundschaft nicht einem von den Eltern für den Fall ihres Todes benannten Vormund zu übertragen (vgl. § 1782 BGB), soll das Familiengericht den Vormund auswählen, der am besten geeignet ist, für die Person und das Vermögen des Mündels zu sorgen (§ 1778 BGB). Das kann auch das Jugendamt als Amtsvormund sein. Bei der Beurteilung, welcher Vormund für den Mündel am besten geeignet ist, sind der Wille des Mündels sowie der Wille der Eltern, seine familiären Beziehungen und persönlichen Bindungen, sein religiöses Bekenntnis und sein kultureller Hintergrund sowie allgemein seine Lebensumstände zu beachten (§ 1778 Abs. 2 BGB). – Die bisherigen Regelungen zur Subsidiarität des Jugendamts werden aufgegeben. 27

Für die Auswahl einer natürlichen Person, sei es als ehrenamtlicher Vormund, Berufsvormund oder Vereinsvormund, wurden weitere Eignungsvoraussetzungen normiert. Die Person muss im Hinblick auf ihre Kenntnisse und Erfahrungen, ihre persönlichen Eigenschaften, ihre persönlichen Verhältnisse und ihre Vermögenslage sowie ihre Fähigkeit und Bereitschaft zur Zusammenarbeit mit den anderen an der Erziehung des Mündels beteiligten Personen geeignet sein, die Vormundschaft so zu führen, wie es das Wohl des Mündels erfordert (§ 1779 Abs. 1 BGB). Bei vorhandener gleicher Eignung – auch unter Berücksichtigung der Möglichkeit, einen zusätzlichen Pfleger zu bestellen (§ 1776 BGB), hat die Person, die die Vormundschaft ehrenamtlich führt, bei der Auswahl Vorrang (§ 1779 Abs. 2 BGB). Zur Möglichkeit, einen vorläufigen Betreuer zu bestellen siehe § 1781 BGB. 28

d) Entbürokratisierung der Vermögenssorge

Die schon bisher und auch künftig zahlreichen Vorschriften zur Vermögenssorge haben nun ihren Standort im Betreuungsrecht (§§ 1835 ff. BGB). Die Einzelvorschriften über die Vermögenssorge wurden von überflüssigem Verwaltungsaufwand befreit und auf den heute zum Schutz des Vermögens des Betroffenen notwendigen Kernbestand beschränkt. Dazu wurden unter anderem die Regelungen zur Verwaltung von Geld und Wertpapieren überarbeitet und dem heutigen Geschäftsverkehr angepasst. Das Vormundschaftsrecht erhält für den Vormund (§§ 1798–1801 BGB), das Kindschaftsrecht (§ 1643 BGB) für die Eltern Verweisungen auf diese Vorschriften. Trotzdem besteht kein vollständiger Gleichlauf bei der Anwendung dieser Regelungen: 29

- Sie unterliegen wegen ihrer Stellung im Betreuungsrecht grundsätzlich den spezifischen, dem Betreuungsrecht immanenten für die Betreuertätigkeit geltenden Grundsätzen und nicht den Grundsätzen der Vormundschaft. So wird dem Unterkapitel 2 des Kapitels 3 mit § 1838 BGB eine zentrale Regelung über die Pflichten des Betreuers in Vermögensangelegenheiten vorangestellt, aus der künftig klar ersichtlich ist, dass auch in der Vermögenssorge die Feststellung und Befolgung der Wünsche des Betreuten nach den Grundsätzen des § 1821 BGB (Vorrang der Wünsche des Betreuten) die handlungsleitende Maxime ist. Die dieser Vorschrift folgenden Einzelvorschriften über die Verwaltung von Geld, Wertpapieren und Wertgegenständen, die sich an den objektiven Grundsätzen einer wirtschaftlichen Vermögensverwaltung orientieren, sollen nur dann zur Anwendung kommen, wenn der Betreuer keine hinreichenden konkreten Anhaltspunkte für einen von diesen Vorschriften abweichenden mutmaßlichen Willen des Betreuten hat.

- In § 1798 Abs. 1 BGB wird die Verpflichtung des Vormunds festgelegt, dass der Vormund die Vermögenssorge zum Wohl des Mündels wahrzunehmen hat. Er ist zum Schutz und Erhalt des Mündelvermögens verpflichtet, damit der Mündel sein Vermögen bei Volljährigkeit möglichst ungeschmälert erhält. Der Vormund soll auf die Wünsche des Mündels bei der Vermögensverwaltung nach Möglichkeit Rücksicht nehmen. Lehnt der Mündel Investitionen in bestimmte Geschäftszweige ab oder verlangt er sie, so hat sich der Vormund zumindest damit auseinanderzusetzen. Im Übrigen werden die nunmehr in das Betreuungsrecht verschobenen Vorschriften zur Vermögenssorge für entsprechend anwendbar erklärt (§ 1798 Abs. 2 BGB).
- In Bezug auf die genehmigungsbedürftigen Rechtsgeschäfte wird umfassend auf die jetzt im Betreuungsrecht geregelten Genehmigungstatbestände verwiesen (§§ 1855 bis 1856 Abs. 2, 1857, 1858 BGB), soweit das Vormundschaftsrecht nicht eine eigenständige Regelung erfordert. Für die Fälle, in denen der Betreuer nach den §§ 1848–1854 BGB einer Genehmigung bedarf, ist die Genehmigung des Familiengerichts also auch im Vormundschaftsbereich erforderlich, soweit nicht etwas anderes gilt (§ 1799 Abs. 1 BGB). Nach § 1799 Abs. 2 BGB bedarf der Vormund abweichend von § 1853 Nr. BGB auch der Genehmigung für den Abschluss eines Vertrages zu wiederkehrenden Leistungen, wenn das Vertragsverhältnis länger als ein Jahr nach der Volljährigkeit fortdauern soll. Der Genehmigungsmaßstab für das Familiengericht orientiert sich am Grundsatz der Vermögenssorge des Vormunds, mithin am Wohl des Mündels (§ 1800 Abs. 1 BGB-E).
- Auch zukünftig kann ein Vormund von den Pflichten und Beschränkungen bei der Vermögenssorge (entsprechend den Befreiungsvorschriften im Betreuungsrecht, § 1801 BGB) befreit werden. Vereinsvormund und Vormundschaftsverein sind in entsprechender Anwendung von § 1859 Abs. 1, nach § 1849 Abs. 1 S. 1 Nr. 1 und 2, S. 2 BGB von den Beschränkungen bei der Vermögenssorge befreit (§ 1801 Abs. 1 BGB). Darüber hinaus kann das Familiengericht auf Antrag Befreiungen erteilen, wenn eine Gefährdung des Mündelvermögens nicht zu besorgen ist (§ 1801 Abs. 2 BGB). Eltern können den von ihnen benannten Vormund von bestimmten Beschränkungen befreien (§ 1801 Abs. 3 BGB). Das Familiengericht kann die Anordnungen der Eltern hinsichtlich der von ihnen benannten Vormünder aufheben (§ 1857 BGB). Neu hinzu gekommen ist die Möglichkeit der Aufhebung der gesetzlichen Befreiungsmöglichkeiten nach § 1801 Abs. 1 BGB und der Befreiungen auf Antrag nach § 1801 Abs. 2 BGB. Voraussetzung ist für alle Varianten, dass die Voraussetzungen nicht mehr vorliegen oder bei Fortgeltung der Befreiungen eine Gefährdung des Mündelvermögens zu besorgen wäre (§ 1801 Abs. 4 BGB). Liegen die Voraussetzungen vor, hat nach der Neukonzeption das Familiengericht die Be-

freiungen aufzuheben. Ein Ermessen steht ihm im Gegensatz zu bisherigen Regelung nach § 1857 BGB aF bei Vorliegen der Voraussetzungen nicht mehr zu.
- Der Gegenvormund (§ 1792 BGB) – wie auch der Gegenbetreuer – wurden gestrichen. Das Rechtsinstitut hat in der Praxis keine Bedeutung erlangt.

e) Aufwendungsersatz, Aufwandsentschädigung, Vergütung des Vormunds

Die Ansprüche der berufsmäßig tätigen Vormünder einschließlich der Vormundschaftsvereine und des Jugendamts als Amtsvormund sowie für die beruflichen Betreuer (selbstständig tätige Betreuer und Vereinsbetreuer), die Behördenbetreuer, die Betreuungsvereine und die Betreuungsbehörde auf Aufwendungsersatz und Vergütung finden sich künftig im VBVG. 30

2. Betreuungsrecht

Im Betreuungsrecht war es die zentrale Zielsetzung der Reform, die Rechte des Betroffenen und seine verfahrensrechtliche Position sowohl im gerichtlichen Bestellungsverfahren als auch im Rahmen der Ausübung der Rechte und Pflichten des Betreuers nach dessen Bestellung weiter zu stärken. Außerdem sollte die bessere Umsetzung des Erforderlichkeitsgrundsatzes im Vorfeld und innerhalb der Betreuung gefördert werden. Schließlich werden verschiedene Maßnahmen vorgesehen, um die Rahmenbedingungen für die ehrenamtliche Betreuung, die in deren Dienst tätigen Betreuungsvereine sowie die berufliche Betreuung zu verbessern und dadurch eine Steigerung der Qualität im Interesse der Betreuten zu bewirken. 31

a) Betreuerbestellung

Die zentrale Norm für die Voraussetzungen der Bestellung eines Betreuers ist § 1814 BGB. Anders als im bisher geltenden Recht wird der objektive Betreuungs- und Unterstützungsbedarf, also die Feststellung, dass der Volljährige nicht in der Lage ist, seine Angelegenheiten zu besorgen, als erste Voraussetzung genannt und damit betont. 32

b) Umfang der Betreuung

Eine Betreuung darf nur angeordnet werden, wenn sie erforderlich ist. 33

aa) Subsidiarität gegenüber anderen Hilfen und der erweiterten Unterstützung

Die bislang in § 1896 Abs. 2 S. 2 BGB bestimmte Subsidiarität der rechtlichen Betreuung gegenüber „anderen Hilfen", namentlich aus dem Sozialrecht, bildete schon bisher ein wesentliches Teilelement einer effektiven Gewährleistung des Selbstbestimmungsrechts von unterstützungsbedürftigen Menschen. Diese Linie hat der Gesetzgeber nun weiterverfolgt: 34

- Im Betreuungsorganisationsgesetz wurde das neue Instrument der erweiterten Unterstützung eingeführt, und zwar sowohl im Rahmen der Beratung und Vermittlung anderer Hilfen durch die Betreuungsbehörde (§ 8 BtOG) als auch im gerichtlichen Verfahren (§ 11 BtOG). Die im Betreuungsbehördengesetz bereits bislang vorgesehene Pflicht der Betreuungsbehörde, im Rahmen der Beratung von Betroffenen andere Hilfen zu vermitteln, bei denen kein Betreuer bestellt wird, wurde um die Befugnis[3] ergänzt, die Beratung in geeigneten Fällen mit Zustimmung der betroffenen Person im Wege einer „erweiterten Unterstützung“ durchzuführen. Diese umfasst alle Maßnahmen, die geeignet sind, die Bestellung eines rechtlichen Betreuers zu vermeiden, wenn sie keine rechtliche Vertretung der betroffenen Person durch die Behörde erfordern. Zudem wurde klargestellt, dass Beratungs- und Unterstützungspflichten nach den Sozialgesetzbüchern unberührt bleiben.[4]

- Gleichzeitig wurde in der Regelung über die Unterstützung des Betreuungsgerichts im Bestellungsverfahren (§ 11 BtOG) die Pflicht der Behörde eingeführt, bei der Erstellung des Sozialberichts die Durchführung einer erweiterten Unterstützung zu prüfen und diese in geeigneten Fällen mit Zustimmung der betroffenen Person durchzuführen. Die Behörde muss dann das Betreuungsgericht über die Durchführung und die voraussichtliche Dauer der erweiterten Unterstützung zu informieren und das Ergebnis der erweiterten Unterstützung im Sozialbericht darlegen.

bb) Verhältnis zur Vorsorgevollmacht

35 Die bisherigen Regelungen zur Vorsorgevollmacht wurden in § 1820 BGB zusammengefasst. Änderungen haben sich nur in Bezug auf die Voraussetzungen und die Bestellung eines Kontrollbetreuers und dessen Befugnisse in Bezug auf den Widerruf der Vollmacht (mit Genehmigungsvorbehalt) ergeben.

cc) Umfang des Aufgabenkreises

36 § 1815 BGB enthält eine neue eigenständige Vorschrift zum Umfang der Betreuung. Als „Aufgabenkreis“ wird weiterhin die Gesamtheit der vom Betreuer zu regelnden Aufgaben bezeichnet, einzelne Bestandteile des Aufgabenkreises bzw. die konkret zu regelnden Bereiche hingegen werden neu „Aufgabenbereiche“ genannt. Die Aufgabenbereiche müssen vom Betreuungsgericht im Einzelnen angeordnet werden. Die Anordnung einer Betreuung „in allen Angelegenheiten“ ist damit zukünftig unzulässig. Außerdem wird klargestellt, dass der Erforderlichkeitsgrundsatz für die Anordnung eines jeden einzelnen Aufgabenbereichs gilt. Gleichzeitig wird für die Betreuungsgerichte noch deutlicher gemacht, dass sie in Ausübung des Erforderlichkeitsgrundsatzes gehalten sind, immer dann, wenn es zur Wahrnehmung des konkreten Betreuungsbedarfs ausreicht, lediglich einen einzelnen Aufgabenbereich anzuordnen haben, der sich auch nur auf einzelne Maßnahmen beschränken kann. Mit der Neuregelung soll der verbreiteten Praxis entgegengewirkt werden, weit gefasste Aufgabenkreise auch dann anzuordnen, wenn dies über den im konkreten Fall erforderlichen Unterstützungsbedarf hinausgeht.

37 Neu bestimmt wurde zudem das Erfordernis, dass das Betreuungsgericht einige bestimmte Aufgabenbereiche konkret zu bezeichnen hat. Das soll außerhalb eines Ge-

3 Bei der erweiterten Unterstützung handelt es sich um eine neue Aufgabe der Betreuungsbehörde, die auch im Rahmen der behördlichen Beratung im Vorfeld eines Betreuungsverfahrens eingeführt wird, hier allerdings – wegen der begrenzten Personalressourcen der Betreuungsbehörden – nur als freiwillige Tätigkeit der Behörden ohne Verpflichtung und ohne Anspruch der Betroffenen auf ein Tätigwerden. Im Gegensatz dazu ist die Prüfung der Durchführung einer erweiterten Unterstützung und deren Durchführung in geeigneten Fällen im Rahmen des gerichtlichen Verfahrens als Pflicht ausgestaltet.

4 Zur effektiveren Umsetzung des Erforderlichkeitsgrundsatzes an der Schnittstelle zum Sozialrecht wurden einige grundlegende Klarstellungen im Sozialrecht zum Verhältnis von Betreuungsrecht und Sozialrecht vorgenommen (s. hierzu die Erläuterungen zu den Änderungen im SGB I, SGB IX und SGB X).

nehmigungsvorbehalts ein Mindestmaß an gerichtlicher Kontrolle dadurch sicherstellt, dass vor der Anordnung dieser Aufgabenbereiche deren Erforderlichkeit besonders aufmerksam geprüft werden muss. Vorgesehen wird dies insbesondere für mit Freiheitsentziehung verbundene Maßnahmen nach § 1831 Abs. 1 und 4 BGB.[5]

dd) Auswahl des Betreuers

Die Wünsche des Betroffenen auch bei der konkreten Betreuerauswahl sollen im Vorfeld der Bestellung größeres Gewicht erlangen. In dem Selbstvertreterworkshop wurde unter anderem eine unzureichende Mitsprache bei der Betreuerauswahl bemängelt. Dem Wunsch des Betroffenen nach einem bestimmten Betreuer – vorausgesetzt, er ist geeignet – wie auch seiner Ablehnung eines bestimmten Betreuers soll grundsätzlich entsprochen werden. Dabei bleibt allerdings die Ehrenamtlichkeit weiterhin das gesetzgeberische Leitbild der rechtlichen Betreuung. 38

c) Führung der Betreuung

Die zentralen Normen des Betreuungsrechts zu den Aufgaben und Pflichten des Betreuers im Verhältnis zum Betreuten (§ 1821 BGB) und zu den Befugnissen des Betreuers im Außenverhältnis (§ 1823 BGB) wurden komplett überarbeitet. Als Ergebnisse sind festzuhalten: 39

- die Charakterisierung der rechtlichen Betreuung als Unterstützung des Betreuten bei der rechtlichen Besorgung seiner Angelegenheiten mit der Möglichkeit der Vertretung,
- die klarere Regelung des grundsätzlichen Vorrangs der Wünsche des Betreuten als Maßstab für das Betreuerhandeln und der Pflicht des Betreuers zur Feststellung der Wünsche des Betreuten und zu deren Umsetzung (§§ 1816 Abs. 2, 1821 BGB),
- die Geltung einer konsequent subjektiven Sichtweise des Betreuten (§ 1821 Abs. 3, 4 BGB),
- die Regelung der Pflicht zum erforderlichen persönlichen Kontakt mit dem Betreuten, zur regelmäßigen Verschaffung eines persönlichen Eindrucks und zur Besprechung von dessen Angelegenheiten (§ 1821 Abs. 5 BGB),
- die Neuausrichtung des „Rehabilitationsgrundsatzes“ auf Wiederherstellung bzw. Verbesserung der rechtlichen Handlungsfähigkeit des Betreuten (§ 1821 Abs. 6 BGB) und
- die Umgestaltung von § 1902 BGB aF in eine „Kann-Regelung“ (§ 1821 Abs. 1 S. 3 BGB).
- Hiermit zusammenhängend wird in § 1816 Abs. 1 BGB auch die Eignung des Betreuers im Einzelfall künftig maßgeblich danach bestimmt, ob er gewillt und in der Lage ist, die handlungsleitenden Vorgaben des § 1821 BGB im Rahmen der Betreuungsführung umzusetzen.

d) Personenangelegenheiten

In Kapitel 2 wurden unter der Überschrift „Personenangelegenheiten“ sämtliche Regelungen zur Personensorge zusammengefasst. Neu sind in diesem Bereich Bestimmungen 40

5 Das sind § 1906 Abs. 1 und 5 BGB aF.

zur Aufgabe von Wohnraum, der vom Betreuten selbst genutzt wird, sowie zur Bestimmung von dessen Umgang und Aufenthalt.

aa) Aufgabe von Wohnraum des Betreuten

41 Um einen effektiven Schutz des Betreuten vor einer Verlagerung seines Lebensmittelpunkts gegen oder ohne seinen Willen zu gewährleisten, hat der Gesetzgeber in § 1833 BGB eine Neuregelung getroffen, mit der er die Aufgabe von selbst genutztem Wohnraum des Betreuten an besondere Voraussetzungen und eine gerichtliche Genehmigung knüpft. Diese Regelung wurde dem Bereich der Personensorge – und nicht der Vermögenssorge – zugeordnet, weil sie dem Schutz des Betreuten vor einem Verlust der eigenen Wohnung als räumlicher Mittelpunkt seines Lebens und seiner sozialen Bezüge dient (und nicht dem Schutz seines Vermögens). Die „Aufgabe von selbst genutztem Wohnraum“ als entscheidender Anknüpfungspunkt für die gerichtliche Überprüfung ist dabei umfassend gemeint und bezieht sich auf die Besitzaufgabe, die Verlagerung des tatsächlichen Lebensmittelpunktes, die Wohnungsauflösung, den Verlust der bisherigen Wohnung, die Unmöglichkeit der tatsächlichen Nutzung der bisherigen Wohnung oder die Unmöglichkeit der dauerhaften Rückkehr in die eigene Wohnung, und zwar unabhängig von den Eigentumsverhältnissen.

bb) Umgangsbestimmung

42 In Bezug auf die Bestimmung des Umgangs des Betreuten mit dritten Personen wurde neu bestimmt, dass der Betreuer eine solche Entscheidung nur treffen darf, wenn sie ihm als Aufgabenbereich ausdrücklich zugewiesen worden ist (§ 1815 Abs. 2 Nr. 4 BGB). Zum anderen soll das Recht des Betreuers, den Umgang des Betreuten auch mit Wirkung für und gegen Dritte zu bestimmen, wurde außerdem in § 1834 Abs. 1 BGB dahin gehend eingeschränkt, dass eine solche Umgangsbestimmung nur dann zulässig ist, wenn der Betreute dies entweder selbst wünscht oder seine Person oder sein Vermögen durch den Umgang erheblich gefährdet würde und der Betreute diese Gefahr aufgrund seiner Erkrankung oder Behinderung nicht erkennen oder nicht nach dieser Einsicht handeln kann.

cc) Übernahme bisheriger personenrechtlicher Regelungen

43 Die zur Personensorge gehörenden Regelungen der §§ 1901a BGB aF (Patientenverfügung, jetzt § 1827 BGB), 1901b BGB aF (Gespräch zur Feststellung des Patientenwillens, jetzt § 1828 BGB), 1904 BGB aF (Genehmigungserfordernis bei ärztlichen Maßnahmen, jetzt § 1829 BGB), 1905 (Sterilisation, jetzt § 1830 BGB), 1906 BGB aF (Genehmigungserfordernis bei freiheitsentziehender Unterbringung und bei freiheitsentziehenden Maßnahmen, jetzt § 1831 BGB) und 1906a BGB aF (Genehmigungserfordernis bei ärztlichen Zwangsmaßnahmen, jetzt § 1832 BGB) wurden bis auf kleinere redaktionelle Änderungen unverändert übernommen.

e) Vermögensangelegenheiten

44 Die aus der Entstehungszeit des BGB stammenden Vorschriften über die Vermögensverwaltung des Vormunds und damit wegen der Verweisung in § 1908i BGB aF auch des Betreuers wurden einer kompletten Revision unterzogen, entbürokratisiert und modernisiert. Der Standort der Regelungen ist jetzt das Betreuungsrecht; im Vormundschaftsrecht findet sich nur noch eine Verweisung.

Zu beachten ist vor allem, dass die allgemeinen Vorschriften über die Vermögensverwaltung (§§ 1839–1843 BGB) unter dem Primat der Wünsche bzw. des mutmaßlichen Willens des Betreuten stehen (§§ 1838 Abs. 1, 1821 BGB). Die Vorgaben gelten also nur dann, wenn der Betreuer keine Anhaltspunkte für einen abweichenden Willen des Betreuten hat. Der Betreuer hat die Wünsche des Betreuten nur dann nicht zu befolgen, wenn die Person des Betreuten oder dessen Vermögen hierdurch erheblich gefährdet würde und der Betreute diese Gefahr aufgrund seiner Krankheit oder Behinderung nicht erkennen oder nicht nach dieser Einsicht handeln kann. In diesem Fall sowie dann, wenn der Betreute keine Wünsche äußert, hat der Betreuer den mutmaßlichen Willen zu ermitteln und sich daran zu orientieren. Auch wenn der Betreute aktuell handlungsunfähig ist, haben sowohl der Betreuer als auch das Betreuungsgericht bei ihren Entscheidungen die bisherigen Wünsche und Vorstellungen des Betreuten, hilfsweise dessen mutmaßlichen Willen, zu ermitteln und zu berücksichtigen. Im Übrigen gilt: 45

- Über das Vermögen einschließlich der Einkünfte des Betreuten, das für dessen Ausgaben, insbesondere den laufenden Lebensunterhalt benötigt wird, kann der Betreuer im Rahmen der ihm übertragenen Vermögensangelegenheiten nach pflichtgemäßem Ermessen weisungs- und genehmigungsfrei verfügen. Er hat das Geld mit Ausnahme des für den täglichen Bedarf vorgehaltenen Bargeldes grundsätzlich über ein Girokonto zu verwalten (§ 1840 BGB).
- Vermögen des Betreuten, das nicht für dessen laufende Ausgaben benötigt wird, hat der Betreuer sicher zu verwahren (§ 1841 BGB). Für Geldanlagen, Wertpapiere und das bewegliche Vermögen gilt: Geld des Betreuten ist grundsätzlich mit einer die Verfügungsbefugnis des Betreuers ausschließenden Sperrvereinbarung und nach Möglichkeit verzinst auf einem Konto bei einer Bank, die einer für die jeweilige Anlage ausreichenden Sicherungseinrichtung angehört (§ 1842 BGB) anzulegen (§ 1841 BGB). Eine andere Anlegung nach den Vorstellungen des Betreuten ist möglich. Wertpapiere und sonstige Anlagen des Betreuten gehören in ein versperrtes Depot oder sind versperrt zu hinterlegen (§§ 1843, 1845 BGB). Das kann auch für Wertgegenstände des Betreuten gelten, wenn das Gericht die Hinterlegung anordnet (§ 1844 BGB).
- Der Betreuer hat die Anlage von Geld und die Verwahrung und Hinterlegung von Wertpapieren dem Gericht anzuzeigen (§ 1846 BGB), um dem Gericht eine zeitnahe Aufsicht über die Vermögensverwaltung durch den Betreuer zu ermöglichen. Statt eine Genehmigung für den Beginn und die Auflösung von Erwerbsgeschäften einholen zu müssen (§ 1823 BGB aF) hat der Betreuer diese dem Gericht nur anzuzeigen (§ 1847 BGB).
- Die das Vermögen betreffenden Genehmigungstatbestände wurden ebenfalls in das Betreuungsrecht eingegliedert. Über Immobiliarvermögen kann der Betreuer wie bisher grundsätzlich nur mit gerichtlicher Genehmigung verfügen (§ 1850 Nr. 1–3 BGB). Zu einer solchen Verfügung kann er sich nur mit gerichtlicher Genehmigung verpflichten (§ 1850 Nr. 4 ff. BGB). Hinzu treten Genehmigungserfordernisse für eine andere Anlage von Geld (§ 1848 BGB), bei Verfügung über Rechte und Wertpapiere (§ 1849 BGB), für erbrechtliche Rechtsgeschäfte (§ 1851 BGB), für handels- und gesellschaftsrechtliche Rechtsgeschäfte (§ 1852 BGB), bei Verträgen über wie-

derkehrende Leistungen (§ 1853 BGB) und für sonstige Rechtsgeschäfte (§ 1854 BGB).

- In §§ 1855–1858 BGB wurden die Regelungen zur Genehmigungserklärung (§§ 1828 bis 1831 BGB aF) in das Betreuungsrecht übernommen. Im Vergleich zum bisher geltenden Recht verlängert sich die Frist für die Mitteilung der nachträglichen Genehmigung auf zwei Monate (§ 1856 Abs. 2 BGB). Ein einseitiges Rechtsgeschäft gegenüber einem Gericht oder Behörde, insbesondere eine Erbausschlagung ohne die erforderliche Genehmigung des Betreuungsgerichts schwebend unwirksam ist (§ 1858 BGB). Das Rechtsgeschäft wird mit rechtskräftiger Genehmigung wirksam. Das Betreuungsgericht teilt nach Rechtskraft dem Gericht oder der Behörde die Erteilung oder Versagung der Genehmigung mit.
- Die §§ 1859 und 1860 BGB übernehmen die Befreiungstatbestände des bisher geltenden Rechts in das Betreuungsrecht und systematisieren sie neu: Gesetzlich befreit sind wie bisher der Behördenbetreuer, die Betreuungsbehörde, der Vereinsbetreuer und der Betreuungsverein als Betreuer ebenso wie Ehegatten. Der Kreis der befreiten nahen Verwandten wird auf alle Verwandten in gerader Linie sowie auf die Geschwister erweitert (§ 1859 Abs. 2 BGB, bisher §§ 1908i Abs. 1 S. 1, Abs. 2 S. 2, 1857a, 1852 Abs. 2, 1853 und 1854 BGB). Sie sind insbesondere von der Pflicht zur jährlichen Rechnungslegung und zum Abschluss einer Sperrvereinbarung befreit. Zudem kann das Gericht von Amts wegen weitere Betreuer von diesen Pflichten befreien, wenn dies vom Betreuten vor Bestellung des Betreuers schriftlich verfügt war. Außerdem kann das Gericht Betreuer auf Antrag von bestimmten Pflichten und Genehmigungserfordernissen befreien (§ 1860 BGB-E, bisher §§ 1817, 1825 BGB).
- Der Gegenbetreuer (§ 1792 iVm § 1908i Abs. 1 S. 1 BGB) – wie auch der Gegenvormund – wurde gestrichen.

f) Beratung und Aufsicht durch das Betreuungsgericht

46 Das Betreuungsgericht ist der Garant der Qualität der Betreuungsführung durch die ihm obliegende laufende Beratung sowie die Ausübung der Aufsicht und Kontrolle der Betreuertätigkeit. Die Kontrolle des Betreuerhandelns im Rahmen der Aufsicht ist ein wichtiges Instrument zum Schutz des Betreuten vor einer übermäßigen oder sogar missbräuchlichen Ausübung der dem Betreuer mit der Bestellung eingeräumten (Eingriffs-)Befugnisse durch eine unabhängige Stelle. Eine solche Kontrolle ist vor allem deshalb rechtsstaatlich geboten, weil der Staat mit der Betreuerbestellung einer Privatperson erhebliche Eingriffsbefugnisse überträgt und der Betroffene regelmäßig nicht in der Lage ist, die ordnungsgemäße Wahrnehmung dieser Befugnisse durch den Betreuer zu kontrollieren. Eine effektive, an den Wünschen des Betreuten ausgerichtete Aufsicht und Kontrolle kann dabei nur gelingen, wenn sie sich zentral am Maßstab der Selbstbestimmung der Betreuten orientiert. Das war in der Vergangenheit nicht immer der Fall. Generell besteht also ein Bedarf nach einer verstärkten Einbeziehung des Betreuten in die Aufsicht, insbesondere durch die Weiterentwicklung von bereits im Gesetz angelegten Instrumenten zur effektiven Einbindung des Betreuten und einer möglichst einvernehmlichen Betreuungsgestaltung.

Die stärkere Ausrichtung der Aufsicht am Selbstbestimmungsrecht des Betreuten will der Gesetzgeber durch folgende Maßnahmen erreichen: 47

- Die gerichtliche Kontrolle und Aufsicht hat sich an dem Maßstab des § 1821 Abs. 2–4 BGB zu orientieren (§ 1862 Abs. 1 BGB), dh Wünsche des Betreuten, hilfsweise sein mutmaßlicher Wille, sind im Hinblick auf konkret anstehende Maßnahmen zu ermitteln und im Rahmen der gesetzlichen Grenzen umzusetzen.
- Wenn Anhaltspunkte dafür vorliegen, dass der Betreuer pflichtwidrig den Wünschen des Betreuten entgegen den Vorgaben des § 1821 Abs. 2–4 BGB nicht oder nicht in geeigneter Weise entspricht oder seinen Pflichten gegenüber dem Betreuten in anderer Weise nicht nachkommt, muss das Betreuungsgericht den Betreuten künftig grundsätzlich persönlich anhören. Ausnahmsweise kann diese unterbleiben, wenn sie für einen Erkenntnisgewinn nicht geeignet oder nicht erforderlich ist, oder wenn eine der Voraussetzungen des § 34 Abs. 2 FamFG vorliegt.
- Es wurde ein obligatorischer Anfangsbericht über die persönlichen Verhältnisse des Betreuten eingeführt, der mit Übernahme der Betreuung zu erstellen ist, und der Angaben zu der persönlichen Ausgangssituation des Betreuten, den Betreuungszielen, den bereits durchgeführten und beabsichtigten Maßnahmen sowie zu den Wünschen des Betreuten hinsichtlich der Betreuung zu enthalten hat (§ 1863 Abs. 1 BGB). Durch dieses neue Instrument sollen eine möglichst frühzeitige Einbindung des Betreuten und eine Ermittlung von dessen Wünschen durch Betreuer und Betreuungsgericht erreicht werden. Durch die Feststellung der Gesamtsituation zu Beginn der Betreuung kann auch eine bessere Dokumentation von Entwicklungen bzw. der Erreichung von Zielen in den folgenden Jahresberichten erfolgen. Dem Rechtspfleger gibt der Anfangsbericht zudem eine gute Grundlage für die weitere Aufsichtsführung, da er zu einem für das Gelingen einer Betreuung besonders bedeutsamen frühen Zeitpunkt Kenntnis von den wesentlichen auf die Betreuung gerichteten Wünschen des Betreuten erhält, an denen er die weitere Aufsicht ausrichten kann. Der Rechtspfleger kann den Anfangsbericht zudem bei Bedarf mit dem Betreuten und dem Betreuer in einem persönlichen Gespräch erörtern.
- Der Gesetzgeber hat davon abgesehen, die Verpflichtung zur Erstellung eines Anfangsberichts auch für ehrenamtliche Betreuer mit einer familiären Beziehung oder persönlichen Bindung zum Betreuten einzuführen, um für diese Personengruppe keine zu großen Belastungen zu bewirken. Für diese Personen ist aber vorgesehen, dass das Betreuungsgericht mit dem Betreuten auf dessen Wunsch oder in anderen geeigneten Fällen ein Anfangsgespräch zur Ermittlung der ansonsten im Anfangsbericht anzugebenden Sachverhalte führt. Der ehrenamtliche Betreuer soll an dem Gespräch teilnehmen (§ 1863 Abs. 2 S. 2–3 BGB). Dieses Gespräch ersetzt das bisher nach § 289 Abs. 2 FamFG in geeigneten Fällen mit dem Betreuer und dem Betroffenen zu führende Einführungsgespräch, das in der Praxis kaum genutzt wurde. Um dem Selbstbestimmungsrecht hinreichend Rechnung zu tragen, wird jetzt- anders als in § 289 Abs. 2 FamFG aF – klar bestimmt, dass ein solches Gespräch stattzufinden hat, wenn der Betreute dies wünscht. In welchen weiteren Fällen der Rechtspfleger von dieser Möglichkeit Gebrauch macht, wird weiterhin der Einschätzung der Praxis überlassen. Gerade in Fällen, in denen der Betreute einen entsprechenden Wunsch nicht selbst äußert, ist das Anfangsgespräch ein geeignetes

Instrument, mit dessen Hilfe der Rechtspfleger eine frühzeitige Einbindung des Betreuten zur Ermittlung von dessen Wünschen im Rahmen eines persönlichen Kontakts und zur Vertrauensbildung zwischen den Beteiligten sicherstellen kann.

- Die laufende Aufsicht wird auch dadurch verbessert, dass die Pflichtangaben im Jahresbericht (§ 1863 Abs. 3 BGB) in Anlehnung an den Inhalt des Sozialberichts der Betreuungsbehörde deutlich erweitert und stärker auf die jeweilige Situation des Betreuten, dessen Befinden und Sichtweise auf die Betreuung fokussiert werden. So hat der Betreuer unter anderem präzise Angaben zu Art, Umfang und Anlass der persönlichen Kontakte zum Betreuten sowie zu dem persönlichen Eindruck von diesem zu machen. Bereits durchgeführte und beabsichtigte Maßnahmen, insbesondere solche, die gegen den Willen des Betreuten erfolgen, sind gesondert zu beschreiben. Neu ist zudem, dass jährlich die weitere Erforderlichkeit der Betreuung und ihres Umfangs sowie ggf. eines Einwilligungsvorbehalts ausdrücklich und substanziiert dargelegt werden muss (§ 1863 Abs. 3 S. 3 Nr. 3 BGB). Diese Berichtspflicht soll den Erforderlichkeitsgrundsatz stärken und das Betreuungsgericht in die Lage versetzen, eine Aufhebung oder Einschränkung der Betreuung zu prüfen. Auch im Rahmen der jährlichen Berichterstattung ist eine stärkere Einbeziehung des Betreuten dadurch vorgesehen, dass eine Pflicht des Betreuers zur Besprechung des Jahresberichts mit diesem eingeführt wird (§ 1863 Abs. 3 S. 2 BGB).
- Schließlich wurden in § 1864 BGB sämtliche bisher an unterschiedlichen Stellen geregelten Auskunfts- und Mitteilungspflichten des Betreuers zusammengefasst und um die Pflicht ergänzt, dem Betreuungsgericht wesentliche Änderungen der persönlichen und wirtschaftlichen Verhältnisse des Betreuten unverzüglich mitzuteilen (§ 1864 Abs. 1 S. 2 BGB), damit das Gericht zeitnah in die Lage versetzt wird, seiner Aufsichtspflicht nachzukommen.

g) Maßnahmen zur Entlastung der Betreuungsgerichte

48 Durch verschiedene Einzelmaßnahmen beabsichtigt der Gesetzgeber, die Betreuungsgerichte von nicht notwendigem verwaltungsmäßigem Aufwand zu entlasten, um den an anderer Stelle entstehenden Mehraufwand zu kompensieren. In diesem Zusammenhang sind in erster Linie folgende Neuregelungen zu nennen:

- Der Kreis der befreiten Betreuer wurde gegenüber dem bisher geltenden Recht erweitert (auf alle Verwandten in gerader Linie und Geschwister, § 1859 Abs. 2 S. 1 BGB). Darüber hinaus können vom Gericht unter bestimmten Bedingungen auch weitere Betreuer von der Rechnungslegung befreit werden (§ 1859 Abs. 2 S. 2 BGB). Die Prüfung der periodischen Rechnungslegung wird für die Gerichte auch dadurch vereinfacht, dass auf eine Belegvorlage verzichtet werden kann (§ 1865 Abs. 3 BGB).
- In Zukunft sind „befreite“ Betreuer nach § 1859 Abs. 2 BGB auch von der Verpflichtung zur Erstellung einer umfangreichen Schlussrechnung (§§ 1872, 1873 BGB) befreit. Stattdessen muss am Ende einer „befreiten“ Betreuung ein Vermögensverzeichnis mit eidesstattlicher Versicherung vorgelegt werden. Im Übrigen besteht die Prüfungsverpflichtung des Betreuungsgerichts hinsichtlich einer Schlussrechnung oder (im Falle der befreiten Betreuung) des Vermögensverzeichnisses nicht

mehr in jedem Fall, sondern nach dem Tod des Betreuten oder bei Aufhebung der Betreuung nur noch auf Antrag (§ 1873 Abs. 3 BGB).

- Die Neuregelung der Geltendmachung der Aufwandspauschale von ehrenamtlichen Betreuern bringt eine weitere Entlastung der Gerichte (§ 1878 Abs. 4 BGB). In Zukunft reicht es aus, dass ein ehrenamtlicher Betreuer seinen Anspruch einmalig ausdrücklich gerichtlich geltend macht, anschließend gilt die Einreichung des Berichts nach § 1863 Abs. 3 BGB als Folgeantrag. So wird für die ehrenamtlichen Betreuer ein Anreiz gesetzt, den Bericht fristgemäß einzureichen, was wiederum die Gerichte von Nachfragen oder Mahnungen entlastet.
- Im Rahmen der Prüfung der Mittellosigkeit kann zukünftig auf die Einkommensprüfung verzichtet werden. Diese Prüfung ist häufig sehr zeitaufwendig, bringt aber in den allermeisten Fällen kein anderes Ergebnis als die ausschließliche Berücksichtigung des Vermögens.
- Künftig besteht die Möglichkeit der Dauervergütungsfestsetzung (§ 15 Abs. 2 VBVG, § 292 Abs. 2 FamFG).
- Schließlich ist eine erhebliche Entlastung der Gerichte dadurch zu erwarten, dass in Zukunft die für den beruflichen Betreuer anwendbare Vergütungstabelle einmalig und rechtssicher am Anfang der Betreuertätigkeit festgestellt werden soll (§ 8 Abs. 3 VBVG) und nicht mehr von den Betreuungsgerichten in jedem einzelnen Verfahren.

h) Maßnahmen zur Verbesserung der Qualität der Betreuung

Besondere Aufmerksamkeit hat der Gesetzgeber der Verbesserung der Qualität der Betreuung geschenkt. Das betrifft sowohl den ehrenamtlichen Betreuer, den Betreuungsverein und den beruflichen Betreuer. 49

aa) Ehrenamtlicher Betreuer

Die besondere Qualität der ehrenamtlichen Betreuung liegt bei Betreuern mit einer familiären Beziehung oder einer persönlichen Bindung zum Betreuten in dem bei Übernahme der Betreuung bereits bestehenden Näheverhältnis, das in aller Regel auf Seiten des Betreuers mit vertieften Kenntnissen über die persönlichen Wünsche, Vorstellungen und Präferenzen des Betreuten sowie der Bereitschaft zu einem erhöhten persönlichen Zeit- und Müheeinsatz verbunden ist. Bei den ehrenamtlichen Fremdbetreuern resultiert die spezifische Qualität aus dem besonderen persönlichen Engagement für eine unterstützungsbedürftige Person. Beide Ausgangssituationen können damit durchaus eine geeignete Grundlage für eine qualitätvolle, am Selbstbestimmungsrecht des Betreuten orientierte Betreuungsführung bilden. Andererseits gibt es zum Teil auch gravierende Qualitätsdefizite bei der ehrenamtlichen Betreuung, vor allem ein niedrigeres Informations- und Kenntnisniveau im Hinblick auf die rechtlichen Anforderungen an einen Betreuer, eine unzureichende Inanspruchnahme von Beratungs-, Begleitungs- und Fortbildungsangeboten sowie Mängel bei der praktischen Umsetzung des Gebots der „unterstützten Entscheidungsfindung“ im Rahmen der Betreuungsführung. Hier hat der Gesetzgeber angesetzt und Regelungen für eine verbesserte Beratung und Begleitung bei der Betreuungsausübung, insbesondere durch die Betreuungsvereine. 50

Wichtigster Punkt für die Qualitätssicherung der Betreuung ist, dass der Gesetzgeber nun ausdrücklich verlangt, dass eine natürliche Person persönlich geeignet und (im 51 gewerberechtlichen Sinn) zuverlässig sein muss, um zum Betreuer bestellt werden zu können (vgl. § 21 BtOG). Das hat der potenzielle Betreuer nachzuweisen und die Betreuungsbehörde soll das schon bei der Erstellung ihres Betreuervorschlags prüfen und im Rahmen ihrer Sozialberichterstattung dem Betreuungsgericht, das die Auswahlentscheidung im jeweiligen Betreuungsverfahren zu treffen hat, seine Einschätzung mitteilen. Von dem potenziellen ehrenamtlichen Betreuer wird verlangt, dass er der zuständigen Behörde ein Führungszeugnis und eine Auskunft aus dem Schuldnerverzeichnis vorlegt, die beide nicht älter als drei Monate sein sollen. Anders als bei beruflichen Betreuern wird allerdings darauf verzichtet, das Vorliegen der Voraussetzungen während der laufenden Betreuung in regelmäßigen Abständen erneut behördlich zu überprüfen. Vielmehr hat das Betreuungsgericht im weiteren Verlauf über die Aufsicht für eine hinreichende Kontrolle dieser Anforderungen Sorge zu tragen.

52 Eine kompetente und konstante Begleitung von ehrenamtlichen Betreuern während der Betreuungsführung durch Schulung, Beratung sowie sonstige Unterstützung will der Gesetzgeber in erster Linie durch die Betreuungsvereine sicherstellen, indem er die ehrenamtlichen Betreuer an die Betreuungsvereine heranführt. Umgesetzt werden soll dies vor allem durch den Abschluss einer Vereinbarung über eine kontinuierliche Beratung, Fortbildung und Unterstützung zwischen dem potenziellen ehrenamtlichen Betreuer und einem anerkannten Betreuungsverein. Der Abschluss einer derartigen Vereinbarung und die damit einhergehende Kooperation zwischen Betreuungsverein und Betreuer ist für alle ehrenamtlichen Betreuer grundsätzlich wünschenswert. Für ehrenamtliche Betreuer mit einer familiären Beziehung oder persönlichen Bindung zum Betreuten kann der Abschluss einer derartigen Vereinbarung aber nicht zur Verpflichtung gemacht werden. Insoweit sieht § 22 Abs. 1 BtOG für diese Gruppe von ehrenamtlichen Betreuern deswegen nur die Möglichkeit vor, dass sie eine solche Vereinbarung abschließen können, während nach § 22 Abs. 2 BtOG die „ehrenamtlichen Fremdbetreuer“ eine solche Vereinbarung abschließen sollen – dh im Regelfall müssen. Zusätzlich bestimmt § 12 Abs. 1 S. 3 BtOG, dass die Betreuungsbehörde dem Betreuungsgericht Personen aus dieser Gruppe nur dann als Betreuer vorschlagen soll, wenn sie sich zum Abschluss einer solchen Vereinbarung bereit erklärt haben. Neben der Verpflichtung des ehrenamtlichen Betreuers zur Teilnahme an einer Einführungsschulung über die Grundlagen der Betreuungsführung sowie an regelmäßigen Fortbildungen hat die Vereinbarung als Mindestinhalt die Benennung eines Mitarbeiters des Vereins als festen Ansprechpartner sowie die Erklärung der Bereitschaft des Vereins zur Übernahme einer Verhinderungsbetreuung.

53 Betreuungsvereine haben oft keinen Zugang zu dem hohen Anteil an ehrenamtlichen Betreuern, die eine familiäre Beziehung oder persönliche Bindung zum Betreuten haben. Deshalb hat der Gesetzgeber nun mit § 10 BtOG eine Rechtsgrundlage dafür geschaffen, dass die Betreuungsbehörde Name und Anschrift der vom Betreuungsgericht bestellten ehrenamtlichen Betreuer dieses Typs einem an dessen Wohnsitz anerkannten Betreuungsverein mitteilen kann, um dem Verein eine gezielte Kontaktaufnahme zu ermöglichen.

54 Die Qualität der ehrenamtlichen Betreuung soll weiter dadurch verbessert werden, dass das Betreuungsgericht schon vorsorglich einen Verhinderungsbetreuer bestellen kann,

der die Angelegenheiten des Betreuten zu besorgen hat, wenn und soweit der Betreuer aus tatsächlichen Gründen verhindert ist (§ 1817 Abs. 4 BGB). Damit kann vermieden werden, dass im Falle einer vorübergehenden tatsächlichen Verhinderung eines Betreuers, insbesondere wegen Krankheit oder Urlaubs, bei einem in dieser Zeit bestehenden Betreuungsbedarf jedes Mal von Neuem erst ein gerichtliches Verfahren zur Bestellung eines Verhinderungsbetreuers eingeleitet werden muss. Neu geregelt ist zudem in diesem Zusammenhang die Möglichkeit, einen anerkannten Betreuungsverein zum Verhinderungsbetreuer zu bestellen, und zwar auch dann, wenn die engen Voraussetzungen des § 1818 Abs. 1 BGB nicht vorliegen. Das kommt insbesondere für solche ehrenamtlichen Betreuer in Betracht, die mit dem Betreuungsverein eine Vereinbarung nach § 15 Abs. 1 Nr. 4 BtOG abgeschlossen haben.

Der Kreis der von Gesetzes wegen befreiten Betreuer wurde auf die Verwandten in 55
gerader Linie, so dass auch Großeltern und Enkel befreite Betreuer sind, sowie auf die Geschwister des Betreuten erweitert (§ 1859 Abs. 2 BGB). Neu eingeführt wurde zudem eine Befreiung dieser Betreuer von der Schlussrechnungslegung nach (§ 1872 Abs. 4 BGB). Stattdessen haben sie nur eine Vermögensübersicht mit einer Übersicht über die Einnahmen und Ausgaben seit der letzten Vermögensübersicht zu erstellen und deren Richtigkeit an Eides statt zu versichern. Gerade in Fällen der Betreuung von Angehörigen stellt die Pflicht zur Schlussrechnung für die ehrenamtlichen Betreuer eine große Belastung dar, da diese sich auf den gesamten – häufig sehr langen – Betreuungszeitraum eine Schlussrechnungslegung beziehen muss.

Schließlich wird es für ehrenamtliche Betreuer künftig Erleichterungen hinsichtlich der 56
Geltendmachung der Aufwandspauschale nach § 1878 BGB geben. Die bisherige knapp bemessene Frist von drei Monaten nach Ablauf des Jahres, in dem der Anspruch entstanden ist, wurde auf sechs Monate verlängert. Außerdem reicht es in Zukunft aus, dass ein ehrenamtlicher Betreuer seinen Anspruch einmalig ausdrücklich gerichtlich geltend gemacht hat. Die Einreichung des Jahresberichts gilt dann als Folgeantrag für die nachfolgenden Jahre eine spürbare Entlastung der ehrenamtlichen Betreuer von bürokratischem Aufwand.

bb) Betreuungsvereine

Die Betreuungsvereine spielen eine entscheidende Rolle bei der Gewinnung, Beratung, 57
Begleitung und Fortbildung ehrenamtlicher Betreuer („Querschnittsarbeit"). Um das zu unterstützen bestand ein wesentlicher Baustein der Reform darin, die bundesgesetzlich möglichen Maßnahmen zu ergreifen, um die bislang in zahlreichen Regionen unzureichende, in der Verantwortung der Länder und Gemeinden liegende staatliche Finanzierung der unverzichtbaren Querschnittsarbeit der Betreuungsvereine nachhaltig zu verbessern. Zu diesem Zweck hat der Bundesgesetzgeber eine ausdrückliche gesetzliche Beschreibung der Aufgaben der Betreuungsvereine in das BtOG aufgenommen, die neben die bisher schon bundesgesetzlich geregelten Anerkennungsvoraussetzungen gestellt wurden. Hierdurch soll insbesondere klargestellt werden, dass die Betreuungsvereine Aufgaben im öffentlichen Interesse wahrnehmen und Anspruch auf eine bedarfsgerechte finanzielle Ausstattung mit öffentlichen Mitteln zur Wahrnehmung der ihnen bundesgesetzlich zugewiesenen Aufgaben haben.

58 Damit ehrenamtlich tätige Betreuer die qualifizierte Begleitung durch Betreuungsvereine auch in Anspruch nehmen, wurde durch die Einführung des Instruments der Vereinbarung über eine Begleitung und Unterstützung, die von ehrenamtlichen Fremdbetreuern abgeschlossen werden soll und von den Angehörigenbetreuern abgeschlossen werden kann, für eine engere Anbindung von ehrenamtlichen Betreuern an Betreuungsvereine gesorgt. Die die hierdurch erreichte stärkere Vernetzung ist durch das Zusammenwirken von Fachwissen und methodischem Können der Fachkräfte und besonderem persönlichen Einsatz der ehrenamtlichen Betreuer geeignet, eine hohe Qualität der Betreuungsausübung sicherzustellen.

59 In Bezug auf die Übernahme von Betreuungen als zweitem Standbein der Betreuungsvereine wurde eine Aufwertung der Stellung der Betreuungsvereine im Betreuungswesen dadurch bewirkt, dass das in § 1908i Abs. 1 S. 1 in Verbindung mit § 1836 Abs. 3 BGB aF bestimmte Vergütungsverbot für den Fall, dass der Verein zum Betreuer bestellt wird, aufgehoben wurde. In § 13 Abs. 1 VBVG wurde als Folgeregelung insoweit klargestellt, dass dem Betreuungsverein nur dann eine Vergütung zu bewilligen ist, wenn der Mitarbeiter, dem der Betreuungsverein gem. § 1818 Abs. 2 BGB die Führung der Betreuung übertragen hat, als beruflicher Betreuer registriert ist.

cc) Berufliche Betreuer

60 Die berufliche Betreuung hat sich als wesentliche, unverzichtbare Säule des Betreuungsrechts fest etabliert, dh der Erhalt und die Sicherung einer qualitativ hochwertigen beruflichen Betreuung liegt im Interesse der Betreuten wie auch der übrigen im Betreuungswesen beteiligten Akteure. Es hat aber bislang an einheitlichen und transparenten Zugangsanforderungen gefehlt, die ein Mindestmaß an Sachkunde sowie die persönliche Eignung und Zuverlässigkeit des beruflichen Betreuers gewährleisten. Ein weiteres Kernstück der Betreuungsrechtsreform bildet daher die bundesgesetzliche Einführung eines formalen Zugangs- und Registrierungsverfahrens für berufliche Betreuer (selbstständige Berufsbetreuer und Vereinsbetreuer). In diesem sollen die persönliche Eignung und Zuverlässigkeit (geordnete Vermögensverhältnisse, Vorlage eines Führungszeugnisses), eine ausreichende Sachkunde (Vorhandensein bestimmter Fachkenntnisse) sowie das Vorliegen einer Berufshaftpflichtversicherung zur Deckung der sich aus der Berufstätigkeit ergebenden Haftpflichtgefahren nachgewiesen werden. Die Anknüpfung an die Anzahl der geführten Betreuungen als das bislang allein maßgebliche Kriterium für die Feststellung der Berufsmäßigkeit wurde abgeschafft.

61 Das in den §§ 23 ff. BtOG-E geregelte Registrierungsverfahren weist die folgenden wesentlichen Elemente auf:

- Zuständig für das Registrierungsverfahren ist die Betreuungsbehörde am Sitz bzw. hilfsweise dem Wohnsitz des beruflichen Betreuers, die damit die neue Aufgabe erhalten soll, für berufliche Betreuer als Stammbehörde zu fungieren (vgl. § 2 BtOG), und in dieser Funktion alle einen beruflichen Betreuer betreffenden Informationen bündeln und für andere Betreuungsbehörden und die Gerichte in aktueller Form verfügbar halten soll.
- Das Registrierungsverfahren wurde niedrigschwellig ausgestaltet, insbesondere wurde keine Sachkundeprüfung eingeführt. Vielmehr hat der Antragsteller die in

§ 24 Abs. 1 BtOG vorgesehenen Nachweise zu erbringen und auch nach seiner Registrierung fortlaufend die in § 25 BtOG bestimmten Mitteilungs- und Nachweispflichten zu erfüllen.

- Die Registrierung gilt bundesweit und dem Antragsteller stehen die bei Versagung und Widerruf bzw. Rücknahme die in § 40 Abs. 1 S. 1 VwGO vorgesehenen Rechtsbehelfe zu.
- Die Einzelheiten zu den Voraussetzungen der Registrierung, insbesondere zu den Anforderungen an die Sachkunde und ihren Nachweis, werden im Wege einer Rechtsverordnung des BMJ mit Zustimmung des Bundesrates geregelt.[6]
- Im Abschnitt 5 des BtOG wurden Übergangsvorschriften geschaffen, durch die der Bestandsschutz für derzeit tätige berufliche Betreuer gewährleistet wird (§ 32 BtOG).
- Für den beruflichen Betreuer neu geregelt ist auch, dass die einschlägige Vergütungstabelle nach § 8 Abs. 3 VBVG nur einmalig festgestellt wird. Diese Feststellung wird künftig nicht mehr von den Gerichten in jedem einzelnen Verfahren vorgenommen werden, sondern einmal zu Beginn der Betreuertätigkeit durch einen Justizverwaltungsakt. Dies soll zum einen die Betreuungsgerichte entlasten, die zukünftig nicht mehr in jedem einzelnen Verfahren zu prüfen haben, welche Vergütungsstufe jeweils anwendbar ist. Zum anderen soll dies auch den beruflichen Betreuern Planungs- und Rechtssicherheit geben, damit diese sich für ihre gesamte Betreuertätigkeit auf eine sichere finanzielle Grundlage verlassen können.

i) Maßnahmen zum Schutz des Betreuten vor Missbrauch

Zur Sicherung der Qualität rechtlicher Betreuung gehört es, dass der Betreute möglichst 62 effektiv gegen den Missbrauch der dem Betreuer übertragenen Handlungsbefugnisse geschützt ist.

aa) Regelmäßige Abfragen beim Bundeszentralregister und den Schuldnerverzeichnissen

§ 25 Abs. 2 BtOG schreibt vor, dass der berufliche Betreuer der Stammbehörde ab der 63 Registrierung alle drei Jahre unaufgefordert ein Führungszeugnis und eine Auskunft aus dem zentralen Schuldnerverzeichnis vorzulegen sowie die Erklärung abzugeben hat, ob ein Insolvenz-, Ermittlungs- oder Strafverfahren gegen ihn anhängig ist. Ein vergleichbares Verfahren ist allerdings für ehrenamtliche Betreuer nicht vorgesehen, da dies für diese Personengruppe eine unverhältnismäßige Belastung darstellen würde.

bb) Einführung eines Vier-Augen-Prinzips bei der Erstellung des Vermögensverzeichnisses

Das Betreuungsgericht kann bei konkreten Anhaltspunkten dafür, dass die Kontrolle 64 der Richtigkeit und Vollständigkeit des Vermögensverzeichnisses durch eine dritte Person zum Schutz des Vermögens des Betreuten erforderlich ist, eine solche zur Erstellung des Vermögensverzeichnisses hinzuziehen (§ 1835 Abs. 4 BGB). Dies gilt insbesondere bei der erstmaligen Inaugenscheinnahme von Vermögensgegenständen, etwa dem erstmaligen Betreten einer Wohnung oder der Öffnung eines Schließfachs. Als zu benennende Personen kommen insbesondere die in § 1835 Abs. 3 BGB genannten Personen (Notar, Betreuungsbehörde, Sachverständiger) in Betracht, aber auch andere Personen als Zeugen ohne weitere spezifische Fachkenntnisse.

6 Die Verordnung gibt es derzeit noch nicht. Der Regierungsentwurf ist als Anhang des BtOG abgedruckt.

cc) Übersendung des Vermögensverzeichnisses an den Betreuten

65 Damit der Betreute selbst die Möglichkeit erhält, das vom Betreuer eingereichte Vermögensverzeichnis zu überprüfen, soll es ihm grds. gem. § 1835 Abs. 6 BGB zur Kenntnis gegeben werden. Die Übersendung einer Kopie reicht.

dd) Genereller Ausschluss bestimmter Personen von der Betreuertätigkeit

66 Als weitere Maßnahme zur Vorbeugung von Missbrauch der Betreuerstellung wurde die bisher in § 1897 Abs. 3 BGB aF normierte Regelung über den Ausschluss bestimmter Personen von der Bestellung als Betreuer ausgeweitet: Während bisher nur ein Abhängigkeitsverhältnis oder eine sonstige enge Beziehung zu einer Wohn- oder Unterbringungseinrichtung zu einem Ausschluss als Betreuer führte, gilt das zukünftig auch für alle Personen mit einer engen Verbindung zu solchen ambulanten Diensten, die in der Versorgung des Volljährigen tätig sind (§ 1816 Abs. 6 BGB). Ebenso wie bei abhängig Beschäftigten von Wohneinrichtungen besteht auch bei diesen Personen die Gefahr von Interessenkonflikten, da häufig auch die Kontrolle der ambulanten Versorgung zu den Aufgaben eines Betreuers gehört. Eine Ausnahme von dem Bestellungsverbot wurde für den Fall vorgesehen, dass im Einzelfall die konkrete Gefahr einer Interessenkollision nicht besteht.

ee) Auskunftspflicht des Betreuers gegenüber nahestehenden Angehörigen

67 Insbesondere bei Betreuten, die sich krankheits- oder behinderungsbedingt nicht äußern können, besteht die Gefahr des Missbrauchs der Betreuerstellung und der Isolierung des Betreuten, weil Angehörigen kein Recht auf Information gegenüber dem Betreuer zusteht. Deswegen hat der Gesetzgeber die Pflicht des Betreuers eingeführt, nahestehenden Angehörigen und sonstigen Vertrauenspersonen Auskunft über die persönlichen Lebensumstände des Betreuten zu geben, soweit dies einem nach § 1821 Abs. 2–4 BGB-E zu beachtenden Wunsch oder dem mutmaßlichen Willen des Betreuten entspricht und dem Betreuer zuzumuten ist (§ 1822 BGB). Maßstab für eine etwaige Auskunftspflicht ist also in jedem Fall der Wunsch bzw. mutmaßliche Wille des Betreuten.

3. Pflegschaftsrecht

68 Der Gesetzgeber hat die Pflegschaft für Minderjährige (die Ergänzungs- und den Unterfall der Zuwendungspflegschaft sowie die Pflegschaft für ein ungeborenes Kind) nun systematisch zwischen Vormundschaft und Betreuung eingestellt (§§ 1809–1811 BGB) und die sonstigen Pflegschaften (Pflegschaft für unbekannte Beteiligte, Abwesende sowie für ein gesammeltes Vermögen) nach den Betreuungsvorschriften eingeordnet (§§ 1882–1884 BGB). Die Nachlasspflegschaft bleibt im Erbrecht geregelt, ist aber eine sonstige Pflegschaft.

69 Damit wird deutlich gemacht, dass bei Pflegschaft für Minderjährige der Pfleger in dem ihm übertragenen Bereich dieselbe Stellung wie ein Vormund hat. Das Familiengericht hat mithin den für das Kind am besten geeigneten Pfleger auszuwählen und es gelten für diesen die Regeln des Vormundschaftsrechts. Wegen der Verschiebung der Vorschriften über die Vermögenssorge in das Betreuungsrecht wird für diese sonstigen Pflegschaften jetzt direkt – ohne den Umweg über das Vormundschaftsrecht – in das Betreuungsrecht verwiesen.

Für die Vergütung gelten die Pauschalen des Betreuungsrechts nicht, hier bleibt es grundsätzlich bei der Abrechnung nach Stunden. 70

4. Änderungen bei der Vergütung von Vormund und Betreuer

a) Grundsätze und Systematik

Im BGB sind künftig nur noch die Ansprüche des nicht berufsmäßig tätigen Vormunds und des ehrenamtlichen Betreuers auf Vorschuss, Aufwendungsersatz und Aufwandsentschädigung sowie die ihm gegebenenfalls zu bewilligende Ermessensvergütung geregelt. 71

Die Bestimmungen bezüglich der Ansprüche der beruflich tätigen Vormünder und Betreuer einschließlich des Jugendamts und der Betreuungsbehörde auf Aufwendungsersatz und Vergütung sind künftig im VBVG zu finden (§§ 1 Abs. 3, 7 VBVG, §§ 1875 Abs. 2,1808 Abs. 3 BGB). Dabei werden die Ansprüche auf Vergütung und Aufwendungsersatz des Vormunds von denen des Betreuers getrennt. In den §§ 1 bis 6 VBVG sind ausschließlich die Feststellung der Berufsmäßigkeit, der Schuldner sowie Vergütung und Aufwendungsersatz des Vormunds geregelt. Die Verweisung auf das Vormünder- und Betreuervergütungsgesetz erfolgt über § 1808 Abs. 3 BGB. Vergütung und Aufwendungsersatz des beruflichen Betreuers sind nunmehr in den §§ 7 ff. VBVG erfasst. Hier erfolgt die maßgebliche Verweisung über § 1875 Abs. 2 BGB. 72

Entsprechend der neuen Systematik wird das Vergütungsverbot für Jugendamt und Betreuungsbehörde (§§ 1836 Abs. 3, 1908i Abs. 1 BGB) in das VBVG (§§ 6, 14 Abs. 3 VBVG) übernommen, ebenso der Anspruch der Betreuungsbehörde als Betreuer auf Aufwendungsersatz bei nicht mittellosen Betreuten (§ 14 Abs. 3 VBVG). 73

Für den beruflichen Betreuer, dessen Pauschalvergütung (§§ 7, 8 VBVG) auch den Aufwendungsersatz abgilt, haben sich in erster Linie die Regelungen zur anwendbaren Vergütungstabelle im Hinblick auf das neu eingeführte Registrierungsverfahren nach dem BtOG geändert. Die übrigen Regelungen sind im Wesentlichen gleichgeblieben (vgl. §§ 7–9 VBVG). Neu sind die Vergütungsregeln für den Vormundschafts- und Betreuungsverein (§§ 5, 13 VBVG-E), die notwendig sind, weil das Vergütungsverbot für die Vereine (§§ 1908i, 1836 Abs. 3 BGB aF) aufgehoben worden ist. 74

b) Vergütung und Aufwendungsersatz des Vormunds

Vergütung und Aufwendungsersatz für den Vormund werden jetzt in den §§ 1 bis 6 VBVG geregelt, wobei im Hinblick auf den Aufwendungsersatz des Vormunds eine Rückverweisung in das BGB erfolgt. 75

§ 1 Abs. 3 VBVG stellt für den Vormund künftig nicht mehr darauf ab, ob das Amt entgeltlich (§ 1836 Abs. 1 S. 2 BGB aF), sondern darauf, ob es berufsmäßig geführt wird. Sowohl die Berufsmäßigkeit als auch die Ansprüche des berufsmäßig tätigen Vormunds auf Vergütung und Vorschuss oder Ersatz von Aufwendungen bestimmen sich nach dem VBVG. § 1 Abs. 1 VBVG enthält insofern künftig die Voraussetzungen für die vom Gericht festzustellende Berufsmäßigkeit des Vormunds. Ein neu eingefügter § 1 Abs. 2 VBVG definiert die Berufsmäßigkeit der Vormundschaftstätigkeit, soweit diese vom Vereinsvormund oder dem Jugendamt als Vormund oder dem Vormundschaftsverein oder Jugendamt als vorläufiger Vormund ausgeübt wird. 76

77 Das Gericht hat wie bisher dem Vormund die nach dem VBVG vorgesehene Vergütung zu bewilligen. Ansprüche auf Vorschuss und Ersatz von Aufwendungen nach den Vorschriften des BGB kommen für berufsmäßig tätige Vormünder nur in Betracht, soweit das VBVG im Wege der Rückverweisung auf diese verweist.

78 Eine wesentliche materiellrechtliche Änderung des Vergütungsrechts erfolgte durch die Einführung einer Vergütung für den Vormundschaftsverein, wenn ein Mitarbeiter des Vereins als Vereinsvormund (§ 1774 Abs. 1 Nr. 3 BGB) oder der Vormundschaftsverein als solcher als vorläufiger Vormund (§ 1774 Abs. 2 Nr. 2 BGB) bestellt wird. Damit wurde das Verbot einer Vergütung für den Vormundschaftsverein (§ 1836 Abs. 3 BGB aF) gestrichen. Der Vormundschaftsverein hat einen Anspruch auf Vergütung und Aufwendungsersatz, wenn ein Vereinsvormund (also einer seiner Mitarbeiter) bestellt wird (§ 5 Abs. 1 S. 1 und S. 3 VBVG). Ausgenommen sind Dienste, die zum Beruf oder Gewerbe des Vormunds gehören (§ 5 Abs. 1 Satz 1 und Satz 3 VBVG, Hs. 2 VBVG). Der Vereinsvormund selbst kann keine Vergütung und keinen Aufwendungsersatz verlangen, § 5 Abs. 2 VBVG. Dem Vormundschaftsverein ist, wenn er als vorläufiger Vormund (§ 1774 Abs. 2 Nr. 2 BGB) bestellt wird, eine entsprechende Vergütung zu bewilligen (§ 5 Abs. 1 S. 2 VBVG), wenn er sich hierfür seiner Mitarbeiter bedient, da er auch insoweit dann die Voraussetzungen einer berufsmäßigen und damit zu vergütenden Tätigkeit erfüllt.

79 Die vormundschaftsrechtliche Verweisung gemäß § 1808 Abs. 2 BGB-E auf das Betreuungsrecht umfasst nicht die für das Betreuungsrecht geltende Vorschrift zum gesetzlichen Forderungsübergang (§ 1881 BGB). Ist der Mündel mittellos im Sinne des § 1880 BGB, richten sich die Ansprüche des Vormunds gegen die Staatskasse (§§ 1879 iVm 1808 Abs. 2 BGB), ohne dass diese aufgrund eines übergegangenen Anspruchs Rückgriff beim Mündel nehmen kann. Das ergibt sich mittelbar auch aus § 16 Abs. 2 VBVG, der den Rückgriff der Staatskasse nur beim Betreuten vorsieht.

c) Vergütung und Aufwendungsersatz des Betreuers

80 Vergütung und Aufwendungsersatz für einen beruflichen Betreuer sind jetzt in den §§ 7–16 VBVG geregelt, wobei im Hinblick auf den Aufwendungsersatz des beruflichen Betreuers, soweit dieser im Ausnahmefall geltend gemacht werden kann, eine Rückverweisung in das BGB erfolgt. § 7 Abs. 1 VBVG stellt für den Vergütungsanspruch künftig nicht mehr darauf ab, ob das Amt berufsmäßig geführt wird (bisher § 4 Abs. 1 iVm § 1 Abs. 2 VBVG), sondern darauf, ob es sich um einen beruflichen Betreuer nach § 19 Abs. 2 BtOG handelt. Die Ansprüche des beruflichen Betreuers auf Vergütung und Aufwendungsersatz bestimmen sich grundsätzlich nach dem VBVG.

81 Anders als im bisher geltenden Recht erfolgt die Feststellung, welche Vergütungstabelle (A, B oder C) für die Vergütung eines beruflichen Betreuers maßgeblich ist, nicht mehr inzident im Rahmen der einzelnen Vergütungsfestsetzung, sondern – abhängig von der Art der Registrierung der beruflichen Betreuer – entweder einmalig zu Beginn ihrer Betreuertätigkeit (Neubetreuer) oder einmalig zu Beginn eines Betreuungsverfahrens (vorläufig registrierte Altbetreuer, vgl. § 8 Abs. 3 VBVG). Diese Feststellung erfolgt durch Justizverwaltungsakt auf Antrag des beruflichen Betreuers, wenn er nach dem Betreuungsorganisationsgesetz registriert worden ist. Diese Regelung gilt für alle Be-

treuer, die nach Inkrafttreten dieses Gesetzes ihre berufliche Betreuertätigkeit aufnehmen. Für alle anderen zu diesem Zeitpunkt schon tätigen Betreuer hängt die Anwendbarkeit dieser Regelung von der Art ihrer Registrierung ab. Soweit § 8 Abs. 3 VBVG nach § 19 Abs. 1 VBVG nicht anwendbar ist, erfolgt die Festsetzung der anzuwendenden Vergütungstabelle einmalig zu Beginn eines Betreuungsverfahrens durch das zuständige Betreuungsgericht (§ 19 Abs. 2 VBVG).

Zur Vereinfachung der Tätigkeit der Betreuungsgerichte im Rahmen der Vergütungs- 82
festsetzung ist bei der Änderung von vergütungsrelevanten Umständen generell auf die Umstände zum Ende des Abrechnungsmonats abzustellen (§ 9 Abs. 4 S. 2 VBVG). Die bisher erforderliche taggenaue Abrechnung bei der Änderung des Aufenthaltsortes wurde aufgegeben.

Schließlich haben die Betreuungsgerichte für die Fälle, in denen eine Änderung der ver- 83
gütungsrelevanten Umstände nicht mehr zu erwarten ist, die Möglichkeit zu einer Dauervergütungsfestsetzung (§ 15 Abs. 2 VBVG) und damit zu einer erheblichen Vereinfachung des Verfahrens. Das Vergütungsfestsetzungsverfahren des Betreuungsgerichts richtet sich in diesem Fall nach § 292 Abs. 2 FamFG.

Eine wesentliche materiellrechtliche Änderung erfolgt mit der Einführung einer Vergü- 84
tung für den Betreuungsverein, wenn der Betreuungsverein selbst als Betreuer (§ 1818 Abs. 1 BGB-E) bestellt wird. Damit wurde das Verbot einer Vergütung für den Betreuungsverein (§§ 1908i, 1836 Abs. 3 BGB) aufgegeben (§ 1836 Abs. 3 BGB). Da der Betreuungsverein künftig nicht nur in den engen Grenzen des § 1818 Abs. 1 BGB zum Betreuer, sondern nach § 1817 Abs. 4 BGB auch zum Verhinderungsbetreuer bestellt werden kann, ist die Beibehaltung des Vergütungsverbots nicht mehr zu rechtfertigen. Nach § 13 Abs. 1 S. 1 VBVG ist dem Betreuungsverein nur dann eine Vergütung zu bewilligen, wenn der Mitarbeiter, dem der Betreuungsverein gemäß § 1818 Abs. 2 BGB die Führung der Betreuung übertragen hat, als beruflicher Betreuer registriert ist.

Hat der Betreuungsverein die Wahrnehmung der Betreuung einer ehrenamtlich tätigen 85
Person übertragen, erhält der Betreuungsverein hierfür weder eine Vergütung noch eine Aufwandsentschädigung oder Aufwandspauschale. Eine ehrenamtlich tätige Person erhält nur dann eine Aufwandspauschale, wenn sie selbst zum Betreuer bestellt ist (§ 1878 Abs. 1 BGB-E).

5. Ehegatttennotvertretungsrecht

Eingeführt wird in § 1358 BGB eine auf eine Notvertretung beschränkte Vertretungs- 86
macht der Ehegatten füreinander für den Fall, dass ein Ehegatte aufgrund von Bewusstlosigkeit oder einer Krankheit seine Angelegenheiten der Gesundheitssorge rechtlich nicht mehr besorgen kann. Das Vertretungsrecht soll den Zeitraum im Anschluss an die Akutversorgung nach einem Unfall oder einer schweren Erkrankung abdecken bis der Patient wieder in der Lage ist, seine Angelegenheiten selbst zu besorgen. Mit dieser Regelung wird vermieden, dass in einer solchen für alle Beteiligten ohnehin äußerst belastenden Situation die Anordnung einer vorläufigen Betreuung nach § 300 FamFG erforderlich wird.

6. Internationales Privatrecht

87 Im Internationalen Privatrecht werden einige Anpassungen vorgenommen. Der neue Art. 7 Abs. 2 EGBGB beruft für die Geschäftsfähigkeit das Recht am gewöhnlichen Aufenthalt der Person. Ein Wechsel des gewöhnlichen Aufenthalts lässt eine bestehende Geschäftsfähigkeit unberührt. Vormundschaft, Betreuung und Pflegschaft werden im neuen Art. 24 EGBGB unter dem Begriff des Fürsorgeverhältnisses zusammengefasst. Soweit nicht vorrangige staatsvertragliche Regelungen, insbesondere das KSÜ und das ErwSÜ eingreifen, soll künftig für kraft Gesetzes oder durch Rechtsgeschäft begründete Fürsorgeverhältnisse das Recht am gewöhnlichen Aufenthalt des Schutzbedürftigen gelten (Art. 24 Abs. 1 EGBGB). Deutsche Gerichte sollen in diesen Fällen künftig stets ihr eigenes Recht anwenden können (Art. 24 Abs. 2 EGBGB). Nach dem neuen Art. 15 EGBGB soll die Regelung des § 1358 BGB zur Ehegattenvertretung in Angelegenheiten der Gesundheitsfürsorge, die im Inland wahrgenommen werden, für alle Ehepaare zur Anwendung kommen.

B. Kurzsynopse bisheriges und kommendes Vormundschafts-, Betreuungs- und Pflegschaftsrecht

Benutzungshinweise: Verwiesen wird jeweils auf die Regelung des neuen Rechts, welche der in der linken Spalte genannten Regelung entspricht oder welche die bisherige Norm ersetzt. Insofern muss nicht unbedingt inhaltliche Deckungsgleichheit bestehen. Vielmehr sind auch gerade die Normen aufgenommen, die in bewusster Abkehr von der bisherigen Rechtslage an die Stelle der jeweiligen Altregelung getreten sind.

Der Benutzer findet die entsprechenden Regelungen dann, indem er in dem Hauptteil der Synopse (Teil IV) die genannte Vorschrift des neuen Rechts aufsucht. Dort findet sich die neue Regelung mit der bis Dezember 2022 geltenden Regelung gegenübergestellt; dort ist auch genau zu entnehmen, welche Veränderungen sich im Einzelnen ergeben haben.

Die Kurzsynopse beschränkt sich auf §§ 1773 ff. BGB, EGBGB, BtOG, FamFG und VBVG.

I. BGB

1. Vormundschaft

88

Bis zum 31.12.2022 geltendes Recht (BGB)	Vom 1.1.2023 an geltendes Recht (BGB, FamFG, SGB VIII)
§ 1773 Voraussetzungen	§ 1773 Voraussetzungen der Vormundschaft, Bestellung des Vormunds
§ 1774 Anordnung von Amts wegen	*Geht in § 1773 Abs. 2 auf.*
§ 1775 Mehrere Vormünder	§ 1775 Mehrere Vormünder
§ 1776 Benennungsrecht der Eltern § 1777 Voraussetzungen des Benennungsrechts	§ 1782 Benennung und Ausschluss als Vormund durch die Eltern
§ 1778 Übergehen des benannten Vormunds	§ 1783 Übergehen des benannten Vormunds
§ 1779 Auswahl durch das Familiengericht	§ 1778 Auswahl des Vormunds durch das Familiengericht
§ 1780 Unfähigkeit zur Vormundschaft § 1781 Untauglichkeit zur Vormundschaft § 1782 Ausschluss durch die Eltern	§ 1784 Ausschlussgründe
§ 1783 *(bereits vorher weggefallen)*	
§ 1784 Beamter oder Religionsdiener als Vormund	*keine Entsprechung mehr*
§ 1785 Übernahmepflicht	§ 1785 Übernahmepflicht, weitere Bestellungsvoraussetzungen
§ 1786 Ablehnungsrecht § 1787 Folgen der unbegründeten Ablehnung § 1788 Zwangsgeld	*Aufgegangen in § 1785 durch die Begrenzung der Übernahmepflicht durch das Kriterium der Zumutbarkeit*
§ 1789 Bestellung durch das Familiengericht	§ 168a FamFG Inhalt der Beschlussformel und Wirksamwerden der Beschlüsse

§ 1790 Bestellung unter Vorbehalt	§ 1781 Bestellung eines vorläufigen Vormunds
§ 1791 Bestallungsurkunde	§ 168b FamFG Bestallungsurkunde
§ 1791a Vereinsvormundschaft	§ 1774 Vormund
§ 1791b Bestellte Amtsvormundschaft des Jugendamts § 1791b Gesetzliche Amtsvormundschaft des Jugendamts	§ 1786 Amtsvormundschaft bei Fehlen eines sorgeberechtigten Elternteils § 1787 Amtsvormundschaft bei vertraulicher Geburt § 168b II FamFG
§ 1792 Gegenvormund	*entfällt*
ohne bisherige Regelung	§ 1776 Zusätzlicher Pfleger § 1777 Übertragung von Sorgeangelegenheiten auf die Pflegeperson als Pfleger
§ 1793 Aufgaben des Vormunds, Haftung des Mündels § 1794 Beschränkung durch Pflegschaft	§ 1791 Aufnahme des Mündels in den Haushalt des Vormunds § 1789 Sorge des Vormunds, Vertretung und Haftung des Mündels 1790 Amtsführung des Vormunds, Auskunftspflicht
§ 1795 Ausschluss der Vertretungsmacht	§ 1789 Sorge des Vormunds, Vertretung und Haftung des Mündels (mit Verweis in Abs. 2 auf § 1824) § 1824 Ausschluss der Vertretungsmacht
§ 1796 Entziehung der Vertretungsmacht	§ 1789 Sorge des Vormunds, Vertretung und Haftung des Mündels
§ 1797 Mehrere Vormünder	§ 1792 Gemeinschaftliche Führung der Vormundschaft, Zusammenarbeit von Vormund und Pfleger
§ 1798 Meinungsverschiedenheiten	§ 1793 Entscheidung bei Meinungsverschiedenheiten
§ 1799 Pflichten und Rechte des Gegenvormunds	*entfällt*
§ 1800 Umfang der Personensorge	§ 1795 Gegenstand der Personensorge, Genehmigungspflichten
§ 1801 Religiöse Erziehung	*entfällt,* *beachte aber die Rücksichtnahmeverpflichtung bei der Auswahl des Vormunds in §§ 1778 II Nr. 1, 1788*
ohne Vorbild	§ 1788 Rechte des Mündels
§ 1802 Vermögensverzeichnis	§ 1835 Vermögensverzeichnis § 1798 Grundsätze und Pflichten des Vormunds in der Vermögenssorge – *Verweis in Abs. 1 und 2 auf §§ 1835 Abs. 1–5, 1836, 1837 und 1839–1847*
§ 1803 Vermögensverwaltung bei Erbschaft oder Schenkung	§ 1837 Vermögensverwaltung durch den Betreuer bei Erbschaft und Schenkung

§ 1804 Schenkungen des Vormunds	§ 1798 Grundsätze und Pflichten des Vormunds in der Vermögenssorge – Abs. 3
§ 1805 Verwendung für den Vormund	§ 1836 Trennungsgebot, Verwendung des Vermögens für den Betreuer
§ 1806 Anlegung von Mündelgeld	§ 1839 Bereithaltung von Verfügungsgeld § 1840 Bargeldloser Zahlungsverkehr § 1841 Anlagepflicht
§ 1807 Art der Anlegung	Der Katalog mündelsicherer Anlagen entfällt. § 1842 Voraussetzungen für das Kreditinstitut § 1843 Depotverwahrung und Hinterlegung von Wertpapieren
§ 1808 *(bereits vorher weggefallen)*	
§ 1809 Anlegung mit Sperrvermerk	§ 1845 Sperrvereinbarung
§ 1810 Mitwirkung von Gegenvormund oder Familiengericht	§ 1846 Anzeigepflichten bei der Geld- und Vermögensverwaltung
§ 1811 Andere Anlegung	§ 1799 Genehmigungsbedürftige Rechtsgeschäfte *(Verweis auf §§ 1848–1854)* § 1848 Genehmigung einer anderen Anlegung von Geld
§ 1812 Verfügungen über Forderungen und Wertpapiere	§ 1849 Genehmigung bei Verfügung über Rechte und Wertpapiere
§ 1813 Genehmigungsfreie Rechtsgeschäfte	§ 1849 Genehmigung bei Verfügung über Rechte und Wertpapiere
§ 1814 Hinterlegung von Inhaberpapieren	§ 1843 Depotverwahrung und Hinterlegung von Wertpapieren
§ 1815 Umschreibung und Umwandlung von Inhaberpapieren	§ 1849 Genehmigung bei Verfügung über Rechte und Wertpapiere
§ 1816 Sperrung von Buchforderungen	*aufgegangen in § 1845*
§ 1817 Befreiung	§ 1801 Befreite Vormundschaft
§ 1818 Anordnung der Hinterlegung	§ 1844 Hinterlegung von Wertgegenständen auf Anordnung des Betreuungsgerichts
§ 1819 Genehmigung bei Hinterlegung	§ 1849 Genehmigung bei Verfügung über Rechte und Wertpapiere
§ 1820 Genehmigung nach Umschreibung und Umwandlung	*aufgegangen in § 1849*
§ 1821 Genehmigung für Geschäfte über Grundstücke, Schiffe oder Schiffsbauwerke	§ 1850 Genehmigung für Geschäfte über Grundstücke und Schiffe
§ 1822 Genehmigung für sonstige Geschäfte	§ 1795 Gegenstand der Personensorge, Genehmigungspflichten

	§ 1799 Genehmigungsbedürftige Rechtsgeschäfte § 1851 Genehmigung für erbrechtliche Rechtsgeschäfte § 1854 Genehmigung für sonstige Rechtsgeschäfte
§ 1823 Genehmigung bei einem Erwerbsgeschäft des Mündels	§ 1847 Anzeigepflicht für Erwerbsgeschäfte § 1852 Genehmigungspflicht für handels- und gesellschaftsrechtliche Rechtsgeschäfte
§ 1824 Genehmigung für die Überlassung von Gegenständen an den Mündel	*entfällt, beachte aber §§ 1789 Abs. 2, 1780*
§ 1825 Allgemeine Ermächtigung	*entfällt*
§ 1826 Anhörung des Gegenvormunds vor Erteilung der Genehmigung	*entfällt*
§ 1827 *(schon früher weggefallen)*	
§ 1828 Erklärung der Genehmigung	§ 1855 Erklärung der Genehmigung
§ 1829 Nachträgliche Genehmigung	§ 1856 Nachträgliche Genehmigung
§ 1830 Widerrufsrecht des Geschäftspartners	§ 1857 Widerrufsrecht des Vertragspartners
§ 1831 Einseitiges Rechtsgeschäft ohne Genehmigung	§ 1858 Einseitiges Rechtsgeschäft
§ 1832 Genehmigung des Gegenvormunds	*entfällt*
§ 1833 Haftung des Vormunds	§ 1794 Haftung des Vormunds § 1826 Haftung des Betreuers
§ 1834 Verzinsungspflicht	*entfällt*
§ 1835 Aufwendungsersatz § 1835a Aufwandsentschädigung § 1836 Vergütung des Vormunds	§ 1808 Vergütung und Aufwendungsersatz *(Verweis auf §§ 1877–1880)* §§ 2–6 VBVG
§ 1836a *(war bereits früher weggefallen)*	
§ 1836b *(war bereits früher weggefallen)*	
§ 1836c Einzusetzende Mittel des Mündels § 1836d Mittellosigkeit des Mündels	§ 1879 Zahlung aus der Staatskasse § 1880 Mittellosigkeit des Betreuten
§ 1836e Gesetzlicher Forderungsübergang	*entfällt*
§ 1837 Beratung und Aufsicht	§ 1802 Allgemeine Vorschriften
§ 1838 *(war bereits früher weggefallen)*	
§ 1839 Auskunftspflicht des Vormunds	§ 1790 Amtsführung des Vormunds, Auskunftspflicht
§ 1840 Bericht und Rechnungslegung	§ 1865 Rechnungslegung
§ 1841 Inhalt der Rechnungslegung	§ 1865 Rechnungslegung
§ 1842 Mitwirkung des Gegenvormunds	*entfällt*

§ 1843 Prüfung durch das Familiengericht	§ 1866 Prüfung der Rechnung durch das Betreuungsgericht
§ 1844 *(war bereits früher weggefallen)*	
§ 1845 *(war bereits früher weggefallen)*	
§ 1846 Einstweilige Maßregeln des Familiengerichts	§ 1781 Bestellung eines vorläufigen Vormunds
§ 1847 Anhörung der Angehörigen	§ 168c FamFG Anhörung in wichtigen Angelegenheiten
§ 1848 *(war bereits früher weggefallen)*	
§ 1849 *(war bereits früher weggefallen)*	
§ 1850 *(war bereits früher weggefallen)*	
§ 1851 Mitteilungspflichten	§ 57 SGB VIII Mitteilungspflichten des Jugendamts § 1790 Amtsführung des Vormunds, Auskunftspflicht
§ 1852 Befreiung durch den Vater § 1853 Befreiung von Hinterlegung und Sperrung § 1854 Befreiung von der Rechnungslegungspflicht § 1855 Befreiung durch die Mutter § 1856 Voraussetzungen der Befreiung	§ 1801 Befreite Vormundschaft
§ 1857 Aufhebung der Befreiung durch das Familiengericht	§ 1801 Befreite Vormundschaft
§ 1857a Befreiung des Jugendamts und des Vereins	§ 1801 Befreite Vormundschaft
§ 1858 – § 1881 *(waren bereits früher weggefallen)*	
§ 1882 Wegfall der Voraussetzungen	§ 1806 Ende der Vormundschaft
§ 1883 *(war bereits früher weggefallen)*	
§ 1884 Verschollenheit und Todeserklärung des Mündels	*entfällt*
§ 1885 *(war bereits früher weggefallen)*	
§ 1886 Entlassung des Einzelvormunds § 1887 Entlassung des Jugendamts oder Vereins § 1888 Entlassung von Beamten und Religionsdienern § 1889 Entlassung auf eigenen Antrag	§ 1804 Entlassung des Vormunds
§ 1890 Vermögensherausgabe und Rechnungslegung	§ 1807 Vermögensherausgabe, Schlussrechnungslegung und Fortführung der Geschäfte *(Verweis auf §§ 1872–1874)*

§ 1891 Mitwirkung des Gegenvormunds	*entfällt*
§ 1892 Rechnungsprüfung und -anerkennung § 1893 Fortführung der Geschäfte nach Beendigung der Vormundschaft, Rückgabe von Urkunden	§ 1807 Vermögensherausgabe, Schlussrechnungslegung und Fortführung der Geschäfte *(Verweis auf §§ 1872–1874)*
§ 1894 Anzeige bei Tod des Vormunds	*entfällt*
§ 1895 Amtsende des Gegenvormunds	*entfällt*

2. Betreuungsrecht

89

Bis zum 31.12.2022 geltendes Recht (BGB)	**Vom 1.1.2023 an geltendes Recht (BGB, FamFG, SGB VIII)**
§ 1896 Voraussetzungen	§ 1814 Voraussetzungen
§ 1897 Bestellung einer natürlichen Person	§ 1816 Eignung und Auswahl des Betreuers, Berücksichtigung der Wünsche des Volljährigen aus § 1897 Abs. 2 (Vereins- und Behördenbetreuer) wird § 1819 Abs. 3 § 1897 Abs. 7 und 8 gehen in § 24 BtOG auf.
§ 1898 Übernahmepflicht	§ 1819 Übernahmepflicht, weitere Bestellungsvorausetzungen
§ 1899 Mehrere Betreuer	§ 1817 Mehrere Betreuer, Verhinderungsbetreuer, Ergänzungsbetreuer
§ 1900 Betreuung durch Verein oder Behörde	§ 1818 Betreuung durch Betreuungsverein oder Betreuungsbehörde
§ 1901 Umfang der Betreuung, Pflichten des Betreuers	§ 1815 Umfang der Betreuung
§ 1901a Patientenverfügung	§ 1827 Patientenverfügung, Behandlungswünsche oder mutmaßlicher Wille des Betreuten
§ 1901b Gespräch zur Feststellung des Patientenwillens	§ 1828 Gespräch zur Feststellung des Patientenwillens
§ 1901c Schriftliche Betreuungswünsche, Vorsorgevollmacht	§ 1816 Abs. 2 S. 4 (Betreuungswünsche) § 1820 Abs. 1 (Vorsorgevollmacht) § 1820 Vorsorgevollmacht und Kontrollbetreuung
§ 1902 Vertretung des Betreuten	§ 1823 Vertretungsmacht des Betreuers
§ 1903 Einwilligungsvorbehalt	§ 1825 Einwilligungsvorbehalt
§ 1904 Genehmigung des Betreuungsgerichts bei ärztlichen Maßnahmen	§ 1829 Genehmigung des Betreuungsgerichts bei ärztlichen Maßnahmen
§ 1905 Sterilisation	§ 1830 Sterilisation
§ 1906 Genehmigung des Betreuungsgerichts bei freiheitsentziehender Unterbringung und bei freiheitsentziehenden Maßnahmen	§ 1831 Freiheitsentziehende Unterbringung und freiheitsentziehende Maßnahmen
§ 1906a Genehmigung des Betreuungsgerichts bei ärztlichen Zwangsmaßnahmen	§ 1832 Ärztliche Zwangsmaßnahmen

§ 1907 Genehmigung des Betreuungsgerichts bei der Aufgabe der Mietwohnung	§ 1833 Aufgabe von Wohnraum des Betreuten
§ 1908 Genehmigung des Betreuungsgerichts bei der Ausstattung	*aufgegangen im Genehmigungserfordernis für Schenkungen in § 1854 Nr. 8*
§ 1908a Vorsorgliche Betreuerbestellung und Anordnung des Einwilligungsvorbehalts für Minderjährige	*aufgegangen in § 1814 Abs. 5 und § 1825 Abs. 5*
§ 1908b Entlassung des Betreuers	§ 1868 Entlassung des Betreuers
§ 1908c Bestellung eines neuen Betreuers	§ 1869 Bestellung eines neuen Betreuers
§ 1908d Aufhebung oder Änderung von Betreuung und Einwilligungsvorbehalt	§ 1871 Aufhebung oder Änderung von Betreuung und Einwilligungsvorbehalt
§ 1908e *(war bereits weggefallen)*	
§ 1908f Anerkennung als Betreuungsverein	§§ 14, 15 BtOG
§ 1908g Behördenbetreuer	*Abs. 1 aufgegangen in § 1862 Abs. 3,* *Abs. 2 aufgegangen in §§ 1841–1845, 1859*
§ 1908h *(war bereits weggefallen)*	
§ 1908i Entsprechend anwendbare Vorschriften	*entfällt wegen der umgekehrten Verweisungstechnik*
§ 1908k *(war bereits weggefallen)*	

3. Pflegschaft

90

Bis zum 31.12.2022 geltendes Recht (BGB)	Vom 1.1.2023 an geltendes Recht (BGB)
§ 1909 Ergänzungspflegschaft	§ 1809 Ergänzungspflegschaft § 1811 Zuwendungspflegschaft § 1885 Bestellung des sonstigen Pflegers
§ 1910 *(war bereits weggefallen)*	
§ 1911 Abwesenheitspflegschaft	§ 1884 Abwesenheitspflegschaft
§ 1912 Pflegschaft für eine Leibesfrucht	§ 1810 Pflegschaft für ein ungeborenes Kind
§ 1913 Pflegschaft für unbekannte Beteiligte	§ 1882 Pflegschaft für unbekannte Beteiligte
§ 1914 Pflegschaft für gesammeltes Vermögen	§ 1883 Pflegschaft für gesammeltes Vermögen
§ 1915 Anwendung des Vormundschaftsrechts	§ 1813 Anwendung des Vormundschaftsrechts
§ 1916 Berufung als Ergänzungspfleger	§ 1813 Abs. 2
§ 1917 Ernennung des Ergänzungspflegers durch Erblasser und Dritte	§ 1811 Zuwendungspflegschaft
§ 1918 Ende der Pflegschaft kraft Gesetzes § 1919 Aufhebung der Pflegschaft bei Wegfall des Grundes	§ 1812 Aufhebung und Ende der Pflegschaft § 1886 Aufhebung der Pflegschaft § 1887 Ende der Pflegschaft kraft Gesetzes
§ 1920 *(war bereits weggefallen)*	
§ 1921 Aufhebung der Abwesenheitspflegschaft	§ 1887 Ende der Pflegschaft kraft Gesetzes

	§ 1888 Anwendung des Betreuungsrechts *(für die sonstige Pflegschaft)*

II. EGBGB

91

EGBGB aF	EGBGB nF
Art. 7 Rechtsfähigkeit und Geschäftsfähigkeit	Art. 7 Rechts- und Geschäftsfähigkeit
	Art. 15 Gegenseitige Vertretung von Ehegatten
Art. 17b Eingetragene Lebenspartnerschaft und gleichgeschlechtliche Ehe	Art. 17b Eingetragene Lebenspartnerschaft und gleichgeschlechtliche Ehe
Art. 24 Vormundschaft, Betreuung und Pflegschaft	Art. 24 Vormundschaft, Betreuung und Pflegschaft
Art. 144	Art. 144
	Art. 229 § 54 Übergangsvorschrift zum Gesetz zur Reform des Vormundschafts- und Betreuungsrechts

III. FamFG

92

FamFG aF	FamFG nF
§ 151 Kindschaftssachen	§ 151 Kindschaftssachen
§ 152 Örtliche Zuständigkeit	§ 152 Örtliche Zuständigkeit
§ 153 Verfahren zur Übertragung der gemeinschaftlichen elterlichen Sorge	§ 153 Verfahren zur Übertragung der gemeinschaftlichen elterlichen Sorge
§ 158c Vergütung; Kosten	§ 158c Vergütung; Kosten
(§ 1779 BGB Auswahl durch das Familiengericht)	§ 168 Auswahl des Vormunds
(§ 1791a Abs. 2 BGB)	§ 168a Inhalt der Beschlussformel und Wirksamwerden der Beschlüsse
(§§ 1791, 1791c BGB)	§ 168b Bestallungsurkunde
(§ 1847 BGB Anhörung des Angehörigen)	§ 168c Anhörung in wichtigen Angelegenheiten
§ 168 Beschluss über Zahlungen des Mündels	§ 168d Verfahren zur Festsetzung von Zahlungen § 292a Zahlungen an die Staatskasse
	§ 168e Beendigung der Vormundschaft
	§ 168f Pflegschaft für Minderjährige
§ 168a Mitteilungspflichten des Standesamts	§ 168g Mitteilungspflichten des Standesamts
§ 190 Bescheinigung über den Eintritt der Vormundschaft	(gestrichen)
§ 271 Betreuungssachen	§ 271 Betreuungssachen
§ 274 Beteiligte	§ 274 Beteiligte

§ 275 Verfahrensfähigkeit	§ 275 Stellung des Betroffenen um Verfahren
§ 276 Verfahrenspfleger	§ 276 Verfahrenspfleger
§ 277 Vergütung und Aufwendungsersatz des Verfahrenspflegers	§ 277 Vergütung und Aufwendungsersatz des Verfahrenspflegers
§ 278 Anhörung des Betroffenen	§ 278 Persönliche Anhörung des Betroffenen
§ 279 Anhörung der sonstigen Beteiligten, der Betreuungsbehörde und des gesetzlichen Vertreters	§ 279 Anhörung der sonstigen Beteiligten, der Betreuungsbehörde und des gesetzlichen Vertreters
§ 280 Einholung eines Gutachtens	§ 280 Einholung eines Gutachtens
§ 281 Ärztliches Zeugnis; Entbehrlichkeit eines Gutachtens	§ 281 Ärztliches Zeugnis; Entbehrlichkeit eines Gutachtens
§ 285 Herausgabe einer Betreuungsverfügung oder der Abschrift einer Vorsorgevollmacht	§ 285 Ermittlung und Herausgabe einer Betreuungsverfügung oder einer Vorsorgevollmacht
§ 286 Inhalt der Beschlussformel	§ 286 Inhalt der Beschlussformel
§ 287 Wirksamwerden von Beschlüssen	§ 287 Wirksamwerden von Beschlüssen
§ 290 Bestellungsurkunde	§ 290 Bestellungsurkunde
§ 291 Überprüfung der Betreuerauswahl	§ 291 Überprüfung der Betreuerauswahl
§ 292 Zahlungen an den Betreuer	§ 292 Zahlungen an den Betreuer; Verordnungsermächtigung
§ 293 Erweiterung der Betreuung oder des Einwilligungsvorbehalts	§ 293 Erweiterung der Betreuung oder des Einwilligungsvorbehalts
§ 294 Aufhebung und Einschränkung der Betreuung oder des Einwilligungsvorbehalts	§ 294 Aufhebung und Einschränkung der Betreuung oder des Einwilligungsvorbehalts
§ 295 Verlängerung der Betreuung oder des Einwilligungsvorbehalts	§ 295 Verlängerung der Betreuung oder des Einwilligungsvorbehalts
§ 296 Entlassung des Betreuers und Bestellung eines neuen Betreuers	§ 296 Entlassung des Betreuers und Bestellung eines neuen Betreuers
§ 297 Sterilisation	§ 297 Sterilisation
§ 298 Verfahren in Fällen des § 1904 des Bürgerlichen Gesetzbuchs	§ 298 Verfahren in Fällen des § 1829 des Bürgerlichen Gesetzbuchs
§ 299 Verfahren in anderen Entscheidungen	§ 299 Persönliche Anhörung in anderen Genehmigungsverfahren
§ 301 Einstweilige Anordnung bei gesteigerter Dringlichkeit	§ 301 Einstweilige Anordnung bei gesteigerter Dringlichkeit
§ 304 Beschwerde der Staatskasse	§ 304 Beschwerde der Staatskasse
§ 307 Kosten in Betreuungssachen	§ 307 Kosten in Betreuungssachen
§ 309 Besondere Mitteilungen	§ 309 Mitteilungen an die Meldebehörde
	§ 309a Mitteilungen an die Betreuungsbehörde
§ 312 Unterbringungssachen	§ 312 Unterbringungssachen
§ 315 Beteiligte	§ 315 Beteiligte
§ 317 Verfahrenspfleger	§ 317 Verfahrenspfleger

§ 319 Anhörung des Betroffenen	§ 319 Persönliche Anhörung des Betroffenen
§ 324 Wirksamwerden von Beschlüssen	§ 324 Wirksamwerden von Beschlüssen
§ 326 Zuführung zur Unterbringung	§ 326 Zuführung zur Unterbringung; Verbringung zu einem stationären Aufenthalt
§ 331 Einstweilige Anordnung bei gesteigerter Dringlichkeit	§ 331 Einstweilige Anordnung bei gesteigerter Dringlichkeit
§ 334 Einstweilige Maßregeln	§ 334 Einstweilige Maßregeln
§ 340 Betreuungsgerichtliche Zuweisungssachen	§ 340 Betreuungsgerichtliche Zuweisungssachen
§ 419 Verfahrenspfleger	§ 419 Verfahrenspfleger

IV. BtBG/BtOG

93

BtBG	BtOG
§ 1	§ 1 Abs. 1 Sachliche Zuständigkeit und Durchführung überörtlicher Aufgaben
§ 2	§ 1 Abs. 2 Sachliche Zuständigkeit und Durchführung überörtlicher Aufgaben
§ 3	§ 2 Örtliche Zuständigkeit
§ 4 § 4 Abs. 2	§ 5 Informations- und Beratungspflichten § 8 Beratungs- und Unterstützungsangebot, Vermittlung geeigneter Hilfen und erweiterte Unterstützung
§ 5	§ 6 Förderungsaufgaben
§ 6 Abs. 1 § 6 Abs. 2–6	§ 6 Abs. 2 Förderungsaufgaben § 7 Abs. 1–5 Öffentliche Beglaubigung
§ 7	§ 9 Mitteilungen an das Betreuungsgericht und die Stammbehörde
§ 8	§ 11 Aufgaben im gerichtlichen Verfahren § 12 Abs. 1 Betreuervorschlag
§ 9	§ 3 Fachkräfte
§ 10	§ 13 Weitere Aufgaben

V. VBVG

94

VBVG aF	VBVG nF
§ 1 Feststellung der Berufsmäßigkeit und Vergütungsbewilligung	§ 1 Berufsmäßigkeit; Vergütung und Aufwendungsersatz
§ 2 Erlöschen der Ansprüche	§ 2 Zahlung aus der Staatskasse und Rückgriff, Erlöschen und Geltendmachung der Ansprüche
§ 3 Stundensatz des Vormunds	§ 3 Stundensatz des Vormunds

§ 4 Vergütung des Betreuers	§ 8 Höhe der Vergütung; Verordnungsermächtigung
§ 5 Fallpauschalen	§ 9 Fallpauschalen § 11 Aufwendungsersatz
§ 5a Gesonderte Pauschalen	§ 10 Gesonderte Pauschalen
§ 6 Sonderfälle der Betreuung	§ 12 Sonderfälle der Betreuung
§ 7 Vergütung und Aufwendungsersatz für Betreuungsvereine	§ 13 Vergütung und Aufwendungsersatz für Betreuungsvereine § 7 Vergütung und Aufwendungsersatz für den beruflichen Betreuer
§ 8 Vergütung und Aufwendungsersatz für Behördenbetreuer	§ 14 Vergütung und Aufwendungsersatz für Behördenbetreuer und Betreuungsbehörde
§ 9 Abrechnungszeitraum für die Betreuervergütung	§ 15 Abrechnungszeitraum für die Betreuervergütung
§ 11 Umschulung und Fortbildung von Berufsvormündern	§ 17 Umschulung und Fortbildung von Berufsvormündern und beruflichen Betreuern

C. Kurzsynopse neues Recht – bisheriges Recht

Benutzungshinweise: Es handelt sich um eine Kurzübersicht, die nur dann nach Absätzen differenziert, wenn die Verweisung sonst nicht verständlich ist. Weitere Hinweise, wie etwa Querverweise, detaillierte Verweise auf einzelne Regelungsteile usw. ergeben sich nur aus der ausführlichen Synopse im vierten Teil dieses Buches.

Die Kurzsynopse beschränkt sich auf die §§ 1773 ff. BGB, EGBGB, BtOG, FamFG und VBVG.

I. BGB

1. Vormundschaft

95

BGB nF	BGB aF
1773 Voraussetzungen der Vormundschaft; Bestellung des Vormunds	§ 1773 Voraussetzungen § 1774 Anordnung von Amts wegen
§ 1774 Vormund	§ 1779 Auswahl durch das Familiengericht § 1791a Vereinsvormundschaft § 1791b Bestellte Amtsvormundschaft des Jugendamts
§ 1775 Mehrere Vormünder	§ 1775 Mehrere Vormünder
§ 1776 Zusätzlicher Pfleger	
§ 1777 Übertragung von Sorgeangelegenheiten auf die Pflegeperson als Pfleger	§ 1630 Elterliche Sorge bei Pflegerbestellung oder Familienpflege
§ 1778 Auswahl des Vormunds durch das Familiengericht	§ 1779 Auswahl durch das Familiengericht
§ 1779 Eignung der Person; Vorrang des ehrenamtlichen Vormunds	§ 1779 Abs. 2 Auswahl durch das Familiengericht
§ 1780 Berücksichtigung der beruflichen Belastung des Berufs- und Vereinsvormunds	
§ 1781 Bestellung eines vorläufigen Vormunds	§ 1790 Bestellung unter Vorbehalt
§ 1782 Benennung und Ausschluss als Vormund durch die Eltern	§ 1776 Benennungsrecht der Eltern § 1777 Voraussetzungen des Benennungsrechts
§ 1783 Übergehen der benannten Person	§ 1778 Übergehen des benannten Vormunds
§ 1784 Ausschlussgründe	§ 1780 Unfähigkeit zur Vormundschaft
§ 1784 Abs. 2 Ausschlussgründe	§ 1781 Untauglichkeit zur Vormundschaft § 1782 Ausschluss durch die Eltern § 1791a Vereinsvormundschaft
§ 1785 Übernahmepflicht, weitere Bestellungsvoraussetzungen	§ 1785 Übernahmepflicht
§ 1786 Amtsvormundschaft bei Fehlen eines sorgeberechtigten Elternteils	§ 1791c Gesetzliche Amtsvormundschaft des Jugendamts
§ 1787 Amtsvormundschaft bei vertraulicher Geburt	

§ 1788 Rechte des Mündels	§ 1800 Umfang der Personensorge
§ 1789 Sorge des Vormunds; Vertretung und Haftung des Mündels	§ 1793 Aufgaben des Vormunds, Haftung des Mündels § 1794 Beschränkung durch Pflegschaft
§ 1790 Amtsführung des Vormunds; Auskunftspflicht	§ 1793 Aufgaben des Vormunds, Haftung des Mündels § 1851 Mitteilungspflichten
§ 1791 Aufnahme des Mündels in den Haushalt des Vormunds	
§ 1792 Gemeinschaftliche Führung der Vormundschaft, Zusammenarbeit von Vormund und Pfleger	§ 1797 Mehrere Vormünder
§ 1793 Entscheidung bei Meinungsverschiedenheiten	§ 1798 Meinungsverschiedenheiten § 1797 Mehrere Vormünder
§ 1794 Haftung des Vormunds	§ 1833 Haftung des Vormunds § 1793 Aufgaben des Vormunds, Haftung des Mündels
§ 1795 Gegenstand der Personensorge; Genehmigungspflichten	§ 1800 Umfang der Personensorge § 1801 Religiöse Erziehung § 1822 Genehmigung für sonstige Geschäfte
§ 1796 Verhältnis zwischen Vormund und Pflegeperson	§ 1688 Entscheidungsbefugnisse der Pflegeperson
§ 1797 Entscheidungsbefugnis der Pflegeperson	§ 1688 Entscheidungsbefugnisse der Pflegeperson
§ 1798 Grundsätze und Pflichten des Vormunds in der Vermögenssorge	§ 1793 Aufgaben des Vormunds, Haftung des Mündels § 1804 Schenkungen des Vormunds
§ 1799 Genehmigungsbedürftige Rechtsgeschäfte	
§ 1800 Erteilung der Genehmigung	§ 1828 Erklärung der Genehmigung § 1829 Nachträgliche Genehmigung § 1830 Widerrufsrecht des Geschäftspartners § 1831 Einseitiges Rechtsgeschäft ohne Genehmigung
§ 1801 Befreite Vormundschaft	§ 1857a Befreiung des Jugendamts und des Vereins § 1852 Befreiung durch den Vater § 1853 Befreiung von Hinterlegung und Sperrung § 1854 Befreiung von der Rechnungslegungspflicht § 1855 Befreiung durch die Mutter § 1856 Voraussetzungen der Befreiung § 1857 Aufhebung der Befreiung durch das Familiengericht

§ 1802 Allgemeine Vorschriften	§ 1837 Beratung und Aufsicht
§ 1803 Persönliche Anhörung; Besprechung mit dem Mündel	
§ 1804 Entlassung des Vormunds	§ 1886 Entlassung des Einzelvormunds § 1887 Entlassung des Jugendamts oder Vereins § 1888 Entlassung von Beamten und Religionsdienern § 1889 Entlassung auf eigenen Antrag
§ 1805 Bestellung eines neuen Vormunds	
§ 1806 Ende der Vormundschaft	§ 1882 Wegfall der Voraussetzungen
§ 1807 Vermögensherausgabe, Schlussrechnungslegung und Fortführung der Geschäfte	§ 1890 Vermögensherausgabe und Rechnungslegung § 1891 Mitwirkung des Gegenvormunds § 1892 Rechnungsprüfung und -anerkennung § 1893 Fortführung der Geschäfte nach Beendigung der Vormundschaft, Rückgabe von Urkunden § 1894 Anzeige bei Tod des Vormunds
§ 1808 Vergütung und Aufwendungsersatz	§ 1836 Vergütung des Vormunds § 1835a Aufwandsentschädigung

2. Pflegschaft für Minderjährige

96

BGB nF	BGB aF
§ 1809 Ergänzungspflegschaft	§ 1909 Ergänzungspflegschaft
§ 1810 Pflegschaft für ein ungeborenes Kind	§ 1912 Pflegschaft für eine Leibesfrucht
§ 1811 Zuwendungspflegschaft	§ 1909 Ergänzungspflegschaft § 1917 Ernennung des Ergänzungspflegers durch Erblasser und Dritte § 1915 Anwendung des Vormundschaftsrechts
§ 1812 Aufhebung und Ende der Pflegschaft	§ 1918 Ende der Pflegschaft kraft Gesetzes § 1919 Aufhebung der Pflegschaft bei Wegfall des Grundes
§ 1813 Anwendung des Vormundschaftsrechts	§ 1915 Anwendung des Vormundschaftsrechts § 1916 Berufung als Ergänzungspfleger

3. Rechtliche Betreuung

97

BGB nF	BGB aF
§ 1814 Voraussetzungen	§ 1896 Voraussetzungen § 1908a Vorsorgliche Betreuerbestellung und Anordnung des Einwilligungsvorbehalts für Minderjährige
§ 1815 Umfang der Betreuung	§ 1896 Voraussetzungen

§ 1816 Eignung und Auswahl des Betreuers, Berücksichtigung der Wünsche des Volljährigen	§ 1897 Bestellung einer natürlichen Person § 1901c Schriftliche Betreuungswünsche, Vorsorgevollmacht
§ 1817 Mehrere Betreuer; Verhinderungsbetreuer; Ergänzungsbetreuer	§ 1899 Mehrere Betreuer
§ 1818 Betreuung durch Betreuungsverein oder Betreuungsbehörde	§ 1900 Betreuung durch Verein oder Behörde
§ 1819 Übernahmepflicht; weitere Bestallungsvoraussetzungen	§ 1898 Übernahmepflicht
§ 1820 Vorsorgevollmacht und Kontrollbetreuung	§ 1904 Genehmigung des Betreuungsgerichts bei ärztlichen Maßnahmen § 1906 Genehmigung des Betreuungsgerichts bei freiheitsentziehender Unterbringung und bei freiheitsentziehenden Maßnahmen § 1906a Genehmigung des Betreuungsgerichts bei ärztlichen Zwangsmaßnahmen § 1896 Voraussetzungen
§ 1821 Pflichten des Betreuers; Wünsche des Betreuten	§ 1901 Umfang der Betreuung, Pflichten des Betreuers § 1901a Patientenverfügung § 1908b Entlassung des Betreuers
§ 1822 Auskunftspflicht gegenüber nahen Angehörigen	
§ 1823 Vertretungsmacht des Betreuers	§ 1902 Vertretung des Betreuten
§ 1824 Ausschluss der Vertretungsmacht	§ 1795 Ausschluss der Vertretungsmacht
§ 1825 Einwilligungsvorbehalt	§ 1903 Einwilligungsvorbehalt § 1908a Vorsorgliche Betreuerbestellung und Anordnung des Einwilligungsvorbehalts für Minderjährige
§ 1826 Haftung des Betreuers	§ 1833 Haftung des Vormunds § 1791a Vereinsvormundschaft
§ 1827 Patientenverfügung; Behandlungswünsche oder mutmaßlicher Wille des Betreuten	§ 1901a Patientenverfügung
§ 1828 Gespräch zur Feststellung des Patientenwillens	§ 1901b Gespräch zur Feststellung des Patientenwillens
§ 1829 Genehmigung des Betreuungsgerichts bei ärztlichen Maßnahmen	§ 1904 Genehmigung des Betreuungsgerichts bei ärztlichen Maßnahmen
§ 1830 Sterilisation	§ 1905 Sterilisation
§ 1831 Freiheitsentziehende Unterbringung und freiheitsentziehende Maßnahmen	§ 1906 Genehmigung des Betreuungsgerichts bei freiheitsentziehender Unterbringung und bei freiheitsentziehenden Maßnahmen
§ 1832 Ärztliche Zwangsmaßnahmen	§ 1906a Genehmigung des Betreuungsgerichts bei ärztlichen Zwangsmaßnahmen

§ 1833 Aufgabe von Wohnraum des Betreuten	§ 1907 Genehmigung des Betreuungsgerichts bei der Aufgabe der Mietwohnung § 1821 Genehmigung für Geschäfte über Grundstücke, Schiffe oder Schiffsbauwerke
§ 1834 Bestimmung des Umgangs und des Aufenthalts des Betreuten	§ 1632 Herausgabe des Kindes; Bestimmung des Umgangs; Verbleibensanordnung bei Familienpflege
§ 1825 Vermögensverzeichnis	§ 1802 Vermögensverzeichnis
§ 1836 Trennungsgebot, Verwendung des Vermögens für den Betreuer	§ 1805 Verwendung für den Vormund
§ 1837 Vermögensverwaltung durch den Betreuer bei Erbschaft und Schenkung	§ 1803 Vermögensverwaltung bei Erbschaft und Schenkung
§ 1838 Pflichten des Betreuers in Vermögensangelegenheiten	
§ 1839 Bereithaltung von Verfügungsgeld	§ 1806 Anlegung von Mündelgeld
§ 1840 Bargeldloser Zahlungsverkehr	
§ 1841 Anlagepflicht	§ 1806 Anlegung von Mündelgeld
§ 1842 Voraussetzungen für das Kreditinstitut	§ 1807 Art der Anlegung
§ 1843 Depotverwahrung und Hinterlegung von Wertpapieren	§ 1814 Hinterlegung von Inhaberpapieren
§ 1844 Hinterlegung von Wertgegenständen auf Anordnung des Betreuungsgerichts	§ 1818 Anordnung der Hinterlegung
§ 1845 Sperrvereinbarung	§ 1809 Anlegung mit Sperrvermerk
§ 1846 Anzeigepflichten bei der Geld- und Vermögensverwaltung	
§ 1847 Anzeigepflicht für Erwerbsgeschäfte	§ 1823 Genehmigung bei einem Erwerbsgeschäft des Mündels
§ 1848 Genehmigung einer anderen Anlegung von Geld	§ 1811 Andere Anlegung
§ 1849 Genehmigung bei Verfügung über Rechte und Wertpapiere	§ 1812 Verfügungen über Forderungen und Wertpapiere § 1813 Genehmigungsfreie Geschäfte
§ 1850 Genehmigung für Rechtsgeschäfte über Grundstücke und Schiffe	§ 1821 Genehmigung für Rechtsgeschäfte über Grundstücke, Schiffe oder Schiffsbauwerke
§ 1851 Genehmigung für erbrechtliche Rechtsgeschäfte	§ 1822 Genehmigung für sonstige Geschäfte § 2282 Vertretung, Form der Anfechtung § 2290 Aufhebung durch Vertrag § 2291 Aufhebung durch Testament § 2292 Aufhebung durch gemeinschaftliches Testament § 2300 Anwendung der §§ 2259 und 2263; Rücknahme aus der amtlichen oder notariellen Verwahrung

	§ 2347 Persönliche Anforderungen, Vertretung § 2351 Aufhebung des Erbverzichts § 2352 Verzicht auf Zuwendungen
§ 1852 Genehmigung für handels- und gesellschaftsrechtliche Rechtsgeschäfte	§ 1822 Genehmigung für sonstige Geschäfte § 1823 Genehmigung bei einem Erwerbsgeschäft des Mündels
§ 1853 Genehmigung bei Verträgen über wiederkehrende Leistungen	§ 1822 Genehmigung für sonstige Geschäfte § 1907 Genehmigung des Betreuungsgerichts bei der Aufgabe der Mietwohnung
§ 1854 Genehmigung für sonstige Geschäfte	§ 1822 Genehmigung für sonstige Geschäft
§ 1855 Erklärung der Genehmigung	§ 1828 Erklärung der Genehmigung
§ 1856 Nachträgliche Genehmigung	§ 1829 Nachträgliche Genehmigung
§ 1857 Widerrufsrecht des Vertragspartners	§ 1830 Widerrufsrecht des Geschäftspartners
§ 1858 Einseitiges Rechtsgeschäft	§ 1831 Einseitiges Rechtsgeschäft ohne Genehmigung
§ 1859 Gesetzliche Befreiungen	§ 1857a Befreiung des Jugendamts und des Vereins § 1852 Befreiung durch den Vater § 1853 Befreiung von Hinterlegung und Sperrung § 1854 Befreiung von der Rechnungslegungspflicht § 1817 Befreiung
§ 1860 Befreiungen auf Anordnung des Gerichts	§ 1817 Befreiung § 1825 Allgemeine Ermächtigung
§ 1861 Beratung; Verpflichtung des Betreuers	§ 1837 Beratung und Aufsicht FamFG § 289 Verpflichtung des Betreuers
§ 1862 Aufsicht durch das Betreuungsgericht	§ 1837 Beratung und Aufsicht
§ 1863 Berichte über die persönlichen Verhältnisse des Betreuten	§ 1840 Bericht und Rechnungslegung
§ 1864 Auskunft- und Mitteilungspflichten des Betreuers	§ 1839 Auskunftspflicht des Vormunds
§ 1865 Rechnungslegung	§ 1840 Bericht und Rechnungslegung § 1841 Inhalt der Rechnungslegung
§ 1866 Prüfung der Rechnung durch das Betreuungsgericht	§ 1843 Prüfung der Rechnung durch das Familiengericht
§ 1867 Einstweilige Maßnahmen des Betreuungsgerichts	§ 1867 Einstweilige Maßregeln des Familiengerichts
§ 1868 Entlassung des Betreuers	§ 1908b Entlassung des Betreuers
§ 1869 Bestellung eines neuen Betreuers	§ 1908c Bestellung eines neuen Betreuers
§ 1870 Ende der Betreuung	

§ 1871 Aufhebung oder Änderung von Betreuung und Einwilligungsvorbehalt	§ 1908d Aufhebung oder Änderung von Betreuung und Einwilligungsvorbehalt
§ 1872 Herausgabe von Vermögen und Unterlagen; Schlussrechnungslegung	§ 1890 Vermögensherausgabe und Rechnungslegung § 1891 Mitwirkung des Gegenvormunds
§ 1873 Rechnungsprüfung	§ 1892 Rechnungsprüfung und -anerkennung
§ 1874 Besorgung der Angelegenheiten des Betreuten nach Beendigung der Betreuung	§ 1893 Fortführung der Geschäfte nach Beendigung der Vormundschaft, Rückgabe von Urkunden
§ 1875 Vergütung und Aufwendungsersatz	
§ 1876 Vergütung	§ 1836 Vergütung des Vormunds
§ 1877 Aufwendungsersatz	§ 1835 Aufwendungsersatz
§ 1878 Aufwandspauschale	§ 1835a Aufwandsentschädigung
§ 1879 Zahlung aus der Staatskasse	§ 1835 Aufwendungsersatz § 1835a Aufwandsentschädigung
§ 1880 Mittellosigkeit des Betreuten	§ 1836d Mittellosigkeit des Mündels § 1836c Einzusetzende Mittel des Mündels
§ 1881 Forderungsübergang	§ 1836e Gesetzlicher Forderungsübergang

4. Sonstige Pflegschaft

98

BGB nF	BGB aF
§ 1882 Pflegschaft für unbekannte Beteiligte	§ 1913 Pflegschaft für unbekannte Beteiligte
§ 1883 Pflegschaft für gesammeltes Vermögen	§ 1914 Pflegschaft für gesammeltes Vermögen
§ 1884 Abwesenheitspflegschaft	§ 1911 Abwesenheitspflegschaft
§ 1885 Bestellung des sonstigen Pflegers	
§ 1886 Aufhebung der Pflegschaft	§ 1921 Aufhebung der Abwesenheitspflegschaft § 1919 Aufhebung der Pflegschaft bei Wegfall des Grundes
§ 1887 Ende der Pflegschaft kraft Gesetzes	§ 1918 Ende der Pflegschaft kraft Gesetzes
§ 1888 Anwendung des Betreuungsrechts	§ 1915 Anwendung des Vormundschaftsrechts

II. EGBGB

99

EGBGB nF	EGBGB aF
Art. 7 Rechts- und Geschäftsfähigkeit	Art. 7 Rechtsfähigkeit und Geschäftsfähigkeit
Art. 15 Gegenseitige Vertretung von Ehegatten	
Art. 17b Eingetragene Lebenspartnerschaft und gleichgeschlechtliche Ehe	Art. 17b Eingetragene Lebenspartnerschaft und gleichgeschlechtliche Ehe
Art. 24 Vormundschaft, Betreuung und Pflegschaft	Art. 24 Vormundschaft, Betreuung und Pflegschaft

Art. 144	Art. 144
Art. 229 § 54 Übergangsvorschrift zum Gesetz zur Reform des Vormundschafts- und Betreuungsrechts	

III. FamFG

100

FamFG nF	FamFG aF
§ 151 Kindschaftssachen	§ 151 Kindschaftssachen
§ 152 Örtliche Zuständigkeit	§ 152 Örtliche Zuständigkeit
§ 153 Verfahren zur Übertragung der gemeinschaftlichen elterlichen Sorge	§ 153 Verfahren zur Übertragung der gemeinschaftlichen elterlichen Sorge
§ 158c Vergütung; Kosten	§ 158c Vergütung; Kosten
§ 168 Auswahl des Vormunds	(§ 1779 BGB Auswahl durch das Familiengericht)
§ 168a Inhalt der Beschlussformel und Wirksamwerden der Beschlüsse	(§ 1791a Abs. 2 BGB)
§ 168b Bestallungsurkunde	(§§ 1791, 1791c BGB)
§ 168c Anhörung in wichtigen Angelegenheiten	(§ 1847 BGB Anhörung des Angehörigen)
§ 168d Verfahren zur Festsetzung von Zahlungen § 292a Zahlungen an die Staatskasse	§ 168 Beschluss über Zahlungen des Mündels
§ 168e Beendigung der Vormundschaft	
§ 168f Pflegschaft für Minderjährige	
§ 168g Mitteilungspflichten des Standesamts	§ 168a Mitteilungspflichten des Standesamts
(gestrichen)	§ 190 Bescheinigung über den Eintritt der Vormundschaft
§ 271 Betreuungssachen	§ 271 Betreuungssachen
§ 274 Beteiligte	§ 274 Beteiligte
§ 275 Stellung des Betroffenen um Verfahren	§ 275 Verfahrensfähigkeit
§ 276 Verfahrenspfleger	§ 276 Verfahrenspfleger
§ 277 Vergütung und Aufwendungsersatz des Verfahrenspflegers	§ 277 Vergütung und Aufwendungsersatz des Verfahrenspflegers
§ 278 Persönliche Anhörung des Betroffenen	§ 278 Anhörung des Betroffenen
§ 279 Anhörung der sonstigen Beteiligten, der Betreuungsbehörde und des gesetzlichen Vertreters	§ 279 Anhörung der sonstigen Beteiligten, der Betreuungsbehörde und des gesetzlichen Vertreters
§ 280 Einholung eines Gutachtens	§ 280 Einholung eines Gutachtens
§ 281 Ärztliches Zeugnis; Entbehrlichkeit eines Gutachtens	§ 281 Ärztliches Zeugnis; Entbehrlichkeit eines Gutachtens
§ 285 Ermittlung und Herausgabe einer Betreuungsverfügung oder einer Vorsorgevollmacht	§ 285 Herausgabe einer Betreuungsverfügung oder der Abschrift einer Vorsorgevollmacht

§ 286 Inhalt der Beschlussformel	§ 286 Inhalt der Beschlussformel
§ 287 Wirksamwerden von Beschlüssen	§ 287 Wirksamwerden von Beschlüssen
§ 290 Bestellungsurkunde	§ 290 Bestellungsurkunde
§ 291 Überprüfung der Betreuerauswahl	§ 291 Überprüfung der Betreuerauswahl
§ 292 Zahlungen an den Betreuer; Verordnungsermächtigung	§ 292 Zahlungen an den Betreuer
§ 293 Erweiterung der Betreuung oder des Einwilligungsvorbehalts	§ 293 Erweiterung der Betreuung oder des Einwilligungsvorbehalts
§ 294 Aufhebung und Einschränkung der Betreuung oder des Einwilligungsvorbehalts	§ 294 Aufhebung und Einschränkung der Betreuung oder des Einwilligungsvorbehalts
§ 295 Verlängerung der Betreuung oder des Einwilligungsvorbehalts	§ 295 Verlängerung der Betreuung oder des Einwilligungsvorbehalts
§ 296 Entlassung des Betreuers und Bestellung eines neuen Betreuers	§ 296 Entlassung des Betreuers und Bestellung eines neuen Betreuers
§ 297 Sterilisation	§ 297 Sterilisation
§ 298 Verfahren in Fällen des § 1829 des Bürgerlichen Gesetzbuchs	§ 298 Verfahren in Fällen des § 1904 des Bürgerlichen Gesetzbuchs
§ 299 Persönliche Anhörung in anderen Genehmigungsverfahren	§ 299 Verfahren in anderen Entscheidungen
§ 301 Einstweilige Anordnung bei gesteigerter Dringlichkeit	§ 301 Einstweilige Anordnung bei gesteigerter Dringlichkeit
§ 304 Beschwerde der Staatskasse	§ 304 Beschwerde der Staatskasse
§ 307 Kosten in Betreuungssachen	§ 307 Kosten in Betreuungssachen
§ 309 Mitteilungen an die Meldebehörde	§ 309 Besondere Mitteilungen
§ 309a Mitteilungen an die Betreuungsbehörde	
§ 312 Unterbringungssachen	§ 312 Unterbringungssachen
§ 315 Beteiligte	§ 315 Beteiligte
§ 317 Verfahrenspfleger	§ 317 Verfahrenspfleger
§ 319 Persönliche Anhörung des Betroffenen	§ 319 Anhörung des Betroffenen
§ 324 Wirksamwerden von Beschlüssen	§ 324 Wirksamwerden von Beschlüssen
§ 326 Zuführung zur Unterbringung; Verbringung zu einem stationären Aufenthalt	§ 326 Zuführung zur Unterbringung
§ 331 Einstweilige Anordnung bei gesteigerter Dringlichkeit	§ 331 Einstweilige Anordnung bei gesteigerter Dringlichkeit
§ 334 Einstweilige Maßregeln	§ 334 Einstweilige Maßregeln
§ 340 Betreuungsgerichtliche Zuweisungssachen	§ 340 Betreuungsgerichtliche Zuweisungssachen
§ 419 Verfahrenspfleger	§ 419 Verfahrenspfleger

IV. BtOG

101

BtOG	BtBG
§ 1 Abs. 1 Sachliche Zuständigkeit und Durchführung überörtlicher Aufgaben	§ 1
§ 1 Abs. 2 Sachliche Zuständigkeit und Durchführung überörtlicher Aufgaben	§ 2
§ 2 Örtliche Zuständigkeit	§ 3
§ 5 Informations- und Beratungspflichten § 8 Beratungs- und Unterstützungsangebot, Vermittlung geeigneter Hilfen und erweiterte Unterstützung	§ 4 § 4 Abs. 2
§ 6 Förderungsaufgaben	§ 5
§ 6 Abs. 2 Förderungsaufgaben § 7 Abs. 1–5 Öffentliche Beglaubigung	§ 6 Abs. 1 § 6 Abs. 2–6
§ 9 Mitteilungen an das Betreuungsgericht und die Stammbehörde	§ 7
§ 11 Aufgaben im gerichtlichen Verfahren § 12 Abs. 1 Betreuervorschlag	§ 8
§ 3 Fachkräfte	§ 9
§ 13 Weitere Aufgaben	§ 10

V. VBVG

102

VBVG nF	VBVG aF
§ 1 Feststellung der Berufsmäßigkeit und Vergütungsbewilligung	§ 1 Berufsmäßigkeit; Vergütung und Aufwendungsersatz
§ 2 Erlöschen der Ansprüche	§ 2 Zahlung aus der Staatskasse und Rückgriff, Erlöschen und Geltendmachung der Ansprüche
§ 3 Stundensatz des Vormunds	§ 3 Stundensatz des Vormunds
§ 4 Vergütung des Betreuers	§ 8 Höhe der Vergütung; Verordnungsermächtigung
§ 5 Fallpauschalen	§ 9 Fallpauschalen § 11 Aufwendungsersatz
§ 5a Gesonderte Pauschalen	§ 10 Gesonderte Pauschalen
§ 6 Sonderfälle der Betreuung	§ 12 Sonderfälle der Betreuung
§ 7 Vergütung und Aufwendungsersatz für Betreuungsvereine	§ 13 Vergütung und Aufwendungsersatz für Betreuungsvereine § 7 Vergütung und Aufwendungsersatz für den beruflichen Betreuer
§ 8 Vergütung und Aufwendungsersatz für Behördenbetreuer	§ 14 Vergütung und Aufwendungsersatz für Behördenbetreuer und Betreuungsbehörde

§ 9 Abrechnungszeitraum für die Betreuervergütung	§ 15 Abrechnungszeitraum für die Betreuervergütung
§ 11 Umschulung und Fortbildung von Berufsvormündern	§ 17 Umschulung und Fortbildung von Berufsvormündern und beruflichen Betreuern

D. Gegenüberstellung neues Recht – bisheriges Recht mit Anmerkungen und Querverweisen

Benutzungshinweise: Die **Fußnoten** gehören nicht zum amtlichen Gesetzestext, sondern enthalten Kommentare oder Querverweise. Sie sollen die Orientierung im neuen Gesetz erleichtern. Besonders hingewiesen wird auch auf Unterschiede des neuen Rechts im Vergleich zum bisherigen Zustand.

Kursiv gesetzte Texte in der rechten Spalte gehören nicht zum Gesetzestext. Es handelt sich um Hinweise darauf, ob und inwieweit das neue vom bisherigen Recht abweicht oder ob dieses wegen andersartiger Regelungsprinzipien keine Regelungen zu dieser Frage enthielt. Finden sich Hinweise nur neben dem ersten Absatz einer Regelung, beziehen sie sich auf die gesamte Vorschrift.

Soweit das erforderlich erscheint, sind einem Abschnitt Einführungen und Literaturhinweise (soweit schon Literatur vorhanden ist) vorangestellt. Diese stammen vom Verfasser, sie gehören nicht zum amtlichen Text. Auch dort, wo nicht besonders darauf hingewiesen wird stützen sich diese Ausführungen maßgeblich auf die Bundestagsdrucksachen zum Gesetz zur Reform des Vormundschafts- und Betreuungsrechts, namentlich BT-Drs. 19/24445 und 19/27287.

I. Systematik

Das Gesetz zur Reform des Vormundschafts- und Betreuungsrechts enthält größere 103
Änderungen an 14 Gesetzen.[7] Diese sind:

- das Bürgerliche Gesetzbuch (Art. 1 VBRG),
- das Einführungsgesetz zum Bürgerlichen Gesetzbuche (Art. 2 VBRG),
- das Personenstandsgesetz (Art. 3 VBRG),
- das Rechtspflegergesetz (Art. 4 VBRG),
- die Bundesnotarordnung (Art. 5 VBRG),
- die Vorsorgeregister-Verordnung (Art. 6 VBRG),
- die Zivilprozessordnung (Art. 7 VBRG),
- das Gesetz über das Verfahren in Familiensachen und in den Angelegenheiten der freiwilligen Gerichtsbarkeit (Art. 8 VBRG),
- das Betreuungsorganisationsgesetz (BtOG, Art. 9 VBRG),
- Art. 8 Gesetz über die Vergütung von Vormündern und Betreuern (Vormünder- und Betreuervergütungsgesetz (VBVG, Art. 10 VBRG)
- das Erste Buch Sozialgesetzbuch (Art. 11 VBRG),
- das Achte Buch Sozialgesetzbuch (Art. 12 VBRG),
- das Neunte Buch Sozialgesetzbuch (Art. 13 VBRG) und
- das Zehnte Buch Sozialgesetzbuch (Art. 14 VBRG).

Die Reihenfolge der geänderten Gesetze wird in dieser Synopse übernommen.

7 Dazu kommen einige kleinere Änderungen (vor allem Anpassungen der Verweisungen an die Änderungen im BGB) in weiteren Gesetzen (vgl. Art. 15 VBRG).

II. Änderungen des Bürgerlichen Gesetzbuchs außerhalb des Vormundschafts-, Pflegschafts- und Betreuungsrechts

1. Sicherheitsleistung

104 Die Neuregelungen im Vormundschaftsrecht erforderten Folgeänderungen im Recht der Sicherheitsleistung, da die bisherigen Regelungen zur Sicherheitsleistung in den §§ 234, 238 BGB auf die Vorschriften zur Anlage des Mündelgeldes in § 1807 BGB verwiesen. Das Gleiche gilt für §§ 1079, 1288 Abs. 1, 2119 BGB. § 1807 BGB (betreffend die Art der Anlegung) wurde aber gestrichen.

105 Die Änderungen überführen die bisherigen Kriterien für die Sicherheit von Sicherungsmitteln in Buch 1 Abschnitt 7, der die Sicherheitsleistung im Allgemeinen betrifft. Durch eine neue Verordnungsermächtigung zugunsten des Bundesministeriums der Justiz und für Verbraucherschutz wird der Erlass einer Verordnung ermöglicht, welche die näheren Voraussetzungen regelt, unter denen Wertpapiere sowie Grundpfandrechte als für die Sicherheitsleistung geeignet gelten. Außerdem kann durch die Verordnung geregelt werden, welche Anlagen in den Fällen der § 1079, § 1288 Abs. 1 und § 2119 BGB zulässig sind.

2. Notvertretungsrecht unter Ehegatten

106 Über die Notwendigkeit der Reform des Vormundschafts- und Betreuungsrechts bestand bei den im Bundestag vertretenen Parteien grundsätzliche Einigkeit. Ein Punkt, an dem sich die Geister aber wirklich schieden, war die Einführung des Notvertretungsrechts eines Ehegatten in Angelegenheiten der Gesundheitsfürsorge, wenn der andere Ehegatte aufgrund von Bewusstlosigkeit oder Krankheit seine Angelegenheiten der Gesundheitssorge rechtlich nicht besorgen kann (§ 1358 BGB nF): von der CDU/CSU befürwortet, von der SPD eher widerwillig mitgetragen,[8] und von den anderen Parteien – wenn auch aus unterschiedlichen Gründen – vehement abgelehnt.

107 Bereits die Vorgeschichte des neuen § 1358 BGB ist ungewöhnlich: Die Regelung ist in ihrer rechtlichen Ausgestaltung an die Regelung zur Ehegattenvertretung aus dem Gesetzesbeschluss des Bundestages vom 18.5.2017 betreffend das „Gesetz zur Verbesserung der Beistandsmöglichkeiten unter Ehegatten und Lebenspartnern in Angelegenheiten der Gesundheitsfürsorge und in Fürsorgeangelegenheiten“[9] angelehnt. In dem damals verabschiedeten § 1358 BGB war ein Notvertretungsrecht der Ehegatten untereinander vorgesehen, das zeitlich zwar nicht im Gesetz selbst befristet war, aber in der Praxis durch den eng begrenzten Vertretungsumfang auf die Notfallsituation auch zeitlich beschränkt sein sollte. Dieses Gesetz scheiterte letztlich im Bundesrat, denn dieser erteilte dem Zustimmungsgesetz seine Zustimmung nicht, weil er die ebenfalls in diesem Gesetz enthaltenen Regelungen zur Anhebung der Vergütungen von Berufsvormündern und Berufsbetreuern ablehnte. Insofern handelte es sich jetzt um den zweiten Anlauf, das Ehegatten-Notvertretungsrecht zu installieren.

8 „Hinsichtlich des Ehegatten-Notvertretungsrechts stelle der Entwurf – wie jedes Gesetz – einen Kompromiss dar“; vgl. BT-Drs. 19/27287, 18.
9 BT-Drs. 18/12427.

a) Bedürfnis nach einer Notvertretung

Die Befürworter eines derartigen Rechtsinstituts argumentieren, dass Ehegatten und Partner einer eingetragenen Lebenspartnerschaft nach geltendem Recht weder Entscheidungen über medizinische Behandlungen für ihren nicht mehr selbst handlungsfähigen Partner treffen noch diesen im Rechtsverkehr vertreten können, solange sie nicht als rechtliche Betreuer ihres Partners bestellt werden oder von ihm im Rahmen einer Vorsorgevollmacht hierzu wirksam bevollmächtigt worden sind.[10] Besonders in der ersten Zeit nach einem Unfall oder einer unerwarteten schweren Krankheit könne es für Betroffene und Angehörige jedoch eine zusätzliche erhebliche Belastung bedeuten, wenn es erst eines gerichtlichen Verfahrens auf Betreuerbestellung bedürfe, um dem Ehegatten oder Lebenspartner auch in rechtlicher Hinsicht beistehen zu können. Das Vertretungsrecht solle deswegen den Zeitraum im Anschluss an die Akutversorgung nach einem Unfall oder einer schweren Erkrankung abdecken bis der Patient wieder in der Lage sei, seine Angelegenheiten selbst zu besorgen, was häufig schon nach wenigen Tagen oder Wochen der Fall sei, wenn nicht eine dauerhafte Beeinträchtigung der rechtlichen Handlungsfähigkeit eingetreten sei. Mit dieser Regelung werde vermieden, dass in einer solchen für alle Beteiligten ohnehin äußerst belastenden Situation die Anordnung einer vorläufigen Betreuung nach § 300 FamFG erforderlich werde. 108

Demgegenüber betonen die Kritiker des Ehegatten-Notvertretungsrechts, dass jeder Mensch durch die Errichtung einer Vorsorgevollmacht frühzeitig eine oder mehrere Personen seines Vertrauens bevollmächtigen könne, in einer Notsituation die für ihn bestmöglichen Entscheidungen zu treffen. Vorsorgeverfügungen stellten ein wirksames Instrument der Vorsorge dar und ermöglichten ein hohes Maß an Selbstbestimmung; durch selbstbestimmte Vorsorgeverfügungen werde die Patientenautonomie gestärkt und ein Missbrauchsrisiko minimiert.[11] Es müsse gemeinsames Ziel sein, die selbstbestimmte Vorsorge für Notsituationen weiter zu stärken. Die Instrumente der Vorsorgeverfügungen müssten deshalb verstärkt im Rahmen von Informations- und Aufklärungskampagnen beworben werden. 109

Für beide Positionen sprechen gute Argumente: Den Kritikern ist vor allem darin beizupflichten, dass ihr an den verstärkten Nutzung des Instruments der Vorsorgevollmacht orientiertes Modell am besten dem Konzept des autonom handelnden Rechtssubjekts entspricht, das dem Menschenbild des Grundgesetzes am besten entspricht, während das Modell des Ehegatten-Notvertretungsrechts eher der Sicht des fürsorgenden, aber auch bevormundenden Staates entspricht, in dem der Betroffene mehr das Objekt der Hilfe ist. Für das Notvertretungsrecht spricht hingegen, dass die auf Vorsorgevollmachten aufbauende Konzeption der Kritiker nie in der Lage sein wird, alle – vielleicht noch nicht einmal die Mehrzahl – der Fälle zu lösen, in denen ein Bedürfnis nach Fremdentscheidung auftritt. Vielen Menschen ist nicht bewusst, dass im Notfall der andere Ehegatte (oder die Eltern eines volljährigen unverheirateten Kindes) ohne besondere Vollmacht keinerlei Befugnisse haben, in medizinischen Angelegenheiten für ihren bewusstlosen oder aus anderen Gründen entscheidungsunfähigen Partner zu entscheiden, ja dass sie nicht einmal die Befugnis haben, von einem behandelnden Arzt 110

10 BT-Drs. 18/12427, 1.
11 Vgl. BT-Drs. 19/27287, 2 (FDP).

Auskunft über den Gesundheitszustand zu verlangen oder gar die Krankenakten einzusehen. Diese Personen werden deswegen keine entsprechenden Vollmachten haben bzw. erteilt haben. Die Hoffnung, durch groß angelegte Aufklärungsaktionen hieran etwas ändern zu können, erscheint sehr optimistisch. Deswegen erscheint die Einführung eines Notvertretungsrechts zur Lückenschließung durchaus noch angemessen – zumal jeder verhindern kann, dass es zum Tragen kommt, indem er eine Vorsorgevollmacht erteilt, der Vertretung durch den Ehegatten widerspricht oder indem er eine Patientenverfügung errichtet, mit der er die Handlungsbefugnisse des Partners einschränkt.

b) Die Voraussetzungen des Notvertretungsrechts

Die Voraussetzungen des Notvertretungsrechts ergeben sich aus § 1358 Abs. 1 und 3 BGB nF:

aa) Ehe zwischen vertretendem und vertretenem Ehegatten

111 Grundvoraussetzung für die Annahme eines Notvertretungsrechts ist, dass die Beteiligten miteinander verheiratet sind (§ 1358 Abs. 1 BGB nF). Das kann natürlich auch eine Ehe zwischen Partnern gleichen Geschlechts sein. Eine aufhebbare Ehe reicht. Partner einer eingetragenen Lebenspartnerschaft sind gleichgestellt (§ 21 LPartG). Eine Ausdehnung auf die Partner einer nichtehelichen Lebensgemeinschaft kommt selbst dann nicht in Betracht, wenn die Lebensgemeinschaft eine verfestigte ist.

bb) Verhinderung eines Ehegatten, seine Angelegenheiten der Gesundheitssorge rechtlich zu besorgen

112 Ein Ehegatte muss aufgrund von Bewusstlosigkeit oder Krankheit daran gehindert sein, seine Angelegenheiten der Gesundheitssorge rechtlich zu besorgen. Gedacht ist vor allem an Komafälle und Fälle, in denen ein Ehegatte wegen seiner Erkrankung zB nach einem Unfall kommunikationsunfähig ist. Der Anwendungsbereich der Norm ist aber weiter: Es reicht auch aus, dass die die Fähigkeit, seine Angelegenheiten der Gesundheitssorge zu besorgen, erst durch die Behandlung verursacht wird, wie das etwa bei der Behandlung mit betäubenden oder bewusstseinserweiternden Medikamenten der Fall ist. Der Gesetzeswortlaut deckt aber auch noch Fälle, in denen der kranke Ehegatte zwar wegen seiner krankheitsbedingten Ausfälle nicht in der Lage ist, seine Angelegenheiten der Gesundheitssorge zu besorgen, in denen er aber noch in der Lage wäre, eine Vollmacht zu erteilen. Erst wenn er tatsächlich eine Vollmacht erteilt bzw. wenn er die Vertretung durch den Ehegatten ausschließt, erlischt das Notvertretungsrecht des Ehegatten (vgl. § 1358 Abs. 3 BGB nF).

cc) Kein Getrenntleben

113 Ein Notvertretungsrecht besteht nicht, wenn die Ehegatten getrennt leben (§ 1358 Abs. 3 Nr. 1 BGB nF). Gemeint ist ein Getrenntleben iSd § 1567 Abs. 1 BGB. Hierfür genügt nicht, dass zwischen den Eheleuten keine häusliche Gemeinschaft (mehr) besteht, etwa weil ein Ehegatte zwischenzeitlich in einem Heim lebt, sondern es muss ein Trennungswille hinzukommen, der voraussetzt, dass ein Ehegatte die häusliche Gemeinschaft erkennbar nicht mehr herstellen will, weil er die eheliche Lebensgemeinschaft ablehnt. Der Aufenthalt eines Ehegatten ohne den Partner in einem Heim oder in einer sonstigen Einrichtung führt hiernach nicht zu einem Getrenntleben im Sinne der Bestimmung.

Umgekehrt endet das Vertretungsrecht auch bei einem Getrenntleben in der gemeinsamen Wohnung – was für den behandelnden Arzt nicht zu erkennen ist. Er soll deswegen den vertretenden Ehegatten nach dem Ausschlussgrund befragen (§ 1358 Abs. 4 Nr. 3 BGB nF) und das Ergebnis in die Bescheinigung über den Eintritt des Notvertretungsrechts aufnehmen. 114

dd) Keine Ablehnung der Vertretung durch den Vertretenen

Die Notvertretungsmacht steht dem Ehegatten nur dann zu, wenn der vertretene Ehegatte nicht einen der Bevollmächtigung des anderen Ehegatten in der Gesundheitssorgeangelegenheit entgegenstehenden Willen zum Ausdruck gebracht hat, sei es aktuell in der konkreten Situation mit natürlichem Willen, sei es zu einem früheren Zeitpunkt, etwa im Rahmen einer Betreuungs- oder Patientenverfügung, direkt gegenüber seinem Ehegatten, einer Vertrauensperson (zB einem anderen nahen Angehörigen oder seinem Hausarzt), dem behandelnden Arzt oder derjenigen Einrichtung oder Stelle, gegenüber das Notvertretungsrecht greifen würde. 115

Als Manifestation eines der Vertretung durch den anderen Ehegatten entgegenstehenden Willens wird regelmäßig auch eine Betreuungsverfügung anzusehen sein, in der eine andere Person als gewünschter Betreuer für die in § 1358 Abs. 1 BGB nF erfassten Angelegenheiten der Gesundheitssorge benannt oder verfügt wird, dass der Ehegatte oder Lebenspartner für diese Angelegenheiten oder generell nicht zum Betreuer bestellt werden soll. 116

Hat der andere Ehegatte seinen entgegenstehenden Willen nur Dritten gegenüber geäußert, aber seinem Partner gegenüber nicht offenbart, sind dieser und der Rechtsverkehr dadurch geschützt, dass das Notvertretungsrecht weiter besteht, bis dem behandelnden Arzt oder dem vertretenden Ehegatten bekannt wird, dass der vertretene Ehegatte die Vertretung durch ihn ablehnt (§ 1358 Abs. 3 Nr. 2 lit. a BGB nF). 117

Der Widerspruch gegen die Vertretung durch den Ehegatten oder Lebenspartner kann jetzt im Zentralen Vorsorgeregister eingetragen werden (§ 78a S. 1 BNotO). Die Eintragung eines Widerspruchs hat aber nur deklaratorische Wirkung. 118

ee) Keine Bevollmächtigung eines Dritten

Die Notvertretungsmacht steht dem Ehegatten nur dann zu, wenn der vertretene Ehegatte keiner anderen Person eine Vorsorgevollmacht zur Wahrnehmung der in § 1358 Abs. 1 BGB nF genannten Angelegenheiten der Gesundheitssorge erteilt hat (§ 1358 Abs. 3 Nr. 2 lit. b BGB nF). Die durch die autonome Entscheidung des Betroffenen begründete Vertretungsmacht geht der aus dem Gesetz abgeleiteten typisierten Vertretungsmacht vor. 119

Der Vorrang ist aber kein absoluter: Die Notvertretungsmacht besteht so lange weiter, bis dem behandelnden Arzt oder dem vertretenden Ehegatten bekannt wird, dass der vertretene Ehegatte einem Dritten eine Vollmacht zur Regelung seiner Angelegenheiten der Gesundheitssorge erteilt hat. 120

Die Vorsorgevollmacht kann im Zentralen Vorsorgeregister eingetragen werden (§ 78a S. 1 BNotO). 121

ff) Kein Bestehen einer rechtlichen Betreuung

122 Das Notvertretungsrecht ist schließlich ausgeschlossen, wenn und soweit für den kranken bzw. bewusstlosen Ehegatten bereits eine rechtliche Betreuung für die in § 1358 Abs. 1 BGB nF genannten Angelegenheiten der Gesundheitssorge eingerichtet ist. Der Gesetzgeber wollte ein Nebeneinander von gesetzlich eingeräumtem Notvertretungsrecht und Betreuung für dieselbe Angelegenheit vermeiden und hat den Konflikt durch die Annahme des Vorrangs der Betreuung gelöst.

123 Der Vorrang der Betreuung ist absolut: Er gilt auch dann, wenn weder der behandelnde Arzt noch der andere Ehegatte etwas davon wissen, dass ein Betreuer bestellt ist. Hat der andere Ehegatte bereits in Ausübung des Notvertretungsrechts gehandelt, als der Betreuer bestellt wird, endet seine Vertretungsmacht durch die Bestellung des Betreuers (§ 1358 Abs. 5 BGB nF). Die vorgenommenen Rechtshandlungen bleiben aber wirksam.

c) Die Reichweite des Notvertretungsrechts

aa) Innen- und Außenverhältnis

124 Der Gesetzgeber regelt in § 1358 BGB nF nur die Vertretungsmacht des vertretenden Ehegatten gegenüber Dritten, also das Außenverhältnis. Das Innenverhältnis ergibt sich grundsätzlich aus § 1353 BGB bzw. aus § 2 LPartG. Daraus folgt auch schon die Bindung des vertretenden Ehegatten an den Willen und die Wünsche des vertretenen Ehegatten. Insoweit soll der vertretende Ehegatte denselben Anforderungen genügen wie ein bestellter Betreuer. Um das klarzustellen verweist § 1358 Abs. 6 BGB nF auf § 1821 Abs. 2–4 BGB nF,[12] wo der Umgang des Betreuers mit den Wünschen des Betreuten geregelt ist und auf § 1827 Abs. 1–3 BGB nF,[13] wo die Konsequenzen einer Patientenverfügung geregelt sind.

125 Eine über die allgemeine eheliche Beistandspflicht des § 1353 Abs. 1 S. 2 BGB hinausgehende Verpflichtung des Partners zur Besorgung der Angelegenheiten des anderen Partners soll nicht begründet werden.[14] Den Zweck, Betreuungen zu vermeiden, kann die Regelung damit nur dann erreichen, wenn der Ehegatte oder Lebenspartner auch tatsächlich bereit und in der Lage ist, seine Befugnisse zugunsten seines Partners so auszuüben, wie es dessen tatsächlichem oder mutmaßlichem Willen und dessen Wohl entspricht. Tut er das nicht, muss sofort ein Betreuer bestellt werden.

bb) Auf Notvertretung begrenzte Vertretungsmacht

126 Das Vertretungsrecht der Ehegatten ist nach der Gesetzesbegründung auf eine reine Notvertretung beschränkt.[15] Das ist zumindest insoweit missverständlich, als der vertretende Ehegatte im Bereich der Angelegenheiten der Gesundheitsfürsorge in allen Bereichen vertretungsbefugt sein soll; seine Befugnisse sind in Bezug auf die Untersuchungen des Gesundheitszustandes, Heilbehandlungen und ärztlichen Eingriffe dem Gesetzeswortlaut nach (vgl. § 1358 Abs. 1 Nr. 1 BGB nF) also keineswegs auf unauf-

---

12 § 1821 BGB nF entspricht in der Sache § 1901 BGB aF, ist aber gerade, was die Berücksichtigung von Wünschen des Betreuten betrifft, klarer gefasst als bislang.
13 Identisch mit § 1901a Abs. 1 -3 BGB aF.
14 So bereits die Begründung des Entwurfs 2017, BT-Drs. 18/10485, S. 10.
15 BT-Drs. 19/24445, S. 155.

schiebbare Maßnahmen beschränkt. Lediglich im Zusammenhang mit dem Abschluss von Verträgen über Maßnahmen der Rehabilitation spricht das Gesetz davon, dass es sich um „eilige“ Maßnahmen handeln muss (§ 1358 Abs. 1 Nr. 2 BGB nF). Gleichwohl wird man die Notvertretungsbefugnis dem Sinn und Zweck dieses Rechtsinstituts nach teleologisch begrenzen müssen: die Vertretungsbefugnis deckt nur solche Maßnahmen, über die entschieden werden muss, solange sich der vertretene Ehegatte im Zustand der Bewusstlosigkeit befindet oder solange seine Krankheit seine Entscheidungsfähigkeit ausschließt. Auf Maßnahmen, die nicht akut veranlasst sind, darf sich das Notvertretungsrecht wegen des damit verbundenen Grundrechtseingriffs nicht beziehen.

cc) Die Gegenstände des Notvertretungsrechts

In der Sache betrifft das Notvertretungsrecht vier Gebiete: 127

(1) Angelegenheiten der Gesundheitssorge ieS

Der vertretende Ehegatte ist berechtigt, in Untersuchungen des Gesundheitszustandes, 128 Heilbehandlungen oder ärztliche Eingriffe einzuwilligen oder sie zu untersagen sowie ärztliche Aufklärungen entgegenzunehmen (§ 1358 Abs. 2 Nr. 1 BGB nF). Der Kreis der Gegenstände der Gesundheitssorge deckt sich mit demjenigen in § 1829 Abs. 1 BGB nF (= 1904 Abs. 1 BGB aF). Hinzu kommt die Befugnis, ärztliche Aufklärungen entgegenzunehmen. Diese ist für den Betreuer im Betreuungsrecht nicht explizit geregelt, sie ergibt sich aber aus § 630e Abs. 4 BGB. Aus dieser Norm hätte sich dieses Ergebnis auch für den vertretenden Ehegatten ergeben. Die Erwähnung in § 1358 Abs. 1 Nr. 1 BGB nF dient nur der Klarstellung. Zu beachten ist, dass es nur dann auf die Einwilligung des vertretenden Ehegatten ankommt, wenn der betroffene Ehegatte selbst einwilligungsunfähig ist und sein Wille auch nicht aus einer auf die aktuelle Lebens- und Behandlungssituation zutreffenden Patientenverfügung hervorgeht. Das ergibt sich schon aus § 630d Abs. 1 BGB. Davon hat sich der behandelnde Arzt ein eigenes Bild zu machen.

Bei Einwilligungsunfähigkeit des Betroffenen ist sein Ehegatte oder eingetragener Le- 129 benspartner „Berechtigter“ iSd § 630d Abs. 1 S. 2 BGB, so dass er gem. § 630e Abs. 4 iVm Abs. 1–3 BGB durch den Arzt aufzuklären ist. Gemäß § 630e Abs. 5 BGB hat der Arzt daneben auch dem einwilligungsunfähigen Ehegatten selbst die für die Behandlungsentscheidung wesentlichen Umstände im Sinne von § 630e Abs. 1 BGB (Art, Umfang, Durchführung, zu erwartende Folgen und Risiken der Maßnahme sowie ihre Notwendigkeit, Dringlichkeit, Eignung und Erfolgsaussichten einschließlich etwaiger Alternativen) zu erläutern, soweit dieser in der Lage ist, die Erläuterungen aufzunehmen und dies seinem Wohl nicht zuwiderläuft. Eine Behandlung gegen den natürlichen Willen des einwilligungsunfähigen Ehegatten auf Grundlage von § 1358 BGB nF ist ausgeschlossen, was schon daraus folgt, dass die Regelung nicht zur Zwangsbehandlung nach § 1832 BGB nF (= 1906a BGB aF) berechtigt.

Die in Einwilligung in Untersuchungen des Gesundheitszustandes, Heilbehandlungen 130 oder ärztliche Eingriffe bedarf unter denselben Voraussetzungen der Genehmigung des Betreuungsgerichts, in denen auch eine inhaltsgleiche Erklärung eines Betreuers der

Genehmigung des Betreuungsgerichts bedurft hätte (§ 1358 Abs. 6 iVm § 1829 Abs. 1–4 BGB nF[16]).

(2) Vertragsangelegenheiten

131 Das Notvertretungsrecht erstreckt sich auch darauf, Behandlungsverträge, Krankenhausverträge oder Verträge über eilige Maßnahmen der Rehabilitation und der Pflege abzuschließen und durchzusetzen (§ 1358 Abs. 1 Nr. 2 BGB nF). Der Gesetzgeber hat damit das Notvertretungsrecht gegenüber dem verabschiedeten Entwurf von 2017[17] wieder deutlich in die Richtung des damaligen Regierungsentwurfs erweitert.

132 Die Begründung für die Erweiterung der Notvertretung findet sich in den Materialien des Regierungsentwurfs 2017.[18] Die Erweiterung der Vertretungsmacht auf die Befugnis zum Vertragsschluss wird als erforderlich angesehen, weil sonst binnen kürzester Zeit gleichwohl die Einrichtung einer Betreuung zur Regelung der diesen Maßnahmen zugrunde liegenden Rechtsgeschäfte notwendig würde. Der Ehegatte oder Lebenspartner müsse deswegen auch in die Lage versetzt werden, für seinen Partner ärztliche Behandlungsverträge und sonstige Verträge im Rahmen der Gesundheitssorge (Krankenhausvertrag, Vertrag mit der Rehabilitationsklinik, Verträge mit Anbietern von Pflegeleistungen oder Leistungen zur medizinischen Rehabilitation) abzuschließen oder zu kündigen und dessen Rechte gegenüber den Erbringern solcher Leistungen wahrzunehmen.

133 Das Notvertretungsrecht ist in Bezug auf die genannten Verträge (Behandlungsverträge, Krankenhausverträge oder Verträge über eilige Maßnahmen der Rehabilitation und der Pflege) qualitativ und betragsmäßig in keiner Weise beschränkt. Auch den ehelichen Lebensverhältnissen nicht entsprechende Verträge der genannten Arten binden daher den vertretenen Ehegatten. Ob der vertretende Ehegatte mithaftet, richtet sich nach § 1357 BGB.

134 Nicht von § 1358 Abs. 1 Nr. 2 BGB nF erfasst ist – anders als insbesondere die Veranlassung einer stationären Kurzzeitpflege – der Abschluss oder die Kündigung eines Vertrags, der neben Pflege- und Betreuungsleistungen die von vornherein auf Dauer angelegte Zurverfügungstellung von Wohnraum zum Gegenstand hat (Heimvertrag) und mit einem dauerhaften Wechsel des Lebensmittelpunktes des vertretenen Ehegatten verbunden wäre. Ein solcher Vertrag betrifft neben der Gesundheitssorge auch die Kernbereiche der Aufenthaltsbestimmung und Wohnungsangelegenheiten, die von § 1358 Abs. 1 Nr. 2 BGB nF nicht erfasst werden. Anwendbar ist die Regelung demgegenüber auf Vereinbarungen über Pflege- und Betreuungsleistungen oder deren konkrete Ausgestaltung im Fall eines bereits bestehenden Wohn- und Betreuungsvertrags und die Wahrnehmung der Rechte des vertretenen Ehegatten gegenüber den Erbringern dieser Leistungen.

16 Entspricht § 1904 Abs. 1–4 BGB aF.
17 Im ursprünglich eingebrachten Entwurf hatte sich eine entsprechende Regelung noch gefunden; vgl. BT-Drs. 18/10485, 5.
18 BT-Drs. 18/10485, 15.

(3) Freiheitsentziehende Maßnahmen

Der Gesetzgeber hat dem vertretenden Ehegatten außerdem das Recht eingeräumt, über freiheitsentziehende Maßnahmen nach § 1831 Abs. 4 BGB nF (= § 1906 Abs. 4 BGB aF) zu entscheiden, sofern die Dauer der Maßnahme im Einzelfall sechs Wochen nicht überschreitet (§ 1358 Abs. 1 Nr. 3 BGB nF). 135

Der Begriff der freiheitsentziehenden Maßnahme deckt sich mit dem heute in § 1906 Abs. 4 BGB verwendeten. Es geht um den Fall, dass dem Betreuten, der sich in einem Krankenhaus, einem Heim oder einer sonstigen Einrichtung aufhält, durch mechanische Vorrichtungen, Medikamente oder auf andere Weise über einen längeren Zeitraum oder regelmäßig die Freiheit entzogen werden soll. Zu mehr ist der vertretende Ehegatte nicht befugt. Vor allem deckt das Notvertretungsrecht weder die Zustimmung zu einer Unterbringung noch zu einer Zwangsbehandlung. 136

Grund für die Erstreckung des Notvertretungsrechts ist, dass bei Akutmaßnahmen erforderliche Sicherungen des Patienten (zB nach einer Operation oder einem Schlaganfall) schon nach relativ kurzer Zeit dem § 1831 Abs. 4 BGB nF unterfallen, da ein „längerer Zeitraum" schon ab Zeitspannen von ein bis drei Tagen angenommen wird. Nähme man den Bereich vom Notvertretungsrecht aus, wäre zu erwarten, dass bereits aufgrund der Unsicherheiten bei der Abgrenzung (noch vorübergehende Sicherheitsmaßnahme oder schon freiheitsentziehende Maßnahme im Sinne von § 1831 Abs. 4 BGB nF) viele Krankenhäuser im Zweifel eine (Eil-)Betreuung anregten. Das liefe dem Zweck des Notvertretungsrechts zuwider. 137

Auch diese Befugnis stellt eine enorme Erweiterung der Möglichkeiten des vertretenden Ehegatten mit einem großen Missbrauchspotential dar. Gemildert wird das allein dadurch, dass die freiheitsentziehenden Maßnahmen nur unter den Voraussetzungen angeordnet werden dürfen, die auch für den Betreuer gelten (§ 1358 Abs. 6 BGB nF iVm § 1831 Abs. 4 BGB nF[19] und § 1831 Abs. 1 BGB nF). Außerdem sind die freiheitsentziehenden Maßnahmen nur mit Genehmigung des Betreuungsgerichts zulässig (§ 1358 Abs. 6 BGB nF iVm § 1831 Abs. 4 BGB nF[20] und § 1831 Abs. 2 S. 1 BGB nF). 138

Die freiheitsentziehende Maßnahme ist zu beenden, wenn ihre Voraussetzungen weggefallen sind. Der vertretende Ehegatte hat die Beendigung der freiheitsentziehenden Maßnahme dem Betreuungsgericht unverzüglich anzuzeigen (§ 1358 Abs. 6 BGB nF iVm § 1831 Abs. 4 BGB nF und § 1831 Abs. 3 BGB nF). 139

(4) Geltendmachung von Ansprüchen des vertretenen Ehegatten aus Anlass der Erkrankung

Schließlich kann der vertretende Ehegatte Ansprüche, die dem vertretenen Ehegatten aus Anlass der Erkrankung gegenüber Dritten zustehen, geltend machen und an die Leistungserbringer aus Behandlungsverträgen, Krankenhausverträgen oder Verträgen über eilige Maßnahmen der Rehabilitation und der Pflege Verträgen abtreten oder Zahlung an diese verlangen (§ 1358 Abs. 1 Nr. 4 BGB nF). 140

Der vertretende Ehegatte soll in die Lage versetzt werden, notwendige Hilfen zeitnah in die Wege zu leiten. Erfasst sind insbesondere sozialrechtliche Ansprüche gegen die 141

19 Bislang: § 1906 Abs. 4 BGB.
20 Bislang: § 1906 Abs. 4 BGB.

Träger der gesetzlichen Kranken-, Pflege-, Renten- oder Unfallversicherung, auch solche wegen krankheits- oder behinderungsbedingter Arbeits- oder Erwerbsunfähigkeit, und sozialhilferechtliche Ansprüche aufgrund eines mit der Krankheit, Behinderung oder Pflegebedürftigkeit zusammenhängenden Hilfebedarfs. Ebenso gilt die Regelung für Ansprüche gegen private Versicherer und beamtenrechtliche Beihilfeansprüche.

142 Es soll vermieden werden, dass der vertretende Ehegatte zwar in die medizinische Behandlung seines einwilligungsunfähigen Partners einwilligen, den Behandlungsvertrag und den Vertrag mit der Rehabilitationsklinik für ihn schließen kann, aber nicht auch zeitnah Sozial-, Versicherungs- und Beihilfeleistungen geltend machen kann, die diese Maßnahmen meist erst ermöglichen und finanzieren. Der Ehegatte soll dabei nicht nur die erforderlichen Anträge stellen und seinen Partner gegenüber den Versicherern und Leistungsträgern vertreten können, sondern auch befugt sein, die Ansprüche seines Partners im rechtlich zulässigen Rahmen an Erbringer von medizinischen Leistungen, Pflege- oder Rehabilitationsleistungen abzutreten oder Zahlung an diese zu verlangen. In Betracht kommt etwa eine Abtretung von Ansprüchen gegen die private Krankenversicherung zur Ermöglichung der Direktabrechnung durch das Krankenhaus oder an die Abtretung von Ansprüchen auf Sozialleistungen in den Grenzen des § 53 SGB I.

143 Die Vertretungsbefugnis nach § 1358 Abs. 1 Nr. 4 BGB nF umfasst aber keine allgemeine Inkassovollmacht, so dass der Ehegatte, der keine Verfügungsbefugnis über ein Gemeinschaftskonto hat und dem sein Partner keine Kontovollmacht erteilt hat, keine Auszahlung an sich selbst verlangen kann.

144 Auch diese Befugnis geht weit über dasjenige hinaus, was der verabschiedete Gesetzentwurf 2017 vorgesehen hatte. Es fragt sich auch, was an diesen Ansprüchen so dringlich ist, dass sie unbedingt schon in dem relativ kurzen Intervall zwischen dem Eintritt der Bewusstlosigkeit bzw. der Erkrankung und der damit verbundenen Unfähigkeit zur Besorgung der Angelegenheiten der Gesundheitssorge und dem Wiedererlangen dieser Fähigkeit geltend gemacht werden müssen. Wenn absehbar ist, dass der Zustand länger andauern wird, muss ohnehin ein Betreuer bestellt werden. Auf diese Fallgruppe, die auch vielfältige Möglichkeiten des Missbrauchs bietet, wäre deswegen besser verzichtet worden.

(5) Keine Befugnis zu Postkontrolle

145 Der Gesetzgeber hat bewusst darauf **verzichtet, dem vertretenden Ehegatten Eingriffe in das Postgeheimnis zu gestatten.** Es fehlt also die Befugnis, an den vertretenen Ehegatten gerichtete Briefe, E-Mails und andere Schriftstücke zu öffnen (und zu lesen). In dem Entwurf aus der 18. Legislaturperiode war diese Befugnis zunächst enthalten gewesen (§ 1358 Abs. 1 Nr. 5 BGB-E 2017).[21] Sie wurde dann aber gestrichen, nachdem der Aufgabenkreis des vertretenden Ehegatten im Wesentlichen darauf beschränkt worden war, für den anderen Ehegatten gemäß § 630d Abs. 1 S. 2 BGB in Untersuchungen des Gesundheitszustandes, in Heilbehandlungen oder ärztliche Eingriffe einzuwilligen oder die Einwilligung zu versagen sowie ärztliche Aufklärungen nach § 630e Abs. 4

21 BT-Drs. 18/10485, 5.

entgegenzunehmen (vgl. § 1358 Abs. 1 BGB-E 2017).[22] Aufgrund des eingeschränkten Anwendungsbereichs des Notvertretungsrechts sei die im Hinblick auf das Postgeheimnis problematische Regelung nicht mehr erforderlich.[23]

Der Gesetzgeber des Gesetzes zur Reform des Vormundschafts- und Betreuungsrechts hat die Idee, auch einen Eingriff in das Postgeheimnis zu gestatten, dann nicht wieder aufgegriffen. Er hat dabei übersehen, dass der Aufgabenkreis des vertretenden Ehegatten gegenüber der Fassung des § 1358 BGB, die im Gesetz zur Verbesserung der Beistandsmöglichkeiten unter Ehegatten und Lebenspartnern in Angelegenheiten der Gesundheitssorge und in Fürsorgeangelegenheiten vorgesehen war, erheblich erweitert worden ist und auch die Besorgung von Rechtsangelegenheiten beinhaltet; denn nach § 1358 Abs. 1 Nr. 2 BGB nF ist der vertretende Ehegatte berechtigt, Behandlungsverträge, Krankenhausverträge oder Verträge über eilige Maßnahmen der Rehabilitation und der Pflege abzuschließen und durchzusetzen, und nach § 1358 Abs. 1 Nr. 4 BGB ist er befugt, Ansprüche, die dem vertretenen Ehegatten aus Anlass der Erkrankung gegenüber Dritten zustehen, geltend zu machen und an die Leistungserbringer aus den Verträgen nach § 1358 Abs. 1 Nr. 2 BGB abzutreten oder Zahlung an diese zu verlangen. Wie das ohne Einsichtnahme in die an den vertretenen Ehegatten gerichtete Post geschehen soll, bleibt ein Geheimnis des Gesetzgebers. 146

dd) Annexregelungen zugunsten des vertretenden Ehegatten

Soweit dem Ehegatten ein Notvertretungsrecht zusteht, sind die den vertretenen Ehegatten behandelnden Ärzte von der Schweigepflicht gegenüber dem vertretenden Ehegatten entbunden (§ 1358 Abs. 2 S. 1 BGB nF). 147

Der vertretende Ehegatte darf die Krankenunterlagen einsehen, welche die in § 1358 Abs. 1 BGB nF genannten Angelegenheiten betreffen (§ 1358 Abs. 2 S. 2 BGB nF). Dazu gehört auch die Befugnis, sich selbst Abschriften anzufertigen und auf eigene Kosten Kopien anzufertigen. Insofern ist aber zu beachten, dass sich aus § 630e BGB bzw. § 630g BGB Ansprüche auf Überlassung von bestimmten Krankenunterlagen ergeben können. Nach dem Ende des Notvertretungsrechts muss der vertretende Ehegatte alle Aufzeichnungen und Unterlagen, die er anlässlich der Vertretung erlangt hat, an den vertretenen Ehegatten bzw. an dessen (dann zu bestellenden) Betreuer herausgeben (§§ 681, 667 BGB). 148

Der vertretende Ehegatte darf die ihm überlassenen Krankenunterlagen an Dritte weitergeben (§ 1358 Abs. 2 S. 2 BGB nF aE). Auch insoweit ist aber ein Zusammenhang mit der Ausübung des Notvertretungsrechts zu verlangen. Die Weitergabe von Informationen aus der Krankenakte an Dritte muss erforderlich sein, um das Notvertretungsrecht optimal ausüben zu können. 149

d) Das Ende des Notvertretungsrechts

aa) Wegfall der Voraussetzungen

Das Notvertretungsrecht endet automatisch, wenn seine Voraussetzungen nicht mehr vorliegen, wenn also der vertretene Ehegatte seine Angelegenheiten wieder selbst be- 150

22 BT-Drs. 18/12427, 3.
23 BT-Drs. 18/12427, 12.

sorgen kann (§ 1358 Abs. 3 Nr. 4 BGB nF). Die vorher vom vertretenden Ehegatten vorgenommenen Rechtshandlungen binden den vertretenen Ehegatten weiter. Ob sich der vertretene Ehegatte von ihnen wieder lösen kann, ist eine Frage des materiellen Rechts. Handelt der vertretende Ehegatte weiter, nachdem der vertretene Ehegatte die Fähigkeit, seine Angelegenheiten der Gesundheitssorge selbst zu regeln, wiedererlangt hat, handelt der vertretende Ehegatte grundsätzlich als Vertreter ohne Vertretungsmacht. Der vertretene Ehegatte ist nur dann gebunden, wenn er die Handlungen des vertretenden Ehegatten genehmigt (§ 177 BGB) oder wenn seine Bindung sich aus den Grundsätzen der Duldungs- bzw. der Anscheinsvollmacht ergibt.

bb) Bestellung eines Betreuers

151 Das Vertretungsrecht darf ab der Bestellung eines Betreuers, dessen Aufgabenkreis die in § 1358 Abs. 1 Nr. 1 bis 4 BGB nF bezeichneten Angelegenheiten umfasst, nicht mehr ausgeübt werden (§ 1358 Abs. 5 BGB nF). Die genaue Bedeutung der Regelung ist dunkel: Die Formulierung der Norm „darf nicht mehr ausgeübt werden" spricht ebenso wie eine gleichlautende Passage in den Gesetzesmaterialien[24] dafür, dass es sich bei der Bestimmung um eine reine Regelung des Innenverhältnisses der Eheleute handelt, dass aber im Außenverhältnis das Notvertretungsrecht weiter besteht. Diese Auslegung wäre aber mit dem Sinn und Zweck des Notvertretungsrechts, den Grundrechten des vertretenen Ehegatten und der Regelung in § 1358 Abs. 3 Nr. 3 BGB nF nicht vereinbar, die für das Entstehen des Notvertretungsrechts bestimmt, dass die Berechtigungen nach den Abs. 1 und 2 nicht bestehen, wenn für den zu vertretenden Ehegatten ein Betreuer bestellt ist, dessen Aufgabenkreis die in Abs. 1 bezeichneten Angelegenheiten umfasst. § 1358 Abs. 5 BGB nF ist deswegen so zu verstehen, dass die Vertretungsmacht des vertretenden Ehegatten erlischt, sobald ein Betreuer bestellt ist, dessen Aufgabenkreis die Gesundheitssorgeangelegenheiten iSd § 1358 Abs. 1 und 2 BGB nF beinhaltet.

cc) Ablauf von sechs Monaten

152 Das Notvertretungsrecht ist als akute Maßnahme zur Behebung eines aktuellen kurzfristigen Betreuungsbedarfs gedacht. Um zu vermeiden, dass aus der Überbrückungslösung ein dauerhafter Zustand wird, hat der Gesetzgeber für die Dauer des Notvertretungsrechts eine absolute Grenze gesetzt: Die Berechtigung des vertretenden Ehegatten, für den vertretenen Ehegatten Geschäfte vorzunehmen, endet in jedem Fall sechs Monate nach dem Zeitpunkt, den der Arzt, gegenüber dem das Vertretungsrecht ausgeübt wird, als den Zeitpunkt bestätigt hat, zu dem die Voraussetzungen des § 1358 Abs. 1 BGB nF spätestens eingetreten sind (§ 1358 Abs. 3 Nr. 4 BGB nF).

153 Was auf den ersten Blick eine klare Begrenzung zu sein scheint, stellt sich bei genauerer Betrachtung schon bald als weit weniger klar dar: Angenommen, ein Patient wird nach einem Unfall für 14 Tage in ein künstliches Koma gelegt. In diesem Zeitraum kann er die ihn betreffenden Maßnahmen der Gesundheitssorge nicht selbst regeln, die übrigen Voraussetzungen unterstellt, greift deswegen das Notvertretungsrecht ein. Mit dem Erwachen des vertretenen Ehegatten aus dem Koma hat dieser wieder die Fähigkeit zurückerlangt, die Angelegenheiten seiner Gesundheitssorge zu regeln (sei es nur dadurch,

24 BT-Drs. 19/24445, 156.

dass er einen Vertreter bestellt), so dass das Notvertretungsrecht erlischt (§ 1358 Abs. 3 Nr. 4 BGB nF). Verschlechtert sich der Zustand wieder und fällt er wieder in ein Koma, tritt erneut das Notvertretungsrecht ein. Rechnet man die Sechsmonatsgrenze nun von dem ersten Koma oder vom zweiten an? Für Letzteres spricht, dass die Fähigkeit, die eigenen Gesundheitssorgeangelegenheiten zu regeln, zwischenzeitlich wiedergewonnen war und dass das Gesetz dem Arzt die Verpflichtung auferlegt, den Zeitpunkt zu benennen, zu dem die Voraussetzungen für das Notvertretungsrecht „spätestens" eingetreten sind. Völlig offen erscheint aber, wie die Frist in ständigen Wechselsituationen (zB an einem Tag klar, am nächsten entscheidungsunfähig, dann wieder klar usw) verfahren werden soll. In solchen Fällen spricht viel dafür, von einem einheitlichen Anfangstermin am Beginn der Krankheitssituation auszugehen, denn sonst könnte es zu einem unendlich lange laufenden Notvertretungsrecht kommen. Die Alternative wäre die Verneinung des Notvertretungsrechts insgesamt mit dem Argument, man brauche ja nur zu warten, bis der kranke Ehegatte nach relativ kurzer Zeit wieder handlungsfähig sei. Das ignorierte aber, dass das Notvertretungsrecht gerade auch für solche Fälle einer kurzfristigen Verhinderung geschaffen worden ist.[25] Außerdem wäre die Prognose mit großen Unsicherheiten behaftet. Aus praktischer Sicht muss in solchen Fällen so schnell wie möglich ein Betreuer bestellt werden. Mit dessen Bestellung endet die Befugnis des Ehegatten zur Notvertretung (§ 1358 Abs. 5 BGB nF), und allein vertretungsberechtigt ist der Betreuer (wobei diese Betreuung natürlich nichts daran ändert, dass der kranke Ehegatte auch für sich selbst handeln kann, wenn er dazu in der Lage ist).

dd) Sechswochenfrist bei freiheitsentziehenden Maßnahmen

Der vertretende Ehegatte kann über freiheitsentziehende Maßnahmen nach § 1831 154
Abs. 4 BGB nF[26] entscheiden, sofern die Dauer der Maßnahme im Einzelfall sechs Wochen nicht überschreitet (§ 1358 Abs. 1 Nr. 3 BGB nF). Das bedeutet, dass der vertretende Ehegatte keine Vertretungsmacht mehr für die weitere Entscheidung über die Verlängerung der freiheitsentziehenden Maßnahme hat, wenn die Sechswochenfrist abgelaufen ist. Sobald absehbar ist, dass die Frist abläuft, aber die freiheitsentziehende Maßnahme verlängert werden muss, muss deshalb ein Betreuer bestellt werden. Mit dessen Bestellung endet das Notvertretungsrecht dann in Bezug auf die freiheitsentziehende Maßnahme aber auch, wenn zu diesem Zeitpunkt die Sechswochenfrist noch nicht abgelaufen ist (§ 1358 Abs. 5 BGB nF).

e) Verfahrens- und ergänzende Regelungen

Das Notvertretungsrecht entsteht automatisch, wenn die Voraussetzungen des § 1358 155
Abs. 1 BGB nF vorliegen und kein Ausschlussgrund nach § 1358 Abs. 3 BGB nF eingreift. Der Gesetzgeber hat jedoch drei verfahrensrechtliche Fragen näher geregelt: die Hinweispflicht des Standesbeamten, die Möglichkeit, einen Widerspruch zur Ehegattenvertretung in das zentrale Vorsorgeregister eintragen zu lassen (§ 78a S. 2 BNotO) und die Ausstellung einer Art Ausweispapiers über das Vorliegen der Voraussetzungen des Notvertretungsrechts durch den behandelnden Arzt, dem gegenüber der vertretende Ehegatte tätig geworden ist (§ 1358 Abs. 4 BGB nF).

25 BT-Drs. 19/24445, 155.
26 Entspricht § 1906 Abs. 4 BGB bisheriger Fassung.

aa) Hinweispflicht des Standesbeamten

156 Dem Gesetzgeber war bewusst, dass sich die Kenntnis über das Notvertretungsrecht erst einmal in der Bevölkerung verbreiten muss, damit von ihm Gebrauch gemacht wird. Bei der Anmeldung der Eheschließung hat das Standesamt deswegen die Eheschließenden auf das neue Ehegattenvertretungsrecht nach § 1358 BGB nF einschließlich seiner Grenzen hinzuweisen (§ 12 Abs. 4 PStG nF). Dies soll ihnen die Möglichkeiten einer selbstbestimmten Entscheidung mit den verschiedenen Alternativen zur Ehegattenvertretung (zB Vorsorgevollmacht, Betreuungsverfügung) vor Augen führen.

bb) Eintragung des Widerspruchs zur Ehegattenvertretung in das zentrale Vorsorgeregister

157 Wünscht jemand keine Vertretung durch seinen Ehegatten oder Lebenspartner, hat er in erster Linie die Möglichkeit, einer anderen Person eine Vorsorgevollmacht zu erteilen, um die Vertretung durch den Ehegatten auszuschließen und die Vollmacht im Zentralen Vorsorgeregister der Bundesnotarkammer registrieren zu lassen. Der entgegenstehende Wille kann auch im Rahmen einer ebenfalls schon nach dem bisher geltenden Recht registrierungsfähigen Betreuungsverfügung zum Ausdruck gebracht werden. Auch ein isolierter Widerspruch gegen die Vertretung durch den Ehegatten oder Lebenspartner kann aber jetzt im Zentralen Vorsorgeregister eingetragen werden (§ 78a S. 1 BNotO). Die Eintragung eines Widerspruchs hat nur deklaratorische Wirkung.

158 Um den mit der fakultativen Eintragung verfolgten Zweck zu erreichen, dass sich das Wissen um den Ausschluss des Ehegatten-Notvertretungsrechts verbreitet, wird das Einsichtsrecht in das Zentrale Vorsorgeregister erweitert: Vom Inkrafttreten der Reform des Vormundschafts- und Betreuungsrechts an wird dem Arzt ein Einsichtsrecht in das Register eröffnet, soweit das Wissen für die Entscheidung über eine dringende medizinische Behandlung erforderlich ist (§ 78a S. 2 BNotO). Bisher war eine solche Einsicht nur dem Betreuungsgericht im Rahmen eines Betreuungsverfahrens gestattet. Sollte der behandelnde Arzt Zweifel haben, ob der Erkrankte von seinem Ehegatten vertreten werden möchte, oder Anhaltspunkte bestehen, dass einem Dritten eine Vorsorgevollmacht erteilt wurde, der Ehegatte aber auf dem Vertretungsrecht nach § 1358 BGB nF besteht, hat der Arzt künftig die Möglichkeit zu überprüfen, ob der Patient entsprechende Eintragungen veranlasst hat.

cc) Kontrolle der zeitlichen Begrenzung des Vertretungsrechts

159 Zur Kontrolle der zeitlichen Begrenzung des Vertretungsrechts sieht § 1358 Abs. 4 S. 1 Nr. 1 BGB nF vor, dass der behandelnde Arzt die medizinischen Voraussetzungen des Vertretungsrechts und den Zeitpunkt, zu dem diese spätestens eingetreten sind, schriftlich zu bestätigen hat. Zur weiteren Absicherung gegenüber einem Missbrauch durch den vertretenden Ehegatten muss dieser schriftlich versichern, dass kein Ausschlussgrund für das Vertretungsrecht vorliegt und dass das Ehegattenvertretungsrecht aufgrund der aktuellen Bewusstlosigkeit oder Krankheit bisher noch nicht ausgeübt wurde (§ 1358 Abs. 4 S. 1 Nr. 3 BGB nF). Das Dokument mit der Bestätigung des Arztes und der Versicherung des vertretenden Ehegatten ist dem vertretenden Ehegatten auszuhändigen. Es dient als Nachweis des Vertretungsrechts für den weiteren maximalen gesetzlichen Zeitrahmen etwa gegenüber Krankenhausträgern, Pflegeeinrichtungen, Versicherungen oder auch anderen Ärzten.

3. Änderungen im Kindschaftsrecht

a) Ausdehnung des Gewaltverbots auf den Bereich der Pflege

§ 1631 Abs. 2 BGB bestimmt nun: Kinder haben ein Recht auf Pflege und Erziehung 160
unter Ausschluss von Gewalt, körperlichen Bestrafungen, seelischen Verletzungen und anderen entwürdigenden Maßnahmen. Damit wird das schon bislang für den Bereich der Erziehung anerkannte Recht auf Gewaltlosigkeit nun auch auf die Pflege übertragen.

b) Besondere Berücksichtigung des Vermögenserwerbs durch unentgeltliche Zuwendung auf den Todesfall

Neu in §§ 1638 f. BGB eingefügt wird – ebenso wie im Vormundschaftsrecht (§ 1811 161
Abs. 1 BGB) und im Betreuungsrecht (§ 1837 Abs. 1 BGB) – der Vermögenserwerb durch unentgeltliche Zuwendung auf den Todesfall. Dieser wird dem unentgeltlichen Erwerb unter Lebenden und dem Erwerb von Todes wegen gleichgestellt, um Unklarheiten in der Rechtsanwendung zu vermeiden.

c) Neuordnung des Kreises der genehmigungsbedürftigen Rechtsgeschäfte

Der Kreis der genehmigungsbedürftigen Rechtsgeschäfte in §§ 1643 ff. BGB wird neu 162
bestimmt, § 1644 BGB aF betreffend die Überlassung von Vermögensgegenständen an das Kind wird komplett gestrichen, ohne dass aber eine Rechtsänderung beabsichtigt ist, und das Genehmigungserfordernis beim Beginn eines neuen Erwerbsgeschäfts (§ 1645 BGB aF)[27] wird zu einer bloßen Anzeigepflicht herabgestuft (§ 1645 BGB nF).

aa) Genehmigungserfordernisse

Entsprechend der neuen Systematik verweist § 1643 Abs. 1 BGB nF auf die Genehmi- 163
gungstatbestände des Betreuungsrechts.[28] Ausgenommen ist § 1849 BGB nF.[29] Wie bisher bleiben also Verfügungen der Eltern über Forderungen und Wertpapiere ihrer Kinder genehmigungsfrei. Soweit es darüber hinaus aufgrund der Besonderheiten im Eltern-Kind-Verhältnis Abweichungen von den allgemeinen Regelungen des Betreuungsrechts gibt, werden diese in § 1643 Abs. 2–5 BGB nF geregelt. Diese enthalten Sonderregelungen zu einzelnen Genehmigungstatbeständen, die wie im Betreuungsrecht nach Lebenssachverhalten sortiert sind, und zwar in der Reihenfolge ihrer Erwähnung in § 1643 Abs. 1 BGB. Diese Bestimmungen sind notwendig, weil die im Betreuungsrecht geltenden Genehmigungspflichten nicht vollständig auf das Eltern-Kind-Verhältnis übertragen werden können. Im Einzelnen gilt:

- § 1643 Abs. 1 BGB verweist auf die Genehmigungspflichten für Rechtsgeschäfte über Grundstücke und Schiffe (§ 1850 BGB), erbrechtliche Rechtsgeschäfte (§ 1851 BGB), handels- und gesellschaftsrechtliche Rechtsgeschäfte (§ 1852 BGB), Verträge über wiederkehrende Leistungen (§ 1853 BGB) und sonstige Rechtsgeschäfte (§ 1854 BGB). Das bedeutet vor allem in Bezug auf die Genehmigungspflichten des § 1851 Nr. 5 und 6 BGB eine Abweichung von der seit 22.7.2017 geltenden

27 Das Gleiche gilt für die Parallelregelung des § 1824 BGB aF.
28 Zu den Genehmigungserfordernissen im Allgemeinen siehe deswegen die Ausführungen zu §§ 1850 ff. BGB nF.
29 Bisher § 1812 BGB.

Rechtslage.[30] Wie bisher bleiben Verfügungen über Forderungen und Wertpapiere (bisher § 1812 BGB, jetzt § 1849 BGB) genehmigungsfrei, was sich aus der fehlenden Verweisung auf § 1849 BGB ergibt.

- Das Genehmigungserfordernis beim Beginn eines neuen Erwerbsgeschäfts (§ 1645 BGB aF) ist zu einer bloßen Anzeigepflicht herabgestuft worden (§ 1645 BGB nF).

bb) Ausnahmen von den Genehmigungserfordernissen

164 Verfügungen über Grundpfandrechte und entsprechende Verpflichtungsgeschäfte sind vom Anwendungsbereich des § 1850 BGB ausgenommen. Das entspricht der bisherigen Rechtslage.[31]

165 Die Ausnahmen von den Genehmigungserfordernissen des Betreuungsrechts im Eltern-Kind-Verhältnis für erbrechtliche Geschäfte (§ 1851 BGB-E) regelt jetzt § 1643 Abs. 3 BGB. § 1643 Abs. 3 S. 1 BGB entspricht dem bisherigen § 1643 Abs. 2 S. 2 BGB. Da der Regelungsgehalt des § 1643 Abs. 2 S. 1 BGB aF (Genehmigungsbedürftigkeit der Ausschlagung einer Erbschaft bzw. eines Vermächtnisses sowie eines Pflichtteilsverzichts) nunmehr in der Verweisung des § 1643 Abs. 1 BGB nF auf § 1851 Nr. 1 BGB nF enthalten ist, sieht § 1643 Abs. 3 S. 2 BGB jetzt eine Rückausnahme vor und bestimmt, dass (wie bisher) ein Auseinandersetzungsvertrag und eine Vereinbarung, mit der das Kind aus einer Erbengemeinschaft ausscheidet, nicht genehmigungsbedürftig sind.

166 Wann Verträge über wiederkehrende Leistungen im Eltern-Kind-Verhältnis nicht genehmigungsbedürftig sind, regelt § 1643 Abs. 4 BGB nF (bisher: § 1643 Abs. 1 BGB iVm § 1822 Nr. 5 BGB aF). Der Regelungsgehalt des § 1822 Nr. 5 BGB aF ist dazu teilweise in § 1643 Abs. 4 BGB nF übernommen, teilweise ist die Regelung modifiziert und sprachlich präziser gefasst worden. Erfasst wird auch weiterhin nicht nur der erstmalige Abschluss eines solchen Vertrages, sondern ebenso eine Änderung eines Vertrages, vor allem eine Verlängerung der Vertragslaufzeit.

167 In § 1643 Abs. 4 S. 2 BGB wird enumerativ aufgelistet, wann ein von § 1643 Abs. 4 S. 1 BGB nF erfasster Vertrag in Abweichung zu § 1853 BGB nicht genehmigungsbedürftig ist. Das betrifft wie bisher[32] Ausbildungs-, Dienst- oder Arbeitsverträge, § 1643 Abs. 4 S. 2 Nr. 1 BGB nF, ist aber nun gesetzlich explizit geregelt.

168 Neu eingeführt wird in § 1643 Abs. 4 S. 2 Nr. 2 BGB eine Ausnahme für Verträge, die lediglich geringe wirtschaftliche Bedeutung für das Kind haben. Hierunter fallen insbesondere alterstypische Geschäfte des täglichen Lebens, deren Gegenwert dem Minderjährigen bereits zugekommen ist bzw. regelmäßig zukommt und bei denen die wirtschaftliche Belastung überschaubar ist. Die dritte Ausnahme (§ 1643 Abs. 4 S. 2 Nr. 3

30 § 2290 Abs. 3, § 2291 Abs. 2 S. 2 Hs. 2 BGB. Das Genehmigungserfordernis findet nunmehr auch wieder im Kindschaftsrecht Anwendung. Der Gesetzgeber korrigiert damit ein Versehen, das ihm 2017 unterlaufen war: Mit Inkrafttreten des Gesetzes zur Bekämpfung von Kinderehen am 22.7.2017 (BGBl. 2017 I 2429) war die bis dahin in § 2290 Abs. 2 S. 1 und 2 BGB vorgesehene Genehmigungsbedürftigkeit durch die Eltern oder den Vormund entfallen. Das steht im Widerspruch zur Genehmigungsbedürftigkeit des Erbverzichts durch die Eltern nach § 2347 BGB. Dieser Widerspruch wird mit der Wiedereinführung der Genehmigungsbedürftigkeit und der Erstreckung der Genehmigungspflichten des § 1851 Nr. 5 und 6 BGB auf den Vormund aufgelöst.

31 Das ergab sich für alle Grundpfandrechte bislang aus § 1821 Abs. 2 BGB aF und der fehlenden Verweisung des Kindschaftsrechts auf § 1812 BGB aF.

32 Bisher ergab sich dies daraus, dass § 1643 Abs. 1 BGB nicht auf § 1822 Nr. 6 und 7 BGB aF verwies.

BGB) orientiert sich an der bisher schon praktizierten Auslegung des Anwendungsbereichs des § 1822 Nr. 5 BGB aF durch die Rechtsprechung,[33] wonach Verträge ausnahmsweise auch dann nicht genehmigungsbedürftig sind, wenn eine Lösung von dem Vertrag ohne wirtschaftliche Nachteile bis zum Ablauf eines Jahres nach Erreichen der Volljährigkeit möglich ist. Zu berücksichtigen ist in diesem Zusammenhang auch, ob das Kind im Falle der Kündigung zusätzliche Pflichten zu erfüllen hat oder ob die Kündigung aus anderen Gründen unwirtschaftlich ist, etwa, weil die bisherigen Zahlungen verfallen oder mit Bearbeitungsaufwand verrechnet werden. Unter Nr. 2 und 3 fallen vor allem Mobilfunkverträge, Verträge über Streaming Dienstleistungen, Fitnessstudioverträge, Vereinsmitgliedschaften und ÖPNV-Abonnements.

Pachtverträge über gewerbliche oder land- und forstwirtschaftliche Betriebe sind wie bisher (§ 1822 Nr. 4 BGB) von der generellen familiengerichtlichen Genehmigungspflicht grundsätzlich ausgenommen. Diese Verträge werden daher nur unter den Voraussetzungen des § 1643 Abs. 4 S. 1 BGB erfasst, wenn sie länger als ein Jahr nach Eintritt der Volljährigkeit fortdauern sollen. 169

Weitere Ausnahmen von der Verweisung des § 1643 Abs. 1 BGB enthält § 1643 Abs. 5 BGB. Wie bisher bleiben gerichtliche Vergleiche oder Schiedsvereinbarungen (§ 1854 Nr. 6 BGB nF, bisher 1822 Nr. 12 BGB) sowie die Aufhebung einer Sicherheit (§ 1854 Nr. 7 BGB, bisher 1822 Nr. 13 BGB) genehmigungsfrei. Für Schenkungen bleibt es im Kindschaftsrecht bei dem Verbot des § 1641 BGB. 170

d) Ruhen der elterlichen Sorge bei vertraulicher Geburt

In § 1674a erfolgte die Klarstellung, dass die Regelung über das Ruhen der elterlichen Sorge bei vertraulicher Geburt auch für das Sorgerecht des Vaters gilt. Nur so kann nach § 1787 BGB kraft Gesetzes bei der vertraulichen Geburt das Jugendamt mit der Geburt des Kindes Vormund werden, da die Vormundschaft nach § 1773 Nr. 1 BGB voraussetzt, dass der Minderjährige nicht unter elterlicher Sorge steht. 171

4. Synopse

BGB nF	BGB aF
Buch 1 Abschnitt 7 Sicherheitsleistung	
§ 234 Geeignete Wertpapiere (1) Zur Sicherheitsleistung geeignete Wertpapiere sind Inhaberpapiere und Orderpapiere, die mit Blankoindossament versehen sind, wenn sie einen Kurswert haben und zu einer in der Rechtsverordnung nach § 240a aufgeführten Gattung[34] gehören.[35]	**§ 234 Geeignete Wertpapiere** (1) Wertpapiere sind zur Sicherheitsleistung nur geeignet, wenn sie auf den Inhaber lauten, einen Kurswert haben und einer Gattung angehören, in der Mündelgeld angelegt werden darf. Den Inhaberpapieren stehen Orderpapiere gleich, die mit Blankoindossament versehen sind.

33 BGH NJW 1958, 1339.

34 Aufgabe der Anknüpfung an die „Gattung, in der Mündelgeld angelegt werden darf", Ersetzung durch die kommende Verordnung auf der Basis des § 240a BGB nF.

35 Zweck der Regelung ist es, nur sichere Wertpapiere zur Sicherheitsleistung zuzulassen. Die Sicherungsmittel müssen geeignet sein, die Durchführung des Rechts dem Unvermögen des Verpflichteten oder sonstigen tatsächlichen Hindernissen gegenüber zu gewährleisten. Das wurde bislang durch die Bezugnahme auf mündelsichere Anlagen nach § 1807 BGB erreicht. Nach der Streichung dieser Norm soll durch Rechtsverordnung (vgl. § 240a BGB) näher geregelt werden, welche Wertpapiere diese Anforderungen erfüllen.

(2) Mit den Wertpapieren sind die Zins-, Renten-, Gewinnanteil- und Erneuerungsscheine zu hinterlegen.	(2) Mit den Wertpapieren sind die Zins-, Renten-, Gewinnanteil- und Erneuerungsscheine zu hinterlegen.
(3) Mit Wertpapieren kann Sicherheit nur in Höhe von drei Vierteln des Kurswerts geleistet werden.	(3) Mit Wertpapieren kann Sicherheit nur in Höhe von drei Vierteln des Kurswerts geleistet werden.
§ 238 Hypotheken, Grund- und Rentenschulden (1) Eine Hypothekenforderung, eine Grundschuld oder eine Rentenschuld ist zur Sicherheitsleistung nur geeignet, wenn sie den in der Rechtsverordnung nach § 240a festgelegten Voraussetzungen entspricht.[36]	**§ 238 Hypotheken, Grund- und Rentenschulden** (1) Eine Hypothekenforderung, eine Grundschuld oder eine Rentenschuld ist zur Sicherheitsleistung nur geeignet, wenn sie den Voraussetzungen entspricht, unter denen am Orte der Sicherheitsleistung Mündelgeld in Hypothekenforderungen, Grundschulden oder Rentenschulden angelegt werden darf.
(2) Eine Forderung, für die eine Sicherungshypothek besteht, ist zur Sicherheitsleistung nicht geeignet.	(2) Eine Forderung, für die eine Sicherungshypothek besteht, ist zur Sicherheitsleistung nicht geeignet.
§ 240a Verordnungsermächtigung (1) Das Bundesministerium der Justiz und für Verbraucherschutz wird ermächtigt, durch Rechtsverordnung, die nicht der Zustimmung des Bundesrates bedarf, Folgendes festzulegen: 1. Gattungen von Inhaberpapieren und Orderpapieren nach § 234 Absatz 1, die zur Sicherheitsleistung geeignet sind und die Voraussetzungen, unter denen Hypothekenforderungen, Grundschulden und Rentenschulden zur Sicherheitsleistung geeignet sind, sowie 2. die Voraussetzungen für Anlagen nach den §§ 1079, 1288 Absatz 1 und § 2119.	 *Bisher ohne Vorbild*
(2) Die Festlegungen nach Absatz 1 Nummer 1 müssen gewährleisten, dass der Gläubiger bei Unvermögen des Schuldners oder wenn der Schuldner aus anderen Gründen nicht zur Leistung bereit ist, die Schuld durch Verwertung der hinterlegten Wertpapiere, der Hypothekenforderung oder der Grund- und Rentenschulden begleichen kann.[37]	

36 Folgeänderung wegen der Umstellung der Verweisung auf § 1807 BGB wegen des Wegfalls dieser Vorschrift und der Schaffung eigener Grundsätze durch den Erlass der Rechtsverordnung nach § 240a BGB. An dem Grundansatz, dass nur sichere Hypotheken, Grundschulden oder Rentenschulden als zur Sicherheitsleistung geeignet sind, wird festgehalten.

37 Ermächtigung des BMJV zum Erlass einer Verordnung, in der die zur Sicherheitsleistung geeigneten Forderungen und Wertpapiere festgelegt werden. Die Neuregelung führt zur Vereinheitlichung der Zulassungen, weil nun eine Bundesbehörde die Kriterien bestimmt, während bisher die Länder zuständig waren.

Buch 2 Recht der Schuldverhältnisse **Abschnitt 8 Einzelne Schuldverhältnisse** **Titel 8 Dienstvertrag und ähnliche Verträge** **Untertitel 2 Behandlungsvertrag**	
630d Einwilligung (1) Vor Durchführung einer medizinischen Maßnahme, insbesondere eines Eingriffs in den Körper oder die Gesundheit, ist der Behandelnde verpflichtet, die Einwilligung des Patienten einzuholen. Ist der Patient einwilligungsunfähig, ist die Einwilligung eines hierzu Berechtigten einzuholen, soweit nicht eine Patientenverfügung nach § 1827 Absatz 1 Satz 1[38] die Maßnahme gestattet oder untersagt. Weitergehende Anforderungen an die Einwilligung aus anderen Vorschriften bleiben unberührt. Kann eine Einwilligung für eine unaufschiebbare Maßnahme nicht rechtzeitig eingeholt werden, darf sie ohne Einwilligung durchgeführt werden, wenn sie dem mutmaßlichen Willen des Patienten entspricht.[39]	**§ 630d Einwilligung** (1) Vor Durchführung einer medizinischen Maßnahme, insbesondere eines Eingriffs in den Körper oder die Gesundheit, ist der Behandelnde verpflichtet, die Einwilligung des Patienten einzuholen. Ist der Patient einwilligungsunfähig, ist die Einwilligung eines hierzu Berechtigten einzuholen, soweit nicht eine Patientenverfügung nach § 1901a Absatz 1 Satz 1 die Maßnahme gestattet oder untersagt. Weitergehende Anforderungen an die Einwilligung aus anderen Vorschriften bleiben unberührt. Kann eine Einwilligung für eine unaufschiebbare Maßnahme nicht rechtzeitig eingeholt werden, darf sie ohne Einwilligung durchgeführt werden, wenn sie dem mutmaßlichen Willen des Patienten entspricht.
(2) Die Wirksamkeit der Einwilligung setzt voraus, dass der Patient oder im Fall des Absatzes 1 Satz 2 der zur Einwilligung Berechtigte vor der Einwilligung nach Maßgabe von § 630e Absatz 1 bis 4 aufgeklärt worden ist.	(2) Die Wirksamkeit der Einwilligung setzt voraus, dass der Patient oder im Fall des Absatzes 1 Satz 2 der zur Einwilligung Berechtigte vor der Einwilligung nach Maßgabe von § 630e Absatz 1 bis 4 aufgeklärt worden ist.
(3) Die Einwilligung kann jederzeit und ohne Angabe von Gründen formlos widerrufen werden.	(3) Die Einwilligung kann jederzeit und ohne Angabe von Gründen formlos widerrufen werden.
Buch 3 Sachenrecht **Abschnitt 4 Dienstbarkeiten** **Titel 2 Nießbrauch** **Untertitel 2 Nießbrauch an Rechten**	
§ 1079 Anlegung des Kapitals Der Nießbraucher und der Gläubiger sind einander verpflichtet, dazu mitzuwirken, dass das eingezogene Kapital der Rechtsverordnung nach § 240a entsprechend verzinslich angelegt und gleichzeitig dem Nießbraucher der Nießbrauch bestellt wird. Die Art der Anlegung bestimmt der Nießbraucher.[40]	**§ 1079 Anlegung des Kapitals** Der Nießbraucher und der Gläubiger sind einander verpflichtet, dazu mitzuwirken, dass das eingezogene Kapital nach den für die Anlegung von Mündelgeld geltenden Vorschriften verzinslich angelegt und gleichzeitig dem Nießbraucher der Nießbrauch bestellt wird. Die Art der Anlegung bestimmt der Nießbraucher.

38 Anpassung der Verweisung an die geänderte Nummerierung der Vorschrift über die Patientenverfügung. Keine sachliche Änderung.

39 Es handelt sich um eine redaktionelle Folgeänderung ohne materiellrechtliche Änderungen.

40 Es handelt sich um eine redaktionelle Folgeänderung wegen der Umstellung des Systems der Sicherheitsleistung in § 234 ff. BGB von der Anknüpfung an die mündelsichere Anlage (§ 1807 BGB aF) hin zur Verordnung nach § 240a BGB nF.

Abschnitt 8 Pfandrecht an beweglichen Sachen und an Rechten **Titel 2 Pfandrecht an Rechten**	
§ 1288 Anlegung eingezogenen Geldes (1) Wird eine Geldforderung in Gemäßheit des § 1281 eingezogen, so sind der Pfandgläubiger und der Gläubiger einander verpflichtet, dazu mitzuwirken, dass der eingezogene Betrag, soweit es ohne Beeinträchtigung des Interesses des Pfandgläubigers tunlich ist, der Rechtsverordnung nach § 240a entsprechend angelegt und gleichzeitig dem Pfandgläubiger das Pfandrecht bestellt wird. Die Art der Anlegung bestimmt der Gläubiger.[41]	**§ 1288 Anlegung eingezogenen Geldes** (1) Wird eine Geldforderung in Gemäßheit des § 1281 eingezogen, so sind der Pfandgläubiger und der Gläubiger einander verpflichtet, dazu mitzuwirken, dass der eingezogene Betrag, soweit es ohne Beeinträchtigung des Interesses des Pfandgläubigers tunlich ist, nach den für die Anlegung von Mündelgeld geltenden Vorschriften verzinslich angelegt und gleichzeitig dem Pfandgläubiger das Pfandrecht bestellt wird. Die Art der Anlegung bestimmt der Gläubiger.
(2) Erfolgt die Einziehung in Gemäßheit des § 1282, so gilt die Forderung des Pfandgläubigers, soweit ihm der eingezogene Betrag zu seiner Befriedigung gebührt, als von dem Gläubiger berichtigt.	(2) Erfolgt die Einziehung in Gemäßheit des § 1282, so gilt die Forderung des Pfandgläubigers, soweit ihm der eingezogene Betrag zu seiner Befriedigung gebührt, als von dem Gläubiger berichtigt.
Buch 4 Familienrecht **Abschnitt 1 Bürgerliche Ehe** **Titel 5 Wirkungen der Ehe im Allgemeinen**	
§ 1358 Gegenseitige Vertretung von Ehegatten in Angelegenheiten der Gesundheitssorge[42] (1) Kann ein Ehegatte aufgrund von Bewusstlosigkeit oder Krankheit seine Angelegenheiten der Gesundheitssorge rechtlich nicht besorgen (vertretener Ehegatte), ist der andere Ehegatte (vertretender Ehegatte) berechtigt, für den vertretenen Ehegatten 1. in Untersuchungen des Gesundheitszustandes, Heilbehandlungen oder ärztliche Eingriffe einzuwilligen oder sie zu untersagen sowie ärztliche Aufklärungen entgegenzunehmen, 2. Behandlungsverträge, Krankenhausverträge oder Verträge über eilige Maßnahmen der Rehabilitation und der Pflege abzuschließen und durchzusetzen, 3. über Maßnahmen nach § 1831 Absatz 4 zu entscheiden, sofern die Dauer der Maßnahme im Einzelfall sechs Wochen nicht überschreitet, und 4. Ansprüche, die dem vertretenen Ehegatten aus Anlass der Erkrankung gegenüber Drit-	*Bisher keine Regelung, Erläuterung in der Einführung zu den BGB-Vorschriften außerhalb des Vormundschafts- und Betreuungsrechts.*

41 Es handelt sich um eine redaktionelle Folgeänderung wegen der Umstellung des Systems der Sicherheitsleistung in § 234 ff. BGB von der Anknüpfung an die mündelsichere Anlage (§ 1807 BGB aF) hin zur Verordnung nach § 240a BGB nF.

42 Literatur: *Dutta,* Handlungsbefugnisse von Ehegatten in Angelegenheiten der Gesundheitssorge – ein weiterer Versuch für einen neuen § 1358 BGB, FamRZ 2020, 1881; *Kemper,* Die große Reform: Das Notvertretungsrecht für Ehegatten kommt FamRB 2021, 260; *Koller/Stahl,* Ein neues (Not-)Vertretungsrecht für Ehegatten in der ärztlichen und klinischen Praxis GesR 2021, 212; *Kraemer,* Das neue Ehegattenvertretungsrecht BtPrax 2021, 208.

ten zustehen, geltend zu machen und an die Leistungserbringer aus den Verträgen nach Nummer 2 abzutreten oder Zahlung an diese zu verlangen.[43]	
(2) Unter den Voraussetzungen des Absatzes 1 und hinsichtlich der in Absatz 1 Nummer 1 bis 4 genannten Angelegenheiten sind behandelnde Ärzte gegenüber dem vertretenden Ehegatten von ihrer Schweigepflicht entbunden. Dieser darf die diese Angelegenheiten betreffenden Krankenunterlagen einsehen und ihre Weitergabe an Dritte bewilligen.	
(3) Die Berechtigungen nach den Absätzen 1 und 2 bestehen nicht, wenn 1. die Ehegatten getrennt leben, 2. dem vertretenden Ehegatten oder dem behandelnden Arzt bekannt ist, dass der vertretene Ehegatte a) eine Vertretung durch ihn in den in Absatz 1 Nr. 1 bis 4 genannten Angelegenheiten ablehnt oder b) jemanden zur Wahrnehmung seiner Angelegenheiten bevollmächtigt hat, soweit diese Vollmacht die in Absatz 1 Nummer 1 bis 4 bezeichneten Angelegenheiten umfasst, 3. für den zu vertretenden Ehegatten ein Betreuer bestellt ist, soweit dessen Aufgabenkreis die in Absatz 1 Nummer 1 bis 4 bezeichneten Angelegenheiten umfasst, oder 4. die Voraussetzungen des Absatzes 1 nicht mehr vorliegen oder mehr als sechs Monate seit dem durch den Arzt nach Absatz 4 Satz 1 Nummer 1 festgestellten Zeitpunkt vergangen sind.	
(4) Der Arzt, gegenüber dem das Vertretungsrecht ausgeübt wird, hat 1. das Vorliegen der Voraussetzungen nach Absatz 1 und den Zeitpunkt, zu dem diese spätestens eingetreten sind, schriftlich zu bestätigen, 2. dem vertretenden Ehegatten die Bestätigung nach Abs. 1 mit einer schriftlichen Erklärung über die Voraussetzungen nach Absatz 1 und das Nichtvorliegen der Ausschlussgründe nach Absatz 3 vorzulegen und 3. sich von dem vertretenden Ehegatten schriftlich versichern zu lassen, dass a) das Vertretungsrecht wegen der Bewusstlosigkeit oder Krankheit, aufgrund derer der Ehegatte seine Angelegenheiten der Gesundheitssorge	

43 Zur Anwendbarkeit des Notvertretungsrechts in Fällen mit Auslandsberührung s. Art. 15 EGBGB nF.

rechtlich nicht besorgen kann, bisher nicht ausgeübt wurde und b) kein Ausschlussgrund des Absatzes 3 vorliegt. Das Dokument mit der Bestätigung nach Satz 1 Nummer 1 und der Versicherung nach Satz 1 Nummer 3 ist dem vertretenden Ehegatten für die weitere Ausübung des Vertretungsrechts auszuhändigen.	
(5) Das Vertretungsrecht darf ab der Bestellung eines Betreuers, dessen Aufgabenkreis die in Absatz 1 Nummer 1 bis 4 bezeichneten Angelegenheiten umfasst, nicht mehr ausgeübt werden.	
(6) § 1821 Absatz 2 bis 4, § 1827 Absatz 1 bis 3, § 1828 Absatz 1 und 2, § 1829 Absatz 1 bis 4 sowie § 1831 Absatz 4 in Verbindung mit Absatz 2 gelten entsprechend.	
Titel 6. Eheliches Güterrecht **Untertitel 2. Vertragliches Güterrecht** **Kapitel 3. Gütergemeinschaft** **Unterkapitel 2. Verwaltung des Gesamtguts durch einen Ehegatten**	
§ 1436 Verwaltung durch einen Betreuer[44] Fällt die Verwaltung des Gesamtguts in den Aufgabenkreis des Betreuers eines Ehegatten, so hat der Betreuer diesen in den Rechten und Pflichten zu vertreten, die sich aus der Verwaltung des Gesamtguts ergeben. Dies gilt auch dann, wenn der andere Ehegatte zum Betreuer bestellt ist.	**§ 1436 Verwalter unter Betreuung** Fällt die Verwaltung des Gesamtguts in den Aufgabenkreis des Betreuers eines Ehegatten, so hat der Betreuer diesen in den Rechten und Pflichten zu vertreten, die sich aus der Verwaltung des Gesamtguts ergeben. Dies gilt auch dann, wenn der andere Ehegatte zum Betreuer bestellt ist.
Abschnitt 2. Verwandtschaft **Titel 2. Abstammung**	
§ 1596 Anerkennung und Zustimmung bei fehlender oder beschränkter Geschäftsfähigkeit (1) Wer in der Geschäftsfähigkeit beschränkt ist, kann nur selbst anerkennen. Die Zustimmung des gesetzlichen Vertreters ist erforderlich. Für einen Geschäftsunfähigen kann der gesetzliche Vertreter mit Genehmigung des Familiengerichts anerkennen; ist der gesetzliche Vertreter ein Betreuer, ist die Genehmigung des Betreuungsgerichts erforderlich. Für die Zustimmung der Mutter gelten die Sätze 1 bis 3 entsprechend.	**§ 1596 Anerkennung und Zustimmung bei fehlender oder beschränkter Geschäftsfähigkeit** (1) Wer in der Geschäftsfähigkeit beschränkt ist, kann nur selbst anerkennen. Die Zustimmung des gesetzlichen Vertreters ist erforderlich. Für einen Geschäftsunfähigen kann der gesetzliche Vertreter mit Genehmigung des Familiengerichts anerkennen; ist der gesetzliche Vertreter ein Betreuer, ist die Genehmigung des Betreuungsgerichts erforderlich. Für die Zustimmung der Mutter gelten die Sätze 1 bis 3 entsprechend.
(2) Für ein Kind, das geschäftsunfähig oder noch nicht 14 Jahre alt ist, kann nur der gesetzliche Vertreter der Anerkennung zustimmen. Im Übrigen kann ein Kind, das in der Geschäftsfähigkeit beschränkt ist, nur selbst zustimmen;	(2) Für ein Kind, das geschäftsunfähig oder noch nicht 14 Jahre alt ist, kann nur der gesetzliche Vertreter der Anerkennung zustimmen. Im Übrigen kann ein Kind, das in der Geschäftsfähigkeit beschränkt ist, nur selbst zustimmen; es bedarf hierzu der Zustimmung des gesetzlichen Vertreters.

44 Die Änderung betrifft nur die Überschrift.

es bedarf hierzu der Zustimmung des gesetzlichen Vertreters.	
(3) Ein geschäftsfähiger Betreuter kann nur selbst anerkennen oder zustimmen; § 1825[45] bleibt unberührt.	(3) Ein geschäftsfähiger Betreuter kann nur selbst anerkennen oder zustimmen; § 1903 bleibt unberührt.
(4) Anerkennung und Zustimmung können nicht durch einen Bevollmächtigten erklärt werden.	(4) Anerkennung und Zustimmung können nicht durch einen Bevollmächtigten erklärt werden.
Titel 5. **Elterliche Sorge**	
§ 1626d **Form; Mitteilungspflicht** (1) Sorgeerklärungen und Zustimmungen müssen öffentlich beurkundet werden.	§ 1626d **Form; Mitteilungspflicht** (1) Sorgeerklärungen und Zustimmungen müssen öffentlich beurkundet werden.
(2) Die beurkundende Stelle teilt die Abgabe von Sorgeerklärungen und Zustimmungen unter Angabe des Geburtsdatums und des Geburtsorts des Kindes sowie des Namens, den das Kind zur Zeit der Beurkundung seiner Geburt geführt hat, dem nach § 87c Abs. 6 Satz 2 des Achten Buches Sozialgesetzbuch zuständigen Jugendamt zu den in § 58[46] des Achten Buches Sozialgesetzbuch genannten Zwecken unverzüglich mit.	(2) Die beurkundende Stelle teilt die Abgabe von Sorgeerklärungen und Zustimmungen unter Angabe des Geburtsdatums und des Geburtsorts des Kindes sowie des Namens, den das Kind zur Zeit der Beurkundung seiner Geburt geführt hat, dem nach § 87c Abs. 6 Satz 2 des Achten Buches Sozialgesetzbuch zuständigen Jugendamt zu den in § 58a des Achten Buches Sozialgesetzbuch genannten Zwecken unverzüglich mit.
§ 1629 **Vertretung des Kindes** (1) Die elterliche Sorge umfasst die Vertretung des Kindes. Die Eltern vertreten das Kind gemeinschaftlich; ist eine Willenserklärung gegenüber dem Kind abzugeben, so genügt die Abgabe gegenüber einem Elternteil. Ein Elternteil vertritt das Kind allein, soweit er die elterliche Sorge allein ausübt oder ihm die Entscheidung nach § 1628 übertragen ist. Bei Gefahr im Verzug ist jeder Elternteil dazu berechtigt, alle Rechtshandlungen vorzunehmen, die zum Wohl des Kindes notwendig sind; der andere Elternteil ist unverzüglich zu unterrichten.	§ 1629 **Vertretung des Kindes** (1) Die elterliche Sorge umfasst die Vertretung des Kindes. Die Eltern vertreten das Kind gemeinschaftlich; ist eine Willenserklärung gegenüber dem Kind abzugeben, so genügt die Abgabe gegenüber einem Elternteil. Ein Elternteil vertritt das Kind allein, soweit er die elterliche Sorge allein ausübt oder ihm die Entscheidung nach § 1628 übertragen ist. Bei Gefahr im Verzug ist jeder Elternteil dazu berechtigt, alle Rechtshandlungen vorzunehmen, die zum Wohl des Kindes notwendig sind; der andere Elternteil ist unverzüglich zu unterrichten.
(2) Der Vater und die Mutter können das Kind insoweit nicht vertreten, als nach § 1824 ein Betreuer von der Vertretung des Betreuten ausgeschlossen ist.[47] Steht die elterliche Sorge für ein Kind den Eltern gemeinsam zu, so kann der Elternteil, in dessen Obhut sich das Kind befindet, Unterhaltsansprüche des Kindes gegen den anderen Elternteil geltend machen. Das Familiengericht kann dem Vater und der Mutter nach § 1789 Absatz 2 Satz 3 und 4[48] die Vertretung entziehen; dies gilt nicht für die Feststellung der Vaterschaft.	(2) Der Vater und die Mutter können das Kind insoweit nicht vertreten, als nach § 1795 ein Vormund von der Vertretung des Kindes ausgeschlossen ist. Steht die elterliche Sorge für ein Kind den Eltern gemeinsam zu, so kann der Elternteil, in dessen Obhut sich das Kind befindet, Unterhaltsansprüche des Kindes gegen den anderen Elternteil geltend machen. Das Familiengericht kann dem Vater und der Mutter nach § 1796 die Vertretung entziehen; dies gilt nicht für die Feststellung der Vaterschaft.

45 Redaktionelle Änderung wegen der neuen Nr. des § 1903.
46 Redaktionelle Folgeänderung wegen der Änderung der Paragrafennummerierung im SGB VIII.
47 Redaktionelle Folgeänderung wegen der Umstellung des Grundmodells vom Vormund auf den Betreuer und der Neufassung des Ausschlusses.
48 Redaktionelle Folgeänderung.

(2a) Der Vater und die Mutter können das Kind in einem gerichtlichen Verfahren nach § 1598a Abs. 2 nicht vertreten.	(2a) Der Vater und die Mutter können das Kind in einem gerichtlichen Verfahren nach § 1598a Abs. 2 nicht vertreten.
(3) Sind die Eltern des Kindes miteinander verheiratet oder besteht zwischen ihnen eine Lebenspartnerschaft, so kann ein Elternteil Unterhaltsansprüche des Kindes gegen den anderen Elternteil nur im eigenen Namen geltend machen, solange 1. die Eltern getrennt leben oder 2. eine Ehesache oder eine Lebenspartnerschaftssache im Sinne von § 269 Absatz 1 Nummer 1 oder 2 des Gesetzes über das Verfahren in Familiensachen und in den Angelegenheiten der freiwilligen Gerichtsbarkeit zwischen ihnen anhängig ist. Eine von einem Elternteil erwirkte gerichtliche Entscheidung und ein zwischen den Eltern geschlossener gerichtlicher Vergleich wirken auch für und gegen das Kind.	(3) Sind die Eltern des Kindes miteinander verheiratet oder besteht zwischen ihnen eine Lebenspartnerschaft, so kann ein Elternteil Unterhaltsansprüche des Kindes gegen den anderen Elternteil nur im eigenen Namen geltend machen, solange 1. die Eltern getrennt leben oder 2. eine Ehesache oder eine Lebenspartnerschaftssache im Sinne von § 269 Absatz 1 Nummer 1 oder 2 des Gesetzes über das Verfahren in Familiensachen und in den Angelegenheiten der freiwilligen Gerichtsbarkeit zwischen ihnen anhängig ist. Eine von einem Elternteil erwirkte gerichtliche Entscheidung und ein zwischen den Eltern geschlossener gerichtlicher Vergleich wirken auch für und gegen das Kind.
§ 1631 Inhalt und Grenzen der Personensorge (1) Die Personensorge umfasst insbesondere die Pflicht und das Recht, das Kind zu pflegen, zu erziehen, zu beaufsichtigen und seinen Aufenthalt zu bestimmen.	**§ 1631 Inhalt und Grenzen der Personensorge** (1) Die Personensorge umfasst insbesondere die Pflicht und das Recht, das Kind zu pflegen, zu erziehen, zu beaufsichtigen und seinen Aufenthalt zu bestimmen.
(2) Kinder haben ein Recht auf Pflege und Erziehung unter Ausschluss von Gewalt, körperlichen Bestrafungen, seelischen Verletzungen und anderen entwürdigenden Maßnahmen.[49]	(2) Kinder haben ein Recht auf gewaltfreie Erziehung. Körperliche Bestrafungen, seelische Verletzungen und andere entwürdigende Maßnahmen sind unzulässig.
(3) Das Familiengericht hat die Eltern auf Antrag bei der Ausübung der Personensorge in geeigneten Fällen zu unterstützen.	(3) Das Familiengericht hat die Eltern auf Antrag bei der Ausübung der Personensorge in geeigneten Fällen zu unterstützen.
§ 1631c Verbot der Sterilisation Die Eltern können nicht in eine Sterilisation des Kindes einwilligen. Auch das Kind selbst kann nicht in die Sterilisation einwilligen. § 1809[50] findet keine Anwendung.	**§ 1631c Verbot der Sterilisation** Die Eltern können nicht in eine Sterilisation des Kindes einwilligen. Auch das Kind selbst kann nicht in die Sterilisation einwilligen. § 1909 findet keine Anwendung.
§ 1638 Beschränkung der Vermögenssorge (1) Die Vermögenssorge erstreckt sich nicht auf das Vermögen, welches das Kind von Todes wegen, durch unentgeltliche Zuwendung auf den Todesfall[51] oder unter Lebenden erwirbt, wenn der Erblasser durch letztwillige Verfügung, der Zuwendende bei der Zuwendung bestimmt hat, dass die Eltern das Vermögen nicht verwalten sollen.	**§ 1638 Beschränkung der Vermögenssorge** (1) Die Vermögenssorge erstreckt sich nicht auf das Vermögen, welches das Kind von Todes wegen erwirbt oder welches ihm unter Lebenden unentgeltlich zugewendet wird, wenn der Erblasser durch letztwillige Verfügung, der Zuwendende bei der Zuwendung bestimmt hat, dass die Eltern das Vermögen nicht verwalten sollen.

49 Betonung des Gewaltverbots.

50 Redaktionelle Folgeänderung wegen der neuen Systematik der Regelungen. Die einschlägige (Ergänzungs-)Pflegschaft für Minderjährige ist jetzt in § 1809 BGB geregelt. Keine sachliche Änderung.

51 Dient der Klarstellung. Neu eingefügt wird – ebenso wie im Vormundschaftsrecht (§ 1811 Abs. 1 BGB) und im Betreuungsrecht (§ 1837 Abs. 1 BGB) – der Vermögenserwerb durch unentgeltliche Zuwendung auf den Todesfall.

(2) Was das Kind auf Grund eines zu einem solchen Vermögen gehörenden Rechts oder als Ersatz für die Zerstörung, Beschädigung oder Entziehung eines zu dem Vermögen gehörenden Gegenstands oder durch ein Rechtsgeschäft erwirbt, das sich auf das Vermögen bezieht, können die Eltern gleichfalls nicht verwalten.	(2) Was das Kind auf Grund eines zu einem solchen Vermögen gehörenden Rechts oder als Ersatz für die Zerstörung, Beschädigung oder Entziehung eines zu dem Vermögen gehörenden Gegenstands oder durch ein Rechtsgeschäft erwirbt, das sich auf das Vermögen bezieht, können die Eltern gleichfalls nicht verwalten.
(3) Ist durch letztwillige Verfügung oder bei der Zuwendung bestimmt, dass ein Elternteil das Vermögen nicht verwalten soll, so verwaltet es der andere Elternteil. Insoweit vertritt dieser das Kind.	(3) Ist durch letztwillige Verfügung oder bei der Zuwendung bestimmt, dass ein Elternteil das Vermögen nicht verwalten soll, so verwaltet es der andere Elternteil. Insoweit vertritt dieser das Kind.
§ 1639 Anordnungen des Erblassers oder Zuwendenden (1) Was das Kind von Todes wegen, durch unentgeltliche Zuwendung auf den Todesfall[52] oder unter Lebenden erwirbt, haben die Eltern nach den Anordnungen zu verwalten, die durch letztwillige Verfügung oder bei der Zuwendung getroffen worden sind.	**§ 1639 Anordnungen des Erblassers oder Zuwendenden** (1) Was das Kind von Todes wegen erwirbt oder was ihm unter Lebenden unentgeltlich zugewendet wird, haben die Eltern nach den Anordnungen zu verwalten, die durch letztwillige Verfügung oder bei der Zuwendung getroffen worden sind.
(2) § 1837 Absatz 2 gilt entsprechend.[53]	(2) Die Eltern dürfen von den Anordnungen insoweit abweichen, als es nach § 1803 Abs. 2, 3 einem Vormund gestattet ist.
§ 1643 Genehmigungsbedürftige Rechtsgeschäfte (1) Die Eltern bedürfen der Genehmigung des Familiengerichts in den Fällen, in denen ein Betreuer nach den §§ 1850 bis 1854[54] der Genehmigung des Betreuungsgerichts bedarf, soweit sich nicht aus den Absätzen 2 bis 5 etwas anderes ergibt.[55]	**§ 1643 Genehmigungspflichtige Rechtsgeschäfte** (1) Zu Rechtsgeschäften für das Kind bedürfen die Eltern der Genehmigung des Familiengerichts in den Fällen, in denen nach § 1821[56] und nach § 1822 Nr. 1,[57] 3,[58] 5,[59] 8 bis 11[60] ein Vormund der Genehmigung bedarf.
	(2) Das Gleiche gilt für die Ausschlagung einer Erbschaft oder eines Vermächtnisses sowie für den Verzicht auf einen Pflichtteil…

52 Klarstellung, Folgeänderung zu § 1638. Anpassung an die dort gewählte Terminologie und Rechtslage.

53 § 1837 Abs. 2 BGB nF: (2) Das Betreuungsgericht kann die Anordnungen des Erblassers oder des Zuwendenden aufheben, wenn ihre Befolgung das Vermögen des Betreuten erheblich gefährden würde. Solange der Zuwendende lebt, ist zu einer Abweichung von den Anordnungen seine Zustimmung erforderlich und genügend. Ist er zur Abgabe einer Erklärung dauerhaft außerstande oder ist sein Aufenthalt dauerhaft unbekannt, so kann das Betreuungsgericht unter Beachtung der Voraussetzungen von S. 1 die Zustimmung ersetzen.

54 § 1850 BGB: Rechtsgeschäfte über Grundstücke und Schiffe, § 1851 BGB: Erbrechtliche Rechtsgeschäfte, § 1852 BGB: Handels- und gesellschaftsrechtliche Rechtsgeschäfte, § 1853 BGB: Verträge über wiederkehrende Leistungen, § 1854 BGB: Sonstige Rechtsgeschäfte.

55 Vgl. zunächst die Ausführungen im Einleitungsteil dieses Kapitels sowie in Bezug auf die Genehmigungserfordernisse die Anmerkungen zu §§ 1850–1854 BGB.

56 Geschäfte über Grundstücke, Schiffe und Schiffsbauwerke (§ 1822 Nr. 8 BGB aF, jetzt § 1850 Nr. 1–3 BGB).

57 Verpflichtung und Verfügung über das Vermögen im Ganzen, Erbschaften, jetzt § 1851 Nr. 1–3 BGB.

58 Verpflichtung zum Erwerb oder zur Veräußerung eines Erwerbsgeschäfts, jetzt § 1852 Nr. 1 BGB und Gesellschaftsvertrag über den Betrieb eines Erwerbsgeschäfts, jetzt § 1852 Nr. 2 BGB.

59 Miet- oder Pachtvertrag, Vertrag über wiederkehrende Leistungen, jetzt § 1853 S. 1 Nr. 1 und S. 2.

60 Aufnahme von Geld (§ 1822 Nr. 8 BGB aF, jetzt § 1854 Nr. 2 BGB), Ausstellung einer Schuldverschreibung auf den Inhaber (§ 1822 Nr. 9 BGB aF, jetzt § 1854 Nr. 3 BGB), Übernahme einer fremden Verbindlichkeit oder Bürgschaft (§ 1822 Nr. 10 BGB aF, jetzt § 1854 Nr. 4–5 BGB), Erteilung der Prokura (§ 1822 Nr. 8 BGB aF, jetzt § 1854 Nr. 3 BGB).

(2) Nicht genehmigungsbedürftig gemäß § 1850 sind Verfügungen über Grundpfandrechte sowie Verpflichtungen zu einer solchen Verfügung.[61]	
(3) Tritt der Anfall einer Erbschaft oder eines Vermächtnisses an das Kind erst infolge der Ausschlagung eines Elternteils ein, der das Kind allein oder gemeinsam mit dem anderen Elternteil vertritt, ist die Genehmigung abweichend von § 1851 Nummer 1[62] nur dann erforderlich, wenn der Elternteil neben dem Kind berufen war. Ein Auseinandersetzungsvertrag und eine Vereinbarung, mit der das Kind aus einer Erbengemeinschaft ausscheidet, bedarf keiner Genehmigung.	(2) … Tritt der Anfall an das Kind erst infolge der Ausschlagung eines Elternteils ein, der das Kind allein oder gemeinsam mit dem anderen Elternteil vertritt, so ist die Genehmigung nur erforderlich, wenn dieser neben dem Kind berufen war.
(4) Die Eltern bedürfen abweichend von § 1853 Satz 1 Nummer 1 der Genehmigung zum Abschluss eines Miet- oder Pachtvertrags oder eines anderen Vertrags, durch den das Kind zu wiederkehrenden Leistungen verpflichtet wird, wenn das Vertragsverhältnis länger als ein Jahr nach dem Eintritt der Volljährigkeit des Kindes fortdauern soll. Eine Genehmigung ist nicht erforderlich, wenn 1. es sich um einen Ausbildungs-, Dienst- oder Arbeitsvertrag handelt,[63] 2. der Vertrag geringe wirtschaftliche Bedeutung für das Kind hat[64] oder 3. das Vertragsverhältnis von dem Kind nach Eintritt der Volljährigkeit spätestens zum Ablauf des 19. Lebensjahres ohne eigene Nachteile gekündigt werden kann.[65] § 1853 Satz 1 Nummer 2 ist nicht anzuwenden.[66]	
(5) § 1854 Nummer 6 bis 8 ist nicht anzuwenden.[67]	(3) Die Vorschriften der §§ 1825, 1828 bis 1831 sind entsprechend anzuwenden.
§ 1644 Ergänzende Vorschriften für genehmigungsbedürftige Rechtsgeschäfte (1) Das Familiengericht erteilt die Genehmigung, wenn das Rechtsgeschäft dem Wohl des Kindes unter Berücksichtigung der Grundsätze einer wirtschaftlichen Vermögensverwaltung nicht widerspricht.[68]	**§ 1643 Genehmigungspflichtige Rechtsgeschäfte** (1) …

61 Klarstellung, keine Veränderung der Rechtslage.

62 Ausschlagung einer Erbschaft oder eines Vermächtnisses, Verzicht auf die Geltendmachung eines Vermächtnisses oder Pflichtteilsanspruchs, Auseinandersetzungsvertrag.

63 Klarere Fassung als bisher, ergab sich bisher aus dem Fehlen einer Verweisung auf § 1822 Nr. 6 und 7 BGB aF.

64 Neue Regelung.

65 Neue Regelung, kodifiziert die bisherige Rechtsprechung.

66 Betrifft einen Pachtvertrag über einen gewerblichen oder land- oder forstwirtschaftlichen Betrieb.

67 Gerichtliche Vergleiche oder Schiedsvereinbarungen (§ 1854 Nr. 6 BGB nF, bisher 1822 Nr. 12 BGB) sowie die Aufhebung einer Sicherheit (§ 1854 Nr. 7 BGB, bisher 1822 Nr. 13 BGB) sind deswegen genehmigungsfrei.

68 Neue Regelung, die die zum bisherigen Recht hM aufnimmt.

(2) § 1860 Absatz 2 gilt entsprechend.[69]	(2) ...
(3) Für die Erteilung der Genehmigung gelten die §§ 1855 bis 1856 Absatz 2[70] sowie die §§ 1857 und 1858 entsprechend.[71] Ist das Kind volljährig geworden, so tritt seine Genehmigung an die Stelle der Genehmigung des Familiengerichts.	(3) Die Vorschriften der §§ 1825, 1828 bis 1831 sind entsprechend anzuwenden.
§ 1645 Anzeigepflicht für Erwerbsgeschäfte Die Eltern haben Beginn, Art und Umfang eines neuen Erwerbsgeschäfts im Namen des Kindes beim Familiengericht anzuzeigen.[72]	**§ 1645 Neues Erwerbsgeschäft** Die Eltern sollen nicht ohne Genehmigung des Familiengerichts ein neues Erwerbsgeschäft im Namen des Kindes beginnen.
§ 1667 Gerichtliche Maßnahmen bei Gefährdung des Kindesvermögens (1) Das Familiengericht kann anordnen, dass die Eltern ein Verzeichnis des Vermögens des Kindes einreichen und über die Verwaltung Rechnung legen. Die Eltern haben das Verzeichnis mit der Versicherung der Richtigkeit und Vollständigkeit zu versehen. Ist das eingereichte Verzeichnis ungenügend, so kann das Familiengericht anordnen, dass das Verzeichnis durch eine zuständige Behörde oder durch einen zuständigen Beamten oder Notar aufgenommen wird.	**§ 1667 Gerichtliche Maßnahmen bei Gefährdung des Kindesvermögens** (1) Das Familiengericht kann anordnen, dass die Eltern ein Verzeichnis des Vermögens des Kindes einreichen und über die Verwaltung Rechnung legen. Die Eltern haben das Verzeichnis mit der Versicherung der Richtigkeit und Vollständigkeit zu versehen. Ist das eingereichte Verzeichnis ungenügend, so kann das Familiengericht anordnen, dass das Verzeichnis durch eine zuständige Behörde oder durch einen zuständigen Beamten oder Notar aufgenommen wird.
(2) Das Familiengericht kann anordnen, dass das Geld des Kindes in bestimmter Weise anzulegen und zur Abhebung seine Genehmigung erforderlich ist. Gehören Wertpapiere oder Wertgegenstände zum Vermögen des Kindes, so kann das Familiengericht dem Elternteil, der das Kind vertritt, die gleichen Verpflichtungen auferlegen, die nach den §§ 1843 bis 1845 einem Betreuer obliegen;[73] die §§ 1842[74] und 1849 Absatz 1[75] sind entsprechend anzuwenden	(2) Das Familiengericht kann anordnen, dass das Geld des Kindes in bestimmter Weise anzulegen und dass zur Abhebung seine Genehmigung erforderlich ist. Gehören Wertpapiere, Kostbarkeiten oder Schuldbuchforderungen gegen den Bund oder ein Land zum Vermögen des Kindes, so kann das Familiengericht dem Elternteil, der das Kind vertritt, die gleichen Verpflichtungen auferlegen, die nach §§ 1814

69 Das Familiengericht kann die Eltern auf ihren Antrag von den Beschränkungen nach den §§ 1848, 1849 Abs. 1 S. 1 Nr. 1 und 2 sowie S. 2 und nach § 1854 Nr. 2 bis 5 BGB befreien, soweit mit der Vermögensverwaltung der Betrieb eines Erwerbsgeschäfts verbunden ist oder besondere Gründe der Vermögensverwaltung dies erfordern.

70 Der Inhalt des § 1856 Abs. 3 BGB wurde in § 1643 Abs. 3 S. 2 BGB übernommen.

71 § 1855 BGB: Erklärung der Genehmigung, § 1856 BGB: Nachträgliche Genehmigung, § 1857 BGB: Widerrufsrecht des Vertragspartners, § 1858 BGB: Einseitiges Rechtsgeschäft.

72 Umstrukturierung: statt Genehmigungsvorbehalt als Soll-Regel wird nun eine Informationspflicht eingeführt, deren Inhalt deutlich klarer gefasst ist als bisher. Zu beachten ist, dass die Eltern auch Art und Umfang des neuen Erwerbsgeschäftes mitteilen müssen, damit das Familiengericht einen besseren Eindruck von der elterlichen Planung erhält. Dieses kann dann entscheiden, ob etwaige Maßnahmen gemäß §§ 1666, 1667 BGB erforderlich sind. Anders als der Betreuer oder der Vormund (vgl. §§ 1847, 1798 Abs. 2 BGB) sind die Eltern nicht verpflichtet, dem Familiengericht die Aufgabe eines bestehenden Erwerbsgeschäfts des Minderjährigen anzuzeigen. Das entspricht § 1645 BGB aF.

73 § 1843 BGB: Depotverwahrung und Hinterlegung von Wertpapieren, § 1844 BGB: Hinterlegung von Wertgegenständen auf Anordnung des Betreuungsgerichts, § 1845 BGB: Sperrvereinbarung.

74 Ein Kreditinstitut muss bei Anlagen nach § 1839 BGB (Verfügungsgeld) und 1841 Abs. 2 BGB (Anlagegeld) einer für die Anlage ausreichenden Sicherungseinrichtung angehören.

75 § 1849 Abs. 1 BGB: Der Betreuer bedarf der Genehmigung des Betreuungsgerichts zu einer Verfügung über
1. ein Recht, kraft dessen der Betreute eine Geldleistung oder die Leistung eines Wertpapiers verlangen kann,
2. ein Wertpapier des Betreuten, 3. einen hinterlegten Wertgegenstand des Betreuten. Das gleiche gilt für die Eingehung der Verpflichtung zu einer solchen Verfügung.

	bis 1816, 1818 einem Vormund obliegen; die §§ 1819, 1820 sind entsprechend anzuwenden.
(3) Das Familiengericht kann dem Elternteil, der das Vermögen des Kindes gefährdet, Sicherheitsleistung für das seiner Verwaltung unterliegende Vermögen auferlegen. Die Art und den Umfang der Sicherheitsleistung bestimmt das Familiengericht nach seinem Ermessen. Bei der Bestellung und Aufhebung der Sicherheit wird die Mitwirkung des Kindes durch die Anordnung des Familiengerichts ersetzt. Die Sicherheitsleistung darf nur dadurch erzwungen werden, dass die Vermögenssorge gemäß § 1666 Abs. 1 ganz oder teilweise entzogen wird.	(3) Das Familiengericht kann dem Elternteil, der das Vermögen des Kindes gefährdet, Sicherheitsleistung für das seiner Verwaltung unterliegende Vermögen auferlegen. Die Art und den Umfang der Sicherheitsleistung bestimmt das Familiengericht nach seinem Ermessen. Bei der Bestellung und Aufhebung der Sicherheit wird die Mitwirkung des Kindes durch die Anordnung des Familiengerichts ersetzt. Die Sicherheitsleistung darf nur dadurch erzwungen werden, dass die Vermögenssorge gemäß § 1666 Abs. 1 ganz oder teilweise entzogen wird.
(4) Die Kosten der angeordneten Maßnahmen trägt der Elternteil, der sie veranlasst hat.	(4) Die Kosten der angeordneten Maßnahmen trägt der Elternteil, der sie veranlasst hat.
§ 1674a Ruhen der elterlichen Sorge für ein vertraulich geborenes Kind Die elterliche Sorge der Eltern[76] für ein nach § 25 Absatz 1 des Schwangerschaftskonfliktgesetzes vertraulich geborenes Kind ruht. Die elterliche Sorge lebt wieder auf, wenn das Familiengericht feststellt, dass ein Elternteil ihm gegenüber die für den Geburtseintrag des Kindes erforderlichen Angaben gemacht hat.	**§ 1674a Ruhen der elterlichen Sorge der Mutter für ein vertraulich geborenes Kind** Die elterliche Sorge der Mutter für ein nach § 25 Absatz 1 des Schwangerschaftskonfliktgesetzes vertraulich geborenes Kind ruht. Ihre elterliche Sorge lebt wieder auf, wenn das Familiengericht feststellt, dass sie ihm gegenüber die für den Geburtseintrag ihres Kindes erforderlichen Angaben gemacht hat.
Titel 6. Beistandschaft	
§ 1713 Antragsberechtigte (1) Den Antrag kann ein Elternteil stellen, dem für den Aufgabenkreis der beantragten Beistandschaft die alleinige elterliche Sorge zusteht oder zustünde, wenn das Kind bereits geboren wäre. Steht die elterliche Sorge für das Kind den Eltern gemeinsam zu, kann der Antrag von dem Elternteil gestellt werden, in dessen Obhut sich das Kind befindet. Der Antrag kann auch von einem ehrenamtlichen Vormund sowie von einer Pflegeperson, der nach § 1630 Absatz 3 Angelegenheiten der elterlichen Sorge übertragen wurden,[77] gestellt werden.[78] Er kann nicht durch einen Vertreter gestellt werden.	**§ 1713 Antragsberechtigte** (1) Den Antrag kann ein Elternteil stellen, dem für den Aufgabenkreis der beantragten Beistandschaft die alleinige elterliche Sorge zusteht oder zustünde, wenn das Kind bereits geboren wäre. Steht die elterliche Sorge für das Kind den Eltern gemeinsam zu, kann der Antrag von dem Elternteil gestellt werden, in dessen Obhut sich das Kind befindet. Der Antrag kann auch von einem nach § 1776 berufenen Vormund gestellt werden. Er kann nicht durch einen Vertreter gestellt werden.
(2) Vor der Geburt des Kindes kann die werdende Mutter den Antrag auch dann stellen, wenn das Kind, sofern es bereits geboren wäre, unter Vormundschaft stünde. Ist die werdende Mutter in der Geschäftsfähigkeit beschränkt, so kann sie den Antrag nur selbst stellen; sie bedarf hierzu nicht der Zustimmung ihres gesetzlichen Vertreters. Für eine geschäftsunfähige werdende	(2) Vor der Geburt des Kindes kann die werdende Mutter den Antrag auch dann stellen, wenn das Kind, sofern es bereits geboren wäre, unter Vormundschaft stünde. Ist die werdende Mutter in der Geschäftsfähigkeit beschränkt, so kann sie den Antrag nur selbst stellen; sie bedarf hierzu nicht der Zustimmung ihres gesetzlichen Vertreters. Für eine geschäftsunfähige werdende

76 Klarstellung, dass die Regelung auch für den Vater gilt. Nur so kann nach § 1787 BGB kraft Gesetzes bei der vertraulichen Geburt das Jugendamt mit der Geburt des Kindes Vormund werden, da die Vormundschaft nach § 1773 Nr. 1 BGB voraussetzt, dass der Minderjährige nicht unter elterlicher Sorge steht.

77 Anpassung an die veränderte Systematik.

78 Erweiterung der Antragsbefugnis.

Mutter kann nur ihr gesetzlicher Vertreter den Antrag stellen.	Mutter kann nur ihr gesetzlicher Vertreter den Antrag stellen.
§ 1716 Wirkungen der Beistandschaft Durch die Beistandschaft wird die elterliche Sorge nicht eingeschränkt. Im Übrigen gelten die Vorschriften über die Pflegschaft für Minderjährige mit Ausnahme derjenigen über die Aufsicht des Familiengerichts und die Rechnungslegung sinngemäß.[79]	**§ 1716 Wirkungen der Beistandschaft** Durch die Beistandschaft wird die elterliche Sorge nicht eingeschränkt. Im Übrigen gelten die Vorschriften über die Pflegschaft mit Ausnahme derjenigen über die Aufsicht des Familiengerichts und die Rechnungslegung sinngemäß; die §§ 1791, 1791c Abs. 3 sind nicht anzuwenden.

Abschnitt 3 Vormundschaft, Pflegschaft für Minderjährige, rechtliche Betreuung, sonstige Pflegschaft

Titel 1 Vormundschaft

Einführung

Die Reform des Vormundschafts- und Betreuungsrechts hat für die Vormundschaft erhebliche Änderungen mit sich gebracht. Vor allem hat sich die Systematik des Rechtsgebiets komplett verändert: Während bisher die Regelungen der Vormundschaft das Grundmodell bildeten, das dann für die Betreuung modifiziert wurde (vgl. § 1908i BGB aF, bildet nun die Betreuung die Basis, auf welcher die Regelungen über die Vormundschaft aufbauen. 172

Der 1. Titel, der die Vormundschaft nun regelt, ist klar strukturiert: Jeweils eigene Untertitel betreffen die 173

- Begründung der Vormundschaft (§§ 1773–1787),
- Führung der Vormundschaft (§§ 1788–1801),
- Beratung und Aufsicht durch das Familiengericht (§§ 1802–1803 BGB),
- Beendigung der Vormundschaft (§§ 1804–1807 BGB),
- Vergütung und Aufwendungsersatz (§ 1808 BGB).

I. Begründung der Vormundschaft

Die Bestimmungen über die Begründung der Vormundschaft finden sich jetzt in §§ 1773–1787 BGB. Unterschieden werden die bestellte Vormundschaft (§§ 1773–1785 BGB) und die gesetzliche Amtsvormundschaft (§§ 1786 f. BGB). 174

Der Abschnitt über die bestellte Vormundschaft enthält allgemeine Vorschriften (§§ 1773–1777 BGB) und Regeln für die Auswahl des Vormunds (§§ 1778–1785 BGB).

1. Anordnung der Vormundschaft und Bestellung des Vormunds

Die §§ 1773 und 1774 BGB über die Anordnung der Vormundschaft und die Bestellung des Vormunds werden zusammengefasst und neu strukturiert, bleiben aber inhaltlich nahezu unverändert. § 1774 BGB stellt klar, welche Typen von Vormündern bestellt werden können. Dabei wurden Einzelvormundschaft (§§ 1779 Abs. 2 S. 1 BGB aF), Vereins- und Amtsvormundschaft (§§ 1791a, 1791b BGB aF) in einer Norm zusammengefasst. 175

Es bleibt bei dem Grundsatz, dass das Familiengericht die Vormundschaft von Amts wegen anzuordnen hat. Die verfahrensrechtlichen Anforderungen an die Bestellung des Vormunds werden aber in das FamFG überführt bzw. dort geregelt (§ 168a FamFG „Inhalt der Beschlussformel und Wirksamwerden der Beschlüsse“; § 168b FamFG „Bestellungsurkunde“). 176

Neuerungen bei den allgemeinen Fragen sind vor allem: 177

- Künftig soll anstelle des Vereins als Vormund ein Mitarbeiter des Vereins persönlich bestellt werden (Vereinsvormund, § 1774 Abs. 1 Nr. 3 BGB, anders beim Jugendamt, § 1774 Abs. 1 Nr. 4 BGB). Konsequenz ist die Anordnung einer Vergütungspflicht. Die Rolle eines vorläufigen Vormunds kann neben dem Jugendamt auch ein Vormundschaftsverein als solcher als juristische Person übernehmen (§ 1774 Abs. 2 Nr. 1 BGB).

79 Aktualisierung der Verweisung auf den neuen Standort der Ergänzungspflegschaft. Der Ausschluss der Anwendung der §§ 1791, 1791c BGB ist nicht übernommen worden, weil die Bestallungsurkunde und der Nachweis über den Eintritt der Vormundschaft nunmehr nicht mehr im BGB, sondern im FamFG geregelt sind.

- Grundlegend neu gestaltet wurde die Bestellung mehrerer Vormünder (§ 1775 BGB): Für Ehegatten oder Lebenspartner wird es nur noch die gemeinschaftliche Vormundschaft geben (§ 1775 Abs. 1 BGB). Die Möglichkeit, aus besonderen Gründen für einen Mündel mehrere Vormünder zu bestellen (§ 1775 Satz 2 BGB aF) entfällt. Damit wird der Grundsatz bekräftigt, dass die Verantwortung für den Mündel grundsätzlich ungeteilt bei einem einzigen Vormund liegen soll. Zu diesem Grundsatz bestehen zwei Ausnahmen: Neben einem ehrenamtlichen Vormund kann ausnahmsweise für einzelne Sorgeangelegenheiten oder eine bestimmte Art von Sorgeangelegenheiten ein Pfleger bestellt werden, wenn der ehrenamtliche Vormund diese Angelegenheiten nicht ausreichend wahrnehmen kann, er als Vormund aber von besonderer Bedeutung für das Wohl des Mündels ist (vgl. § 1776 BGB). Außerdem ist die Übertragung von einzelnen Sorgeangelegenheiten oder einer bestimmten Art von Sorgeangelegenheiten auf die Pflegeperson (§ 1688 BGB) als Pfleger möglich (§ 1777 BGB). Sowohl auf den Pfleger nach § 1776 BGB als auch auf die Pflegeperson, der Sorgeangelegenheiten als Pfleger übertragen werden, sind – soweit keine Sonderregelungen (§§ 1776, 1777, 1792, 1793 BGB) eingreifen – die Vorschriften über die Pflegschaft für Minderjährige anwendbar.
- Durch § 1775 Abs. 2 BGB wurde die Möglichkeit geschaffen, für Geschwister nicht nur einen gemeinsamen, sondern in besonderen Fällen ausnahmsweise für einzelne Geschwister einen unterschiedlichen Vormund zu bestellen (Hauptfall: Die Geschwister leben weit voneinander entfernt).

2. Auswahl des Vormunds

178 In Bezug auf die **Auswahl des Vormunds** gelten jetzt folgende Grundsätze:

- Vorrangig ist die Vormundschaft einer von den Eltern benannten Person zu übertragen (§§ 1782 f. BGB). Nur wenn die Eltern keinen Vormund benannt haben oder wenn die benannte Person ausnahmsweise übergangen werden darf (§ 1783 BGB), hat das Familiengericht den Vormund auszuwählen.
- Bislang bezogen sich die in § 1779 Abs. 2 BGB aF enthaltenen Auswahlkriterien ausschließlich auf die Auswahl einer natürlichen Person, die zum Einzelvormund bestellt werden sollte. Die Entscheidung des Familiengerichts, das Jugendamt oder einen Vormundschaftsverein als Vormund zu bestellen, richtete sich dagegen nach dem gesetzlichen **Subsidiaritätsprinzip.** Vormundschaftsverein und Jugendamt sollten nur bestellt werden, wenn ein ehrenamtlicher Einzelvormund nicht zur Verfügung stand (§§ 1791a Abs. 1 S. 2, 1791b Abs. 1 S. 1, 1887 BGB aF: Es bestand also ein Vorrang des (ehrenamtlichen) Einzelvormunds vor der Vereins- und der bestellten Amtsvormundschaft. Außerdem war die Vormundschaft des Jugendamts gegenüber einer Einzelvormundschaft und der Vormundschaft eines Vormundschaftsvereins subsidiär (§ 1791b Abs. 1 S. 1 BGB aF, § 56 Abs. 4 SGB VIII). Dieses Prinzip wurde in der Praxis aber immer wieder verletzt: Entgegen ihrer Subsidiarität herrschte die Amtsvormundschaft mit etwa 80 Prozent vor.[80]
- Deswegen war es eines der **Reformziele,** das System der Einzelvormundschaft unter Einschluss des Vereinsvormunds und der institutionellen Amtsvormundschaft besser in Einklang zu bringen. Die neuen Regelungen unterstellen deswegen einerseits auch das Jugendamt den Regelungen über die Auswahl des Vormunds. Umgekehrt soll der bei der Auswahl der Vorrang des ehrenamtlichen Vormunds weiterhin maßgebend sein. Um das zu betonen, ist dieser Grundsatz in die Auswahlregelungen eingefügt worden. Die **Auswahlkriterien** finden sich nun in zwei Normen: § 1778 BGB enthält den Grundsatz, dass das Familiengericht unter den vorhandenen möglichen natürlichen Personen einschließlich eines Berufs- oder Vereinsvormunds sowie unter Einschluss auch des Jugendamts als möglicher Amtsvormund denjenigen Vormund auswählt, der am besten geeignet ist, für die Person und das Vermögen des Mündels zu sorgen (§ 1778 Abs. 1 BGB). Die Auswahl ist aus der Sicht der persönlichen Verhältnisse des Mündels zu treffen und soll den Willen des Mündels sowie den Willen seiner Eltern berücksichtigen (§ 1778 Abs. 2 BGB).
- § 1779 Abs. 1 BGB konkretisiert die Eignungsvoraussetzungen, die eine natürliche Person für die Übernahme einer Vormundschaft erfüllen muss. Diese sollen auch bei der Auswahl des Mitarbeiters im Jugendamt, der mit den Aufgaben des Amtsvormunds betraut wird, Berücksichtigung finden. § 1779 Abs. 2 BGB enthält den gesetzlichen Vorrang einer natürlichen Person, die als Vormund geeignet und bereit ist, die Vormundschaft ehrenamtlich zu führen. Der Ehrenamtler ist vorzuziehen, wenn er gleich befähigt ist wie ein beruflich tätiger Vormund oder das Jugendamt.

80 BT-Drs. 19/24445, 194.

II. Führung der Vormundschaft

1. Personensorge

Mit der Reform wird die Stellung des Mündels als Subjekt der Vormundschaft sowie die Verantwortung des Vormunds für die Förderung seiner Entwicklung, Pflege und Erziehung deutlicher hervorgehoben. Die Personensorge hat auch im Gesetzestext die ihr zukommende Bedeutung erhalten (§§ 1795 – 1797 BGB) und soll auch in der Praxis (faktisch) gestärkt werden. Die Rechte des Mündels auf Pflege und Erziehung, Fürsorge und Förderung seiner Entwicklung wurden ausdrücklich im Gesetz verankert (§ 1788 BGB). 179

a) Verhältnis zwischen Vormund und Pflegeperson

Das **Verhältnis** zwischen **Vormund** und der den Mündel im Alltag erziehenden **Pflegeperson** wurde neu bestimmt (§ 1796 BGB). Der Vormund ist auch dann für die Personensorge verantwortlich und hat die Pflege und Erziehung des Mündels persönlich zu fördern und zu gewährleisten, wenn der Mündel bei einer Pflegefamilie oder in einer Einrichtung lebt (§ 1795 Abs. 1 S. 2 BGB). Die Pflegeperson erhält die Entscheidungsbefugnis in den wiederkehrenden Angelegenheiten der Alltagssorge, wenn der Mündel für längere Zeit bei ihr lebt, und handelt insoweit als gesetzlicher Vertreter des Vormunds (§ 1797 Abs. 1 BGB), der verantwortlich bleibt. Dem Vormund wird das Gebot der Rücksichtnahme auf die Belange der Pflegeperson auferlegt, wie er auch gehalten ist, bei seinen Entscheidungen in Angelegenheiten der Personensorge die Auffassung der Pflegeperson zu berücksichtigen (§ 1796 Abs. 1 BGB). Sowohl Vormund als auch Pflegeperson sind zur gegenseitigen Information und Zusammenarbeit im Interesse des Mündels verpflichtet (§§ 1796 Abs. 2, 1792 Abs. 2 BGB). 180

Auf diese Weise wurde sichergestellt, dass die Sorgeverantwortung grundsätzlich beim Vormund liegt und auch da, wo die Sorgeverantwortung ausnahmsweise mehreren Personen übertragen ist, jedenfalls eine Mitverantwortung des Vormunds bestehen bleibt (§ 1797 BGB). Das soll vermeiden, dass das Mündelwohl gefährdet wird, weil mehrere Sorgeverantwortliche davon ausgehen, der jeweils andere werde sich am Mündelwohl orientiert um die Angelegenheit kümmern. 181

Wenn der Mündel seit längerer Zeit in Familienpflege lebt, können der Pflegeperson vom Familiengericht bestimmte Sorgeangelegenheiten übertragen werden, wenn über die Übertragung Einvernehmen zwischen Vormund und Pflegeperson besteht und sie dem Wohl des Mündels dient (§ 1777 BGB). Ein entgegenstehender Wille des Mündels ist zu berücksichtigen. Im Umfang der ihr übertragenen Angelegenheiten hat die Pflegeperson die Stellung eines Pflegers iSv §§ 1809 ff. BGB. Vormund und Pflegeperson sind auch in diesem Fall zur gegenseitigen Information und Zusammenarbeit im Interesse des Mündels verpflichtet (§ 1792 Abs. 2 BGB). Sorgeangelegenheiten, deren Regelung für den Mündel von erheblicher Bedeutung sind, können der Pflegeperson nur zur gemeinsamen Wahrnehmung mit dem Vormund übertragen werden (§ 1777 Abs. 2 BGB). Pflegeperson und Vormund tragen gemeinsam die volle Sorgeverantwortung und entscheiden im gegenseitigen Einvernehmen (§§ 1789 Abs. 1 Satz 2, 1792 Abs. 4 BGB). Können sich Vormund und Pflegeperson nicht einigen, so trifft auf Antrag das Familiengericht die Entscheidung (§ 1793 Abs. 1 Nr. 3 BGB). 182

Unberührt bleibt die Möglichkeit des Familiengerichts, die Pflegeperson selbst zum Vormund zu bestellen. 183

b) Zusätzlicher Pfleger

Neben der Möglichkeit, die Pflegeperson zum Pfleger zu bestellen, steht die Möglichkeit, bei Einsatz eines ehrenamtlichen Betreuers bestimmte Sorgeangelegenheiten auf einen **zusätzlichen Pfleger** zu bestellen, wenn der ehrenamtliche Vormund zur Wahrnehmung bestimmter Sorgeangelegenheiten die Unterstützung durch einen weiteren gesetzlichen Vertreter erfordert (§ 1776 BGB). In diesem Fall hat der zusätzliche Pfleger bei seinen Entscheidungen die Auffassung des ehrenamtlichen Vormunds einzubeziehen (§ 1792 Abs. 3 BGB). Der Vormund hat auch bei Entscheidungen des zusätzlichen Pflegers eine Mitverantwortung für das Wohl des Mündels, indem er sich zu den Entscheidungen des Pflegers ein eigenes Urteil bilden und seine eigene Auffassung notfalls bei Gericht geltend machen muss (§ 1793 Abs. 1 Nr. 3 BGB-E), wenn er andernfalls das Wohl des Mündels für gefährdet hält. 184

Auch der ehrenamtliche Vormund und der zusätzliche Pfleger sind zur Information und Zusammenarbeit im Interesse des Mündels verpflichtet (§ 1792 Abs. 2 BGB). 185

Zu beachten ist, dass eine Mitverantwortung des Vormunds dagegen in den Fällen ausscheidet, in denen einem Ergänzungspfleger die Sorge für eine bestimmte Angelegenheit übertragen ist, da der Vormund tatsächlich oder rechtlich an der Ausübung der Sorge verhindert ist (§ 1809 Abs. 1 BGB). 186

2. Vermögenssorge

187 Die schon bisher und auch künftig zahlreichen Vorschriften zur Vermögenssorge haben nun ihren Standort im Betreuungsrecht (§§ 1835 ff. BGB). Die Einzelvorschriften über die Vermögenssorge wurden von überflüssigem Verwaltungsaufwand befreit und auf den heute zum Schutz des Vermögens des Betroffenen notwendigen Kernbestand beschränkt. Dazu wurden unter anderem die Regelungen zur Verwaltung von Geld und Wertpapieren überarbeitet und dem heutigen Geschäftsverkehr angepasst. Das Vormundschaftsrecht erhält für den Vormund (§§ 1798–1801 BGB), das Kindschaftsrecht (§ 1643 BGB) für die Eltern Verweisungen auf diese Vorschriften. Trotzdem besteht kein vollständiger Gleichlauf bei der Anwendung dieser Regelungen:

188 Sie unterliegen wegen ihrer Stellung im Betreuungsrecht grundsätzlich den spezifischen, dem Betreuungsrecht immanenten für die Betreuertätigkeit geltenden Grundsätzen und nicht den Grundsätzen der Vormundschaft. So wird dem Unterkapitel 2 des Kapitels 3 mit § 1838 BGB eine zentrale Regelung über die Pflichten des Betreuers in Vermögensangelegenheiten vorangestellt, aus der künftig klar ersichtlich ist, dass auch in der Vermögenssorge die Feststellung und Befolgung der Wünsche des Betreuten nach den Grundsätzen des § 1821 BGB (Vorrang der Wünsche des Betreuten) die handlungsleitende Maxime ist. Die dieser Vorschrift folgenden Einzelvorschriften über die Verwaltung von Geld, Wertpapieren und Wertgegenständen, die sich an den objektiven Grundsätzen einer wirtschaftlichen Vermögensverwaltung orientieren, sollen nur dann zur Anwendung kommen, wenn der Betreuer keine hinreichenden konkreten Anhaltspunkte für einen von diesen Vorschriften abweichenden mutmaßlichen Willen des Betreuten hat.

189 In § 1798 Abs. 1 BGB wird die Verpflichtung des Vormunds festgelegt, dass der Vormund die Vermögenssorge zum Wohl des Mündels wahrzunehmen hat. Er ist zum Schutz und Erhalt des Mündelvermögens verpflichtet, damit der Mündel sein Vermögen bei Volljährigkeit möglichst ungeschmälert erhält. Der Vormund soll auf die Wünsche des Mündels bei der Vermögensverwaltung nach Möglichkeit Rücksicht nehmen. Lehnt der Mündel Investitionen in bestimmte Geschäftszweige ab oder verlangt er sie, so hat sich der Vormund zumindest damit auseinanderzusetzen. Im Übrigen werden die nunmehr in das Betreuungsrecht verschobenen Vorschriften zur Vermögenssorge für entsprechend anwendbar erklärt (§ 1798 Abs. 2 BGB).

190 In Bezug auf die genehmigungsbedürftigen Rechtsgeschäfte wird umfassend auf die jetzt im Betreuungsrecht geregelten Genehmigungstatbestände verwiesen (§§ 1855 bis 1856 Abs. 2, 1857, 1858 BGB), soweit das Vormundschaftsrecht nicht eine eigenständige Regelung erfordert. Für die Fälle, in denen der Betreuer nach den §§ 1848–1854 BGB einer Genehmigung bedarf, ist die Genehmigung des Familiengerichts also auch im Vormundschaftsbereich erforderlich, soweit nicht etwas anderes gilt (§ 1799 Abs. 1 BGB). Nach § 1799 Abs. 2 BGB bedarf der Vormund abweichend von § 1853 BGB auch der Genehmigung für den Abschluss eines Vertrages zu wiederkehrenden Leistungen, wenn das Vertragsverhältnis länger als ein Jahr nach der Volljährigkeit fortdauern soll. Der Genehmigungsmaßstab für das Familiengericht orientiert sich am Grundsatz der Vermögenssorge des Vormunds, mithin am Wohl des Mündels (§ 1800 Abs. 1 BGB-E).

191 Auch zukünftig kann ein Vormund von den Pflichten und Beschränkungen bei der Vermögenssorge (entsprechend den Befreiungsvorschriften im Betreuungsrecht, § 1801 BGB) befreit werden. Vereinsvormund und Vormundschaftsverein sind in entsprechender Anwendung von § 1859 Abs. 1, nach § 1849 Abs. 1 S. 1 Nr. 1 und 2, S. 2 BGB von den Beschränkungen bei der Vermögenssorge befreit (§ 1801 Abs. 1 BGB). Darüber hinaus kann das Familiengericht auf Antrag Befreiungen erteilen, wenn eine Gefährdung des Mündelvermögens nicht zu besorgen ist (§ 1801 Abs. 2 BGB). Eltern können den von ihnen benannten Vormund von bestimmten Beschränkungen befreien (§ 1801 Abs. 3 BGB). Das Familiengericht kann die Anordnungen der Eltern hinsichtlich der von ihnen benannten Vormünder aufheben (§ 1857 BGB). Neu hinzu gekommen ist die Möglichkeit der Aufhebung der gesetzlichen Befreiungsmöglichkeiten nach § 1801 Abs. 1 BGB und der Befreiungen auf Antrag nach § 1801 Abs. 2 BGB. Voraussetzung ist für alle Varianten, dass die Voraussetzungen nicht mehr vorliegen oder bei Fortgeltung der Befreiungen eine Gefährdung des Mündelvermögens zu besorgen wäre (§ 1801 Abs. 4 BGB). Liegen die Voraussetzungen vor, hat nach der Neukonzeption das Familiengericht die Befreiungen aufzuheben. Ein Ermessen steht ihm im Gegensatz zu bisherigen Regelung nach § 1857 BGB aF bei Vorliegen der Voraussetzungen nicht mehr zu.

192 Der Gegenvormund (§ 1792 BGB) – wie auch der Gegenbetreuer – wurden gestrichen. Das Rechtsinstitut hat in der Praxis keine Bedeutung erlangt.

III. Aufwendungsersatz, Aufwandsentschädigung, Vergütung des Vormunds

Die Ansprüche der berufsmäßig tätigen Vormünder einschließlich der Vormundschaftsvereine und des Jugendamts als Amtsvormund sowie für die beruflichen Betreuer (selbstständig tätige Betreuer und Vereinsbetreuer), die Behördenbetreuer, die Betreuungsvereine und die Betreuungsbehörde auf Aufwendungsersatz und Vergütung finden sich künftig im VBVG. 193

Untertitel 1 Begründung der Vormundschaft Kapitel 1 Bestellte Vormundschaft Unterkapitel 1 Allgemeine Vorschriften	
BGB nF	**BGB aF**
§ 1773 Voraussetzungen der Vormundschaft; Bestellung des Vormunds (1) Das Familiengericht hat die Vormundschaft für einen Minderjährigen anzuordnen und ihm einen Vormund zu bestellen,[81] wenn 1. er nicht unter elterlicher Sorge steht, 2. seine Eltern nicht berechtigt sind, ihn in den seine Person und sein Vermögen betreffenden Angelegenheiten zu vertreten, oder 3. sein Familienstand nicht zu ermitteln ist.[82]	**§ 1773 Voraussetzungen** (1) Ein Minderjähriger erhält einen Vormund, wenn er nicht unter elterlicher Sorge steht oder wenn die Eltern weder in den die Person noch in den das Vermögen betreffenden Angelegenheiten zur Vertretung des Minderjährigen berechtigt sind. (2) Ein Minderjähriger erhält einen Vormund auch dann, wenn sein Familienstand nicht zu ermitteln ist.
(2) Ist anzunehmen, dass ein Kind mit seiner Geburt einen Vormund benötigt, so kann schon vor der Geburt des Kindes eine Vormundschaft angeordnet und ein Vormund bestellt werden. Die Bestellung wird mit der Geburt des Kindes wirksam.	**§ 1774 Anordnung von Amts wegen** Das Familiengericht hat die Vormundschaft von Amts wegen anzuordnen. Ist anzunehmen, dass ein Kind mit seiner Geburt eines Vormunds bedarf, so kann schon vor der Geburt des Kindes ein Vormund bestellt werden; die Bestellung wird mit der Geburt des Kindes wirksam.
§ 1774 Vormund (1) Zum Vormund kann bestellt werden:[83] 1. eine natürliche Person, die die Vormundschaft ehrenamtlich führt, 2. eine natürliche Person, die die Vormundschaft beruflich selbstständig führt (Berufsvormund), 3. ein Mitarbeiter eines vom überörtlichen Träger der Jugendhilfe anerkannten Vormundschaftsvereins, wenn der Mitarbeiter dort ausschließlich oder teilweise als Vormund tätig ist (Vereinsvormund),[84] oder 4. das Jugendamt.	**§ 1779 Auswahl durch das Familiengericht** (1) … (2) Das Familiengericht soll eine Person auswählen, die nach ihren persönlichen Verhältnissen und ihrer Vermögenslage sowie nach den sonstigen Umständen zur Führung der Vormundschaft geeignet ist. … (3) … **§ 1791a Vereinsvormundschaft** (1) Ein rechtsfähiger Verein kann zum Vormund bestellt werden, wenn er vom Landesjugendamt hierzu für geeignet erklärt worden ist.

81 Die Unterscheidung zwischen der Anordnung der Vormundschaft und der Bestellung einer Person zum Vormund wird jetzt sofort deutlich.

82 §§ 1773 und 1774 BGB aF sind zusammengefasst und neu strukturiert worden, bleiben aber inhaltlich nahezu unverändert. Verfahrensrechtliche Bestimmungen (§ 1774 S. 1 BGB aF) sind in das FamFG überführt worden (vgl. § 168a FamFG „Inhalt der Beschlussformel und Wirksamwerden der Beschlüsse"; § 168b FamFG „Bestellungsurkunde").

83 Aufzählung der zur Vormundschaft generell tauglichen Vormünder.

84 Neue Regelung. Damit soll die Vormundschaft auch in diesem Bereich personalisiert werden. Hierdurch wird die bisherige Vormundschaft des Vereins gem. § 1791a BGB ersetzt. Mit der Möglichkeit, einen Vereinsmitarbeiter persönlich als Vormund zu bestellen, musste eine Vergütung für den Vormundschaftsverein vorgesehen werden; das Vergütungsverbot des § 1836 Abs. 3 BGB aF wurde aufgehoben. Der Vergütungs-

	Der Verein darf nur zum Vormund bestellt werden, wenn eine als ehrenamtlicher Einzelvormund geeignete Person nicht vorhanden ist oder wenn er nach § 1776 als Vormund berufen ist; die Bestellung bedarf der Einwilligung des Vereins. (2) … (3) Der Verein bedient sich bei der Führung der Vormundschaft einzelner seiner Mitglieder oder Mitarbeiter; eine Person, die den Mündel in einem Heim des Vereins als Erzieher betreut, darf die Aufgaben des Vormunds nicht ausüben. Für ein Verschulden des Mitglieds oder des Mitarbeiters ist der Verein dem Mündel in gleicher Weise verantwortlich wie für ein Verschulden eines verfassungsmäßig berufenen Vertreters. (4) … **§ 1791b Bestellte Amtsvormundschaft des Jugendamts** (1) Ist eine als ehrenamtlicher Einzelvormund geeignete Person nicht vorhanden, so kann auch das Jugendamt zum Vormund bestellt werden. Das Jugendamt kann von den Eltern des Mündels weder benannt noch ausgeschlossen werden. (2) …
(2) Zum vorläufigen Vormund kann bestellt werden: 1. ein vom überörtlichen Träger der Jugendhilfe anerkannter Vormundschaftsverein,[85] 2. das Jugendamt.	
§ 1775 Mehrere Vormünder (1) Ehegatten können gemeinschaftlich zu Vormündern bestellt werden.	**§ 1775 Mehrere Vormünder** Das Familiengericht kann ein Ehepaar gemeinschaftlich zu Vormündern bestellen.
(2) Für Geschwister soll nur ein Vormund bestellt werden, es sei denn, es liegen besondere Gründe vor, jeweils einen Vormund für einzelne Geschwister zu bestellen.	Im Übrigen soll das Familiengericht, sofern nicht besondere Gründe für die Bestellung mehrerer Vormünder vorliegen, für den Mündel[86] und, wenn Geschwister zu bevormunden sind, für alle Mündel nur einen Vormund bestellen.

und Aufwendungsersatzanspruch für Vormundschaftsvereine ist jetzt in § 1808 Abs. 3 BGB nF iVm §§ 1, 5 VBVG geregelt.

85 Die Möglichkeit, einen anerkannten Vormundschaftsverein oder das Jugendamt als vorläufigen Vormund zu bestellen, ist neu eingeführt worden. Mit ihr soll dem Familiengericht mehr Zeit eingeräumt werden, einen geeigneten Vormund zu finden, wenn im Zeitpunkt der Anordnung der Vormundschaft die Ermittlungen hierzu noch nicht abgeschlossen sind. Das Nähere regelt § 1781 BGB nF.

86 Abgeschafft. Die Bestellung mehrerer Vormünder für denselben Mündel kommt nicht mehr in Betracht. Möglichkeit der zusätzlichen Bestellung eines Pflegers nach § 1776 BGB nF Außerdem wird künftig die Übertragung von einzelnen Sorgeangelegenheiten oder einer bestimmten Art von Sorgeangelegenheiten auf die Pflegeperson als Pfleger möglich sein, § 1777 BGB nF.

§ 1776 Zusätzlicher Pfleger (1) Das Familiengericht kann bei Bestellung eines ehrenamtlichen Vormunds mit dessen Einverständnis einzelne Sorgeangelegenheiten oder eine bestimmte Art von Sorgeangelegenheiten auf einen Pfleger übertragen, wenn die Übertragung dieser Angelegenheiten dem Wohl des Mündels dient.[87] Die Übertragung ist auch nachträglich möglich, wenn der Vormund zustimmt.	*Keine Entsprechung im bisherigen Recht.*
(2) Die Übertragung ist ganz oder teilweise aufzuheben, 1. wenn sie dem Wohl des Mündels widerspricht,[88] 2. auf Antrag des Vormunds oder des Pflegers, wenn der jeweils andere Teil zustimmt und die Aufhebung dem Wohl des Mündels nicht widerspricht, oder 3. auf Antrag des Mündels, der das 14. Lebensjahr vollendet hat, wenn Vormund und Pfleger der Aufhebung zustimmen. Die Zustimmung gemäß Satz 1 Nummer 2 und 3 ist entbehrlich, wenn ein wichtiger Grund für die Aufhebung vorliegt.	
(3) Im Übrigen gelten die Vorschriften über die Pflegschaft für Minderjährige entsprechend.[89] Neben einem Pfleger nach § 1809 oder § 1777 kann ein Pfleger nach Absatz 1 nicht bestellt werden.[90]	
§ 1777 Übertragung von Sorgeangelegenheiten auf die Pflegeperson als Pfleger (1) Das Familiengericht überträgt auf Antrag des Vormunds oder der Pflegeperson[91] einzelne Sorgeangelegenheiten oder eine bestimmte Art	*Kein direktes Vorbild*

87 Die Norm ermöglicht es, bei einer ehrenamtlich geführten Vormundschaft komplexe oder konfliktträchtige Sorgerechtsbereiche auf einen zusätzlichen Pfleger zu übertragen, ohne dass solche Probleme die generelle Eignung des Vormunds in Frage stellen. Dies kann etwa der Fall sein, wenn der ehrenamtliche Vormund seine Aufgaben bei bestimmten Sorgeangelegenheiten oder einem bestimmten Kreis von Sorgeangelegenheiten nicht selbst zum Wohl des Mündels wahrnehmen kann, seine Bestellung im Übrigen aber gerade dem Wohl des Mündels dient.

88 Wegen der Kontinuität einer einmal übertragenen kindeswohldienlichen Sorgeverantwortung ist die Aufhebung nicht schon spiegelbildlich zur Übertragung bereits dann vorzunehmen, wenn die Übertragung dem Wohl des Mündels nicht (mehr) dient, sondern erst, wenn sie dem Wohl des Mündels widerspricht.

89 Der zusätzliche Pfleger besorgt die ihm übertragenen Angelegenheiten des Mündels und vertritt den Mündel, § 1776 Abs. 3 S. 1, § 1813 Abs. 1 BGB iVm § 1789 Abs. 1 und Abs. 2 BGB. Gleichwohl trägt der Vormund auch in diesem Fall weiterhin eine Mitverantwortung für das Wohl des Mündels. Das wird dadurch erreicht, dass der Pfleger bei seinen Entscheidungen die Auffassung des Vormunds einzubeziehen hat (§ 1792 Abs. 3 BGB). Das bedeutet, dass auch der Vormund im Rahmen der Kooperationspflicht eigenes Urteil aus der Perspektive des Mündels bilden muss, welches der Pfleger seinerseits bei seiner Entscheidung mit abzuwägen hat. Damit wird der Vormund in die Lage versetzt, seine ihm verbleibende Verantwortung für den Mündel wahrzunehmen und bei aus seiner Sicht dem Mündelwohl abträglichen Entscheidungen des Pflegers eine gerichtliche Entscheidung nach § 1793 Abs. 1 Nr. 3 BGB.

90 Der zusätzliche Pfleger darf nicht eingesetzt werden, wenn die Eltern noch in Teilbereichen sorgeberechtigt sind, statt eines Vormunds also ein Ergänzungspfleger nach § 1809 BGB nur Teile der Sorge innehat. Eine Aufspaltung der Sorgebefugnisse auf mehr Personen als die Eltern und einen weiteren Verantwortlichen soll vermieden werden.

von Sorgeangelegenheiten auf die Pflegeperson als Pfleger, wenn 1. der Mündel seit längerer Zeit bei der Pflegeperson lebt oder bereits bei Begründung des Pflegeverhältnisses eine persönliche Bindung zwischen dem Mündel und der Pflegeperson besteht, 2. die Pflegeperson oder der Vormund dem Antrag des jeweils anderen auf Übertragung zustimmt und 3. die Übertragung dem Wohl des Mündels dient. Ein entgegenstehender Wille des Mündels ist zu berücksichtigen.[92]	**§ 1630 Elterliche Sorge bei Pflegerbestellung oder Familienpflege** (1) … (2) … (3) Geben die Eltern das Kind für längere Zeit in Familienpflege, so kann das Familiengericht auf Antrag der Eltern oder der Pflegeperson Angelegenheiten der elterlichen Sorge auf die Pflegeperson übertragen. Für die Übertragung auf Antrag der Pflegeperson ist die Zustimmung der Eltern erforderlich. Im Umfang der Übertragung hat die Pflegeperson die Rechte und Pflichten eines Pflegers.
(2) Sorgeangelegenheiten, deren Regelung für den Mündel von erheblicher Bedeutung ist, werden der Pflegeperson nur zur gemeinsamen Wahrnehmung mit dem Vormund übertragen.	
(3) Den Antrag auf Übertragung nach Absatz 1 Satz 1 kann auch der Mündel stellen, wenn er das 14. Lebensjahr vollendet hat. Für die Übertragung ist die Zustimmung des Vormunds und der Pflegeperson erforderlich.	
(4) § 1776 Absatz 2 gilt entsprechend.[93] Im Übrigen gelten die Vorschriften über die Pflegschaft für Minderjährige entsprechend.[94] Neben einem Pfleger nach § 1809 oder § 1776 kann die Pflegeperson nicht zum Pfleger bestellt werden.	

91 Der Begriff der Pflegeperson stimmt mit demjenigen aus § 1688 BGB überein. Beachte § 1796 Abs. 3 BGB: Der Pflegeperson steht eine Person gleich, die
1. den Mündel
   a) in einer Einrichtung über Tag und Nacht oder
   b) in sonstigen Wohnformen
   betreut und erzieht oder
2. die intensive sozialpädagogische Betreuung des Mündels übernommen hat.

Außerdem folgt aus der Geltung des Vormundschaftsrechts für Minderjährige (§ 1777 Abs. 4, § 1776 Abs. 3 S. 1 BGB), dass ein Mitarbeiter oder der Leiter einer Einrichtung, in der der Mündel lebt, nicht zum Pfleger nach § 1777 BGB bestellt werden kann (§§ 1813 Abs. 1, 1784 Abs. 2 Nr. 4 BGB).

92 Die Möglichkeit, die Pflegeperson oder die Pflegeeltern selbst zum Vormund zu bestellen, wird durch § 1777 BGB nicht ausgeschlossen. Auch ohne die Bestellung zum Pfleger hat Pflegeperson ausdrücklich das Recht, den Vormund in Angelegenheiten des täglichen Lebens zu vertreten, wenn das Pflegeverhältnis für längere Zeit eingegangen wird (§ 1797 Abs. 1 BGB).

93 Die Regelung lässt eine Rückübertragung der Sorge zu. Diese kommt insbesondere in Frage, wenn sich die Aufteilung der Sorgeangelegenheiten zwischen Vormund und Pfleger aus tatsächlichen Gründen als nicht praktikabel erweist.

94 Dem Pfleger stehen auch Vergütung und Aufwendungsersatz nach Maßgabe des anwendbaren Pflegschaftsrechts für Minderjährige zu.

Unterkapitel 2 Auswahl des Vormunds[95]	
§ 1778 Auswahl des Vormunds durch das Familiengericht	**§ 1779 Auswahl durch das Familiengericht**
(1) Ist die Vormundschaft nicht einem nach § 1782 Benannten zu übertragen,[96] hat das Familiengericht den Vormund auszuwählen, der am besten geeignet ist, für die Person und das Vermögen des Mündels zu sorgen.[97]	(1) Ist die Vormundschaft nicht einem nach § 1776 Berufenen zu übertragen, so hat das Familiengericht nach Anhörung des Jugendamts den Vormund auszuwählen.
(2) Bei der Auswahl sind insbesondere zu berücksichtigen: 1. der Wille des Mündels,[98] seine familiären Beziehungen,[99] seine persönlichen Bindungen,[100] sein religiöses Bekenntnis[101] und sein kultureller Hintergrund,[102] 2. der wirkliche oder mutmaßliche Wille der Eltern[103] und 3. die Lebensumstände des Mündels.	(2) Das Familiengericht soll eine Person auswählen, die nach ihren persönlichen Verhältnissen und ihrer Vermögenslage sowie nach den sonstigen Umständen zur Führung der Vormundschaft geeignet ist. Bei der Auswahl unter mehreren geeigneten Personen sind der mutmaßliche Wille der Eltern, die persönlichen Bindungen des Mündels, die Verwandtschaft oder Schwägerschaft mit dem Mündel sowie das religiöse Bekenntnis des Mündels zu berücksichtigen. (3) Das Familiengericht soll bei der Auswahl des Vormunds Verwandte oder Verschwägerte des Mündels hören, wenn dies ohne erhebliche Verzögerung und ohne unverhältnismäßige Kosten geschehen kann.[104] Die Verwandten und Verschwägerten können von dem Mündel Ersatz ihrer Auslagen verlangen; der Betrag der Auslagen wird von dem Familiengericht festgesetzt

95 Es war eines der Reformziele, das System der Einzelvormundschaft unter Einschluss des Vereinsvormunds und der institutionellen Amtsvormundschaft besser in Einklang zu bringen. Die neuen Regelungen unterstellen deswegen einerseits auch das Jugendamt den Regelungen über die Auswahl des Vormunds. Umgekehrt soll bei der Auswahl der Vorrang des ehrenamtlichen Vormunds weiterhin maßgebend sein. Um das zu betonen, ist dieser Grundsatz in die Auswahlregelungen eingefügt worden. Die Auswahlkriterien finden sich nun in zwei Normen: § 1778 BGB enthält den Grundsatz, dass das Familiengericht unter den vorhandenen möglichen natürlichen Personen einschließlich eines Berufs- oder Vereinsvormunds sowie unter Einschluss auch des Jugendamts als möglicher Amtsvormund denjenigen Vormund auswählt, der am besten geeignet ist, für die Person und das Vermögen des Mündels zu sorgen (§ 1778 Abs. 1 BGB). Die Auswahl ist aus der Sicht der persönlichen Verhältnisse des Mündels zu treffen und soll den Willen des Mündels sowie den Willen seiner Eltern berücksichtigen (§ 1778 Abs. 2 BGB).

96 Also weiterhin: Vorrang der Benennung!

97 Das kann auch das Jugendamt sein.

98 Bisher in § 1779 Abs. 2 BGB nicht genannt. Die Neuregelung betont die die Subjektstellung des Mündels. Das Familiengericht muss den Willen des Mündels nach dessen Entwicklungsstand ermitteln.

99 Entspricht dem bisherigen § 1779 Abs. 2 BGB.

100 Entspricht dem bisherigen § 1779 Abs. 2 BGB.

101 Entspricht dem bisherigen § 1779 Abs. 2 BGB.

102 Neues Kriterium.

103 Entspricht dem bisherigen § 1779 Abs. 2 BGB.

104 Im BGB gestrichen. Die Anhörungspflicht findet sich jetzt in § 168 Abs. 1 FamFG.

§ 1779 Eignung der Person; Vorrang des ehrenamtlichen Vormunds (1) Eine natürliche Person[105] muss nach 1. ihren Kenntnissen und Erfahrungen, 2. ihren persönlichen Eigenschaften, 3. ihren persönlichen Verhältnissen und ihrer Vermögenslage sowie 4. ihrer Fähigkeit und Bereitschaft zur Zusammenarbeit mit den anderen an der Erziehung des Mündels beteiligten Personen geeignet sein, die Vormundschaft so zu führen, wie es das Wohl des Mündels erfordert.[106]	**§ 1779 Auswahl durch das Familiengericht** (1) ... (2) Das Familiengericht soll eine Person auswählen, die nach ihren persönlichen Verhältnissen und ihrer Vermögenslage sowie nach den sonstigen Umständen zur Führung der Vormundschaft geeignet ist. Bei der Auswahl unter mehreren geeigneten Personen sind der mutmaßliche Wille der Eltern, die persönlichen Bindungen des Mündels, die Verwandtschaft oder Schwägerschaft mit dem Mündel sowie das religiöse Bekenntnis des Mündels zu berücksichtigen. (3) ...
(2) Eine natürliche Person, die geeignet und bereit ist, die Vormundschaft ehrenamtlich zu führen, hat gegenüber den in § 1774 Absatz 1 Nummer 2 bis 4 genannten Vormündern Vorrang.[107] Von ihrer Eignung ist auch dann auszugehen, wenn ein zusätzlicher Pfleger nach § 1776 bestellt wird.	
§ 1780 Berücksichtigung der beruflichen Belastung des Berufs- und Vereinsvormunds Soll ein Berufsvormund oder ein Vereinsvormund bestellt werden, ist seine berufliche Arbeitsbelastung, insbesondere die Anzahl und der Umfang der bereits zu führenden Vormundschaften und Pflegschaften zu berücksichtigen.[108] Er ist dem Familiengericht zur Auskunft hierüber verpflichtet.	*Neuregelung ohne direktes Vorbild.*
§ 1781 Bestellung eines vorläufigen Vormunds (1) Sind die erforderlichen Ermittlungen zur Auswahl des geeigneten Vormunds insbesondere im persönlichen Umfeld des Mündels im Zeitpunkt der Anordnung der Vormundschaft	*Neuregelung ohne direktes Vorbild.*

105 Für das Jugendamt gelten die Eignungsvoraussetzungen nur mittelbar. Das Jugendamt führt die Vormundschaft zwar aufgrund gerichtlicher Anordnung, nimmt diese Aufgabe aber zugleich als staatliche Pflichtaufgabe (§ 55 SGB VIII) wahr. Seine Eignung ist gegeben. Da es die Aufgaben der Vormundschaft einzelnen seiner Beamten oder Angestellten überträgt, sind die Eignungskriterien § 1779 Abs. 1 BGB nF für die Auswahl des Mitarbeiters, der im Einzelfall mit den Aufgaben des Amtsvormunds betraut wird (§ 55 Abs. 2 SGB VIII), entsprechend anwendbar.

106 Bezieht sich auf die Rechte des Mündels nach § 1788 BGB nF.

107 Bei dem Vorrang der Einzelbetreuung handelt es sich insoweit um eine von der Person und ihren Fähigkeiten zur Aufgabenwahrnehmung unabhängige Wertentscheidung des Gesetzgebers. Ist ein geeigneter Einzelvormund vorhanden, der bereit ist, die Vormundschaft aus ehrenamtlichem Engagement zu übernehmen, und gibt es keinen besser geeigneten sonstigen Vormund, ist das Familiengericht an den Vorrang des Ehrenamtlers gebunden (§ 1779 Abs. 2 BGB nF), es sei denn, aus der Zusammenschau mit den Auswahlkriterien nach § 1778 Abs. 2 BGB ergäbe sich ein abweichendes Ergebnis.

108 Soll die Bestellung überlasteter Vormünder bei Bestellung eines Berufsvormunds (§ 1774 Abs. 1 Nr. 2 BGB) oder eines Vereinsvormunds (§ 1774 Abs. 1 Nr. 3 BGB) vermeiden Das Familiengericht hat darauf zu achten, dass der Vormund ausreichend Zeit hat, sich um die Belange des Mündels angemessen zu kümmern. Die bestehende Inanspruchnahme des künftigen Vormunds durch seine (gesamte) berufliche Arbeitsbelastung, insbesondere die schon übernommenen Vormundschaften und Pflegschaften ist daher in die Eignungsprüfung einzubeziehen. Dabei dürfte die Grenze bei einer Fallzahl 50 zu ziehen sein.

noch nicht abgeschlossen oder besteht ein vorübergehendes Hindernis für die Bestellung des Vormunds,[109] bestellt das Familiengericht einen vorläufigen Vormund.[110]	**§ 1790 Bestellung unter Vorbehalt** Bei der Bestellung des Vormunds kann die Entlassung für den Fall vorbehalten werden, dass ein bestimmtes Ereignis eintritt oder nicht eintritt.
(2) Der Vormundschaftsverein überträgt die Aufgaben des vorläufigen Vormunds einzelnen seiner Mitarbeiter; § 1784 gilt entsprechend.[111] Der Vormundschaftsverein hat dem Familiengericht alsbald, spätestens binnen zwei Wochen nach seiner Bestellung zum vorläufigen Vormund mitzuteilen, welchem Mitarbeiter die Ausübung der Aufgaben des vorläufigen Vormunds übertragen worden sind.	
(3) Das Familiengericht hat den Vormund alsbald, längstens aber binnen drei Monaten ab Bestellung des vorläufigen Vormunds zu bestellen.[112] Die Frist kann durch Beschluss des Gerichts nach Anhörung der Beteiligten um höchstens weitere drei Monate verlängert werden, wenn trotz eingeleiteter Ermittlungen des Familiengerichts der für den Mündel am besten geeignete Vormund noch nicht bestellt werden konnte.	
(4) Die Bestellung des Jugendamtes oder eines Vereinsmitarbeiters zum Vormund ist auch erforderlich, wenn das Familiengericht das Jugendamt oder einen Vormundschaftsverein zuvor als vorläufigen Vormund ausgewählt hat.	
(5) Mit der Bestellung des Vormunds endet das Amt des vorläufigen Vormunds.[113]	
§ 1782 Benennung und Ausschluss als Vormund durch die Eltern (1) Die Eltern können durch letztwillige Verfügung eine natürliche Person[114] als Vormund oder Ehegatten als gemeinschaftliche Vormünder benennen[115] oder von der Vormundschaft ausschließen, wenn ihnen zur Zeit ihres Todes die Sorge für die Person und das Vermögen	**§ 1776 Benennungsrecht der Eltern** (1) Als Vormund ist berufen, wer von den Eltern des Mündels als Vormund benannt ist. (2) …

109 Beispiel: Als die Vormundschaft angeordnet wird, steht eine als Vormund geeignete Person noch nicht zur Verfügung oder es fehlen erforderliche Papiere (Führungszeugnis!). Bisher wurden die Fälle über § 1790 BGB gelöst. Diese Vorschrift entfällt.

110 Die Bestellung eines Vormundschaftsvereins oder des Jugendamts als vorläufigen Vormunds gemäß § 1781 BGB gibt dem Familiengericht die Möglichkeit, die Suche nach einem für den Mündel geeigneten Vormund zu veranlassen oder fortsetzen zu lassen, wenn im Zeitpunkt der Anordnung der Vormundschaft entweder noch keine Gelegenheit dazu bestanden hatte oder das Gericht die bisherigen Bemühungen des Jugendamts zur Ermittlung des geeigneten Vormunds nicht für ausreichend hält.

111 Dient der Personalisierung im Vormundschaftsrecht. Eine entsprechende Regelung für das Jugendamt als Vormund findet sich in § 55 Abs. 2 SGB VIII nF.

112 Bewusste Abweichung von der Frist in § 302 FamFG (sechs Monate). Das soll verhindern, dass der Mündel zu seinem vorläufigen Vormund eine zu intensive Beziehung aufbaut (für den Fall, dass dieser nicht zum endgültigen Vormund bestellt wird).

113 Nicht mit Ablauf der Frist!

114 Also nicht das Jugendamt und der Vormundschaftsverein. Ein Vereinsmitarbeiter kann aber künftig in Person als Vereinsvormund benannt werden.

115 Neue Alternative, Folgeänderung zu § 1775 BGB.

des Kindes zusteht. Die Benennung und der Ausschluss können schon vor der Geburt des Kindes erfolgen, wenn dem jeweiligen Elternteil die Sorge für die Person und das Vermögen des Kindes zustünde, falls es vor dem Tod des Elternteils geboren wäre.	**§ 1777 Voraussetzungen des Benennungsrechts** (1) Die Eltern können einen Vormund nur benennen, wenn ihnen zur Zeit ihres Todes die Sorge für die Person und das Vermögen des Kindes zusteht. (2) Der Vater kann für ein Kind, das erst nach seinem Tode geboren wird, einen Vormund benennen, wenn er dazu berechtigt sein würde, falls das Kind vor seinem Tode geboren wäre. (3) Der Vormund wird durch letztwillige Verfügung benannt.
(2) Haben die Eltern widersprüchliche letztwillige Verfügungen zur Benennung oder zum Ausschluss von Vormündern getroffen, so gilt die Verfügung durch den zuletzt verstorbenen Elternteil.	**§ 1776 Benennungsrecht der Eltern** (1) … (2) Haben der Vater und die Mutter verschiedene Personen benannt, so gilt die Benennung durch den zuletzt verstorbenen Elternteil.
§ 1783 Übergehen der benannten Person (1) Die benannte Person darf als Vormund ohne ihre Zustimmung nur übergangen werden, wenn 1. sie nach § 1784 nicht zum Vormund bestellt werden kann oder soll, 2. ihre Bestellung dem Wohl des Mündels widersprechen würde,[116] 3. der Mündel, der das 14. Lebensjahr vollendet hat, der Bestellung widerspricht, 4. sie aus rechtlichen oder tatsächlichen Gründen an der Übernahme der Vormundschaft verhindert ist oder 5. sie sich nicht binnen[117] vier Wochen ab der Aufforderung des Familiengerichts zur Übernahme der Vormundschaft bereit erklärt hat.	**§ 1778 Übergehen des benannten Vormunds** (1) Wer nach § 1776 als Vormund berufen ist, darf ohne seine Zustimmung nur übergangen werden, 1. wenn er nach den §§ 1780 bis 1784 nicht zum Vormund bestellt werden kann oder soll, 2. wenn er an der Übernahme der Vormundschaft verhindert ist, 3. wenn er die Übernahme verzögert, 4. wenn seine Bestellung das Wohl des Mündels gefährden würde, 5. wenn der Mündel, der das 14. Lebensjahr vollendet hat, der Bestellung widerspricht, es sei denn, der Mündel ist geschäftsunfähig.
(2) Wurde die benannte Person gemäß Absatz 1 Nummer 4 übergangen und war sie nur vorübergehend verhindert, so ist sie auf ihren Antrag anstelle des bisherigen Vormunds zum Vormund zu bestellen, wenn 1. sie den Antrag innerhalb von sechs Monaten[118] nach der Bestellung des bisherigen Vormunds gestellt hat, 2. die Entlassung des bisherigen Vormunds dem Wohl des Mündels nicht widerspricht und 3. der Mündel, der das 14. Lebensjahr vollendet hat, der Entlassung des bisherigen Vormunds nicht widerspricht.	(2) Ist der Berufene nur vorübergehend verhindert, so hat ihn das Familiengericht nach dem Wegfall des Hindernisses auf seinen Antrag anstelle des bisherigen Vormunds zum Vormund zu bestellen.
	(3) Für einen minderjährigen Ehegatten darf der andere Ehegatte vor den nach § 1776 Berufenen zum Vormund bestellt werden.

116 Absenkung der Schwelle: „widerspricht“ statt „gefährdet“.
117 Umstellung zur Vereinfachung der Handhabung.
118 Umstellung zur Vereinfachung der Handhabung.

	(4) Neben dem Berufenen darf nur mit dessen Zustimmung ein Mitvormund bestellt werden.[119]
§ 1784 Ausschlussgründe (1) Nicht zum Vormund bestellt werden kann, wer geschäftsunfähig ist.[120]	**§ 1780 Unfähigkeit zur Vormundschaft** Zum Vormund kann nicht bestellt werden, wer geschäftsunfähig ist.
(2) Nicht zum Vormund bestellt werden soll in der Regel[121] eine Person, 1. die minderjährig ist, 2. für die ein Betreuer bestellt ist, sofern die Betreuung die für die Führung der Vormundschaft wesentlichen Angelegenheiten umfasst, oder für die ein Einwilligungsvorbehalt nach § 1825 angeordnet ist,[122] 3. die die Eltern gemäß § 1782 als Vormund ausgeschlossen haben, oder 4. die zu einer Einrichtung, in der der Mündel lebt, in einem Abhängigkeitsverhältnis oder in einer anderen engen Beziehung steht.[123]	**§ 1781 Untauglichkeit zur Vormundschaft** Zum Vormund soll nicht bestellt werden: 1. wer minderjährig ist, 2. derjenige, für den ein Betreuer bestellt ist. **§ 1782 Ausschluss durch die Eltern** (1) Zum Vormund soll nicht bestellt werden, wer durch Anordnung der Eltern des Mündels von der Vormundschaft ausgeschlossen ist. Haben die Eltern einander widersprechende Anordnungen getroffen, so gilt die Anordnung des zuletzt verstorbenen Elternteils. (2) Auf die Ausschließung sind die Vorschriften des § 1777 anzuwenden. **§ 1791a Vereinsvormundschaft** (1) ... (2)... (3) Der Verein bedient sich bei der Führung der Vormundschaft einzelner seiner Mitglieder oder Mitarbeiter; eine Person, die den Mündel in einem Heim des Vereins als Erzieher betreut, darf die Aufgaben des Vormunds nicht ausüben. Für ein Verschulden des Mitglieds oder des Mitarbeiters ist der Verein dem Mündel in gleicher Weise verantwortlich wie für ein Verschulden eines verfassungsmäßig berufenen Vertreters. (4) ...

119 § 1778 Abs. 3 BGB aF ist entfallen, da die bisherige Mitvormundschaft durch den zusätzlichen Pfleger mit Einverständnis des ehrenamtlichen Vormunds (§ 1776 BGB) ersetzt worden ist.

120 Wird der Vormund nach wirksamer Bestellung geschäftsunfähig, ist er zu entlassen (§ 1804 Abs. 1 Nr. 4 BGB).

121 Tritt einer der Gründe erst im Nachhinein ein oder wird erst im Nachhinein bekannt, soll der Vormund (nachträglich) gemäß § 1804 Abs. 1 Nr. 4 entlassen werden. Liegen aber besondere Umstände vor, die die Person/den Vormund als (besonders) geeignet erscheinen lassen, kann die Person trotz Vorliegens eines Ausschlussgrundes dennoch zum Vormund bestellt, bzw. von einer Entlassung des Vormunds abgesehen werden.

122 Folgeänderung zu § 1784 Abs. 2 Nr. 2 BGB nF (nur bei Betreuung der für die Lebensgestaltung wesentlichen Angelegenheiten oder bei einem Einwilligungsvorbehalt).

123 Der Ausschluss wegen Interessenkollision, der sich bisher nur auf Mitarbeiter von Vormundschaftsvereinen bezog, wurde in Anlehnung an die Formulierung in § 1897 Abs. 3 BGB aF und gleichlautend mit § 1816 Abs. 6 S. 1 BGB nF verallgemeinert. Eine inhaltliche Änderung ergibt sich daraus, dass – abgesehen von der vorläufigen Vormundschaft des Vormundschaftsvereins – künftig der Mitarbeiter des Vormundschaftsvereins und nicht der Verein selbst als Vormund bestellt wird. § 1784 Abs. 2 Nr. 4 BGB nF gilt daher jetzt unmittelbar für die Bestellung des Vereinsmitarbeiters als Vormund. Die Nichtbeachtung ist kein Nichtigkeitsgrund, sondern lediglich ein Nichtbestellungs- oder Entlassungsgrund.

	Nicht übernommen wurde: **§ 1784 Beamter oder Religionsdiener als Vormund** (1) Ein Beamter oder Religionsdiener, der nach den Landesgesetzen einer besonderen Erlaubnis zur Übernahme einer Vormundschaft bedarf, soll nicht ohne die vorgeschriebene Erlaubnis zum Vormund bestellt werden. (2) Diese Erlaubnis darf nur versagt werden, wenn ein wichtiger dienstlicher Grund vorliegt.
§ 1785 Übernahmepflicht, weitere Bestellungsvoraussetzungen (1) Die vom Familiengericht ausgewählte Person ist verpflichtet, die Vormundschaft zu übernehmen, wenn ihr die Übernahme unter Berücksichtigung ihrer familiären, beruflichen und sonstigen Verhältnisse zugemutet werden kann.[124]	**§ 1785 Übernahmepflicht** Jeder Deutsche hat die Vormundschaft, für die er von dem Familiengericht ausgewählt wird, zu übernehmen, sofern nicht seiner Bestellung zum Vormund einer der in den §§ 1780 bis 1784 bestimmten Gründe entgegensteht.
(2) Die ausgewählte Person darf erst dann zum Vormund bestellt werden, wenn sie sich zur Übernahme der Vormundschaft bereit erklärt hat.[125]	Es entfallen ersatzlos: **§ 1786 Ablehnungsrecht** (1) Die Übernahme der Vormundschaft kann ablehnen: 1. ein Elternteil, welcher zwei oder mehr noch nicht schulpflichtige Kinder überwiegend betreut oder glaubhaft macht, dass die ihm obliegende Fürsorge für die Familie die Ausübung des Amts dauernd besonders erschwert, 2. wer das 60. Lebensjahr vollendet hat, 3. wem die Sorge für die Person oder das Vermögen von mehr als drei minderjährigen Kindern zusteht, 4. wer durch Krankheit oder durch Gebrechen verhindert ist, die Vormundschaft ordnungsmäßig zu führen, 5. wer wegen Entfernung seines Wohnsitzes von dem Sitz des Familiengerichts die Vormundschaft nicht ohne besondere Belästigung führen kann, 6. (weggefallen) 7. wer mit einem anderen zur gemeinschaftlichen Führung der Vormundschaft bestellt werden soll, 8. wer mehr als eine Vormundschaft, Betreuung oder Pflegschaft führt; die Vormundschaft oder Pflegschaft über mehrere Geschwister gilt nur als eine; die Führung

124 Die bisherigen Vorschriften zu Ablehnungsrechten (§ 1786 BGB aF) und den Folgen der unberechtigten Ablehnung der Übernahme des Vormundschaftsamts einschließlich der Festsetzung von Zwangsgeld (§§ 1787, 1788 BGB aF) wurden aufgehoben. In der Praxis haben sie insgesamt keine Bedeutung erlangt. § 1784 BGB aF wurde ebenfalls aufgehoben. Soweit Beamte oder Bedienstete von Religionsgemeinschaften für die Übernahme des Vormundschaftsamts eine besondere Erlaubnis ihres Dienstherrn benötigen, ist dies im Rahmen der Zumutbarkeit aus beruflichen Gründen zu berücksichtigen.

125 Neue Bestellungsvoraussetzung.

	von zwei Gegenvormundschaften steht der Führung einer Vormundschaft gleich. (2) Das Ablehnungsrecht erlischt, wenn es nicht vor der Bestellung bei dem Familiengericht geltend gemacht wird. **§ 1787 Folgen der unbegründeten Ablehnung** (1) Wer die Übernahme der Vormundschaft ohne Grund ablehnt, ist, wenn ihm ein Verschulden zur Last fällt, für den Schaden verantwortlich, der dem Mündel dadurch entsteht, dass sich die Bestellung des Vormunds verzögert. (2) Erklärt das Familiengericht die Ablehnung für unbegründet, so hat der Ablehnende, unbeschadet der ihm zustehenden Rechtsmittel, die Vormundschaft auf Erfordern des Familiengerichts vorläufig zu übernehmen. **§ 1788 Zwangsgeld** (1) Das Familiengericht kann den zum Vormund Ausgewählten durch Festsetzung von Zwangsgeld zur Übernahme der Vormundschaft anhalten. (2) Die Zwangsgelder dürfen nur in Zwischenräumen von mindestens einer Woche festgesetzt werden. Mehr als drei Zwangsgelder dürfen nicht festgesetzt werden.
(3) Der Vormundschaftsverein und der Vereinsvormund dürfen nur mit Einwilligung des Vereins bestellt werden.[126]	
Kapitel 2 Gesetzliche Amtsvormundschaft	
§ 1786 Amtsvormundschaft bei Fehlen eines sorgeberechtigten Elternteils Mit der Geburt eines Kindes, dessen Eltern nicht miteinander verheiratet sind und das eines Vormunds bedarf, wird das Jugendamt Vormund, wenn das Kind seinen gewöhnlichen Aufenthalt im Inland hat. Dies gilt nicht, wenn bereits vor der Geburt des Kindes ein Vormund bestellt ist. Wurde die Vaterschaft nach § 1592 Nummer 1 oder 2 durch Anfechtung beseitigt und bedarf das Kind eines Vormunds, so wird das Jugendamt in dem Zeitpunkt Vormund, in dem die Entscheidung rechtskräftig wird.	**§ 1791c Gesetzliche Amtsvormundschaft des Jugendamts** (1) Mit der Geburt eines Kindes, dessen Eltern nicht miteinander verheiratet sind und das eines Vormunds bedarf, wird das Jugendamt Vormund, wenn das Kind seinen gewöhnlichen Aufenthalt im Geltungsbereich dieses Gesetzes hat; dies gilt nicht, wenn bereits vor der Geburt des Kindes ein Vormund bestellt ist. Wurde die Vaterschaft nach § 1592 Nr. 1 oder 2 durch Anfechtung beseitigt und bedarf das Kind eines Vormunds, so wird das Jugendamt in dem Zeitpunkt Vormund, in dem die Entscheidung rechtskräftig wird. (2) War das Jugendamt Pfleger eines Kindes, dessen Eltern nicht miteinander verheiratet sind, endet die Pflegschaft kraft Gesetzes und bedarf das Kind eines Vormunds, so wird das Jugendamt Vormund, das bisher Pfleger war.[127]

126 Das Einwilligungserfordernis bezieht sich auf die Bestellung als solche. Es soll sichergestellt werden, dass das Familiengericht nicht gegen den Willen des Vereins über die Arbeitskraft seiner Angestellten verfügt.

127 Entfällt, da Abs. 2 auf dem am 1.7.1998 außer Kraft getretenen § 1709 BGB beruhte und durch die Einführung der Beistandschaft nach § 1712 BGB überflüssig geworden ist.

	(3) Das Familiengericht hat dem Jugendamt unverzüglich eine Bescheinigung über den Eintritt der Vormundschaft zu erteilen; § 1791 ist nicht anzuwenden.[128]
§ 1787 Amtsvormundschaft bei vertraulicher Geburt Wird ein Kind vertraulich geboren (§ 25 Absatz 1 Satz 2 des Schwangerschaftskonfliktgesetzes), wird das Jugendamt mit der Geburt des Kindes Vormund.[129]	*Keine Vorgängerregelung.*
Untertitel 2 Führung der Vormundschaft **Kapitel 1 Allgemeine Vorschriften**	
§ 1788 Rechte des Mündels[130] Der Mündel hat insbesondere das Recht auf 1. Förderung seiner Entwicklung und Erziehung zu einer eigenverantwortlichen und gemeinschaftsfähigen Persönlichkeit, 2. Pflege und Erziehung unter Ausschluss von Gewalt, körperlichen Bestrafungen, seelischen Verletzungen und anderen entwürdigenden Maßnahmen,[131] 3. persönlichen Kontakt mit dem Vormund, 4. Achtung seines Willens, seiner persönlichen Bindungen, seines religiösen Bekenntnisses und kulturellen Hintergrunds sowie 5. Beteiligung an ihn betreffenden Angelegenheiten,[132] soweit es nach seinem Entwicklungsstand angezeigt ist.[133]	**§ 1800 Umfang der Personensorge** Das Recht und die Pflicht des Vormunds, für die Person des Mündels zu sorgen, bestimmen sich nach §§ 1631 bis 1632. Der Vormund hat die Pflege und Erziehung des Mündels persönlich zu fördern und zu gewährleisten.
§ 1789 Sorge des Vormunds; Vertretung und Haftung des Mündels (1) Der Vormund hat die Pflicht und das Recht, für die Person und das Vermögen des Mündels zu sorgen.	**§ 1793 Aufgaben des Vormunds, Haftung des Mündels** (1) Der Vormund hat das Recht und die Pflicht, für die Person und das Vermögen des Mündels zu sorgen, insbesondere den Mündel zu vertreten …
Ausgenommen sind Angelegenheiten, für die ein Pfleger bestellt ist, es sei denn, die Angelegenheiten sind dem Pfleger mit dem Vormund zur gemeinsamen Wahrnehmung übertragen.	**§ 1794 Beschränkung durch Pflegschaft** Das Recht und die Pflicht des Vormunds, für die Person und das Vermögen des Mündels zu sorgen, erstreckt sich nicht auf Angelegenheiten des Mündels, für die ein Pfleger bestellt ist.

128 Jetzt § 168b Abs. 2 FamFG.
129 Sinn: Das Kind hat dann bereits einen Vormund, wenn es um die Auswahl von Adoptiveltern geht.
130 Konkretisiert die Rechte des Mündels in der Vormundschaft, die sich zuvor nur mittelbar aus der Verweisung auf das elterliche Sorgerecht ergaben. Der Vormund kann sich nicht auf Grundrechte stützen, wie die Eltern das können. Der Gesetzgeber hielt es daher für angebracht, im Interesse des Mündels das Recht auf Förderung seiner Entwicklung und Erziehung unter Übernahme des Erziehungszieles der Ausformung einer eigenverantwortlichen und gemeinschaftsfähigen Persönlichkeit (vgl. § 1 Abs. 1 SGB VIII), näher zu bestimmen.
131 Überträgt § 1631 Abs. 2 BGB in das Vormundschaftsrecht und erweitert das Gebot der Gewaltfreiheit ausdrücklich auch auf den Bereich der Pflege.
132 Das Recht des Mündels auf Beteiligung korrespondiert mit der Pflicht des Vormunds zur Besprechung gem. § 1790 Abs. 2 S. 2 BGB nF.
133 Abgeleitet aus § 1626 Abs. 2 S. 2 BGB.

(2) Der Vormund vertritt den Mündel. § 1824[134] gilt entsprechend.[135] Das Familiengericht kann dem Vormund die Vertretung für einzelne Angelegenheiten entziehen. Die Entziehung soll nur erfolgen, wenn das Interesse des Mündels zu dem Interesse des Vormunds, eines von diesem vertretenen Dritten oder einer der in § 1824 Absatz 1 Nummer 1 bezeichneten Personen in erheblichem Gegensatz steht.	**§ 1793 Aufgaben des Vormunds, Haftung des Mündels** (1) Der Vormund hat das Recht und die Pflicht, für die Person und das Vermögen des Mündels zu sorgen, insbesondere den Mündel zu vertreten. § 1626 Abs. 2 gilt entsprechend. Ist der Mündel auf längere Dauer in den Haushalt des Vormunds aufgenommen, so gelten auch die §§ 1618a, 1619, 1664 entsprechend. (1a) ... (2) ...
(3) Für Verbindlichkeiten, die im Rahmen der Vertretungsmacht nach Absatz 2 gegenüber dem Mündel begründet werden, haftet der Mündel entsprechend § 1629a.	**§ 1793 Aufgaben des Vormunds, Haftung des Mündels** (1) – (1a) ... (2) Für Verbindlichkeiten, die im Rahmen der Vertretungsmacht nach Absatz 1 gegenüber dem Mündel begründet werden, haftet der Mündel entsprechend § 1629a.
§ 1790: Amtsführung des Vormunds; Auskunftspflicht (1) Der Vormund ist unabhängig und hat die Vormundschaft im Interesse des Mündels zu dessen Wohl zu führen.	*Programmsatz, korrespondiert den Rechten des Mündels nach § 1788 BGB.*
(2) Der Vormund hat die wachsende Fähigkeit und das wachsende Bedürfnis des Mündels zu selbständigem und verantwortungsbewusstem Handeln zu berücksichtigen und zu fördern. Der Vormund hat Angelegenheiten der Personen- und der Vermögenssorge mit dem Mündel zu besprechen und ihn an Entscheidungen zu beteiligen, soweit es nach dessen Entwicklungsstand angezeigt ist; Einvernehmen ist anzustreben.[136] Der Vormund soll bei seiner Amtsführung im Interesse des Mündels zu dessen Wohl die Beziehung es Mündels zu seinen Eltern einbeziehen.	
(3) Der Vormund ist zum persönlichen Kontakt mit dem Mündel verpflichtet und berechtigt. Er soll den Mündel in der Regel einmal im Monat in dessen üblicher Umgebung aufsuchen, es sei denn, im Einzelfall sind kürzere oder längere Besuchsabstände oder ein anderer Ort geboten.[137]	**§ 1793 Aufgaben des Vormunds, Haftung des Mündels** (1)... (1a) Der Vormund hat mit dem Mündel persönlichen Kontakt zu halten. Er soll den Mündel in der Regel einmal im Monat in dessen üblicher Umgebung aufsuchen, es sei denn, im Einzel-

134 Betrifft den Ausschluss der Vertretungsmacht.

135 Die Regelung zum Ausschluss der Vertretungsmacht des Vormunds (§ 1824BGB nF, § 1795 BGB aF), die, sofern ihre Voraussetzungen vorliegen, zur Bestellung eines Ergänzungspflegers (§ 1809 BGB nF) führt, hat ihren Standort jetzt im Betreuungsrecht. § 1789 S. 2 BGB verweist deswegen auf die entsprechende Anwendung von § 1824 BGB nF Die Regelung zur Entziehung der Vertretungsmacht des Vormunds (bisher § 1796 BGB) behält ihren Standort mangels Relevanz im Betreuungsrecht im Vormundschaftsrecht (§ 1789 S. 3 und 4 BGB nF).

136 Korrespondiert mit dem Recht des Mündels auf Beteiligung (§ 1788 Nr. 5 BGB).

137 Hat der Vormund den Mündel gemäß § 1791 BGB in seinen Haushalt aufgenommen, ist § 1790 Abs. 4 S. 2 BGB gegenstandslos. In diesem Fall begegnen sich Vormund und Mündel im familiären Kontakt.

	fall sind kürzere oder längere Besuchsabstände oder ein anderer Ort geboten. (2) …
(4) Der Vormund hat bei berechtigtem Interesse nahestehenden Angehörigen oder sonstigen Vertrauenspersonen[138] auf Verlangen Auskunft über die persönlichen Verhältnisse des Mündels zu erteilen, soweit dies dem Wohl des Mündels nicht widerspricht und dem Vormund zuzumuten ist.[139]	*Bisher kein Vorbild im Vormundschaftsrecht.*
(5) Wird der gewöhnliche Aufenthalt eines Mündels in den Bezirk eines anderen Jugendamts verlegt, so hat der Vormund dem Jugendamt des bisherigen gewöhnlichen Aufenthalts die Verlegung mitzuteilen.[140] Satz 1 gilt nicht für den Vereinsvormund und den Vormundschaftsverein.	**§ 1851 Mitteilungspflichten** (1) … (2) Wird der gewöhnliche Aufenthalt eines Mündels in den Bezirk eines anderen Jugendamts verlegt, so hat der Vormund dem Jugendamt des bisherigen gewöhnlichen Aufenthalts und dieses dem Jugendamt des neuen gewöhnlichen Aufenthalts die Verlegung mitzuteilen. (3) Ist ein Verein Vormund, so sind die Absätze 1 und 2 nicht anzuwenden.
§ 1791 Aufnahme des Mündels in den Haushalt des Vormunds Der Vormund kann[141] den Mündel zur Pflege und Erziehung in seinen Haushalt aufnehmen. In diesem Fall sind Vormund und Mündel einander Beistand und Rücksicht schuldig; § 1619 gilt entsprechend.[142]	
§ 1792 Gemeinschaftliche Führung der Vormundschaft, Zusammenarbeit von Vormund und Pfleger (1) Ehegatten[143] führen die ihnen übertragene Vormundschaft gemeinschaftlich.	**§ 1797 Mehrere Vormünder** (1) Mehrere Vormünder führen die Vormundschaft gemeinschaftlich. Bei einer Meinungsverschiedenheit entscheidet das Familiengericht,

138 Auskunftsberechtigt sind nicht nur die Eltern, sondern nahestehende Angehörige oder sonstige Vertrauenspersonen des Mündels. Dies können zum einen die Eltern, denen das Sorgerecht entzogen wurde, aber auch Großeltern, Onkel, Tante oder Personen sein, zu denen der Mündel ein besonderes Vertrauensverhältnis hat und die ein ernsthaftes Interesse am Mündel zeigen. Die Erweiterung des Kreises der Auskunftsberechtigten gegenüber den Ansprüchen aus §§ 1686, 1686a BGB trägt der schwächeren Stellung des Vormunds im Vergleich zu den Eltern Rechnung.

139 Nachgebildet dem entsprechenden Auskunftsrecht desjenigen Elternteils, bei dem das Kind nicht lebt, gegen den (anderen) Elternteil in § 1686 BGB bzw. § 1686a BGB.

140 Dieses wiederum hat die Verlegung des gewöhnlichen Aufenthalts des Mündels nach § 57 Abs., 5 SGB VIII dem Jugendamt des neuen gewöhnlichen Aufenthalts mitzuteilen.

141 Die Sorge des Vormunds für die Pflege und die Erziehung des Mündels verlangt aber nicht, dass er sie im Alltag selbst erbringen muss, indem er den Mündel in seinen Haushalt aufnimmt. In der Praxis ist das auch die Ausnahme. Im Regelfall sorgt der Vormund für den Aufenthalt des Mündels bei einer Pflegeperson oder in einer Einrichtung. Auch in diesem Fall ist der Vormund dann aber für die Personensorge verantwortlich und hat die Pflege und die Erziehung des Mündels persönlich zu fördern und zu gewährleisten (§ 1795 Abs. 1 BGB).

142 § 1791 S. 2 BGB entspricht der Verweisung auf §§ 1618a, 1619 BGB in § 1793 Abs. 1 S. 3 BGB. Die Verweisung auf die Haftungsbeschränkung des Vormunds nach § 1664 BGB findet sich für den Fall der Aufnahme in den Haushalt des Vormunds nunmehr in § 1794 BGB.

143 Mitvormundschaft gibt es künftig nur noch, wenn Ehegatten gemeinsam zum Vormund bestellt werden (§ 1775 Abs. 1 BGB).

	sofern nicht bei der Bestellung ein anderes bestimmt wird. (2) Das Familiengericht kann die Führung der Vormundschaft unter mehrere Vormünder nach bestimmten Wirkungskreisen verteilen. Innerhalb des ihm überwiesenen Wirkungskreises führt jeder Vormund die Vormundschaft selbstständig. (3) Bestimmungen, die der Vater oder die Mutter für die Entscheidung von Meinungsverschiedenheiten zwischen den von ihnen benannten Vormündern und für die Verteilung der Geschäfte unter diese nach Maßgabe des § 1777 getroffen hat, sind von dem Familiengericht zu befolgen, sofern nicht ihre Befolgung das Interesse des Mündels gefährden würde.[144]
(2) Vormünder und Pfleger sind zur gegenseitigen Information und Zusammenarbeit im Interesse des Mündels zu dessen Wohl verpflichtet.[145]	
(3) Der nach § 1776 bestellte Pfleger hat bei seinen Entscheidungen die Auffassung des Vormunds einzubeziehen.[146]	
(4) Der nach § 1777 bestellte Pfleger und der Vormund entscheiden in Angelegenheiten, für die ihnen die Sorge gemeinsam zusteht, in gegenseitigem Einvernehmen.[147]	
(5) In den Fällen der Absätze 1 und 4 gilt § 1629 Absatz 1 Satz 2 und 4 entsprechend.[148]	
§ 1793 Entscheidung bei Meinungsverschiedenheiten (1) Das Familiengericht[149] entscheidet[150] auf Antrag über die hinsichtlich einer Sorgeangelegenheit bestehenden Meinungsverschiedenheiten zwischen 1. gemeinschaftlichen Vormündern, 2. mehreren Vormündern bei Sorgeangelegenheiten, die Geschwister gemeinsam betreffen, 3. dem Vormund und dem nach § 1776 oder § 1777 bestellten Pfleger.	**§ 1798 Meinungsverschiedenheiten** Steht die Sorge für die Person und die Sorge für das Vermögen des Mündels verschiedenen Vormündern zu, so entscheidet bei einer Meinungsverschiedenheit über die Vornahme einer sowohl die Person als das Vermögen des Mündels betreffenden Handlung das Familiengericht. **§ 1797 Mehrere Vormünder** (1) Mehrere Vormünder führen die Vormundschaft gemeinschaftlich. Bei einer Meinungsverschiedenheit entscheidet das Familiengericht, sofern nicht bei der Bestellung ein anderes bestimmt wird. (2)–(3) …

144 Gestrichen, weil die Eltern in Zukunft nicht mehr mehrere Vormünder benennen können.
145 Betrifft insbesondere die Fälle, in denen nach § 1776 BGB ein zusätzlicher Pfleger bestellt ist oder der Pflegeperson nach § 1777 BGB Sorgeangelegenheiten übertragen sind.
146 Bei Meinungsverschiedenheiten entscheidet auf Antrag das Familiengericht (§ 1793 Abs. 1 Nr. 3 BGB).
147 § 1687 Abs. 1 S. 1 BGB nachgebildet. Bei Meinungsverschiedenheiten entscheidet auf Antrag das Familiengericht (§ 1793 Abs. 1 Nr. 3 BGB).
148 Verweisung dient der Klarstellung.
149 Funktionell zuständig für Entscheidungen über Meinungsverschiedenheiten ist der Richter, § 14 Abs. 1 S. 1 Nr. 5 RPflG.
150 Das Gericht entscheidet in der Sache und überträgt die Entscheidungsbefugnis nicht nur einem Beteiligten.

	Vgl. auch: **§ 1630 Elterliche Sorge bei Pflegerbestellung oder Familienpflege** (1) Die elterliche Sorge erstreckt sich nicht auf Angelegenheiten des Kindes, für die ein Pfleger bestellt ist. (2)–(3) …
(2) Antragsberechtigt sind der Vormund, der Pfleger und der Mündel, der das 14. Lebensjahr vollendet hat.	
§ 1794 Haftung des Vormunds (1) Der Vormund[151] ist dem Mündel für den aus einer Pflichtverletzung entstehenden Schaden verantwortlich.[152] Dies gilt nicht, wenn der Vormund die Pflichtverletzung nicht zu vertreten hat. Im Übrigen gilt § 1826 entsprechend.	**§ 1833 Haftung des Vormunds** (1) Der Vormund ist dem Mündel für den aus einer Pflichtverletzung entstehenden Schaden verantwortlich, wenn ihm ein Verschulden zur Last fällt. Das Gleiche gilt von dem Gegenvormund. (2) Sind für den Schaden mehrere nebeneinander verantwortlich, so haften sie als Gesamtschuldner. Ist neben dem Vormund für den von diesem verursachten Schaden der Gegenvormund oder ein Mitvormund nur wegen Verletzung seiner Aufsichtspflicht verantwortlich, so ist in ihrem Verhältnis zueinander der Vormund allein verpflichtet
(2) Ist der Mündel zur Pflege und Erziehung in den Haushalt des Vormunds, der die Vormundschaft ehrenamtlich[153] führt, aufgenommen, gilt § 1664 entsprechend.	**§ 1793 Aufgaben des Vormunds, Haftung des Mündels** (1) Der Vormund hat das Recht und die Pflicht, für die Person und das Vermögen des Mündels zu sorgen, insbesondere den Mündel zu vertreten. § 1626 Abs. 2 gilt entsprechend. Ist der Mündel auf längere Dauer in den Haushalt des Vormunds aufgenommen, so gelten auch die §§ 1618a, 1619, 1664 entsprechend. (1a) – (2) …
Kapitel 2 Personensorge	
§ 1795 Gegenstand der Personensorge; Genehmigungspflichten (1) Die Personensorge umfasst insbesondere die Bestimmung des Aufenthalts sowie die Pflege, Erziehung und Beaufsichtigung des Mündels unter Berücksichtigung seiner Rechte aus § 1788. Der Vormund ist auch dann für die Personensorge verantwortlich und hat die Pflege und Erziehung des Mündels persönlich zu fördern und zu gewährleisten, wenn er den Mündel nicht in seinem Haushalt pflegt und erzieht. Die §§ 1631a bis 1632 gelten entsprechend.	**§ 1800 Umfang der Personensorge** Das Recht und die Pflicht des Vormunds, für die Person des Mündels zu sorgen, bestimmen sich nach §§ 1631 bis 1632. Der Vormund hat die Pflege und Erziehung des Mündels persönlich zu fördern und zu gewährleisten. **§ 1801 Religiöse Erziehung** (1) Die Sorge für die religiöse Erziehung des Mündels kann dem Einzelvormund von dem Familiengericht entzogen werden, wenn der

151 Betreuer: § 1826 BGB.
152 Beachte die geänderte Beweislastregelung. Jetzt wie § 280 BGB.
153 Privileg gilt nicht für Berufs- und Vereinsbetreuer.

	Vormund nicht dem Bekenntnis angehört, in dem der Mündel zu erziehen ist. (2) Hat das Jugendamt oder ein Verein als Vormund über die Unterbringung des Mündels zu entscheiden, so ist hierbei auf das religiöse Bekenntnis oder die Weltanschauung des Mündels und seiner Familie Rücksicht zu nehmen
(2) Der Vormund bedarf der Genehmigung des Familiengerichts[154] 1. zu einem Ausbildungsvertrag, der für längere Zeit als ein Jahr geschlossen wird 2. zu einem auf die Eingehung eines Dienst- oder Arbeitsverhältnisses gerichteten Vertrag, wenn der Mündel zu persönlichen Leistungen für längere Zeit als ein Jahr verpflichtet werden soll und 3. zum Wechsel des gewöhnlichen Aufenthalts des Mündels ins Ausland.[155]	**§ 1822 Genehmigung für sonstige Geschäfte** *Der Vormund bedarf der Genehmigung des Familiengerichts:* 1.-5. ... 6. zu einem Lehrvertrag, der für längere Zeit als ein Jahr geschlossen wird, 7. zu einem auf die Eingehung eines Dienst- oder Arbeitsverhältnisses gerichteten Vertrag, wenn der Mündel zu persönlichen Leistungen für längere Zeit als ein Jahr verpflichtet werden soll ...
(3) Das Familiengericht erteilt die Genehmigung nach Absatz 2, wenn das Rechtsgeschäft oder der Aufenthaltswechsel unter Berücksichtigung der Rechte des Mündels aus § 1788 dem Wohl des Mündels nicht widerspricht.	*Kein explizites Vorbild im Vormundschaftsrecht. Angelehnt an § 1644 Abs. 1 BGB.*
(4) Für die Erteilung der Genehmigung gelten die §§ 1855 bis 1856 Absatz 2 sowie die §§ 1857 und 1858 entsprechend.[156] Ist der Mündel volljährig geworden, so tritt seine Genehmigung an die Stelle der Genehmigung des Familiengerichts.	
§ 1796 Verhältnis zwischen Vormund und Pflegeperson (1) Der Vormund hat auf die Belange der Pflegeperson[157] Rücksicht[158] zu nehmen.[159] Bei Entscheidungen der Personensorge soll er die Auffassung der Pflegeperson einbeziehen.	
(2) Für das Zusammenwirken von Vormund und Pflegeperson gilt § 1792 Absatz 2 entsprechend.[160]	

154 Beachte: Genehmigungserfordernisse, die in der Hauptsache Rechtsgeschäfte der Vermögenssorge betreffen, sind jetzt im Betreuungsrecht geregelt.

155 Neues Genehmigungserfordernis. Auch der als vorübergehend geplante Wechsel ins Ausland wird erfasst. In diesem Fall bleibt deutsches Recht für die Vormundschaft weiter insgesamt auch für die Zeit des vorübergehenden Aufenthalts im Ausland anwendbar (Art. 24 EGBGB).

156 An das Betreuungsrecht angelehntes Genehmigungsverfahren.

157 Der Begriff der Pflegeperson entspricht dem in §§ 1777, 1797 BGB.

158 Gebot angemessener Rücksichtnahme auf die Belange der Pflegeperson, das seine Grenze nur in der erforderlichen Interessenwahrnehmung für den Mündel hat.

159 Unberührt bleibt die Möglichkeit, bei Pflegeverhältnissen von längerer Dauer auch Sorgeangelegenheiten auf die Pflegeperson zu übertragen (vgl. § 1777 BGB).

160 „(2) Vormünder und Pfleger sind zur gegenseitigen Information und Zusammenarbeit im Interesse des Mündels zu dessen Wohl verpflichtet."

(3) Der Pflegeperson steht eine Person gleich, die 1. den Mündel a) in einer Einrichtung über Tag und Nacht oder b) in sonstigen Wohnformen betreut und erzieht oder 2. die intensive sozialpädagogische Betreuung des Mündels übernommen hat.	*Kein Vorbild im Vormundschaftsrecht, angelehnt an:* **§ 1688 Entscheidungsbefugnisse der Pflegeperson** (1) ... (2) Der Pflegeperson steht eine Person gleich, die im Rahmen der Hilfe nach den §§ 34, 35 und 35a Abs. 1 Satz 2 Nr. 3 und 4 des Achten Buches Sozialgesetzbuch die Erziehung und Betreuung eines Kindes übernommen hat. (3)–(4) ...
§ 1797 Entscheidungsbefugnis der Pflegeperson (1) Lebt der Mündel für längere Zeit bei der Pflegeperson, ist diese berechtigt, in Angelegenheiten des täglichen Lebens zu entscheiden und den Vormund insoweit zu vertreten. § 1629 Absatz 1 Satz 4 gilt entsprechend.[161]	*Keine Regelung im Vormundschaftsrecht, angelehnt an:*[162] **§ 1688 Entscheidungsbefugnisse der Pflegeperson** (1) Lebt ein Kind für längere Zeit in Familienpflege, so ist die Pflegeperson berechtigt, in Angelegenheiten des täglichen Lebens zu entscheiden sowie den Inhaber der elterlichen Sorge in solchen Angelegenheiten zu vertreten. Sie ist befugt, den Arbeitsverdienst des Kindes zu verwalten sowie Unterhalts-, Versicherungs-, Versorgungs- und sonstige Sozialleistungen für das Kind geltend zu machen und zu verwalten. § 1629 Abs. 1 Satz 4 gilt entsprechend. (2)–(4) ...
(2) Absatz 1 ist auf die Person gemäß § 1796 Absatz 3[163] entsprechend anzuwenden.	
(3) Der Vormund kann die Befugnisse nach den Absätzen 1 und 2 durch Erklärung gegenüber der Pflegeperson einschränken oder ausschließen, wenn dies zum Wohl des Mündels erforderlich ist.	

Kapitel 3 Vermögenssorge

Einführung

194 Entsprechend der Systematik des neuen Vormundschafts- und Betreuungsrechts verweisen die §§ 1798–1801 BGB nF im Wesentlichen auf die Vorschriften über die Vermögenssorge im Betreuungsrecht (§§ 1835–1860 BGB). Wie im Betreuungsrecht wird der Grundsatz des Handelns des Vormunds bei der Vermögenssorge vorweg allgemein geregelt (§ 1798 BGB). Sodann folgen die im Vormundschaftsrecht geltenden Besonderheiten in Bezug auf die Vermögenssorge im Vergleich zu den Regeln des Betreuungsrechts.

161 Notvertretungsrecht.
162 Nicht übernommen wurden § 1688 Abs. 3 S. 2 und Abs. 4 BGB.
163 „(3) Der Pflegeperson steht eine Person gleich, die
1. den Mündel
a) in einer Einrichtung über Tag und Nacht oder
b) in sonstigen Wohnformen betreut und erzieht oder
2. die intensive sozialpädagogische Betreuung des Mündels übernommen hat."

§ 1798 Abs. 1 BGB regelt den allgemeinen Grundsatz des Handelns des Vormunds im Bereich der Vermögenssorge: Der Vormund hat die Vermögenssorge grundsätzlich zum Wohl des Mündels wahrzunehmen. Er hat die Grundsätze einer wirtschaftlichen Vermögensverwaltung und die wachsenden Fähigkeiten und das wachsende Bedürfnis des Mündels zu selbstständigem und verantwortungsbewusstem Handeln (vgl. § 1790 Abs. 2 BGB) zu berücksichtigen. Hierbei ist er im Gegensatz zum Betreuungsrecht, bei dem es in erster Linie auf Wunsch bzw. mutmaßlichen Willen des Betreuten ankommt, zum Schutz und Erhalt des Mündelvermögens verpflichtet. Der Mündel soll bei Erreichen der Volljährigkeit ein ungeschmälertes Vermögen erhalten. Je älter der Mündel ist, umso mehr muss der Vormund auf dessen Wünsche und Vorstellung über die Verwaltung seines Vermögens eingehen und Rücksicht nehmen. Dieser Maßstab wird für die Genehmigung durch das Gericht in § 1800 BGB wieder aufgenommen 195

§ 1798 Abs. 2 BGB verweist dann auf die anwendbaren Vorschriften des Betreuungsrechts für die allgemeine Vermögenssorge (und regelt zusätzlich, wann das Familiengericht dem Mündel Kenntnis vom Vermögensverzeichnis zu geben hat). Anwendbar sind: 196

- § 1835 Abs. 1 bis 5 BGB: Pflicht zur Erstellung eines Vermögensverzeichnisses,
- § 1836 BGB: Trennungsgebot, Verwendung für den Vormund,
- § 1837 BGB: Vermögensverwaltung bei Erbschaft und Schenkung,
- §§ 1839 bis 1847 BGB: Vermögensverwaltung von Geld, Wertpapieren und Wertgegenständen sowie Beginn eines Erwerbsgeschäfts,
- § 1839 BGB: Bereithaltung von Verfügungsgeld,
- § 1840 BGB: Bargeldloser Zahlungsverkehr,
- §§ 1841, 1842 BGB: Anlagepflicht, Voraussetzungen für das Kreditinstitut,
- § 1843 BGB: Depotverwahrung und Hinterlegung von Wertpapieren,
- § 1844 BGB: Hinterlegung von Wertgegenständen auf Anordnung des Familiengerichts,
- § 1845 BGB: Sperrvereinbarung,
- § 1846 BGB: Anzeigepflichten bei der Geld- und Vermögensverwaltung,
- § 1847 BGB: Anzeigepflicht für Erwerbsgeschäfte.

Das Schenkungsverbot des § 1804 BGB aF hat seinen Standort im Vormundschaftsrecht behalten (§ 1798 Abs. 3 BGB). Die Regelungen über die Zulässigkeit von Schenkungen bleiben also zwischen Vormundschafts- und Betreuungsrecht getrennt und unterschiedlich. 197

Die Genehmigungstatbestände der Vermögenssorge sind soweit wie möglich im Betreuungsrecht geregelt. Für das Vormundschaftsrecht ist daher (anders als bisher) eine Generalverweisung auf die Genehmigungs- und Anzeigepflichten des Betreuungsrechts (ebenso wie bei § 1643 BGB für das Kindschaftsrecht) erforderlich. Diese ist nun in § 1799 BGB enthalten. Anwendbar sind grundsätzlich: 198

- § 1848 BGB: Andersartige Geldanlagen,
- § 1849 BGB: Verfügungen über Rechte und Wertpapiere,
- § 1850 BGB: Rechtsgeschäfte über Grundstücke und Schiffe,
- § 1851 BGB: Erbrechtliche Rechtsgeschäfte. Beachte: Rechtsänderung bei den Genehmigungspflichten des § 1851 Nr. 5 und 6 BGB. Diese finden auch wieder im Vormundschaftsrecht Anwendung. Damit wird die bis zum Inkrafttreten des Gesetzes zur Bekämpfung von Kinderehen zum 22.7.2017 (BGBl. 2017 I 2429) geltende Rechtslage wieder hergestellt,
- § 1852 BGB: Handels- und gesellschaftsrechtliche Rechtsgeschäfte,
- § 1853 BGB: Verträge über wiederkehrende Leistungen, beachte dazu aber § 1799 Abs. 2 BGB,
- § 1854 Nr. 1–7 BGB: Sonstige Rechtsgeschäfte. § 1854 Nr. 8 BGB, welcher den Genehmigungsvorbehalt für Schenkungen des Betreuers regelt, wird nicht in Bezug genommen. Schenkungen des Vormunds sind nach § 1798 Abs. 3 BGB,-E, der § 1804 BGB entspricht, nur soweit möglich, wie sie auch für Eltern nach § 1641 BGB zulässig sind.

Wie im Betreuungsrecht (vgl. § 1862 Abs. 1 BGB) regelt auch das Vormundschaftsrecht den Maßstab für die Erteilung der Genehmigung durch das Familiengericht eigenständig in einer gesonderten Vorschrift (§ 1800 Abs. 1 BGB). Das Familiengericht hat danach eine Genehmigung zu erteilen, wenn das Rechtsgeschäft den Grundsätzen nach § 1798 Abs. 1 BGB nicht widerspricht. 199

§ 1801 BGB bestimmt, wann ein Vormund von den Pflichten und Beschränkungen bei der Vermögenssorge (§§ 1835–1854 BGB) befreit ist bzw. befreit werden kann. § 1801 Abs. 1 BGB regelt die Befreiung kraft Gesetzes beim Jugendamt, dem Vereinsvormund und dem Vormundschaftsverein als Vormund, § 1801 Abs. 2 BGB regelt die Befreiungsmöglichkeiten durch gerichtliche Entscheidung 200 und § 1801 Abs. 3 BGB betrifft die Befreiungsmöglichkeiten der Eltern für einen von ihnen benannten Vormund. § 1801 Abs. 4 BGB normiert die Aufhebung der Befreiungen nach Absatz 1 und 3 durch gerichtliche Entscheidung.

BGB nF	BGB aF
§ 1798 Grundsätze und Pflichten des Vormunds in der Vermögenssorge (1) Der Vormund hat die Vermögenssorge zum Wohl des Mündels unter Berücksichtigung der Grundsätze einer wirtschaftlichen Vermögensverwaltung und der wachsenden Bedürfnisse des Mündels zu selbstständigem und verantwortungsbewusstem Handeln wahrzunehmen. Er ist dabei zum Schutz und Erhalt des Mündelvermögens verpflichtet.[164]	**§ 1793 Aufgaben des Vormunds, Haftung des Mündels** (1) Der Vormund hat das Recht und die Pflicht, für die Person und das Vermögen des Mündels zu sorgen, insbesondere den Mündel zu vertreten. § 1626 Abs. 2 gilt entsprechend. Ist der Mündel auf längere Dauer in den Haushalt des Vormunds aufgenommen, so gelten auch die §§ 1618a, 1619, 1664 entsprechend. (1a)–(2) …
(2) Für die Pflichten des Vormunds bei der Vermögenssorge gelten im Übrigen § 1835 Absatz 1 bis 5 sowie die §§ 1836, 1837[165] und 1839 bis 1847 entsprechend.[166] Das Vermögensverzeichnis soll das bei Anordnung der Vormundschaft vorhandene Vermögen erfassen. Das Familiengericht hat das Vermögensverzeichnis dem Mündel zur Kenntnis zu geben, soweit dies dem Wohl des Mündels nicht widerspricht und der Mündel aufgrund seines Entwicklungsstands in der Lage ist, das Verzeichnis zur Kenntnis zu nehmen.	

164 Anders als beim Betreuer!

165 Im Vormundschaftsrecht, das den Schutz und Erhalt des Mündelvermögens in den Vordergrund stellt, ist § 1838 BGB, der als Maßstab für jedes Handeln des Betreuers grundsätzlich in erster Linie auf Wunsch und mutmaßlichen Willen des Betreuten abstellt, unpassend. Auf diese Bestimmung wird deswegen nicht verwiesen.

166 Anwendbar sind:

- § 1835 Abs. 1 bis 5 BGB: Pflicht zur Erstellung eines Vermögensverzeichnisses. Beachte: Anders als beim Betreuer; gilt nicht erst vom Zeitpunkt seiner Bestellung an, sondern zeitnahe Verpflichtung zum Zeitpunkt der Anordnung der Vormundschaft. Die Pflicht besteht auch schon für den vorläufigen Vormund, vgl. BT-Drs. 19/24445, 212. 1835 Abs. 6 BGB-E wird nicht für entsprechend anwendbar erklärt, da insbesondere die für den Betreuten normierten Ausnahmen von der Pflicht des Gerichts, das Vermögensverzeichnis dem Betreuten zur Kenntnis zu geben, für den Mündel nicht passen.
- § 1836 BGB: Trennungsgebot, Verwendung für den Vormund,
- § 1837 BGB: Vermögensverwaltung bei Erbschaft und Schenkung,
- § 1839 BGB: Bereithaltung von Verfügungsgeld,
- § 1840 BGB: Bargeldloser Zahlungsverkehr,
- §§ 1841, 1842 BGB: Anlagepflicht, Voraussetzungen für das Kreditinstitut,
- § 1843 BGB: Depotverwahrung und Hinterlegung von Wertpapieren,
- § 1844 BGB: Hinterlegung von Wertgegenständen auf Anordnung des Familiengerichts,
- § 1845 BGB: Sperrvereinbarung, also eine Vereinbarung des Vormunds mit dem Kreditinstitut, dass er nur mit der Genehmigung des Familiengerichts darüber verfügen kann,
- § 1846 BGB: Anzeigepflichten bei der Geld- und Vermögensverwaltung,
- § 1847 BGB: Anzeigepflicht für Erwerbsgeschäfte. Beachte: andere Rechtslage als bei Eltern (§ 1645 BGB).

(3) Der Vormund kann nicht in Vertretung des Mündels Schenkungen machen. Ausgenommen sind Schenkungen, durch die einer sittlichen Pflicht oder einer auf den Anstand zu nehmenden Rücksicht entsprochen wird.[167]	**§ 1804 Schenkungen des Vormunds** Der Vormund kann nicht in Vertretung des Mündels Schenkungen machen. Ausgenommen sind Schenkungen, durch die einer sittlichen Pflicht oder einer auf den Anstand zu nehmenden Rücksicht entsprochen wird.
§ 1799 Genehmigungsbedürftige Rechtsgeschäfte (1) Der Vormund bedarf der Genehmigung des Familiengerichts in den Fällen, in denen ein Betreuer nach den §§ 1848 bis 1854 Nummer 1 bis 7 der Genehmigung des Betreuungsgerichts bedarf, soweit sich nicht aus Absatz 2 etwas anderes ergibt.[168]	*Bisher direkte Anwendung der Genehmigungserfordernisse und deren analoge Anwendung auf den Betreuer (§ 1908i BGB aF) – jetzt umgekehrt. Die Gegenüberstellung der Genehmigungserfordernisse findet sich bei diesen (§§ 1835–1854 BGB nF).*
(2) Der Vormund bedarf abweichend von § 1853 Satz 1 Nummer 1 der Genehmigung des Familiengerichts zum Abschluss eines Miet- oder Pachtvertrags[169] oder eines anderen Vertrags, durch den der Mündel zu wiederkehrenden Leistungen verpflichtet wird, wenn das Vertragsverhältnis länger als ein Jahr nach dem Eintritt seiner Volljährigkeit fortdauern soll.[170] Eine Genehmigung ist nicht erforderlich, wenn 1. der Vertrag geringe wirtschaftliche Bedeutung für den Mündel hat[171] oder 2. das Vertragsverhältnis von dem Mündel nach Eintritt der Volljährigkeit spätestens zum Ablauf des 19. Lebensjahres[172] ohne eigene Nachteile gekündigt werden kann.	

167 Gleiche Rechtslage wie bisher. Enger als beim Betreuer, gleiche Rechtslage wie bei Eltern.

168 Anwendbar sind grundsätzlich:
- § 1848 BGB: Andersartige Geldanlagen,
- § 1849 BGB: Verfügungen über Rechte und Wertpapiere,
- § 1850 BGB: Rechtsgeschäfte über Grundstücke und Schiffe,
- § 1851 BGB: Erbrechtliche Rechtsgeschäfte. Beachte: Rechtsänderung bei den Genehmigungspflichten des § 1851 Nr. 5 und 6 BGB. Diese finden auch wieder im Vormundschaftsrecht Anwendung. Damit wird die bis zum Inkrafttreten des Gesetzes zur Bekämpfung von Kinderehen zum 22.7.2017 (BGBl. S. 2429) geltende Rechtslage wieder hergestellt.
- § 1852 BGB: Handels- und gesellschaftsrechtliche Rechtsgeschäfte,
- § 1853 BGB: Verträge über wiederkehrende Leistungen, beachte dazu aber § 1799 Abs. 2 BGB,
- § 1854 Nr. 1–7 BGB: Sonstige Rechtsgeschäfte. § 1854 Nr. 8 BGB, welcher den Genehmigungsvorbehalt für Schenkungen des Betreuers regelt, wird nicht in Bezug genommen. Schenkungen des Vormunds sind nach § 1798 Abs. 3 BGB,-E, der § 1804 BGB entspricht, nur soweit möglich, wie sie auch für Eltern nach § 1641 BGB zulässig sind.

169 Anders im Kindschaftsrecht (§ 1643 Abs. 4 S. 3 iVm § 1853 S. 1 Nr. 2 BGB).

170 Ausbildungs-, Dienst- oder Arbeitsverträge sind nicht – wie im Kindschaftsrecht (§ 1643 Abs. 4 S. 2 Nr. 1 BGB) – von der Genehmigungspflicht ausgenommen, sondern wegen des Sachzusammenhangs mit der Personensorge in § 1795 Abs. 2 BGB geregelt.

171 Neu eingeführt.

172 Neu eingeführt.

§ 1800 Erteilung der Genehmigung (1) Das Familiengericht erteilt die Genehmigung, wenn das Rechtgeschäft den Grundsätzen nach § 1798 Absatz 1 nicht widerspricht.[173]	
(2) Für die Erteilung der Genehmigung gelten die §§ 1855[174] bis 1856 Absatz 2[175] sowie die §§ 1857[176] und 1858[177] entsprechend. Ist der Mündel volljährig geworden, so tritt seine Genehmigung an die Stelle der Genehmigung des Familiengerichts.	**§ 1828 Erklärung der Genehmigung** Das Familiengericht kann die Genehmigung zu einem Rechtsgeschäft nur dem Vormund gegenüber erklären. **§ 1829 Nachträgliche Genehmigung** (1) Schließt der Vormund einen Vertrag ohne die erforderliche Genehmigung des Familiengerichts, so hängt die Wirksamkeit des Vertrags von der nachträglichen Genehmigung des Familiengerichts ab. Die Genehmigung sowie deren Verweigerung wird dem anderen Teil gegenüber erst wirksam, wenn sie ihm durch den Vormund mitgeteilt wird. (2) Fordert der andere Teil den Vormund zur Mitteilung darüber auf, ob die Genehmigung erteilt sei, so kann die Mitteilung der Genehmigung nur bis zum Ablauf von vier Wochen nach dem Empfang der Aufforderung erfolgen; erfolgt sie nicht, so gilt die Genehmigung als verweigert. (3) Ist der Mündel volljährig geworden, so tritt seine Genehmigung an die Stelle der Genehmigung des Familiengerichts. **§ 1830 Widerrufsrecht des Geschäftspartners** Hat der Vormund dem anderen Teil gegenüber der Wahrheit zuwider die Genehmigung des Familiengerichts behauptet, so ist der andere Teil bis zur Mitteilung der nachträglichen Genehmigung des Familiengerichts zum Widerruf berechtigt, es sei denn, dass ihm das Fehlen der Genehmigung bei dem Abschluss des Vertrags bekannt war. **§ 1831 Einseitiges Rechtsgeschäft ohne Genehmigung** Ein einseitiges Rechtsgeschäft, das der Vormund ohne die erforderliche Genehmigung des Familiengerichts vornimmt, ist unwirksam. Nimmt der Vormund mit dieser Genehmigung ein solches Rechtsgeschäft einem anderen gegenüber vor, so ist das Rechtsgeschäft unwirksam, wenn der Vormund die Genehmigung nicht vorlegt

173 Parallelregelung mit abweichendem Inhalt zum Betreuungsrecht (vgl. § 1862 Abs. 1 BGB). Entspricht § 1644 Abs. 1 BGB.

174 Betreffend die Erklärung der Genehmigung.

175 Betreffend die nachträgliche Genehmigung. § 1856 Abs. 3 BGB ist nicht in die Verweisung einbezogen, weil sich eine entsprechende Regelung in § 1800 Abs. 2 S. 2 BGB findet.

176 Betreffend das Widerrufsrecht des Vertragspartners.

177 Betreffend einseitige Rechtsgeschäfte.

	und der andere das Rechtsgeschäft aus diesem Grunde unverzüglich zurückweist.
§ 1801 Befreite Vormundschaft (1) Für das Jugendamt, den Vereinsvormund[178] und den Vormundschaftsverein als Vormund gilt § 1859 Absatz 1 entsprechend.[179]	**§ 1857a Befreiung des Jugendamts und des Vereins** Dem Jugendamt und einem Verein als Vormund stehen die nach § 1852 Abs. 2, §§ 1853, 1854 zulässigen Befreiungen zu.
(2) Das Familiengericht kann auf Antrag Vormünder von den Beschränkungen bei der Vermögenssorge befreien, wenn eine Gefährdung des Mündelvermögens nicht zu besorgen ist.[180] § 1860 Absatz 1 bis 3 gilt entsprechend.	
(3) Eltern können unter Beachtung der Voraussetzungen des § 1782[181] einen von ihnen benannten Vormund von den Beschränkungen nach den §§ 1845,[182] 1848[183] und 1849 Absatz 1 Satz 1 Nummer 1 und 2, Satz 2[184] sowie § 1865 Absatz 1[185] befreien. § 1859 Absatz 1 Satz 2 und 3[186] gilt entsprechend.	**§ 1852 Befreiung durch den Vater** (1) Der Vater kann, wenn er einen Vormund benennt, die Bestellung eines Gegenvormunds ausschließen. (2) Der Vater kann anordnen, dass der von ihm benannte Vormund bei der Anlegung von Geld den in den §§ 1809, 1810 bestimmten Beschränkungen nicht unterliegen und zu den im § 1812 bezeichneten Rechtsgeschäften der Genehmigung des Gegenvormunds oder des Familiengerichts nicht bedürfen soll. Diese Anordnungen

178 Veränderung gegenüber dem bisherigen Rechtszustand.

179 Die befreiten Vormünder können Anlagegeld auch ohne Sperrvereinbarung anlegen (§ 1859 Abs. 1 S. 1 Nr. 1 iVm § 1845 BGB) und über Wertpapiere oder Forderungen auch ohne Genehmigung des Familiengerichts verfügen (§ 1849 Abs. 1 S. 1 Nr. 1 und 2 sowie S. 2 BGB) bzw. die diesbezüglichen Verpflichtungsgeschäfte tätigen. Anders als bisher (§§ 1857a, 1853, 1814 BGB aF) müssen sie etwaige Inhaberpapiere aber gleichwohl hinterlegen (§ 1798 Abs. 2 BGB iVm § 1843 BGB). Ebenso wie bisher (§ 1857a BGB aF iVm § 1854 BGB) sind Jugendamt, Verein und jetzt eben auch der Vereinsvormund von der Pflicht zur Rechnungslegung nach § 1865 BGB entbunden (§ 1859 Abs. 1 S. 1 Nr. 2 BGB). Diese Befreiung erstreckt sich auch auf die Pflicht zur Schlussrechnungslegung. Sie müssen aber dem Familiengericht jährlich eine Vermögensübersicht übersenden (§ 1859 Abs. 1 S. 2 BGB). Das Familiengericht kann anordnen, dass die Übersicht in längeren, höchstens fünfjährigen Zeiträumen einzureichen ist.

180 Die Regelung ermöglicht die Befreiung von folgenden Beschränkungen:
- der grundsätzlichen Anlagepflicht des Anlagegeldes nach § 1841 BGB (§ 1860 Abs. 1 erste Alternative BGB;
- der Verpflichtung, Anlagegeld mit Sperrvereinbarung anzulegen (§ 1860 Abs. 1 S. 1 zweite Alternative iVm § 1845 BGB);
- der grundsätzlichen Genehmigungsbedürftigkeit einer anderen Anlegung von Anlagegeld nach § 1848 BGB (§ 1860 Abs. 1 dritte Alternative BGB iVm § 1848 BGB);
- der grundsätzlichen Genehmigungsbedürftigkeit von Verfügungen über Wertpapiere oder Forderungen auch ohne Genehmigung des Familiengerichts zu verfügen (§ 1860 Abs. 1 S. 1 4. Alternative iVm § 1849 Abs. 1 S. 1 Nr. 1 und 2 sowie S. 2 BGB) bzw. der Eingehung der diesbezüglichen Verpflichtungsgeschäfte zu tätigen;
- den Beschränkungen nach § 1849 Abs. 1 S. 1 Nr. 5 BGB in den Fällen, in denen ein Erwerbsbetrieb betrieben wird oder besondere Gründe der Vermögensverwaltung eine solche Befreiung erfordern (§ 1860 Abs. 2 BGB);
- den Beschränkungen und Genehmigungserfordernissen nach §§ 1845 Abs. 2, 1848 und § 1849 Abs. 1 S. 1 Nr. 1 und 2 sowie S. 2 BGB in den Fällen, in denen ein Wertpapierdepot des Betreuten häufige Wertpapiergeschäfte erfordert und der Betreuer/Vormund über hinreichende Kapitalmarktkenntnis und Erfahrung verfügt.

181 Betreffend die Benennung und den Ausschluss als Vormund durch die Eltern.

182 Betreffend die Sperrvereinbarung.

183 Betreffend die Genehmigung einer anderen Anlage von Geld.

184 Betreffend die Verfügung über Rechte und Wertpapiere.

185 Betreffend die Rechnungslegung.

186 Betreffend die Pflicht zur Einreichung einer Vermögensübersicht.

	sind als getroffen anzusehen, wenn der Vater die Bestellung eines Gegenvormunds ausgeschlossen hat. **§ 1853 Befreiung von Hinterlegung und Sperrung** Der Vater kann den von ihm benannten Vormund von der Verpflichtung entbinden, Inhaber- und Orderpapiere zu hinterlegen und den in § 1816 bezeichneten Vermerk in das Bundesschuldbuch oder das Schuldbuch eines Landes eintragen zu lassen. **§ 1854 Befreiung von der Rechnungslegungspflicht** (1) Der Vater kann den von ihm benannten Vormund von der Verpflichtung entbinden, während der Dauer seines Amtes Rechnung zu legen. (2) Der Vormund hat in einem solchen Falle nach dem Ablauf von je zwei Jahren eine Übersicht über den Bestand des seiner Verwaltung unterliegenden Vermögens dem Familiengericht einzureichen. Das Familiengericht kann anordnen, dass die Übersicht in längeren, höchstens fünfjährigen Zwischenräumen einzureichen ist. (3) Ist ein Gegenvormund vorhanden oder zu bestellen, so hat ihm der Vormund die Übersicht unter Nachweisung des Vermögensbestands vorzulegen. Der Gegenvormund hat die Übersicht mit den Bemerkungen zu versehen, zu denen die Prüfung ihm Anlass gibt. **§ 1855 Befreiung durch die Mutter** Benennt die Mutter einen Vormund, so kann sie die gleichen Anordnungen treffen wie nach den §§ 1852 bis 1854 der Vater. **§ 1856 Voraussetzungen der Befreiung** Auf die nach den §§ 1852 bis 1855 zulässigen Anordnungen sind die Vorschriften des § 1777 anzuwenden. Haben die Eltern denselben Vormund benannt, aber einander widersprechende Anordnungen getroffen, so gelten die Anordnungen des zuletzt verstorbenen Elternteils.
(4) Das Familiengericht hat die Befreiungen aufzuheben, wenn ihre Voraussetzungen nicht mehr vorliegen oder bei ihrer Fortgeltung eine Gefährdung des Mündelvermögens zu besorgen wäre.[187]	**§ 1857 Aufhebung der Befreiung durch das Familiengericht** Die Anordnungen des Vaters oder der Mutter können von dem Familiengericht außer Kraft gesetzt werden, wenn ihre Befolgung das Interesse des Mündels gefährden würde.

187 Erweiterung des Anwendungsbereichs.

Untertitel 3 Beratung und Aufsicht durch das Familiengericht

Einführung

Im bisher geltenden Recht war die Fürsorge und Aufsicht des Familiengerichts im Vormundschaftsrecht in den §§ 1837–1847 BGB geregelt. Gemäß § 1908i Abs. 1 S. 1 BGB wurde für das Betreuungsrecht dann auf die Vorschriften zur Fürsorge und Aufsicht des Familiengerichts verwiesen. Nach der Systematik des neuen Vormundschafts- und Betreuungsrechts erfolgt nun umgekehrt die Verweisung aus dem Vormundschaftsrecht ins Betreuungsrecht (§ 1802 Abs. 1 S. 2, Abs. 2 BGB). 201

Die neuen Regelungen sind oft betreuungsspezifisch ausgestaltet (zum Beispiel § 1862 Abs. 2 BGB). Insoweit stellt § 1802 iVm § 1790 Abs. 1 BGB für das Vormundschaftsrecht klar, dass – anders als im Betreuungsrecht – nicht der Wunsch und mutmaßliche Wille, sondern das Wohl des Mündels im Vordergrund steht. Darüber hinaus werden für das Vormundschaftsrecht in § 1803 BGB einige Abweichungen von den für Betreuer geltenden Bestimmungen geregelt. 202

BGB nF	BGB aF
§ 1802 Allgemeine Vorschriften (1) Das Familiengericht unterstützt den Vormund und berät ihn über seine Rechte und Pflichten bei der Wahrnehmung seiner Aufgaben.[188] § 1861 Absatz 2 gilt entsprechend.[189]	**§ 1837 Beratung und Aufsicht** (1) Das Familiengericht berät die Vormünder. Es wirkt dabei mit, sie in ihre Aufgaben einzuführen. (2) Das Familiengericht hat über die gesamte Tätigkeit des Vormunds und des Gegenvormunds die Aufsicht zu führen und gegen Pflichtwidrigkeiten durch geeignete Gebote und Verbote einzuschreiten. Es hat insbesondere die Einhaltung der erforderlichen persönlichen Kontakte des Vormunds zu dem Mündel zu beaufsichtigen. Es kann dem Vormund und dem Gegenvormund aufgeben, eine Versicherung gegen Schäden, die sie dem Mündel zufügen können, einzugehen.
(2) Das Familiengericht führt über die gesamte Tätigkeit des Vormunds die Aufsicht.[190] Es hat dabei insbesondere auf die Einhaltung der Pflichten der Amtsführung des Vormunds unter Berücksichtigung der Rechte des Mündels sowie der Grundsätze und Pflichten des Vormunds in der Personen- und Vermögenssorge zu achten.[191] § 1862 Absatz 3 und 4[192] sowie die §§ 1863 bis 1867,[193] 1666, 1666a und 1696	(2) Das Familiengericht hat über die gesamte Tätigkeit des Vormunds und des Gegenvormunds die Aufsicht zu führen und gegen Pflichtwidrigkeiten durch geeignete Gebote und Verbote einzuschreiten. Es hat insbesondere die Einhaltung der erforderlichen persönlichen Kontakte des Vormunds zu dem Mündel zu beaufsichtigen. Es kann dem Vormund und dem Gegenvormund aufgeben, eine Versicherung ge-

188 Der daneben bestehende Anspruch der Vormünder und Pfleger auf Beratung und Unterstützung durch das Jugendamt (§ 53 Abs. 2 SGB VIII) bleibt unberührt.

189 Beachte: Die Verpflichtung des Vormunds nicht mehr Voraussetzung für dessen gesetzliche Vertretungsbefugnis oder seinen Vergütungsanspruch. Insoweit kommt es nunmehr nach § 168a Abs. 2 FamFG allein auf die Bekanntgabe des Bestellungsbeschlusses an den Vormund an.

190 Der Vormund hat die Vormundschaft unabhängig von anderen Interessen und Weisungen (abgesehen von denen des Familiengerichts) im Interesse des Mündels zu dessen Wohl zu führen (vgl. § 1790 Abs. 1 BGB). Im Rahmen seiner Amtsführung trifft der Vormund Entscheidungen grundsätzlich frei von gerichtlicher Einflussnahme selbstständig nach pflichtgemäßem Ermessen.

191 Konkretisierung der dem Familiengericht obliegende Aufsichtspflicht. Diese unterscheidet sich maßgeblich von derjenigen des Betreuungsgerichts. Für die Aufsicht des Familiengerichts in erster Linie maßgeblich, ob der Vormund zum Wohl des Mündels handelt, insbesondere die Rechte des Mündels gem. § 1788 BGB achtet und sich im Rahmen der Vermögenssorge an einer wirtschaftlichen Vermögensverwaltung orientiert (vgl. § 1798 Abs. 1 BGB). Maßstäbe für die Erteilung einer Genehmigung finden sich in § 1795 Abs. 3 BGB (für die Personensorge) und § 1800 Abs. 1 BGB (für die Vermögenssorge).

192 Ge- und Verbote bei Pflichtwidrigkeiten (vgl. § 1790 BGB), Zwangsgeld, Vorbehalt für Landesrecht.

193 Anwendbar sind:
- § 1863 BGB: Berichte über die persönlichen Verhältnisse des Mündels (Betreuten),

gelten entsprechend. Das Familiengericht kann dem Vormund aufgeben, eine Versicherung gegen Schäden, die er dem Mündel zufügen kann, einzugehen.	gen Schäden, die sie dem Mündel zufügen können, einzugehen. (3) Das Familiengericht kann den Vormund und den Gegenvormund zur Befolgung seiner Anordnungen durch Festsetzung von Zwangsgeld anhalten. Gegen das Jugendamt oder einen Verein wird kein Zwangsgeld festgesetzt. (4) §§ 1666, 1666a und 1696 gelten entsprechend.[194]
§ 1803 Persönliche Anhörung; Besprechung mit dem Mündel In geeigneten Fällen und soweit es nach dem Entwicklungsstand des Mündels angezeigt ist, 1. hat das Familiengericht den Mündel persönlich anzuhören,[195] wenn Anhaltspunkte bestehen, dass der Vormund pflichtwidrig die Rechte des Mündels nicht oder nicht in geeigneter Weise beachtet oder seinen Pflichten als Vormund in anderer Weise nicht nachkommt,[196] 2. soll das Familiengericht den Anfangs- und Jahresbericht des Vormunds über die persönlichen Verhältnisse des Mündels, die Rechnungslegung des Vormunds, wenn der Umfang des zu verwaltenden Vermögens dies rechtfertigt, sowie wesentliche Änderungen der persönlichen oder wirtschaftlichen Verhältnisse des Mündels mit dem Mündel persönlich besprechen; der Vormund kann hinzugezogen werden.[197]	*Regelung ohne direktes Vorbild.*

Untertitel 4 Beendigung der Vormundschaft

Einführung

203 Künftig wird bei den gesetzlichen Regeln über die Beendigung der Vormundschaft strenger unterschieden zwischen der Entlassung des Vormunds vor dem gesetzlichen Ende der Vormundschaft (§ 1804 BGB), da sie den Fortbestand der Vormundschaft nur hinsichtlich der amtsführenden Person berührt, und der Beendigung der Vormundschaft (§ 1806 BGB) unterschieden.

- § 1864 BGB: Auskunfts- und Mitteilungspflichten,
- § 1865 BGB: Rechnungslegung,
- § 1866 BGB: Prüfung der Rechnung durch das Gericht,
- § 1867 BGB: einstweilige Maßnahmen des Gerichts.

194 Unveränderte Rechtslage. Maßnahmen nach den genannten Vorschriften kommen dann in Betracht, wenn die vom Familiengericht ausgesprochenen Ge- und Verbote im Sinne von § 1802 Abs. 2 S. 3 Hs. 1 iVm § 1862 Abs. 3 S. 1 BGB ergebnislos waren. Ein vollständiger „Entzug" der vormundschaftlichen Sorgebefugnis nach § 1802 Abs. 2 S. 3 Hs. 2 BGB iVm § 1666 BGB entsprechend dem Entzug der elterlichen Sorge kommt nicht in Betracht. Liegen die Voraussetzungen für einen solchen vollständigen Entzug vor, ist der Vormund idR gem. § 1804 BGB zu entlassen.

195 Es handelt sich um eine gebundene Entscheidung.

196 Die Norm hat im Betreuungsrecht ihre Entsprechung in § 1803 Nr. 1 BGB. Eine eigenständige Regelung war erforderlich, da es für eine Anhörung des Mündels stets auch auf dessen Entwicklungsstand ankommt.

197 Ermessensentscheidung. Das gerichtliche Ermessen gilt damit sowohl für die Frage, ob überhaupt eine Besprechung veranlasst ist, als auch für die Frage, ob eine Besprechung mit dem Mündel allein oder ggf. mit dem Vormund gemeinsam veranlasst ist. Auch wenn alle Tatbestandsvoraussetzungen im Übrigen vorliegen, kann das Gericht von einer Anhörung absehen, zB wenn der Mündel eine solche ausdrücklich ablehnt oder wegen Krankheit nicht teilnehmen kann. Mit dem Hinweis auf eine persönliche Besprechung soll klargestellt werden, dass ein Telefonat mit dem Mündel nicht ausreicht.

§ 1804 BGB führt – ähnlich wie im Betreuungsrecht § 1908b BGB für den Betreuer – die Gründe für die Entlassung des Vormunds in einer Vorschrift zusammen. Die Besonderheiten aufgrund der bisherigen Subsidiarität von Jugendamt und Vormundschaftsverein wurden beseitigt. Lediglich der beibehaltene Vorrang des ehrenamtlichen Vormunds vor den beruflichen Vormündern (§ 1779 Abs. 2 BGB) ist bei den Entlassungsvorschriften noch berücksichtigt. Ferner ist eine Änderung der Entlassungsvorschriften dadurch bedingt, dass anstelle des Vormundschaftsvereins künftig dessen Mitarbeiter unmittelbar als Vereinsvormund bestellt werden soll. 204

BGB nF	BGB aF
§ 1804 Entlassung des Vormunds (1) Das Familiengericht hat den Vormund zu entlassen, wenn 1. die Fortführung des Amtes durch ihn, insbesondere wegen Verletzung seiner Pflichten, das Interesse oder Wohl des Mündels[198] gefährden würde, 2. er als Vormund gemäß § 1774 Absatz 1 Nummer 2 bis 4 bestellt wurde und jetzt eine andere Person geeignet und bereit ist, die Vormundschaft ehrenamtlich zu führen, es sei denn, die Entlassung widerspricht dem Wohl des Mündels, 3. er als Vereinsvormund bestellt wurde und aus dem Arbeitsverhältnis mit dem Verein ausscheidet,[199] 4. nach seiner Bestellung Umstände bekannt werden oder eintreten, die seiner Bestellung gemäß § 1784 entgegenstehen oder 5. ein sonstiger wichtiger Grund für die Entlassung vorliegt.	**§ 1886 Entlassung des Einzelvormunds** Das Familiengericht hat den Einzelvormund zu entlassen, wenn die Fortführung des Amts, insbesondere wegen pflichtwidrigen Verhaltens des Vormunds, das Interesse des Mündels gefährden würde oder wenn in der Person des Vormunds einer der in § 1781 bestimmten Gründe[200] vorliegt. **§ 1887 Entlassung des Jugendamts oder Vereins** (1) Das Familiengericht hat das Jugendamt oder den Verein als Vormund zu entlassen und einen anderen Vormund zu bestellen, wenn dies dem Wohl des Mündels dient und eine andere als Vormund geeignete Person vorhanden ist. (2) Die Entscheidung ergeht von Amts wegen oder auf Antrag. Zum Antrag ist berechtigt der Mündel, der das 14. Lebensjahr vollendet hat, sowie jeder, der ein berechtigtes Interesse des Mündels geltend macht. Das Jugendamt oder der Verein sollen den Antrag stellen, sobald sie erfahren, dass die Voraussetzungen des Absatzes 1 vorliegen. (3) Das Familiengericht soll vor seiner Entscheidung auch das Jugendamt oder den Verein hören. **§ 1888 Entlassung von Beamten und Religionsdienern** Ist ein Beamter oder ein Religionsdiener zum Vormund bestellt, so hat ihn das Familiengericht zu entlassen, wenn die Erlaubnis, die nach den Landesgesetzen zur Übernahme der Vormundschaft oder zur Fortführung der vor dem Eintritt in das Amts- oder Dienstverhältnis übernommenen Vormundschaft erforderlich ist, versagt oder zurückgenommen wird oder wenn die nach den Landesgesetzen zulässige Untersagung der Fortführung der Vormundschaft erfolgt.

198 Neu eingeführtes Kriterium.
199 Das Gericht kann dann prüfen, ob eine neue Bestellung derselben Person als ehrenamtlicher Vormund oder selbstständiger Berufsvormund (vergleiche § 1774 Abs. 1 BGB) in Betracht komm.
200 Minderjährigkeit bzw. Betreuung der infrage kommenden Person.

(2) Das Familiengericht hat den Vormund außerdem zu entlassen, wenn 1. nach dessen Bestellung Umstände eintreten, aufgrund derer ihm die Fortführung des Amtes nicht mehr zugemutet werden kann, und der Vormund seine Entlassung beantragt oder 2. er als Vereinsvormund bestellt wurde und der Verein seine Entlassung beantragt.	**§ 1889 Entlassung auf eigenen Antrag** (1) Das Familiengericht hat den Einzelvormund auf seinen Antrag zu entlassen, wenn ein wichtiger Grund vorliegt; ein wichtiger Grund ist insbesondere der Eintritt eines Umstands, der den Vormund nach § 1786 Abs. 1 Nr. 2 bis 7 berechtigen würde, die Übernahme der Vormundschaft abzulehnen. (2) Das Familiengericht hat das Jugendamt oder den Verein als Vormund auf seinen Antrag zu entlassen, wenn eine andere als Vormund geeignete Person vorhanden ist und das Wohl des Mündels dieser Maßnahme nicht entgegensteht. Ein Verein ist auf seinen Antrag ferner zu entlassen, wenn ein wichtiger Grund vorliegt.
(3) Das Familiengericht soll auf Antrag den bisherigen Vormund entlassen, wenn der Wechsel des Vormunds dem Wohl des Mündels dient. Ein entgegenstehender Wille des Mündels und der Vorrang des ehrenamtlichen Vormunds sind zu berücksichtigen.[201] Den Antrag nach Satz 1 können stellen: 1. der Vormund, 2. derjenige, der sich im Interesse des Mündels als neuer Vormund anbietet, 3. der Mündel, der das 14. Lebensjahr vollendet hat, sowie 4. jeder andere, der ein berechtigtes Interesse des Mündels geltend macht.	**§ 1887 Entlassung des Jugendamts oder Vereins** (1) Das Familiengericht hat das Jugendamt oder den Verein als Vormund zu entlassen und einen anderen Vormund zu bestellen, wenn dies dem Wohl des Mündels dient und eine andere als Vormund geeignete Person vorhanden ist. (2)–(3) …
§ 1805 Bestellung eines neuen Vormunds (1) Wird der Vormund entlassen oder verstirbt er, hat das Familiengericht unverzüglich einen neuen Vormund zu bestellen. Die §§ 1778 bis 1785[202] gelten entsprechend.	*Bisher keine explizite Regelung.*
(2) Wird der Vereinsvormund gemäß § 1804 Absatz 1 Nummer 3 oder Absatz 2 Nummer 2 entlassen, kann das Familiengericht statt der Entlassung des Vereinsvormunds feststellen, dass dieser die Vormundschaft künftig als Privatperson weiterführt, wenn dies dem Wohl des Mündels dient.[203]	

201 Es kann nicht mehr nur das Jugendamt oder der Vereinsvormund entlassen werden, wenn mit der Bestellung eines anderen Vormunds dem Wohl des Mündels besser gedient ist. Jetzt kann auch der ehrenamtliche oder der berufliche Einzelvormund entlassen werden, wenn die Bestellung eines anderen Vormunds – auch des Jugendamtes oder eines Vereinsvormunds – dem Wohl des Mündels besser dient. Die Möglichkeit der Bestellung eines zusätzlichen Pflegers nach § 1776 BGB bleibt hiervon unberührt.

202 Vorschriften über die Auswahl des Vormunds.

203 § 1805 Abs. 2 betrifft den Sonderfall, dass sich ein als Vereinsvormund bestellter Vereinsmitarbeiter vom Verein trennt und selbstständig macht. Im Kontinuitätsinteresse des Mündels besteht die Möglichkeit, dass er die Vormundschaft als nunmehr selbstständiger Berufsvormund für den Mündel fortführt, wenn dies dem Wohl des Mündels dient. Er kann die Vormundschaft auch ehrenamtlich übernehmen. Das Gericht kann diesen Wechsel durch Beschluss feststellen.

§ 1806 Ende der Vormundschaft Die Vormundschaft endet, wenn die Voraussetzungen für ihre Begründung gemäß § 1773 nicht mehr gegeben sind.	**§ 1882 Wegfall der Voraussetzungen** Die Vormundschaft endigt mit dem Wegfall der in § 1773 für die Begründung der Vormundschaft bestimmten Voraussetzungen.
§ 1807 Vermögensherausgabe, Schlussrechnungslegung und Fortführung der Geschäfte Bei Beendigung der Vormundschaft finden die §§ 1872 bis 1874[204] mit der Maßgabe entsprechende Anwendung, dass § 1872 Absatz 5 für Vormünder gilt, die bei Beendigung ihres Amtes gemäß § 1801 Absatz 1 und 3 befreit waren.	**§ 1890 Vermögensherausgabe und Rechnungslegung** Der Vormund hat nach der Beendigung seines Amts dem Mündel das verwaltete Vermögen herauszugeben und über die Verwaltung Rechenschaft abzulegen. Soweit er dem Familiengericht Rechnung gelegt hat, genügt die Bezugnahme auf diese Rechnung. **§ 1891 Mitwirkung des Gegenvormunds** (1) Ist ein Gegenvormund vorhanden, so hat ihm der Vormund die Rechnung vorzulegen. Der Gegenvormund hat die Rechnung mit den Bemerkungen zu versehen, zu denen die Prüfung ihm Anlass gibt. (2) Der Gegenvormund hat über die Führung der Gegenvormundschaft und, soweit er dazu imstande ist, über das von dem Vormund verwaltete Vermögen auf Verlangen Auskunft zu erteilen. **§ 1892 Rechnungsprüfung und -anerkennung** (1) Der Vormund hat die Rechnung, nachdem er sie dem Gegenvormund vorgelegt hat, dem Familiengericht einzureichen. (2) Das Familiengericht hat die Rechnung rechnungsmäßig und sachlich zu prüfen und deren Abnahme durch Verhandlung mit den Beteiligten unter Zuziehung des Gegenvormunds zu vermitteln. Soweit die Rechnung als richtig anerkannt wird, hat das Familiengericht das Anerkenntnis zu beurkunden. **§ 1893 Fortführung der Geschäfte nach Beendigung der Vormundschaft, Rückgabe von Urkunden** (1) Im Falle der Beendigung der Vormundschaft oder des vormundschaftlichen Amts finden die Vorschriften der §§ 1698a, 1698b entsprechende Anwendung. (2) Der Vormund hat nach Beendigung seines Amts die Bestallung dem Familiengericht zurückzugeben. In den Fällen der §§ 1791a, 1791b ist der Beschluss des Familiengerichts, im Falle des § 1791c die Bescheinigung über den Eintritt der Vormundschaft zurückzugeben.[205]

204 Schlussrechnung und Schlussrechnungsprüfung.

205 Die Pflicht zur Rückgabe von Bestellungsnachweisen an das Familiengericht ist künftig in § 168b Abs. 3 FamFG geregelt.

	§ 1894 Anzeige bei Tod des Vormunds[206] (1) Den Tod des Vormunds hat dessen Erbe dem Familiengericht unverzüglich anzuzeigen. (2) Den Tod des Gegenvormunds oder eines Mitvormunds hat der Vormund unverzüglich anzuzeigen.

Untertitel 5 Vergütung und Aufwendungsersatz

Einführung

205 § 1808 BGB, die einzige Vorschrift des fünften Untertitels, wiederholt den Grundsatz der unentgeltlichen Führung der Vormundschaft und enthält die notwendigen Verweisungen für den ehrenamtlichen Vormund, nachdem dessen Ansprüche auf Aufwendungsersatz und ausnahmsweise Vergütung nun ihren Standort im Betreuungsrecht und nicht mehr im Vormundschaftsrecht haben. Für Ansprüche des berufsmäßigen Vormunds und des Vormundschaftsvereins verweist § 1808 BGB auf das Vormünder- und Betreuervergütungsgesetz.

BGB nF	BGB aF
§ 1808 Vergütung und Aufwendungsersatz (1) Die Vormundschaft wird grundsätzlich unentgeltlich geführt.	**§ 1836 Vergütung des Vormunds** (1) Die Vormundschaft wird unentgeltlich geführt. Sie wird ausnahmsweise entgeltlich geführt, wenn das Gericht bei der Bestellung des Vormunds feststellt, dass der Vormund die Vormundschaft berufsmäßig führt. Das Nähere regelt das Vormünder- und Betreuervergütungsgesetz. (2) Trifft das Gericht keine Feststellung nach Absatz 1 Satz 2, so kann es dem Vormund und aus besonderen Gründen auch dem Gegenvormund gleichwohl eine angemessene Vergütung bewilligen, soweit der Umfang oder die Schwierigkeit der vormundschaftlichen Geschäfte dies rechtfertigen; dies gilt nicht, wenn der Mündel mittellos ist. (3) Dem Jugendamt oder einem Verein kann keine Vergütung bewilligt werden.
(2) Der ehrenamtliche Vormund kann vom Mündel für seine zur Führung der Vormundschaft erforderlichen Aufwendungen Vorschuss oder Ersatz gemäß § 1877 oder stattdessen die Aufwandspauschale gemäß § 1878 verlangen; die §§ 1879 und 1880[207] gelten entsprechend.[208] Das Familiengericht kann ihm abweichend von Absatz 1 eine angemessene Vergütung bewilligen. § 1876 Satz 2[209] gilt entsprechend.	**§ 1835a Aufwandsentschädigung** (1) Zur Abgeltung seines Anspruchs auf Aufwendungsersatz kann der Vormund als Aufwandsentschädigung für jede Vormundschaft, für die ihm keine Vergütung zusteht, einen Geldbetrag verlangen, der für ein Jahr dem Sechzehnfachen dessen entspricht, was einem Zeugen als Höchstbetrag der Entschädigung für eine Stunde versäumter Arbeitszeit (§ 22 des Justizvergütungs- und -entschädigungsgesetzes) ge-

206 Ersatzlos gestrichen.
207 Betreffend die Zahlung aus der Staatskasse bei Mittellosigkeit des Betreuten.
208 Der Rückgriffsanspruch nach § 1881 BGB ist von der Verweisung ausgenommen, da ein Rückgriff der Staatskasse beim Mündel, soweit sie die Ansprüche des Vormunds befriedigt, nicht mehr stattfinden soll. Der Mündel soll nicht nachträglich mit Rückforderungsansprüchen der Staatskasse belastet werden, wenn er die Kosten der Vormundschaft im Zeitpunkt der Inanspruchnahme nicht aus eigenen Mitteln tragen kann.
209 Betreffend die ausnahmsweise Bewilligung einer Vergütung bei schwieriger oder umfänglicher Betreuung für einen nicht mittellosen Betreuten.

	währt werden kann (Aufwandsentschädigung). Hat der Vormund für solche Aufwendungen bereits Vorschuss oder Ersatz erhalten, so verringert sich die Aufwandsentschädigung entsprechend. (2) Die Aufwandsentschädigung ist jährlich zu zahlen, erstmals ein Jahr nach Bestellung des Vormunds. (3) Ist der Mündel mittellos, so kann der Vormund die Aufwandsentschädigung aus der Staatskasse verlangen; Unterhaltsansprüche des Mündels gegen den Vormund sind insoweit bei der Bestimmung des Einkommens nach § 1836c Nr. 1 nicht zu berücksichtigen. (4) Der Anspruch auf Aufwandsentschädigung erlischt, wenn er nicht binnen drei Monaten nach Ablauf des Jahres, in dem der Anspruch entsteht, geltend gemacht wird; die Geltendmachung des Anspruchs beim Familiengericht gilt auch als Geltendmachung gegenüber dem Mündel. (5) Dem Jugendamt oder einem Verein kann keine Aufwandsentschädigung gewährt werden.
(3) Die Vormundschaft wird ausnahmsweise berufsmäßig geführt. Die Berufsmäßigkeit sowie Ansprüche des berufsmäßig tätigen Vormunds und des Vormundschaftsvereins auf Vergütung und Aufwendungsersatz bestimmen sich nach dem Vormünder- und Betreuervergütungsgesetz.[210]	

Titel 2 Pflegschaft für Minderjährige

Einführung

206 Die Vorschriften, die die Pflegschaften für Minderjährige betreffen (Ergänzungspflegschaft: § 1809; Pflegschaft für ein ungeborenes Kind: § 1810; Zuwendungspflegschaft: § 1811), sind jetzt direkt nach der Vormundschaft eingeordnet, um deren systematische Nähe zur Vormundschaft zu betonen. Die anderen Pflegschaften finden sich in §§ 1882–1884 BGB (Pflegschaft für unbekannte Beteiligte, Pflegschaft für gesammeltes Vermögen, Abwesenheitspflegschaft).

207 Auf den zusätzlichen Pfleger (§ 1776 BGB) und die Pflegeperson als Pfleger (§ 1777 BGB) sind die Vorschriften über die Pflegschaft für Minderjährige analog anzuwenden (§ 1776 Abs. 3 Satz 1, § 1777 Abs. 4 S. 1 BGB). Um echte (Ergänzungs-)Pflegschaften handelt es sich nicht, denn der Pfleger wird nicht bestellt, weil der Vormund verhindert ist, sondern weil das Wohl des Mündels einen weiteren Pfleger verlangt.

208 Der in § 1684 Abs. 3 BGB geregelten Umgangspfleger ist ebenfalls ein Ergänzungspfleger iSd § 1809 BGB. Ein ausdrücklicher Verweis wurde aber bewusst nicht aufgenommen, da die Bestellung eines Umgangspflegers den in § 1684 Abs. 3 BGB geregelten speziellen Voraussetzungen unterliegt.

210 Pendant im Betreuungsrecht: § 1875 Abs. 2 BGB. Neu für den Vormund ist, dass nicht nur seine Ansprüche auf Bewilligung einer Vergütung, sondern auch seine Ansprüche hinsichtlich seiner Aufwendungen bei Berufsmäßigkeit künftig im VBVG (mit Rückverweisungen auf das BGB) geregelt sind. Dies gilt auch für die Ansprüche auf Aufwendungsersatz bei bemittelten Mündeln und das Vergütungsverbot des Jugendamts als Amtsvormund (§ 6 VBVG). Der Vormundschaftsverein, für den bisher §§ 1835 Abs. 5 und § 1836 Abs. 3 BGB aF galten, soll nun Aufwendungsersatz und entgegen dem bisherigen § 1836 Abs. 3 BGB aF eine Vergütung gemäß § 5 VBVG-E erhalten.

209 Die Pflegschaften für Minderjährige unterliegen grds. dem Vormundschaftsrecht (§ 1813 Abs. 1 BGB). Also gelten die Regelungen über die Auswahl und Bestellung des Vormunds entsprechend, ebenso die ebenso die Vorschriften über die Führung, die Fürsorge und Aufsicht sowie den Beginn und das Ende der Vormundschaft und über den Aufwendungsersatz und die Vergütung.

210 Ausnahmen zur Behandlung der Minderjährigenpflegschaften nach Vormundschaftsrecht sind:

- Für Ergänzungspflegschaften nach § 1809 BGB gelten die Vorschriften über das Benennungsrecht der Eltern und das Übergehen des benannten Vormunds (§§ 1782 f. BGB) nicht (§ 1813 Abs. 2 BGB).
- Für den Zuwendungspfleger gibt es eine besondere Vergütungsregel, wenn der Anspruch sich bei schwieriger Rechtslage oder großem Umfang gegen den nicht mittellosen Mündel richtet (§ 1811 Abs. 4 BGB).

BGB nF	BGB aF
§ 1809 Ergänzungspflegschaft (1) Wer unter elterlicher Sorge oder unter Vormundschaft steht, erhält für Angelegenheiten, an deren Besorgung die Eltern oder der Vormund verhindert sind, einen Pfleger. Der Pfleger hat die Pflicht und das Recht, die ihm übertragenen Angelegenheiten im Interesse des Pfleglings zu dessen Wohl zu besorgen und diesen zu vertreten.[211]	**§ 1909 Ergänzungspflegschaft** (1) Wer unter elterlicher Sorge oder unter Vormundschaft steht, erhält für Angelegenheiten, an deren Besorgung die Eltern oder der Vormund verhindert sind, einen Pfleger. Er erhält insbesondere einen Pfleger zur Verwaltung des Vermögens, das er von Todes wegen erwirbt oder das ihm unter Lebenden unentgeltlich zugewendet wird,[212] wenn der Erblasser durch letztwillige Verfügung, der Zuwendende bei der Zuwendung bestimmt hat, dass die Eltern oder der Vormund das Vermögen nicht verwalten sollen.
(2) Wird eine Pflegschaft erforderlich, so haben die Eltern oder der Vormund dies dem Familiengericht unverzüglich anzuzeigen. (3) *[aufgehoben]*[213]	(2) Wird eine Pflegschaft erforderlich, so haben die Eltern oder der Vormund dies dem Familiengericht unverzüglich anzuzeigen. (3) Die Pflegschaft ist auch dann anzuordnen, wenn die Voraussetzungen für die Anordnung einer Vormundschaft vorliegen, ein Vormund aber noch nicht bestellt ist.
§ 1810 Pflegschaft für ein ungeborenes Kind Für ein bereits gezeugtes Kind kann zur Wahrung seiner künftigen Rechte ein Pfleger bestellt werden, sofern die Eltern an der Ausübung der elterlichen Sorge verhindert wären, wenn das Kind bereits geboren wäre. Mit der Geburt des Kindes endet die Pflegschaft.	**§ 1912 Pflegschaft für eine Leibesfrucht** (1) Eine Leibesfrucht erhält zur Wahrung ihrer künftigen Rechte, soweit diese einer Fürsorge bedürfen, einen Pfleger. (2) Die Fürsorge steht jedoch den Eltern insoweit zu, als ihnen die elterliche Sorge zustünde, wenn das Kind bereits geboren wäre.
§ 1811 Zuwendungspflegschaft (1) Der Minderjährige erhält einen Zuwendungspfleger, wenn 1. der Minderjährige von Todes wegen, durch unentgeltliche Zuwendung auf den Todes-	**§ 1909 Ergänzungspflegschaft** (1) … Er erhält insbesondere einen Pfleger zur Verwaltung des Vermögens, das er von Todes wegen erwirbt oder das ihm unter Lebenden unentgeltlich zugewendet wird,[216] wenn der Erblasser durch letztwillige Verfügung, der Zu-

211 Klarstellung; die gleiche Folge ergibt sich schon aus § 1813 Abs. 1 BGB iVm 1789 Abs. 1 BGB.

212 Zuwendungspfleger, jetzt § 1811 BGB.

213 Die bisher in § 1909 Abs. 3 BGB vorgesehene Möglichkeit einer Ersatzpflegschaft entfällt. Durch die Einführung des vorläufigen Vormunds gibt es keinen Anwendungsbereich für den Ersatzpfleger mehr. Die bisher erfassten Fälle (Fälle, in denen zwar die Voraussetzungen der Vormundschaft vorliegen, jedoch die Angelegenheit nicht aufgeschoben werden kann, bis der Vormund bestellt ist) können durch die Bestellung des Vereins oder des Jugendamtes als vorläufigen Vormund gelöst werden (vgl. § 1774 Abs. 2 BGB).

fall[214] oder unter Lebenden Vermögen erwirbt und 2. der Erblasser durch letztwillige Verfügung, der Zuwendende bei der Zuwendung bestimmt hat, dass die Eltern oder der Vormund das Vermögen nicht verwalten sollen.[215]	wendende bei der Zuwendung bestimmt hat, dass die Eltern oder der Vormund das Vermögen nicht verwalten sollen. (2)–(3) … **§ 1917 Ernennung des Ergänzungspflegers durch Erblasser und Dritte** (1) Wird die Anordnung einer Pflegschaft nach § 1909 Abs. 1 Satz 2 erforderlich, so ist als Pfleger berufen, wer durch letztwillige Verfügung oder bei der Zuwendung benannt worden ist; die Vorschriften des § 1778 sind entsprechend anzuwenden.
(2) Der Erblasser kann durch letztwillige Verfügung, der Zuwendende bei der Zuwendung 1. einen Zuwendungspfleger benennen, 2. den Zuwendungspfleger von den Beschränkungen gemäß den §§ 1843,[217] 1845,[218] 1846,[219] 1848,[220] 1849 Absatz 1 Satz 1 Nummer 1 und 2 und Satz 2[221] sowie § 1865[222] befreien. In den Fällen des Satzes 1 Nummer 1 gilt § 1783[223] entsprechend. In den Fällen des Satzes 1 Nummer 2 gilt § 1859 Absatz 1 Satz 2 und 3[224] entsprechend.	(2) Für den benannten Pfleger können durch letztwillige Verfügung oder bei der Zuwendung die in den §§ 1852 bis 1854 bezeichneten Befreiungen angeordnet werden. Das Familiengericht kann die Anordnungen außer Kraft setzen, wenn sie das Interesse des Pfleglings gefährden.
(3) Das Familiengericht hat die Befreiungen nach Absatz 2 Satz 1 Nummer 2 aufzuheben, wenn sie das Vermögen des Pfleglings erheblich gefährden. Solange der Zuwendende lebt, ist zu einer Abweichung der von ihm erteilten Befreiungen seine Zustimmung erforderlich und genügend. Ist er zur Abgabe einer Erklärung dauerhaft außerstande oder ist sein Aufenthalt dauerhaft unbekannt, so hat das Familiengericht unter Beachtung der Voraussetzung des Satzes 1 die Zustimmung zu ersetzen.	(3) Zu einer Abweichung von den Anordnungen des Zuwendenden ist, solange er lebt, seine Zustimmung erforderlich und genügend. Ist er zur Abgabe einer Erklärung dauernd außerstande oder ist sein Aufenthalt dauernd unbekannt, so kann das Familiengericht die Zustimmung ersetzen.

214 Neu eingefügter Zuwendungsfall.
215 Keine Veränderung der Voraussetzungen.
216 Zuwendungspfleger, jetzt § 1811 BGB.
217 Betreffend die Depotverwahrung und Hinterlegung von Wertpapieren.
218 Betreffend die Sperrvereinbarung bei Geldanlagen.
219 Betreffend Anzeigepflichten bei der Geld- und Vermögensverwaltung.
220 Betreffend die Genehmigung einer anderen Geldanlage.
221 Betreffend die Genehmigungsbedürftigkeit von Verfügungen des Betreuers über Rechte und Wertpapiere des Betreuten.
222 Betreffend die Verpflichtung zur Rechnungslegung.
223 Betreffend das Übergehen der benannten Person.
224 Betreffend die Vorlage einer Vermögensübersicht.

(4) Sofern der Pflegling nicht mittellos ist, bestimmt sich die Höhe des Stundensatzes des Zuwendungspflegers nach seinen für die Führung der Pflegschaftsgeschäfte nutzbaren Fachkenntnissen sowie nach dem Umfang und der Schwierigkeit der Pflegschaftsgeschäfte.[225] § 1881[226] gilt entsprechend.[227]	**§ 1915 Anwendung des Vormundschaftsrechts** (1) Auf die Pflegschaft finden die für die Vormundschaft geltenden Vorschriften entsprechende Anwendung, soweit sich nicht aus dem Gesetz ein anderes ergibt. Abweichend von § 3 Abs. 1 bis 3 des Vormünder- und Betreuervergütungsgesetzes bestimmt sich die Höhe einer nach § 1836 Abs. 1 zu bewilligenden Vergütung nach den für die Führung der Pflegschaftsgeschäfte nutzbaren Fachkenntnissen des Pflegers sowie nach dem Umfang und der Schwierigkeit der Pflegschaftsgeschäfte, sofern der Pflegling nicht mittellos ist... (2)–(3) ...
§ 1812 Aufhebung und Ende der Pflegschaft (1) Die Pflegschaft ist aufzuheben, wenn der Grund für die Anordnung der Pflegschaft weggefallen ist. (2) Die Pflegschaft endet mit der Beendigung der elterlichen Sorge oder der Vormundschaft, im Falle der Pflegschaft zur Besorgung einer einzelnen Angelegenheit mit deren Erledigung.[228]	**§ 1918 Ende der Pflegschaft kraft Gesetzes** (1) Die Pflegschaft für eine unter elterlicher Sorge oder unter Vormundschaft stehende Person endigt mit der Beendigung der elterlichen Sorge oder der Vormundschaft. (2) Die Pflegschaft für eine Leibesfrucht endigt mit der Geburt des Kindes. (3) Die Pflegschaft zur Besorgung einer einzelnen Angelegenheit endigt mit deren Erledigung. **§ 1919 Aufhebung der Pflegschaft bei Wegfall des Grundes** Die Pflegschaft ist aufzuheben, wenn der Grund für die Anordnung der Pflegschaft weggefallen ist.
§ 1813 Anwendung des Vormundschaftsrechts (1) Auf die Pflegschaften nach diesem Titel finden die für die Vormundschaft geltenden Vorschriften entsprechende Anwendung, soweit sich aus dem Gesetz nichts anderes ergibt.	**§ 1915 Anwendung des Vormundschaftsrechts** (1) Auf die Pflegschaft finden die für die Vormundschaft geltenden Vorschriften entsprechende Anwendung, soweit sich nicht aus dem Gesetz ein anderes ergibt. Abweichend von § 3 Abs. 1 bis 3 des Vormünder- und Betreuervergütungsgesetzes bestimmt sich die Höhe einer nach § 1836 Abs. 1 zu bewilligenden Vergütung nach den für die Führung der Pflegschaftsgeschäfte nutzbaren Fachkenntnissen des Pflegers sowie nach dem Umfang und der Schwierigkeit der Pflegschaftsgeschäfte, sofern der Pflegling nicht mittellos ist. An die Stelle des Familiengerichts tritt das Betreuungsgericht; dies gilt nicht

225 Ausnahme von dem Grundsatz, dass sich die Vergütung und der Aufwendungsersatz des berufsmäßigen Ergänzungspflegers einschließlich des Pflegers für ein ungeborenes Kind nach § 1813 Abs. 1 iVm §§ 1808 Abs. 3 BGB, §§ 1 bis 6 VBVG nach dem Vormundschaftsrecht richtet. Beachte: Die bisher in § 1915 Abs. 1 S. 2 BGB für alle Pfleger enthaltene Sonderregel wurde auf den Zuwendungspfleger beschränkt.

226 Betreffend den gesetzlichen Forderungsübergang.

227 Durchbrechung des Grundsatzes, dass bei den Pflegschaften für Minderjährige kein Forderungsübergang stattfindet (vgl. § 1808 Abs. 2 BGB).

228 Eine förmliche Aufhebung der Anordnung ist in diesen Fällen nicht erforderlich, aber (deklaratorisch) zulässig.

	bei der Pflegschaft für Minderjährige oder für eine Leibesfrucht. (2) Die Bestellung eines Gegenvormunds ist nicht erforderlich. (3) § 1793 Abs. 2 findet auf die Pflegschaft für Volljährige keine Anwendung.
(2) Für Pflegschaften nach § 1809[229] Absatz 1 Satz 1 gelten die §§ 1782[230] und 1783[231] nicht.	**§ 1916 Berufung als Ergänzungspfleger** Für die nach § 1909 anzuordnende Pflegschaft gelten die Vorschriften über die Berufung zur Vormundschaft nicht.

Titel 3 Rechtliche Betreuung

Einführung

Die Änderungen im Betreuungsrecht halten sich in engen Grenzen: 211

Zunächst wird das Betreuungsrecht aber insgesamt übersichtlicher gegliedert – der Aufbau folgt dem Vormundschaftsrecht und ist wie dieses in die Untertitel

- Betreuerbestellung (§§ 1814–1820 BGB),
- Führung der Betreuung (§§ 1821–1860 BGB),
- Beratung und Aufsicht durch das Betreuungsgericht (§§ 1861–1874 BGB),
- Beendigung, Aufhebung oder Änderung von Betreuung und Einwilligungsvorbehalt (§§ 1868–1844 BGB) sowie
- Vergütung und Aufwendungsersatz (§§ 1875–1881 BGB)

gegliedert. Damit sind Verschiebungen einzelner Regelungen in den thematischpassenden Kontext verbunden.

Untertitel 1 Betreuerbestellung

Einführung

Der erste Untertitel regelt die Betreuerbestellung. Dabei finden sich die zentralen Regelungen in §§ 1814 und § 1815 BGB, welche die §§ 1896f. BGB aF ersetzen. Als „Fundamentalnorm“[232] des Betreuungsrechts legt § 1814 BGB die Voraussetzungen fest, bei deren Vorliegen der Staat verpflichtet ist, Erwachsenen, deren rechtliche Handlungsfähigkeit beeinträchtigt ist, Schutz und Fürsorge durch Bereitstellung des Rechtsinstruments der rechtlichen Betreuung zu gewähren. 212

In § 1815 BGB wird dann beschrieben, welchen Umfang eine rechtliche Betreuung haben kann. Dazu klärt § 1815 Abs. 1 S. 1 zunächst den im bisherigen Recht mehrdeutig verwendete Begriff „Aufgabenkreis“. Der „Aufgabenkreis“ meint (wie bisher) die Gesamtheit der vom Betreuer zu regelnden Aufgaben, während einzelne Bestandteile des Aufgabenkreises bzw. die konkret zu regelnden Bereiche künftig als „Aufgabenbereiche“ bezeichnet werden. Diese müssen vom Betreuungsgericht im Einzelnen angeordnet werden. Hieraus ergibt sich, dass eine Betreuung „in allen Angelegenheiten“ zukünftig unzulässig ist. Gleichzeitig wird verdeutlicht, dass es auch ganz eingeschränkte Anordnungen von Aufgabenbereichen geben kann, etwa solche, die sich nur auf einzelne Maßnahmen beziehen. Oberbegriffe wie „Vermögenssorge“ sollen damit allerdings nicht völlig ausgeschlossen werden. Es können weiterhin Betreuungen für bestimmte „Bereiche“ angeordnet werden und nicht nur für einzelne Angelegenheiten. 213

Auf eine Typisierung der Aufgabenbereiche hat der Gesetzgeber bewusst verzichtet, um die Flexibilität der Betreuungsanordnung iSd Erforderlichkeit im Einzelfall zu fördern. Schließlich wird zur Wahrung eines einheitlichen Sprachduktus klargestellt, dass Aufgabenbereiche „angeordnet“ und nicht mehr „bestimmt“ werden. Damit ist keine inhaltliche Änderung verbunden, es macht aber deutlicher, dass mit der gerichtlichen Anordnung eines Aufgabenbereichs eine Rechtsfolge eintritt. 214

229 Ergänzungspflegschaften.
230 Betreffend die Benennung und den Ausschluss als Vormund durch die Eltern.
231 Betreffend das Übergehen der benannten Person.
232 BT-Drs. 19/24445, 230.

215 Außerdem bringt die Neuregelung klarer als bisher zum Ausdruck, dass der Erforderlichkeitsgrundsatz auch auf den Umfang der Betreuung bezogen ist (vgl. § 1815 Abs. 1 S. 3 BGB). Mit der Formulierung „wenn und soweit dessen rechtliche Wahrnehmung durch einen Betreuer erforderlich ist" wird verdeutlicht, dass auch für jeden einzelnen Aufgabenbereich eine Erforderlichkeitsprüfung durchzuführen ist. Vorauszusetzen ist allerdings nicht, dass schon im Zeitpunkt der Anordnung der Regelungsbedarf im Einzelnen in Form einer konkreten Angelegenheit fest umrissen sein muss. Die Beschreibung des Aufgabenbereichs ist nicht allein davon abhängig, was der Betreute eventuell nicht selbst regeln kann, sondern auch davon, was zukünftig absehbar regelungsbedürftig ist. Es genügt, dass ein Handlungsbedarf unvermittelt auftreten kann.

216 Die Benennung solcher Tätigkeiten, die keine eigenen Angelegenheiten des Betreuten beinhalten, ist als Aufgabenbereich ausgeschlossen, etwa eine Beaufsichtigung des Betreuten oder das Betreten der Wohnung des Betreuten. Einem Betreuer übertragen werden können nur solche Angelegenheiten, welche der Betreute selbst nicht (mehr) wahrnehmen kann, also nur Rechte und Pflichten, die dem Betreuten grundsätzlich selbst zustehen bzw. obliegen.

217 Zum Schutz des Betreuten hat der Gesetzgeber bestimmte Aufgabenbereiche benannt, in denen ein Betreuer nur bei deren ausdrücklicher Anordnung durch das Betreuungsgericht tätig werden und Entscheidungen treffen darf (§ 1815 Abs. 2 BGB). Hierdurch sollen die Grenzen der Handlungsmacht des Betreuers deutlich gemacht werden. Kennzeichnend für diese Aufgabenbereiche ist, dass ihre Wahrnehmung mit einer erhöhten Eingriffsintensität im Hinblick auf das Selbstbestimmungsrecht des Betreuten verbunden ist, ohne dass das Tätigwerden des Betreuers unter den Vorbehalt einer Genehmigung des Betreuungsgerichts gestellt wird.

218 Das Gesetz kannte ein solches Erfordernis ausdrücklicher gerichtlicher Anordnung des Aufgabenbereichs bislang bereits in § 1896 Abs. 4 BGB (Überwachung von Post- und Fernmeldeverkehr). Es soll künftig auch für weitere, in § 1815 Abs. 2 BGB normierte Fallgestaltungen gelten. Dadurch soll gewährleistet werden, dass das Betreuungsgericht vor der Anordnung dieser Aufgabenbereiche deren Erforderlichkeit besonders aufmerksam prüft.

219 Die Fälle, in denen die Wirksamkeit der Entscheidungen des Betreuers davon abhängt, dass sie als Aufgabenbereich vom Betreuungsgericht ausdrücklich angeordnet worden sind, betreffen:

- eine mit Freiheitsentziehung verbundene Unterbringung des Betreuten nach § 1831 Abs. 1,
- eine freiheitsentziehende Maßnahme im Sinne des § 1831 Abs. 4, unabhängig davon, wo der Betreute sich aufhält,
- die Bestimmung des gewöhnlichen Aufenthalts des Betreuten im Ausland,
- die Bestimmung des Umgangs des Betreuten,
- die Entscheidung über die Telekommunikation des Betreuten einschließlich seiner elektronischen Kommunikation und
- die Entscheidung über die Entgegennahme, das Öffnen und das Anhalten der Post des Betreuten.

220 Da die Einwilligung in eine ärztliche Zwangsmaßnahme nach § 1832 BGB ohne Genehmigung des Betreuungsgerichts in keinem Fall zulässig ist, wurde sie nicht in den Katalog des § 1815 Abs. 2 BGB aufgenommen.

BGB nF	BGB aF
§ 1814 Voraussetzungen (1) Kann ein Volljähriger seine Angelegenheiten ganz oder teilweise rechtlich nicht besorgen[233] und beruht dies auf einer Krankheit[234] oder Behinderung, so bestellt das Betreuungsgericht für ihn einen rechtlichen Betreuer (Betreuer).[235]	**§ 1896 Voraussetzungen** (1) Kann ein Volljähriger auf Grund einer psychischen Krankheit oder einer körperlichen, geistigen oder seelischen Behinderung seine Angelegenheiten ganz oder teilweise nicht besorgen, so bestellt das Betreuungsgericht auf seinen Antrag oder von Amts wegen für ihn einen Betreuer. Den Antrag kann auch ein Geschäfts-

233 Mit der sprachlichen Umstellung der Voraussetzungen wird betont, dass nicht der medizinische Befund einer Krankheit oder Behinderung das vorrangig festzustellende Tatbestandselement ist, sondern der individuell und konkret zu bestimmende objektive Unterstützungsbedarf.

234 Erweiterung auf körperliche Krankheiten.

235 Der Wegfall des § 1894 Abs. 1 S. 2 BGB ändert wegen § 275 FamFG nichts daran, dass auch ein Geschäftsunfähiger diesen Antrag stellen kann.

	unfähiger stellen. Soweit der Volljährige auf Grund einer körperlichen Behinderung seine Angelegenheiten nicht besorgen kann, darf der Betreuer nur auf Antrag des Volljährigen bestellt werden, es sei denn, dass dieser seinen Willen nicht kundtun kann. (3) Als Aufgabenkreis kann auch die Geltendmachung von Rechten des Betreuten gegenüber seinem Bevollmächtigten bestimmt werden.
(2) Gegen den freien Willen des Volljährigen darf ein Betreuer nicht bestellt werden.	(1a) Gegen den freien Willen des Volljährigen darf ein Betreuer nicht bestellt werden.
(3) Ein Betreuer darf nur bestellt werden, wenn dies erforderlich ist. Die Bestellung eines Betreuers ist insbesondere nicht erforderlich,[236] soweit die Angelegenheiten des Volljährigen 1. durch einen Bevollmächtigten, der nicht zu den in § 1816 Absatz 6 bezeichneten Personen[237] gehört, gleichermaßen besorgt werden können oder 2. durch andere Hilfen, bei denen kein gesetzlicher Vertreter bestellt wird, erledigt werden können, insbesondere durch solche Unterstützung, die auf sozialen Rechten[238] oder anderen Vorschriften beruht.	(2) Ein Betreuer darf nur für Aufgabenkreise bestellt werden, in denen die Betreuung erforderlich ist. Die Betreuung ist nicht erforderlich, soweit die Angelegenheiten des Volljährigen durch einen Bevollmächtigten, der nicht zu den in § 1897 Abs. 3 bezeichneten Personen gehört, oder durch andere Hilfen, bei denen kein gesetzlicher Vertreter bestellt wird, ebenso gut wie durch einen Betreuer besorgt werden können.
(4) Die Bestellung eines Betreuers erfolgt auf Antrag des Volljährigen oder von Amts wegen. Soweit der Volljährige seine Angelegenheiten lediglich aufgrund einer körperlichen Krankheit oder Behinderung nicht besorgen kann,[239] darf ein Betreuer nur auf Antrag des Volljährigen bestellt werden, es sei denn, dass dieser seinen Willen nicht kundtun kann.	(1) … Soweit der Volljährige auf Grund einer körperlichen Behinderung seine Angelegenheiten nicht besorgen kann, darf der Betreuer nur auf Antrag des Volljährigen bestellt werden, es sei denn, dass dieser seinen Willen nicht kundtun kann.
(5) Ein Betreuer kann auch für einen Minderjährigen, der das 17. Lebensjahr vollendet hat, bestellt werden, wenn anzunehmen ist, dass die Bestellung eines Betreuers bei Eintritt der Volljährigkeit erforderlich sein wird. Die Bestellung des Betreuers wird erst mit dem Eintritt der Volljährigkeit wirksam.	**§ 1908a Vorsorgliche Betreuerbestellung und Anordnung des Einwilligungsvorbehalts für Minderjährige** Maßnahmen nach den §§ 1896, 1903 können auch für einen Minderjährigen, der das 17. Lebensjahr vollendet hat, getroffen werden, wenn anzunehmen ist, dass sie bei Eintritt der Volljährigkeit erforderlich werden. Die Maßnahmen werden erst mit dem Eintritt der Volljährigkeit wirksam.

236 Also keine abschließende Aufzählung.

237 Personen, die zu einem Träger von Einrichtungen oder Diensten, der in der Versorgung des Volljährigen tätig ist, in einem Abhängigkeitsverhältnis oder in einer anderen engen Beziehung stehen. Dies gilt nicht, wenn im Einzelfall die konkrete Gefahr einer Interessenkollision nicht besteht.

238 Bezugnahme auf § 2 SGB I. Sozialrechtliche Hilfsangebote (zB Leistungen der Eingliederungshilfe nach dem SGB IX, Maßnahmen der Jugendhilfe für junge Volljährige bis zum 27. Lebensjahr nach § 41 SGB VIII, Hilfen zur Abwendung besonderer sozialer Schwierigkeiten nach §§ 67–69 SGB XII, Hilfen im Rahmen der Bewährungshilfe usw) gehen der Betreuerbestellung deswegen vor.

239 Kommen andere (geistige) Krankheiten oder Behinderungen hinzu, bleibt es bei der allgemeinen Regelung in S. 1.

§ 1815 Umfang der Betreuung[240] (1) Der Aufgabenkreis eines Betreuers besteht aus einem oder mehreren Aufgabenbereichen. Diese sind vom Betreuungsgericht im Einzelnen anzuordnen.[241] Ein Aufgabenbereich darf nur angeordnet werden, wenn und soweit dessen rechtliche Wahrnehmung durch einen Betreuer erforderlich ist.[242]	
(2) Folgende Entscheidungen darf der Betreuer nur treffen, wenn sie als Aufgabenbereich vom Betreuungsgericht ausdrücklich angeordnet worden sind:[243] 1. eine mit Freiheitsentziehung verbundene Unterbringung des Betreuten nach § 1831 Absatz 1, 2. eine freiheitsentziehende Maßnahme im Sinne des § 1831 Absatz 4, unabhängig davon, wo der Betreute sich aufhält,[244] 3. die Bestimmung des gewöhnlichen Aufenthalts des Betreuten im Ausland,[245] 4. die Bestimmung des Umgangs des Betreuten, 5. die Entscheidung über die Telekommunikation des Betreuten einschließlich seiner elektronischen Kommunikation, 6. die Entscheidung über die Entgegennahme, das Öffnen und das Anhalten der Post des Betreuten.	**§ 1896 Voraussetzungen** (1)–(3) … (4) Die Entscheidung über den Fernmeldeverkehr des Betreuten und über die Entgegennahme, das Öffnen und das Anhalten seiner Post werden vom Aufgabenkreis des Betreuers nur dann erfasst, wenn das Gericht dies ausdrücklich angeordnet hat. (5)–(6) …
(3) Einem Betreuer können unter den Voraussetzungen des § 1820 Absatz 3 auch die Aufgabenbereiche der Geltendmachung von Rechten des Betreuten gegenüber seinem Bevollmächtig-	

240 Beachte: Die Übergangsregelung in Art. 229 EGBGB stellt sicher, dass die Befugnisse des Betreuers in den Aufgabenbereichen, die nach dem bisher geltenden Recht angeordnet wurden, für eine Übergangszeit von drei Jahren nach Inkrafttreten des Reformgesetzes erhalten bleiben, auch wenn sie den Vorgaben des neuen Rechts nicht entsprechen. Die Betreuungsgerichte müssen bei den anstehenden Überprüfungen die Anordnung der Aufgabenbereiche dem neuen Gesetz anpassen.

241 Die Aufgabenbereiche müssen vom Betreuungsgericht im Einzelnen angeordnet werden. Die Anordnung einer Betreuung „in allen Angelegenheiten“ ist künftig unzulässig. Die Benennung von Tätigkeiten als Aufgabenbereich, die keine eigenen Angelegenheiten des Betreuten beinhalten (zB die Beaufsichtigung des Betreuten oder das Betreten der Wohnung des Betreuten), ist ausgeschlossen.

242 Betonung des schon aus § 1814 BGB folgenden Subsidiaritätsprinzips. Der Erforderlichkeitsgrundsatz bezieht sich ausdrücklich auch auf den Umfang der Betreuung.

243 In Anlehnung an § 1896 Abs. 4 BGB aF und Regelungen über die Befugnisse des Vorsorgebevollmächtigten (zB § 1906 Abs. 5 BGB aF werden Aufgabenbereiche bezeichnet, in denen ein Betreuer nur bei deren ausdrücklicher Anordnung durch das Betreuungsgericht tätig werden und Entscheidungen treffen darf.

244 Für Unterbringung und freiheitsentziehende Maßnahmen sind zwar grundsätzlich Genehmigungsverfahren vorgesehen. Ein Betreuer kann aber auch schon vor einer gerichtlichen Genehmigung bei Gefahr im Verzug eine freiheitsentziehende Unterbringung durchführen (§ 1831 Abs. 2 S. 2 BGB). Dasselbe gilt auch für freiheitsentziehende Maßnahmen iSd § 1831 Abs. 4 BGB. Für einen Teil dieser Maßnahmen, nämlich solche außerhalb eines Krankenhauses, Heimes oder einer sonstigen Einrichtung ist eine gerichtliche Genehmigung überhaupt nicht erforderlich. Das Erfordernis der ausdrücklichen Benennung des Aufgabenbereichs bringt insofern einen Minimalschutz für den Betreuten.

245 Die ausdrückliche Benennung des Aufgabenkreises als Minimalschutz für den Betreuten ist erforderlich, weil die Entscheidung, den Betreuten ins Ausland zu verbringen, jedenfalls dann keinem Genehmigungserfordernis unterliegt, wenn damit nicht die Aufgabe von Wohnraum verbunden ist.

ten[246] sowie zusätzlich der Geltendmachung von Auskunfts- und Rechenschaftsansprüchen des Betreuten gegenüber Dritten[247] übertragen werden (Kontrollbetreuer).[248]	
§ 1816 Eignung und Auswahl des Betreuers, Berücksichtigung der Wünsche des Volljährigen (1) Das Betreuungsgericht bestellt einen Betreuer,[249] der geeignet ist, in dem gerichtlich angeordneten Aufgabenkreis die Angelegenheiten des Betreuten nach Maßgabe des § 1821[250] rechtlich zu besorgen und insbesondere in dem hierfür erforderlichen Umfang persönlichen Kontakt mit dem Betreuten zu halten.	**§ 1897 Bestellung einer natürlichen Person** (1) Zum Betreuer bestellt das Betreuungsgericht eine natürliche Person, die geeignet ist, in dem gerichtlich bestimmten Aufgabenkreis die Angelegenheiten des Betreuten rechtlich zu besorgen und ihn in dem hierfür erforderlichen Umfang persönlich zu betreuen. (2) ...[251]
(2) Wünscht der Volljährige eine Person als Betreuer, so ist diesem Wunsch zu entsprechen, es sei denn, die gewünschte Person ist zur Führung der Betreuung nach Absatz 1 nicht geeignet.[252] Lehnt der Volljährige eine bestimmte Person als Betreuer ab, so ist diesem Wunsch zu entsprechen,[253] es sei denn, die Ablehnung bezieht sich nicht auf die Person des Betreuers, sondern auf die Bestellung des Betreuers als solche. Die Sätze 1 und 2 gelten auch für Wünsche, die der Volljährige vor Einleitung des Betreuungsverfahrens geäußert hat, es sei denn, dass er an diesen erkennbar nicht festhalten will. Wer von der Einleitung eines Verfahrens über die Bestellung eines Betreuers für einen Volljährigen Kenntnis erlangt und ein Dokument[254] be-	(4) Schlägt der Volljährige eine Person vor, die zum Betreuer bestellt werden kann, so ist diesem Vorschlag zu entsprechen, wenn es dem Wohl des Volljährigen nicht zuwiderläuft. Schlägt er vor, eine bestimmte Person nicht zu bestellen, so soll hierauf Rücksicht genommen werden. Die Sätze 1 und 2 gelten auch für Vorschläge, die der Volljährige vor dem Betreuungsverfahren gemacht hat, es sei denn, dass er an diesen Vorschlägen erkennbar nicht festhalten will. **§ 1901c Schriftliche Betreuungswünsche, Vorsorgevollmacht** Wer ein Schriftstück besitzt, in dem jemand für den Fall seiner Betreuung Vorschläge zur Auswahl des Betreuers oder Wünsche zur Wahrnehmung der Betreuung geäußert hat, hat es unver-

246 Unter die Geltendmachung von Rechten des Betreuten gegenüber seinem Betreuer fällt auch der Widerruf der Vollmacht. Mit der Anordnung dieses Aufgabenbereichs geht somit unmittelbar die Ermächtigung zum Widerruf der Vollmacht einher. Beachte: Anders als bisher ist es nicht mehr erforderlich, dem Kontrollbetreuer zusätzlich zu dem genannten Aufgabenbereich ausdrücklich die Befugnis zu erteilen, eine bestehende Vollmacht zu widerrufen. Diese Befugnis ist vielmehr in der Vertretungsmacht enthalten (BT-Drs. 19/24445, 236). Der Widerruf einer Vorsorgevollmacht steht unter Genehmigungsvorbehalt (§ 1820 Abs. 5 S. 2 BGB).

247 Neue Befugnis. Der Kontrollbetreuer kann zB Auskünfte von Banken, Grundbuchämtern, Versicherungen, Finanzämtern usw einholen, ohne auf die Mitwirkung des Bevollmächtigten angewiesen zu sein.

248 Die Voraussetzungen für die Bestellung des Kontrollbetreuers sind in § 1820 Abs. 3 BGB im Zusammenhang mit der Vorsorgevollmacht geregelt.

249 Die Eignungsregelung ist nicht mehr explizit nur auf natürliche Personen bezogen. Dadurch wird klargestellt, dass sich die notwendige Eignung auf alle Arten von Betreuern bezieht, also auch auf anerkannte Betreuungsvereine und Betreuungsbehörden.

250 Der Hinweis auf § 1821 BGB soll deutlich machen, dass sich die Eignung gerade darauf beziehen muss, die Betreuung so zu führen, wie dies den Vorgaben dieser Vorschrift entspricht. Hierunter fällt auch und insbesondere die Fähigkeit, die Wünsche und den mutmaßlichen Willen des Betreuten zu ermitteln und umzusetzen.

251 Jetzt § 1819 Abs. 3 BGB.

252 Das Gericht kann nicht verpflichtet werden, einen ungeeigneten Betreuer zu bestellen. Die gewünschte Person muss generell als Betreuer und zudem geeignet sein, die Angelegenheiten des Volljährigen in den anzuordnenden Aufgabenbereichen nach Maßgabe des § 1821 BGB rechtlich zu besorgen und insbesondere in dem hierfür erforderlichen Umfang persönlichen Kontakt mit ihm zu halten. Darüber hinaus hat das Gericht die Eignung der gewünschten Person für den konkreten Betreuten zu prüfen. Bei einem konkreten Wunsch des Volljährigen darf die Eignung des gewünschten Betreuers aber nicht vorschnell verneint werden.

253 Gleichstellung mit den positiven Wünschen, Änderung der Rechtslage.

254 Erfasst werden sowohl klassische Schriftstücke in „Papierform" als auch elektronische Dokumente.

sitzt, in dem der Volljährige für den Fall, dass für ihn ein Betreuer bestellt werden muss, Wünsche zur Auswahl des Betreuers oder zur Wahrnehmung der Betreuung geäußert hat (Betreuungsverfügung), hat die Betreuungsverfügung dem Betreuungsgericht zu übermitteln.	züglich an das Betreuungsgericht abzuliefern, nachdem er von der Einleitung eines Verfahrens über die Bestellung eines Betreuers Kenntnis erlangt hat. Ebenso hat der Besitzer das Betreuungsgericht über Schriftstücke, in denen der Betroffene eine andere Person mit der Wahrnehmung seiner Angelegenheiten bevollmächtigt hat, zu unterrichten. Das Betreuungsgericht kann die Vorlage einer Abschrift verlangen.
(3) Schlägt der Volljährige niemanden vor, der zum Betreuer bestellt werden kann oder ist die gewünschte Person nicht geeignet,[255] so sind bei der Auswahl des Betreuers die familiären Beziehungen[256] des Volljährigen, insbesondere zum Ehegatten, zu Eltern und zu Kindern, seine persönlichen Bindungen sowie die Gefahr von Interessenkonflikten zu berücksichtigen.	**§ 1897 Bestellung einer natürlichen Person** (1)–(4) ... (5) Schlägt der Volljährige niemanden vor, der zum Betreuer bestellt werden kann, so ist bei der Auswahl des Betreuers auf die verwandtschaftlichen und sonstigen persönlichen Bindungen des Volljährigen, insbesondere auf die Bindungen zu Eltern, zu Kindern, zum Ehegatten und zum Lebenspartner, sowie auf die Gefahr von Interessenkonflikten Rücksicht zu nehmen.
(4) Eine Person, die keine familiäre Beziehung oder persönliche Bindung zu dem Volljährigen hat, soll nur dann zum ehrenamtlichen Betreuer bestellt werden, wenn sie mit einem nach § 14 des Betreuungsorganisationsgesetzes anerkannten Betreuungsverein oder mit der zuständigen Behörde eine Vereinbarung über eine Begleitung und Unterstützung gemäß § 15 Absatz 1 Satz 1 Nummer 4 oder § 5 Absatz 2 Satz 3 des Betreuungsorganisationsgesetzes geschlossen hat.[257]	*Bisher keine derartige Regelung.*
(5) Ein beruflicher Betreuer nach § 19 Absatz 2 des Betreuungsorganisationsgesetzes soll nur dann zum Betreuer bestellt werden, wenn keine geeignete Person für die ehrenamtliche Führung der Betreuung zur Verfügung steht.[258] Bei der Entscheidung, ob ein bestimmter beruflicher Betreuer bestellt wird, sind die Anzahl und der Umfang der bereits von diesem zu führenden Betreuungen zu berücksichtigen.[259]	(6) Wer Betreuungen im Rahmen seiner Berufsausübung führt, soll nur dann zum Betreuer bestellt werden, wenn keine andere geeignete Person zur Verfügung steht, die zur ehrenamtlichen Führung der Betreuung bereit ist. Werden dem Betreuer Umstände bekannt, aus denen sich ergibt, dass der Volljährige durch eine oder mehrere andere geeignete Personen außerhalb einer Berufsausübung betreut werden kann, so hat er dies dem Gericht mitzuteilen.[260]
Keine derartige Regelung mehr im BGB, verschoben in das Betreuungsorganisationsgesetz.	(7) Wird eine Person unter den Voraussetzungen des Absatzes 6 Satz 1 erstmals in dem Bezirk des Betreuungsgerichts zum Betreuer bestellt, soll das Gericht zuvor die zuständige Behörde zur

255 Die Gleichstellung des Vorschlags einer ungeeigneten Person mit einem fehlenden Vorschlag ist neu.

256 Neue Begrifflichkeit. Durch die Verwendung des Wortes „familiär" statt „verwandtschaftlich" wird klargestellt, dass auch Ehepartner und verschwägerte Personen in diesen Kreis einbezogen sind.

257 Regelung für „Fremdbetreuer". Da es bei diesem Personenkreis kein persönliches Näheverhältnis gibt, das die Bestellung gerade dieses Betreuers rechtfertigt, erschien es dem Gesetzgeber notwendig, im Interesse der Betreuten durch die Anbindung an einen Betreuungsverein oder die Betreuungsbehörde ein Mindestmaß an Qualität zu gewährleisten, um die Akzeptanz der ehrenamtlichen Betreuung sicherzustellen.

258 Weiter Vorrang der ehrenamtlichen Betreuung.

259 Keine absolute Obergrenze. Die Betreuungsbehörde hat dem Gericht nach § 12 Abs. 3 S. 3 BtOG die Anzahl und den Umfang der von dem vorgeschlagenen Betreuer bereits zu führenden Betreuungen sowie den zeitlichen Gesamtumfang und die Organisationsstruktur seiner Betreuertätigkeit mitzuteilen.

260 Jetzt in § 1864 Abs. 2 Nr. 6 BGB.

	Eignung des ausgewählten Betreuers und zu den nach § 1 Abs. 1 Satz 1 zweite Alternative des Vormünder- und Betreuervergütungsgesetzes zu treffenden Feststellungen anhören. Die zuständige Behörde soll die Person auffordern, ein Führungszeugnis und eine Auskunft aus dem Schuldnerverzeichnis vorzulegen. (8) Wird eine Person unter den Voraussetzungen des Absatzes 6 Satz 1 bestellt, hat sie sich über Zahl und Umfang der von ihr berufsmäßig geführten Betreuungen zu erklären.
(6) Eine Person, die zu einem Träger von Einrichtungen oder Diensten, der in der Versorgung des Volljährigen tätig ist,[261] in einem Abhängigkeitsverhältnis oder in einer anderen engen Beziehung steht, darf nicht zum Betreuer bestellt werden. Dies gilt nicht, wenn im Einzelfall die konkrete Gefahr einer Interessenkollision nicht besteht.[262]	(3) Wer zu einer Anstalt, einem Heim oder einer sonstigen Einrichtung, in welcher der Volljährige untergebracht ist oder wohnt, in einem Abhängigkeitsverhältnis oder in einer anderen engen Beziehung steht, darf nicht zum Betreuer bestellt werden.
§ 1817 Mehrere Betreuer; Verhinderungsbetreuer; Ergänzungsbetreuer (1) Das Betreuungsgericht kann mehrere Betreuer bestellen, wenn die Angelegenheiten des Betreuten hierdurch besser besorgt werden können. In diesem Falle bestimmt es, welcher Betreuer mit welchem Aufgabenbereich betraut wird. Mehrere berufliche Betreuer werden außer in den in den Absätzen 2, 4 und 5 geregelten Fällen nicht bestellt.[263]	**§ 1899 Mehrere Betreuer** (1) Das Betreuungsgericht kann mehrere Betreuer bestellen, wenn die Angelegenheiten des Betreuten hierdurch besser besorgt werden können. In diesem Falle bestimmt es, welcher Betreuer mit welchem Aufgabenkreis betraut wird. Mehrere Betreuer, die eine Vergütung erhalten, werden außer in den in den Absätzen 2 und 4 sowie § 1908i Abs. 1 Satz 1 in Verbindung mit § 1792 geregelten Fällen nicht bestellt.
(2) Für die Entscheidung über die Einwilligung in eine Sterilisation des Betreuten ist stets ein besonderer Betreuer zu bestellen (Sterilisationsbetreuer).[264]	(2) Für die Entscheidung über die Einwilligung in eine Sterilisation des Betreuten ist stets ein besonderer Betreuer zu bestellen.
(3) Sofern mehrere Betreuer mit demselben Aufgabenbereich betraut werden, können sie diese Angelegenheiten des Betreuten nur gemeinsam besorgen, es sei denn, dass das Betreuungsgericht etwas anderes bestimmt hat oder mit dem Aufschub Gefahr verbunden ist.	(3) Soweit mehrere Betreuer mit demselben Aufgabenkreis betraut werden, können sie die Angelegenheiten des Betreuten nur gemeinsam besorgen, es sei denn, dass das Gericht etwas anderes bestimmt hat oder mit dem Aufschub Gefahr verbunden ist.
(4) Das Betreuungsgericht soll einen Verhinderungsbetreuer bestellen, der die Angelegenheiten des Betreuten zu besorgen hat,[265] soweit der	(4) Das Gericht kann mehrere Betreuer auch in der Weise bestellen, dass der eine die Angelegenheiten des Betreuten nur zu besorgen hat, soweit der andere verhindert ist.

261 Weiter gefasst als bisher; umfasst jetzt auch ambulante Dienste.
262 Eng auszulegende Ausnahmeregelung. Trägt dem Gedanken Rechnung, dass die lediglich abstrakte Gefahr einer Interessenkollision im Hinblick auf Artikel 6 GG nicht ausreicht, um einen Elternteil von der Betreuung des volljährigen Kindes auszuschließen. Ähnliche Erwägungen gelten auch für Geschwister, die häufig nach dem Versterben der Eltern die ehrenamtliche Betreuung für Betreute mit einer Behinderung übernehmen.
263 Klarstellung, dass es nicht nur um eine Vergütungsfrage geht.
264 Beachte § 1818 Abs. 5 BGB.
265 In Kauf genommen wird die gleichzeitige Bestellung von zwei Betreuern, die im Außenverhältnis beide unabhängig voneinander vertretungsberechtigt sind. Der Verhinderungsbetreuer kann den Betreuten in demselben Umfang vertreten wie der Hauptbetreuer, ohne dass geprüft werden muss, ob ein Verhinderungsfall

Betreuer aus tatsächlichen Gründen[266] verhindert ist.[267] Für diesen Fall kann auch ein anerkannter Betreuungsverein zum Verhinderungsbetreuer bestellt werden, ohne dass die Voraussetzungen des § 1818 Absatz 1 Satz 1 vorliegen.[268]	
(5) Soweit ein Betreuer aus rechtlichen Gründen gehindert ist, einzelne Angelegenheiten des Betreuten zu besorgen, hat das Betreuungsgericht hierfür einen Ergänzungsbetreuer zu bestellen.[269]	
§ 1818 Betreuung durch Betreuungsverein oder Betreuungsbehörde (1) Das Betreuungsgericht bestellt einen anerkannten Betreuungsverein zum Betreuer, wenn der Volljährige dies wünscht, oder wenn er durch eine oder mehrere natürliche Personen nicht hinreichend betreut werden kann.[270] Die Bestellung bedarf der Einwilligung des Betreuungsvereins.	**§ 1900 Betreuung durch Verein oder Behörde** (1) Kann der Volljährige durch eine oder mehrere natürliche Personen nicht hinreichend betreut werden, so bestellt das Betreuungsgericht einen anerkannten Betreuungsverein zum Betreuer. Die Bestellung bedarf der Einwilligung des Vereins.
(2) Der Betreuungsverein überträgt die Wahrnehmung der Betreuung einzelnen Personen.[271] Vorschlägen des Volljährigen hat er hierbei zu entsprechen, wenn nicht wichtige Gründe entgegenstehen.[272] Der Betreuungsverein teilt dem Betreuungsgericht alsbald, spätestens 2 Wochen nach seiner Bestellung, mit, wem er die Wahrnehmung der Betreuung übertragen hat. Die Sätze 2 und 3 gelten bei einem Wechsel der Person, die die Betreuung für den Betreuungsverein wahrnimmt, entsprechend.	(2) Der Verein überträgt die Wahrnehmung der Betreuung einzelnen Personen. Vorschlägen des Volljährigen hat er hierbei zu entsprechen, soweit nicht wichtige Gründe entgegenstehen. Der Verein teilt dem Gericht alsbald mit, wem er die Wahrnehmung der Betreuung übertragen hat.
(3) Werden dem Betreuungsverein Umstände bekannt, aus denen sich ergibt, dass der Volljährige durch eine oder mehrere natürliche Personen hinreichend betreut werden kann, so hat er dies dem Betreuungsgericht mitzuteilen.	(3) Werden dem Verein Umstände bekannt, aus denen sich ergibt, dass der Volljährige durch eine oder mehrere natürliche Personen hinreichend betreut werden kann, so hat er dies dem Gericht mitzuteilen.

vorliegt. Ein Tätigwerden des Verhinderungsbetreuers ohne tatsächliche Verhinderung des Hauptbetreuers stellt aber eine betreuungsrechtliche Pflichtverletzung dar.

266 Unterscheidung: Verhinderungsbetreuer bei tatsächlicher Verhinderung (Krankheit, Urlaub), der auch vorsorglich bestellt werden kann (§ 1817 Abs. 4 BGB), einerseits und Ergänzungsbetreuer bei rechtlicher Verhinderung, der dann bestellt wird, wenn es nötig ist (§ 1817 Abs. 5 BGB), andererseits.

267 Es reicht hierfür aus, dass ein Verhinderungsfall in der nächsten Zeit potenziell eintreten kann. Es geht dabei nicht um den Fall, dass ein Betreuer dauernd zu vertreten ist. In diesem Fall wäre er ungeeignet und zu entlassen. Gemeint ist vielmehr die zeitweise Verhinderung eines Betreuers insbesondere wegen Krankheit, Fortbildung oder Urlaubs. Die eigenmächtige Delegation der Betreuung auf einen Dritten ist dagegen unzulässig; sie widerspricht dem Grundsatz der persönlichen Betreuung.

268 Neu geschaffene Möglichkeit. Kommt v.a. bei ehrenamtlichen Betreuern in Betracht, die mit dem Betreuungsverein eine Vereinbarung nach § 15 Abs. 1 Nr. 4 BtOG abgeschlossen haben. Bestandteil einer solchen Vereinbarung ist nach § 15 Abs. 2 Nr. 4 BtOG auch die Erklärung der Bereitschaft des Betreuungsvereins, die Verhinderungsbetreuung zu übernehmen.

269 Gebundene Entscheidung, kein Ermessen des Betreuungsgerichts in Bezug auf das „ob“ der Bestellung.

270 Wie bisher Nachrang der Vereinsbetreuung.

271 Eine Vergütung erhält der Verein dann, wenn er die Betreuung einem hauptamtlichen Mitarbeiter überträgt, der als beruflicher Betreuer registriert ist (§ 13 Abs. 1 VBVG).

272 Die Maßstäbe des § 1816 BGB gelten entsprechend. Aus § 1816 Abs. 5 BGB folgt dabei, dass dann, wenn der Verein die Betreuung einem ehrenamtlichen Mitarbeiter übertragen könnte, die Übertragung auf einen hauptamtlichen Mitarbeiter nicht in Betracht kommt.

(4) Kann der Volljährige weder durch eine oder mehrere natürliche Personen noch durch einen Betreuungsverein hinreichend betreut werden, so bestellt das Betreuungsgericht die zuständige Betreuungsbehörde zum Betreuer. Die Absätze 2 und 3 gelten entsprechend.	(4) Kann der Volljährige durch eine oder mehrere natürliche Personen oder durch einen Verein nicht hinreichend betreut werden, so bestellt das Gericht die zuständige Behörde zum Betreuer. Die Absätze 2 und 3 gelten entsprechend.
(5) Die Entscheidung über die Einwilligung in eine Sterilisation darf weder einem Betreuungsverein noch einer Betreuungsbehörde übertragen werden.	(5) Vereinen oder Behörden darf die Entscheidung über die Einwilligung in eine Sterilisation des Betreuten nicht übertragen werden.
§ 1819 Übernahmepflicht; weitere Bestellungsvoraussetzungen (1) Die vom Betreuungsgericht ausgewählte Person ist verpflichtet, die Betreuung zu übernehmen, wenn ihr die Übernahme unter Berücksichtigung ihrer familiären, beruflichen und sonstigen Verhältnisse zugemutet werden kann.	**§ 1898 Übernahmepflicht** (1) Der vom Betreuungsgericht Ausgewählte ist verpflichtet, die Betreuung zu übernehmen, wenn er zur Betreuung geeignet ist und ihm die Übernahme unter Berücksichtigung seiner familiären, beruflichen und sonstigen Verhältnisse zugemutet werden kann.
(2) Die ausgewählte Person darf erst dann zum Betreuer bestellt werden, wenn sie sich zur Übernahme der Betreuung bereit erklärt hat.	(2) Der Ausgewählte darf erst dann zum Betreuer bestellt werden, wenn er sich zur Übernahme der Betreuung bereit erklärt hat.
(3) Ein Mitarbeiter eines anerkannten Betreuungsvereins, der dort ausschließlich oder teilweise als Betreuer tätig ist (Vereinsbetreuer), darf nur mit Einwilligung des Betreuungsvereins bestellt werden. Entsprechendes gilt für den Mitarbeiter einer Betreuungsbehörde, der als Betreuer bestellt wird (Behördenbetreuer).	**§ 1897 Bestellung einer natürlichen Person** (1) … (2) Der Mitarbeiter eines nach § 1908f anerkannten Betreuungsvereins, der dort ausschließlich oder teilweise als Betreuer tätig ist (Vereinsbetreuer), darf nur mit Einwilligung des Vereins bestellt werden. Entsprechendes gilt für den Mitarbeiter einer in Betreuungsangelegenheiten zuständigen Behörde, der dort ausschließlich oder teilweise als Betreuer tätig ist (Behördenbetreuer). (3)–(6) …
§ 1820 Vorsorgevollmacht und Kontrollbetreuung[273] (1) Wer von der Einleitung eines Verfahrens über die Bestellung eines Betreuers für einen Volljährigen Kenntnis erlangt und ein Dokument[274] besitzt, in dem der Volljährige eine andere Person mit der Wahrnehmung seiner Angelegenheiten bevollmächtigt hat, hat das Betreuungsgericht hierüber unverzüglich zu unterrichten.[275] Das Betreuungsgericht kann die Vorlage einer Abschrift verlangen.	
(2) Folgende Maßnahmen eines Bevollmächtigten setzen voraus, dass die Vollmacht schrift-	

273 Zusammenfassung verschiedener Regelungen zu Vorsorgevollmachten, einschließlich der Voraussetzungen für die Bestellung eines Kontrollbetreuers und für einen Widerruf einer Vollmacht.
274 Schriftstück oder elektronisches Dokument.
275 Der Besitzer eines derartigen Dokuments muss von sich aus Kontakt mit dem Betreuungsgericht aufnehmen, wenn er nicht sicher davon ausgehen kann, dass dieses bereits auf anderem Wege Kenntnis erlangt hat.

lich erteilt ist und diese Maßnahmen ausdrücklich umfasst:	
1. die Einwilligung sowie ihr Widerruf oder die Nichteinwilligung in Maßnahmen nach § 1829 Absatz 1 Satz 1 und Absatz 2,	**§ 1904 Genehmigung des Betreuungsgerichts bei ärztlichen Maßnahmen** (1)–(4)... (5) Die Absätze 1 bis 4 gelten auch für einen Bevollmächtigten. Er kann in eine der in Absatz 1 Satz 1 oder Absatz 2 genannten Maßnahmen nur einwilligen, nicht einwilligen oder die Einwilligung widerrufen, wenn die Vollmacht diese Maßnahmen ausdrücklich umfasst und schriftlich erteilt ist.
2. die Unterbringung nach § 1831 und die Einwilligung in Maßnahmen nach § 1831 Absatz 4,	**§ 1906 Genehmigung des Betreuungsgerichts bei freiheitsentziehender Unterbringung und bei freiheitsentziehenden Maßnahmen** (1)–(4) ... (5) Die Unterbringung durch einen Bevollmächtigten und die Einwilligung eines Bevollmächtigten in Maßnahmen nach Absatz 4 setzen voraus, dass die Vollmacht schriftlich erteilt ist und die in den Absätzen 1 und 4 genannten Maßnahmen ausdrücklich umfasst. Im Übrigen gelten die Absätze 1 bis 4 entsprechend.
3. die Einwilligung in eine ärztliche Zwangsmaßnahme nach § 1832 und die Verbringung nach § 1832 Absatz 4.	**§ 1906a Genehmigung des Betreuungsgerichts bei ärztlichen Zwangsmaßnahmen** (1)–(4) ... (5) Die Einwilligung eines Bevollmächtigten in eine ärztliche Zwangsmaßnahme und die Einwilligung in eine Maßnahme nach Absatz 4 setzen voraus, dass die Vollmacht schriftlich erteilt ist und die Einwilligung in diese Maßnahmen ausdrücklich umfasst. Im Übrigen gelten die Absätze 1 bis 3 entsprechend.
(3) Das Betreuungsgericht bestellt[276] einen Kontrollbetreuer,[277] wenn die Bestellung erforderlich ist, weil 1. der Vollmachtgeber aufgrund einer Krankheit oder Behinderung nicht mehr in der Lage ist, seine Rechte gegenüber dem Bevollmächtigten auszuüben, und 2. aufgrund konkreter Anhaltspunkte davon auszugehen ist, dass der Bevollmächtigte die Angelegenheiten des Vollmachtgebers nicht entsprechend der Vereinbarung oder dem erklärten oder mutmaßlichen Willen des Vollmachtgebers besorgt.[278]	**§ 1896 Voraussetzungen** (1)–(2) ... (3) Als Aufgabenkreis kann auch die Geltendmachung von Rechten des Betreuten gegenüber seinem Bevollmächtigten bestimmt werden. (4) ...

276 § 281 Abs. 1 Nr. 2 FamFG, der für die Bestellung eines Kontrollbetreuers die Einholung eines ärztlichen Zeugnisses anstelle eines Gutachtens genügen zuließ, wurde gestrichen.

277 Beachte darüber hinaus: Die Bevollmächtigung einer Person, die zu den in § 1816 Abs. 6 BGB genannten Personen (abhängige Mitarbeiter der Einrichtung oder des Pflegedienstes) reicht nie aus, um die Bestellung eines Vollbetreuers zu verhindern. In diesen Fällen muss das Gericht eine Vollbetreuung (und nicht nur eine Kontrollbetreuung) anordnen.

(4) Das Betreuungsgericht kann anordnen, dass der Bevollmächtigte die ihm erteilte Vollmacht nicht ausüben darf und die Vollmachtsurkunde an den Betreuer herauszugeben hat, wenn 1. die dringende Gefahr besteht, dass der Bevollmächtigte nicht den Wünschen des Vollmachtgebers entsprechend handelt und dadurch die Person des Vollmachtgebers oder dessen Vermögen erheblich gefährdet oder 2. der Bevollmächtigte den Betreuer bei der Wahrnehmung seiner Aufgaben behindert.[279] Liegen die Voraussetzungen des Satzes 1 nicht mehr vor, hat das Betreuungsgericht die Anordnung aufzuheben und den Betreuer zu verpflichten, dem Bevollmächtigten die Vollmachtsurkunde herauszugeben, wenn die Vollmacht nicht erloschen ist.	*Bisher nicht explizit geregelt.*
(5) Der Betreuer darf[280] eine Vollmacht oder einen Teil einer Vollmacht, die den Bevollmächtigten zu Maßnahmen der Personensorge oder zu Maßnahmen in wesentlichen Bereichen der Vermögenssorge ermächtigt,[281] nur widerrufen, wenn das Festhalten an der Vollmacht eine künftige Verletzung der Person oder des Vermögens des Betreuten mit hinreichender Wahrscheinlichkeit und in erheblicher Schwere befürchten lässt[282] und mildere Maßnahmen nicht zur Abwehr eines Schadens für den Betreuten geeignet erscheinen.[283] Der Widerruf bedarf der Genehmigung des Betreuungsgerichts. Mit der Genehmigung des Widerrufs einer Vollmacht kann das Betreuungsgericht die Herausgabe der Vollmachtsurkunde an den Betreuer anordnen.	*Bisher nicht explizit geregelt.*

278 Erst die Feststellung eines konkreten Überwachungsbedarfs macht die Bestellung eines Kontrollbetreuers erforderlich. Es müssen konkrete Anhaltspunkte dafür vorliegen, dass der Bevollmächtigte die Angelegenheiten des Vollmachtgebers nicht entsprechend der Vereinbarung oder dem erklärten oder mutmaßlichen Willen des Vollmachtgebers besorgt. Voraussetzung ist, dass die Tätigkeit des Bevollmächtigten von dem abweicht, was sich der Vollmachtgeber vorgestellt hat.

279 Die Regelung ist für solche Situationen gedacht, in denen zwar dringende Anhaltspunkte für die Notwendigkeit eines Widerrufs vorliegen, diese aber noch nicht ausreichend festgestellt werden können. Wenn der Bevollmächtigte nicht bereit ist zuzusichern, von der Vollmacht bis zur Klärung der Bedenken keinen Gebrauch zu machen, gab es bisher keine rechtliche Handhabe, deren Wirksamkeit vorläufig auszusetzen. Betreuer wie Gericht hatten nur die Möglichkeit, die Vollmacht zu widerrufen – soweit der Vollmachtgeber selbst dazu nicht mehr in der Lage war. Der Widerruf der Vollmacht führte allerdings unwiederbringlich zu ihrem Erlöschen. Wenn sich dann bei weiteren Prüfungen herausstellte, dass die Vorwürfe unberechtigt waren oder der Bevollmächtigte sein Verhalten änderte, war ein Wiederaufleben der Vollmacht nicht möglich. Soweit der Vollmachtgeber nicht mehr geschäftsfähig war und ein Regelungsbedarf bestand, musste also der bisherige Bevollmächtigte zum Betreuer bestellt werden.

280 Die neue gesetzliche Konzeption geht davon aus, dass einem Betreuer mit seiner Bestellung auch bereits die rechtliche Befugnis zum Widerruf einer Vollmacht übertragen wird. Die Regelung in § 1820 Abs. 5 BGB betrifft deswegen nur das Innenverhältnis.

281 Beachte: § 1820 Abs. 5 BGB gilt nur für Vorsorgevollmachten, nicht aber für sonstige Vollmachten (zB Post- oder Kontovollmachten).

282 Es kommt darauf an, ob der Widerruf der Vollmacht dem mutmaßlichem Willen des Betreuten entspricht oder ob dieser die Gefährdung bzw. den Schaden in Kauf genommen und an dem Bevollmächtigten festgehalten hätte.

283 Schränkt das Ermessen des Betreuers ein.

Untertitel 2 Führung der Betreuung

Einführung

221 Der zweite Untertitel enthält die Kernvorschriften für die Führung der Betreuung, das materielle Betreuungsrecht. Der Untertitel gliedert sich in 3 Kapitel:

- Allgemeine Vorschriften (§§ 1821–1826 BGB),
- Personenangelegenheiten (§§ 1827–1834 BGB)[284] und
- Vermögensangelegenheiten (§§ 1835–1860 BGB).[285]

222 Das erste Kapitel des ersten Untertitels mit den Allgemeinen Vorschriften behandelt die Grundregeln für die Führung der Betreuung (Nachrangprinzip bei der Vertretung und Orientierung der Betreuung an den Wünschen des Betreuten (§ 1821 BGB), die Auskunftspflicht des Betreuers gegenüber nahestehenden Angehörigen des Betreuten (§ 1822 BGB), die Stellvertretung und den Ausschluss der Vertretungsmacht (§§ 1823 f. BGB), den Einwilligungsvorbehalt (§ 1825 BGB) und die Haftung des Betreuers (§ 1826 BGB).

223 Das zweite Kapitel des ersten Untertitels über die Führung der Betreuung enthält die Regelungen in Bezug auf die Personenangelegenheiten, also die Angelegenheiten des Betreuten, die keinen oder nur einen geringen vermögensrechtlichen Bezug haben. Hierher gehören die Bestimmungen über

- die Patientenverfügung und ihre Umsetzung (§§ 1827 f. BGB),
- die Genehmigung des Betreuungsgerichts bei ärztlichen Maßnahmen (§ 1829 BGB),
- die Sterilisation einer betreuten Person (§ 1830 BGB),
- die freiheitsentziehende Unterbringung und freiheitsentziehende Maßnahmen (1831 BGB),
- ärztliche Zwangsmaßnahmen (§ 1832 BGB),
- die Aufgabe von Wohnraum des Betreuten (§ 1833 BGB) und
- die Bestimmung des Umgangs und des Aufenthalts des Betreuten (§ 1834 BGB).

224 Im dritten Kapitel des zweiten Untertitels über die Führung der Betreuung finden sich die Bestimmungen zu den Vermögensangelegenheiten in der Betreuung. Das Kapitel hat sechs Unterkapitel:

- Allgemeine Vorschriften (betreffend das Vermögensverzeichnis, das Trennungsgebot und die Vermögensverwaltung durch den Betreuer bei Erbschaft und Schenkung, §§ 1835–1837 BGB),
- Vorschriften über die Verwaltung von Geld, Wertpapieren und Wertgegenständen (§§ 1838–1845 BGB),
- eine Regelung über Anzeigepflichten des Betreuers (§§ 1846–1847 BGB),
- Bestimmungen über genehmigungspflichtige Rechtsgeschäfte (§§ 1848–1854 BGB),
- Regelungen über die Genehmigungserklärung (§§ 1855–1858 BGB) und
- Vorschriften über die Befreiung des Betreuers (§§ 1859–1860 BGB).

Auf die durch die Reform eintretenden Veränderungen der Rechtslage wird jeweils in den Einführungen vor den jeweiligen Kapiteln eingegangen.

Kapitel 1 Allgemeine Vorschriften

Einführung

225 Das erste Kapitel des zweiten Untertitels mit den Allgemeinen Vorschriften für die Führung der Betreuung behandelt die Grundregeln für die Führung der Betreuung. Zu diesen gehört v.a. § 1821 BGB, der die Pflichten des Betreuers und die für seine Tätigkeit bestehenden grundlegenden Prinzipien regelt: das Nachrangprinzip bei der Vertretung und Orientierung der Betreuung an den Wünschen des Betreuten. Hinzu treten Regelungen über die Auskunftspflicht des Betreuers gegenüber nahestehenden Angehörigen des Betreuten (§ 1822 BGB), die Stellvertretung und den Ausschluss der Vertretungsmacht (§§ 1823 f. BGB), den Einwilligungsvorbehalt (§ 1825 BGB) und die Haftung des Betreuers (§ 1826 BGB).

226 Änderungen gegenüber dem bisherigen Rechtszustand betreffen vor allem die Kernregelung des § 1821 BGB. Hier wurde durch eine Neuformulierung der bisher in § 1901 BGB enthaltenen Norm erreicht, dass die Wünsche des Betreuten ein deutlich stärkeres Gewicht erlangt haben als das bisher der Fall war. Der Begriff des Betreutenwohls als Maßstab des Betreuerhandelns wurde aufgegeben, weil er – falsch verstanden – zu einer Führung der Betreuung am Maßstab des objektiven Wohls des Betreuten führen könnte und den Betreuten damit als Objekt staatlicher Fürsorge erscheinen lassen

284 Begriff in Anlehnung an den Begriff der Personensorge gebildet.
285 Begriff in Anlehnung an denjenigen der Vermögenssorge gebildet.

könnte. Das soll aber gerade nicht gemeint sein: Mit der Norm soll vielmehr sichergestellt werden, dass die Wahrung und die Verwirklichung der Selbstbestimmung der Betreuten im Mittelpunkt stehen und ihr Schutz gewährleistet wird. Das gewährleistet die neue Fassung deutlich besser. Mit ihr soll der Selbstbestimmung deutlicher als bisher Vorrang vor einer gut gemeinten, aber fremdbestimmten Fürsorge eingeräumt werden. Wenn festzustellen ist, dass der Betreute aktuell zu einer freien Willensbildung nicht (mehr) in der Lage ist, darf nicht an dessen Stelle der Maßstab eines objektiven Wohls oder Interesses treten. Die Selbstbestimmung von Erwachsenen endet nicht mit dem Eintritt der Geschäfts- oder Einwilligungsunfähigkeit. Dem trägt § 1821 BGB jetzt Rechnung: § 1821 Abs. 1 BGB beschreibt und begrenzt die Tätigkeit des Betreuers auf das Erforderliche. In § 1821 Abs. 2 sind die Bindung an und die Feststellung der Wünsche geregelt. In § 1821 Abs. 3 BGB wird normiert, unter welchen Voraussetzungen der Betreuer von den Wünschen abweichen darf, und in § 1821 Abs. 4 BGB, dass der Betreuer sich in diesem Fall nach dem mutmaßlichen Willen des Betreuten zu richten hat. Die Verpflichtung zum persönlichen Kontakt und zur Besprechung, die erforderlich sind, um den Willen und die Wünsche des Betreuten überhaupt feststellen zu können, sind jetzt in der Grundsatznorm als eigener § 1821 Abs. 5 BGB niedergelegt. In § 1821 Abs. 6 wird die Verpflichtung des Betreuers normiert, die Wiederherstellung bzw. Verbesserung der rechtlichen Handlungsfähigkeit des Betreuten zu fördern.

Neu ist die Auskunftspflicht des Betreuers gegenüber nahestehenden Angehörigen des Betreuten 227
(§ 1822 BGB).

Schließlich wurde die Beweislast bei der Haftung des Betreuers (§ 1826 BGB) verändert: Zulasten des 228
Betreuers besteht nun eine Beweislastumkehr entsprechend § 280 Abs. 1 S. 2 BGB. Grundsätzlich haftet der Betreuer gegenüber dem Betreuten also für den aus einer Pflichtverletzung entstandenen Schaden, es sei denn, er hat ihn nicht zu vertreten.

BGB nF	BGB aF
§ 1821 Pflichten des Betreuers;[286] Wünsche des Betreuten	**§ 1901 Umfang der Betreuung, Pflichten des Betreuers**
(1) Der Betreuer nimmt alle Tätigkeiten vor, die erforderlich sind, um die Angelegenheiten des Betreuten rechtlich zu besorgen.[287] Er unterstützt den Betreuten dabei, seine Angelegenheiten rechtlich selbst zu besorgen, und macht von seiner Vertretungsmacht nach § 1823 nur Gebrauch, soweit dies erforderlich ist.[288]	(1) Die Betreuung umfasst alle Tätigkeiten, die erforderlich sind, um die Angelegenheiten des Betreuten nach Maßgabe der folgenden Vorschriften rechtlich zu besorgen.
(2) Der Betreuer hat die Angelegenheiten des Betreuten so zu besorgen, dass dieser im Rahmen seiner Möglichkeiten sein Leben nach seinen Wünschen[289] gestalten kann. Hierzu hat der Betreuer die Wünsche des Betreuten festzustel-	(2) Der Betreuer hat die Angelegenheiten des Betreuten so zu besorgen, wie es dessen Wohl entspricht. Zum Wohl des Betreuten gehört auch die Möglichkeit, im Rahmen seiner Fähigkeiten

286 § 1821 BGB richtet sich primär an den Betreuer, bestimmt also das Innenverhältnis zwischen Betreuer und Betreutem. Die Wirksamkeit einer rechtlichen Handlung des Betreuers im Rahmen seines Aufgabenkreises ist nach außen, also Dritten gegenüber, aber nach § 1823 BGB grundsätzlich unabhängig von der Einhaltung der Pflichten im Innenverhältnis nach § 1821 BGB. Insoweit sind das Innen- und Außenverhältnis zu unterscheiden. Die Vorgaben der Norm gelten aber auch für die Aufsicht des Betreuungsgerichts und für sämtliche gerichtlichen Genehmigungsverfahren, da das Gericht das Handeln des Betreuers zu prüfen hat. Auch für die Tätigkeit der Betreuungsbehörde im Rahmen von §§ 11 und 12 BtOG sind sie maßgeblich.

287 Beachte aber die Begrenzung des Umfangs der konkreten Aufgaben des Betreuers durch die Anordnung der Aufgabenbereiche durch das Betreuungsgericht (vgl. § 1815 BGB).

288 Festschreibung des Erforderlichkeitsgrundsatzes auch bezüglich des Umfangs des Betreuerhandelns. Der Gebrauch der Vertretungsmacht ist zwar auch ein Mittel der Unterstützung, um die Rechte des Betreuten nach dessen Wünschen erforderlichenfalls nach außen geltend zu machen. Der Betreuer darf aber nur dann von dem Instrument der Stellvertretung nach § 1823 BGB Gebrauch machen, wenn dies erforderlich ist, dh wenn andere Unterstützungsarten ohne Stellvertretung nicht ausreichen.

289 Dazu gehören sowohl Äußerungen, die auf einem freien Willen beruhen, als auch solche, denen kein freier Wille (mehr) zugrunde liegt. Von Wünschen, die krankheitsbedingt gebildet sind und deren Befolgung den Betreuten schädigen würden, darf nach § 1821 Abs. 3 BGB unter bestimmten Voraussetzungen zu seinem Schutz abgewichen werden. Dann ist der mutmaßliche Wille maßgebend.

len. Diesen hat der Betreuer vorbehaltlich des Absatzes 3 zu entsprechen[290] und den Betreuten bei deren Umsetzung rechtlich zu unterstützen. Dies gilt auch für die Wünsche, die der Betreute vor der Bestellung des Betreuers geäußert hat, es sei denn, dass er an diesen Wünschen erkennbar nicht festhalten will.	sein Leben nach seinen eigenen Wünschen und Vorstellungen zu gestalten.
(3) Den Wünschen des Betreuten hat der Betreuer nicht zu entsprechen, soweit 1. die Person des Betreuten oder dessen Vermögen hierdurch erheblich gefährdet würde[291] und der Betreute diese Gefahr aufgrund seiner Krankheit oder Behinderung nicht erkennen oder nicht nach dieser Einsicht handeln kann[292] oder 2. dies dem Betreuer nicht zuzumuten ist.[293]	(3) Der Betreuer hat Wünschen des Betreuten zu entsprechen, soweit dies dessen Wohl nicht zuwiderläuft und dem Betreuer zuzumuten ist. Dies gilt auch für Wünsche, die der Betreute vor der Bestellung des Betreuers geäußert hat, es sei denn, dass er an diesen Wünschen erkennbar nicht festhalten will. Ehe der Betreuer wichtige Angelegenheiten erledigt, bespricht er sie mit dem Betreuten, sofern dies dessen Wohl nicht zuwiderläuft.
(4) Kann der Betreuer die Wünsche des Betreuten nicht feststellen oder darf er ihnen nach Absatz 3 Nummer 1 nicht entsprechen, hat er den mutmaßlichen Willen des Betreuten aufgrund konkreter Anhaltspunkte zu ermitteln und Geltung zu verschaffen.[294] Zu berücksichtigen sind insbesondere frühere Äußerungen, ethische oder religiöse Überzeugungen und sonstige persönliche Wertvorstellungen des Betreuten. Bei der Feststellung des mutmaßlichen Willens soll nahen Angehörigen und sonstigen Vertrauenspersonen des Betreuten Gelegenheit zur Äußerung gegeben werden.[295]	**§ 1901a Patientenverfügung** (1) … (2) Liegt keine Patientenverfügung vor oder treffen die Festlegungen einer Patientenverfügung nicht auf die aktuelle Lebens- und Behandlungssituation zu, hat der Betreuer die Behandlungswünsche oder den mutmaßlichen Willen des Betreuten festzustellen und auf dieser Grundlage zu entscheiden, ob er in eine ärztliche Maßnahme nach Absatz 1 einwilligt oder sie untersagt. Der mutmaßliche Wille ist aufgrund konkreter Anhaltspunkte zu ermitteln. Zu berücksichti-

290 Absoluter Vorrang der Wünsche. Auf das objektiv bestimmte „Wohl des Betreuten" kommt es nicht an.

291 Die Person oder das Vermögen des Betreuten ist erheblich gefährdet, wenn sich durch die Befolgung der Wünsche die gesamte Lebens- und Versorgungssituation erheblich verschlechterte. Im Übrigen ist eine erhebliche Gefährdung für die Person oder das Vermögen des Betreuten bereits dann anzunehmen, wenn diese durch die Wunschbefolgung nicht nur unerheblich beeinträchtigt zu werden drohen. Die drohenden negativen Folgen für höherrangige Rechtsgüter, wie insbesondere das Leben, die Gesundheit oder das Vermögen des Betreuten müssen jedenfalls so gewichtig sein, dass sie ein Absehen von der Wunschbefolgung zu rechtfertigen vermögen.

292 Voraussetzung für das Abweichen des Betreuers von einem Wunsch des Betreuten ist außerdem, dass der geäußerte Wunsch Ausdruck der Erkrankung des Betreuten ist, dieser also aufgrund der Erkrankung nicht mehr in der Lage ist, einen freien Willen zu bilden und diesen zur Grundlage und Orientierung seiner Lebensgestaltung zu machen oder er die der Willensbildung zugrunde liegenden Tatsachen krankheitsbedingt verkennt. Es reicht auch aus, dass der Betreute die ihm drohende Gefahr zwar erkennt, er aber krankheitsbedingt nicht nach dieser Einsicht handeln kann. In diesen Fällen kommt es nach § 1821 Abs. 4 BGB auf den mutmaßlichen Willen des Betreuten an. Soweit der Betreute aktuell, zum Beispiel in einer Akutsituation, nicht in der Lage ist, einen Wunsch zu äußern, hat der Betreuer auf früher geäußerte Wünsche, insbesondere solche, die mit freiem Willen geäußert wurden, zurückzugreifen (Hauptfall: Patientenverfügung).

293 Unzumutbarkeit kann v.a. vorliegen, wenn Rechte des Betreuers betroffen sind. Der Betreute kann vom Betreuer keine völlig überzogenen Handlungen verlangen, die den Betreuer unangemessen stark belasten würden. Auch eine Gefährdung von Dritten oder der Allgemeinheit muss vom Betreuer abgelehnt werden. Das Gleiche gilt für die Beteiligung an der Selbstschädigung des Betreuten oder die Beteiligung an einer rechtswidrigen Handlung des Betreuten. Auch Wünsche, die den Betreuer über Gebühr völlig unverhältnismäßig in Anspruch nehmen würden, müssen nicht befolgt werden.

294 Der mutmaßliche Wille tritt an die Stelle des im konkreten Fall nicht feststellbaren tatsächlich gebildeten bzw. geäußerten Willens einer Person. Auf ihn ist erst dann abzustellen, wenn sich ein auf die aktuelle Lebenssituation oder die anstehende Entscheidung bezogener Wille des Betreuten trotz aller Bemühungen nicht feststellen lässt.

295 § 1821 Abs. 3 S. 3 BGB berechtigt den Betreuer zum einen, mit den genannten Angehörigen über den Betreuten und die vorgesehene Maßnahme zu sprechen und ihnen die dafür notwendigen Auskünfte zu erteilen. Zum anderen ist er dazu sogar verpflichtet, wenn er nicht selbst über die zur Ermittlung des Willens

	gen sind insbesondere frühere mündliche oder schriftliche Äußerungen, ethische oder religiöse Überzeugungen und sonstige persönliche Wertvorstellungen des Betreuten. (3)–(6) …
(5) Der Betreuer hat den erforderlichen persönlichen Kontakt mit dem Betreuten zu halten,[296] sich regelmäßig einen persönlichen Eindruck von ihm zu verschaffen[297] und dessen Angelegenheiten mit ihm zu besprechen.[298]	**§ 1908b Entlassung des Betreuers** (1) Das Betreuungsgericht hat den Betreuer zu entlassen, wenn seine Eignung, die Angelegenheiten des Betreuten zu besorgen, nicht mehr gewährleistet ist oder ein anderer wichtiger Grund für die Entlassung vorliegt. Ein wichtiger Grund liegt auch vor, wenn der Betreuer eine erforderliche Abrechnung vorsätzlich falsch erteilt oder den erforderlichen persönlichen Kontakt zum Betreuten nicht gehalten hat. Das Gericht soll den nach § 1897 Abs. 6 bestellten Betreuer entlassen, wenn der Betreute durch eine oder mehrere andere Personen außerhalb einer Berufsausübung betreut werden kann. (2)–(6) … **§ 1901 Umfang der Betreuung, Pflichten des Betreuers** (1)–(2) … (3) Der Betreuer hat Wünschen des Betreuten zu entsprechen, soweit dies dessen Wohl nicht zuwiderläuft und dem Betreuer zuzumuten ist. Dies gilt auch für Wünsche, die der Betreute vor der Bestellung des Betreuers geäußert hat, es sei denn, dass er an diesen Wünschen erkennbar nicht festhalten will. Ehe der Betreuer wichtige Angelegenheiten erledigt, bespricht er sie mit dem Betreuten, sofern dies dessen Wohl nicht zuwiderläuft. (4)–(5) …
(6) Der Betreuer hat innerhalb seines Aufgabenkreises dazu beizutragen, dass Möglichkeiten genutzt werden, die Fähigkeit des Betreuten, seine eigenen Angelegenheiten zu besorgen, wiederherzustellen oder zu verbessern.[299]	(4) Innerhalb seines Aufgabenkreises hat der Betreuer dazu beizutragen, dass Möglichkeiten genutzt werden, die Krankheit oder Behinderung des Betreuten zu beseitigen, zu bessern, ihre Verschlimmerung zu verhüten oder ihre Folgen zu mildern. Wird die Betreuung berufsmäßig geführt, hat der Betreuer in geeigneten Fällen

nötigen Informationen verfügt. Die Regelung gibt den Dritten dagegen kein eigenes Recht auf Beteiligung im Rahmen der Entscheidungsfindung.

296 Wie häufig der Kontakt stattzufinden hat, richtet sich nach den Erfordernissen des Einzelfalls. Die Regelung im Vormundschaftsrecht in § 1790 Abs. 3 S. 2 BGB, wonach der Vormund den Mündel in der Regel einmal im Monat aufzusuchen hat, kann übertragen werden.

297 Neu aufgenommene Verpflichtung. Ausprägung des Grundsatzes der persönlichen Betreuung.

298 Erweiterung: nicht mehr auf wichtige Angelegenheiten beschränkt. Ist es dem Betreuer nicht möglich, mit dem Betreuten zu sprechen, muss er versuchen, andere Wege der Kommunikation zu wählen, gegebenenfalls unter Zuhilfenahme weiterer Personen oder Hilfsmittel.

299 Der Betreuer hat die Verpflichtung, auf die Beseitigung aller Gründe hinzuwirken, die eine Betreuung erforderlich gemacht haben, also neben den medizinischen auch der sozialen oder sonstigen Umstände, die den Betreuungsbedarf hervorgerufen haben. Der Betreuer muss aktiv tätig werden, um den Betreuten soweit wie möglich – auch bei weiterhin bestehender Erkrankung oder Behinderung – zu befähigen, seine rechtlichen Angelegenheiten wieder selbst besorgen zu können.

	auf Anordnung des Gerichts zu Beginn der Betreuung einen Betreuungsplan zu erstellen.[300] In dem Betreuungsplan sind die Ziele der Betreuung und die zu ihrer Erreichung zu ergreifenden Maßnahmen darzustellen.
	(5) Werden dem Betreuer Umstände bekannt, die eine Aufhebung der Betreuung ermöglichen, so hat er dies dem Betreuungsgericht mitzuteilen. Gleiches gilt für Umstände, die eine Einschränkung des Aufgabenkreises ermöglichen oder dessen Erweiterung, die Bestellung eines weiteren Betreuers oder die Anordnung eines Einwilligungsvorbehalts (§ 1903) erfordern.
§ 1822 Auskunftspflicht[301] gegenüber nahestehenden Angehörigen Der Betreuer hat nahestehenden Angehörigen und sonstigen Vertrauenspersonen des Betreuten auf Verlangen Auskunft über dessen persönliche Lebensumstände zu erteilen, soweit dies einem nach § 1821 Absatz 2 bis 4 zu beachtenden Wunsch oder dem mutmaßlichen Willen des Betreuten entspricht und dem Betreuer zuzumuten ist.	 *Regelung ohne direktes Vorbild.*
§ 1823 Vertretungsmacht des Betreuers In seinem Aufgabenkreis kann der Betreuer den Betreuten gerichtlich und außergerichtlich vertreten.[302]	**§ 1902 Vertretung des Betreuten** In seinem Aufgabenkreis vertritt der Betreuer den Betreuten gerichtlich und außergerichtlich.
§ 1824 Ausschluss der Vertretungsmacht[303] (1) Der Betreuer kann den Betreuten nicht vertreten: 1. bei einem Rechtsgeschäft zwischen seinem Ehegatten oder einem seiner Verwandten in gerader Linie einerseits und dem Betreuten andererseits, es sei denn, dass das Rechtsgeschäft ausschließlich in der Erfüllung einer Verbindlichkeit besteht, 2. bei einem Rechtsgeschäft, das die Übertragung oder Belastung einer durch Pfandrecht, Hypothek, Schiffshypothek oder Bürgschaft gesicherten Forderung des Betreuten gegen den Betreuer oder die Aufhebung oder Minderung dieser Sicherheit zum Gegenstand hat oder die Verpflichtung des Betreuten zu einer solchen Übertragung, Belastung, Aufhebung oder Minderung begründet,	**§ 1795 Ausschluss der Vertretungsmacht[304]** (1) Der Vormund kann den Mündel nicht vertreten: 1. bei einem Rechtsgeschäft zwischen seinem Ehegatten, seinem Lebenspartner oder einem seiner Verwandten in gerader Linie einerseits und dem Mündel andererseits, es sei denn, dass das Rechtsgeschäft ausschließlich in der Erfüllung einer Verbindlichkeit besteht, 2. bei einem Rechtsgeschäft, das die Übertragung oder Belastung einer durch Pfandrecht, Hypothek, Schiffshypothek oder Bürgschaft gesicherten Forderung des Mündels gegen den Vormund oder die Aufhebung oder Minderung dieser Sicherheit zum Gegenstand hat oder die Verpflichtung des Mündels zu einer solchen Übertragung,

300 Gestrichen, da die gerichtliche Praxis von der Befugnis ganz überwiegend keinen Gebrauch gemacht hat.
301 Es handelt sich dabei nicht um eine Beteiligung im gerichtlichen Verfahren, die von den in § 274 Abs. 4 Nr. 1 FamFG genannten Personen beantragt werden könnte, sondern um einen materiellrechtlichen Auskunftsanspruch.
302 Betrifft das Außenverhältnis. Innenverhältnis: § 1821 BGB.
303 Sprachlich neu gefasste, inhaltlich unveränderte Vorschrift, die bisher im Vormundschaftsrecht verortet war.
304 Auf den Betreuer anwendbar wegen § 1908i Abs. 1 S. 1 BGB.

3. bei einem Rechtsstreit zwischen den in Nummer 1 bezeichneten Personen sowie bei einem Rechtsstreit über eine Angelegenheit der in Nummer 2 bezeichneten Art.	Belastung, Aufhebung oder Minderung begründet, 3. bei einem Rechtsstreit zwischen den in Nummer 1 bezeichneten Personen sowie bei einem Rechtsstreit über eine Angelegenheit der in Nummer 2 bezeichneten Art.
(2) § 181 bleibt unberührt.	(2) Die Vorschrift des § 181 bleibt unberührt.
§ 1825 Einwilligungsvorbehalt[305] (1) Soweit dies zur Abwendung einer erheblichen Gefahr für die Person oder das Vermögen des Betreuten erforderlich ist, ordnet das Betreuungsgericht an, dass der Betreute zu einer Willenserklärung, die einen Aufgabenbereich des Betreuers betrifft, dessen Einwilligung bedarf (Einwilligungsvorbehalt). Gegen den freien Willen des Volljährigen darf ein Einwilligungsvorbehalt nicht angeordnet werden. Die §§ 108 bis 113, 131 Absatz 2 und § 210 gelten entsprechend.	**§ 1903 Einwilligungsvorbehalt** (1) Soweit dies zur Abwendung einer erheblichen Gefahr für die Person oder das Vermögen des Betreuten erforderlich ist, ordnet das Betreuungsgericht an, dass der Betreute zu einer Willenserklärung, die den Aufgabenkreis des Betreuers betrifft, dessen Einwilligung bedarf (Einwilligungsvorbehalt). Die §§ 108 bis 113, 131 Abs. 2 und § 210 gelten entsprechend.
(2) Ein Einwilligungsvorbehalt kann sich nicht erstrecken 1. auf Willenserklärungen, die auf Eingehung einer Ehe gerichtet sind, 2. auf Verfügungen von Todes wegen, 3. auf die Anfechtung eines Erbvertrags, 4. auf die Aufhebung eines Erbvertrags durch Vertrag und 5. auf Willenserklärungen, zu denen ein beschränkt Geschäftsfähiger nach den Vorschriften dieses Buches und des Buches 5 nicht der Zustimmung seines gesetzlichen Vertreters bedarf.	(2) Ein Einwilligungsvorbehalt kann sich nicht erstrecken 1. auf Willenserklärungen, die auf Eingehung einer Ehe oder Begründung einer Lebenspartnerschaft gerichtet sind, 2. auf Verfügungen von Todes wegen, 3. auf die Anfechtung eines Erbvertrags, 4. auf die Aufhebung eines Erbvertrags durch Vertrag und 5. auf Willenserklärungen, zu denen ein beschränkt Geschäftsfähiger nach den Vorschriften der Bücher 4 und 5 nicht der Zustimmung seines gesetzlichen Vertreters bedarf.
(3) Ist ein Einwilligungsvorbehalt angeordnet, so bedarf der Betreute dennoch nicht der Einwilligung seines Betreuers, wenn die Willenserklärung dem Betreuten lediglich einen rechtlichen Vorteil bringt. Soweit das Gericht nichts anderes anordnet, gilt dies auch, wenn die Willenserklärung eine geringfügige Angelegenheit des täglichen Lebens betrifft.	(3) Ist ein Einwilligungsvorbehalt angeordnet, so bedarf der Betreute dennoch nicht der Einwilligung seines Betreuers, wenn die Willenserklärung dem Betreuten lediglich einen rechtlichen Vorteil bringt. Soweit das Gericht nichts anderes anordnet, gilt dies auch, wenn die Willenserklärung eine geringfügige Angelegenheit des täglichen Lebens betrifft.
	(4) § 1901 Abs. 5 gilt entsprechend.[306]
(4) Auch für einen Minderjährigen, der das 17. Lebensjahr vollendet hat, kann das Betreuungsgericht einen Einwilligungsvorbehalt anordnen, wenn anzunehmen ist, dass ein solcher bei Eintritt der Volljährigkeit erforderlich wird.	**§ 1908a Vorsorgliche Betreuerbestellung und Anordnung des Einwilligungsvorbehalts für Minderjährige** Maßnahmen nach den §§ 1896, 1903 können auch für einen Minderjährigen, der das 17. Lebensjahr vollendet hat, getroffen werden, wenn anzunehmen ist, dass sie bei Eintritt der Volljährigkeit erforderlich werden. Die Maßnah-

305 Sprachlich neu gefasste, inhaltlich unveränderte Vorschrift.
306 Jetzt § 1864 Abs. 2 Nr. 5 BGB.

	men werden erst mit dem Eintritt der Volljährigkeit wirksam.
§ 1826 Haftung des Betreuers[307] (1) Der Betreuer ist dem Betreuten für den aus einer Pflichtverletzung entstehenden Schaden verantwortlich. Dies gilt nicht, wenn der Betreuer die Pflichtverletzung nicht zu vertreten hat.[309]	**§ 1833 Haftung des Vormunds**[308] (1) Der Vormund ist dem Mündel für den aus einer Pflichtverletzung entstehenden Schaden verantwortlich, wenn ihm ein Verschulden zur Last fällt. Das Gleiche gilt von dem Gegenvormund.
(2) Sind für den Schaden mehrere Betreuer nebeneinander verantwortlich, so haften sie als Gesamtschuldner.	(2) Sind für den Schaden mehrere nebeneinander verantwortlich, so haften sie als Gesamtschuldner. Ist neben dem Vormund für den von diesem verursachten Schaden der Gegenvormund oder ein Mitvormund nur wegen Verletzung seiner Aufsichtspflicht verantwortlich, so ist in ihrem Verhältnis zueinander der Vormund allein verpflichtet.[310]
(3) Ist ein Betreuungsverein als Betreuer bestellt,[311] so ist er dem Betreuten für ein Verschulden des Mitglieds oder des Mitarbeiters in gleicher Weise verantwortlich wie für ein Verschulden eines verfassungsmäßig berufenen Vertreters.[312]	**§ 1791a Vereinsvormundschaft**[313] (1)–(2) ... (3) Der Verein bedient sich bei der Führung der Vormundschaft einzelner seiner Mitglieder oder Mitarbeiter; eine Person, die den Mündel in einem Heim des Vereins als Erzieher betreut, darf die Aufgaben des Vormunds nicht ausüben. Für ein Verschulden des Mitglieds oder des Mitarbeiters ist der Verein dem Mündel in gleicher Weise verantwortlich wie für ein Verschulden eines verfassungsmäßig berufenen Vertreters. (4) ...

Kapitel 2 Personenangelegenheiten

Einführung

229 Das zweite Kapitel des ersten Untertitels über die Führung der Betreuung enthält die Regelungen in Bezug auf die Personenangelegenheiten, also die Angelegenheiten des Betreuten, die keinen oder nur einen geringen vermögensrechtlichen Bezug haben. Hierher gehören die Bestimmungen über

- die Patientenverfügung und ihre Umsetzung (§§ 1827 f. BGB),
- die Genehmigung des Betreuungsgerichts bei ärztlichen Maßnahmen (§ 1829 BGB),
- die Sterilisation einer betreuten Person (§ 1830 BGB),
- die freiheitsentziehende Unterbringung und freiheitsentziehende Maßnahmen (§ 1831 BGB),
- ärztliche Zwangsmaßnahmen (§ 1832 BGB),
- die Aufgabe von Wohnraum des Betreuten (§ 1833 BGB) und
- die Bestimmung des Umgangs und des Aufenthalts des Betreuten (§ 1834 BGB).

---

307 Anspruchsgrundlage für Ansprüche des Betreuten gegen den Betreuer; gilt im Umfang der Verweisung des § 1794 Abs. 1 S. 2 BGB auch für Ansprüche des Mündels gegen den Vormund.

308 Auf den Betreuer anwendbar wegen § 1908i Abs. 1 S. 1 BGB.

309 Beweislastumkehr zulasten des Betreuers entsprechend § 280 Abs. 1 S. 2 BGB. Grundsätzlich haftet der Betreuer gegenüber dem Betreuten für den aus einer Pflichtverletzung entstandenen Schaden, es sei denn, er hat ihn nicht zu vertreten.

310 Gestrichen wegen der Abschaffung der Institution des Gegenvormunds.

311 Beachte: Nur, wenn der Betreuungsverein selbst Betreuer ist, kommt eine Haftung für seine Angestellten in Betracht. Ist der Angestellte persönlich als Vereinsbetreuer bestellt, bleibt es bei seiner Haftung nach Abs. 1.

312 Klarstellung, erforderlich, weil der Mitarbeiter idR kein verfassungsmäßiger Vertreter des Vereins ist, so dass § 31 BGB nicht eingreift.

313 Auf den Betreuer anwendbar wegen § 1908i Abs. 1 S. 1 BGB.

Änderungen gegenüber der bisherigen Rechtslage betreffen vor allem die §§ 1833 BGB (§ 1907 BGB aF) und 1834 BGB. Dagegen sind die Regelungen über die Patientenverfügung und ihre Umsetzung (§§ 1827f. BGB), die Genehmigung des Betreuungsgerichts bei ärztlichen Maßnahmen (§ 1829 BGB), die Sterilisation einer betreuten Person (§ 1830 BGB), die freiheitsentziehende Unterbringung und freiheitsentziehende Maßnahmen (§ 1831 BGB), und die Bestimmungen in Bezug auf ärztliche Zwangsmaßnahmen (§ 1832 BGB) bis auf Anpassungen der Verweisungen und kleine redaktionelle Änderungen gleichgeblieben. 230

BGB nF	BGB aF
§ 1827 Patientenverfügung; Behandlungswünsche oder mutmaßlicher Wille des Betreuten	**§ 1901a Patientenverfügung**
(1) Hat ein einwilligungsfähiger Volljähriger für den Fall seiner Einwilligungsunfähigkeit schriftlich festgelegt, ob er in bestimmte, zum Zeitpunkt der Festlegung noch nicht unmittelbar bevorstehende Untersuchungen seines Gesundheitszustands, Heilbehandlungen oder ärztliche Eingriffe einwilligt oder sie untersagt (Patientenverfügung), prüft der Betreuer, ob diese Festlegungen auf die aktuelle Lebens- und Behandlungssituation des Betreuten zutreffen. Ist dies der Fall, hat der Betreuer dem Willen des Betreuten Ausdruck und Geltung zu verschaffen. Eine Patientenverfügung kann jederzeit formlos widerrufen werden.	(1) Hat ein einwilligungsfähiger Volljähriger für den Fall seiner Einwilligungsunfähigkeit schriftlich festgelegt, ob er in bestimmte, zum Zeitpunkt der Festlegung noch nicht unmittelbar bevorstehende Untersuchungen seines Gesundheitszustands, Heilbehandlungen oder ärztliche Eingriffe einwilligt oder sie untersagt (Patientenverfügung), prüft der Betreuer, ob diese Festlegungen auf die aktuelle Lebens- und Behandlungssituation zutreffen. Ist dies der Fall, hat der Betreuer dem Willen des Betreuten Ausdruck und Geltung zu verschaffen. Eine Patientenverfügung kann jederzeit formlos widerrufen werden.[314]
(2) Liegt keine Patientenverfügung vor oder treffen die Festlegungen einer Patientenverfügung nicht auf die aktuelle Lebens- und Behandlungssituation des Betreuten zu, hat der Betreuer die Behandlungswünsche oder den mutmaßlichen Willen des Betreuten festzustellen und auf dieser Grundlage zu entscheiden, ob er in eine ärztliche Maßnahme nach Absatz 1 einwilligt oder sie untersagt. Der mutmaßliche Wille ist aufgrund konkreter Anhaltspunkte zu ermitteln. Zu berücksichtigen sind insbesondere frühere Äußerungen, ethische oder religiöse Überzeugungen und sonstige persönliche Wertvorstellungen des Betreuten.	(2) Liegt keine Patientenverfügung vor oder treffen die Festlegungen einer Patientenverfügung nicht auf die aktuelle Lebens- und Behandlungssituation zu, hat der Betreuer die Behandlungswünsche oder den mutmaßlichen Willen des Betreuten festzustellen und auf dieser Grundlage zu entscheiden, ob er in eine ärztliche Maßnahme nach Absatz 1 einwilligt oder sie untersagt. Der mutmaßliche Wille ist aufgrund konkreter Anhaltspunkte zu ermitteln. Zu berücksichtigen sind insbesondere frühere mündliche oder schriftliche Äußerungen, ethische oder religiöse Überzeugungen und sonstige persönliche Wertvorstellungen des Betreuten.
(3) Die Absätze 1 und 2 gelten unabhängig von Art und Stadium einer Erkrankung des Betreuten.	(3) Die Absätze 1 und 2 gelten unabhängig von Art und Stadium einer Erkrankung des Betreuten.
(4) Der Betreuer soll den Betreuten in geeigneten Fällen auf die Möglichkeit einer Patientenverfügung hinweisen und ihn auf dessen Wunsch bei der Errichtung einer Patientenverfügung unterstützen.	(4) Der Betreuer soll den Betreuten in geeigneten Fällen auf die Möglichkeit einer Patientenverfügung hinweisen und ihn auf dessen Wunsch bei der Errichtung einer Patientenverfügung unterstützen.
(5) Niemand kann zur Errichtung einer Patientenverfügung verpflichtet werden. Die Errichtung oder Vorlage einer Patientenverfügung darf nicht zur Bedingung eines Vertragsschlusses gemacht werden.	(5) Niemand kann zur Errichtung einer Patientenverfügung verpflichtet werden. Die Errichtung oder Vorlage einer Patientenverfügung darf nicht zur Bedingung eines Vertragsschlusses gemacht werden.

314 Jetzt in § 1820 Abs. 2 Nr. 1 BGB enthalten.

(6) Die Absätze 1 bis 3 gelten für Bevollmächtigte entsprechend.	(6) Die Absätze 1 bis 3 gelten für Bevollmächtigte entsprechend.
§ 1828 Gespräch zur Feststellung des Patientenwillens (1) Der behandelnde Arzt prüft, welche ärztliche Maßnahme im Hinblick auf den Gesamtzustand und die Prognose des Patienten indiziert ist. Er und der Betreuer erörtern diese Maßnahme unter Berücksichtigung des Patientenwillens als Grundlage für die nach § 1827 zu treffende Entscheidung.	**§ 1901b Gespräch zur Feststellung des Patientenwillens** (1) Der behandelnde Arzt prüft, welche ärztliche Maßnahme im Hinblick auf den Gesamtzustand und die Prognose des Patienten indiziert ist. Er und der Betreuer erörtern diese Maßnahme unter Berücksichtigung des Patientenwillens als Grundlage für die nach § 1901a zu treffende Entscheidung.
(2) Bei der Feststellung des Patientenwillens nach § 1827 Absatz 1 oder der Behandlungswünsche oder des mutmaßlichen Willens nach § 1827 Absatz 2 soll nahen Angehörigen und sonstigen Vertrauenspersonen des Betreuten Gelegenheit zur Äußerung gegeben werden, sofern dies ohne erhebliche Verzögerung möglich ist.	(2) Bei der Feststellung des Patientenwillens nach § 1901a Absatz 1 oder der Behandlungswünsche oder des mutmaßlichen Willens nach § 1901a Absatz 2 soll nahen Angehörigen und sonstigen Vertrauenspersonen des Betreuten Gelegenheit zur Äußerung gegeben werden, sofern dies ohne erhebliche Verzögerung möglich ist.
(3) Die Absätze 1 und 2 gelten für Bevollmächtigte entsprechend.	(3) Die Absätze 1 und 2 gelten für Bevollmächtigte entsprechend.
§ 1829 Genehmigung des Betreuungsgerichts bei ärztlichen Maßnahmen (1) Die Einwilligung des Betreuers in eine Untersuchung des Gesundheitszustands, eine Heilbehandlung oder einen ärztlichen Eingriff bedarf der Genehmigung des Betreuungsgerichts, wenn die begründete Gefahr besteht, dass der Betreute aufgrund der Maßnahme stirbt oder einen schweren und länger dauernden gesundheitlichen Schaden erleidet. Ohne die Genehmigung darf die Maßnahme nur durchgeführt werden, wenn mit dem Aufschub Gefahr verbunden ist.	**§ 1904 Genehmigung des Betreuungsgerichts bei ärztlichen Maßnahmen** (1) Die Einwilligung des Betreuers in eine Untersuchung des Gesundheitszustands, eine Heilbehandlung oder einen ärztlichen Eingriff bedarf der Genehmigung des Betreuungsgerichts, wenn die begründete Gefahr besteht, dass der Betreute auf Grund der Maßnahme stirbt oder einen schweren und länger dauernden gesundheitlichen Schaden erleidet. Ohne die Genehmigung darf die Maßnahme nur durchgeführt werden, wenn mit dem Aufschub Gefahr verbunden ist.
(2) Die Nichteinwilligung oder der Widerruf der Einwilligung des Betreuers in eine Untersuchung des Gesundheitszustands, eine Heilbehandlung oder einen ärztlichen Eingriff bedarf der Genehmigung des Betreuungsgerichts, wenn die Maßnahme medizinisch angezeigt ist und die begründete Gefahr besteht, dass der Betreute aufgrund des Unterbleibens oder des Abbruchs der Maßnahme stirbt oder einen schweren und länger dauernden gesundheitlichen Schaden erleidet.	(2) Die Nichteinwilligung oder der Widerruf der Einwilligung des Betreuers in eine Untersuchung des Gesundheitszustands, eine Heilbehandlung oder einen ärztlichen Eingriff bedarf der Genehmigung des Betreuungsgerichts, wenn die Maßnahme medizinisch angezeigt ist und die begründete Gefahr besteht, dass der Betreute auf Grund des Unterbleibens oder des Abbruchs der Maßnahme stirbt oder einen schweren und länger dauernden gesundheitlichen Schaden erleidet.
(3) Die Genehmigung nach den Absätzen 1 und 2 ist zu erteilen, wenn die Einwilligung, die Nichteinwilligung oder der Widerruf der Einwilligung dem Willen des Betreuten entspricht.	(3) Die Genehmigung nach den Absätzen 1 und 2 ist zu erteilen, wenn die Einwilligung, die Nichteinwilligung oder der Widerruf der Einwilligung dem Willen des Betreuten entspricht.
(4) Eine Genehmigung nach den Absätzen 1 und 2 ist nicht erforderlich, wenn zwischen Betreuer und behandelndem Arzt Einvernehmen darüber besteht, dass die Erteilung, die Nichterteilung oder der Widerruf der Einwilligung	(4) Eine Genehmigung nach den Absätzen 1 und 2 ist nicht erforderlich, wenn zwischen Betreuer und behandelndem Arzt Einvernehmen darüber besteht, dass die Erteilung, die Nichterteilung oder der Widerruf der Einwilligung

dem nach § 1827 festgestellten Willen des Betreuten entspricht.	dem nach § 1901a festgestellten Willen des Betreuten entspricht.
(5) Die Absätze 1 bis 4 gelten nach Maßgabe des § 1820 Absatz 2 Nummer 1 für einen Bevollmächtigten entsprechend.	(5) Die Absätze 1 bis 4 gelten auch für einen Bevollmächtigten. Er kann in eine der in Absatz 1 Satz 1 oder Absatz 2 genannten Maßnahmen nur einwilligen, nicht einwilligen oder die Einwilligung widerrufen, wenn die Vollmacht diese Maßnahmen ausdrücklich umfasst und schriftlich erteilt ist.
§ 1830 Sterilisation (1) Die Einwilligung eines Sterilisationsbetreuers in eine Sterilisation des Betreuten, in die dieser nicht selbst einwilligen kann, ist nur zulässig, wenn 1. die Sterilisation dem natürlichen Willen des Betreuten entspricht, 2. der Betreute auf Dauer einwilligungsunfähig bleiben wird, 3. anzunehmen ist, dass es ohne die Sterilisation zu einer Schwangerschaft kommen würde, 4. infolge dieser Schwangerschaft eine Gefahr für das Leben oder die Gefahr einer schwerwiegenden Beeinträchtigung des körperlichen oder seelischen Gesundheitszustands der Schwangeren zu erwarten wäre, die nicht auf zumutbare Weise abgewendet werden könnte, und 5. die Schwangerschaft nicht durch andere zumutbare Mittel verhindert werden kann.	**§ 1905 Sterilisation** (1) Besteht der ärztliche Eingriff in einer Sterilisation des Betreuten, in die dieser nicht einwilligen kann, so kann der Betreuer nur einwilligen, wenn 1. die Sterilisation dem Willen des Betreuten nicht widerspricht, 2. der Betreute auf Dauer einwilligungsunfähig bleiben wird, 3. anzunehmen ist, dass es ohne die Sterilisation zu einer Schwangerschaft kommen würde, 4. infolge dieser Schwangerschaft eine Gefahr für das Leben oder die Gefahr einer schwerwiegenden Beeinträchtigung des körperlichen oder seelischen Gesundheitszustands der Schwangeren zu erwarten wäre, die nicht auf zumutbare Weise abgewendet werden könnte, und 5. die Schwangerschaft nicht durch andere zumutbare Mittel verhindert werden kann. Als schwerwiegende Gefahr für den seelischen Gesundheitszustand der Schwangeren gilt auch die Gefahr eines schweren und nachhaltigen Leides, das ihr drohen würde, weil betreuungsgerichtliche Maßnahmen, die mit ihrer Trennung vom Kind verbunden wären (§§ 1666, 1666a), gegen sie ergriffen werden müssten.
(2) Die Einwilligung bedarf der Genehmigung des Betreuungsgerichts. Die Sterilisation darf erst zwei Wochen nach Wirksamkeit der Genehmigung durchgeführt werden. Bei der Sterilisation ist stets der Methode der Vorzug zu geben, die eine Refertilisierung zulässt.	(2) Die Einwilligung bedarf der Genehmigung des Betreuungsgerichts. Die Sterilisation darf erst zwei Wochen nach Wirksamkeit der Genehmigung durchgeführt werden. Bei der Sterilisation ist stets der Methode der Vorzug zu geben, die eine Refertilisierung zulässt.
§ 1831 Freiheitsentziehende Unterbringung und freiheitsentziehende Maßnahmen (1) Eine Unterbringung des Betreuten durch den Betreuer, die mit Freiheitsentziehung verbunden ist, ist nur zulässig, solange sie erforderlich ist,[315] weil	**§ 1906 Genehmigung des Betreuungsgerichts bei freiheitsentziehender Unterbringung und bei freiheitsentziehenden Maßnahmen** (1) Eine Unterbringung des Betreuten durch den Betreuer, die mit Freiheitsentziehung verbunden ist, ist nur zulässig, solange sie zum Wohl des Betreuten erforderlich ist, weil

315 Bezugnahme auf das Wohl des Betreuten gestrichen, um Missverständnisse zu vermeiden – es geht nicht um das objektiv bestimmte Wohl des Betreuten, sondern um eine an seinen Wünschen und Bedürfnissen orientierte Lebensführung.

1. aufgrund einer psychischen Krankheit oder geistigen oder seelischen Behinderung des Betreuten die Gefahr besteht, dass er sich selbst tötet oder erheblichen gesundheitlichen Schaden zufügt, oder 2. zur Abwendung eines drohenden erheblichen gesundheitlichen Schadens eine Untersuchung des Gesundheitszustands, eine Heilbehandlung oder ein ärztlicher Eingriff notwendig ist, die Maßnahme ohne die Unterbringung des Betreuten nicht durchgeführt werden kann und der Betreute aufgrund einer psychischen Krankheit oder geistigen oder seelischen Behinderung die Notwendigkeit der Unterbringung nicht erkennen oder nicht nach dieser Einsicht handeln kann.	1. auf Grund einer psychischen Krankheit oder geistigen oder seelischen Behinderung des Betreuten die Gefahr besteht, dass er sich selbst tötet oder erheblichen gesundheitlichen Schaden zufügt, oder 2. zur Abwendung eines drohenden erheblichen gesundheitlichen Schadens eine Untersuchung des Gesundheitszustands, eine Heilbehandlung oder ein ärztlicher Eingriff notwendig ist, die Maßnahme ohne die Unterbringung des Betreuten nicht durchgeführt werden kann und der Betreute auf Grund einer psychischen Krankheit oder geistigen oder seelischen Behinderung die Notwendigkeit der Unterbringung nicht erkennen oder nicht nach dieser Einsicht handeln kann.
(2) Die Unterbringung ist nur mit Genehmigung des Betreuungsgerichts zulässig. Ohne die Genehmigung ist die Unterbringung nur zulässig, wenn mit dem Aufschub Gefahr verbunden ist; die Genehmigung ist unverzüglich nachzuholen.	(2) Die Unterbringung ist nur mit Genehmigung des Betreuungsgerichts zulässig. Ohne die Genehmigung ist die Unterbringung nur zulässig, wenn mit dem Aufschub Gefahr verbunden ist; die Genehmigung ist unverzüglich nachzuholen.
(3) Der Betreuer hat die Unterbringung zu beenden, wenn ihre Voraussetzungen weggefallen sind. Er hat die Beendigung der Unterbringung dem Betreuungsgericht unverzüglich anzuzeigen.	(3) Der Betreuer hat die Unterbringung zu beenden, wenn ihre Voraussetzungen weggefallen sind. Er hat die Beendigung der Unterbringung dem Betreuungsgericht unverzüglich anzuzeigen.
(4) Die Absätze 1 bis 3 gelten entsprechend, wenn dem Betreuten, der sich in einem Krankenhaus, einem Heim oder einer sonstigen Einrichtung aufhält, durch mechanische Vorrichtungen, Medikamente oder auf andere Weise über einen längeren Zeitraum oder regelmäßig die Freiheit entzogen werden soll.	(4) Die Absätze 1 bis 3 gelten entsprechend, wenn dem Betreuten, der sich in einem Krankenhaus, einem Heim oder einer sonstigen Einrichtung aufhält, durch mechanische Vorrichtungen, Medikamente oder auf andere Weise über einen längeren Zeitraum oder regelmäßig die Freiheit entzogen werden soll.
(5) Die Absätze 1 bis 4 gelten nach Maßgabe des § 1820 Absatz 2 Nummer 2 für einen Bevollmächtigten entsprechend.	(5) Die Unterbringung durch einen Bevollmächtigten und die Einwilligung eines Bevollmächtigten in Maßnahmen nach Absatz 4 setzen voraus, dass die Vollmacht schriftlich erteilt ist und die in den Absätzen 1 und 4 genannten Maßnahmen ausdrücklich umfasst.[316] Im Übrigen gelten die Absätze 1 bis 4 entsprechend.
§ 1832 Ärztliche Zwangsmaßnahmen (1) Widerspricht eine Untersuchung des Gesundheitszustands, eine Heilbehandlung oder ein ärztlicher Eingriff dem natürlichen Willen des Betreuten (ärztliche Zwangsmaßnahme), so kann der Betreuer in die ärztliche Zwangsmaßnahme nur einwilligen, wenn	**§ 1906a Genehmigung des Betreuungsgerichts bei ärztlichen Zwangsmaßnahmen** (1) Widerspricht eine Untersuchung des Gesundheitszustands, eine Heilbehandlung oder ein ärztlicher Eingriff dem natürlichen Willen des Betreuten (ärztliche Zwangsmaßnahme), so kann der Betreuer in die ärztliche Zwangsmaßnahme nur einwilligen, wenn 1. die ärztliche Zwangsmaßnahme zum Wohl des Betreuten notwendig ist, um einen drohenden erheblichen gesundheitlichen Schaden abzuwenden,

316 Jetzt in § 1820 Abs. 2 Nr. 2 BGB enthalten.

1. die ärztliche Zwangsmaßnahme notwendig[317] ist, um einen drohenden erheblichen gesundheitlichen Schaden vom Betreuten abzuwenden, 2. der Betreute aufgrund einer psychischen Krankheit oder einer geistigen oder seelischen Behinderung die Notwendigkeit der ärztlichen Maßnahme nicht erkennen oder nicht nach dieser Einsicht handeln kann, 3. die ärztliche Zwangsmaßnahme dem nach § 1827 zu beachtenden Willen des Betreuten entspricht, 4. zuvor ernsthaft, mit dem nötigen Zeitaufwand und ohne Ausübung unzulässigen Drucks versucht wurde, den Betreuten von der Notwendigkeit der ärztlichen Maßnahme zu überzeugen, 5. der drohende erhebliche gesundheitliche Schaden durch keine andere den Betreuten weniger belastende Maßnahme abgewendet werden kann, 6. der zu erwartende Nutzen der ärztlichen Zwangsmaßnahme die zu erwartenden Beeinträchtigungen deutlich überwiegt und 7. die ärztliche Zwangsmaßnahme im Rahmen eines stationären Aufenthalts in einem Krankenhaus, in dem die gebotene medizinische Versorgung des Betreuten einschließlich einer erforderlichen Nachbehandlung sichergestellt ist, durchgeführt wird. § 1867 ist nur anwendbar, wenn der Betreuer an der Erfüllung seiner Pflichten verhindert ist.	2. der Betreute auf Grund einer psychischen Krankheit oder einer geistigen oder seelischen Behinderung die Notwendigkeit der ärztlichen Maßnahme nicht erkennen oder nicht nach dieser Einsicht handeln kann, 3. die ärztliche Zwangsmaßnahme dem nach § 1901a zu beachtenden Willen des Betreuten entspricht, 4. zuvor ernsthaft, mit dem nötigen Zeitaufwand und ohne Ausübung unzulässigen Drucks versucht wurde, den Betreuten von der Notwendigkeit der ärztlichen Maßnahme zu überzeugen, 5. der drohende erhebliche gesundheitliche Schaden durch keine andere den Betreuten weniger belastende Maßnahme abgewendet werden kann, 6. der zu erwartende Nutzen der ärztlichen Zwangsmaßnahme die zu erwartenden Beeinträchtigungen deutlich überwiegt und 7. die ärztliche Zwangsmaßnahme im Rahmen eines stationären Aufenthalts in einem Krankenhaus, in dem die gebotene medizinische Versorgung des Betreuten einschließlich einer erforderlichen Nachbehandlung sichergestellt ist, durchgeführt wird. § 1846 ist nur anwendbar, wenn der Betreuer an der Erfüllung seiner Pflichten verhindert ist.
(2) Die Einwilligung in die ärztliche Zwangsmaßnahme bedarf der Genehmigung des Betreuungsgerichts.	(2) Die Einwilligung in die ärztliche Zwangsmaßnahme bedarf der Genehmigung des Betreuungsgerichts.
(3) Der Betreuer hat die Einwilligung in die ärztliche Zwangsmaßnahme zu widerrufen, wenn ihre Voraussetzungen weggefallen sind. Er hat den Widerruf dem Betreuungsgericht unverzüglich anzuzeigen.	(3) Der Betreuer hat die Einwilligung in die ärztliche Zwangsmaßnahme zu widerrufen, wenn ihre Voraussetzungen weggefallen sind. Er hat den Widerruf dem Betreuungsgericht unverzüglich anzuzeigen.
(4) Kommt eine ärztliche Zwangsmaßnahme in Betracht, so gilt für die Verbringung des Betreuten gegen seinen natürlichen Willen zu einem stationären Aufenthalt in ein Krankenhaus § 1831 Absatz 1 Nummer 2, Absatz 2 und 3 Satz 1 entsprechend.	(4) Kommt eine ärztliche Zwangsmaßnahme in Betracht, so gilt für die Verbringung des Betreuten gegen seinen natürlichen Willen zu einem stationären Aufenthalt in ein Krankenhaus § 1906 Absatz 1 Nummer 2, Absatz 2 und 3 Satz 1 entsprechend.
(5) Die Absätze 1 bis 4 gelten nach Maßgabe des § 1820 Absatz 2 Nummer 3 für einen Bevollmächtigten entsprechend.	(5) Die Einwilligung eines Bevollmächtigten in eine ärztliche Zwangsmaßnahme und die Einwilligung in eine Maßnahme nach Absatz 4 setzen voraus, dass die Vollmacht schriftlich erteilt ist und die Einwilligung in diese Maßnahmen

317 Bezugnahme auf das Wohl des Betreuten gestrichen, um Missverständnisse zu vermeiden – es geht nicht um das objektiv bestimmte Wohl des Betreuten, sondern um eine an seinen Wünschen und Bedürfnissen orientierte Lebensführung.

	ausdrücklich umfasst.[318] Im Übrigen gelten die Absätze 1 bis 3 entsprechend.
§ 1833 Aufgabe von Wohnraum des Betreuten	**§ 1907 Genehmigung des Betreuungsgerichts bei der Aufgabe der Mietwohnung**
(1) Eine Aufgabe[319] von Wohnraum,[320] der vom Betreuten selbst genutzt wird, durch den Betreuer[321] ist nur nach Maßgabe des § 1821 Absatz 2 bis 4[322] zulässig.[323] Eine Gefährdung im Sinne des § 1821 Absatz 3 Nummer 1 liegt insbesondere dann vor, wenn eine Finanzierung des Wohnraums trotz Ausschöpfung aller dem Betreuten zur Verfügung stehenden Ressourcen nicht möglich ist oder eine häusliche Versorgung trotz umfassender Zuhilfenahme aller ambulanten Dienste zu einer erheblichen gesundheitlichen Gefährdung des Betreuten führen würde.	(1) Zur Kündigung eines Mietverhältnisses über Wohnraum, den der Betreute gemietet hat, bedarf der Betreuer der Genehmigung des Betreuungsgerichts. Gleiches gilt für eine Willenserklärung, die auf die Aufhebung eines solchen Mietverhältnisses gerichtet ist.
(2) Beabsichtigt der Betreuer, vom Betreuten selbst genutzten Wohnraum aufzugeben, so hat er dies unter Angabe der Gründe und der Sichtweise des Betreuten dem Betreuungsgericht unverzüglich anzuzeigen. Ist mit einer Aufgabe des Wohnraums aus anderen Gründen zu rechnen, so hat der Betreuer auch dies sowie die von ihm beabsichtigten Maßnahmen dem Betreuungsgericht unverzüglich anzuzeigen, wenn sein Aufgabenkreis die entsprechende Angelegenheit umfasst.[324]	(2) Treten andere Umstände ein, auf Grund derer die Beendigung des Mietverhältnisses in Betracht kommt, so hat der Betreuer dies dem Betreuungsgericht unverzüglich mitzuteilen, wenn sein Aufgabenkreis das Mietverhältnis oder die Aufenthaltsbestimmung umfasst. Will der Betreuer Wohnraum des Betreuten auf andere Weise als durch Kündigung oder Aufhebung eines Mietverhältnisses aufgeben, so hat er dies gleichfalls unverzüglich mitzuteilen.
(3) Der Betreuer bedarf bei vom Betreuten selbst genutzten Wohnraum der Genehmigung des Betreuungsgerichts 1. zur Kündigung des Mietverhältnisses,[325] 2. zu einer Willenserklärung, die auf die Aufhebung des Mietverhältnisses gerichtet ist, 3. zur Vermietung solchen Wohnraums[326] und	(3) Zu einem Miet- oder Pachtvertrag oder zu einem anderen Vertrag, durch den der Betreute zu wiederkehrenden Leistungen verpflichtet wird, bedarf der Betreuer der Genehmigung des Betreuungsgerichts, wenn das Vertragsverhältnis länger als vier Jahre dauern[327] oder vom Betreuer Wohnraum vermietet werden soll.

318 Jetzt in § 1820 Abs. 2 Nr. 3 BGB enthalten.
319 Erfasst werden die Besitzaufgabe, die Verlagerung des tatsächlichen Lebensmittelpunktes, die Wohnungsauflösung, der Verlust der bisherigen Wohnung, die Unmöglichkeit der tatsächlichen Nutzung der bisherigen Wohnung und die Unmöglichkeit der dauerhaften Rückkehr in die eigene Wohnung.
320 Erfasst jetzt auch die Aufgabe von im Eigentum des Betreuten stehenden Wohnraums. Nicht erfasst sind Anlageobjekte, die vom Betreuten nicht bewohnt werden.
321 Nicht erfasst wird die Aufgabe des Wohnraums durch den Betreuten selbst. Soweit der Betreute durch eine eigene Entscheidung oder eigene Willenserklärung seinen bisher bewohnten Wohnraum selbst aufgibt, handelt es sich aber um eine wesentliche Änderung der persönlichen Verhältnisse des Betreuten, die der Betreuer gem. § 1864 Abs. 2 S. 1 BGB dem Betreuungsgericht unverzüglich mitzuteilen hat. Das Gericht kann dann Aufsichtsmaßnahmen ergreifen, wenn es ein Tätigwerden des Betreuers für geboten hält.
322 Solange die Aufgabe des Wohnraums dem Wunsch des Betreuten entspricht braucht auch keine Gefährdung vorzuliegen, der Betreuer muss den Betreuten vielmehr bei der Wunscherfüllung unterstützen. Das ergibt sich schon aus § 1821 Abs. 2 BGB. Auf eine Gefährdung kommt es nur dann an, wenn der Betreuer die Wohnung gegen oder ohne den geäußerten Wunsch des Betreuten aufgeben will.
323 Es geht allein um den Erhalt der Wohnung des Betreuten als räumlicher Mittelpunkt seines Lebens und seiner sozialen Bezüge. Zu den vermögenssorgerechtlichen Aspekten siehe § 1850 Nr. 1 BGB.
324 Beachte: Daneben stehen die Mitteilungspflichten des Betreuers nach § 1864 Abs. 2 BGB.
325 Bezieht sich nur auf die Kündigung eines Mietverhältnisses, nicht aber auf die Kündigung eines Heimplatzes.
326 Kann sowohl die Weitervermietung des gemieteten, selbst genutzten Wohnraums sowie die Vermietung des selbst genutzten Eigentums oder Wohnungseigentums des Betreuten betreffen.
327 Jetzt § 1853 S. 1 Nr. 1 BGB.

4. zur Verfügung über ein Grundstück oder über ein Recht an einem Grundstück, sofern dies mit der Aufgabe des Wohnraums verbunden ist. Die §§ 1855 bis 1858 gelten entsprechend.[328]	**§ 1821 Genehmigung für Geschäfte über Grundstücke, Schiffe oder Schiffsbauwerke**[329] (1) Der Vormund bedarf der Genehmigung des Familiengerichts: 1. zur Verfügung über ein Grundstück oder über ein Recht an einem Grundstück; 2.-5. ... (2) ...
§ 1834 Bestimmung des Umgangs und des Aufenthalts des Betreuten (1) Den Umgang des Betreuten mit anderen Personen darf der Betreuer[331] mit Wirkung für und gegen Dritte nur[332] bestimmen, wenn der Betreute dies wünscht oder ihm eine konkrete Gefährdung im Sinne des § 1821 Absatz 3 Nummer 1 droht.	**§ 1632 Herausgabe des Kindes; Bestimmung des Umgangs; Verbleibensanordnung bei Familienpflege**[330] (1) Die Personensorge umfasst das Recht, die Herausgabe des Kindes von jedem zu verlangen, der es den Eltern oder einem Elternteil widerrechtlich vorenthält.
(2) Die Bestimmung des Aufenthalts umfasst das Recht, den Aufenthalt des Betreuten auch mit Wirkung für und gegen Dritte zu bestimmen und, falls erforderlich, die Herausgabe des Betreuten zu verlangen.	(2) Die Personensorge umfasst ferner das Recht, den Umgang des Kindes auch mit Wirkung für und gegen Dritte zu bestimmen.
(3) Über Streitigkeiten, die eine Angelegenheit nach Absatz 1 oder 2 betreffen, entscheidet das Betreuungsgericht auf Antrag.	(3) Über Streitigkeiten, die eine Angelegenheit nach Absatz 1 oder 2 betreffen, entscheidet das Familiengericht auf Antrag eines Elternteils. (4) ...

Kapitel 3 Vermögensangelegenheiten

Einführung

Im dritten Kapitel des zweiten Untertitels über die Führung der Betreuung finden sich die Bestimmungen zu den Vermögensangelegenheiten in der Betreuung. Hier zeigt sich der Paradigmenwechsel im Vormundschafts- und Betreuungsrecht am deutlichsten: Weil die im dritten Kapitel angesprochenen Fragen bislang im Vormundschaftsrecht geregelt waren, enthielt das Betreuungsrecht für sie nur Verweisungen auf die Regelungen des Vormundschaftsrechts (v.a. in § 1908i BGB). Jetzt hat sich die Lage umgekehrt: Die Regelungen betreffend die Vermögensangelegenheiten sind im Betreuungsrecht in den §§ 1835–1860 BGB verortet, und im Vormundschaftsrecht wird nur noch verwiesen (§§ 1798–1801 BGB). 231

Das Kapitel hat sechs Unterkapitel: 232

- Allgemeine Vorschriften (betreffend das Vermögensverzeichnis, das Trennungsgebot und die Vermögensverwaltung durch den Betreuer bei Erbschaft und Schenkung, §§ 1835–1837 BGB),

328 Der Betreute ist vor einer gerichtlichen Genehmigung durch den hierfür zuständigen Rechtspfleger persönlich anzuhören (§ 299 S. 1 FamFG).

329 Anwendbar wegen der Verweisung in § 1908i Abs. 1 S. 1 BGB.

330 Anwendbar wegen der Verweisung in § 1908i Abs. 1 S. 1 BGB.

331 Beachte: Der Betreuer darf nur dann Umgangsbestimmungen treffen, wenn ihm dies als Aufgabenbereich ausdrücklich zugewiesen worden ist (§ 1815 Abs. 2 Nr. 4 BGB). Die Anordnung allgemeinerer Aufgabenbereiche, wie etwa Aufenthaltsbestimmung oder Personensorge, reicht nicht aus.

332 Einschränkung gegenüber dem bisherigen Rechtszustand: Eine Umgangsbestimmung ist nur dann zulässig, wenn der Betreute dies selbst wünscht oder ihm eine konkrete Gefahr im Sinne des § 1821 Abs. 3 BGB droht. Der Umgang des Betreuten darf daher nur eingeschränkt werden, wenn andernfalls seine Person oder sein Vermögen erheblich gefährdet würde und der Betreute diese Gefahr aufgrund seiner Erkrankung oder Behinderung nicht erkennen oder nicht nach dieser Einsicht handeln kann.

- Vorschriften über die Verwaltung von Geld, Wertpapieren und Wertgegenständen (§§ 1838–1845 BGB),
- eine Regelung über Anzeigepflichten des Betreuers (§§ 1846–1847 BGB),
- Bestimmungen über genehmigungspflichtige Rechtsgeschäfte (§§ 1848–1854 BGB),
- Regelungen über die Genehmigungserklärung (§§ 1855–1858 BGB) und
- Vorschriften über die Befreiung des Betreuers (§§ 1859–1860 BGB).

Die Anmerkungen zu den Änderungen des materiellen Rechts finden sich in den Einführungen zu den Unterkapiteln.

Unterkapitel 1 Allgemeine Vorschriften

Einführung

233 Das erste Unterkapitel beinhaltet drei Regelungen mit allgemeinen Vorschriften im Zusammenhang mit den Vermögensangelegenheiten des Betreuten:

- § 1835 BGB über das Vermögensverzeichnis,
- § 1836 BGB mit dem Trennungsgebot und dem an den Betreuer gerichteten Verbot, Geld des Betreuten für sich zu verwenden und
- § 1837 BGB mit den Regeln über die Verwaltung von Vermögen, das der Betreute unentgeltlich oder von Todes wegen erwirbt.

I. Vermögensverzeichnis

234 Das **Vermögensverzeichnis** nach § 1835 BGB bildet die Grundlage für die Aufsicht des Betreuungsgerichts über die Führung der Vermögenssorge durch den Betreuer. Insofern wurde die Rechtslage an die für Eltern geltenden Regeln angepasst (vgl. § 1640 Abs. 1 S. 1 BGB), indem klargestellt wurde, dass das Vermögensverzeichnis nur das der Verwaltung durch den Betreuer unterliegende Vermögen erfassen muss. Neu ist, dass das Vermögensverzeichnis auch Angaben zu regelmäßigen Einnahmen und Ausgaben des Betreuten enthalten soll (§ 1835 Abs. 1 S. 2 BGB).

235 Der Stichtag für die Aufnahme des Vermögensverzeichnisses wurde auf den Zeitpunkt der Bestellung des Betreuers festgelegt (§ 1835 Abs. 1 S. 1 BGB).[333] Maßgeblich ist nicht der Erlass des Bestellungsbeschlusses, sondern der Zeitpunkt seiner Wirksamkeit gem. § 287 Abs. 1 und 2 FamFG. Dies ist gemäß § 287 Abs. 1 FamFG der Zeitpunkt der Bekanntgabe an den Betreuer, der Zeitpunkt der mündlichen Bekanntgabe oder der Zustellung des Beschlusses an den Betreuer, sofern nicht ausnahmsweise nach § 287 Abs. 2 FamFG die sofortige Wirksamkeit des Beschlusses angeordnet ist.

236 Anders als bisher hat der Betreuer seine Angaben im Vermögensverzeichnis durch die Einreichung von Belegen nachzuweisen, um dem Gericht eine Überprüfung seiner Angaben zu ermöglichen (§ 1835 Abs. 2 BGB).

237 Die Regeln über die Hinzuziehung von Dritten bei der Erstellung des Vermögensverzeichnisses werden künftig anhand der Zielrichtung differenziert: Soweit es um die ordnungsgemäße Erstellung des Vermögensverzeichnisses geht, wird die Hinzuziehung von sachkundigen Dritten durch den Betreuer geregelt (§ 1835 Abs. 3 BGB). Geht es hingegen um die Hinzuziehung von Zeugen zur Vermeidung von Missbrauch bei der Erstellung des Vermögensverzeichnisses, kann das Betreuungsgericht eine von ihm zu benennende dritte Person bei der Erstellung des Vermögensverzeichnisses, insbesondere bei der Inaugenscheinnahme von Vermögensgegenständen, hinzuziehen (§ 1835 Abs. 4 BGB). Diese Lösung soll erreichen, dass die Entscheidung über die Hinzuziehung von Zeugen, und hier insbesondere auch über die konkret hinzuzuziehende Person, zur möglichst effektiven Abwehr von Missbrauchsgefahren beim Gericht liegen sollte.

238 Schließlich wird in § 1835 Abs. 6 BGB präzisiert, dass dem Betreuten das von dem Betreuer erstellte Vermögensverzeichnis bekannt zu geben ist. Der Betreute soll in die Lage versetzt werden nachzuvollziehen, welche Angaben zu den Vermögensgegenständen sein Betreuer dem Gericht gegenüber macht. Eine Ausnahme von dieser Pflicht ist nur für den Fall vorgesehen, dass hiervon erhebliche Nachteile für die Gesundheit des Betreuten zu besorgen sind oder der Betreute offensichtlich nicht in der Lage ist, das Verzeichnis zur Kenntnis zu nehmen.

II. Trennungsgebot

239 § 1836 BGB mit dem **Trennungsgebot** und dem an den Betreuer gerichteten Verbot, Geld des Betreuten für sich zu verwenden, entspricht den Grundgedanken des bisherigen Rechts in konkretisierter

333 Andere Lage als im Vormundschaftsrecht (vgl. § 1798 Abs. 2 S. 2 BGB).

und modifizierter Form. In § 1836 Abs. 1 BGB wird zunächst klargestellt, dass der Betreuer das Vermögen des Betreuten strikt von seinem eigenen Vermögen zu trennen hat. § 1836 Abs. 1 S. 2 BGB sieht aber eine Ausnahme vom Trennungsgebot für das bei Bestellung des Betreuers bestehende sowie für das während der Betreuung hinzukommende gemeinschaftliche Vermögen des Betreuten und des Betreuers vor, um dem oftmals bestehenden Bedürfnis des Betreuten und seines Betreuers Rechnung zu tragen, ein bestehendes gemeinschaftliches Vermögen nicht auflösen bzw. während der Betreuung hinzukommendes gemeinschaftliches Vermögen nicht trennen zu müssen. Dieses gemeinschaftliche Vermögen (zB ein gemeinsames Depot, Gemeinschaftskonto) darf weiterbestehen bleiben, wenn und soweit das Betreuungsgericht nichts anderes anordnet.

§ 1836 Abs. 2 klärt die bislang umstrittene Frage, ob und inwieweit von dem Verwendungsverbot auch die entgeltliche Inanspruchnahme des Vermögens des Betreuten erfasst ist (zB Nutzung von Geld des Betreuten in Form eines verzinslichen Darlehens). Es ist dem beruflichen Betreuer nunmehr ausnahmslos verboten, Vermögen des Betreuten für sich zu verwenden. Für den Fall der ehrenamtlichen Betreuung ist dagegen zur Stärkung des Selbstbestimmungsrechts des Betreuten eine Ausnahme von dem Verwendungsverbot vorgesehen, wenn der Betreuer und der Betreute über die Verwendung eine Vereinbarung getroffen haben. Es werden v.a. solche Vereinbarungen erfasst, die stillschweigend vor der Bestellung zum Betreuer getroffen worden sind, insbesondere zur Nutzung gemeinsamer Vermögensgegenstände. Soweit das Betreuungsgericht, dem diese Vereinbarung anzuzeigen und bei Bedarf darzulegen und zu erläutern ist, Anhaltspunkte für eine missbräuchliche Behauptung oder Verwendung vermutet oder es zu Streitigkeiten zwischen Angehörigen kommt, kann es die üblichen Aufsichtsmaßnahmen ergreifen. 240

Der Betreuer, der mit dem Betreuten einen gemeinsamen Haushalt führt oder geführt hat, kann Haushaltsgegenstände (§ 1361a BGB) sowie das Geld, das für die laufenden Ausgaben benötigt wird (Verfügungsgeld, § 1839 BGB), auch nach seiner Bestellung zum Betreuer verwenden, sofern die weitere Verwendung dem Wunsch oder mutmaßlichen Willen des Betreuten entspricht. 241

III. Verwaltung von unentgeltlich oder von Todes wegen erworbenen Vermögens

§ 1837 BGB mit den Regeln über die **Verwaltung von Vermögen, das der Betreute unentgeltlich oder von Todes wegen erwirbt,** wurde ebenfalls sprachlich neu gefasst und präzisiert. Es wird nunmehr ausdrücklich der Fall der Anordnung einbezogen, die im Zusammenhang mit einer unentgeltlichen Zuwendung auf den Todesfall vom Zuwendenden getroffen wurde. 242

§ 1837 Abs. 2 BGB regelt, unter welchen Umständen von den Anordnungen des Erblassers oder des Zuwendenden abgewichen werden kann. Das Betreuungsgericht kann nach § 1837 Abs. 2 S. 1 BGB die Anordnungen des Erblassers oder des Zuwendenden aufheben, wenn ihre Befolgung das Vermögen des Betreuten erheblich gefährden würde. Lebt der Zuwendende noch, so ist aber seine Zustimmung zu einer Abweichung von seiner Anordnung erforderlich und genügend. Stimmt er zu, kann der Betreuer also ohne Aufhebung durch das Gericht von der Anordnung abweichen. Eine Gefährdung des Vermögens des Betreuten ist ebenfalls nicht erforderlich. Lehnt der Zuwendende eine Änderung ab, ist dies bindend. Die Zustimmung kann nach § 1837 Abs. 2 S. 3 BGB durch Entscheidung des Betreuungsgerichts nur dann ersetzt werden, wenn der Zuwendende zur Abgabe einer Erklärung dauerhaft außerstande ist oder sein Aufenthalt dauerhaft unbekannt ist und wenn durch die Befolgung der Anordnungen das Vermögen des Betreuten erheblich gefährdet würde. 243

Anders als nach bisherigem Recht ist auch die Ersetzung der Zustimmung ebenso wie die in § 1837 Abs. 2 S. 1 BGB geregelte Aufhebung der Anordnung durch das Betreuungsgericht nur bei einer Vermögensgefährdung möglich. 244

BGB nF	BGB aF
§ 1835 Vermögensverzeichnis (1) Soweit die Verwaltung des Vermögens[335] des Betreuten zum Aufgabenkreis des Betreuers	**§ 1802 Vermögensverzeichnis**[334] (1) Der Vormund hat das Vermögen, das bei der Anordnung der Vormundschaft vorhanden ist oder später dem Mündel zufällt, zu verzeichnen und das Verzeichnis, nachdem er es mit der Ver-

334 Anwendbar auf den Betreuer nach § 1908i Abs. 1 S. 1 BGB aF.

335 Umfassender Vermögensbegriff. Bei Sachen von geringem Wert sind Zusammenfassungen zulässig (zB Hausrat). Sachvermögen von erheblichem Wert ist dagegen detailliert darzustellen. Bewertungen sind nicht erforderlich.

gehört,[336] hat er zum Zeitpunkt seiner Bestellung[337] ein Verzeichnis über das Vermögen des Betreuten zu erstellen und dieses dem Betreuungsgericht mit der Versicherung der Richtigkeit und Vollständigkeit einzureichen.[338] Das Vermögensverzeichnis soll auch Angaben zu den regelmäßigen Einnahmen und Ausgaben des Betreuten enthalten. Der Betreuer hat das Vermögensverzeichnis um dasjenige Vermögen zu ergänzen, das der Betreute später hinzuerwirbt. Mehrere Betreuer haben das Vermögensverzeichnis gemeinsam zu erstellen, soweit sie das Vermögen gemeinsam verwalten.	sicherung der Richtigkeit und Vollständigkeit versehen hat, dem Familiengericht einzureichen. Ist ein Gegenvormund vorhanden, so hat ihn der Vormund bei der Aufnahme des Verzeichnisses zuzuziehen; das Verzeichnis ist auch von dem Gegenvormund mit der Versicherung der Richtigkeit und Vollständigkeit zu versehen.
(2) Der Betreuer hat seine Angaben im Vermögensverzeichnis in geeigneter Weise zu belegen.[339]	
(3) Soweit es für die ordnungsgemäße Erstellung des Vermögensverzeichnisses erforderlich und mit Rücksicht auf das Vermögen des Betreuten angemessen ist, kann der Betreuer die zuständige Betreuungsbehörde, einen zuständigen Beamten,[340] einen Notar oder einen Sachverständigen zur Erstellung des Verzeichnisses hinzuziehen.	(2) Der Vormund kann sich bei der Aufnahme des Verzeichnisses der Hilfe eines Beamten, eines Notars oder eines anderen Sachverständigen bedienen.
(4) Bestehen nach den Umständen des Einzelfalls konkrete Anhaltspunkte dafür, dass die Kontrolle der Richtigkeit und Vollständigkeit des Vermögensverzeichnisses durch eine dritte Person zum Schutz des Vermögens des Betreuten oder zur Vermeidung von Rechtsstreitigkeiten erforderlich ist, kann das Betreuungsgericht eine dritte Person[341] als Zeuge bei der Erstellung des Vermögensverzeichnisses, insbesondere bei einer Inaugenscheinnahme von Vermögensgegenständen, hinzuziehen. Für die Erstattung der Aufwendungen der dritten Person sind die Vorschriften über die Entschädigung von Zeugen nach dem Justizvergütungs- und -entschä-	

336 Der Betreuer muss nur dann ein Vermögensverzeichnis erstellen, wenn ihm Vermögensangelegenheiten als Aufgabenbereich zugewiesen wurden. Vermögen muss nur insoweit verzeichnet werden, als der Aufgabenkreis des Betreuers dessen Verwaltung umfasst. Soweit der Betreuer Kenntnis von Vermögen des Betreuten hat, das nicht seiner Verwaltung unterliegt, sondern von einem Dritten verwaltet wird (zB einem Testamentsvollstrecker), hat er dieses nicht zu verzeichnen.

337 Maßgeblich ist nicht der Erlass des Bestellungsbeschlusses, sondern der Zeitpunkt seiner Wirksamkeit gem. § 287 Abs. 1 und 2 FamFG. Dies ist gemäß § 287 Abs. 1 FamFG der Zeitpunkt der Bekanntgabe an den Betreuer, der Zeitpunkt der mündlichen Bekanntgabe oder der Zustellung des Beschlusses an den Betreuer, sofern nicht ausnahmsweise nach § 287 Abs. 2 FamFG die sofortige Wirksamkeit des Beschlusses angeordnet ist.

338 Das Vermögensverzeichnis dem Anfangsbericht beizufügen, der dem Betreuungsgericht nach § 1863 Abs. 1 S. 4 BGB innerhalb von drei Monaten übersandt werden soll (§ 1863 Abs. 1 S. 3 BGB).

339 Änderung der Rechtslage.

340 Gem. § 1 BtOG bestimmt sich nach Landesrecht, welche Behörde auf örtlicher Ebene in Betreuungsangelegenheiten zuständig ist. Daneben kann das Landesrecht weitere Behörden für die Aufnahme eines Vermögensverzeichnisses im privaten Auftrag vorsehen. Beamte iSd § 1835 Abs. 3 BGB sind daher auch die Personen, die aufgrund landesrechtlicher Bestimmungen iSd § 66 Abs. 1 Nr. 2 BeurkG hierzu ernannt sind. Das sin idR die Gerichtsvollzieher.

341 In Betracht kommen v.a. die in § 1835 Abs. 3 BGB genannten Personen, aber auch Dritte als Zeugen ohne weitere spezifische Fachkenntnisse.

digungsgesetz anzuwenden. Der Betreuer hat der dritten Person die Wahrnehmung ihrer Aufgaben zu ermöglichen. Die dritte Person hat dem Betreuungsgericht über die Erstellung des Vermögensverzeichnisses und insbesondere das Ergebnis der Inaugenscheinnahme zu berichten.	
(5) Ist das eingereichte Vermögensverzeichnis ungenügend, so kann das Betreuungsgericht anordnen, dass das Vermögensverzeichnis durch die zuständige Betreuungsbehörde oder einen Notar aufgenommen wird.	(3) Ist das eingereichte Verzeichnis ungenügend, so kann das Familiengericht anordnen, dass das Verzeichnis durch eine zuständige Behörde oder durch einen zuständigen Beamten oder Notar aufgenommen wird.
(6) Das Betreuungsgericht hat das Vermögensverzeichnis dem Betreuten zur Kenntnis zu geben, es sei denn, dadurch sind erhebliche Nachteile für dessen Gesundheit zu besorgen oder er ist offensichtlich nicht in der Lage, das Vermögensverzeichnis zur Kenntnis zu nehmen.	
§ 1836 Trennungsgebot, Verwendung des Vermögens für den Betreuer (1) Der Betreuer hat das Vermögen des Betreuten getrennt von seinem eigenen Vermögen zu halten.[343] Dies gilt nicht für das bei Bestellung des Betreuers bestehende und das während der Betreuung hinzukommende gemeinschaftliche Vermögen des Betreuers und des Betreuten,[344] wenn das Betreuungsgericht nichts anderes anordnet.	**§ 1805 Verwendung für den Vormund**[342] Der Vormund darf Vermögen des Mündels weder für sich noch für den Gegenvormund verwenden. Ist das Jugendamt Vormund oder Gegenvormund, so ist die Anlegung von Mündelgeld gemäß § 1807 auch bei der Körperschaft zulässig, bei der das Jugendamt errichtet ist.[345]
(2) Der Betreuer darf das Vermögen des Betreuten nicht für sich verwenden. Dies gilt nicht, wenn die Betreuung ehrenamtlich geführt wird und zwischen dem Betreuten und dem Betreuer eine Vereinbarung über die Verwendung getroffen wurde.[346] Verwendungen nach Satz 2 sind unter Darlegung der Vereinbarung dem Betreuungsgericht anzuzeigen.	
(3) Absatz 2 Satz 1 gilt nicht für Haushaltsgegenstände[347] und das Verfügungsgeld im Sinne des § 1839,[348] wenn der Betreuer mit dem Betreuten einen gemeinsamen Haushalt führt oder geführt hat und die Verwendung dem Wunsch oder mutmaßlichen Willen des Betreuten entspricht.	

342 Anwendbar auf den Betreuer nach § 1908i Abs. 1 S. 1 BGB.
343 Präzisierung der bisherigen Rechtslage, wo aus dem Verwendungsverbot ein Trennungsgebot abgeleitet wurde.
344 Die Regelung ist nicht auf Eheleute beschränkt.
345 Wegen fehlender praktischer Relevanz im BGB gestrichen; für das Jugendamt s. aber § 56 Abs. 3 S. 2 SGB VIII.
346 Präzisierung wegen der bislang unklaren Rechtslage.
347 Wie in § 1361a BGB.
348 Für laufende Ausgaben.

§ 1837 Vermögensverwaltung durch den Betreuer bei Erbschaft und Schenkung	§ 1803 Vermögensverwaltung bei Erbschaft oder Schenkung[349]
(1) Der Betreuer hat das Vermögen des Betreuten, das dieser von Todes wegen erwirbt, das ihm unentgeltlich durch Zuwendung auf den Todesfall[350] oder unter Lebenden von einem Dritten zugewendet wird, nach den Anordnungen des Erblassers oder des Zuwendenden, soweit diese sich an den Betreuer richten, zu verwalten, wenn die Anordnungen von dem Erblasser durch letztwillige Verfügung oder von dem Dritten bei der Zuwendung getroffen worden sind.	(1) Was der Mündel von Todes wegen erwirbt oder was ihm unter Lebenden von einem Dritten unentgeltlich zugewendet wird, hat der Vormund nach den Anordnungen des Erblassers oder des Dritten zu verwalten, wenn die Anordnungen von dem Erblasser durch letztwillige Verfügung, von dem Dritten bei der Zuwendung getroffen worden sind.
(2) Das Betreuungsgericht kann die Anordnungen des Erblassers oder des Zuwendenden aufheben, wenn ihre Befolgung das Vermögen des Betreuten erheblich gefährden würde. Solange der Zuwendende lebt, ist zu einer Abweichung von den Anordnungen seine Zustimmung erforderlich und genügend. Ist er zur Abgabe einer Erklärung dauerhaft außerstande oder ist sein Aufenthalt dauerhaft unbekannt, so kann das Betreuungsgericht unter Beachtung der Voraussetzungen von Satz 1 die Zustimmung ersetzen.	(2) Der Vormund darf mit Genehmigung des Familiengerichts von den Anordnungen abweichen, wenn ihre Befolgung das Interesse des Mündels gefährden würde. (3) Zu einer Abweichung von den Anordnungen, die ein Dritter bei einer Zuwendung unter Lebenden getroffen hat, ist, solange er lebt, seine Zustimmung erforderlich und genügend. Die Zustimmung des Dritten kann durch das Familiengericht ersetzt werden, wenn der Dritte zur Abgabe einer Erklärung dauernd außerstande oder sein Aufenthalt dauernd unbekannt ist.

Unterkapitel 2 Verwaltung von Geld, Wertpapieren und Wertgegenständen

Einführung

245 Das zweite Unterkapitel (§§ 1838–1845 BGB) betrifft die Verwaltung von Geld, Wertpapieren und Wertgegenständen. Die Normen behandeln:

- die Pflichten des Betreuers in Vermögensangelegenheiten (§ 1838 BGB),
- die Bereithaltung von Verfügungsgeld (§ 1839 BGB),
- den bargeldlosen Zahlungsverkehr (§ 1840 BGB),
- die Anlagepflicht (§ 1841 BGB),
- die Voraussetzungen für das Kreditinstitut (§ 1842 BGB),
- die Depotverwahrung und Hinterlegung von Wertpapieren (§ 1843 BGB),
- die Hinterlegung von Wertgegenständen auf Anordnung des Betreuungsgerichts (§ 1844 BGB) und
- die Sperrvereinbarung (§ 1845 BGB).

I. Wahrnehmung der Vermögensangelegenheiten nach dem mutmaßlichen Willen des Betreuten

246 **§ 1838 BGB**, der bislang kein Vorbild hatte, transportiert die **Wertungen des § 1821 BGB** auch in das Recht der Vermögenssorge. Daraus folgt, dass sich der Betreuer grds. selbst dann nicht über die Wünsche des Betreuten hinwegsetzen darf, wenn deren Realisierung dem objektiven Wohl des Betreuten zuwiderläuft. Von den Wünschen darf nur dann abgewichen werden, wenn sie nicht einem frei gebildeten Willen entsprechen, und zwar nur nach den Vorgaben des § 1821 Abs. 3 BGB. In diesem Fall ist dann der individuelle mutmaßliche Wille festzustellen und maßgeblich. Der Erhalt des Vermögens oder eine Verwaltung nach objektiv sinnvollen wirtschaftlichen Gesichtspunkten ist für den Betreuer nur dann handlungsleitend, wenn dies auch das Bestreben des Betreuten war und auch weiterhin seinen Wünschen oder hilfsweise seinem mutmaßlichen Willen entspricht. Ansonsten ist das Vermögen nach seinen Wünschen oder nach seinem mutmaßlichen Willen zu verwalten und entsprechend anzulegen oder auch auszugeben. Ohne hinreichenden konkreten Anhaltspunkte für die Ermittlung des mutmaßlichen Willens gelten die Vorschriften der §§ 1839 ff. BGB hilfsweise als Auf-

349 Anwendbar auf den Betreuer nach § 1908i Abs. 1 S. 1 BGB.
350 Neu eingeführt.

fangnormen, wenn dem Betreuer eine Entscheidung nach § 1821 Abs. 2 bis 4 BGB-E nicht möglich ist (§ 1838 Abs. 1 S. 2 BGB).

II. Verfügungs- und Anlagegeld

Bisher enthielt § 1806 BGB aF sowohl die Regelung zum sogenannten **„Verfügungsgeld“** (das zur Bestreitung von Ausgaben bereitzuhalten ist) als auch zum sogenannten **„Anlagegeld“** (nicht benötigtes, verzinslich anzulegendes Geld). Künftig werden die Vorschriften zum Verfügungs- und zum Anlagegeld im Gesetz voneinander getrennt (Verfügungsgeld: § 1839 BGB, Anlagegeld: § 1841 BGB). Die Regelungen wurden modernisiert durch die Verbindlichmachung des bargeldlosen Zahlungsverkehrs (§ 1840 BGB) und die Abschaffung des Katalogs der mündelsicheren Anlagen (§ 1807 BGB aF, vgl. § 1842 BGB nF). 247

III. Wertpapiere

Mit dem neuen Betreuungsrecht sind die Pflichten des Betreuers hinsichtlich der **Wertpapiere** und den diesen nach § 1 Abs. 1 DepotG gleichgestellten sonstigen Anlagen des Betreuten an die wirtschaftliche Realität angepasst und die depotrechtliche Verwahrung in das Zentrum der möglichen Verwaltung von Wertpapiervermögen des Betreuten gestellt worden. Es wird für die Verwahr- und Hinterlegungspflichten des Betreuers nicht mehr an die Eigenschaft des Wertpapiers als Inhaberpapier angeknüpft. Vielmehr soll für alle Wertpapiere, die nach § 1 Abs. 1 DepotG depotfähig sind, die Pflicht zur Depotverwahrung eingeführt werden. Für nicht depotfähige Wertpapiere besteht ungeachtet ihrer wertpapierrechtlichen Einordnung die Pflicht zur Hinterlegung bei einem Kreditinstitut (Verwahrung gemäß § 688 BGB). Das bedeutet im Verhältnis zum bisherigen Recht eine Verschärfung, weil bislang nur Inhaberpapiere hinterlegungspflichtig waren, andere Wertpapiere dagegen nur auf Anordnung des Gerichts (§ 1818 BGB aF). 248

Der Betreuer hat sich bei der Wertpapierverwaltung in erster Linie von den Wünschen des Betreuten, hilfsweise von dem Wert der Papiere, ihrer Funktion für den Unterhalt des Betreuten und den zu erwartenden Kosten einer Depotverwahrung oder Hinterlegung in einem Schließfach leiten zu lassen. Für die Ausnahme von der Hinterlegungspflicht (§ 1843 Abs. 3 BGB) ist weiter der Umstand maßgeblich, wie die fraglichen Papiere anderweitig so aufbewahrt werden können, dass sie gegen zufälligen Verlust gesichert sind. Für die Aufsicht des Gerichts ist – neben der Art der Wertpapiere – insbesondere die zu erwartende Zuverlässigkeit des Betreuers maßgeblich. Der Betreuer hat dem Gericht anzuzeigen, wenn er eine Umschreibung oder Umwandlung von Wertpapieren vornimmt und eine Depotverwahrung oder Hinterlegung unterlässt und Angaben zu den Gründen hierfür sowie zu der anderweitigen Aufbewahrung zu machen (§ 1846 Abs. 1 Nr. 4, Abs. 2 Nr. 4 BGB). 249

IV. Sperrvermerk

§ 1845 BGB überträgt die Regelungen zum **Sperrvermerk** in ihrer unterschiedlichen Ausgestaltung gemäß §§ 1809, 1814, 1815 Abs. 1, 1816 BGB in das neue System und fasst sie in einer Norm zusammen. Zugleich wird künftig auf die vom Betreuer mit dem Verwahrer oder Hinterleger zu treffende Sperrvereinbarung abgestellt. Die bisherige Regelung in § 1815 Abs. 1 S. 2 BGB (Umwandlung von Einzelschuldbuchforderungen gegen den Bund oder das Land) wurde mangels erkennbarer Relevanz ersatzlos gestrichen. 250

BGB nF	BGB aF
§ 1838 Pflichten des Betreuers in Vermögensangelegenheiten (1) Der Betreuer hat die Vermögensangelegenheiten des Betreuten nach Maßgabe des § 1821 wahrzunehmen.[351] Es wird vermutet, dass eine Wahrnehmung der Vermögensangelegenheiten nach den §§ 1839 bis 1843[352] dem mutmaßlichen Willen des Betreuten nach § 1821 Absatz 4 entspricht, wenn keine hinreichenden konkre-	

351 Vorrang der Wünsche des Betreuten, Nachrang der Vertretung des Betreuten.

352 Die Begrenzung auf die §§ 1839 bis 1843 BGB begründet sich dadurch, dass sich nur diese Vorschriften unmittelbar auf die Vermögensverwaltung durch den Betreuer beziehen.

ten Anhaltspunkte für einen hiervon abweichenden mutmaßlichen Willen bestehen.	
(2) Soweit die nach Absatz 1 Satz 1 gebotene Wahrnehmung der Vermögensangelegenheiten von den in den §§ 1839 bis 1843 festgelegten Grundsätzen abweicht, hat der Betreuer dies dem Betreuungsgericht unverzüglich unter Darlegung der Wünsche des Betreuten anzuzeigen. Das Betreuungsgericht kann die Anwendung der §§ 1839 bis 1843 oder einzelner Vorschriften ausdrücklich anordnen, wenn andernfalls eine Gefährdung im Sinne des § 1821 Absatz 3 Nummer 1 zu besorgen wäre.[353]	
§ 1839 Bereithaltung von Verfügungsgeld (1) Geld des Betreuten, das der Betreuer für dessen Ausgaben benötigt (Verfügungsgeld), hat er auf einem Girokonto des Betreuten[355] bei einem Kreditinstitut[356] bereitzuhalten. Ausgenommen ist Bargeld im Sinne von § 1840 Absatz 2.	**§ 1806 Anlegung von Mündelgeld[354]** Der Vormund hat das zum Vermögen des Mündels gehörende Geld verzinslich anzulegen, soweit es nicht zur Bestreitung von Ausgaben bereitzuhalten ist.
(2) Absatz 1 steht einer Bereithaltung von Verfügungsgeld auf einem gesonderten zur verzinslichen Anlage geeigneten Konto des Betreuten im Sinne von § 1841 Absatz 2 nicht entgegen.[357]	
§ 1840 Bargeldloser Zahlungsverkehr (1) Der Betreuer hat den Zahlungsverkehr für den Betreuten bargeldlos unter Verwendung des gemäß § 1839 Absatz 1 Satz 1 zu unterhaltenden Girokontos[358] durchzuführen.	 *Bisher keine explizite Regelung.*
(2) Von Absatz 1 sind ausgenommen 1. im Geschäftsverkehr übliche Barzahlungen[359] und 2. Auszahlungen an den Betreuten.[360]	

353 Prüfungsmaßstab: § 1821 BGB. Das Gericht muss prüfen, ob der von dem Betreuer angegebene Wunsch des Betreuten, im Rahmen der Vermögensverwaltung von den §§ 1839–1843 BGB abzuweichen, tatsächlich besteht, ob er ohne unangemessene Einflussnahme zustande gekommen ist und ob der Betreute das hierin liegende Risiko erkennen kann. Ist das nicht der Fall, hat das Gericht den mutmaßlichen Willen des Betreuten zu ermitteln und jedenfalls dann, wenn es keine Anhaltspunkte dafür hat, dass der Betreute mutmaßlich ein Abweichen von einer Vermögensverwaltung nach §§ 1839–1843 BGB wünscht, deren Anwendung anzuordnen.

354 Anwendbar auf den Betreuer nach § 1908i Abs. 1 S. 1 BGB.

355 Kein Anderkonto des Betreuers! Der Betreuer muss die Eröffnung eines Girokontos für den Betreuten dem Betreuungsgericht anzeigen und das Anfangsguthaben mitteilen, ebenso die Anlage von Verfügungsgeld auf einem Anlagekonto (§ 1846 Abs. 1 Nr. 1 und Nr. 2, Abs. 2 Nr. 1 und 2 BGB).

356 Beachte § 1842 BGB in Bezug auf die Anforderungen an das Kreditinstitut. Eine Kreditkarte darf dem Betreuer für das Konto nicht ausgestellt werden, es sei denn das Betreuungsgericht hat die Ausstellung einer Kreditkarte nach § 1854 Nr. 2 BGB ausdrücklich genehmigt. Zulässig ist die Ausstellung einer auf das Guthaben begrenzten Girocard. Das Konto kann online – auch bei einer Direktbank – geführt werden.

357 Gedacht ist an Tagesgeldkonten, Sparkonten und Ähnliches. Ein Sperrvermerk ist für diese Konten nicht erforderlich (§ 1845 Abs. 1 S. 2 BGB).

358 Nicht: PayPal, google pay, applepay usw. Ebenso verboten sind Zahlungen mit Bitcoin oder anderen Kryptowährungen.

359 Friseur, Fußpflege, Massage usw.

360 Gebotene Überlassung von Bargeld zur Förderung der Selbständigkeit des Betreuten.

§ 1841 Anlagepflicht (1) Geld des Betreuten, das nicht für Ausgaben nach § 1839 benötigt wird, hat der Betreuer anzulegen (Anlagegeld).	**§ 1806 Anlegung von Mündelgeld**[361] Der Vormund hat das zum Vermögen des Mündels gehörende Geld verzinslich anzulegen, soweit es nicht zur Bestreitung von Ausgaben bereitzuhalten ist.
(2) Der Betreuer soll das Anlagegeld auf einem zur verzinslichen Anlage geeigneten Konto des Betreuten bei einem Kreditinstitut (Anlagekonto) anlegen.[362]	
§ 1842 Voraussetzungen für das Kreditinstitut Das Kreditinstitut muss bei Anlagen nach den §§ 1839 und 1841 Absatz 2 einer für die jeweilige Anlage ausreichenden Sicherungseinrichtung angehören.	**§ 1807 Art der Anlegung**[363] (1) Die im § 1806 vorgeschriebene Anlegung von Mündelgeld soll nur erfolgen: 1. in Forderungen, für die eine sichere Hypothek an einem inländischen Grundstück besteht, oder in sicheren Grundschulden oder Rentenschulden an inländischen Grundstücken; 2. in verbrieften Forderungen gegen den Bund oder ein Land sowie in Forderungen, die in das Bundesschuldbuch oder Landesschuldbuch eines Landes eingetragen sind; 3. in verbrieften Forderungen, deren Verzinsung vom Bund oder einem Land gewährleistet ist; 4. in Wertpapieren, insbesondere Pfandbriefen, sowie in verbrieften Forderungen jeder Art gegen eine inländische kommunale Körperschaft oder die Kreditanstalt einer solchen Körperschaft, sofern die Wertpapiere oder die Forderungen von der Bundesregierung mit Zustimmung des Bundesrates zur Anlegung von Mündelgeld für geeignet erklärt sind; 5. bei einer inländischen öffentlichen Sparkasse, wenn sie von der zuständigen Behörde des Landes, in welchem sie ihren Sitz hat, zur Anlegung von Mündelgeld für geeignet erklärt ist, oder bei einem anderen Kreditinstitut, das einer für die Anlage ausreichenden Sicherungseinrichtung angehört. (2) Die Landesgesetze können für die innerhalb ihres Geltungsbereichs belegenen Grundstücke die Grundsätze bestimmen, nach denen die Sicherheit einer Hypothek, einer Grundschuld oder einer Rentenschuld festzustellen ist.

361 Anwendbar auf den Betreuer nach § 1908i Abs. 1 S. 1 BGB.

362 Entspricht § 1807 Nr. 5 BGB aF. Eine andere Anlage muss vom Betreuungsgericht genehmigt werden (§ 1848 BGB). Der Betreuer muss die Eröffnung eines Anlagekontos für den Betreuten dem Betreuungsgericht anzeigen und das Anfangsguthaben sowie die Verzinsung mitteilen (§ 1846 Abs. 1 Nr. 2, Abs. 2 Nr. 2 BGB).

363 Anwendbar auf den Betreuer nach § 1908i Abs. 1 S. 1 BGB.

§ 1843 Depotverwahrung und Hinterlegung von Wertpapieren (1) Der Betreuer hat Wertpapiere des Betreuten im Sinne des § 1 Absatz 1 und 2 des Depotgesetzes bei einem Kreditinstitut in Einzel- oder Sammelverwahrung verwahren zu lassen.[365]	**§ 1814 Hinterlegung von Inhaberpapieren[364]** Der Vormund hat die zu dem Vermögen des Mündels gehörenden Inhaberpapiere nebst den Erneuerungsscheinen bei einer Hinterlegungsstelle oder bei einem der in § 1807 Abs. 1 Nr. 5 genannten Kreditinstitute mit der Bestimmung zu hinterlegen, dass die Herausgabe der Papiere nur mit Genehmigung des Familiengerichts verlangt werden kann. Die Hinterlegung von Inhaberpapieren, die nach § 92 zu den verbrauchbaren Sachen gehören, sowie von Zins-, Renten- oder Gewinnanteilscheinen ist nicht erforderlich. Den Inhaberpapieren stehen Orderpapiere gleich, die mit Blankoindossament versehen sind.
(2) Sonstige Wertpapiere[366] des Betreuten hat der Betreuer in einem Schließfach eines Kreditinstituts zu hinterlegen.	
(3) Die Pflicht zur Depotverwahrung oder zur Hinterlegung besteht nicht, wenn diese nach den Umständen des Einzelfalls unter Berücksichtigung der Art der Wertpapiere zur Sicherung des Vermögens des Betreuten nicht geboten ist.[367]	
§ 1844 Hinterlegung von Wertgegenständen auf Anordnung des Betreuungsgerichts Das Betreuungsgericht kann anordnen, dass der Betreuer Wertgegenstände des Betreuten bei einer Hinterlegungsstelle oder einer anderen geeigneten Stelle hinterlegt, wenn dies zur Sicherung des Vermögens des Betreuten geboten ist.[369]	**§ 1818 Anordnung der Hinterlegung[368]** Das Familiengericht kann aus besonderen Gründen anordnen, dass der Vormund auch solche zu dem Vermögen des Mündels gehörende Wertpapiere, zu deren Hinterlegung er nach § 1814 nicht verpflichtet ist, sowie Kostbarkeiten des Mündels in der in § 1814 bezeichneten Weise zu hinterlegen hat; auf Antrag des Vormunds kann die Hinterlegung von Zins-, Renten- und Gewinnanteilscheinen angeordnet werden, auch wenn ein besonderer Grund nicht vorliegt.

364 Anwendbar auf den Betreuer nach § 1908i Abs. 1 Satz 1 BGB.

365 Erweiterung des Anwendungsbereichs im Vergleich zur Hinterlegungspflicht für Inhaberpapiere nach § 1814 BGB aF (betrifft Zins-, Renten- und Gewinnanteilscheine, vgl. § 1814 Abs. 1 Satz 2 BGB).

366 Neben Inhaberpapieren werden künftig auch Namenspapiere vom Grundsatz her erfasst und damit vor allem vor Verlust geschützt werden. Die Hinterlegung dieser Papiere muss der Betreuer ebenfalls dem Betreuungsgericht anzeigen (§ 1846 Abs. 1 Nr. 3, Abs. 2 Nr. 3 BGB).

367 Depotverwahrung ist im Einzelfall zur Sicherung des Vermögens des Betreuten etwa dann nicht erforderlich, wenn der Betreute sie nicht wünscht (§ 1838 BGB), wenn die Depotführungs- oder Schließfachkosten die zu erwartenden Erträge der Wertpapiere erreichen oder gar überschreiten. Aufgrund der Art des Wertpapiers ist die Hinterlegung nicht geboten bei Wertpapieren, die demnächst verbraucht werden etwa einem Sparbuch, auf dem Verfügungsgeld angelegt ist, oder bei einem Unterhaltsscheck. § 1849 Abs. 2 Nr. 2 lit. a BGB stellt darüber hinaus klar, dass der Betreuer keiner gerichtlichen Genehmigung bedarf, wenn die Verfügung über das Wertpapier zu den Nutzungen des Vermögens zählt. Sie wird in der Regel auch nicht erforderlich sein bei einem Sparbuch mit Sperrvermerk, das anderweitig zuverlässig verwahrt und damit vor Verlust geschützt ist.

368 Anwendbar auf den Betreuer nach § 1908i Abs. 1 S. 1 BGB.

369 Maßstab: § 1821 Abs. 2–4 BGB. Die Pflicht zur Vereinbarung einer Herausgabesperre mit dem Hinterleger für die hinterlegten Wertgegenstände ergibt sich aus § 1845 Abs. 2 S. 2 BGB.

§ 1845 Sperrvereinbarung	§ 1809 Anlegung mit Sperrvermerk[370]
(1) Für Geldanlagen des Betreuten im Sinne von § 1841 Absatz 2[371] hat der Betreuer mit dem Kreditinstitut zu vereinbaren, dass er über die Anlage nur mit Genehmigung des Betreuungsgerichts verfügen kann.[372] Anlagen von Verfügungsgeld gemäß § 1839 Absatz 2 bleiben unberührt.	Der Vormund soll Mündelgeld nach § 1807 Abs. 1 Nr. 5 nur mit der Bestimmung anlegen, dass zur Erhebung des Geldes die Genehmigung des Gegenvormunds oder des Familiengerichts erforderlich ist.
(2) Für Wertpapiere im Sinne von § 1843 Absatz 1[373] hat der Betreuer mit dem Verwahrer zu vereinbaren, dass er über die Wertpapiere und die Rechte aus dem Depotvertrag mit Ausnahme von Zinsen und Ausschüttungen[374] nur mit Genehmigung des Betreuungsgerichts verfügen kann. Der Betreuer hat mit dem Kreditinstitut zu vereinbaren, dass er die Öffnung des Schließfachs für Wertpapiere im Sinne des § 1843 Absatz 2 und die Herausgabe von nach § 1844 hinterlegten Wertgegenständen nur mit Genehmigung des Betreuungsgerichts verlangen kann.[375]	
(3) Die Absätze 1 und 2 sind entsprechend anzuwenden, wenn ein Anlagekonto, ein Depot oder eine Hinterlegung des Betreuten bei der Bestellung des Betreuers unversperrt ist. Der Betreuer hat dem Betreuungsgericht die Sperrvereinbarung anzuzeigen.[376]	

Unterkapitel 3 Anzeigepflichten

Einführung

Das dritte Unterkapitel regelt Anzeigepflichten des Betreuers im vermögensrechtlichen Bereich. Der Abschnitt besteht aus zwei Vorschriften: 251

- § 1846 BGB betrifft Anzeigepflichten des Betreuers bei der Geld- und Vermögensverwaltung und
- § 1847 BGB regelt die Anzeigepflicht des Betreuers bei Beginn eines neuen und der Aufgabe eines bestehenden Erwerbsgeschäftes durch den Betreuer.

Beide Komplexe von Anzeigepflichten sind neu. Die in § 1846 BGB erfassten Fälle sollen den weggefallenen Mitwirkungsvorbehalt des Gerichts bei der Geldanlage durch den Betreuer (bisher § 1810 252

370 Anwendbar auf den Betreuer nach § 1908i Abs. 1 S. 1 BGB.

371 Anlagegeld mit Ausnahme der Anlage zur Bereithaltung von Verfügungsgeld (vgl. § 1839 BGB).

372 Die Sperrvereinbarung enthält ein rechtsgeschäftliches Verfügungsverbot für das Kreditinstitut (§ 137 S. 2 BGB) und stellt ihm gegenüber klar, dass es sich um Anlagegeld handelt, für das der Betreuer der Genehmigung des Gerichts bedarf, wenn er darüber verfügen will. Eine abredewidrige Auszahlung an den Betreuer ohne gerichtliche Genehmigung hat nicht nur keine leistungsbefreiende Wirkung, sondern macht das Kreditinstitut gegenüber dem Betreuten auch schadensersatzpflichtig.

373 Das sind die in § 1 Abs. 1 DepotG ausdrücklich genannten Wertpapiere.

374 Gegenausnahme: anwachsende (thesaurierte) Zinsen.

375 Ohne Genehmigung des Betreuungsgerichts kann der Betreuer die im Depot gehaltenen Papiere daher nicht rechtswirksam bewirtschaften und Papiere im Rahmen des Depotvertrages veräußern oder neu anschaffen. Auch den Depotvertrag kann er nicht mit der Folge ändern, dass ihm Wertpapiere aus dem Depot auszuliefern sind. Damit wird auch der gutgläubige Erwerb Dritter im Wege der treuwidrigen Abtretung der Ansprüche aus dem Depotvertrag verhindert.

376 Der Betreuer muss Sperrvereinbarungen nicht nur für die von ihm getätigten Geld- und Wertpapieranlagen, sondern auch für bei seiner Bestellung vorgefundene Anlagekonten oder Depots des Betreuten den § 1845 Abs. 1 und 2 BGB entsprechende Sperrabreden vereinbaren. Dies hat er dem Betreuungsgericht anzuzeigen (§ 1846 Abs. 1 Nr. 2 BGB).

BGB aF) ersetzen, und die Anzeigepflicht in § 1847 BGB tritt an die Stelle des Genehmigungserfordernisses in § 1823 BGB aF.

I. Anzeigepflichten bei der Geld- und Vermögensverwaltung

253 **§ 1846 BGB** führt für die Vermögensverwaltung Anzeigepflichten ein, die dem Gericht eine zeitnahe Aufsicht über die Geld- und Vermögensgeschäfte des Betreuers ermöglichen sollen und den Mitwirkungsvorbehalt des Gerichts bei der Geldanlage (§ 1810 BGB) ersetzen.

254 Der Betreuer hat die Eröffnung eines Girokontos (§ 1839 Abs. 1 BGB) unverzüglich dem Gericht mitzuteilen (§ 1846 Abs. 1 Nr. 1 BGB). Außerdem muss jede erstmalige Geldeinlage auf einem Anlagekonto angezeigt werden (§ 1846 Abs. 1 Nr. 2 BGB). Die Regelung bezweckt, dass das Betreuungsgericht zeitnah Kenntnis von der Anlegung erhalten und erforderlichenfalls mit Aufsichtsmitteln eingreifen können soll, etwa wenn der Betreuer eine hohe Summe Geld unzutreffend als Verfügungsgeld unversperrt anlegt.

255 Hinzu treten die Anzeigepflicht bei erstmaliger Depotverwahrung (§ 1846 Abs. 1 Nr. 3 BGB) und Hinterlegung von Wertpapieren des Betreuten oder deren Unterlassung (§ 1846 Abs. 1 Nr. 4 BGB). Über die bei Übernahme der Betreuung bestehende Depotverwahrung oder Hinterlegung, falls die Betreuung von einem Vorbetreuer übernommen wird, gibt das Vermögensverzeichnis Auskunft. Mit der Anzeigepflicht sollen die vom Betreuer getroffenen Verwahrungsentscheidungen dem Gericht zur Kenntnis gebracht werden, damit dieses über den Verbleib der Wertpapiere informiert ist und erforderlichenfalls mit Anordnungen zur pflichtgemäßen Verwahrung (§ 1844 BGB) eingreifen kann.

256 § 1846 Abs. 2 BGB stellt Vorgaben für die Angaben zu den gemäß § 1846 Abs. 1 BGB anzeigepflichtigen Verwaltungsmaßnahmen des Betreuers auf:

- zum Anfangsguthaben auf einem neu eröffneten Girokonto (§ 1846 Abs. 2 Nr. 1 BGB),
- zur Höhe der Anlage und Verzinsung sowie zur Bestimmung als Anlage- oder Verfügungsgeld (§ 1846 Abs. 2 Nr. 2 BGB),
- zu den depotverwahrten oder hinterlegten Wertpapieren (§ 1846 Abs. 2 Nr. 3 BGB),
- zu den Gründen, aus denen der Betreuer in Anwendung von § 1844 Absatz 3 BGB von den Vorgaben gemäß § 1844 Abs. 1 und 2 BGB abgewichen ist (§ 1846 Abs. 2 Nr. 4 BGB) und
- ob er den erforderlichen Sperrvermerk vereinbart hat (§ 1846 Abs. 2 Nr. 5 BGB).

257 Der Geldeingang auf einem laufenden Girokonto wird über die periodische Rechnungslegung kontrolliert, so dass die fortlaufende Anzeige von Geldeingängen auf einem einmal eröffneten Konto überflüssigen Aufwand verursachen würde. Der Saldo eines bei Beginn der Betreuung vorhandenen Girokontos wird über das Vermögensverzeichnis erfasst. Entsprechendes gilt für die Entwicklung von – sei es durch den Betreuten oder den Betreuer – einmal eröffneten Anlagekonten.

II. Neuaufnahme und Aufgabe eines Erwerbsgeschäfts

258 **§ 1847 BGB** ersetzt die Regelung des § 1823 BGB. Die Neuaufnahme (Beginn, Art und Umfang) eines Erwerbsgeschäfts und die Aufgabe eines bestehenden Erwerbsgeschäfts müssen lediglich angezeigt, nicht mehr genehmigt werden. Damit ist im Ergebnis keine Änderung verbunden, weil die nach § 1823 BGB erforderliche Genehmigung eine reine Innengenehmigung darstellte, dh das Fehlen einer Genehmigung führte nicht zur Unwirksamkeit der im Rahmen des Erwerbsgeschäfts geschlossenen Geschäfte. Entspricht die Neuaufnahme bzw. die Aufgabe des Erwerbsgeschäfts nicht den Wünschen oder dem mutmaßlichen Willen des Betreuten, können Aufsichtsmaßnahmen ergriffen werden (§ 1862 Abs. 3 BGB).

BGB nF	BGB aF
§ 1846 Anzeigepflichten bei der Geld- und Vermögensverwaltung	
(1) Der Betreuer hat dem Betreuungsgericht unverzüglich anzuzeigen, wenn er 1. ein Girokonto für den Betreuten eröffnet, 2. ein Anlagekonto für den Betreuten eröffnet, 3. ein Depot eröffnet oder Wertpapiere des Betreuten hinterlegt,	*Bisher keine explizite Regelung. Ersetzt Genehmigungserfordernis des § 1810 BGB aF (Gegenvormund bzw. Gericht).*

4. Wertpapiere des Betreuten gemäß § 1843 Absatz 3 nicht in einem Depot verwahrt oder hinterlegt.	
(2) Die Anzeige hat insbesondere Angaben zu enthalten 1. zur Höhe des Guthabens auf dem Girokonto nach Absatz 1 Nummer 1, 2. zu Höhe und Verzinsung der Anlage gemäß Absatz 1 Nummer 2 sowie ihrer Bestimmung als Anlage- oder Verfügungsgeld, 3. zu Art, Umfang und Wert der depotverwahrten oder hinterlegten Wertpapiere gemäß Absatz 1 Nummer 3 sowie zu den sich aus ihnen ergebenden Aufwendungen und Nutzungen, 4. zu den Gründen, aus denen der Betreuer die Depotverwahrung oder Hinterlegung gemäß Absatz 1 Nummer 4 für nicht geboten erachtet, und wie die Wertpapiere verwahrt werden sollen, 5. zur Sperrvereinbarung.	
§ 1847 Anzeigepflicht für Erwerbsgeschäfte Der Betreuer hat Beginn, Art und Umfang eines neuen Erwerbsgeschäfts im Namen des Betreuten und die Aufgabe eines bestehenden Erwerbsgeschäfts des Betreuten beim Betreuungsgericht anzuzeigen.	**§ 1823 Genehmigung bei einem Erwerbsgeschäft des Mündels**[377] Der Vormund soll nicht ohne Genehmigung des Familiengerichts ein neues Erwerbsgeschäft im Namen des Mündels beginnen oder ein bestehendes Erwerbsgeschäft des Mündels auflösen.

Unterkapitel 4 Genehmigungsbedürftige Rechtsgeschäfte

Einführung

259 Das vierte Unterkapitel regelt die Genehmigungserfordernisse des Betreuungsrechts im vermögensrechtlichen Bereich. Zur Neuordnung der Regelungen zur Vermögenssorge wurden die Genehmigungserfordernisse für Rechtsgeschäfte an einem Standort zusammengefasst. Auch die §§ 1811 bis 1813 BGB aF wurden in überarbeiteter Fassung in das vierte Unterkapitel aufgenommen.

260 Der Abschnitt umfasst acht Vorschriften. Genehmigungsvorbehalte existieren für

- die andere Anlegung von Geld (§ 1848 BGB),
- die Verfügung über Rechte und Wertpapiere (§ 1849 BGB),
- Rechtsgeschäfte über Grundstücke und Schiffe (§ 1850 BGB),
- erbrechtliche Geschäfte (§ 1851 BGB),
- handels- und gesellschaftsrechtliche Rechtsgeschäfte (§ 1852 BGB),
- Verträge über wiederkehrende Leistungen (§ 1853 BGB) und
- bestimmte sonstige Rechtsgeschäfte (§ 1854 BGB).

261 Eine bedeutsame Änderung betraf die bisher als Sollvorschrift gefasste „Genehmigung der anderen Anlegung“ (§ 1811 BGB aF), die bei Unterbleiben der Genehmigung keine Nichtigkeit des Rechtsgeschäfts vorsah. Jetzt ist das Genehmigungserfordernis in § 1848 BGB eingegliedert und so formuliert, dass kein Zweifel daran bestehen kann, dass es Außenwirkung entfaltet. Das Unterbleiben der Genehmigung hat also jetzt die Nichtigkeit der vereinbarten anderen Anlegung zur Folge.

262 Neu ist auch die Einführung eines Genehmigungsmaßstabs für das Gericht, der sich in § 1862 Abs. 1 BGB findet. Das Gericht hat danach bei der Erteilung einer Genehmigung, insbesondere nach dem Unterkapitel 4, die in § 1821 Abs. 2 bis 4 BGB festgelegten Maßstäbe zu beachten.

377 Anwendbar auf den Betreuer nach § 1908i Abs. 1 S. 1 BGB.

I. Andere Art der Anlegung

263 Eine **andere Art der Anlegung** als die in § 1841 Abs. 2 BGB vorgeschriebene Regelanlage auf einem Anlagekonto, bedarf zur Wirksamkeit der Anlegung der Genehmigung des Betreuungsgerichts (§ 1848 BGB). Das betrifft die Anlegung in den gemäß § 1807 Abs. 1 Nr. 1 bis 4 BGB aF vorgeschriebenen mündelsicheren Anlagen, wie auch in sonstigen Wertpapieren und anderen Anlagen (zB Investmentfonds), der Anlage bei einem Finanzdienstleistungsinstitut, die Anlage in Sachwerten.[378] Auch die Geldanlage bei einem Kreditinstitut, das keiner § 1842 BGB entsprechenden Sicherungseinrichtung angehört, ist genehmigungsbedürftig.

264 Das Gericht soll die andere Anlegung gestatten und damit mitzuverantworten haben. Bei einer Anlegung ohne gerichtliche Gestattung macht sich der Vormund haftbar. § 1848 BGB sieht jetzt für jede von § 1841 Abs. 2 BGB abweichende Anlegung die Genehmigung des Gerichts als Wirksamkeitsvoraussetzung an. Im Einzelfall kann das Gericht dem Betreuer eine Befreiung von der Genehmigungspflicht für bestimmte Anlagegeschäfte erteilen (§ 1860 Abs. 3 BGB).

265 Soweit die vorrangige Pflicht des Betreuers, die Wünsche und den mutmaßlichen Willen des Betreuten zu entsprechen, nicht entgegensteht, hat er vorgefundene andere Anlegungen des Betreuten zur Sicherung umzuwandeln. Dies kann im Einzelfall etwa auch dann notwendig sein, wenn die Anlegung einer Sperrvereinbarung nicht zugänglich ist, obwohl diese nach dem Gesetz erforderlich wäre. Das Betreuungsgericht hat im Rahmen seiner Aufsicht den Betreuer zu überwachen und ihn erforderlichenfalls mit entsprechenden Geboten zur pflichtgemäßen Verwaltung anzuhalten. Fallen für fortbestehende andere Anlegungen des Betreuten neue Anlageentscheidungen an, die durch den Betreuer getroffen werden müssen, bedarf der Betreuer hierfür der Genehmigung des Gerichts.

II. Verfügung über Rechte und Wertpapiere

266 **§ 1849 BGB** übernimmt mit inhaltlichen Änderungen die Regelungen der §§ 1812, 1813 BGB aF. Ziel der Überarbeitung von §§ 1812, 1813 BGB aF ist es, die Regelungen entsprechend dem Willen des historischen Gesetzgebers auf den Schutz des Mündels und des Betreuten vor Veruntreuung von Geld oder Wertpapieren durch den Vormund bzw. den Betreuer zurückzuführen, die in die selbstständige Amtsführung des Vormunds bzw. des Betreuers nur in dem zur Sicherung des Mündel- bzw. Betreutenvermögens erforderlichen Umfang eingreifen. Die Vorschriften wurden unter Verzicht auf das Institut des Gegenvormunds bzw. Gegenbetreuers in einer Norm neu gefasst und an die überarbeiteten Vorschriften zur Geld- und Vermögensverwaltung angepasst. Dabei entfällt § 1812 Abs. 2 BGB aF (Gegenvormund) künftig ebenso wie § 1812 Abs. 3 BGB aF, der eine Ausnahme von der Genehmigungspflicht für den Fall vorsieht, dass mehrere Vormünder/Betreuer das Amt gemeinschaftlich führen. Im Vormundschaftsrecht kommt diese Konstellation nach dem Inkrafttreten der Reform nur noch sehr selten in Betracht (vgl. für den Vormund § 1775 BGB, §§ 1776, 1778 Abs. 2 BGB und für den Betreuer § 1899 Abs. 3 BGB, § 1817 Abs. 3 BGB).

III. Genehmigungserfordernisse

267 Da sich das bisherige Konzept der Genehmigungstatbestände als solches bewährt hat, konzentriert sich die Reform insofern auf eine Vereinfachung und Modernisierung der **Genehmigungserfordernisse des bisher geltenden Rechts** (§§ 1821–1824 BGB aF). Sie wurden nach Lebenssachverhalten neu geordnet. Die Struktur einer Einzelaufzählung von für das Vermögen besonders riskanten Umständen wurde beibehalten.

1. Rechtsgeschäfte über Grundstücke und Schiffe

268 **§ 1850 BGB** betrifft die Genehmigung für **Rechtsgeschäfte über Grundstücke und Schiffe** und übernimmt im Wesentlichen die bisher in § 1821 BGB aF angesiedelten Genehmigungspflichten. Mit der Vereinfachung der Überschrift ist keine inhaltliche Änderung verbunden.

269 Die Genehmigungspflichten des § 1821 Abs. 1 Nr. 1 bis 3 BGB aF wurden übernommen (als § 1850 Nr. 1–3 BGB). Das Gleiche gilt für § 1821 Abs. 1 Nr. 4 BGB aF, der allerdings auf die neue Regelung in § 1850 Nr. 4 BGB für Wohnungs- und Teileigentum erstreckt wurde (als § 1850 Nr. 5 BGB). § 1821 Abs. 1 Nr. 5 BGB aF wurde im Wesentlichen in § 1850 Nr. 6 BGB übernommen, aber sprachlich modernisiert. Durch die neue Formulierung „zu einem Rechtsgeschäft, durch das der Betreute zum entgeltlichen Erwerb verpflichtet wird" wird verdeutlicht, dass es hier um das Verpflichtungsgeschäft geht.

378 Beachte: Der Kauf von Immobilien ist gem. § 1850 Abs. 1 BGB genehmigungsbedürftig.

Neu geregelt wurde in § 1850 Nr. 4 BGB, ergänzend zu § 1850 Nr. 6 BGB, ein Sonderfall des unentgeltlichen Erwerbs, der aufgrund seiner Haftungsfolgen für das Vermögen des Betreuten langfristig trotz Vermögenszuwachses gefährlich sein kann. Künftig ist auch ein Rechtsgeschäft, durch das der Betreute Wohnungs- oder Teileigentum erwirbt, genehmigungspflichtig. Die Regelung in § 1850 Nr. 5 BGB erfasst das Verfügungs- und (über § 1850 Nr. 5 BGB) das Verpflichtungsgeschäft. Betroffen sind Geschäfte, die aufgrund eines unentgeltlichen Grundgeschäfts eintreten. Der entgeltliche Erwerb von Wohnungs- und Teileigentum wird bereits von § 1850 Nr. 6 BGB erfasst. 270

Nicht übernommen worden ist § 1821 Abs. 2 BGB aF, durch den die Verfügung über Hypotheken, Grundschulden und Rentenschulden von der Genehmigungspflicht für gesetzliche Vertreter (im Ergebnis nur für Eltern) ausgenommen wurde, während sie für Vormünder, Pfleger und Betreuer über § 1812 BGB aF aber wieder erfasst wurde. Nun ist das komplizierte Regel-Ausnahme-Verhältnis aufgelöst. Die Verfügung über Grundpfandrechte ist insgesamt in § 1850 BGB geregelt. § 1849 BGB (die Nachfolgeregelung zu § 1812 BGB aF) erfasst Grundpfandrechte nicht mehr, da sie auf Geldforderungen begrenzt ist. Rechtsgeschäfte im Zusammenhang mit Grundpfandrechten fallen damit als Verfügung über das Grundstück unter § 1850 Nr. 1 erste Alternative BGB (im Falle der Bestellung eines Grundpfandrechts) bzw. unter § 1850 Nr. 1 zweite Alternative BGB als Verfügung über das Recht am Grundstück (im Falle einer Inhaltsänderung, Übertragung oder Aufhebung des Grundpfandrechts). 271

2. Erbrechtlichen Rechtsgeschäfte

§ 1851 BGB fasst nunmehr alle im Zusammenhang mit **erbrechtlichen Rechtsgeschäften** geregelten Tatbestände zusammen. Diese waren bisher in § 1822 Nr. 1 und 2 BGB aF geregelt, aber auch weit verstreut im Erbrecht. 272

§ 1851 Nr. 1 BGB nimmt die bisher in § 1822 Nr. 2 BGB aF enthaltene Regelung zu den in der Praxis am häufigsten vorkommenden Fällen auf: die Ausschlagung einer Erbschaft oder eines Vermächtnisses, den Verzicht auf die Geltendmachung eines Vermächtnisses oder Pflichtteilsanspruchs oder eines Gegenstandes aus einem Vermächtnis sowie zu einem Auseinandersetzungsvertrag. § 1851 Nr. 2 BGB enthält die bisher in § 1822 Nr. 1 2.–4. Var. BGB aF aufgelisteten Rechtsgeschäfte, durch die das Mündel bzw. der Betreute zu einer Verfügung über eine ihm angefallene Erbschaft, seinen künftigen gesetzlichen Erbteil oder seinen künftigen Pflichtteil verpflichtet wird. 273

§ 1851 Nr. 3 BGB greift § 1822 Nr. 1, 5. Var. BGB aF auf. Ergänzt wurde die Vorschrift um das Genehmigungserfordernis für eine Vereinbarung, mit der der Betreute aus der Erbengemeinschaft ausscheidet, einer sogenannten (Abschichtungsvereinbarung). Insoweit fehlte es bislang an einer gesetzlichen Regelung. 274

§ 1851 Nr. 4–9 BGB nehmen ursprünglich im Erbrecht geregelte Genehmigungstatbestände auf. Es handelt sich um die bisherigen Regelungen 275

- zur Genehmigungsbedürftigkeit der Anfechtung eines Erbvertrags durch den Betreuer in § 2282 Abs. 2 2. Hs. BGB aF (jetzt § 1851 Nr. 4 BGB),
- der vertraglichen Aufhebung eines Erbvertrags durch den Betreuer in § 2290 Abs. 3 BGB aF (jetzt § 1851 Nr. 5 BGB),
- der Zustimmung des Betreuers zur testamentarischen Aufhebung einer in einem Erbvertrag geregelten vertragsmäßigen Anordnung eines Vermächtnisses, einer Auflage sowie einer Rechtswahl in § 2291 Abs. 1 S. 2 BGB aF (§ 1851 Nr. 6 BGB),
- der Aufhebung eines zwischen Ehegatten geschlossenen Erbvertrags durch gemeinschaftliches Testament der Ehegatten durch einen Betreuer in § 2292 BGB aF (jetzt § 1851 Nr. 7 BGB),
- der Rücknahme eines mit dem Erblasser geschlossenen Erbvertrags, der nur Verfügungen von Todes wegen enthält, aus der amtlichen oder notariellen Verwahrung in § 2300 Abs. 2 S. 2 BGB aF (jetzt § 1851 Nr. 8 BGB) und
- des Abschlusses eines Erbverzichtsvertrags gemäß § 2346 BGB, der vertragsmäßigen Aufhebung eines Erbverzichts oder eines Zuwendungsverzichtsvertrags durch einen Betreuer in § 2347 Abs. 1, Abs. 2 S. 2 2. Hs. BGB aF, § 2351 BGB aF und § 2352 S. 3 BGB aF (jetzt § 1851 Nr. 9 BGB).

3. Handels- und gesellschaftsrechtliche Rechtsgeschäfte

§ 1852 BGB betrifft die Genehmigung für **handels- und gesellschaftsrechtliche Rechtsgeschäfte** und fasst zukünftig alle Fälle genehmigungspflichtiger Rechtsgeschäfte des Handels- und Gesellschaftsrechts zusammen. Der Erwerb von Aktien gilt nicht als handels- oder gesellschaftsrechtliches Geschäft, sondern wird als Erwerb von Wertpapieren angesehen. 276

277 Beteiligungen an Kapital- und Personengesellschaften sind dagegen grundsätzlich von der Genehmigungspflicht erfasst. Außerdem gilt die Genehmigungspflicht auch für den unentgeltlichen Erwerb.

4. Verträge über wiederkehrende Leistungen

278 **§ 1853** betrifft die Genehmigung bei **Verträgen über wiederkehrende Leistungen.** Die Vorschrift fasst die bisher in § 1907 Abs. 3 BGB aF und § 1822 Nr. 4 BGB aF geregelten genehmigungspflichtigen Vertragsverhältnisse aufgrund ihres systematischen Kontextes zusammen.

279 Der Tatbestand des § 1853 S. 1 Nr. 1 BGB (Abschluss von Miet-, Pacht- und ähnlichen Verträgen mit einer Laufzeit von mehr als vier Jahren) fand sich bisher für den Betreuer in § 1907 Abs. 3 1. Alt. BGB aF. Durch § 1853 Satz 2 BGB wird klargestellt, dass der Genehmigungsvorbehalt sich nur auf solche Verträge erstreckt, die nicht ohne Nachteile für den Betreuten gekündigt werden können. Ist eine vorzeitige Kündigung möglich, ohne dass hieraus dem Betreuten Nachteile entstehen, bedarf es keiner Genehmigung. Die Regelung des § 1853 S. 1 Nr. 2 BGB war bisher in § 1822 Nr. 4 BGB aF enthalten. Die Norm wurde nur sprachlich modernisiert.

280 § 1853 S. 2 BGB regelt die Ausnahme vom Genehmigungserfordernis nach § 1853 S. 1 Nummer 1 BGB: Eine Genehmigung ist nicht erforderlich, wenn der Vertrag ohne Nachteile für den Betreuten vorzeitig gekündigt werden kann.

5. Sonstige Rechtsgeschäfte

281 **§ 1854 BGB** erfasst als **Auffangtatbestand** die Genehmigungserfordernisse für sonstige Rechtsgeschäfte und Sachverhalte auf, die sich nicht unter einem Oberbegriff zusammenfassen lassen.

a) Ausnutzung von Vermögenspositionen des Mündels

282 Sie **stammen aus** § 1822 Nr. 1 1. Alt., und Nr. 8 bis 10, 12 und 13 BGB aF und schließen damit Katalog der Genehmigungspflichten für den Betreuer ab.

b) Schenkungen durch den Betreuer

283 Neu aufgenommen wurde eine Regelung für **Schenkungen** durch den Betreuer. Das bisherige Schenkungsverbot hatte mit § 1804 BGB aF seinen Standort im Vormundschaftsrecht. § 1908i Abs. 2 S. 1 BGB aF verwies für das Betreuungsrecht auf die Norm und enthielt eine Erweiterung ihres Regelungsgehalts. Danach war es dem Betreuer in weiterem Umfang als dem Vormund gestattet, in Vertretung des Betreuten Schenkungen zu machen. Der Betreuer konnte Gelegenheitsgeschenke auch dann machen, wenn dies dem Wunsch des Betreuten entsprach und nach dessen Lebensverhältnissen üblich war.

284 Die Regelungen über die Zulässigkeit von Schenkungen durch den Betreuer wurden nun in das Betreuungsrecht verschoben. Das allgemeine Schenkungsverbot wurde aufgehoben und durch einen gerichtlichen Genehmigungsvorbehalt ersetzt. Auch künftig hat der Betreuer eine gegenüber dem Vormund erweiterte Befugnis, in Vertretung des Betreuten Schenkungen zu machen. Der Genehmigungsmaßstab für das Betreuungsgericht folgt aus § 1862 Abs. 2 BGB iVm § 1821 Abs. 2–4 BGB. Es sind danach solche Schenkungen ohne Genehmigung möglich, die dem Wunsch oder dem mutmaßlichen Willen des Betreuten entsprechen und die nach seinen Lebensverhältnissen als Gelegenheitsgeschenke üblich oder angemessen sind. Die Wünsche des Betreuten finden ihre Grenze, wenn hierdurch die Person des Betreuten oder dessen Vermögen erheblich gefährdet würde und der Betreute diese Gefahr aufgrund seiner Erkrankung oder Behinderung nicht erkennen oder nicht nach dieser Einsicht handeln kann oder die Wunschbefolgung dem Betreuer nicht zuzumuten ist (§ 1821 Abs. 3 BGB). Der Wunsch des Betreuten ist daher beachtlich, sofern nicht höherrangige Rechtsgüter des Betreuten gefährdet sind oder seine gesamte Lebens- und Versorgungssituation erheblich verschlechtert wird und der Betreute diese Gefährdung aufgrund seiner Erkrankung nicht erkennen kann.

285 Schenkungen durch den Betreuer, die nach den Lebensverhältnissen des Betreuten als Gelegenheitsgeschenk üblich sind, sind auch künftig zulässig. Sie werden vom Genehmigungsvorbehalt ausgenommen. Das Gleiche gilt für solche Schenkungen durch den Betreuer, die mit Rücksicht auf die Lebensverhältnisse des Betreuten angemessen sind. Zwar unterscheiden sich beide Kriterien dadurch, dass im einen Fall auf ein subjektives Moment abzustellen ist, während im anderen Fall objektive Beurteilungskriterien heranzuziehen sind, jedoch würde ohne die Erweiterung des Gesetzes um den Begriff der Angemessenheit der Wunsch des Betreuten in unzulässiger Weise eingeschränkt. Ein Rangverhältnis zwischen beiden Prüfungskriterien sieht die Norm nicht vor.

c) **Bewusste Abweichungen vom bisherigen Recht**

Für den Betreuer **nicht übernommen** wurden: 286

- § 1822 Nr. 6 und 7 BGB aF (iVm § 1908i Absatz 1 Satz 1 BGB aF), wonach Lehr-, Dienst- und Arbeitsverträge, die für länger als ein Jahr abgeschlossen werden, genehmigungspflichtig sind, sind für das Vormundschaftsrecht nun in § 1795 BGB geregelt. In das Betreuungsrecht wurden diese Genehmigungspflichten nicht übernommen, da der Betreute in den in Frage kommenden Fällen insoweit noch geschäftsfähig sein dürfte.
- § 1824 BGB aF, wonach der Vormund Gegenstände, zu deren Veräußerung er der Genehmigung des Familiengerichts bedurfte, dem Mündel nicht ohne eine entsprechende Genehmigung überlassen darf, wurde – ebenso wie die parallele Regelung in § 1644 BGB für Eltern – ersatzlos gestrichen, da sie keine praktische Relevanz hat.
- § 1908 BGB aF, wonach der Betreuer eine Ausstattung im Sinne des § 1624 BGB aus dem Vermögen des Betreuten nur mit Genehmigung des Betreuungsgerichts versprechen oder gewähren konnte, ist gestrichen worden. Aus § 1624 BGB ergibt sich bereits, dass eine Ausstattung, die das nach den Umständen zu bestimmende Maß überschreitet, als Schenkung gilt, die durch das Genehmigungserfordernis des § 1854 Nr. 8 BGB für den Betreuer gesondert geregelt ist. Entspricht sie dem Wunsch oder dem mutmaßlichen Willen sowie den Verhältnissen des Betreuten, so kann sie durch den Betreuer ohne Genehmigung gewährt oder versprochen werden. Das Gleiche gilt – insoweit wie bisher – für Eltern und Vormünder.

BGB nF	BGB aF
§ 1848 Genehmigung einer anderen Anlegung von Geld Der Betreuer bedarf der Genehmigung des Betreuungsgerichts,[380] wenn er Anlagegeld anders als auf einem Anlagekonto gemäß § 1841 Abs. 2 BGB anlegt.	**§ 1811 Andere Anlegung[379]** Das Familiengericht kann dem Vormund eine andere Anlegung als die in § 1807 vorgeschriebene gestatten. Die Erlaubnis soll nur verweigert werden, wenn die beabsichtigte Art der Anlegung nach Lage des Falles den Grundsätzen einer wirtschaftlichen Vermögensverwaltung zuwiderlaufen würde.
§ 1849 Genehmigung bei Verfügung über Rechte und Wertpapiere (1) Der Betreuer bedarf der Genehmigung des Betreuungsgerichts zu einer Verfügung[382] über 1. ein Recht, kraft dessen der Betreute eine Geldleistung[383] oder die Leistung eines Wertpapiers[384] verlangen kann, 2. ein Wertpapier des Betreuten, [385] 3. einen hinterlegten Wertgegenstand[386] des Betreuten. Das gleiche gilt für die Eingehung der Verpflichtung zu einer solchen Verfügung.	**§ 1812 Verfügungen über Forderungen und Wertpapiere[381]** (1) Der Vormund kann über eine Forderung oder über ein anderes Recht, kraft dessen der Mündel eine Leistung verlangen kann, sowie über ein Wertpapier des Mündels nur mit Genehmigung des Gegenvormunds verfügen, sofern nicht nach den §§ 1819 bis 1822 die Genehmigung des Familiengerichts erforderlich ist. Das Gleiche gilt von der Eingehung der Verpflichtung zu einer solchen Verfügung. (2) Die Genehmigung des Gegenvormunds wird durch die Genehmigung des Familiengerichts ersetzt. (3) Ist ein Gegenvormund nicht vorhanden, so tritt an die Stelle der Genehmigung des Gegenvormunds die Genehmigung des Familiengerichts, sofern nicht die Vormundschaft

379 Anwendbar auf den Betreuer nach § 1908i Abs. 1 S. 1 BGB.
380 Wirksamkeitsvoraussetzung für die Anlegung.
381 Anwendbar auf den Betreuer nach § 1908i Abs. 1 S. 1 BGB.
382 Veräußerung, Erlass, Verzicht, Abtretung, Belastung und Kündigung. Die Annahme einer geschuldeten Leistung (Geld- oder Wertpapier) ist reale Leistungsbewirkung, nicht Verfügung. Insoweit ist ausdrücklich in § 1849 Abs. 4 BGB geregelt, dass für die Annahme einer Leistung § 1849 Abs. 1–3 BGB entsprechend gelten.

	von mehreren Vormündern gemeinschaftlich geführt wird.
(2) Einer Genehmigung bedarf es nicht, 1. im Fall einer Geldleistung nach Absatz 1 Satz 1 Nummer 1,[387] wenn der aus dem Recht folgende Zahlungsanspruch a) nicht mehr als 3.000 Euro beträgt,[388] b) das Guthaben auf einem Girokonto des Betreuten betrifft, c) das Guthaben auf einem vom Betreuer für Verfügungsgeld ohne Sperrvereinbarung eröffneten Anlagekonto betrifft,[389] d) zu den Nutzungen des Vermögens des Betreuten gehört oder e) auf Nebenleistungen gerichtet ist, 2. im Fall von Absatz 1 Satz 1 Nummer 2, wenn die Verfügung über das Wertpapier a) eine Nutzung des Vermögens des Betreuten darstellt, b) eine Umschreibung des Wertpapiers auf den Namen des Betreuten darstellt,[390] 3. im Fall einer Verfügung nach Absatz 1 Satz 1, wenn die Eingehung der Verpflichtung zu einer solchen Verfügung bereits durch das Betreuungsgericht genehmigt worden ist.[391] Satz 1 Nummer 2 gilt entsprechend für die Eingehung einer Verpflichtung zu einer solchen Verfügung.[392]	**§ 1813 Genehmigungsfreie Geschäfte[393]** (1) Der Vormund bedarf nicht der Genehmigung des Gegenvormunds zur Annahme einer geschuldeten Leistung: 1. wenn der Gegenstand der Leistung nicht in Geld oder Wertpapieren besteht, 2. wenn der Anspruch nicht mehr als 3.000 Euro beträgt, 3. wenn der Anspruch das Guthaben auf einem Giro- oder Kontokorrentkonto zum Gegenstand hat oder Geld zurückgezahlt wird, das der Vormund angelegt hat, 4. wenn der Anspruch zu den Nutzungen des Mündelvermögens gehört, 5. wenn der Anspruch auf Erstattung von Kosten der Kündigung oder der Rechtsverfolgung oder auf sonstige Nebenleistungen gerichtet ist. (2) Die Befreiung nach Absatz 1 Nr. 2, 3 erstreckt sich nicht auf die Erhebung von Geld, bei dessen Anlegung ein anderes bestimmt worden ist. Die Befreiung nach Absatz 1 Nr. 3 gilt auch nicht für die Erhebung von Geld, das nach § 1807 Abs. 1 Nr. 1 bis 4 angelegt ist.
(3) Absatz 2 Nummer 1 Buchstabe a ist nicht anzuwenden[394] auf eine Verfügung über einen	

383 Beim Gegenstand der Verfügung Einschränkung auf Geldleistungen. Ansprüche, die auf eine Sach-, Dienst- oder sonstige Leistung außer auf Geld oder Wertpapiere gerichtet sind, sind von der gerichtlichen Genehmigung befreit, wenn ein Betreuer über sie verfügt, wenn er zB Lieferungen für den Betreuten entgegennimmt.

384 Absolutes Verfügungsverbot mit unbeschränkter Außenwirkung. Gewährleistet den Schutz vor einer Veruntreuung für die bei Übernahme der Betreuung vorhandenen Wertpapiere des Betreuten, die noch nicht in einem versperrten Depot verwahrt oder hinterlegt sind, sowie für vorhandene Wertpapierdepots des Betreuten, für die noch keine Sperrvereinbarung getroffen worden ist.

385 Verfügung über Rechte, deren Geltendmachung zu einem Anspruch auf Leistung eines Wertpapiers führen. Damit sollen in erster Linie die Kündigung eines Depotvertrages durch den Betreuer, wenn dieser bei Übernahme der Betreuung ein unversperrtes Depot vorfindet, und die Übertragung der Rechte aus dem Depotvertrag auf einen Dritten erfasst werden.

386 Genehmigungsvorbehalt in Bezug auf auf gerichtliche Anordnung hinterlegte Wertgegenstände (§ 1844 BGB).

387 Neu ist die Erstreckung auf alle Verfügungen.

388 Für die Einhaltung der Betragsgrenze ist die Höhe des Gesamtanspruchs aus dem Recht maßgeblich, nicht die Höhe einer geltend gemachten Teilforderung.

389 Ausgenommen vom Genehmigungserfordernis ist Guthaben auf einem Anlagekonto, das der Betreuer für den Betreuten zur Bereithaltung von Verfügungsgeld ohne Sperrvereinbarung eröffnet hat (§§ 1839 Abs. 2, 1845 Abs. 1 S. 2 BGB). Eine betragsmäßige Begrenzung besteht nicht. Da es sich um Verfügungsgeld handelt, soll das angelegte Geld für den Betreuer ebenfalls frei verfügbar sein. Andere Anlagekonten des Betreuten sind davon getrennt zu halten und zu versperren.

390 Die Umschreibung von Wertpapieren unterliegt künftig nur noch der Mitteilungspflicht nach § 1846 Abs. 1 Nr. 4, Abs. 2 Nr. 4 BGB.

391 Neu aufgenommen.

392 Die Ausnahme vom Genehmigungserfordernis wird auch auf Verpflichtungsgeschäfte erstreckt, die auf die befreiten Verfügungen nach § 1849 Abs. 2 S. 1 Nr. 2 BGB gerichtet sind. Andernfalls würden diese gemäß § 1849 Abs. 1 S. 2 BGB genehmigungsbedürftig bleiben, was dem Zweck der Regelungen widerspräche.

393 Anwendbar auf den Betreuer nach § 1908i Abs. 1 S. 1 BGB.

sich aus einer Geldanlage ergebenden Zahlungsanspruch, soweit er einer Sperrvereinbarung unterliegt,[395] sowie über den sich aus der Einlösung eines Wertpapiers ergebenden Zahlungsanspruch.[396] Absatz 2 Nummer 1 Buchstabe d ist nicht anzuwenden auf eine Verfügung über einen Zahlungsanspruch, der einer Sperrvereinbarung unterliegt und eine Kapitalnutzung betrifft.[397]	
(4) Die vorstehenden Absätze gelten entsprechend für die Annahme der Leistung.	
§ 1850 Genehmigung für Rechtsgeschäfte über Grundstücke und Schiffe[398]	**§ 1821 Genehmigung für Geschäfte über Grundstücke, Schiffe oder Schiffsbauwerke**[399]
Der Betreuer bedarf der Genehmigung des Betreuungsgerichts 1. zur Verfügung über ein Grundstück oder über ein Recht an einem Grundstück,[400] sofern die Genehmigung nicht bereits nach § 1833 Absatz 3 Satz 1 Nummer 4 erforderlich ist,[401] 2. zur Verfügung über eine Forderung, die auf Übertragung des Eigentums an einem Grundstück, auf Begründung oder Übertragung eines Rechts an einem Grundstück oder auf Befreiung eines Grundstücks von einem solchen Recht gerichtet ist, 3. zur Verfügung über ein eingetragenes Schiff oder Schiffsbauwerk oder über eine Forderung, die auf Übertragung des Eigentums an einem eingetragenen Schiff oder Schiffsbauwerk gerichtet ist, 4. zu einem Rechtsgeschäft, durch das der Betreute unentgeltlich Wohnungs- oder Teileigentum erwirbt,	(1) Der Vormund bedarf der Genehmigung des Familiengerichts: 1. zur Verfügung über ein Grundstück oder über ein Recht an einem Grundstück; 2. zur Verfügung über eine Forderung, die auf Übertragung des Eigentums an einem Grundstück oder auf Begründung oder Übertragung eines Rechts an einem Grundstück oder auf Befreiung eines Grundstücks von einem solchen Recht gerichtet ist; 3. zur Verfügung über ein eingetragenes Schiff oder Schiffsbauwerk oder über eine Forderung, die auf Übertragung des Eigentums an einem eingetragenen Schiff oder Schiffsbauwerk gerichtet ist; 4. zur Eingehung einer Verpflichtung zu einer der in den Nummern 1 bis 3 bezeichneten Verfügungen; 5. zu einem Vertrag, der auf den entgeltlichen Erwerb eines Grundstücks, eines eingetragenen Schiffes oder Schiffsbauwerks oder

394 § 1849 Abs. 3 S. 1 BGB enthält Rückausnahmen von der Befreiung nach § 1849 Abs. 2 Nr. 1 lit. a BGB.

395 Beachte: Die Verfügung des Betreuers über Anlagegeld erfordert auch dann eine Genehmigung, wenn der aus einer Geldanlage nach § 1841 Abs. 2 BGB resultierende Rückzahlungsanspruch insgesamt weniger als 3 000 Euro beträgt, aber eine Sperrvereinbarung (§ 1845 Abs. 1 BGB) getroffen wurde. Auch eine Auszahlung von Zinsen ist nicht genehmigungsfrei möglich, wenn diese von der Sperrvereinbarung erfasst werden – was allerdings nicht notwendigerweise der Fall ist (vgl. § 1845 Abs. 2 S. 1 BGB).

396 Auch die Verfügung über ein Guthaben aus der Einlösung fälliger Wertpapiere unterliegt dem Genehmigungsvorbehalt. Guthaben aus der Einlösung von depotverwahrten Wertpapieren und gegebenenfalls Zinsen oder Ausschüttungen sind schon aufgrund der Sperrvereinbarung nach § 1845 Abs. 2 Satz 1 BGB versperrt, so dass § 1849 Abs. 3 Satz 1 erste Alternative BGB eingreift. Gemäß § 1849 Abs. 3 S. 1 zweite Alternative BGB ist aber auch das Guthaben aus der Einlösung von nicht von einer Sperrvereinbarung betroffenen Wertpapieren (zB nicht hinterlegten Namenspapieren) vor einer ungenehmigten Verfügung durch den Betreuer geschützt. Es darf auch bei geringeren Beträgen als 3.000 Euro nur auf einem versperrten Konto verbucht oder mit gerichtlicher Genehmigung ausgezahlt werden.

397 Verfügungen über Kapitalerträge wie Zinsen, Dividenden oder Renten, sind als Nutzungen des Vermögens grundsätzlich vom gerichtlichen Genehmigungserfordernis befreit (§ 1849 Abs. 2 Nr. 1 lit. d BGB). Eine Rückausnahme sieht § 1849 Abs. 3 S. 2 BGB vor, wenn auch sie einer Sperrvereinbarung unterliegen.

398 Modernisierte Überschrift, keine Rechtsänderung.

399 Anwendbar auf den Betreuer nach § 1908i Abs. 1 S. 1 BGB.

400 Das sind auch Hypotheken, Grundschulden und Rentenschulden.

401 Soweit die Verfügung über ein Grundstück oder über ein Recht an einem Grundstück jedoch mit der Aufgabe von selbst genutztem Wohnraum des Betreuten verbunden ist, ist § 1833 Abs. 3 Nr. 4 BGB vorrangig.

5. zur Eingehung einer Verpflichtung zu einer der in den Nummern 1 bis 3 bezeichneten Verfügungen oder des in Nummer 4 bezeichneten Erwerbs sowie 6. zu einem Rechtsgeschäft, durch das der Betreute zum entgeltlichen Erwerb eines Grundstücks, eines eingetragenen Schiffes oder Schiffsbauwerks oder eines Rechts an einem Grundstück verpflichtet wird, sowie zur Verpflichtung zum entgeltlichen Erwerb einer Forderung auf Übertragung des Eigentums an einem Grundstück, an einem eingetragenen Schiff oder Schiffsbauwerk oder auf Übertragung eines Rechts an einem Grundstück.	eines Rechts an einem Grundstück gerichtet ist. (2) Zu den Rechten an einem Grundstück im Sinne dieser Vorschriften gehören nicht Hypotheken, Grundschulden und Rentenschulden.
§ 1851 Genehmigung für erbrechtliche Rechtsgeschäfte Der Betreuer bedarf der Genehmigung des Betreuungsgerichts 1. zur Ausschlagung einer Erbschaft oder eines Vermächtnisses, zum Verzicht auf die Geltendmachung eines Vermächtnisses oder Pflichtteilsanspruchs sowie zu einem Auseinandersetzungsvertrag, 2. zu einem Rechtsgeschäft, durch das der Betreute zu einer Verfügung über eine ihm angefallene Erbschaft, über seinen künftigen gesetzlichen Erbteil oder seinen künftigen Pflichtteil verpflichtet wird, 3. zu einer Verfügung über den Anteil des Betreuten an einer Erbschaft oder zu einer Vereinbarung, mit der der Betreute aus der Erbengemeinschaft ausscheidet,[403] 4. zu einer Anfechtung eines Erbvertrags für den geschäftsunfähigen Betreuten als Erblasser gemäß § 2282 Absatz 2,	**§ 1822 Genehmigung für sonstige Geschäfte[402]** Der Vormund bedarf der Genehmigung des Familiengerichts: 1. zu einem Rechtsgeschäft, durch das der Mündel zu einer Verfügung über sein Vermögen im Ganzen oder über eine ihm angefallene Erbschaft oder über seinen künftigen gesetzlichen Erbteil oder seinen künftigen Pflichtteil verpflichtet wird, sowie zu einer Verfügung über den Anteil des Mündels an einer Erbschaft, 2. zur Ausschlagung einer Erbschaft oder eines Vermächtnisses, zum Verzicht auf einen Pflichtteil sowie zu einem Erbteilungsvertrag, 3.-13. … **§ 2282 Vertretung, Form der Anfechtung** (1) Die Anfechtung kann nicht durch einen Vertreter des Erblassers erfolgen. (2) Für einen geschäftsunfähigen Erblasser kann sein Betreuer den Erbvertrag anfechten; die Genehmigung des Betreuungsgerichts ist erforderlich. (3) Die Anfechtungserklärung bedarf der notariellen Beurkundung.
5. zum Abschluss eines Vertrags mit dem Erblasser über die Aufhebung eines Erbvertrags oder einer einzelnen vertragsmäßigen Verfügung gemäß § 2290, 6. zu einer Zustimmung zur testamentarischen Aufhebung einer in einem Erbvertrag mit dem Erblasser geregelten vertragsmäßigen Anordnung eines Vermächtnisses, einer Auflage sowie einer Rechtswahl gemäß § 2291,	**§ 2290 Aufhebung durch Vertrag** (1) Ein Erbvertrag sowie eine einzelne vertragsmäßige Verfügung kann durch Vertrag von den Personen aufgehoben werden, die den Erbvertrag geschlossen haben. Nach dem Tode einer dieser Personen kann die Aufhebung nicht mehr erfolgen. (2) Der Erblasser kann den Vertrag nur persönlich schließen.

402 Anwendbar auf den Betreuer nach § 1908i Abs. 1 S. 1 BGB.
403 War bisher nicht geregelt, sog. Abschichtungsvereinbarung.

(3) Ist für den anderen Teil ein Betreuer bestellt und wird die Aufhebung vom Aufgabenkreis des Betreuers erfasst, ist die Genehmigung des Betreuungsgerichts erforderlich.

(4) Der Vertrag bedarf der in § 2276 für den Erbvertrag vorgeschriebenen Form.

7. zur Aufhebung eines zwischen Ehegatten oder Lebenspartnern geschlossenen Erbvertrags durch gemeinschaftliches Testament der Ehegatten oder Lebenspartner gemäß § 2292,
8. zu einer Rücknahme eines mit dem Erblasser geschlossenen Erbvertrags, der nur Verfügungen von Todes wegen enthält, aus der amtlichen oder notariellen Verwahrung gemäß § 2300 Absatz 2,
9. zum Abschluss oder zur Aufhebung eines Erb- oder Pflichtteilsverzichtsvertrags gemäß den §§ 2346, 2351 sowie zum Abschluss eines Zuwendungsverzichtsvertrags gemäß § 2352.

§ 2291 Aufhebung durch Testament

(1) Eine vertragsmäßige Verfügung, durch die ein Vermächtnis oder eine Auflage angeordnet sowie eine Rechtswahl getroffen ist, kann von dem Erblasser durch Testament aufgehoben werden. Zur Wirksamkeit der Aufhebung ist die Zustimmung des anderen Vertragschließenden erforderlich; die Vorschrift des § 2290 Abs. 3 findet Anwendung.

(2) Die Zustimmungserklärung bedarf der notariellen Beurkundung; die Zustimmung ist unwiderruflich.

§ 2292 Aufhebung durch gemeinschaftliches Testament

Ein zwischen Ehegatten oder Lebenspartnern geschlossener Erbvertrag kann auch durch ein gemeinschaftliches Testament der Ehegatten oder Lebenspartner aufgehoben werden; die Vorschrift des § 2290 Abs. 3 findet Anwendung.

§ 2300 Anwendung der §§ 2259 und 2263; Rücknahme aus der amtlichen oder notariellen Verwahrung

(1) Die §§ 2259 und 2263 sind auf den Erbvertrag entsprechend anzuwenden.

(2) Ein Erbvertrag, der nur Verfügungen von Todes wegen enthält, kann aus der amtlichen oder notariellen Verwahrung zurückgenommen und den Vertragsschließenden zurückgegeben werden. Die Rückgabe kann nur an alle Vertragsschließenden gemeinschaftlich erfolgen; die Vorschrift des § 2290 Abs. 1 Satz 2, Abs. 2 und 3 findet Anwendung. Wird ein Erbvertrag nach den Sätzen 1 und 2 zurückgenommen, gilt § 2256 Abs. 1 entsprechend.

§ 2347 Persönliche Anforderungen, Vertretung

(1) Zu dem Erbverzicht ist, wenn der Verzichtende unter Vormundschaft steht, die Genehmigung des Familiengerichts erforderlich; steht er unter elterlicher Sorge, so gilt das Gleiche. Für den Verzicht durch den Betreuer ist die Genehmigung des Betreuungsgerichts erforderlich.

(2) Der Erblasser kann den Vertrag nur persönlich schließen; ist er in der Geschäftsfähigkeit beschränkt, so bedarf er nicht der Zustimmung seines gesetzlichen Vertreters. Ist der Erblasser geschäftsunfähig, so kann der Vertrag durch den gesetzlichen Vertreter geschlossen werden; die

	Genehmigung des Familiengerichts oder Betreuungsgerichts ist in gleichem Umfang wie nach Absatz 1 erforderlich. **§ 2351 Aufhebung des Erbverzichts** Auf einen Vertrag, durch den ein Erbverzicht aufgehoben wird, findet die Vorschrift des § 2348 und in Ansehung des Erblassers auch die Vorschrift des § 2347 Abs. 2 Satz 1 erster Halbsatz, Satz 2 Anwendung. **§ 2352 Verzicht auf Zuwendungen** Wer durch Testament als Erbe eingesetzt oder mit einem Vermächtnis bedacht ist, kann durch Vertrag mit dem Erblasser auf die Zuwendung verzichten. Das Gleiche gilt für eine Zuwendung, die in einem Erbvertrag einem Dritten gemacht ist. Die Vorschriften der §§ 2347 bis 2349 finden Anwendung.
§ 1852 Genehmigung für handels- und gesellschaftsrechtliche Rechtsgeschäfte Der Betreuer bedarf der Genehmigung des Betreuungsgerichts 1. zu einer Verfügung und zur Eingehung der Verpflichtung zu einer solchen Verfügung, durch die der Betreute a) ein Erwerbsgeschäft oder b) einen Anteil an einer Personen- oder Kapitalgesellschaft, die ein Erwerbsgeschäft betreibt, erwirbt oder veräußert,[405] 2. zu einem Gesellschaftsvertrag, der zum Betrieb eines Erwerbsgeschäfts eingegangen wird, und 3. zur Erteilung einer Prokura.	**§ 1822 Genehmigung für sonstige Geschäfte[404]** Der Vormund bedarf der Genehmigung des Familiengerichts: 1.–2. …, 3. zu einem Vertrag, der auf den entgeltlichen Erwerb oder die Veräußerung eines Erwerbsgeschäfts gerichtet ist, sowie zu einem Gesellschaftsvertrag, der zum Betrieb eines Erwerbsgeschäfts eingegangen wird, 4. zu einem Pachtvertrag über ein Landgut oder einen gewerblichen Betrieb, 5.–10. …, 11. zur Erteilung einer Prokura, 12.–13. … **§ 1823 Genehmigung bei einem Erwerbsgeschäft des Mündels[406]** Der Vormund soll nicht ohne Genehmigung des Familiengerichts ein neues Erwerbsgeschäft im Namen des Mündels beginnen oder ein bestehendes Erwerbsgeschäft des Mündels auflösen.
§ 1853 Genehmigung bei Verträgen über wiederkehrende Leistungen Der Betreuer bedarf der Genehmigung des Betreuungsgerichts 1. zum Abschluss eines Miet- oder Pachtvertrags oder zu einem anderen Vertrag, durch den der Betreute zu wiederkehrenden Leistungen verpflichtet wird, wenn das Ver-	**§ 1822 Genehmigung für sonstige Geschäfte[407]** Der Vormund bedarf der Genehmigung des Familiengerichts: 1.–3. … 4. zu einem Pachtvertrag über ein Landgut oder einen gewerblichen Betrieb, 5. zu einem Miet- oder Pachtvertrag oder einem anderen Vertrag, durch den der

404 Anwendbar auf den Betreuer nach § 1908i Abs. 1 S. 1 BGB.
405 Aktiengeschäfte sind Wertpapiergeschäfte.
406 Anwendbar auf den Betreuer nach § 1908i Abs. 1 S. 1 BGB.
407 Anwendbar auf den Betreuer nach § 1908i Abs. 1 S. 1 BGB.

tragsverhältnis länger als vier Jahre dauern soll, und 2. zu einem Pachtvertrag über einen gewerblichen oder land- oder forstwirtschaftlichen Betrieb. Satz 1 Nummer 1 gilt nicht, wenn der Betreute das Vertragsverhältnis ohne eigene Nachteile vorzeitig kündigen kann.	Mündel zu wiederkehrenden Leistungen verpflichtet wird, wenn das Vertragsverhältnis länger als ein Jahr nach dem Eintritt der Volljährigkeit des Mündels fortdauern soll, 6.–13. ... **§ 1907 Genehmigung des Betreuungsgerichts bei der Aufgabe der Mietwohnung** (1) ... (2) ... (3) Zu einem Miet- oder Pachtvertrag oder zu einem anderen Vertrag, durch den der Betreute zu wiederkehrenden Leistungen verpflichtet wird, bedarf der Betreuer der Genehmigung des Betreuungsgerichts, wenn das Vertragsverhältnis länger als vier Jahre dauern oder vom Betreuer Wohnraum vermietet werden soll.
§ 1854 Genehmigung für sonstige Rechtsgeschäfte Der Betreuer bedarf der Genehmigung des Betreuungsgerichts 1. zu einem Rechtsgeschäft, durch das der Betreute zu einer Verfügung über sein Vermögen im Ganzen verpflichtet wird,[409] 2. zur Aufnahme von Geld auf den Kredit des Betreuten mit Ausnahme einer eingeräumten Überziehungsmöglichkeit für das auf einem Girokonto des Betreuten bei einem Kreditinstitut bereitzuhaltende Verfügungsgeld (§ 1839 Absatz 1),[410] 3. zur Ausstellung einer Schuldverschreibung auf den Inhaber oder zur Eingehung einer Verbindlichkeit aus einem Wechsel oder einem anderen Papier, das durch Indossament übertragen werden kann,[411] 4. zu einem Rechtsgeschäft, das auf Übernahme einer fremden Verbindlichkeit gerichtet ist,[412] 5. zur Eingehung einer Bürgschaft,[413] 6. zu einem Vergleich oder einer auf ein Schiedsverfahren gerichteten Vereinbarung,	**§ 1822 Genehmigung für sonstige Geschäfte**[408] Der Vormund bedarf der Genehmigung des Familiengerichts: 1. zu einem Rechtsgeschäft, durch das der Mündel zu einer Verfügung über sein Vermögen im Ganzen oder über eine ihm angefallene Erbschaft oder über seinen künftigen gesetzlichen Erbteil oder seinen künftigen Pflichtteil verpflichtet wird, sowie zu einer Verfügung über den Anteil des Mündels an einer Erbschaft, 2.–7. ..., 8. zur Aufnahme von Geld auf den Kredit des Mündels, 9. zur Ausstellung einer Schuldverschreibung auf den Inhaber oder zur Eingehung einer Verbindlichkeit aus einem Wechsel oder einem anderen Papier, das durch Indossament übertragen werden kann, 10. zur Übernahme einer fremden Verbindlichkeit, insbesondere zur Eingehung einer Bürgschaft, 11. ...,

408 Anwendbar auf den Betreuer nach § 1908i Abs. 1 S. 1 BGB.

409 Gegenüber § 1822 Nr. 1 1. Alt. BGB aF inhaltlich unverändert.

410 Gegenüber § 1822 Nr. 8 BGB aF inhaltlich unverändert, ergänzt um die Ausnahme der eingeräumten Überziehungsmöglichkeit für das auf einem Girokonto des Betreuten bei einem Kreditinstitut bereitzuhaltende Verfügungsgeld iSd § 1839 Abs. 1 BGB.

411 Gegenüber § 1822 Nr. 9 BGB aF inhaltlich unverändert.

412 Enthält in modifizierter Form § 1822 Nr. 10 erste Alternative BGB aF. Ausgenommen wird aber nun die Haftung des Betreuten für eine Verbindlichkeit, die sich lediglich als Nebenfolge eines anderen Rechtsgeschäfts ergibt. Gerade in den alltäglichen Fällen der gesamtschuldnerischen Verpflichtung liegt kein besonders großes Schutzbedürfnis vor. Durch die Norm wird daher nur die Übernahme von Schulden erfasst, für die der Betreute nur subsidiär haftet und Regress nehmen kann. Nicht erfasst sind danach Fälle, in denen er die Schuld eines Dritten als eigene Schuld übernimmt und auch nicht bei einem anderen Regress nehmen kann.

413 Gegenüber § 1822 Nr. 10 zweite Alternative BGB aF inhaltlich unverändert, nur aus dogmatischen Gründen als Tatbestand verselbständigt.

es sei denn, dass der Gegenstand des Streites oder der Ungewissheit in Geld schätzbar ist und den Wert von 6.000 Euro nicht übersteigt oder der Vergleich einem schriftlichen oder protokollierten gerichtlichen Vergleichsvorschlag entspricht,[414] 7. zu einem Rechtsgeschäft, durch das die für eine Forderung des Betreuten bestehende Sicherheit aufgehoben oder gemindert oder die Verpflichtung dazu begründet wird,[415] und 8. zu einer Schenkung oder unentgeltlichen Zuwendung, es sei denn, diese ist nach den Lebensverhältnissen des Betreuten angemessen oder als Gelegenheitsgeschenk üblich.	12. zu einem Vergleich oder einem Schiedsvertrag, es sei denn, dass der Gegenstand des Streites oder der Ungewissheit in Geld schätzbar ist und den Wert von 3.000 Euro nicht übersteigt oder der Vergleich einem schriftlichen oder protokollierten gerichtlichen Vergleichsvorschlag entspricht, 13. zu einem Rechtsgeschäft, durch das die für eine Forderung des Mündels bestehende Sicherheit aufgehoben oder gemindert oder die Verpflichtung dazu begründet wird.

Unterkapitel 5 Genehmigungserklärung

Einführung

287 Das fünfte Unterkapitel übernimmt die für die Genehmigungserklärung geltenden Vorschriften des bisherigen Rechts nahezu unverändert. Unterschiede ergeben sich im Wesentlichen nur aus der Verlagerung der Regeln vom Vormundschafts- in das Betreuungsrecht.

BGB nF	BGB aF
§ 1855 Erklärung der Genehmigung Das Betreuungsgericht kann die Genehmigung nur dem Betreuer gegenüber erklären.	**§ 1828 Erklärung der Genehmigung**[416] Das Familiengericht kann die Genehmigung zu einem Rechtsgeschäft nur dem Vormund gegenüber erklären.
§ 1856 Nachträgliche Genehmigung (1) Schließt der Betreuer einen Vertrag ohne die erforderliche Genehmigung des Betreuungsgerichts, so hängt die Wirksamkeit des Vertrags von der nachträglichen Genehmigung des Betreuungsgerichts ab. Die Genehmigung sowie deren Verweigerung wird dem anderen Teil gegenüber erst wirksam, wenn ihm die wirksam gewordene Genehmigung oder Verweigerung durch den Betreuer mitgeteilt wird.	**§ 1829 Nachträgliche Genehmigung**[417] (1) Schließt der Vormund einen Vertrag ohne die erforderliche Genehmigung des Familiengerichts, so hängt die Wirksamkeit des Vertrags von der nachträglichen Genehmigung des Familiengerichts ab. Die Genehmigung sowie deren Verweigerung wird dem anderen Teil gegenüber erst wirksam, wenn sie ihm durch den Vormund mitgeteilt wird.
(2) Fordert der andere Teil den Betreuer zur Mitteilung darüber auf, ob die Genehmigung erteilt sei, so kann die Mitteilung der Genehmigung nur bis zum Ablauf des zweiten Monats[418] nach dem Empfang der Aufforderung erfolgen; wird die Genehmigung nicht mitgeteilt, so gilt sie als verweigert.	(2) Fordert der andere Teil den Vormund zur Mitteilung darüber auf, ob die Genehmigung erteilt sei, so kann die Mitteilung der Genehmigung nur bis zum Ablauf von vier Wochen nach dem Empfang der Aufforderung erfolgen; erfolgt sie nicht, so gilt die Genehmigung als verweigert.

414 § 1854 Nr. 6 BGB enthält § 1822 Nr. 12 BGB aF. Dieser Tatbestand gilt nur für den Betreuer und den Vormund/Pfleger. Die Wertgrenze wurde auf 6.000 Euro erhöht, um Preisentwicklungen zu entsprechen und Vergleichsverhandlungen nicht über Gebühr zu beeinträchtigen. Erfasst werden jetzt auch auf ein Schiedsverfahren gerichtete Vereinbarungen. Damit sind außer der Schiedsvereinbarung selbst (vgl. § 1029 Abs. 1 ZPO) auch Vereinbarungen über die Besetzung des Schiedsgerichts (Konstituierungsvereinbarungen) als auch solche über das Schiedsverfahren als solches (Schiedsverfahrensvereinbarungen) erfasst.

415 Gegenüber § 1822 Nr. 13 BGB aF inhaltlich unverändert.

416 Anwendbar auf den Betreuer nach § 1908i Abs. 1 S. 1 BGB.

417 Anwendbar auf den Betreuer nach § 1908i Abs. 1 S. 1 BGB.

418 Verlängerung der Frist!

(3) Soweit die Betreuung aufgehoben oder beendet ist, tritt die Genehmigung des Betreuten an die Stelle der Genehmigung des Betreuungsgerichts.	(3) Ist der Mündel volljährig geworden, so tritt seine Genehmigung an die Stelle der Genehmigung des Familiengerichts.
§ 1857 **Widerrufsrecht des Vertragspartners** Hat der Betreuer dem anderen Teil gegenüber wahrheitswidrig die Genehmigung des Betreuungsgerichts behauptet, so ist der andere Teil bis zur Mitteilung der nachträglichen Genehmigung des Betreuungsgerichts zum Widerruf berechtigt, es sei denn, dass ihm das Fehlen der Genehmigung bei dem Abschluss des Vertrags bekannt war.	§ 1830 **Widerrufsrecht des Geschäftspartners**[419] Hat der Vormund dem anderen Teil gegenüber der Wahrheit zuwider die Genehmigung des Familiengerichts behauptet, so ist der andere Teil bis zur Mitteilung der nachträglichen Genehmigung des Familiengerichts zum Widerruf berechtigt, es sei denn, dass ihm das Fehlen der Genehmigung bei dem Abschluss des Vertrags bekannt war.
§ 1858 **Einseitiges Rechtsgeschäft** (1) Ein einseitiges Rechtsgeschäft, das der Betreuer ohne die erforderliche Genehmigung des Betreuungsgerichts vornimmt, ist unwirksam.	§ 1831 **Einseitiges Rechtsgeschäft ohne Genehmigung**[420] Ein einseitiges Rechtsgeschäft, das der Vormund ohne die erforderliche Genehmigung des Familiengerichts vornimmt, ist unwirksam.
(2) Nimmt der Betreuer mit Genehmigung des Betreuungsgerichts ein einseitiges Rechtsgeschäft einem anderen gegenüber vor, so ist das Rechtsgeschäft unwirksam, wenn der Betreuer die Genehmigung nicht vorlegt und der andere das Rechtsgeschäft aus diesem Grunde unverzüglich zurückweist.	Nimmt der Vormund mit dieser Genehmigung ein solches Rechtsgeschäft einem anderen gegenüber vor, so ist das Rechtsgeschäft unwirksam, wenn der Vormund die Genehmigung nicht vorlegt und der andere das Rechtsgeschäft aus diesem Grunde unverzüglich zurückweist.
(3) Nimmt der Betreuer ein einseitiges Rechtsgeschäft gegenüber einem Gericht oder einer Behörde ohne die erforderliche Genehmigung des Betreuungsgerichts vor, so hängt die Wirksamkeit des Rechtsgeschäfts von der nachträglichen Genehmigung des Betreuungsgerichts ab.[421] Das Rechtsgeschäft wird mit Rechtskraft der Genehmigung wirksam.[422] Der Ablauf einer gesetzlichen Frist[423] wird während der Dauer des Genehmigungsverfahrens gehemmt.[424] Die Hemmung endet mit Rechtskraft des Beschlusses über die Erteilung der Genehmigung. Das Betreuungsgericht teilt dem Gericht oder der Behörde nach Rechtskraft des Beschlusses die Erteilung oder Versagung der Genehmigung mit.	*Neue Regelung ohne direkten Vorgänger.*

Unterkapitel 6 Befreiungen

Einführung

Im bisherigen Recht ergaben sich die gesetzlichen Befreiungen des Vormunds und Betreuers von Be- 288
schränkungen in der Vermögensverwaltung sich aus einer schwer zu lesenden Verweisungskette auf die Befreiungen durch den Vater (§§ 1857a, 1852 Abs. 2, 1853, 1854, 1857a, 1908i Abs. 1 S. 1 und

419 Anwendbar auf den Betreuer nach § 1908i Abs. 1 S. 1 BGB.
420 Anwendbar auf den Betreuer nach § 1908i Abs. 1 S. 1 BGB.
421 Abweichung von den allgemeinen Grundsätzen für amtsempfangsbedürftige Willenserklärungen.
422 Bis dahin schwebende Unwirksamkeit.
423 Gilt nicht für vom Gericht gesetzte Fristen. Für diese muss ggf. Fristverlängerung beantragt werden.
424 Antragstellung vor Fristablauf reicht also.

Abs. 2 S. 2 BGB aF). Die daneben bestehenden gerichtlichen Befreiungsmöglichkeiten nach § 1817 BGB aF und die allgemeine Ermächtigung durch das Gericht gem. § 1825 BGB aF, die nach § 1908i Abs. 1 S. 1 BGB aF auch im Betreuungsrecht galten, wurden in der Praxis kaum angewendet. Hauptziel des Gesetzgebers war es daher, die Regelungen über die Befreiung von Vormund und Betreuer neu zu ordnen und zu vereinfachen.

289 Das 6. Unterkapitel besteht aus zwei Vorschriften:

- § 1859 BGB über Gesetzliche Befreiungen und
- § 1860 BGB über Befreiungen auf Anordnung des Gerichts.

I. Gesetzliche Befreiungen

290 **§ 1859 BGB** übernimmt die gesetzlichen Befreiungstatbestände, die gem. § 1857a BGB aF für das Jugendamt und den Verein als Vormund und über die Verweisungen in § 1908i Abs. 1 S. 1 BGB aF für die Betreuungsbehörde und den Betreuungsverein als Betreuer gelten. Wegen der Verweisung in § 1908i Abs. 2 Satz 2 BGB aF galten sie außerdem für Ehegatten und bestimmte Verwandte als Betreuer sowie für den Behörden- und Vereinsbetreuer. Mit § 1859 BGB nF wurden die Befreiungen an die überarbeiteten Vorschriften für die Geld- und Vermögensverwaltung sowie die genehmigungsbedürftigen Geschäfte angepasst und hinsichtlich des befreiten Personenkreises aus der Verwandtschaft erweitert.[425]

291 Für eine bessere Übersichtlichkeit wurde die Vorschrift klar gegliedert:

- § 1859 Abs. 1 BGB bestimmt die entfallenden Pflichten der befreiten Betreuer,
- § 1859 Abs. 2 BGB nennt den Personenkreis der befreiten Betreuer und
- § 1859 Abs. 3 BGB regelt die Aufhebung der Befreiungen durch das Betreuungsgericht.

1. Befreiungstatbestände

292 Hinsichtlich der **Befreiungstatbestände** ergeben sich folgende Änderungen:

- Während die befreiten Betreuer bisher vom Genehmigungserfordernis und vom Sperrvermerk für die Anlegung befreit waren (§§ 1908i Abs. 1 S. 1 und Abs. 2 S. 2,1857a, 1852 Abs. 2, §§ 1809, 1810 BGB aF), besteht nun für die Anlegung gemäß § 1841 BGB kein Genehmigungserfordernis mehr.
- Von den Pflichten zur Sperrvereinbarung nach § 1845 BGB sind die befreiten Betreuer auch weiterhin befreit (§ 1859 Abs. 1 Nr. 1 BGB). Das betrifft sowohl Geldanlagen (§ 1845 Abs. 1 BGB) und im Depot verwahrte oder hinterlegte Wertpapiere (§ 1845 Abs. 2 S. 1 BGB) als auch Schuldbuchforderungen gegen den Bund oder ein Land (§ 1845 Abs. 3 BGB, bisher §§ 1857a, 1853, 1816 BGB aF).
- Anders als im bisher geltenden Recht (§§ 1908i Abs. 1 und Abs. 2 S. 2, 1857a, 1853, 1814 BGB aF) sind die befreiten Betreuer nicht mehr von der Hinterlegung der Inhaberpapiere (gemäß § 1814 BGB aF mit Sperrvermerk) befreit, sondern nur noch von der Pflicht zur Sperrvereinbarung nach § 1845 Abs. 2 BGB.
- Die Verwahrungspflichten nach § 1844 BGB gelten auch für die befreiten Betreuer, ebenso die Anzeigepflichten nach § 1846 BGB. Gerade auch im Fall eines befreiten Betreuers soll das Gericht die erforderliche Kenntnis über die Vermögensverwaltung des Betreuers erhalten, um diesen beaufsichtigen zu können und erforderlichenfalls gemäß § 1859 Abs. 3 BGB die Befreiungen aufzuheben.
- Außerdem sind befreite Betreuer von den Beschränkungen nach § 1849 Abs. 1 S. 1 Nr. 1 und 2 und S. 2 BGB und der Pflicht zur Rechnungslegung nach § 1865 BGB entbunden (§ 1859 Abs. 1 S. 1 Nr. 2 und 3 BGB).
- Die befreiten Betreuer müssen im Gegenzug regelmäßig eine Übersicht über den Bestand des ihrer Verwaltung unterliegenden Vermögens beim Betreuungsgericht einreichen (§ 1859 Abs. 1 S. 2 BGB). Das hat zukünftig jährlich statt bisher alle zwei Jahre zu geschehen. Die Möglichkeit für das Betreuungsgericht, die Vorlagefrequenz auf bis zu fünf Jahre zu verlängern, bleibt erhalten (§ 1859 Abs. 1 S. 3 BGB).

425 Im Vormundschaftsrecht wurde die Möglichkeit der Befreiung durch den Vater und die Mutter (§§ 1852, 1855 BGB) neu gefasst und für den durch die Eltern befreiten Vormund (§ 1801 Absatz 3 BGB) sowie für die gesetzlich befreiten Vormünder (§ 1801 Absatz 1 BGB) hinsichtlich der Befreiungstatbestände auf das Betreuungsrecht verwiesen.

2. Von Gesetzes wegen befreite Betreuer

§ 1859 Abs. 2 BGB benennt den **Personenkreis** der von Gesetzes wegen befreiten Betreuer und entspricht weitgehend §§ 1857a, 1908i Abs. 1 S. 1 und Abs. 2 BGB. Nach § 1859 Abs. 2 Nr. 1 BGB werden die gemäß §§ 1857a, 1908i Abs. 2 S. 2 BGB aF erfassten Personen (Vater, Mutter, Abkömmlinge) erweitert auf alle Verwandten in gerader Linie, so dass auch Großeltern oder Enkel befreite Betreuer sind. Zusätzlich werden nach 1859 Abs. 2 Nr. 2 BGB auch die Geschwister des Betreuten befreit. § 1859 Abs. 2 Nr. 3 BGB erfasst Ehegatten als Betreuer. Die Befreiung der über die Verweisungen in § 1908i Abs. 1 S. 1 und Abs. 2 S. 2 BGB aF erfassten Betreuer findet sich nunmehr in § 1859 Abs. 2 Nr. 4 BGB (Betreuungsverein und Vereinsbetreuer) und § 1859 Abs. 2 Nr. 5 BGB (Betreuungsbehörde und Behördenbetreuer). 293

Im Hinblick auf das Selbstbestimmungsrecht des Betreuten soll es zukünftig auch die Möglichkeit geben, dass das Gericht eine Befreiung für andere als die in § 1859 Abs. 2 S. 1 BGB genannten Betreuer ausspricht. Eine solche Befreiung von den in § 1859 Abs. 1 S. 1 BGB genannten Pflichten setzt allerdings voraus, dass der Betreute dies vor Bestellung eines Betreuers, etwa durch Festlegung in einer Betreuungsverfügung, schriftlich verfügt hat und nicht erkennbar ist, dass er an diesem Wunsch nicht festhalten möchte (§ 1859 Abs. 2 Satz 2 und 3 BGB). 294

Entsteht im Laufe der Betreuung ein dringendes Bedürfnis für eine Befreiung einer Person außerhalb des bisher genannten Personenkreises, kann der Betreuer einen Antrag nach § 1860 BGB stellen. 295

Das Gericht hat sowohl bei den gesetzlich befreiten Vormündern als auch bei den gesetzlich befreiten Betreuern die von Gesetzes wegen bestehenden Befreiungen aufzuheben und damit die von Gesetzes wegen bestehen Pflichten in Kraft zu setzen, wenn andernfalls eine Gefährdung des Betreuten im Sinne des § 1821 Abs. 3 Nr. 1 BGB zu besorgen wäre (§ 1859 Abs. 3 BGB). 296

II. Befreiungen auf Anordnung des Gerichts

§ 1860 BGB fasst die im bisher geltenden Recht vorgesehene Befreiung des Vormundes bzw. Betreuers nach § 1817 BGB aF und die allgemeine Ermächtigung nach § 1825 BGB aF in einer Regelung zusammen. Damit wird auch die in § 1825 BGB aF vorgesehene allgemeine Genehmigung von bestimmten genehmigungsbedürftigen Geschäften durch das Gericht künftig als Befreiung von der Genehmigungsbedürftigkeit für bestimmte Geschäfte gefasst. Die Vorschrift sieht jetzt zudem eine Befreiung von Pflichten und Beschränkungen vor, die im Zusammenhang mit depotverwahrten Wertpapieren bestehen. 297

Das Gericht kann die Befreiungen nur auf Antrag des Betreuers anordnen. Die Befreiungen können sowohl beschränkt auf bestimmte Pflichten, auf bestimmte Geschäfte oder in der Höhe des einzuhaltenden Wertes, als auch umfassend, sein. 298

§ 1860 Abs. 1 BGB entspricht § 1817 Abs. 1 BGB aF Das Gericht kann den Betreuer von den Beschränkungen nach den §§ 1841, 1845, 1848 und 1849 Abs. 1 S. 1 Nr. 1 und 2 sowie S. 2 BGB ganz oder teilweise befreien, wenn der Wert des Vermögens des Betreuten ohne Berücksichtigung von Immobilien und Verbindlichkeiten 6.000 EUR nicht übersteigt. 299

Ziel der Regelung ist, dass das Gericht von der Anlagepflicht nach § 1841 BGB befreien kann, weil die zur Verfügung stehende Anlagesumme so geringfügig ist, dass sie eine Festanlage, die nur minimale Zinsen bringt, nicht rechtfertigt. Wenn der Betreuer das für die Ausgaben des Betreuten nicht benötigte Geld in einem solchen Fall verzinslich anlegt, soll er es nicht nach § 1845 BGB versperren und keine Genehmigung für die Rückzahlung einholen müssen. Insoweit wird zum Schutz des Betreuten die Anzeigepflicht nach § 1846 BGB für ausreichend erachtet. Damit er das geringfügige Vermögen ohne bürokratischen Aufwand verwalten kann, soll er auch von der Genehmigungspflicht nach § 1849 Abs. 1 S. 1 Nr. 1 BGB befreit werden können, wenn er Geldforderungen des Betreuten einzieht, die die Freigrenze von 3.000 EUR (vgl. § 1849 Abs. 2 Nr. 1 a BGB) übersteigen. Eine Befreiung von den Verwahrpflichten für Wertpapiere ist dagegen nicht vorgesehen, da bei geringfügigen Vermögen § 1843 Abs. 3 BGB greift. 300

§ 1860 Abs. 2 BGB entspricht im Ergebnis § 1825 BGB aF: Das Betreuungsgericht kann den Betreuer von den Beschränkungen nach §§ 1848, 1849 Abs. 1 und 1854 Nr. 2 bis 5 BGB befreien, soweit dies zum Betreiben eines Erwerbsgeschäfts des Betreuten erforderlich ist oder besondere Gründe der Vermögensverwaltung dies notwendig machen. Hier geht es vor allem darum, dass der Betreuer etwa im Zusammenhang mit einem Erwerbsgeschäft Schulden machen und Forderungen einziehen kann, ohne dass das Gericht dies jedes Mal genehmigen muss. Auch soll er Gelder ohne Genehmigung anders als auf einem Anlagekonto anlegen können. 301

302 Der Betreuer kann auf Antrag im Zusammenhang mit einem Wertpapierdepot des Betreuten bezogen auf das konkrete Depot von den Beschränkungen nach §§ 1845 Abs. 2, 1850 Abs. 1 und 1849 Abs. 1 S. 1 Nr. 1 und 2 BGB befreit werden, wenn zum Zweck der Vermögensverwaltung häufige Wertpapiergeschäfte – insbesondere auch Neuanlagen (§ 1848 Abs. 1 BGB) – erforderlich sind. Voraussetzung für eine Befreiung von der Sperrpflicht und den Genehmigungserfordernissen für die Veräußerung, insbesondere aber für die Neuanlage, ist, dass der Betreuer über hinreichende Kenntnis und Erfahrung verfügt (§ 1860 Abs. 3 BGB).

303 Ist eine Gefährdung des Vermögens des Betreuten zu besorgen, ist eine Befreiung durch das Gericht ausgeschlossen (§ 1860 Abs. 4 BGB).

304 Das Gericht hat die Befreiung wieder aufzuheben, wenn die Voraussetzungen für die Befreiung nicht mehr vorliegen (§ 1860 Abs. 5 BGB).

<table>
<tr><th>BGB nF</th><th>BGB aF</th></tr>
<tr><td>

§ 1859 Gesetzliche Befreiungen

(1) Befreite Betreuer sind entbunden:
1. von der Pflicht zur Sperrvereinbarung nach § 1845,
2. von den Beschränkungen nach § 1849 Abs. 1 Satz 1 Nummer 1 und 2, Satz 2 und
3. von der Pflicht zur Rechnungslegung nach § 1865.

Sie haben dem Betreuungsgericht jährlich eine Übersicht über den Bestand des ihrer Verwaltung unterliegenden Vermögens des Betreuten (Vermögensübersicht) einzureichen. Das Betreuungsgericht kann anordnen, dass die Vermögensübersicht in längeren, höchstens fünfjährigen Zeiträumen einzureichen ist.

</td><td>

§ 1857a Befreiung des Jugendamts und des Vereins[426]

Dem Jugendamt und einem Verein als Vormund stehen die nach § 1852 Abs. 2, §§ 1853, 1854 zulässigen Befreiungen zu.

§ 1852 Befreiung durch den Vater

(1) Der Vater kann, wenn er einen Vormund benennt, die Bestellung eines Gegenvormunds ausschließen.

(2) Der Vater kann anordnen, dass der von ihm benannte Vormund bei der Anlegung von Geld den in den §§ 1809, 1810 bestimmten Beschränkungen nicht unterliegen und zu den im § 1812 bezeichneten Rechtsgeschäften der Genehmigung des Gegenvormunds oder des Familiengerichts nicht bedürfen soll. Diese Anordnungen sind als getroffen anzusehen, wenn der Vater die Bestellung eines Gegenvormunds ausgeschlossen hat.

§ 1853 Befreiung von Hinterlegung und Sperrung

Der Vater kann den von ihm benannten Vormund von der Verpflichtung entbinden, Inhaber- und Orderpapiere zu hinterlegen und den in § 1816 bezeichneten Vermerk in das Bundesschuldbuch oder das Schuldbuch eines Landes eintragen zu lassen.

§ 1854 Befreiung von der Rechnungslegungspflicht

(1) Der Vater kann den von ihm benannten Vormund von der Verpflichtung entbinden, während der Dauer seines Amtes Rechnung zu legen.

(2) Der Vormund hat in einem solchen Falle nach dem Ablauf von je zwei Jahren eine Übersicht über den Bestand des seiner Verwaltung unterliegenden Vermögens dem Familiengericht einzureichen. Das Familiengericht kann anord-

</td></tr>
</table>

426 Anwendbar auf den Betreuer nach § 1908i Abs. 2 S. 2 BGB.

	nen, dass die Übersicht in längeren, höchstens fünfjährigen Zwischenräumen einzureichen ist. (3) Ist ein Gegenvormund vorhanden oder zu bestellen, so hat ihm der Vormund die Übersicht unter Nachweisung des Vermögensbestands vorzulegen. Der Gegenvormund hat die Übersicht mit den Bemerkungen zu versehen, zu denen die Prüfung ihm Anlass gibt. **§ 1817 Befreiung**[427] (1) Das Familiengericht kann den Vormund auf dessen Antrag von den ihm nach den §§ 1806 bis 1816 obliegenden Verpflichtungen entbinden, soweit 1. der Umfang der Vermögensverwaltung dies rechtfertigt und 2. eine Gefährdung des Vermögens nicht zu besorgen ist. Die Voraussetzungen der Nummer 1 liegen im Regelfall vor, wenn der Wert des Vermögens ohne Berücksichtigung von Grundbesitz 6.000 Euro nicht übersteigt. (2) Das Familiengericht kann aus besonderen Gründen den Vormund von den ihm nach den §§ 1814, 1816 obliegenden Verpflichtungen auch dann entbinden, wenn die Voraussetzungen des Absatzes 1 Nr. 1 nicht vorliegen.
(2) Befreite Betreuer sind 1. Verwandte in gerader Linie, 2. Geschwister, 3. Ehegatten, 4. der Betreuungsverein oder ein Vereinsbetreuer, 5. die Betreuungsbehörde oder ein Behördenbetreuer. Das Betreuungsgericht kann andere als die in Satz 1 genannten Betreuer von den in Absatz 1 Satz 1 genannten Pflichten befreien, wenn der Betreute dies vor der Bestellung des Betreuers schriftlich verfügt hat. Dies gilt nicht, wenn der Betreute erkennbar an diesem Wunsch nicht festhalten will.	
(3) Das Betreuungsgericht hat die Befreiungen aufzuheben, wenn bei ihrer Fortgeltung eine Gefährdung im Sinne des § 1821 Absatz 3 Nummer 1 zu besorgen wäre.	
§ 1860 Befreiungen auf Anordnung des Gerichts (1) Das Betreuungsgericht kann den Betreuer auf dessen Antrag von den Beschränkungen nach den §§ 1841, 1845, 1848 und 1849 Absatz 1 Satz 1 Nummer 1 und 2 sowie Satz 2 ganz oder	**§ 1817 Befreiung**[428] (1) Das Familiengericht kann den Vormund auf dessen Antrag von den ihm nach den §§ 1806 bis 1816 obliegenden Verpflichtungen entbinden, soweit

427 Anwendbar auf den Betreuer nach § 1908i Abs. 1 S. 1 BGB.
428 Anwendbar auf den Betreuer nach § 1908i Abs. 1 S. 1 BGB.

teilweise befreien, wenn der Wert des Vermögens des Betreuten ohne Berücksichtigung von Immobilien und Verbindlichkeiten 6.000 Euro nicht übersteigt.	1. der Umfang der Vermögensverwaltung dies rechtfertigt und 2. eine Gefährdung des Vermögens nicht zu besorgen ist. Die Voraussetzungen der Nummer 1 liegen im Regelfall vor, wenn der Wert des Vermögens ohne Berücksichtigung von Grundbesitz 6.000 Euro nicht übersteigt. (2) Das Familiengericht kann aus besonderen Gründen den Vormund von den ihm nach den §§ 1814, 1816 obliegenden Verpflichtungen auch dann entbinden, wenn die Voraussetzungen des Absatzes 1 Nr. 1 nicht vorliegen. **§ 1825 Allgemeine Ermächtigung** (1) Das Familiengericht kann dem Vormund zu Rechtsgeschäften, zu denen nach § 1812 die Genehmigung des Gegenvormunds erforderlich ist, sowie zu den in § 1822 Nr. 8 bis 10 bezeichneten Rechtsgeschäften eine allgemeine Ermächtigung erteilen. (2) Die Ermächtigung soll nur erteilt werden, wenn sie zum Zwecke der Vermögensverwaltung, insbesondere zum Betrieb eines Erwerbsgeschäfts, erforderlich ist.
(2) Das Betreuungsgericht kann den Betreuer auf dessen Antrag von den Beschränkungen nach den §§ 1848, 1849 Absatz 1 Satz 1 Nummer 1 und 2 sowie Satz 2[429] und nach § 1854 Nummer 2 bis 5 befreien, soweit mit der Vermögensverwaltung der Betrieb eines Erwerbsgeschäfts verbunden ist oder besondere Gründe der Vermögensverwaltung dies erfordern.	
(3) Das Betreuungsgericht kann den Betreuer auf dessen Antrag von den Beschränkungen nach § 1845 Absatz 2, den §§ 1848 und 1849 Absatz 1 Satz 1 Nummer 1 und 2 sowie Satz 2 befreien, wenn ein Wertpapierdepot des Betreuten häufige Wertpapiergeschäfte erfordert und der Betreuer über hinreichende Kapitalmarktkenntnis und Erfahrung verfügt.	
(4) Eine Befreiung gemäß den Absätzen 1 bis 3 kann das Betreuungsgericht nur anordnen, wenn eine Gefährdung im Sinne des § 1821 Absatz 3 Nummer 1 nicht zu besorgen ist.	
(5) Das Betreuungsgericht hat eine Befreiung aufzuheben, wenn ihre Voraussetzungen nicht mehr vorliegen.	

429 Überschneidung mit § 1859 Abs. 1 S. 1 Nr. 2 BGB. § 1860 Abs. 2 BGB greift nur, wenn der Betreuer nicht zu dem Personenkreis des § 1859 Abs. 2 BGB gehört.

Untertitel 3 Beratung und Aufsicht durch das Betreuungsgericht

Einführung

Der dritte Untertitel regelt die Beratung und Aufsicht des Betreuers durch das Betreuungsgericht. Die Bestimmungen betreffen 305

- die Beratung und Verpflichtung des Betreuers (§ 1861 BGB),
- die Aufsicht durch die Betreuungsbehörde (§ 1862 BGB),
- die Berichte des Betreuers über die persönlichen Verhältnisse des Betreuten (§ 1863 BGB),
- die Auskunfts- und Mitteilungspflichten des Betreuers (§ 1864 BGB),
- die Rechnungslegung des Betreuers (§ 1865 BGB),
- die Prüfung der Rechnung durch das Betreuungsgericht (§ 1866 BGB) und
- einstweilige Maßnahmen des Betreuungsgerichts (§ 1867 BGB).

Beratungs- und Kontrollinstanz

Beratungs- und Kontrollinstanz für Betreuer ist und bleibt das **Betreuungsgericht.** Der Gesetzgeber sieht es als den am besten geeigneten Akteur an, v.a. weil die Bestellung und die Kontrolle des Betreuers nach seiner Auffassung in einer Hand liegen sollten. Die Betreuungsbehörde kann vom Gericht in geeigneten Fällen eingebunden und um eine fachliche Beurteilung gebeten werden (vgl. § 11 Abs. 1 Nr. 3 BtOG). 306

Bislang erfolgte die **Kontrolle der Betreuungsführung** durch das Betreuungsgericht **auf dreifache Weise:** 307

- durch Genehmigungserfordernisse (§ 1908i Abs. 1 iVm §§ 1809 ff. BGB aF),
- durch die Verpflichtung zur Einreichung eines Vermögensverzeichnisses und
- durch die Verpflichtung zur jährlichen Erstellung eines Berichts nebst Rechnungslegung (§ 1908i Abs. 1 S. 1 iVm §§ 1802, 1840 ff. BGB aF).

Daneben beaufsichtigte das Betreuungsgericht den Betreuer (§ 1908i Abs. 1 S. 1 iVm § 1837 Abs. 2 BGB aF) und konnte von ihm jederzeit Auskunft verlangen (§ 1908i Abs. 1 S. 1 iVm § 1839 BGB aF). Schließlich hatte das Gericht Sanktionsmöglichkeiten bei festgestellten Pflichtverletzungen. Als weitere Maßnahmen der Qualitätssicherung hatte es eine Beratungspflicht und konnte den Abschluss einer Haftpflichtversicherung von dem Betreuer verlangen (§ 1837 Abs. 2 S. 3 BGB).[430] 308

Trotz festgestellter Umsetzungsdefizite hat sich das Konzept bewährt und wurde deswegen im Wesentlichen beibehalten. Es finden sich Vorschriften über 309

- Anzeige- (§§ 1846 f. BGB) und Genehmigungserfordernisse (§ 1848–1854 BGB),
- die Verpflichtung zur Einreichung eines Vermögensverzeichnisses (§ 1835 BGB),
- die Verpflichtung zur jährlichen Erstellung eines Berichts nebst Rechnungslegung (§ 1863 BGB),
- die Aufsicht des Betreuungsgerichts über den Betreuer (§ 1862 BGB),
- das Recht auf jederzeitige Auskunft (§ 1864 BGB),
- die Sanktionsmöglichkeiten bei festgestellten Pflichtverletzungen (§ 1867 BGB).

Damit eine effektive Aufsicht des Gerichts ermöglicht wird, die sich v.a. auch darauf erstreckt, ob der Betreuer das Gebot des „Unterstützen vor Vertreten" beachtet und er sein Handeln nach den Wünschen oder hilfsweise dem mutmaßlichen Willen des Betreuten ausrichtet, sind persönliche Kontakte zwischen dem Betreuten und dem die Aufsicht führenden Rechtspfleger häufiger als bisher vorgesehen. Diese finden zum einen statt durch Anhörungen im Rahmen der Genehmigungstatbestände, aber auch im Rahmen sowohl einer beginnenden als auch einer laufenden Betreuung. Dazu sind mehrere Gelegenheiten vorgegeben: Das Gespräch über den Anfangsbericht nach § 1863 Abs. 1 S. 5 BGB, das Anfangsgespräch nach § 1863 Abs. 2 S. 2 BGB, das mit dem Verpflichtungsgespräch des ehrenamtlichen Betreuers nach § 1861 Abs. 2 BGB verbunden werden kann, und die Anhörung aus gegebenem Anlass nach § 1862 Abs. 2 BGB. 310

Der Inhalt von § 1837 BGB aF (anwendbar auch auf Betreuer nach § 1908i Abs. 1 S. 1 BGB aF) wurde auf zwei Vorschriften verteilt, die das Gericht in den Fokus nehmen: § 1861 BGB regelt die Pflicht des Gerichts zur Beratung, § 1862 BGB die gerichtliche Aufsicht. Damit wird gezeigt, dass der Bera- 311

430 Die Regelung wurde nicht wieder ins BGB übernommen. Der berufliche Betreuer ist nun gemäß § 23 Abs. 1 Nr. 3 BtOG zum Abschluss einer Berufshaftpflichtversicherung verpflichtet. Für ehrenamtliche Betreuer schließen die Länder eine Sammelhaftpflichtversicherung ab. Daneben steht es dem Gericht im Einzelfall aber weiterhin frei, den Betreuer zum Abschluss einer weiteren Versicherung zu verpflichten, um einen größeren Schaden abzudecken.

tungstätigkeit eine eigenständige und ebenso wichtige Funktion wie der Aufsicht zukommt. Das bisher in § 289 Abs. 2 FamFG geregelte Einführungsgespräch wurde materiellrechtlich in § 1863 Abs. 2 S. 2 BGB als Anfangsgespräch für den ehrenamtlichen „Angehörigenbetreuer" normiert. Für die übrigen Betreuer ist die Möglichkeit eines Gesprächs über den Anfangsbericht in § 1863 Abs. 1 S. 5 BGB geregelt. Die §§ 1863–1865 BGB richten sich an den Betreuer und enthalten dessen Pflichten gegenüber dem Gericht, damit dieses die Aufsicht adäquat führen kann.

BGB nF	BGB aF
§ 1861 Beratung; Verpflichtung des Betreuers (1) Das Betreuungsgericht berät den Betreuer über dessen Rechte und Pflichten bei der Wahrnehmung[432] seiner Aufgaben.[433]	**§ 1837 Beratung und Aufsicht[431]** (1) Das Familiengericht berät die Vormünder. Es wirkt dabei mit, sie in ihre Aufgaben einzuführen. (2)–(3) … (4) §§ 1666, 1666a und 1696 gelten entsprechend.
(2) Der ehrenamtliche Betreuer wird alsbald nach seiner Bestellung mündlich verpflichtet,[434] über seine Aufgaben unterrichtet und auf Beratungs- und Unterstützungsangebote hingewiesen. Das gilt nicht für solche ehrenamtlichen Betreuer, die mehr als eine Betreuung führen oder in den letzten zwei Jahren geführt haben.	**§ 289 FamFG Verpflichtung des Betreuers** (1) Der Betreuer wird mündlich verpflichtet und über seine Aufgaben unterrichtet. Das gilt nicht für Vereinsbetreuer, Behördenbetreuer, Vereine, die zuständige Behörde und Personen, die die Betreuung im Rahmen ihrer Berufsausübung führen, sowie nicht für ehrenamtliche Betreuer, die mehr als eine Betreuung führen oder in den letzten zwei Jahren geführt haben. (2) In geeigneten Fällen führt das Gericht mit dem Betreuer und dem Betroffenen ein Einführungsgespräch.[435]

431 Abs. 1–3 anwendbar auf den Betreuer nach § 1908i Abs. 1 S. 1 BGB.

432 Neu formuliert. Das soll besser verdeutlichen, dass sich die Beratung nicht auf eine Einführung der Tätigkeit zu Beginn einer neuen Betreuung beschränkt, sondern dass diese Beratung bei Bedarf dauerhaft während der gesamten Betreuung zu leisten ist.

433 Der daneben bestehende Anspruch des Betreuers auf Beratung und Unterstützung durch die Betreuungsbehörde und die Betreuungsvereine bleibt unberührt. Das Gericht sollte den ehrenamtlichen Betreuer auf diese Beratungsmöglichkeiten, v.a. auf die Möglichkeit des Abschlusses einer Vereinbarung zur Begleitung und Unterstützung nach § 15 Abs. 1 S. 1 Nr. 4, § 5 Abs. 2 S. 3 BtOG, hinweisen.

434 Beachte: Das Verpflichtungsgespräch hat keine konstitutive Wirkung. Vielmehr ist der Betreuer bereits mit Erlass und Eintritt der in § 287 FamFG geregelten Wirksamkeit des Betreuungsbeschlusses zur Wahrnehmung seiner Aufgaben berechtigt und verpflichtet.

435 Wurde nicht übernommen, da in der Praxis kein Gebrauch davon gemacht wurde.

§ 1862 Aufsicht durch das Betreuungsgericht	§ 1837 Beratung und Aufsicht[436]
(1) Das Betreuungsgericht führt über die gesamte Tätigkeit des Betreuers die Aufsicht.[437] Es hat dabei auf die Einhaltung der Pflichten des Betreuers zu achten und insbesondere bei Anordnungen nach Absatz 3, der Erteilung von Genehmigungen und einstweiligen Maßnahmen nach § 1867 den in § 1821 Absatz 2 bis 4 festgelegten Maßstab[438] zu beachten.[439]	(1) ... (2) Das Familiengericht hat über die gesamte Tätigkeit des Vormunds und des Gegenvormunds die Aufsicht zu führen und gegen Pflichtwidrigkeiten durch geeignete Gebote und Verbote einzuschreiten. Es hat insbesondere die Einhaltung der erforderlichen persönlichen Kontakte des Vormunds zu dem Mündel zu beaufsichtigen. Es kann dem Vormund und dem Gegenvormund aufgeben, eine Versicherung gegen Schäden, die sie dem Mündel zufügen können, einzugehen.
(2) Das Betreuungsgericht hat den Betreuten persönlich anzuhören, wenn Anhaltspunkte dafür bestehen, dass der Betreuer pflichtwidrig den Wünschen des Betreuten nicht oder nicht in geeigneter Weise oder seinen Pflichten gegenüber dem Betreuten[440] in anderer Weise nicht nachkommt,[441] es sei denn, die persönliche Anhörung ist nicht geeignet oder nicht erforderlich, um die Pflichtwidrigkeit aufzuklären.	*Neu eingeführt.*
(3) Das Betreuungsgericht hat gegen Pflichtwidrigkeiten des Betreuers[442] durch geeignete Gebote und Verbote einzuschreiten. Zur Befolgung seiner Anordnungen kann es den Betreuer durch die Festsetzung von Zwangsgeld anhalten. Gegen die Betreuungsbehörde, einen Behördenbe-	(3) Das Familiengericht kann den Vormund und den Gegenvormund zur Befolgung seiner Anordnungen durch Festsetzung von Zwangsgeld anhalten. Gegen das Jugendamt oder einen Verein wird kein Zwangsgeld festgesetzt. (4) ...

436 Abs. 1–3 anwendbar auf den Betreuer nach § 1908i Abs. 1 Satz 1 BGB.

437 Die gerichtliche Aufsicht beschränkt sich darauf, die Einhaltung der sich aus dem Gesetz oder einer Anordnung des Gerichts ergebenden Handlungspflichten sowie der allgemeinen Pflicht zur gewissenhaften Führung der Betreuung durch den Betreuer zu überwachen. Im Übrigen führt der Betreuer sein Amt selbstständig und eigenverantwortlich.

438 Der Maßstab der gerichtlichen Aufsichtstätigkeit ist nun klar benannt: Der Betreuer hat die Angelegenheiten des Betreuten gemäß § 1821 Abs. 2 bis 4 BGB nach dessen Wünschen zu besorgen. Aufgrund der Selbständigkeit im Rahmen seiner Amtsführung ist der Betreuer bei Zweckmäßigkeits- und Ermessensentscheidungen nicht an Weisungen des Gerichts gebunden; er hat insoweit nach pflichtgemäßem Ermessen zu entscheiden. An die normierten Rechtspflichten, insbesondere die des § 1821 BGB ist er jedoch gebunden und unterliegt insoweit der gerichtlichen Aufsicht, die in § 1862 Abs. 1 S. 2 BGB konkret benannt ist.

439 Beachte: Die dem Betreuungsgericht obliegende Aufsichtspflicht unterscheidet sich inhaltlich maßgeblich von derjenigen das Familiengerichts in Vormundschaftssachen. Während das Familiengericht sich im Rahmen seiner Aufsicht maßgeblich am Wohl des Mündels und hinsichtlich der Vermögenssorge namentlich an einer wirtschaftlichen Vermögensverwaltung zu orientieren hat, ist für die Aufsicht des Betreuungsgerichts der Wunsch bzw. der mutmaßliche Wille des Betreuten nach § 1821 Abs. 2 bis 4 BGB maßgeblich.

440 Gemeint sind nur die Pflichten, die der Betreuer gegenüber dem Betreuten einzuhalten hat. Es geht in erster Linie um solche Pflichtverstöße, durch die der Betreuer die Wünsche des Betroffenen entgegen den Vorgaben des § 1821 Abs. 2 bis 4 BGB missachtet. Andere Pflichtverletzungen können etwa in dem mangelnden persönlichen Kontakt des Betreuers zum Betreuten liegen.

441 Die Anhörung ist grds. zwingend. Sie soll es dem Gericht ermöglichen, die Sichtweise des Betreuten, insbesondere dessen Wünsche, aus erster Hand zu erfahren und gegebenenfalls zu besprechen, welche Folge dieser sich bei einer tatsächlichen Pflichtverletzung wünscht.

442 Der Gesetzgeber verzichtet wie bisher darauf, den Begriff der Pflichtwidrigkeit gesetzlich zu definieren. Eine Pflichtwidrigkeit liegt aber jedenfalls, wenn der Betreuer gegen die ihn betreffenden gesetzlichen Bestimmungen sowie gegen gerichtliche Anordnungen verstößt. Die den Betreuer bei der Amtsführung treffenden Pflichten ergeben sich zunächst allgemein aus § 1821 BGB. Daneben bestehen gegebenenfalls konkrete Handlungsgebote, wie etwa nach den §§ 1839 ff. BGB bei der Vermögensverwaltung, soweit der Betreute nichts anderes wünscht. Im Übrigen ist eine Pflichtwidrigkeit anzunehmen, wenn der Betreuer durch seine Amtsführung im Zuge eines Ermessensfehlgebrauchs wichtige Interessen des Betreuten verletzt.

treuer oder einen Betreuungsverein wird kein Zwangsgeld festgesetzt.	
(4) Durch Landesrecht kann bestimmt werden, dass Vorschriften, welche die Aufsicht des Betreuungsgerichts in vermögensrechtlicher Hinsicht sowie beim Abschluss von Ausbildungs-, Dienst- oder Arbeitsverträgen betreffen, gegenüber der Betreuungsbehörde außer Anwendung bleiben.	
§ 1863 Berichte über die persönlichen Verhältnisse des Betreuten (1) Mit Übernahme der Betreuung hat der Betreuer einen Bericht über die persönlichen Verhältnisse (Anfangsbericht) zu erstellen. Der Anfangsbericht hat insbesondere Angaben zu folgenden Sachverhalten zu enthalten: 1. persönliche Situation des Betreuten, 2. Ziele der Betreuung, bereits durchgeführte und beabsichtigte Maßnahmen, insbesondere im Hinblick auf § 1821 Absatz 6, und 3. Wünsche des Betreuten hinsichtlich der Betreuung. Sofern ein Vermögensverzeichnis gemäß § 1835 zu erstellen ist, ist dieses dem Anfangsbericht beizufügen. Der Anfangsbericht soll dem Betreuungsgericht innerhalb von drei Monaten nach Bestellung des Betreuers übersandt werden. Das Betreuungsgericht kann den Anfangsbericht mit dem Betreuten und dem Betreuer in einem persönlichen Gespräch erörtern.	
(2) Absatz 1 gilt nicht, wenn die Betreuung ehrenamtlich von einer Person mit einer familiären Beziehung oder persönlichen Bindung zum Betreuten geführt wird. In diesem Fall führt das Betreuungsgericht mit dem Betreuten auf dessen Wunsch oder in anderen geeigneten Fällen ein Anfangsgespräch zur Ermittlung der Sachverhalte nach Absatz 1 Satz 2. Der ehrenamtliche Betreuer soll an dem Gespräch teilnehmen. Die Pflicht zur Erstellung eines Vermögensverzeichnisses gemäß § 1835 bleibt unberührt.	
(3) Der Betreuer hat dem Betreuungsgericht über die persönlichen Verhältnisse des Betreuten mindestens einmal jährlich zu berichten (Jahresbericht). Er hat den Jahresbericht mit dem Betreuten zu besprechen, es sei denn, davon sind erhebliche Nachteile für die Gesundheit des Betreuten zu besorgen oder dieser ist offensichtlich nicht in der Lage, den Inhalt des Jahresberichts zur Kenntnis zu nehmen. Der Jahresbericht hat insbesondere Angaben zu folgenden Sachverhalten zu enthalten: 1. Art, Umfang und Anlass der persönlichen Kontakte zum Betreuten und der persönliche Eindruck vom Betreuten,	**§ 1840 Bericht und Rechnungslegung**[443] (1) Der Vormund hat über die persönlichen Verhältnisse des Mündels dem Familiengericht mindestens einmal jährlich zu berichten. Der Bericht hat auch Angaben zu den persönlichen Kontakten des Vormunds zu dem Mündel zu enthalten. (2)–(4) …

2. Umsetzung der bisherigen Betreuungsziele und Darstellung der bereits durchgeführten und beabsichtigten Maßnahmen, insbesondere solcher gegen den Willen des Betreuten, 3. Gründe für die weitere Erforderlichkeit der Betreuung und des Einwilligungsvorbehalts, insbesondere auch hinsichtlich des Umfangs, 4. bei einer beruflich geführten Betreuung die Mitteilung, ob die Betreuung zukünftig ehrenamtlich geführt werden kann, und 5. die Sichtweise des Betreuten zu den Sachverhalten nach den Nummern 1 bis 4.	
(4) Nach Beendigung der Betreuung hat der Betreuer einen abschließenden Bericht (Schlussbericht) zu erstellen, in dem die seit dem letzten Jahresbericht eingetretenen Änderungen der persönlichen Verhältnisse mitzuteilen sind. Der Schlussbericht ist dem Betreuungsgericht zu übersenden. Er hat Angaben zur Herausgabe des der Verwaltung des Betreuers unterliegenden Vermögens des Betreuten und aller im Rahmen der Betreuung erlangten Unterlagen zu enthalten.	
§ 1864 Auskunfts- und Mitteilungspflichten des Betreuers (1) Der Betreuer hat dem Betreuungsgericht auf dessen Verlangen jederzeit über die Führung der Betreuung und über die persönlichen und wirtschaftlichen Verhältnisse des Betreuten Auskunft zu erteilen.	**§ 1839 Auskunftspflicht des Vormunds**[444] Der Vormund sowie der Gegenvormund hat dem Familiengericht auf Verlangen jederzeit über die Führung der Vormundschaft und über die persönlichen Verhältnisse des Mündels Auskunft zu erteilen.
(2) Der Betreuer hat dem Betreuungsgericht wesentliche Änderungen der persönlichen und wirtschaftlichen Verhältnisse des Betreuten unverzüglich mitzuteilen. Dies gilt auch für solche Umstände, 1. die eine Aufhebung der Betreuung oder des Einwilligungsvorbehalts ermöglichen, 2. die eine Einschränkung des Aufgabenkreises des Betreuers ermöglichen, 3. die die Erweiterung des Aufgabenkreises des Betreuers erfordern, 4. die die Bestellung eines weiteren Betreuers erfordern, 5. die die Anordnung eines Einwilligungsvorbehalts erfordern und 6. aus denen sich bei einer beruflich geführten Betreuung ergibt, dass die Betreuung zukünftig ehrenamtlich geführt werden kann.	

443 Anwendbar auf den Betreuer nach § 1908i Abs. 1 S. 1 BGB.
444 Anwendbar auf den Betreuer nach § 1908i Abs. 1 S. 1 BGB.

§ 1865 Rechnungslegung (1) Der Betreuer hat dem Betreuungsgericht über die Vermögensverwaltung Rechnung zu legen, soweit sein Aufgabenkreis die Vermögensverwaltung umfasst.	**§ 1840 Bericht und Rechnungslegung**[445] (1) … (2) Der Vormund hat über seine Vermögensverwaltung dem Familiengericht Rechnung zu legen.
(2) Die Rechnung ist jährlich zu legen. Das Rechnungsjahr wird vom Betreuungsgericht bestimmt.	(3) Die Rechnung ist jährlich zu legen. Das Rechnungsjahr wird von dem Familiengericht bestimmt. (4) Ist die Verwaltung von geringem Umfang, so kann das Familiengericht, nachdem die Rechnung für das erste Jahr gelegt worden ist, anordnen, dass die Rechnung für längere, höchstens dreijährige Zeitabschnitte zu legen ist.
(3) Die Rechnung soll eine geordnete Zusammenstellung der Einnahmen und Ausgaben enthalten und über den Ab- und Zugang des vom Betreuer verwalteten Vermögens Auskunft geben. Das Betreuungsgericht kann Einzelheiten zur Erstellung der geordneten Zusammenstellung nach Satz 1 bestimmen. Es kann in geeigneten Fällen auf die Vorlage von Belegen verzichten. Verwaltet der Betreute im Rahmen des dem Betreuer übertragenen Aufgabenkreises einen Teil seines Vermögens selbst, so hat der Betreuer dies dem Betreuungsgericht mitzuteilen. Der Betreuer hat die Richtigkeit dieser Mitteilung durch eine Erklärung des Betreuten nachzuweisen oder, falls eine solche nicht beigebracht werden kann, die Richtigkeit an Eides statt zu versichern.	**§ 1841 Inhalt der Rechnungslegung**[446] (1) Die Rechnung soll eine geordnete Zusammenstellung der Einnahmen und Ausgaben enthalten, über den Ab- und Zugang des Vermögens Auskunft geben und, soweit Belege erteilt zu werden pflegen, mit Belegen versehen sein.
(4) Wird vom Betreuten ein Erwerbsgeschäft mit kaufmännischer Buchführung betrieben, so genügt als Rechnung ein aus den Büchern gezogener Jahresabschluss. Das Betreuungsgericht kann Vorlage der Bücher und sonstigen Belege verlangen.	(2) Wird ein Erwerbsgeschäft mit kaufmännischer Buchführung betrieben, so genügt als Rechnung ein aus den Büchern gezogener Jahresabschluss. Das Familiengericht kann jedoch die Vorlegung der Bücher und sonstigen Belege verlangen.
§ 1866 Prüfung der Rechnung durch das Betreuungsgericht (1) Das Betreuungsgericht hat die Rechnung sachlich und rechnerisch zu prüfen und, soweit erforderlich, ihre Berichtigung und Ergänzung durch den Betreuer herbeizuführen.	**§ 1843 Prüfung durch das Familiengericht**[447] (1) Das Familiengericht hat die Rechnung rechnungsmäßig und sachlich zu prüfen und, soweit erforderlich, ihre Berichtigung und Ergänzung herbeizuführen.
(2) Die Möglichkeit der Geltendmachung streitig gebliebener Ansprüche zwischen Betreuer und Betreutem im Rechtsweg bleibt unberührt. Die Ansprüche können schon vor der Beendigung der Betreuung geltend gemacht werden.	(2) Ansprüche, die zwischen dem Vormund und dem Mündel streitig bleiben, können schon vor der Beendigung des Vormundschaftsverhältnisses im Rechtsweg geltend gemacht werden.

445 Anwendbar auf den Betreuer nach § 1908i Abs. 1 S. 1 BGB.
446 Anwendbar auf den Betreuer nach § 1908i Abs. 1 S. 1 BGB.
447 Anwendbar auf den Betreuer nach § 1908i Abs. 1 S. 1 BGB.

§ 1867 Einstweilige Maßnahmen des Betreuungsgerichts Bestehen dringende Gründe für die Annahme, dass die Voraussetzungen für die Bestellung eines Betreuers gegeben sind, und konnte ein Betreuer noch nicht bestellt werden oder ist der Betreuer an der Erfüllung seiner Pflichten gehindert, so hat das Betreuungsgericht die dringend erforderlichen Maßnahmen zu treffen.	**§ 1846 Einstweilige Maßregeln des Familiengerichts[448]** Ist ein Vormund noch nicht bestellt oder ist der Vormund an der Erfüllung seiner Pflichten verhindert, so hat das Familiengericht die im Interesse des Betroffenen erforderlichen Maßregeln zu treffen.
Untertitel 4 Beendigung, Aufhebung oder Änderung von Betreuung und Einwilligungsvorbehalt	
§ 1868 Entlassung des Betreuers (1) Das Betreuungsgericht hat den Betreuer zu entlassen, wenn dessen Eignung, die Angelegenheiten des Betreuten zu besorgen, nicht oder nicht mehr gewährleistet ist oder ein anderer wichtiger Grund für die Entlassung vorliegt. Ein wichtiger Grund liegt auch vor, wenn der Betreuer eine erforderliche Abrechnung vorsätzlich falsch erteilt oder den erforderlichen persönlichen Kontakt zum Betreuten nicht gehalten hat.	**§ 1908b Entlassung des Betreuers** (1) Das Betreuungsgericht hat den Betreuer zu entlassen, wenn seine Eignung, die Angelegenheiten des Betreuten zu besorgen, nicht mehr gewährleistet ist oder ein anderer wichtiger Grund für die Entlassung vorliegt. Ein wichtiger Grund liegt auch vor, wenn der Betreuer eine erforderliche Abrechnung vorsätzlich falsch erteilt oder den erforderlichen persönlichen Kontakt zum Betreuten nicht gehalten hat.
(2) Das Betreuungsgericht hat den beruflichen Betreuer zu entlassen, wenn dessen Registrierung nach § 27 Absatz 1 und 2 des Betreuungsorganisationsgesetzes widerrufen oder zurückgenommen wurde.	
(3) Das Betreuungsgericht soll den beruflichen Betreuer, den Betreuungsverein, den Behördenbetreuer oder die Betreuungsbehörde entlassen, wenn der Betreute zukünftig ehrenamtlich betreut werden kann.	Das Gericht soll den nach § 1897 Abs. 6 bestellten Betreuer entlassen, wenn der Betreute durch eine oder mehrere andere Personen außerhalb einer Berufsausübung betreut werden kann.
(4) Das Betreuungsgericht entlässt den Betreuer auf dessen Verlangen, wenn nach dessen Bestellung Umstände eingetreten sind, aufgrund derer ihm die Führung der Betreuung nicht mehr zugemutet werden kann.	(2) Der Betreuer kann seine Entlassung verlangen, wenn nach seiner Bestellung Umstände eintreten, auf Grund derer ihm die Betreuung nicht mehr zugemutet werden kann.
(5) Das Betreuungsgericht kann den Betreuer entlassen, wenn der Betreute eine mindestens gleich geeignete Person, die zur Übernahme der Betreuung bereit ist, als neuen Betreuer vorschlägt.	(3) Das Gericht kann den Betreuer entlassen, wenn der Betreute eine gleich geeignete Person, die zur Übernahme bereit ist, als neuen Betreuer vorschlägt.
(6) Der Vereinsbetreuer ist auch dann zu entlassen, wenn der Betreuungsverein dies beantragt. Wünscht der Betreute die Fortführung der Betreuung durch den bisherigen Vereinsbetreuer, so kann das Betreuungsgericht statt der Entlassung des Vereinsbetreuers mit dessen Einverständnis feststellen, dass dieser die Betreuung künftig als Privatperson weiterführt. Die Sätze 1 und 2 gelten für den Behördenbetreuer entsprechend.	(4) Der Vereinsbetreuer ist auch zu entlassen, wenn der Verein dies beantragt. Ist die Entlassung nicht zum Wohl des Betreuten erforderlich, so kann das Betreuungsgericht statt dessen mit Einverständnis des Betreuers aussprechen, dass dieser die Betreuung künftig als Privatperson weiterführt. Die Sätze 1 und 2 gelten für den Behördenbetreuer entsprechend.

448 Anwendbar auf den Betreuer nach § 1908i Abs. 1 S. 1 BGB.

(7) Der Betreuungsverein oder die Betreuungsbehörde ist als Betreuer zu entlassen, sobald der Betreute durch eine oder mehrere natürliche Personen hinreichend betreut werden kann. Dies gilt für den Betreuungsverein nicht, wenn der Wunsch des Betreuten dem entgegensteht.	(5) Der Verein oder die Behörde ist zu entlassen, sobald der Betreute durch eine oder mehrere natürliche Personen hinreichend betreut werden kann.
§ 1869 Bestellung eines neuen Betreuers Mit der Entlassung des Betreuers oder nach dessen Tod ist ein neuer Betreuer zu bestellen.	**§ 1908c Bestellung eines neuen Betreuers** Stirbt der Betreuer oder wird er entlassen, so ist ein neuer Betreuer zu bestellen.
§ 1870 Ende der Betreuung Die Betreuung endet mit der Aufhebung der Betreuung durch das Betreuungsgericht oder mit dem Tod des Betreuten.	
§ 1871 Aufhebung oder Änderung von Betreuung und Einwilligungsvorbehalt (1) Die Betreuung ist aufzuheben, wenn ihre Voraussetzungen wegfallen. Fallen die Voraussetzungen nur für einen Teil der Aufgabenbereiche des Betreuers weg, so ist dessen Aufgabenkreis einzuschränken.	**§ 1908d Aufhebung oder Änderung von Betreuung und Einwilligungsvorbehalt** (1) Die Betreuung ist aufzuheben, wenn ihre Voraussetzungen wegfallen. Fallen diese Voraussetzungen nur für einen Teil der Aufgaben des Betreuers weg, so ist dessen Aufgabenkreis einzuschränken.
(2) Ist der Betreuer auf Antrag des Betreuten bestellt, so ist die Betreuung auf dessen Antrag wieder aufzuheben, es sei denn, die Aufrechterhaltung der Betreuung ist auch unter Berücksichtigung von § 1814 Absatz 2 erforderlich. Dies gilt für die Einschränkung des Aufgabenkreises des Betreuers entsprechend.	(2) Ist der Betreuer auf Antrag des Betreuten bestellt, so ist die Betreuung auf dessen Antrag aufzuheben, es sei denn, dass eine Betreuung von Amts wegen erforderlich ist. Den Antrag kann auch ein Geschäftsunfähiger stellen. Die Sätze 1 und 2 gelten für die Einschränkung des Aufgabenkreises entsprechend.
(3) Der Aufgabenkreis des Betreuers ist zu erweitern, wenn dies erforderlich wird. Die Vorschriften über die Bestellung des Betreuers gelten hierfür entsprechend.	(3) Der Aufgabenkreis des Betreuers ist zu erweitern, wenn dies erforderlich wird. Die Vorschriften über die Bestellung des Betreuers gelten hierfür entsprechend.
(4) Für den Einwilligungsvorbehalt gelten die Absätze 1 und 3 entsprechend.	(4) Für den Einwilligungsvorbehalt gelten die Absätze 1 und 3 entsprechend.
§ 1872 Herausgabe von Vermögen und Unterlagen; Schlussrechnungslegung (1) Endet die Betreuung, hat der Betreuer das seiner Verwaltung unterliegende Vermögen und alle im Rahmen der Betreuung erlangten Unterlagen an den Betreuten, dessen Erben oder sonstigen Berechtigten herauszugeben. (2) Eine Schlussrechnung über die Vermögensverwaltung hat der Betreuer nur zu erstellen, wenn der Berechtigte nach Absatz 1 dies verlangt. Auf dieses Recht ist der Berechtigte durch den Betreuer vor Herausgabe der Unterlagen hinzuweisen. Die Frist zur Geltendmachung des Anspruchs beträgt sechs Wochen nach Zugang des Hinweises. Der Berechtigte hat dem Betreu-	**§ 1890 Vermögensherausgabe und Rechnungslegung**[449] Der Vormund hat nach der Beendigung seines Amts dem Mündel das verwaltete Vermögen herauszugeben und über die Verwaltung Rechenschaft abzulegen. Soweit er dem Familiengericht Rechnung gelegt hat, genügt die Bezugnahme auf diese Rechnung. **§ 1891 Mitwirkung des Gegenvormunds** (1) Ist ein Gegenvormund vorhanden, so hat ihm der Vormund die Rechnung vorzulegen. Der Gegenvormund hat die Rechnung mit den Bemerkungen zu versehen, zu denen die Prüfung ihm Anlass gibt.

449 Anwendbar auf den Betreuer nach § 1908i Abs. 1 S. 1 BGB.

ungsgericht sein Verlangen gegenüber dem Betreuer mitzuteilen.	(2) Der Gegenvormund hat über die Führung der Gegenvormundschaft und, soweit er dazu imstande ist, über das von dem Vormund verwaltete Vermögen auf Verlangen Auskunft zu erteilen.
(3) Ist der Betreute sechs Monate nach Ende der Betreuung unbekannten Aufenthalts oder sind dessen Erben nach Ablauf dieser Frist unbekannt oder unbekannten Aufenthalts und ist auch kein sonstiger Berechtigter vorhanden, hat der Betreuer abweichend von Absatz 2 eine Schlussrechnung zu erstellen.	
(4) Bei einem Wechsel des Betreuers hat der bisherige Betreuer das seiner Verwaltung unterliegende Vermögen und alle im Rahmen der Betreuung erlangten Unterlagen an den neuen Betreuer herauszugeben. Über die Verwaltung seit der letzten beim Betreuungsgericht eingereichten Rechnungslegung hat er Rechenschaft durch eine Schlussrechnung abzulegen.	
(5) War der Betreuer bei Beendigung seines Amtes gemäß § 1859 befreit, genügt zur Erfüllung der Verpflichtungen aus den Absätzen 2 und 4 Satz 2 die Erstellung einer Vermögensübersicht mit einer Übersicht über die Einnahmen und Ausgaben seit der letzten Vermögensübersicht. Die Richtigkeit und Vollständigkeit der Vermögensübersicht ist an Eides statt zu versichern.	
§ 1873 Rechnungsprüfung	**§ 1892 Rechnungsprüfung und -anerkennung**[450]
(1) Der Betreuer hat eine nach § 1872 von ihm zu erstellende Schlussrechnung oder Vermögensübersicht beim Betreuungsgericht einzureichen. Das Betreuungsgericht übersendet diese an den Berechtigten, soweit dieser bekannt ist oder rechtlich vertreten wird und kein Fall des § 1872 Absatz 3 vorliegt.	(1) Der Vormund hat die Rechnung, nachdem er sie dem Gegenvormund vorgelegt hat, dem Familiengericht einzureichen.
(2) Das Betreuungsgericht hat die Schlussrechnung oder die Vermögensübersicht sachlich und rechnerisch zu prüfen und, soweit erforderlich, ihre Ergänzung herbeizuführen. Das Betreuungsgericht übersendet das Ergebnis seiner Prüfung nach Satz 1 an den Berechtigten.	(2) Das Familiengericht hat die Rechnung rechnungsmäßig und sachlich zu prüfen und deren Abnahme durch Verhandlung mit den Beteiligten unter Zuziehung des Gegenvormunds zu vermitteln. Soweit die Rechnung als richtig anerkannt wird, hat das Familiengericht das Anerkenntnis zu beurkunden.
(3) Endet die Betreuung und liegt kein Fall des § 1872 Absatz 3 vor, so gilt Absatz 2 nur dann, wenn der Berechtigte binnen sechs Wochen nach Zugang der Schlussrechnung oder der Vermögensübersicht deren Prüfung verlangt. Über dieses Recht ist der Berechtigte bei der Übersendung nach Absatz 1 Satz 2 zu belehren. Nach	

450 Anwendbar auf den Betreuer nach § 1908i Abs. 1 S. 1 BGB.

Ablauf der Frist kann eine Prüfung durch das Betreuungsgericht nicht mehr verlangt werden.	
§ 1874 Besorgung der Angelegenheiten des Betreuten nach Beendigung der Betreuung (1) Der Betreuer darf die Besorgung der Angelegenheiten des Betreuten fortführen, bis er von der Beendigung der Betreuung Kenntnis erlangt oder diese kennen muss. Ein Dritter kann sich auf diese Befugnis nicht berufen, wenn er bei der Vornahme des Rechtsgeschäfts die Beendigung kennt oder kennen muss.	**§ 1893 Fortführung der Geschäfte nach Beendigung der Vormundschaft, Rückgabe von Urkunden**[451] (1) Im Falle der Beendigung der Vormundschaft oder des vormundschaftlichen Amts finden die Vorschriften der §§ 1698a, 1698b entsprechende Anwendung. (2) Der Vormund hat nach Beendigung seines Amts die Bestallung dem Familiengericht zurückzugeben. In den Fällen der §§ 1791a, 1791b ist der Beschluss des Familiengerichts, im Falle des § 1791c die Bescheinigung über den Eintritt der Vormundschaft zurückzugeben.[452]
(2) Endet die Betreuung durch den Tod des Betreuten, so hat der Betreuer im Rahmen des ihm übertragenen Aufgabenkreises die Angelegenheiten, die keinen Aufschub dulden, zu besorgen, bis der Erbe diese besorgen kann.	
Untertitel 5 Vergütung und Aufwendungsersatz	
§ 1875 Vergütung und Aufwendungsersatz (1) Vergütung und Aufwendungsersatz des ehrenamtlichen Betreuers bestimmen sich nach den Vorschriften dieses Untertitels.	
(2) Vergütung und Aufwendungsersatz des beruflichen Betreuers, des Betreuungsvereins, des Behördenbetreuers und der Betreuungsbehörde bestimmen sich nach dem Vormünder- und Betreuervergütungsgesetz.	
§ 1876 Vergütung Dem ehrenamtlichen Betreuer steht grundsätzlich kein Anspruch auf Vergütung zu. Das Betreuungsgericht kann ihm abweichend von Satz 1 eine angemessene Vergütung bewilligen, wenn 1. der Umfang oder die Schwierigkeit der Wahrnehmung der Angelegenheiten des Betreuten dies rechtfertigen und 2. der Betreute nicht mittellos ist.	**§ 1836 Vergütung des Vormunds**[453] (1) Die Vormundschaft wird unentgeltlich geführt. Sie wird ausnahmsweise entgeltlich geführt, wenn das Gericht bei der Bestellung des Vormunds feststellt, dass der Vormund die Vormundschaft berufsmäßig führt. Das Nähere regelt das Vormünder- und Betreuervergütungsgesetz. (2) Trifft das Gericht keine Feststellung nach Absatz 1 Satz 2, so kann es dem Vormund und aus besonderen Gründen auch dem Gegenvormund gleichwohl eine angemessene Vergütung bewilligen, soweit der Umfang oder die Schwierigkeit der vormundschaftlichen Geschäfte dies

451 Anwendbar auf den Betreuer nach § 1908i Abs. 1 S. 1 BGB.

452 Die Pflicht zur Rückgabe von Bestellungsnachweisen an das Familiengericht findet sich jetzt in § 168b Abs. 3 FamFG.

453 Anwendbar auf den Betreuer nach § 1908i Abs. 1 S. 1 BGB.

	rechtfertigen; dies gilt nicht, wenn der Mündel mittellos ist. (3) Dem Jugendamt oder einem Verein kann keine Vergütung bewilligt werden
§ 1877 Aufwendungsersatz (1) Macht der Betreuer zur Führung der Betreuung Aufwendungen, so kann er nach den für den Auftrag geltenden Vorschriften der §§ 669 und 670 vom Betreuten Vorschuss oder Ersatz verlangen. Für den Ersatz von Fahrtkosten des Betreuers gilt die in § 5 des Justizvergütungs- und -entschädigungsgesetzes für Sachverständige getroffene Regelung entsprechend.	**§ 1835 Aufwendungsersatz**[454] (1) Macht der Vormund zum Zwecke der Führung der Vormundschaft Aufwendungen, so kann er nach den für den Auftrag geltenden Vorschriften der §§ 669, 670 von dem Mündel Vorschuss oder Ersatz verlangen; für den Ersatz von Fahrtkosten gilt die in § 5 des Justizvergütungs- und -entschädigungsgesetzes für Sachverständige getroffene Regelung entsprechend. Das gleiche Recht steht dem Gegenvormund zu. Ersatzansprüche erlöschen, wenn sie nicht binnen 15 Monaten nach ihrer Entstehung gerichtlich geltend gemacht werden; die Geltendmachung des Anspruchs beim Familiengericht gilt dabei auch als Geltendmachung gegenüber dem Mündel. (1a) Das Familiengericht kann eine von Absatz 1 Satz 3 abweichende Frist von mindestens zwei Monaten bestimmen. In der Fristbestimmung ist über die Folgen der Versäumung der Frist zu belehren. Die Frist kann auf Antrag vom Familiengericht verlängert werden. Der Anspruch erlischt, soweit er nicht innerhalb der Frist beziffert wird.
(2) Zu den Aufwendungen gehören auch die Kosten einer angemessenen Versicherung gegen Schäden, die 1. dem Betreuten durch den Betreuer zugefügt werden können oder 2. die dem Betreuer dadurch entstehen können, dass er einem Dritten zum Ersatz eines durch die Führung der Betreuung verursachten Schadens verpflichtet ist. Kosten für die Haftpflichtversicherung des Halters eines Kraftfahrzeugs gehören nicht zu diesen Aufwendungen.	(2) Aufwendungen sind auch die Kosten einer angemessenen Versicherung gegen Schäden, die dem Mündel durch den Vormund oder Gegenvormund zugefügt werden können oder die dem Vormund oder Gegenvormund dadurch entstehen können, dass er einem Dritten zum Ersatz eines durch die Führung der Vormundschaft verursachten Schadens verpflichtet ist; dies gilt nicht für die Kosten der Haftpflichtversicherung des Halters eines Kraftfahrzeugs. Satz 1 ist nicht anzuwenden, wenn der Vormund oder Gegenvormund eine Vergütung nach § 1836 Abs. 1 Satz 2 in Verbindung mit dem Vormünder- und Betreuervergütungsgesetz erhält.
(3) Als Aufwendungen gelten auch solche Dienste des Betreuers, die zu seinem Gewerbe oder Beruf gehören.	(3) Als Aufwendungen gelten auch solche Dienste des Vormunds oder des Gegenvormunds, die zu seinem Gewerbe oder seinem Beruf gehören.
(4) Der Anspruch auf Aufwendungsersatz erlischt, wenn er nicht binnen 15 Monaten nach seiner Entstehung gerichtlich geltend gemacht wird. Die Geltendmachung beim Betreuungsgericht gilt als Geltendmachung gegen den Betreuten. Die Geltendmachung gegen den Betreuten gilt auch als Geltendmachung gegen die Staatskasse.	(4) Ist der Mündel mittellos, so kann der Vormund Vorschuss und Ersatz aus der Staatskasse verlangen. Absatz 1 Satz 3 und Absatz 1a gelten entsprechend.

454 Anwendbar auf den Betreuer nach § 1908i Abs. 1 S. 1 BGB.

(5) Das Betreuungsgericht kann eine von Absatz 4 Satz 1 abweichende kürzere oder längere Frist für das Erlöschen des Anspruchs bestimmen sowie diese gesetzte Frist auf Antrag verlängern. Mit der Fristbestimmung ist über das Erlöschen des Ersatzanspruchs bei Versäumung der Frist zu belehren. Der Anspruch ist innerhalb der Frist zu beziffern.	(5) Das Jugendamt oder ein Verein kann als Vormund oder Gegenvormund für Aufwendungen keinen Vorschuss und Ersatz nur insoweit verlangen, als das einzusetzende Einkommen und Vermögen des Mündels ausreicht. Allgemeine Verwaltungskosten einschließlich der Kosten nach Absatz 2 werden nicht ersetzt.
§ 1878 Aufwandspauschale (1) Zur Abgeltung seines Anspruchs auf Aufwendungsersatz kann der Betreuer für die Führung jeder Betreuung, für die er keine Vergütung erhält, vom Betreuten einen pauschalen Geldbetrag verlangen (Aufwandspauschale). Dieser entspricht für ein Jahr dem 17fachen dessen, was einem Zeugen als Höchstbetrag der Entschädigung für eine Stunde versäumter Arbeitszeit (§ 22 des Justizvergütungs- und -entschädigungsgesetzes) gewährt werden kann. Hat der Betreuer für solche Aufwendungen bereits Vorschuss oder Ersatz erhalten, so verringert sich die Aufwandspauschale entsprechend.	**§ 1835a Aufwandsentschädigung**[455] (1) Zur Abgeltung seines Anspruchs auf Aufwendungsersatz kann der Vormund als Aufwandsentschädigung für jede Vormundschaft, für die ihm keine Vergütung zusteht, einen Geldbetrag verlangen, der für ein Jahr dem Sechzehnfachen dessen entspricht, was einem Zeugen als Höchstbetrag der Entschädigung für eine Stunde versäumter Arbeitszeit (§ 22 des Justizvergütungs- und -entschädigungsgesetzes) gewährt werden kann (Aufwandsentschädigung). Hat der Vormund für solche Aufwendungen bereits Vorschuss oder Ersatz erhalten, so verringert sich die Aufwandsentschädigung entsprechend.
(2) Sind mehrere Betreuer bestellt, kann jeder Betreuer den Anspruch auf Aufwandspauschale geltend machen. In den Fällen der Bestellung eines Verhinderungsbetreuers nach § 1817 Absatz 4 kann jeder Betreuer den Anspruch auf Aufwandspauschale nur für den Zeitraum geltend machen, in dem er tatsächlich tätig geworden ist.	
(3) Die Aufwandspauschale ist jährlich zu zahlen, erstmals ein Jahr nach Bestellung des Betreuers. Endet das Amt des Betreuers, ist die Aufwandspauschale anteilig nach den Monaten des bis zur Beendigung des Amtes laufenden Betreuungsjahres zu zahlen; ein angefangener Monat gilt als voller Monat.	(2) Die Aufwandsentschädigung ist jährlich zu zahlen, erstmals ein Jahr nach Bestellung des Vormunds.
	(3) Ist der Mündel mittellos, so kann der Vormund die Aufwandsentschädigung aus der Staatskasse verlangen; Unterhaltsansprüche des Mündels gegen den Vormund sind insoweit bei der Bestimmung des Einkommens nach § 1836c Nr. 1 nicht zu berücksichtigen.
(4) Der Anspruch erlischt, wenn er nicht binnen sechs Monaten nach Ablauf des Jahres, in dem der Anspruch entstanden ist, gerichtlich geltend gemacht wird. § 1877 Absatz 4 Satz 2 und 3 gilt entsprechend. Ist der Anspruch einmalig ausdrücklich gerichtlich geltend gemacht worden, so gilt in den Folgejahren die Einreichung des Jahresberichts jeweils als Antrag, es sei denn,	(4) Der Anspruch auf Aufwandsentschädigung erlischt, wenn er nicht binnen drei Monaten nach Ablauf des Jahres, in dem der Anspruch entsteht, geltend gemacht wird; die Geltendmachung des Anspruchs beim Familiengericht gilt auch als Geltendmachung gegenüber dem Mündel.

455 Anwendbar auf den Betreuer nach § 1908i Abs. 1 S. 1 BGB.

der Betreuer verzichtet ausdrücklich auf eine weitere Geltendmachung.	
	(5) Dem Jugendamt oder einem Verein kann keine Aufwandsentschädigung gewährt werden.
§ 1879 Zahlung aus der Staatskasse Gilt der Betreute als mittellos im Sinne von § 1880, so kann der Betreuer den Vorschuss, den Aufwendungsersatz nach § 1877 oder die Aufwandspauschale nach § 1878 aus der Staatskasse verlangen.	**§ 1835 Aufwendungsersatz**[456] (1)–(3) ... (4) Ist der Mündel mittellos, so kann der Vormund Vorschuss und Ersatz aus der Staatskasse verlangen. Absatz 1 Satz 3 und Absatz 1a gelten entsprechend. (5) ... **§ 1835a Aufwandsentschädigung**[457] (1)–(2) ... (3) Ist der Mündel mittellos, so kann der Vormund die Aufwandsentschädigung aus der Staatskasse verlangen; Unterhaltsansprüche des Mündels gegen den Vormund sind insoweit bei der Bestimmung des Einkommens nach § 1836c Nr. 1 nicht zu berücksichtigen. (4)–(5) ...
§ 1880 Mittellosigkeit des Betreuten (1) Der Betreute gilt als mittellos, wenn er den Vorschuss, den Aufwendungsersatz oder die Aufwandspauschale aus seinem einzusetzenden Vermögen nicht, nur zum Teil oder nur in Raten aufbringen kann.	**1836d Mittellosigkeit des Mündels**[458] Der Mündel gilt als mittellos, wenn er den Aufwendungsersatz oder die Vergütung aus seinem einzusetzenden Einkommen oder Vermögen 1. nicht oder nur zum Teil oder nur in Raten oder 2. nur im Wege gerichtlicher Geltendmachung von Unterhaltsansprüchen aufbringen kann.
(2) Der Betreute hat sein Vermögen nach Maßgabe des § 90 des Zwölften Buches Sozialgesetzbuch einzusetzen.	**§ 1836c Einzusetzende Mittel des Mündels**[459] Der Mündel hat einzusetzen: 1. nach Maßgabe des § 87 des Zwölften Buches Sozialgesetzbuch sein Einkommen, soweit es zusammen mit dem Einkommen seines nicht getrennt lebenden Ehegatten oder Lebenspartners die nach den §§ 82, 85 Abs. 1 und § 86 des Zwölften Buches Sozialgesetzbuch maßgebende Einkommensgrenze für die Hilfe nach dem Fünften bis Neunten Kapitel des Zwölften Buches Sozialgesetzbuch übersteigt. Wird im Einzelfall der Einsatz eines Teils des Einkommens zur Deckung eines bestimmten Bedarfs im Rahmen der Hilfe nach dem Fünften bis Neunten Kapitel des Zwölften Buches Sozialgesetzbuch zugemutet oder verlangt, darf dieser Teil des Einkommens bei der Prüfung, inwieweit der Einsatz des Einkom-

456 Anwendbar auf den Betreuer nach § 1908i Abs. 1 S. 1 BGB.
457 Anwendbar auf den Betreuer nach § 1908i Abs. 1 S. 1 BGB.
458 Anwendbar auf den Betreuer nach § 1908i Abs. 1 S. 1 BGB.

	mens zur Deckung der Kosten der Vormundschaft einzusetzen ist, nicht mehr berücksichtigt werden. Als Einkommen gelten auch Unterhaltsansprüche sowie die wegen Entziehung einer solchen Forderung zu entrichtenden Renten; 2. sein Vermögen nach Maßgabe des § 90 des Zwölften Buches Sozialgesetzbuch.
§ 1881 Forderungsübergang Soweit die Staatskasse den Betreuer befriedigt, gehen Ansprüche des Betreuers gegen den Betreuten auf die Staatskasse über. Nach dem Tode des Betreuten haftet sein Erbe nur mit dem Wert des im Zeitpunkt des Erbfalls vorhandenen Nachlasses; § 102 Absatz 3 und 4 des Zwölften Buches Sozialgesetzbuch gilt entsprechend, § 1880 Absatz 2 ist auf den Erben nicht anzuwenden.	**§ 1836e Gesetzlicher Forderungsübergang**[460] (1) Soweit die Staatskasse den Vormund oder Gegenvormund befriedigt, gehen Ansprüche des Vormundes oder Gegenvormunds gegen den Mündel auf die Staatskasse über. Nach dem Tode des Mündels haftet sein Erbe nur mit dem Wert des im Zeitpunkt des Erbfalls vorhandenen Nachlasses; § 102 Abs. 3 und 4 des Zwölften Buches Sozialgesetzbuch gilt entsprechend, § 1836c findet auf den Erben keine Anwendung. (2) Soweit Ansprüche gemäß § 1836c Nr. 1 Satz 3 einzusetzen sind, findet zugunsten der Staatskasse § 850b der Zivilprozessordnung keine Anwendung.

Titel 4 Sonstige Pflegschaft	
§ 1882 Pflegschaft für unbekannte Beteiligte Ist unbekannt oder ungewiss, wer bei einer Angelegenheit der Beteiligte ist, so kann dem Beteiligten für diese Angelegenheit, soweit eine Fürsorge erforderlich ist, ein Pfleger bestellt werden. Insbesondere kann für einen Nacherben, der noch nicht gezeugt ist oder dessen Persönlichkeit erst durch ein künftiges Ereignis bestimmt wird, für die Zeit bis zum Eintritt der Nacherbfolge ein Pfleger bestellt werden.	**§ 1913 Pflegschaft für unbekannte Beteiligte** Ist unbekannt oder ungewiss, wer bei einer Angelegenheit der Beteiligte ist, so kann dem Beteiligten für diese Angelegenheit, soweit eine Fürsorge erforderlich ist, ein Pfleger bestellt werden. Insbesondere kann einem Nacherben, der noch nicht gezeugt ist oder dessen Persönlichkeit erst durch ein künftiges Ereignis bestimmt wird, für die Zeit bis zum Eintritt der Nacherbfolge ein Pfleger bestellt werden.
§ 1883 Pflegschaft für gesammeltes Vermögen Ist durch öffentliche Sammlung Vermögen für einen vorübergehenden Zweck zusammengebracht worden, so kann zum Zwecke der Verwaltung und Verwendung des Vermögens ein Pfleger bestellt werden, wenn die zu der Verwaltung und Verwendung berufenen Personen weggefallen sind.	**§ 1914 Pflegschaft für gesammeltes Vermögen** Ist durch öffentliche Sammlung Vermögen für einen vorübergehenden Zweck zusammengebracht worden, so kann zum Zwecke der Verwaltung und Verwendung des Vermögens ein Pfleger bestellt werden, wenn die zu der Verwaltung und Verwendung berufenen Personen weggefallen sind.
§ 1884 Abwesenheitspflegschaft (1) Ein abwesender Volljähriger, dessen Aufenthalt unbekannt ist, erhält für seine Vermögensangelegenheiten, soweit sie der Fürsorge bedürfen, einen Abwesenheitspfleger. Ein solcher Abwesenheitspfleger ist ihm insbesondere auch dann zu bestellen, wenn er durch Erteilung eines Auftrags oder einer Vollmacht Fürsorge getroffen hat, aber Umstände eingetreten sind, die	**§ 1911 Abwesenheitspflegschaft** (1) Ein abwesender Volljähriger, dessen Aufenthalt unbekannt ist, erhält für seine Vermögensangelegenheiten, soweit sie der Fürsorge bedürfen, einen Abwesenheitspfleger. Ein solcher Pfleger ist ihm insbesondere auch dann zu bestellen, wenn er durch Erteilung eines Auftrags oder einer Vollmacht Fürsorge getroffen hat, aber Umstände eingetreten sind, die zum

459 Anwendbar auf den Betreuer nach § 1908i Abs. 1 S. 1 BGB.
460 Anwendbar auf den Betreuer nach § 1908i Abs. 1 S. 1 BGB.

zum Widerruf des Auftrags oder der Vollmacht Anlass geben.	Widerruf des Auftrags oder der Vollmacht Anlass geben.
(2) Das Gleiche gilt für einen Abwesenden, dessen Aufenthalt bekannt, der aber an der Rückkehr und der Besorgung seiner Vermögensangelegenheiten verhindert ist.	(2) Das Gleiche gilt von einem Abwesenden, dessen Aufenthalt bekannt, der aber an der Rückkehr und der Besorgung seiner Vermögensangelegenheiten verhindert ist.
§ 1885 Bestellung des sonstigen Pflegers Das Betreuungsgericht oder im Falle der Nachlasspflegschaft das Nachlassgericht ordnet die Pflegschaft an, wählt einen geeigneten Pfleger aus und bestellt ihn, nachdem er sich zur Übernahme des Amtes bereit erklärt hat.	*Bisher keine explizite Regelung.*
§ 1886 Aufhebung der Pflegschaft (1) Die Pflegschaft für einen Abwesenden ist aufzuheben 1. **wenn der Abwesende an der Besorgung seiner Vermögensangelegenheiten nicht mehr verhindert ist,** 2. **wenn der Abwesende stirbt.**	**§ 1921 Aufhebung der Abwesenheitspflegschaft** (1) Die Pflegschaft für einen Abwesenden ist aufzuheben, wenn der Abwesende an der Besorgung seiner Vermögensangelegenheiten nicht mehr verhindert ist. (2) Stirbt der Abwesende, so endigt die Pflegschaft erst mit der Aufhebung durch das Betreuungsgericht. Das Betreuungsgericht hat die Pflegschaft aufzuheben, wenn ihm der Tod des Abwesenden bekannt wird. (3) Wird der Abwesende für tot erklärt oder wird seine Todeszeit nach den Vorschriften des Verschollenheitsgesetzes festgestellt, so endigt die Pflegschaft mit der Rechtskraft des Beschlusses über die Todeserklärung oder die Feststellung der Todeszeit.
(2) Im Übrigen ist eine Pflegschaft aufzuheben, wenn der Grund für ihre Anordnung weggefallen ist.	**§ 1919 Aufhebung der Pflegschaft bei Wegfall des Grundes** Die Pflegschaft ist aufzuheben, wenn der Grund für die Anordnung der Pflegschaft weggefallen ist.
§ 1887 Ende der Pflegschaft kraft Gesetzes (1) Wird der Abwesende für tot erklärt oder wird seine Todeszeit nach den Vorschriften des Verschollenheitsgesetzes festgestellt, so endet die Pflegschaft mit der Rechtskraft des Beschlusses über die Todeserklärung oder die Feststellung der Todeszeit.	
(2) Im Übrigen endet die Pflegschaft zur Besorgung einer einzelnen Angelegenheit mit deren Erledigung.	**§ 1918 Ende der Pflegschaft kraft Gesetzes** (1)–(2) … (3) Die Pflegschaft zur Besorgung einer einzelnen Angelegenheit endigt mit deren Erledigung.
§ 1888 Anwendung des Betreuungsrechts (1) Die Vorschriften des Betreuungsrechts sind auf sonstige Pflegschaften entsprechend anwendbar, soweit sich nicht aus dem Gesetz ein anderes ergibt.	**§ 1915 Anwendung des Vormundschaftsrechts** (1) Auf die Pflegschaft finden die für die Vormundschaft geltenden Vorschriften entsprechende Anwendung, soweit sich nicht aus dem Gesetz ein anderes ergibt. Abweichend von § 3 Abs. 1 bis 3 des Vormünder- und Betreuerver-

	gütungsgesetzes bestimmt sich die Höhe einer nach § 1836 Abs. 1 zu bewilligenden Vergütung nach den für die Führung der Pflegschaftsgeschäfte nutzbaren Fachkenntnissen des Pflegers sowie nach dem Umfang und der Schwierigkeit der Pflegschaftsgeschäfte, sofern der Pflegling nicht mittellos ist. An die Stelle des Familiengerichts tritt das Betreuungsgericht; dies gilt nicht bei der Pflegschaft für Minderjährige oder für eine Leibesfrucht.
(2) Die Ansprüche des berufsmäßig tätigen Pflegers auf Vergütung und Aufwendungsersatz richten sich nach den §§ 1 bis 6 des Vormünder- und Betreuervergütungsgesetzes. Sofern der Pflegling nicht mittellos ist, bestimmt sich die Höhe des Stundensatzes des Pflegers jedoch nach den für die Führung der Pflegschaftsgeschäfte nutzbaren Fachkenntnissen des Pflegers sowie nach dem Umfang und der Schwierigkeit der Pflegschaftsgeschäfte.	
	(2) Die Bestellung eines Gegenvormunds ist nicht erforderlich. (3) § 1793 Abs. 2 findet auf die Pflegschaft für Volljährige keine Anwendung.
§§ 1889–1921 [weggefallen]	
Buch 5 Erbrecht **Abschnitt 2 Rechtliche Stellung des Erben** **Titel 2 Haftung des Erben für die Nachlassverbindlichkeiten** **Untertitel 3 Beschränkung der Haftung des Erben**	
§ 1981 Anordnung der Nachlassverwaltung (1) Die Nachlassverwaltung ist von dem Nachlassgericht anzuordnen, wenn der Erbe die Anordnung beantragt.	**§ 1981 Anordnung der Nachlassverwaltung** (1) Die Nachlassverwaltung ist von dem Nachlassgericht anzuordnen, wenn der Erbe die Anordnung beantragt.
(2) Auf Antrag eines Nachlassgläubigers ist die Nachlassverwaltung anzuordnen, wenn Grund zu der Annahme besteht, dass die Befriedigung der Nachlassgläubiger aus dem Nachlass durch das Verhalten oder die Vermögenslage des Erben gefährdet wird. Der Antrag kann nicht mehr gestellt werden, wenn seit der Annahme der Erbschaft zwei Jahre verstrichen sind.	(2) Auf Antrag eines Nachlassgläubigers ist die Nachlassverwaltung anzuordnen, wenn Grund zu der Annahme besteht, dass die Befriedigung der Nachlassgläubiger aus dem Nachlass durch das Verhalten oder die Vermögenslage des Erben gefährdet wird. Der Antrag kann nicht mehr gestellt werden, wenn seit der Annahme der Erbschaft zwei Jahre verstrichen sind.
(3) [aufgehoben]	(3) Die Vorschrift des § 1785 findet keine Anwendung.

Abschnitt 3 Testament **Titel 3 Einsetzung eines Nacherben**	
§ 2119 Anlegung von Geld Geld, das nach den Regeln einer ordnungsmäßigen Wirtschaft dauernd anzulegen ist, darf der Vorerbe nur der Rechtsverordnung nach § 240a entsprechend anlegen.[461]	**§ 2119 Anlegung von Geld** Geld, das nach den Regeln einer ordnungsmäßigen Wirtschaft dauernd anzulegen ist, darf der Vorerbe nur nach den für die Anlegung von Mündelgeld geltenden Vorschriften anlegen.
Abschnitt 4 Erbvertrag	
§ 2282 Vertretung, Form der Anfechtung (1) Die Anfechtung kann nicht durch einen Vertreter des Erblassers erfolgen.	**§ 2282 Vertretung, Form der Anfechtung** (1) Die Anfechtung kann nicht durch einen Vertreter des Erblassers erfolgen.
(2) Für einen geschäftsunfähigen Erblasser kann sein Betreuer den Erbvertrag anfechten.	(2) Für einen geschäftsunfähigen Erblasser kann sein Betreuer den Erbvertrag anfechten; die Genehmigung des Betreuungsgerichts ist erforderlich.
(3) Die Anfechtungserklärung bedarf der notariellen Beurkundung.	(3) Die Anfechtungserklärung bedarf der notariellen Beurkundung.
§ 2290 Aufhebung durch Vertrag (1) Ein Erbvertrag sowie eine einzelne vertragsmäßige Verfügung kann durch Vertrag von den Personen aufgehoben werden, die den Erbvertrag geschlossen haben. Nach dem Tode einer dieser Personen kann die Aufhebung nicht mehr erfolgen.	**§ 2290 Aufhebung durch Vertrag** (1) Ein Erbvertrag sowie eine einzelne vertragsmäßige Verfügung kann durch Vertrag von den Personen aufgehoben werden, die den Erbvertrag geschlossen haben. Nach dem Tode einer dieser Personen kann die Aufhebung nicht mehr erfolgen.
(2) Der Erblasser kann den Vertrag nur persönlich schließen.	(2) Der Erblasser kann den Vertrag nur persönlich schließen.
[aufgehoben]	(3) Ist für den anderen Teil ein Betreuer bestellt und wird die Aufhebung vom Aufgabenkreis des Betreuers erfasst, ist die Genehmigung des Betreuungsgerichts erforderlich.
(3) Der Vertrag bedarf der in § 2276 für den Erbvertrag vorgeschriebenen Form.	(4) Der Vertrag bedarf der in § 2276 für den Erbvertrag vorgeschriebenen Form.
§ 2291 Aufhebung durch Testament (1) Eine vertragsmäßige Verfügung, durch die ein Vermächtnis oder eine Auflage angeordnet sowie eine Rechtswahl getroffen ist, kann von dem Erblasser durch Testament aufgehoben werden. Zur Wirksamkeit der Aufhebung ist die Zustimmung des anderen Vertragschließenden erforderlich.	**§ 2291 Aufhebung durch Testament** (1) Eine vertragsmäßige Verfügung, durch die ein Vermächtnis oder eine Auflage angeordnet sowie eine Rechtswahl getroffen ist, kann von dem Erblasser durch Testament aufgehoben werden. Zur Wirksamkeit der Aufhebung ist die Zustimmung des anderen Vertragschließenden erforderlich; die Vorschrift des § 2290 Abs. 3 findet Anwendung.
(2) Die Zustimmungserklärung bedarf der notariellen Beurkundung; die Zustimmung ist unwiderruflich.	(2) Die Zustimmungserklärung bedarf der notariellen Beurkundung; die Zustimmung ist unwiderruflich.

461 Redaktionelle Folgeänderung.

§ 2292 Aufhebung durch gemeinschaftliches Testament Ein zwischen Ehegatten oder Lebenspartnern geschlossener Erbvertrag kann auch durch ein gemeinschaftliches Testament der Ehegatten oder Lebenspartner aufgehoben werden.	**§ 2292 Aufhebung durch gemeinschaftliches Testament** Ein zwischen Ehegatten oder Lebenspartnern geschlossener Erbvertrag kann auch durch ein gemeinschaftliches Testament der Ehegatten oder Lebenspartner aufgehoben werden; die Vorschrift des § 2290 Abs. 3 findet Anwendung.
§ 2300 Anwendung der §§ 2259 und 2263; Rücknahme aus der amtlichen oder notariellen Verwahrung (1) Die §§ 2259 und 2263 sind auf den Erbvertrag entsprechend anzuwenden.	**§ 2300 Anwendung der §§ 2259 und 2263; Rücknahme aus der amtlichen oder notariellen Verwahrung** (1) Die §§ 2259 und 2263 sind auf den Erbvertrag entsprechend anzuwenden.
(2) Ein Erbvertrag, der nur Verfügungen von Todes wegen enthält, kann aus der amtlichen oder notariellen Verwahrung zurückgenommen und den Vertragsschließenden zurückgegeben werden. Die Rückgabe kann nur an alle Vertragsschließenden gemeinschaftlich erfolgen; die Vorschrift des § 2290 Abs. 1 Satz 2 und Abs. 2 gilt entsprechend. Wird ein Erbvertrag nach den Sätzen 1 und 2 zurückgenommen, gilt § 2256 Abs. 1 entsprechend.	(2) Ein Erbvertrag, der nur Verfügungen von Todes wegen enthält, kann aus der amtlichen oder notariellen Verwahrung zurückgenommen und den Vertragsschließenden zurückgegeben werden. Die Rückgabe kann nur an alle Vertragsschließenden gemeinschaftlich erfolgen; die Vorschrift des § 2290 Abs. 1 Satz 2, Abs. 2 und 3 findet Anwendung. Wird ein Erbvertrag nach den Sätzen 1 und 2 zurückgenommen, gilt § 2256 Abs. 1 entsprechend.
Abschnitt 7 Erbverzicht	
§ 2347 Persönliche Anforderungen, Vertretung Der Erblasser kann den Vertrag nach § 2346 nur persönlich schließen; ist er in der Geschäftsfähigkeit beschränkt, so bedarf er nicht der Zustimmung seines gesetzlichen Vertreters. Ist der Erblasser geschäftsunfähig, so kann der Vertrag durch den gesetzlichen Vertreter geschlossen werden.	**§ 2347 Persönliche Anforderungen, Vertretung** (1) Zu dem Erbverzicht ist, wenn der Verzichtende unter Vormundschaft steht, die Genehmigung des Familiengerichts erforderlich; steht er unter elterlicher Sorge, so gilt das Gleiche. Für den Verzicht durch den Betreuer ist die Genehmigung des Betreuungsgerichts erforderlich.
	(2) Der Erblasser kann den Vertrag nur persönlich schließen; ist er in der Geschäftsfähigkeit beschränkt, so bedarf er nicht der Zustimmung seines gesetzlichen Vertreters. Ist der Erblasser geschäftsunfähig, so kann der Vertrag durch den gesetzlichen Vertreter geschlossen werden; die Genehmigung des Familiengerichts oder Betreuungsgerichts ist in gleichem Umfang wie nach Absatz 1 erforderlich.
§ 2348 Form Der Vertrag nach § 2346 bedarf der notariellen Beurkundung.	**§ 2348 Form** Der Erbverzichtsvertrag bedarf der notariellen Beurkundung.
§ 2351 Aufhebung des Erbverzichts Auf einen Vertrag, durch den ein Erbverzicht aufgehoben wird, findet die Vorschrift des § 2348 und in Ansehung des Erblassers auch die Vorschrift des § 2347 Satz 1 erster Halbsatz, Satz 2 Anwendung.	**§ 2351 Aufhebung des Erbverzichts** Auf einen Vertrag, durch den ein Erbverzicht aufgehoben wird, findet die Vorschrift des § 2348 und in Ansehung des Erblassers auch die Vorschrift des § 2347 Abs. 2 Satz 1 erster Halbsatz, Satz 2 Anwendung.

III. Änderungen des Einführungsgesetzes zum Bürgerlichen Gesetzbuche

Einführung

Das EGBGB enthält das Internationale Privatrecht, das die Fälle mit Auslandsbezug betrifft und das intertemporale Privatrecht, das den zeitlichen Anwendungsbereich des neuen Rechts betrifft. Beide Rechtsgebiete sind von Änderungen bzw. Neuregelungen betroffen: 312

1. Internationales Privatrecht

Im Internationalen Privatrecht erfolgen einige wichtige Änderungen bzw. Anpassungen: 313

- Der neue Art. 7 Abs. 2 EGBGB beruft für die Geschäftsfähigkeit das Recht am gewöhnlichen Aufenthalt der Person. Ein Wechsel des gewöhnlichen Aufenthalts lässt eine bestehende Geschäftsfähigkeit unberührt.
- Vormundschaft, Betreuung und Pflegschaft werden im neuen Art. 24 EGBGB unter dem Begriff des Fürsorgeverhältnisses zusammengefasst. Soweit nicht vorrangige staatsvertragliche Regelungen (insbesondere das KSÜ und das ErwSÜ) eingreifen, soll künftig für kraft Gesetzes oder durch Rechtsgeschäft begründete Fürsorgeverhältnisse das Recht am gewöhnlichen Aufenthalt des Schutzbedürftigen gelten (Art. 24 Abs. 1 EGBGB). Deutsche Gerichte sollen in diesen Fällen künftig stets ihr eigenes Recht anwenden können (Art. 24 Abs. 2 EGBGB).
- Nach dem neuen Art. 15 EGBGB wird die Regelung des § 1358 BGB zur Ehegattenvertretung in Angelegenheiten der Gesundheitsfürsorge, die im Inland wahrgenommen werden, für alle Ehepaare gleich welcher Staatsangehörigkeit und welchen gewöhnlichen Aufenthalts zur Anwendung kommen.

2. Übergangsrecht

Durch Neuregelungen im BGB sind einige Übergangsregelungen in Art. 229 EGBGB notwendig geworden. Diese betreffen den Wegfall der Ämter des Gegenvormunds bzw. des Gegenvormunds (Art. 229 § 54 Abs. 2 EGBGB), die Konkretisierung des Aufgabenbereichs bei schon bestehenden Betreuungen (Art. 229 § 54 Abs. 3 und 4 EGBGB), die Rechnungslegung bei durch das Inkrafttreten des VBVG zu befreiten Vormündern bzw. Betreuern werdenden Personen (Art. 229 § 54 Abs. 5 EGBGB) und das Schicksal schon abgeschlossener Vorgänge (Art. 229 § 54 Abs. 6 EGBGB). 314

EGBGB nF	EGBGB aF
Erster Teil Allgemeine Vorschriften **Zweites Kapitel Internationales Privatrecht** **Erster Abschnitt Allgemeine Vorschriften**	
Artikel 7 Rechts- und Geschäftsfähigkeit (1) Die Rechtsfähigkeit einer Person unterliegt dem Recht des Staates, dem die Person angehört. Die einmal erlangte Rechtsfähigkeit wird durch Erwerb oder Verlust einer Staatsangehörigkeit nicht beeinträchtigt.[462]	**Artikel 7 Rechtsfähigkeit und Geschäftsfähigkeit** (1) Die Rechtsfähigkeit und die Geschäftsfähigkeit einer Person unterliegen dem Recht des Staates, dem die Person angehört. Dies gilt auch, soweit die Geschäftsfähigkeit durch Eheschließung erweitert wird. (2) Eine einmal erlangte Rechtsfähigkeit oder Geschäftsfähigkeit wird durch Erwerb oder Verlust der Rechtsstellung als Deutscher nicht beeinträchtigt.
(2) Die Geschäftsfähigkeit einer Person unterliegt dem Recht des Staates, in dem die Person ihren gewöhnlichen Aufenthalt hat.[463] Dies gilt auch, soweit die Geschäftsfähigkeit durch Eheschließung erweitert wird.[464] Die einmal erlangte Geschäftsfähigkeit wird durch einen Wechsel des gewöhnlichen Aufenthalts nicht beeinträchtigt.[465]	**Artikel 7 Rechtsfähigkeit und Geschäftsfähigkeit** (1) Die Rechtsfähigkeit und die Geschäftsfähigkeit einer Person unterliegen dem Recht des Staates, dem die Person angehört. Dies gilt auch, soweit die Geschäftsfähigkeit durch Eheschließung erweitert wird. (2) Eine einmal erlangte Rechtsfähigkeit oder Geschäftsfähigkeit wird durch Erwerb oder Verlust der Rechtsstellung als Deutscher nicht beeinträchtigt.
Dritter Abschnitt Familienrecht	
Artikel 15 Gegenseitige Vertretung von Ehegatten In Angelegenheiten der Gesundheitssorge, die im Inland wahrgenommen werden, ist § 1358 des Bürgerlichen Gesetzbuchs auch dann anzuwenden, wenn nach anderen Vorschriften insoweit ausländisches Recht anwendbar wäre.[466]	*Bisher keine spezielle Regelung, Art. 15 EGBGB aF enthielt Regelungen zum Internationalen Güterrecht.*

462 Die bisherige Anknüpfung an die Staatsangehörigkeit wird beibehalten.

463 Wechsel des Anknüpfungspunkts von der Staatsangehörigkeit der betreffenden Person zu deren gewöhnlichem Aufenthalt. Das führt bei ausländischen Staatsangehörigen, die ihren gewöhnlichen Aufenthalt im Inland haben, immer zur Anwendung deutschen Rechts. Das dient dem Verkehrsschutz und erleichtert den Rechtsverkehr.

464 Ob die Geschäftsfähigkeit eines Ehegatten durch eine aus deutscher Sicht wirksame Ehe (entsprechend der in manchen ausländischen Rechtsordnungen enthaltenen Regel „Heirat macht mündig") erweitert wird, richtet sich wie bisher (Art. 7 Abs. 1 S. 2 EGBGB aF) nach dem Recht, das für die Geschäftsfähigkeit maßgeblich ist, nicht nach dem Ehewirkungsstatut des Art. 14 EGBGB.

465 Beachte auch Art. 229 § 54 Abs. 1 EGBGB: Eine bei Ablauf des 31.12.2022 bestehende Geschäftsfähigkeit besteht auf jeden Fall fort, auch wenn sich das anwendbare Recht durch den Wechsel vom Staatsangehörigkeitsprinzip ändert.

466 Das soll sicherstellen, dass in schwierigen und unvorhersehbaren Situationen mit Auslandsbezug zeitnah medizinische Entscheidungen getroffen und sofort umgesetzt werden können.

Artikel 17b Eingetragene Lebenspartnerschaft und gleichgeschlechtliche Ehe (1) ... (2) Artikel 10 Abs. 2 sowie die Artikel 15 und 17a gelten entsprechend.[467] (3)–(5) ...	**Artikel 17b Eingetragene Lebenspartnerschaft und gleichgeschlechtliche Ehe** (1)... (2) Artikel 10 Abs. 2 und Artikel 17a gelten entsprechend. (3)–(5) ...
Artikel 24 Vormundschaft, Betreuung und Pflegschaft[468] (1) Die Entstehung,[469] die Ausübung, die Änderung und das Ende eines Fürsorgeverhältnisses (Vormundschaft, Betreuung, Pflegschaft),[470] das kraft Gesetzes oder durch Rechtsgeschäft begründet wird, unterliegen dem Recht des Staates, in dem der Fürsorgebedürftige seinen gewöhnlichen Aufenthalt hat.[471] (2) Maßnahmen, die im Inland in Bezug auf ein Fürsorgeverhältnis angeordnet werden, und die Ausübung dieses Fürsorgeverhältnisses unterliegen deutschem Recht. Besteht mit dem Recht eines anderen Staates eine wesentlich engere Verbindung als mit dem deutschen Recht, so kann jenes Recht angewendet werden.[472] (3) Die Ausübung eines Fürsorgeverhältnisses aufgrund einer anzuerkennenden[473] ausländischen Entscheidung richtet sich im Inland nach deutschem Recht.	**Artikel 24 Vormundschaft, Betreuung und Pflegschaft** (1) Die Entstehung, die Änderung und das Ende der Vormundschaft, Betreuung und Pflegschaft sowie der Inhalt der gesetzlichen Vormundschaft und Pflegschaft unterliegen dem Recht des Staates, dem der Mündel, Betreute oder Pflegling angehört. Für einen Angehörigen eines fremden Staates, der seinen gewöhnlichen Aufenthalt oder, mangels eines solchen, seinen Aufenthalt im Inland hat, kann ein Betreuer nach deutschem Recht bestellt werden. (2) Ist eine Pflegschaft erforderlich, weil nicht feststeht, wer an einer Angelegenheit beteiligt ist, oder weil ein Beteiligter sich in einem anderen Staat befindet, so ist das Recht anzuwenden, das für die Angelegenheit maßgebend ist. (3) Vorläufige Maßregeln sowie der Inhalt der Betreuung und der angeordneten Vormundschaft und Pflegschaft unterliegen dem Recht des anordnenden Staates.
Dritter Teil Verhältnis des Bürgerlichen Gesetzbuchs zu den Landesgesetzen	
Artikel 144 Die Landesgesetze können bestimmen, daß das Jugendamt die Beistandschaft mit Zustimmung	**Artikel 144** Die Landesgesetze können bestimmen, daß das Jugendamt die Beistandschaft mit Zustimmung

467 Überträgt die für Ehegatten neu eingeführte Regelung über das auf das Notvertretungsrecht anzuwendende Recht auf Lebenspartner.

468 Gilt nur, soweit nicht Staatsverträge oder EU-Recht vorrangig sind (Art. 3 EGBGB). Beachte dazu das Haager Kinderschutzabkommen (KSÜ) für unter Achtzehnjährige und das Haager Erwachsenenschutzabkommen (ErwSÜ). Beide Übereinkommen folgen dem lex fori-Prinzip, dh die nach den Übereinkommen zuständigen Behörden wenden ihr eigenes Recht an (Art. 15 KSÜ, Art. 13 ErwSÜ). Die Zuständigkeit ergibt sich vorrangig aus dem gewöhnlichen Aufenthalt der Person, die der Fürsorge bedarf (Art. 5 KSÜ, Art. 5 ErwSÜ).

469 Der Wechsel des gewöhnlichen Aufenthalts des Fürsorgebedürftigen nach Entstehung des Fürsorgeverhältnisses ändert die Rechtslage aus deutscher Sicht nicht. Ein nach dem früheren Aufenthaltsrecht entstandenes Fürsorgeverhältnis bleibt bestehen, auch wenn das neue Aufenthaltsrecht andere Voraussetzungen für das Entstehen vorsieht. Zur Ausübung eines nach ausländischem Recht entstandenen Fürsorgeverhältnis in Deutschland siehe Abs. 3.

470 Neuer Rechtsbegriff. Keine Änderung in der Sache. Nicht erfasst werden die Ehegattenvertretung in den Fällen des § 1358 BGB (vgl. Art. 15 EGBGB nF), verfahrensrechtliche Institute wie die Verfahrenspflegschaft oder -beistandschaft (unterliegen der lex fori), die Beistandschaft gem. § 1717 BGB und die gesetzliche Amtsvormundschaft des Jugendamts.

471 Wechsel des Anknüpfungspunkts von der Staatsangehörigkeit der betreffenden Person zu deren gewöhnlichem Aufenthalt. Das führt bei ausländischen Staatsangehörigen, die ihren gewöhnlichen Aufenthalt im Inland haben, immer zur Anwendung deutschen Rechts.

472 Neue Ausweichregelung nach dem Vorbild von Art. 15 Abs. 2 KSÜ und Art. 13 Abs. 2 ErwSÜ: Hat der Sachverhalt eine wesentlich engere Verbindung zum Recht eines anderen Staates, kann in Ausnahmefällen anstelle des deutschen Rechts das Recht dieses anderen Staates angewendet werden.

473 §§ 108 f. FamFG.

des Elternteils auf einen nach § 54 des Achten Buches Sozialgesetzbuch anerkannten Vormundschaftsverein übertragen kann.[474]	des Elternteils auf einen rechtsfähigen Verein übertragen kann, dem dazu eine Erlaubnis nach § 54 des Achten Buches Sozialgesetzbuch erteilt worden ist.
Fünfter Teil Übergangsvorschriften aus Anlass jüngerer Änderungen des Bürgerlichen Gesetzbuchs und dieses Einführungsgesetzes	
Art. 229 § 54 Übergangsvorschrift zum Gesetz zur Reform des Vormundschafts- und Betreuungsrechts (1) Eine bei Ablauf des 31. Dezember 2022 bestehende Geschäftsfähigkeit besteht fort.[475] (2) Mit Inkrafttreten dieses Gesetzes am 1. Januar 2023 wird die Bestellung eines Gegenvormunds und eines Gegenbetreuers wirkungslos.[476] (3) Ist am 1. Januar 2023 ein Betreuer zur Besorgung aller Angelegenheiten bestellt, ist der Aufgabenkreis bis zum 1. Januar 2024 nach Maßgabe des § 1815 Absatz 1 zu ändern.[477] (4) Auf Betreuungen, die am 1. Januar 2023 bestehen, findet § 1815 Absatz 2 Nummer 1 bis 4 bis zum 1. Januar 2028 keine Anwendung. Bei der nächsten Entscheidung über die Aufhebung oder Verlängerung der Betreuung oder im Rahmen eines gerichtlichen Genehmigungsverfahrens nach § 1831 Absatz 2 des Bürgerlichen Gesetzbuchs hat das Betreuungsgericht über den Aufgabenkreis nach Maßgabe des § 1815 Absatz 2 des Bürgerlichen Gesetzbuchs zu entscheiden.[478] (5) Betreuer, die erstmals durch § 1859 Absatz 2 befreit sind, haben bis zum Ablauf des am 1. Januar 2023 noch laufenden Betreuungsjahres Rechnung zu legen.[479] (6) Auf vor dem 1.2023 abgeschlossene Vorgänge bleibt das bisherige Internationale Privatrecht anwendbar.[480]	

474 Folgeänderung zu Anpassung an die neue Terminologie.

475 Generelles Prinzip: Eine einmal eingetretene Geschäftsfähigkeit genießt Bestandsschutz.

476 Konsequenz aus der Abschaffung der Ämter des Gegenvormunds und des Gegenbetreuers. Die ausgeschiedenen Gegenvormünder bzw. Gegenbetreuer werden wie entlassene Vormünder bzw. Betreuer behandelt.

477 Die Aufgabenbereiche des Betreuers müssen nach der Reform vom Betreuungsgericht im Einzelnen angeordnet werden. Die Anordnung einer Betreuung in allen Angelegenheiten ist damit zukünftig unzulässig. Abs. 3 ordnet deswegen eine Übergangsfrist von einem Jahr an, innerhalb derer Altbetreuungen an die neuen Anforderungen angepasst werden müssen.

478 Wegen § 1815 Abs. 2 BGB nF müssen ab 1.1.2023 die dort genannten Aufgabenbereiche ausdrücklich angeordnet werden, damit der Betreuer die entsprechende Vertretungsmacht und -befugnis erhält. Zur Entlastung der Gerichte bleiben die den Betreuern vor Inkrafttreten des VBRG übertragenen Befugnisse nach § 1815 Abs. 2 Nr. 1 bis 4 BGB nF aber für eine Übergangsfrist von längstens fünf Jahren bestehen. Soweit aber vorher eine gerichtliche Entscheidung über die Aufhebung oder Verlängerung der Betreuung ansteht oder ein gerichtliches Genehmigungsverfahren nach § 1831 Abs. 2 BGB nF anhängig wird, muss das Betreuungsgericht bereits früher über den Aufgabenkreis nach Maßgabe des § 1815 Abs. 2 BGB nF entscheiden. Für Entscheidungen nach § 1815 Abs. 2 Nr. 5 und 6 BGB nF ist keine Übergangsvorschrift nötig, weil für diese bereits nach dem bisher geltenden Recht (§ 1896 Abs. 4 BGB aF) eine gesonderte ausdrückliche Anordnung vorgeschrieben war.

479 Abwicklung der nicht befreiten Betreuungszeit.

IV. Änderungen des Personenstandsgesetzes

Einführung

Das Gesetz zur Reform des Vormundschafts- und Betreuungsrechts ändert das Perso- 315
nenstandsrecht nur in einem Punkt (von minderer Bedeutung): Das Standesamt hat die Eheschließenden bei der Anmeldung der Eheschließung auf das Ehegattenvertretungsrecht nach § 1358 BGB hinweisen (§ 12 Abs. 4 PStG nF). Dadurch sollen diese über die Neuerung informiert und in die Lage versetzt werden, zu dieser Frage eine selbstbestimmte Entscheidung über die Alternativen zur Ehegattenvertretung (Vorsorgevollmacht, Betreuungsverfügung, Patientenverfügung) zu treffen.[481] Der Nutzen dieser Regelung darf bezweifelt werden. Ein Verstoß hat keine Rechtsfolgen.

PStG nF	PStG aF
Kapitel 3 Eheschließung	
§ 12 Anmeldung der Eheschließung (1) Die Eheschließenden haben die beabsichtigte Eheschließung mündlich oder schriftlich bei einem Standesamt, in dessen Zuständigkeitsbereich einer der Eheschließenden seinen Wohnsitz oder seinen gewöhnlichen Aufenthalt hat, anzumelden. Hat keiner der Eheschließenden Wohnsitz oder gewöhnlichen Aufenthalt im Inland, so ist das Standesamt, vor dem die Ehe geschlossen werden soll, für die Entgegennahme der Anmeldung zuständig. (2) Die Eheschließenden haben bei der Anmeldung der Eheschließung durch öffentliche Urkunden nachzuweisen 1. ihren Personenstand, 2. ihren Wohnsitz oder gewöhnlichen Aufenthalt, 3. ihre Staatsangehörigkeit, 4. wenn sie schon verheiratet waren oder eine Lebenspartnerschaft begründet hatten, die letzte Eheschließung oder Begründung der Lebenspartnerschaft sowie die Auflösung dieser Ehe oder Lebenspartnerschaft. Ist die letzte Ehe oder Lebenspartnerschaft nicht bei einem deutschen Standesamt geschlossen worden, so ist auch die Auflösung etwaiger weiterer Vorehen oder Lebenspartnerschaften nachzuweisen, wenn eine entsprechende Prüfung nicht bereits von einem deutschen Standesamt bei einer früheren Eheschließung oder Begründung einer Lebenspartnerschaft durchgeführt worden ist. (3) Das Standesamt hat einen Antrag auf Befreiung von der Beibringung des Ehefähigkeitszeugnisses aufzunehmen und die Entscheidung vor-	**§ 12 Anmeldung der Eheschließung** (1) Die Eheschließenden haben die beabsichtigte Eheschließung mündlich oder schriftlich bei einem Standesamt, in dessen Zuständigkeitsbereich einer der Eheschließenden seinen Wohnsitz oder seinen gewöhnlichen Aufenthalt hat, anzumelden. Hat keiner der Eheschließenden Wohnsitz oder gewöhnlichen Aufenthalt im Inland, so ist das Standesamt, vor dem die Ehe geschlossen werden soll, für die Entgegennahme der Anmeldung zuständig. (2) Die Eheschließenden haben bei der Anmeldung der Eheschließung durch öffentliche Urkunden nachzuweisen 1. ihren Personenstand, 2. ihren Wohnsitz oder gewöhnlichen Aufenthalt, 3. ihre Staatsangehörigkeit, 4. wenn sie schon verheiratet waren oder eine Lebenspartnerschaft begründet hatten, die letzte Eheschließung oder Begründung der Lebenspartnerschaft sowie die Auflösung dieser Ehe oder Lebenspartnerschaft. Ist die letzte Ehe oder Lebenspartnerschaft nicht bei einem deutschen Standesamt geschlossen worden, so ist auch die Auflösung etwaiger weiterer Vorehen oder Lebenspartnerschaften nachzuweisen, wenn eine entsprechende Prüfung nicht bereits von einem deutschen Standesamt bei einer früheren Eheschließung oder Begründung einer Lebenspartnerschaft durchgeführt worden ist. (3) Das Standesamt hat einen Antrag auf Befreiung von der Beibringung des Ehefähigkeitszeugnisses aufzunehmen und die Entscheidung vor-

480 Entspricht den anerkannten allgemeinen Grundsätzen des Internationalen Privatrechts.
481 BT-Drs. 19/27287, 26.

zubereiten; hierfür haben die Eheschließenden auch die Nachweise zu erbringen, die für die Prüfung der Zulässigkeit der Ehe nach anzuwendendem ausländischen Recht erforderlich sind. § 9 gilt entsprechend.	zubereiten; hierfür haben die Eheschließenden auch die Nachweise zu erbringen, die für die Prüfung der Zulässigkeit der Ehe nach anzuwendendem ausländischen Recht erforderlich sind. § 9 gilt entsprechend.
(4) Das Standesamt hat die Eheschließenden auf das Ehegattenvertretungsrecht nach § 1358 des Bürgerlichen Gesetzbuchs hinzuweisen.	

V. Änderungen des Rechtspflegergesetzes

Einführung

316 Im Rechtspflegergesetz sind die Änderungen durch das Reformgesetz größtenteils redaktioneller Art und vollziehen Änderungen des materiellen Rechts nach. Neu eingeführt wurde für die Geschäfte im Zusammenhang mit der Kontrollbetreuung nach § 1820 BGB ein Richtervorbehalt eingeführt. Sowohl für die Bestellung eines Kontrollbetreuers nach § 1815 Abs. 3 BGB als auch für die Genehmigung zum Widerruf einer Vollmacht nach § 1820 Abs. 5 BGB ist jetzt der Richter zuständig. Umgekehrt ist der bisher bestehende Richtervorbehalt bei Entscheidungen mit Auslandsbezug entfallen, weil die Anknüpfung vom Staatsangehörigkeitsprinzip auf das Aufenthaltsprinzip umgestellt wurde (vgl. Art. 24 EGBGB).

RPflG nF	RPflG aF
Zweiter Abschnitt Dem Richter vorbehaltene Geschäfte in Familiensachen und auf dem Gebiet der freiwilligen Gerichtsbarkeit sowie in Insolvenzverfahren und schifffahrtsrechtlichen Verteilungsverfahren	
§ 14 Kindschafts- und Adoptionssachen (1) Von den dem Familiengericht übertragenen Angelegenheiten in Kindschafts- und Adoptionssachen sowie den entsprechenden Lebenspartnerschaftssachen bleiben dem Richter vorbehalten:	**§ 14 Kindschafts- und Adoptionssachen** (1) Von den dem Familiengericht übertragenen Angelegenheiten in Kindschafts- und Adoptionssachen sowie den entsprechenden Lebenspartne rschaftssachen bleiben dem Richter vorbehalten:
1. Verfahren, die die Feststellung des Bestehens oder Nichtbestehens der elterlichen Sorge eines Beteiligten für den anderen zum Gegenstand haben;	1. Verfahren, die die Feststellung des Bestehens oder Nichtbestehens der elterlichen Sorge eines Beteiligten für den anderen zum Gegenstand haben;
2. die Maßnahmen auf Grund des § 1666 des Bürgerlichen Gesetzbuchs zur Abwendung der Gefahr für das körperliche, geistige oder seelische Wohl des Kindes;	2. die Maßnahmen auf Grund des § 1666 des Bürgerlichen Gesetzbuchs zur Abwendung der Gefahr für das körperliche, geistige oder seelische Wohl des Kindes;
3. die Übertragung der elterlichen Sorge nach den §§ 1626a, 1671, 1678 Absatz 2, § 1680 Absatz 2 und 3 sowie § 1681 Absatz 1 und 2 des Bürgerlichen Gesetzbuchs;	3. die Übertragung der elterlichen Sorge nach den §§ 1626a, 1671, 1678 Absatz 2, § 1680 Absatz 2 und 3 sowie § 1681 Absatz 1 und 2 des Bürgerlichen Gesetzbuchs;
4. die Entscheidung über die Übertragung von Angelegenheiten der elterlichen Sorge auf die Pflegeperson nach § 1630 Absatz 3 des Bürgerlichen Gesetzbuchs;	4. die Entscheidung über die Übertragung von Angelegenheiten der elterlichen Sorge auf die Pflegeperson nach § 1630 Absatz 3 des Bürgerlichen Gesetzbuchs;

5. die Entscheidung von Meinungsverschiedenheiten zwischen den Sorgeberechtigten;	5. die Entscheidung von Meinungsverschiedenheiten zwischen den Sorgeberechtigten;
6. die Genehmigung einer freiheitsentziehenden Unterbringung oder einer freiheitsentziehenden Maßnahme nach § 1631b des Bürgerlichen Gesetzbuchs und die Genehmigung einer Einwilligung nach § 1631e Absatz 3 des Bürgerlichen Gesetzbuchs;	6. die Genehmigung einer freiheitsentziehenden Unterbringung oder einer freiheitsentziehenden Maßnahme nach § 1631b des Bürgerlichen Gesetzbuchs und die Genehmigung einer Einwilligung nach § 1631e Absatz 3 des Bürgerlichen Gesetzbuchs;
7. die Regelung des persönlichen Umgangs zwischen Eltern und Kindern sowie Kindern und Dritten nach § 1684 Absatz 3 und 4, § 1685 Absatz 3 und § 1686a Absatz 2 des Bürgerlichen Gesetzbuchs, die Entscheidung über die Beschränkung oder den Ausschluss des Rechts zur alleinigen Entscheidung in Angelegenheiten des täglichen Lebens nach den §§ 1687, 1687a des Bürgerlichen Gesetzbuchs sowie über Streitigkeiten, die eine Angelegenheit nach § 1632 Absatz 2 des Bürgerlichen Gesetzbuchs betreffen;	7. die Regelung des persönlichen Umgangs zwischen Eltern und Kindern sowie Kindern und Dritten nach § 1684 Absatz 3 und 4, § 1685 Absatz 3 und § 1686a Absatz 2 des Bürgerlichen Gesetzbuchs, die Entscheidung über die Beschränkung oder den Ausschluss des Rechts zur alleinigen Entscheidung in Angelegenheiten des täglichen Lebens nach den §§ 1687, 1687a des Bürgerlichen Gesetzbuchs sowie über Streitigkeiten, die eine Angelegenheit nach § 1632 Absatz 2 des Bürgerlichen Gesetzbuchs betreffen;
8. die Entscheidung über den Anspruch auf Herausgabe eines Kindes nach § 1632 Absatz 1 des Bürgerlichen Gesetzbuchs sowie die Entscheidung über den Verbleib des Kindes bei der Pflegeperson nach § 1632 Absatz 4 oder bei dem Ehegatten, Lebenspartner oder Umgangsberechtigten nach § 1682 des Bürgerlichen Gesetzbuchs;	8. die Entscheidung über den Anspruch auf Herausgabe eines Kindes nach § 1632 Absatz 1 des Bürgerlichen Gesetzbuchs sowie die Entscheidung über den Verbleib des Kindes bei der Pflegeperson nach § 1632 Absatz 4 oder bei dem Ehegatten, Lebenspartner oder Umgangsberechtigten nach § 1682 des Bürgerlichen Gesetzbuchs;
9. die Anordnung einer Betreuung oder Pflegschaft auf Grund dienstrechtlicher Vorschriften, soweit hierfür das Familiengericht zuständig ist;	9. die Anordnung einer Betreuung oder Pflegschaft auf Grund dienstrechtlicher Vorschriften, soweit hierfür das Familiengericht zuständig ist;
10. (entfällt)[482]	10. die Anordnung einer Vormundschaft oder einer Pflegschaft über einen Angehörigen eines fremden Staates einschließlich der vorläufigen Maßregeln nach Artikel 24 des Einführungsgesetzes zum Bürgerlichen Gesetzbuche;
11. die religiöse Kindererziehung betreffenden Maßnahmen nach den §§ 2, 3 und 7 des Gesetzes über die religiöse Kindererziehung;[483]	11. die religiöse Kindererziehung betreffenden Maßnahmen nach § 1801 des Bürgerlichen Gesetzbuchs sowie den §§ 2, 3 und 7 des Gesetzes über die religiöse Kindererziehung;
12. die Ersetzung der Zustimmung a) eines Sorgeberechtigten zu einem Rechtsgeschäft, b) eines gesetzlichen Vertreters zu der Sorgeerklärung eines beschränkt geschäftsfähigen Elternteils nach § 1626c Absatz 2 Satz 1 des Bürgerlichen Gesetzbuchs;	12. die Ersetzung der Zustimmung a) eines Sorgeberechtigten zu einem Rechtsgeschäft, b) eines gesetzlichen Vertreters zu der Sorgeerklärung eines beschränkt geschäftsfähigen Elternteils nach § 1626c Absatz 2 Satz 1 des Bürgerlichen Gesetzbuchs;

482 Streichung wegen Umstellung der Anknüpfung vom Staatsangehörigkeits- auf das Aufenthaltsprinzip.
483 Streichung der Bezugnahme auf § 1801 BGB aF wegen Wegfalls der materiellrechtlichen Regelung.

13. die im Jugendgerichtsgesetz genannten Verrichtungen mit Ausnahme der Bestellung eines Pflegers nach § 67 Absatz 4 Satz 3 des Jugendgerichtsgesetzes;	13. die im Jugendgerichtsgesetz genannten Verrichtungen mit Ausnahme der Bestellung eines Pflegers nach § 67 Absatz 4 Satz 3 des Jugendgerichtsgesetzes;
14. die Ersetzung der Einwilligung oder der Zustimmung zu einer Annahme als Kind nach § 1746 Absatz 3 sowie nach den §§ 1748 und 1749 Absatz 1 des Bürgerlichen Gesetzbuchs, die Entscheidung über die Annahme als Kind einschließlich der Entscheidung über den Namen des Kindes nach den §§ 1752, 1768 und 1757 Absatz 3 des Bürgerlichen Gesetzbuchs, die Aufhebung des Annahmeverhältnisses nach den §§ 1760, 1763 und 1771 des Bürgerlichen Gesetzbuchs sowie die Entscheidungen nach § 1751 Absatz 3, § 1764 Absatz 4, § 1765 Absatz 2 des Bürgerlichen Gesetzbuchs und nach dem Adoptionswirkungsgesetz vom 5. November 2001 (BGBl. I S. 2950, 2953), soweit sie eine richterliche Entscheidung enthalten;	14. die Ersetzung der Einwilligung oder der Zustimmung zu einer Annahme als Kind nach § 1746 Absatz 3 sowie nach den §§ 1748 und 1749 Absatz 1 des Bürgerlichen Gesetzbuchs, die Entscheidung über die Annahme als Kind einschließlich der Entscheidung über den Namen des Kindes nach den §§ 1752, 1768 und 1757 Absatz 3 des Bürgerlichen Gesetzbuchs, die Aufhebung des Annahmeverhältnisses nach den §§ 1760, 1763 und 1771 des Bürgerlichen Gesetzbuchs sowie die Entscheidungen nach § 1751 Absatz 3, § 1764 Absatz 4, § 1765 Absatz 2 des Bürgerlichen Gesetzbuchs und nach dem Adoptionswirkungsgesetz vom 5. November 2001 (BGBl. I S. 2950, 2953), soweit sie eine richterliche Entscheidung enthalten;
15. die Befreiung vom Eheverbot der durch die Annahme als Kind begründeten Verwandtschaft in der Seitenlinie nach § 1308 Absatz 2 des Bürgerlichen Gesetzbuchs;	15. die Befreiung vom Eheverbot der durch die Annahme als Kind begründeten Verwandtschaft in der Seitenlinie nach § 1308 Absatz 2 des Bürgerlichen Gesetzbuchs;
16. die Genehmigung für den Antrag auf Scheidung oder Aufhebung der Ehe oder auf Aufhebung der Lebenspartnerschaft durch den gesetzlichen Vertreter eines geschäftsunfähigen Ehegatten oder Lebenspartners nach § 125 Absatz 2 Satz 2, § 270 Absatz 1 Satz 1 des Gesetzes über das Verfahren in Familiensachen und in den Angelegenheiten der freiwilligen Gerichtsbarkeit.	16. die Genehmigung für den Antrag auf Scheidung oder Aufhebung der Ehe oder auf Aufhebung der Lebenspartnerschaft durch den gesetzlichen Vertreter eines geschäftsunfähigen Ehegatten oder Lebenspartners nach § 125 Absatz 2 Satz 2, § 270 Absatz 1 Satz 1 des Gesetzes über das Verfahren in Familiensachen und in den Angelegenheiten der freiwilligen Gerichtsbarkeit.
(2) Die Maßnahmen und Anordnungen nach den §§ 10 bis 15, 20, 21, 32 bis 35, 38, 40, 41, 44 und 47 des Internationalen Familienrechtsverfahrensgesetzes vom 26. Januar 2005 (BGBl. I S. 162), soweit diese dem Familiengericht obliegen, bleiben dem Richter vorbehalten.	(2) Die Maßnahmen und Anordnungen nach den §§ 10 bis 15, 20, 21, 32 bis 35, 38, 40, 41, 44 und 47 des Internationalen Familienrechtsverfahrensgesetzes vom 26. Januar 2005 (BGBl. I S. 162), soweit diese dem Familiengericht obliegen, bleiben dem Richter vorbehalten.
§ 15 Betreuungssachen und betreuungsgerichtliche Zuweisungssachen (1) Von den Angelegenheiten, die dem Betreuungsgericht übertragen sind, bleiben dem Richter vorbehalten:	**§ 15 Betreuungssachen und betreuungsgerichtliche Zuweisungssachen** (1) Von den Angelegenheiten, die dem Betreuungsgericht übertragen sind, bleiben dem Richter vorbehalten:
1. Verrichtungen aufgrund der §§ 1814 bis 1816, 1817 Absatz 1 bis 4, der §§ 1818, 1819, 1820 Absatz 3 bis 5[484] und des § 1868 Absatz 1 bis 4 und 7 des Bürgerli-	1. Verrichtungen auf Grund der §§ 1896 bis 1900, 1908a und 1908b Absatz 1, 2 und 5 des Bürgerlichen Gesetzbuchs sowie die anschließende Bestellung eines neuen Betreuers;

484 Neu: Richtervorbehalt bei Kontrollbetreuungen.

chen Gesetzbuchs sowie die anschließende Bestellung eines neuen Betreuers;[485]	
2. die Bestellung eines neuen Betreuers im Fall des Todes des Betreuers nach § 1869 des Bürgerlichen Gesetzbuchs;[486]	2. die Bestellung eines neuen Betreuers im Fall des Todes des Betreuers nach § 1908c des Bürgerlichen Gesetzbuchs;
3. Verrichtungen auf Grund des § 1871 des Bürgerlichen Gesetzbuchs,[487] des § 291 des Gesetzes über das Verfahren in Familiensachen und in den Angelegenheiten der freiwilligen Gerichtsbarkeit;	3. Verrichtungen auf Grund des § 1908d des Bürgerlichen Gesetzbuchs, des § 291 des Gesetzes über das Verfahren in Familiensachen und in den Angelegenheiten der freiwilligen Gerichtsbarkeit;
4. Verrichtungen auf Grund der §§ § 1825, 1829 und 1830 des Bürgerlichen Gesetzbuchs;[488]	4. Verrichtungen auf Grund der §§ 1903 bis 1905 des Bürgerlichen Gesetzbuchs;
5. *(entfällt)*[489]	5. die Anordnung einer Betreuung oder Pflegschaft über einen Angehörigen eines fremden Staates einschließlich der vorläufigen Maßregeln nach Artikel 24 des Einführungsgesetzes zum Bürgerlichen Gesetzbuche;
6. die Anordnung einer Betreuung oder Pflegschaft auf Grund dienstrechtlicher Vorschriften;	6. die Anordnung einer Betreuung oder Pflegschaft auf Grund dienstrechtlicher Vorschriften;
7. die Entscheidung nach § 1834 des Bürgerlichen Gesetzbuchs;[490]	7. die Entscheidungen nach § 1908i Absatz 1 Satz 1 in Verbindung mit § 1632 Absatz 1 bis 3, § 1797 Absatz 1 Satz 2 und § 1798 des Bürgerlichen Gesetzbuchs;
8. die Genehmigung nach § 6 des Gesetzes über die freiwillige Kastration und andere Behandlungsmethoden;	8. die Genehmigung nach § 6 des Gesetzes über die freiwillige Kastration und andere Behandlungsmethoden;
9. die Genehmigung nach § 3 Absatz 1 Satz 2 sowie nach § 6 Absatz 2 Satz 1, § 7 Absatz 3 Satz 2 und § 9 Absatz 3 Satz 1, jeweils in Verbindung mit § 3 Absatz 1 Satz 2 des Gesetzes über die Änderung der Vornamen und die Feststellung der Geschlechtszugehörigkeit in besonderen Fällen;	9. die Genehmigung nach § 3 Absatz 1 Satz 2 sowie nach § 6 Absatz 2 Satz 1, § 7 Absatz 3 Satz 2 und § 9 Absatz 3 Satz 1, jeweils in Verbindung mit § 3 Absatz 1 Satz 2 des Gesetzes über die Änderung der Vornamen und die Feststellung der Geschlechtszugehörigkeit in besonderen Fällen;

485 Neu aufgenommen wurde wegen der hohen Grundrechtsrelevanz der Bestellung eines Kontrollbetreuers ein Richtervorbehalt für die Bestellung eines Kontrollbetreuers gem. § 1815 Abs. 3 BGB iVm § 1820 Abs. 3 BGB, die bisher dem Rechtspfleger übertragen war. Ebenso werden die in § 1820 Abs. 4 und 5 BGB neu eingeführten Angelegenheiten der Anordnung, dass der Bevollmächtigte die ihm erteilte Vollmacht nicht ausüben darf und er die Vollmachtsurkunde an den Betreuer herauszugeben hat, sowie der gerichtlichen Genehmigung des Widerrufs der Vorsorgevollmacht nebst ggf. der Anordnung der Herausgabe der Vollmacht, aufgrund der Schwere der hiermit jeweils verbundenen, zum Teil irreversiblen Eingriffe dem Richter vorbehalten. Für die Bestellung eines Ergänzungsbetreuers nach § 1817 Abs. 5 BGB, die bei einer rechtlichen Verhinderung des Betreuers zur Erledigung einzelner (zumeist vermögensrechtlicher) Angelegenheiten, für die bereits durch richterlichen Beschluss ein Aufgabenbereich angeordnet ist, erforderlich ist, ist dagegen künftig der Rechtspfleger zuständig. Im Übrigen sind die Änderungen redaktionelle Folgeänderungen wegen der geänderten Paragrafennummerierung des materiellen Rechts.

486 Redaktionelle Folgeänderung wegen der geänderten Paragrafennummerierung des materiellen Rechts.

487 Redaktionelle Folgeänderung wegen der geänderten Paragrafennummerierung des materiellen Rechts.

488 Redaktionelle Folgeänderung wegen der geänderten Paragrafennummerierung des materiellen Rechts.

489 Folgeänderung wegen der Umstellung der Anknüpfung vom Staatsangehörigkeitsprinzip auf das Aufenthaltsprinzip.

490 Redaktionelle Folgeänderung wegen der Änderungen im materiellen Recht.

10. die Genehmigung für den Antrag auf Scheidung oder Aufhebung der Ehe oder auf Aufhebung der Lebenspartnerschaft durch den gesetzlichen Vertreter eines geschäftsunfähigen Ehegatten oder Lebenspartners nach § 125 Absatz 2 Satz 2, § 270 Absatz 1 Satz 1 des Gesetzes über das Verfahren in Familiensachen und in den Angelegenheiten der freiwilligen Gerichtsbarkeit.	10. die Genehmigung für den Antrag auf Scheidung oder Aufhebung der Ehe oder auf Aufhebung der Lebenspartnerschaft durch den gesetzlichen Vertreter eines geschäftsunfähigen Ehegatten oder Lebenspartners nach § 125 Absatz 2 Satz 2, § 270 Absatz 1 Satz 1 des Gesetzes über das Verfahren in Familiensachen und in den Angelegenheiten der freiwilligen Gerichtsbarkeit.
[Satz 2 entfällt][491]	Satz 1 Nummer 1 bis 3 findet keine Anwendung, wenn die genannten Verrichtungen nur eine Betreuung nach § 1896 Absatz 3 des Bürgerlichen Gesetzbuchs betreffen.
(2) Die Maßnahmen und Anordnungen nach den §§ 6 bis 12 des Erwachsenenschutzübereinkommens-Ausführungsgesetzes vom 17.2007 (BGBl. I S. 314) bleiben dem Richter vorbehalten.	(2) Die Maßnahmen und Anordnungen nach den §§ 6 bis 12 des Erwachsenenschutzübereinkommens-Ausführungsgesetzes vom 17. März 2007 (BGBl. I S. 314) bleiben dem Richter vorbehalten.
§ 19 Aufhebung von Richtervorbehalten (1) Die Landesregierungen werden ermächtigt, durch Rechtsverordnung die in den vorstehenden Vorschriften bestimmten Richtervorbehalte ganz oder teilweise aufzuheben, soweit sie folgende Angelegenheiten betreffen: 1. die Geschäfte nach § 14 Absatz 1 Nummer 9 sowie § 15 Absatz 1 Nummer 1 bis 6, soweit sie nicht die Entscheidung über die Anordnung einer Betreuung und die Festlegung des Aufgabenkreises des Betreuers aufgrund der §§ 1814, 1815 und 1820 Absatz 3 des Bürgerlichen Gesetzbuchs sowie die Verrichtungen aufgrund des § 1820 Absatz 4 und 5, der §§ 1825, 1829 und 1830 und 1871 des Bürgerlichen Gesetzbuchs und von § 278 Absatz 5 und § 283 des Gesetzes über das Verfahren in Familiensachen und in den Angelegenheiten der freiwilligen Gerichtsbarkeit betreffen;[492] 2. die Geschäfte nach § 16 Absatz 1 Nummer 1, soweit sie den nach § 14 Absatz 1 Nummer 9[493] dieses Gesetzes ausgeschlossenen Geschäften in Kindschaftssachen entsprechen; 3. die Geschäfte nach § 16 Absatz 1 Nummer 2; 4. die Geschäfte nach § 16 Absatz 1 Nummer 5, soweit der Erblasser den Testamentsvollstrecker nicht selbst ernannt oder einen Dritten zu dessen Ernennung bestimmt hat;	**§ 19 Aufhebung von Richtervorbehalten** (1) Die Landesregierungen werden ermächtigt, durch Rechtsverordnung die in den vorstehenden Vorschriften bestimmten Richtervorbehalte ganz oder teilweise aufzuheben, soweit sie folgende Angelegenheiten betreffen: 1. die Geschäfte nach § 14 Absatz 1 Nummer 9 und 10 sowie § 15 Absatz 1 Satz 1 Nummer 1 bis 6, soweit sie nicht die Entscheidung über die Anordnung einer Betreuung und die Festlegung des Aufgabenkreises des Betreuers auf Grund der §§ 1896 und 1908a des Bürgerlichen Gesetzbuchs sowie die Verrichtungen auf Grund der §§ 1903 bis 1905 und 1908d des Bürgerlichen Gesetzbuchs und von § 278 Absatz 5 und § 283 des Gesetzes über das Verfahren in Familiensachen und in den Angelegenheiten der freiwilligen Gerichtsbarkeit betreffen; 2. die Geschäfte nach § 16 Absatz 1 Nummer 1, soweit sie den nach § 14 Absatz 1 Nummer 9 und 10 dieses Gesetzes ausgeschlossenen Geschäften in Kindschaftssachen entsprechen; 3. die Geschäfte nach § 16 Absatz 1 Nummer 2; 4. die Geschäfte nach § 16 Absatz 1 Nummer 5, soweit der Erblasser den Testamentsvollstrecker nicht selbst ernannt oder einen Dritten zu dessen Ernennung bestimmt hat;

491 Redaktionelle Folgeänderung wegen der Änderungen im materiellen Recht.

492 Neu: Richtervorbehalt bei Kontrollbetreuungen; im Übrigen redaktionelle Folgeänderungen wegen der neuen Paragrafenzählung.

493 Redaktionelle Folgeänderung wegen Streichung der in Bezug genommenen Vorschrift.

5. die Geschäfte nach § 16 Absatz 1 Nummer 6 und 7 sowie Absatz 2; 6. die Geschäfte nach § 17 Nummer 1. Die Landesregierungen können die Ermächtigung auf die Landesjustizverwaltungen übertragen.	5. die Geschäfte nach § 16 Absatz 1 Nummer 6 und 7 sowie Absatz 2; 6. die Geschäfte nach § 17 Nummer 1. Die Landesregierungen können die Ermächtigung auf die Landesjustizverwaltungen übertragen.
(2) In der Verordnung nach Absatz 1 ist vorzusehen, dass der Rechtspfleger das Verfahren dem Richter zur weiteren Bearbeitung vorzulegen hat, soweit bei den Geschäften nach Absatz 1 Satz 1 Nummer 2 bis 5 gegen den Erlass der beantragten Entscheidung Einwände erhoben werden.	(2) In der Verordnung nach Absatz 1 ist vorzusehen, dass der Rechtspfleger das Verfahren dem Richter zur weiteren Bearbeitung vorzulegen hat, soweit bei den Geschäften nach Absatz 1 Satz 1 Nummer 2 bis 5 gegen den Erlass der beantragten Entscheidung Einwände erhoben werden.
(3) Soweit von der Ermächtigung nach Absatz 1 Nummer 1 hinsichtlich der Auswahl und Bestellung eines Betreuers Gebrauch gemacht wird, sind die Vorschriften des Gesetzes über das Verfahren in Familiensachen und in den Angelegenheiten der freiwilligen Gerichtsbarkeit über die Bestellung eines Betreuers auch für die Anordnung einer Betreuung und Festlegung des Aufgabenkreises des Betreuers nach den §§ 1814 und 1815 des Bürgerlichen Gesetzbuchs anzuwenden.	(3) Soweit von der Ermächtigung nach Absatz 1 Nummer 1 hinsichtlich der Auswahl und Bestellung eines Betreuers Gebrauch gemacht wird, sind die Vorschriften des Gesetzes über das Verfahren in Familiensachen und in den Angelegenheiten der freiwilligen Gerichtsbarkeit über die Bestellung eines Betreuers auch für die Anordnung einer Betreuung und Festlegung des Aufgabenkreises des Betreuers nach § 1896 des Bürgerlichen Gesetzbuchs anzuwenden.
Sechster Abschnitt Schlussvorschriften	
§ 33 Regelung für die Übergangszeit; Befähigung zum Amt des Bezirksnotars (1)–(2) … (3) Nimmt ein Beamter des Justizdienstes nach Absatz 2 Aufgaben nach § 3 Nummer 2 Buchstabe b, c oder i wahr, gelten weder § 15 Absatz 1 Nummer 1 bis 3 noch § 16.[494] Dem Richter bleiben vorbehalten: 1. die Anordnung einer Vorführung nach § 278 Absatz 5 des Gesetzes über das Verfahren in Familiensachen und in den Angelegenheiten der freiwilligen Gerichtsbarkeit, 2. die Anordnung, Erweiterung oder Aufhebung eines Einwilligungsvorbehalts und 3. der Erlass einer Maßregel in Bezug auf eine Untersuchung des Gesundheitszustandes, auf eine Heilbehandlung oder einen ärztlichen Eingriff nach § 1867 auch in Verbindung mit § 1888 Absatz 1 jeweils in Verbindung mit § 1846 des Bürgerlichen Gesetzbuchs.[495]	**§ 33 Regelung für die Übergangszeit; Befähigung zum Amt des Bezirksnotars** (1)–(2) … (3) Nimmt ein Beamter des Justizdienstes nach Absatz 2 Aufgaben nach § 3 Nummer 2 Buchstabe b, c oder i wahr, gelten weder § 15 Absatz 1 Satz 1 Nummer 1 bis 3 und 5 noch § 16. Dem Richter bleiben vorbehalten: 1. die Anordnung einer Vorführung nach § 278 Absatz 5 des Gesetzes über das Verfahren in Familiensachen und in den Angelegenheiten der freiwilligen Gerichtsbarkeit, 2. die Anordnung, Erweiterung oder Aufhebung eines Einwilligungsvorbehalts und 3. der Erlass einer Maßregel in Bezug auf eine Untersuchung des Gesundheitszustandes, auf eine Heilbehandlung oder einen ärztlichen Eingriff nach § 1908i Absatz 1 Satz 1 und § 1915 Absatz 1 jeweils in Verbindung mit § 1846 des Bürgerlichen Gesetzbuchs.

494 Redaktionelle Folgeänderung.
495 Redaktionelle Folgeänderung.

VI. Änderungen der Bundesnotarordnung

Einführung

317 Die Änderungen der Bundesnotarordnung stehen im Zusammenhang mit der geänderten Paragrafenzählung des materiellen Rechts (und sind insoweit zu vernachlässigen) und der Einführung des Ehegattennotvertretungsrechts in § 1358 BGB. Vor allem können künftig auch Widersprüche gegen eine Vertretung durch den Ehegatten in das von der Bundesnotarkammer geführte Zentrale Vorsorgeregister eingetragen werden (§ 78a BNotO).

318 Künftig sollen auch solche Patientenverfügungen in das Zentrale Vorsorgeregister der Bundesnotarkammer eingetragen werden können, die nicht mit einer Vorsorgevollmacht oder Betreuungsverfügung verbunden sind. Patientenverfügungen sind für die gesundheitliche Versorgung und das Selbstbestimmungsrecht der Patienten bedeutsame Dokumente, die im Notfall schnell und zuverlässig bekannt werden müssen.

319 In § 78b BNotO wird bestimmt, dass die Registerbehörde künftig auch Ärzten auf Ersuchen Auskunft aus dem Zentralen Vorsorgeregister erteilt, soweit eine Auskunft für die Entscheidung über eine dringliche medizinische Behandlung erforderlich ist. Eines solchen Auskunftsrechts von Ärzten bedarf es zum einen, damit der behandelnde Arzt in den Behandlungssituationen, in denen das Eingreifen eines gesetzlichen Vertretungsrechts von Ehegatten in Betracht kommt, schnellstmöglich ermitteln kann, ob ein Widerspruch des Patienten gegen eine solche Vertretung im Zentralen Vorsorgeregister eingetragen ist. Zum anderen sollen Ärzte auch darüber Auskunft bekommen, ob für den Patienten eine Vorsorgevollmacht, gegebenenfalls in Kombination mit einer Patientenverfügung, oder eine Betreuungsverfügung eingetragen ist. Dies erscheint erforderlich, damit in den Fällen, in denen der Patient nicht ansprechbar ist und auch sonst keine Informationen über den Patienten vorliegen, der Arzt so bald wie möglich Kenntnis darüber erhält, ob der Patient eine andere Person mit seiner Vertretung in gesundheitlichen Angelegenheiten bevollmächtigt hat, und damit die bevollmächtigte Person zur Ermittlung des Patientenwillens kontaktiert werden kann. Dafür ist der Patientenwille möglichst frühzeitig in Erfahrung zu bringen. Wird vom behandelnden Arzt – wie nach bisheriger Rechtslage erforderlich – beim Betreuungsgericht erst eine Betreuung angeregt und werden dem Arzt dann vom Betreuungsgericht die Daten des Bevollmächtigten übermittelt, kann wertvolle Zeit vergehen.

BNotO nF	BNotO aF
Teil 1 Das Amt des Notars **Abschnitt 5 Abwesenheit und Verhinderung des Notars; Notarvertretung**	
§ 39 Notarvertretung (1)–(2) … (3) Zur Vertretung darf nur bestellt werden, wer im Sinne des § 5 Absatz 1 und 2 persönlich und im Sinne des § 5 Absatz 5 fachlich geeignet ist. Die ständige Vertretung soll nur einem Notar, einem Notarassessor oder einem Notar außer Dienst übertragen werden. Als ständige Vertretung eines Anwaltsnotars kann nach Anhörung	**§ 39 Notarvertretung** (1)–(2) … (3) Zur Vertretung darf nur bestellt werden, wer im Sinne des § 5 Absatz 1 und 2 persönlich und im Sinne des § 5 Absatz 5 fachlich geeignet ist. Die ständige Vertretung soll nur einem Notar, einem Notarassessor oder einem Notar außer Dienst übertragen werden. Als ständige Vertretung eines Anwaltsnotars kann nach Anhörung

der Notarkammer auch ein Rechtsanwalt bestellt werden. Abgesehen von den Fällen des Absatzes 2 soll als Vertretung nur bestellt werden, wer von dem Notar vorgeschlagen wurde und zur Übernahme des Amtes bereit ist. Für den Notar kann auch ein nach § 1814 des Bürgerlichen Gesetzbuchs bestellter Betreuer oder ein nach § 1884 des Bürgerlichen Gesetzbuchs[496] bestellter Abwesenheitspfleger den Antrag stellen und die Vertretung vorschlagen. (4) …	der Notarkammer auch ein Rechtsanwalt bestellt werden. Abgesehen von den Fällen des Absatzes 2 soll als Vertretung nur bestellt werden, wer von dem Notar vorgeschlagen wurde und zur Übernahme des Amtes bereit ist. Für den Notar kann auch ein nach § 1896 des Bürgerlichen Gesetzbuchs bestellter Betreuer oder ein nach § 1911 des Bürgerlichen Gesetzbuchs bestellter Abwesenheitspfleger den Antrag stellen und die Vertretung vorschlagen. (4) …
Teil 2 **Notarkammern und Bundesnotarkammer** **Abschnitt 2 Bundesnotarkammer**	
§ 78a Zentrales Vorsorgeregister; Verordnungsermächtigung (1) Die Bundesnotarkammer führt als Registerbehörde ein automatisiertes elektronisches Register über Vorsorgevollmachten, Betreuungsverfügungen und Widersprüche gegen eine Vertretung durch den Ehegatten nach § 1358 des Bürgerlichen Gesetzbuchs.[497] Das Bundesministerium der Justiz und für Verbraucherschutz führt die Rechtsaufsicht über die Registerbehörde. (3) …	**§ 78a Zentrales Vorsorgeregister; Verordnungsermächtigung** (1) Die Bundesnotarkammer führt als Registerbehörde ein automatisiertes elektronisches Register über Vorsorgevollmachten und Betreuungsverfügungen. Das Bundesministerium der Justiz und für Verbraucherschutz führt die Rechtsaufsicht über die Registerbehörde.
(2) In das Zentrale Vorsorgeregister dürfen Angaben aufgenommen werden über 1. Vollmachtgeber, 2. Bevollmächtigte, 3. die Vollmacht und deren Inhalt, 4. Vorschläge zur Auswahl des Betreuers, 5. Wünsche zur Wahrnehmung der Betreuung, 6. den Vorschlagenden, 7. den einer Vertretung durch den Ehegatten nach § 1358 des Bürgerlichen Gesetzbuchs Widersprechenden[498] und 8. den Ersteller einer Patientenverfügung. (3) …	(2) In das Zentrale Vorsorgeregister dürfen Angaben aufgenommen werden über 1. Vollmachtgeber, 2. Bevollmächtigte, 3. die Vollmacht und deren Inhalt, 4. Vorschläge zur Auswahl des Betreuers, 5. Wünsche zur Wahrnehmung der Betreuung und 6. den Vorschlagenden. (3) …
§ 78b Auskunft und Gebühren (1) Die Registerbehörde erteilt Gerichten und Ärzten auf Ersuchen Auskunft aus dem Zentralen Vorsorgeregister. Ärzte dürfen nur um Auskunft ersuchen, soweit diese für die Entscheidung über eine dringende medizinische Behandlung erforderlich ist.[499] Die Befugnis der Gerichte, Notare und Notarkammern zur Einsicht in Registrierungen, die von ihnen ver-	**§ 78b Auskunft und Gebühren** (1) Die Registerbehörde erteilt Gerichten auf Ersuchen Auskunft aus dem Zentralen Vorsorgeregister. Die Befugnis der Gerichte, Notare und Notarkammern zur Einsicht in Registrierungen, die von ihnen verwahrte oder registrierte Urkunden betreffen, bleibt unberührt. (2)–(4) …

496 Redaktionelle Folgeänderungen wegen der geänderten Paragrafenzählung des materiellen Rechts.
497 Ergänzung zur Einführung des Ehegattennotvertretungsrechts.
498 Ergänzung zur Einführung des Ehegattennotvertretungsrechts in § 1358.
499 Ergänzung zur Einführung des Ehegattennotvertretungsrechts in § 1358.

wahrte oder registrierte Urkunden betreffen, bleibt unberührt. (2)–(4) ...	

VII. Änderungen der Versorgungsregister-Verordnung

Einführung

320 Die Widersprüche gegen eine Vertretung durch den Ehegatten nach § 1358 BGB in das von der Bundesnotarkammer geführte Zentrale Vorsorgeregister eintragen zu lassen (§ 78a Abs. 1 S. 1 BNotO), erforderte es, die Verordnung über das Zentrale Vorsorgeregister (VRegV) entsprechend zu ergänzen. So ist jetzt in § 1 VRegV die Eintragung von Widersprüchen gegen eine Vertretung durch den Ehegatten nach § 1358 BGB vorgesehen und die zu registrierenden Daten angegeben. Der Widersprechende wurde in die Regelungen über die Antragstellung und Änderung, Ergänzung und Löschung von Eintragungen aufgenommen.

321 Wie bei den Gerichten erfolgt die Auskunft an Ärzte gem. § 6 Abs. 1 VRegV im Wege eines automatisierten Verfahrens auf Abruf. Dafür hat die Bundesnotarkammer zuvor mit der jeweiligen Landesärztekammer generell für solche Abfragen schriftlich Festlegungen zu den technischen und organisatorischen Maßnahmen zur Gewährleistung des Datenschutzes und der Datensicherheit zu treffen. In § 7 Abs. 1 S. 3 Nr. 1 VRegV wird klargestellt, dass diejenigen Daten, mit denen eine Registrierung abgefragt wird, zu protokollieren sind. Zu diesen Daten gehören Vorname, Familienname, Geburtsname und Geburtsdatum derjenigen Person, zu der um Auskunft ersucht wird. Die Protokollierung dieser Daten entspricht bereits der gängigen Praxis. Die Protokolle sollen künftig zudem auch zur nachträglichen Überprüfung durch die jeweils zuständige Landesärztekammer, ob die Voraussetzungen des § 78b Abs. 1 S. 2 BNotO vom ersuchenden Arzt eingehalten worden sind, verwendet werden können, da die Bundesnotarkammer die Zulässigkeit eines Auskunftsersuchens nur prüft, wenn sie dazu nach den Umständen des Einzelfalls Anlass hat.

322 Zur nachträglichen Überprüfung erhalten die Landesärztekammern das Recht, beim Zentralen Vorsorgeregister Auskunft darüber zu verlangen, welche Auskünfte einem Kammermitglied erteilt worden sind. Sollte ein Arzt Einsicht in das Zentrale Vorsorgeregister genommen haben, ohne dass diese Einsicht für die Entscheidung über eine medizinische Behandlung erforderlich gewesen ist, wäre dies im Sinne von § 2 Abs. 2 S. 1 in Verbindung mit § 2 Abs. 5 der (Muster-)Berufsordnung für die in der Bundesrepublik Deutschland tätigen Ärzte berufsrechtswidrig. Die Protokolle können dann ggf. im Rahmen eines berufsrechtlichen Verfahrens für die Zwecke der Beweisführung verwendet werden. Die Landesärztekammer hat ihr zur Verfügung gestellte Protokolle ein Jahr nach ihrem Eingang zu löschen, sofern die Protokolle nicht für weitere, bereits eingeleitete Prüfungen benötigt werden.

VRegV nF	VRegV aF
§ 1 Inhalt des Zentralen Vorsorgeregisters	**§ 1 Inhalt des Zentralen Vorsorgeregisters**
(1) Die Bundesnotarkammer stellt die Eintragung folgender personenbezogener Daten im Zentralen Vorsorgeregister sicher: 1. Daten zur Person des Vollmachtgebers: a) Familienname, b) Geburtsname, c) Vornamen, d) Geschlecht, e) Geburtsdatum, f) Geburtsort, g) Anschrift (Straße, Hausnummer, Postleitzahl, Ort), h) Email-Adresse. 2. Daten zur Person des Bevollmächtigten: a) Familienname, b) Geburtsname, c) Vornamen, d) Geburtsdatum, e) Anschrift (Straße, Hausnummer, Postleitzahl, Ort), f) Rufnummer, g) Email-Adresse. 3. Datum der Errichtung der Vollmachtsurkunde, 4. Aufbewahrungsort der Vollmachtsurkunde, 5. Angaben, ob Vollmacht erteilt wurde zur Erledigung von a) Vermögensangelegenheiten, b) Angelegenheiten der Gesundheitssorge und ob ausdrücklich Maßnahmen nach 1829 Absatz 1 Satz 1 und § 1832 Absatz 1 und 4 umfasst sind, c) Angelegenheiten der Aufenthaltsbestimmung und ob ausdrücklich Maßnahmen nach § 1831 Absatz 1 und 4 des Bürgerlichen Gesetzbuchs[500] umfasst sind, d) sonstigen persönlichen Angelegenheiten, 6. besondere Anordnungen oder Wünsche a) über das Verhältnis mehrerer Bevollmächtigter zueinander, b) für den Fall, dass das Betreuungsgericht einen Betreuer bestellt, c) hinsichtlich Art und Umfang medizinischer Versorgung, 7. Widersprüche gegen eine Vertretung durch den Ehegatten nach § 1358 des Bürgerlichen Gesetzbuchs mit den Daten zur Person des Widersprechenden.	(1) Die Bundesnotarkammer stellt die Eintragung folgender personenbezogener Daten im Zentralen Vorsorgeregister sicher: 1. Daten zur Person des Vollmachtgebers: a) Familienname, b) Geburtsname, c) Vornamen, d) Geschlecht, e) Geburtsdatum, f) Geburtsort, g) Anschrift (Straße, Hausnummer, Postleitzahl, Ort), 2. Daten zur Person des Bevollmächtigten: a) Familienname, b) Geburtsname, c) Vornamen, d) Geburtsdatum, e) Anschrift (Straße, Hausnummer, Postleitzahl, Ort), f) Rufnummer. 3. Datum der Errichtung der Vollmachtsurkunde, 4. Aufbewahrungsort der Vollmachtsurkunde, 5. Angaben, ob Vollmacht erteilt wurde zur Erledigung von a) Vermögensangelegenheiten, b) Angelegenheiten der Gesundheitssorge und ob ausdrücklich Maßnahmen nach § 1904 Abs. 1 Satz 1 und § 1906a Absatz 1 und 4 des Bürgerlichen Gesetzbuchs umfasst sind, c) Angelegenheiten der Aufenthaltsbestimmung und ob ausdrücklich Maßnahmen nach § 1906 Absatz 1 und 4 des Bürgerlichen Gesetzbuchs umfasst sind, d) sonstigen persönlichen Angelegenheiten, 6. besondere Anordnungen oder Wünsche a) über das Verhältnis mehrerer Bevollmächtigter zueinander, b) für den Fall, dass das Betreuungsgericht einen Betreuer bestellt, c) hinsichtlich Art und Umfang medizinischer Versorgung.
(2) Ist die Vollmacht in öffentlich beglaubigter oder notariell beurkundeter Form errichtet	(2) Ist die Vollmacht in öffentlich beglaubigter oder notariell beurkundeter Form errichtet

500 Redaktionelle Folgeänderung wegen Änderung der Paragrafenzählung im materiellen Recht.

worden, dürfen darüber hinaus die Urkundenrollennummer, das Urkundsdatum sowie die Bezeichnung des Notars und die Anschrift seiner Geschäftsstelle aufgenommen werden.	worden, dürfen darüber hinaus die Urkundenrollennummer, das Urkundsdatum sowie die Bezeichnung des Notars und die Anschrift seiner Geschäftsstelle aufgenommen werden.
(3) Die Eintragung erfolgt unter Angabe ihres Datums.	(3) Die Eintragung erfolgt unter Angabe ihres Datums.
§ 2 Eintragungsantrag (1) Die Eintragung erfolgt auf schriftlichen Antrag des Vollmachtgebers oder des einer Vertretung durch den Ehegatten Widersprechenden. Der Antrag hat mindestens die Angaben nach § 1 Abs. 1 Nr. 1 Buchstabe a, c bis g zu enthalten. Sollen auch Angaben über den Bevollmächtigten eingetragen werden, muss der Antrag zudem mindestens die Angaben nach § 1 Abs. 1 Nr. 2 Buchstabe a, c und e enthalten. Die Angaben nach § 1 Abs. 3 werden unabhängig von dem Antrag eingetragen.	**§ 2 Eintragungsantrag** (1) Die Eintragung erfolgt auf schriftlichen Antrag des Vollmachtgebers. Der Antrag hat mindestens die Angaben nach § 1 Abs. 1 Nr. 1 Buchstabe a, c bis g zu enthalten. Sollen auch Angaben über den Bevollmächtigten eingetragen werden, muss der Antrag zudem mindestens die Angaben nach § 1 Abs. 1 Nr. 2 Buchstabe a, c und e enthalten. Die Angaben nach § 1 Abs. 3 werden unabhängig von dem Antrag eingetragen.
(2) Der Antrag kann auch im Wege der Datenfernübertragung gestellt werden, soweit die Bundesnotarkammer diese Möglichkeit eröffnet hat. Die Bundesnotarkammer hat dem jeweiligen Stand der Technik entsprechende Maßnahmen zur Sicherstellung von Datenschutz und Datensicherheit nach den Artikeln 24, 25 und 32 der Verordnung (EU) 2016/679 des Europäischen Parlaments und des Rates vom 27.4.2016 zum Schutz natürlicher Personen bei der Verarbeitung personenbezogener Daten, zum freien Datenverkehr und zur Aufhebung der Richtlinie 95/46/EG (Datenschutz-Grundverordnung) (ABl. L 119 vom 4.5.2016, S. 1; L 314 vom 22.11.2016, S. 72; L 127 vom 23.5.2018, S. 2) zu treffen, die insbesondere die Vertraulichkeit und Unversehrtheit der Daten gewährleisten; im Falle der Nutzung allgemein zugänglicher Netze sind dem jeweiligen Stand der Technik entsprechende Verschlüsselungsverfahren anzuwenden.	(2) Der Antrag kann auch im Wege der Datenfernübertragung gestellt werden, soweit die Bundesnotarkammer diese Möglichkeit eröffnet hat. Die Bundesnotarkammer hat dem jeweiligen Stand der Technik entsprechende Maßnahmen zur Sicherstellung von Datenschutz und Datensicherheit nach den Artikeln 24, 25 und 32 der Verordnung (EU) 2016/679 des Europäischen Parlaments und des Rates vom 27.4.2016 zum Schutz natürlicher Personen bei der Verarbeitung personenbezogener Daten, zum freien Datenverkehr und zur Aufhebung der Richtlinie 95/46/EG (Datenschutz-Grundverordnung) (ABl. L 119 vom 4.5.2016, S. 1; L 314 vom 22.11.2016, S. 72; L 127 vom 23.5.2018, S. 2) zu treffen, die insbesondere die Vertraulichkeit und Unversehrtheit der Daten gewährleisten; im Falle der Nutzung allgemein zugänglicher Netze sind dem jeweiligen Stand der Technik entsprechende Verschlüsselungsverfahren anzuwenden.
(3) In Zweifelsfällen hat die Bundesnotarkammer sich von der Identität des Antragstellers zu überzeugen. Im Übrigen prüft sie die Richtigkeit der mit dem Antrag übermittelten Angaben nicht.	(3) In Zweifelsfällen hat die Bundesnotarkammer sich von der Identität des Antragstellers zu überzeugen. Im Übrigen prüft sie die Richtigkeit der mit dem Antrag übermittelten Angaben nicht.
§ 5 Änderung, Ergänzung und Löschung von Eintragungen (1) Änderungen, Ergänzungen und Löschungen von Eintragungen erfolgen auf schriftlichen Antrag des Vollmachtgebers oder des einer Vertretung durch den Ehegatten Widersprechenden. § 2 Abs. 2, 3 und § 3 gelten entsprechend. (2) Bei der Eintragung von Änderungen und Ergänzungen ist sicherzustellen, dass die bisherige Eintragung auf Anforderung erkennbar bleibt.	**§ 5 Änderung, Ergänzung und Löschung von Eintragungen** (1) Änderungen, Ergänzungen und Löschungen von Eintragungen erfolgen auf schriftlichen Antrag des Vollmachtgebers. § 2 Abs. 2, 3 und § 3 gelten entsprechend. (2) Bei der Eintragung von Änderungen und Ergänzungen ist sicherzustellen, dass die bisherige Eintragung auf Anforderung erkennbar bleibt.

(3) Daten nach § 1 Abs. 1 Nr. 2 sind auch auf schriftlichen Antrag des Bevollmächtigten zu löschen. § 2 Abs. 2 und 3 gilt entsprechend. (4) Eintragungen sind 110 Jahre nach der Geburt des Vollmachtgebers oder des einer Vertretung durch den Ehegatten Widersprechenden zu löschen.	(3) Daten nach § 1 Abs. 1 Nr. 2 sind auch auf schriftlichen Antrag des Bevollmächtigten zu löschen. § 2 Abs. 2 und 3 gilt entsprechend. (4) Eintragungen sind 110 Jahre nach der Geburt des Vollmachtgebers zu löschen.
§ 6 Auskunft an Betreuungsgerichte, Landgerichte als Beschwerdegerichte und Ärzte Die Auskunft aus dem Register erfolgt im Wege eines automatisierten Verfahrens auf Abruf, sofern die Bundesnotarkammer zuvor 1. für Ersuchen eines Betreuungsgerichts oder eines Landgerichts als Beschwerdegericht mit der jeweiligen Landesjustizverwaltung und 2. für Ersuchen eines Arztes mit der jeweils zuständigen Landesärztekammer schriftlich Festlegungen zu den technischen und organisatorischen Maßnahmen zur Gewährleistung des Datenschutzes und der Datensicherheit nach den Artikeln 24, 25 und 32 der Verordnung (EU) 2016/679 getroffen hat. § 2 Abs. 2 Satz 2 gilt entsprechend.	**§ 6 Auskunft an die Betreuungsgerichte und die Landgerichte als Beschwerdegerichte** (1) Die Auskunft aus dem Register erfolgt im Wege eines automatisierten Abrufverfahrens, sofern die Bundesnotarkammer zuvor mit der jeweiligen Landesjustizverwaltung schriftlich Festlegungen zu den technischen und organisatorischen Maßnahmen zur Gewährleistung des Datenschutzes und der Datensicherheit nach den Artikeln 24, 25 und 32 der Verordnung (EU) 2016/679 getroffen hat. § 2 Abs. 2 Satz 2 gilt entsprechend.
(2) Die Auskunft aus dem Register erfolgt auch auf schriftliches oder elektronisches Ersuchen des Betreuungsgerichts und des Landgerichts als Beschwerdegericht. Bei besonderer Dringlichkeit, insbesondere wenn die Bestellung eines vorläufigen Betreuers im Rahmen einer einstweiligen Anordnung in Betracht kommt, kann das Ersuchen auch fernmündlich gestellt werden. In jedem Fall haben das Betreuungsgericht und das Landgericht als Beschwerdegericht das Geschäftszeichen ihres Betreuungsverfahrens anzugeben.	(2) Die Auskunft aus dem Register erfolgt auch auf schriftliches oder elektronisches Ersuchen des Betreuungsgerichts und des Landgerichts als Beschwerdegericht. Bei besonderer Dringlichkeit, insbesondere wenn die Bestellung eines vorläufigen Betreuers im Rahmen einer einstweiligen Anordnung in Betracht kommt, kann das Ersuchen auch fernmündlich gestellt werden. In jedem Fall haben das Betreuungsgericht und das Landgericht als Beschwerdegericht das Geschäftszeichen ihres Betreuungsverfahrens anzugeben.
(3) In den Fällen des Absatzes 2 erteilt die Bundesnotarkammer die Auskunft aus dem Register schriftlich oder elektronisch. Hierbei sind die erforderlichen Maßnahmen zu treffen, um die Authentizität des Ersuchens zu prüfen und die Vertraulichkeit der Auskunft zu gewährleisten.	(3) In den Fällen des Absatzes 2 erteilt die Bundesnotarkammer die Auskunft aus dem Register schriftlich oder elektronisch. Hierbei sind die erforderlichen Maßnahmen zu treffen, um die Authentizität des Ersuchens zu prüfen und die Vertraulichkeit der Auskunft zu gewährleisten.
§ 7 Protokollierung der Auskunftserteilungen (1) Die Zulässigkeit der Auskunftsersuchen prüft die Bundesnotarkammer nur, wenn sie dazu nach den Umständen des Einzelfalls Anlass hat. Für die Kontrolle der Zulässigkeit der Ersuchen und für die Sicherstellung der ordnungsgemäßen Datenverarbeitung protokolliert dic Bundesnotarkammer alle nach § 6 erteilten Auskünfte elektronisch. Zu protokollieren sind	**§ 7 Protokollierung der Auskunftserteilungen** (1) Die Zulässigkeit der Auskunftsersuchen prüft die Bundesnotarkammer nur, wenn sie dazu nach den Umständen des Einzelfalls Anlass hat. Für die Kontrolle der Zulässigkeit der Ersuchen und für die Sicherstellung der ordnungsgemäßen Datenverarbeitung protokolliert die Bundesnotarkammer alle nach § 6 erteilten Auskünfte elektronisch. Zu protokollieren sind die Daten zur Person des Vollmachtgebers, das ersuchende Betreuungsgericht oder das Landgericht als Beschwerdegericht, dessen Geschäfts-

1. die von der ersuchenden Stelle eingegebenen Daten, 2. das ersuchende Gericht und dessen Geschäftszeichen oder der ersuchende Arzt, 3. der Zeitpunkt des Ersuchens sowie 4. die übermittelten Daten.	zeichen, der Zeitpunkt des Ersuchens sowie die übermittelten Daten.
(2) Die Protokolle dürfen nur für Zwecke der Datenschutzkontrolle, der Datensicherung, der Sicherstellung eines ordnungsgemäßen Registerbetriebs und der Überprüfung durch die jeweils zuständige Landesärztekammer, ob die Voraussetzungen des § 78b Absatz 1 Satz 2 der Bundesnotarordnung eingehalten sind, verwendet werden. Zur Überprüfung, ob die Voraussetzungen des § 78b Absatz 1 Satz 2 der Bundesnotarordnung eingehalten sind, kann die jeweils zuständige Landesärztekammer auf der Grundlage der Protokolle Auskunft darüber verlangen, welche Auskünfte an einen Arzt erteilt worden sind. Ferner kann der Vollmachtgeber oder der einer Vertretung durch den Ehegatten Widersprechende auf der Grundlage der Protokolle Auskunft darüber verlangen, welche Auskünfte aus dem Register erteilt worden sind. Satz 3 gilt entsprechend für den Bevollmächtigten, sofern Daten zu seiner Person gespeichert sind. Die Protokolle sind gegen zweckfremde Verwendung zu schützen.	(2) Die Protokolle dürfen nur für Zwecke der Datenschutzkontrolle, der Datensicherung und der Sicherstellung eines ordnungsgemäßen Registerbetriebs verwendet werden. Ferner kann der Vollmachtgeber auf der Grundlage der Protokolle Auskunft darüber verlangen, welche Auskünfte aus dem Register erteilt worden sind. Satz 2 gilt entsprechend für den Bevollmächtigten, sofern Daten zu seiner Person gespeichert sind. Die Protokolle sind gegen zweckfremde Verwendung zu schützen.
(3) Die Protokolle werden nach Ablauf des auf ihre Erstellung folgenden Kalenderjahres gelöscht. Die Landesärztekammer löscht Protokolle, die ihr nach Absatz 2 Satz 2 zur Verfügung gestellt worden sind, ein Jahr nach ihrem Eingang, sofern sie nicht für weitere, bereits eingeleitete Prüfungen benötigt werden.	(3) Die Protokolle werden nach Ablauf des auf ihre Erstellung folgenden Kalenderjahres gelöscht. Das Bundesministerium der Justiz und für Verbraucherschutz löscht Protokolle, die ihm nach Absatz 1 Satz 4 zur Verfügung gestellt worden sind, ein Jahr nach ihrem Eingang, sofern sie nicht für weitere, bereits eingeleitete Prüfungen benötigt werden.
§ 9 Betreuungsverfügungen, Patientenverfügungen Im Zentralen Vorsorgeregister können auch Betreuungsverfügungen und Patientenverfügungen unabhängig von der Eintragung einer Vollmacht registriert werden. Die §§ 1 bis 8 gelten entsprechend.	**§ 9 Betreuungsverfügungen** Im Zentralen Vorsorgeregister können auch Betreuungsverfügungen unabhängig von der Eintragung einer Vollmacht registriert werden. Die §§ 1 bis 8 gelten entsprechend.

VIII. Änderungen der Zivilprozessordnung

Einführung

323 Nach dem bisher geltenden Recht stand eine geschäftsfähige und deshalb an sich prozessfähige Person, für die ein Betreuer bestellt war, einer nicht prozessfähigen Person gleich, sobald ihr Betreuer im Prozess als Vertreter für sie auftrat (§ 53 ZPO aF). Dieser Automatismus, dass geschäftsfähige Betreute stets ihre prozessuale Handlungsfähigkeit verloren, wenn ihr Betreuer sie in einem Gerichtsverfahren vertrat, widersprach dem Selbstbestimmungsrecht von Betreuten. Darauf hat der Gesetzgeber mit der Neufassung von § 53 ZPO reagiert. Die neue Regelung durchbricht den geschilderten Automatis-

mus, verbessert die prozessualen Handlungsmöglichkeiten von geschäftsfähigen Betreuten und sichert deren Recht auf selbstbestimmtes Handeln in eigenen Angelegenheiten.

Jetzt kann der Betreuer ein Verfahren, an dem der Betreute beteiligt ist, durch eine Ausschließlichkeitserklärung an sich ziehen. Bei der Entscheidung, ob und wie lange er von dieser Möglichkeit Gebrauch macht, ist er an § 1821 BGB (Vorrang der Wünsche des Betreuten) gebunden. 324

Die neuen Regelungen gewährleisten zudem, dass das Gericht sowohl eine Partei, für die ein Betreuer bestellt ist, als auch deren Betreuer stets ausreichend über ein anhängiges Gerichtsverfahren in Kenntnis setzen muss (§ 170a ZPO). Eine Partei, für die ein Betreuer bestellt ist, erhält vom Gericht auch dann alle zuzustellenden Dokumente, wenn der Betreuer den Prozess allein führt, und bekommt so alle wesentlichen Informationen aus erster Hand. Bei Dokumenten, welche dem Betreuer formlos übersandt werden, ist das Gericht – etwa aufgrund eines gleichwohl für wichtig erachteten Inhalts – berechtigt, aber nicht verpflichtet, Abschriften hiervon an den Betreuten zu übersenden. Im Ergebnis trägt die neue Regelung dazu bei, das Selbstbestimmungsrecht von Betreuten zu stärken. Umgekehrt wird der Betreuer in die Lage versetzt zu entscheiden, ob er in einem anhängigen Gerichtsverfahren zum Schutz des Betreuten tätig werden muss. 325

Einer Regelung für die Pflegschaft, wie sie in § 53 ZPO aF enthalten war, bedarf es nicht mehr. Die Gebrechlichkeitspflegschaft, auf die § 53 ZPO früher ausgerichtet war, gibt es nicht mehr. Bei Pflegschaften für Minderjährige sind die Pflegebefohlenen nach den allgemeinen Vorschriften prozessunfähig. Im FamFG enthaltene Ausnahmebestimmungen bleiben unberührt. In den Fällen der sonstigen Pflegschaft ist ein Bedürfnis für eine Regelung, wonach ein prozessfähiger Pflegebefohlener durch eine Vertretung durch den Pfleger einer nicht prozessfähigen Person gleichgestellt wird, nicht erkennbar. Sollte der Pflegebefohlene im Rechtsstreit erscheinen, kann er diesen auch weiterführen. 326

Über den unmittelbaren Anwendungsbereich im Zivilprozess hinaus gelten die §§ 53 und 170a ZPO aufgrund der Verweisungen auch in den Verfahren vor den Gerichten der öffentlichen Gerichtsbarkeiten (vgl. § 56 Abs. 2 und § 62 Abs. 4 VwGO, § 53 Abs. 2 und § 58 Abs. 2 Satz 2 FGO, § 63 Abs. 2 S. 1 und § 71 Abs. 6 SGG), in Verfahren der freiwilligen Gerichtsbarkeit mit Ausnahme der Verfahren in Betreuungs- und Unterbringungssachen (vgl. §§ 275, 316 FamFG), sowie in behördlichen Verfahren. Im Strafverfahrensrecht findet § 170a ZPO über die Verweisung in § 37 Abs. 1 StPO Strafprozessordnung entsprechende Anwendung, über die weitere Verweisung in § 2 Abs. 2 JGG auch im Jugendstrafverfahren. 327

ZPO nF	ZPO aF
Buch 1 Allgemeine Vorschriften **Abschnitt 2 Parteien**	
§ 51 Prozessfähigkeit; gesetzliche Vertretung; Prozessführung (1)–(2) ... (3) Hat eine nicht prozessfähige Partei, die eine volljährige natürliche Person ist, wirksam eine andere natürliche Person schriftlich mit ihrer gerichtlichen Vertretung bevollmächtigt, so steht diese Person einem gesetzlichen Vertreter gleich, wenn die Bevollmächtigung geeignet ist, gemäß § 1814 Absatz 3 Satz 2 Nummer 1 des Bürgerlichen Gesetzbuchs[501] die Erforderlichkeit einer Betreuung entfallen zu lassen.	**§ 51 Prozessfähigkeit; gesetzliche Vertretung; Prozessführung** (1)–(2) ... (3) Hat eine nicht prozessfähige Partei, die eine volljährige natürliche Person ist, wirksam eine andere natürliche Person schriftlich mit ihrer gerichtlichen Vertretung bevollmächtigt, so steht diese Person einem gesetzlichen Vertreter gleich, wenn die Bevollmächtigung geeignet ist, gemäß § 1896 Abs. 2 Satz 2 des Bürgerlichen Gesetzbuchs die Erforderlichkeit einer Betreuung entfallen zu lassen.
§ 52 Umfang der Prozessfähigkeit [502]Eine Person ist insoweit prozessfähig, als sie sich durch Verträge verpflichten kann.	**§ 52 Umfang der Prozessfähigkeit** (1) Eine Person ist insoweit prozessfähig, als sie sich durch Verträge verpflichten kann.
§ 53 Prozessfähigkeit bei rechtlicher Betreuung (1) Bei Personen, für die ein Betreuer bestellt ist, richtet sich die Prozessfähigkeit nach den allgemeinen Vorschriften.[503] (2) Wird ein Betreuter in einem Rechtsstreit durch einen Betreuer vertreten, kann der Betreuer in jeder Lage des Verfahrens gegenüber dem Prozessgericht schriftlich oder zu Protokoll der Geschäftsstelle erklären, dass der Rechtsstreit fortan ausschließlich durch ihn geführt wird (Ausschließlichkeitserklärung). Mit Eingang der Ausschließlichkeitserklärung steht der Betreute für den weiteren Rechtsstreit einer nicht prozessfähigen Person gleich.[504] Der Be-	

501 Redaktionelle Folgeänderung wegen der neuen Paragrafenzählung des materiellen Rechts.

502 Redaktionelle Änderung wegen Wegfalls des zweiten Absatzes.

503 Die Prozessfähigkeit von Personen, für die ein Betreuer bestellt ist, hängt nur von ihrer Geschäftsfähigkeit ab (§ 51 ZPO), ohne dass das Auftreten ihres Betreuers im Prozess als solches zum Verlust der prozessualen Handlungsfähigkeit führt. Etwas anderes gilt nur, soweit ein Einwilligungsvorbehalt angeordnet ist. Dann wird eine Prozesshandlung des Betreuten erst mit Einwilligung des Betreuers wirksam.

504 Die Regelung hat den Einzelfall im Blick, in dem die Gefahr besteht, dass eine Person, für die ein Betreuer bestellt ist, trotz fortbestehender Geschäfts- und Prozessfähigkeit in einem Rechtsstreit krankheitsbedingt Prozesshandlungen vornimmt, die den eigenen Interessen zuwiderlaufen und einen erheblichen Schaden zu verursachen drohen. Für einen solchen Ausnahmefall erhält der Betreuer die Handhabe, den Rechtsstreit an sich zu ziehen und den Betreuten zu seinem Schutz von der weiteren Prozessführung auszuschließen. § 53 Abs. 2 S. 1 ZPO sieht daher vor, dass ein Betreuer, der einen Betreuten in einem Rechtsstreit vertritt, in jeder Lage des Verfahrens gegenüber dem Prozessgericht schriftlich oder zu Protokoll der Geschäftsstelle erklären kann, dass der Rechtstreit ausschließlich durch ihn geführt wird (Ausschließlichkeitserklärung). Eine Ausschließlichkeitserklärung kann daher nur abgegeben werden, wenn der Gegenstand des Prozesses in den Aufgabenkreis des Betreuers fällt und er den Betreuten (daher) wirksam vertreten kann. Mit Eingang einer Ausschließlichkeitserklärung steht der Betreute für den weiteren Rechtsstreit einer nicht prozessfähigen Person gleich. Ob die Abgabe einer Ausschließlichkeitserklärung erforderlich ist, bestimmt sich nach dem Innenverhältnis zwischen Betreuer und Betreutem, insbesondere nach § 1821 BGB. Eine Ausschließlichkeitserklärung ist prozessual aber auch dann wirksam, wenn sie betreuungsrechtlich im Innenverhältnis eine Pflichtverletzung des Betreuers ist. Die Ausschließlichkeitserklärung ist gegenüber dem Prozessgericht abzugeben, da sie lediglich prozessuale Folgen für diesen einen Prozess hat. Die Erklärung kann auch zu

treuer kann die Ausschließlichkeitserklärung jederzeit mit Wirkung für die Zukunft zurücknehmen.[505]	
Abschnitt 3 Verfahren **Titel 2 Verfahren bei Zustellungen** **Untertitel 1 Zustellungen von Amts wegen**	
§ 170a Zustellung bei rechtlicher Betreuung (1) Wird an eine Person zugestellt, für die ein Betreuer bestellt ist, ist diesem eine Abschrift des zugestellten Dokuments mitzuteilen, soweit er bekannt ist und sein Aufgabenkreis betroffen ist.[506] (2) Wird nach § 170 Absatz 1 an den Betreuer zugestellt, ist dem Betreuten eine Abschrift des zugestellten Dokuments mitzuteilen.[507]	

IX. Änderungen im Gesetz über das Verfahren in Familiensachen und in den Angelegenheiten der Freiwilligen Gerichtsbarkeit

Einführung

Die Änderungen des FamFG sind zum großen Teil redaktionelle Folgeänderungen, mit denen die Verweisungen auf das BGB der neuen Nummerierung der BGB-Bestimmungen angepasst werden. 328

Darüber hinaus hat der Gesetzgeber einige deutlich als verfahrensrechtlich zu qualifizierende Regelungen des Vormundschaftsrechts aus dem BGB gestrichen und in das FamFG verlagert. Dabei ist die Bestellung aller Vormundtypen durch Beschluss nunmehr einheitlich im FamFG geregelt worden. Die Anhörungspflichten im gerichtlichen Verfahren zur Bestellung eines Vormunds sowie in wichtigen Angelegenheiten sind ins FamFG überführt worden. Gleiches gilt für die Erteilung der Bestellungsurkunde. 329

Auch die verfahrensrechtlichen Vorschriften zum Betreuungsrecht (§§ 271 bis 311 FamFG), wurden in den Reformprozess einbezogen. 330

Um die ausreichende Unterrichtung des Betroffenen bei der Einleitung eines gerichtlichen Betreuungsverfahrens sicherzustellen, ist nun in § 275 FamFG eine Verpflichtung 331

Protokoll der Geschäftsstelle abgegeben werden. Daraus folgt, dass der Betreuer sie auch bei Anwaltsprozessen selbst abgeben kann (§ 78 Abs. 3 ZPO). Die Ausschließlichkeitserklärung wirkt nur für die Zukunft. Die Wirksamkeit bereits zuvor von einem prozessfähigen Betreuten abgegebenen Prozesserklärungen bleibt unberührt.

505 Die Ausschließlichkeitserklärung ist zurückzunehmen, wenn die Gefährdungssituation, die zu ihrer Abgabe geführt hat, nicht mehr besteht. Für die Rücknahme gelten dieselben Regeln wie für die Abgabe der Ausschließlichkeitserklärung. Ab Eingang der Rücknahme richtet sich die Prozessfähigkeit des Betreuten wieder nach den allgemeinen Vorschriften. Der prozessfähige Betreute kann daher dann wieder (ggf. neben dem Betreuer) wirksame Prozesshandlungen vornehmen.

506 Soll den Betreuer in die Lage versetzen, soweit geboten und erforderlich durch Abgabe einer Ausschließlichkeitserklärung in das Verfahren einzugreifen. Unterbleibt die Mitteilung, wird die Wirksamkeit der förmlichen Zustellung dadurch nicht beeinflusst. Es handelt sich um eine bloße Ordnungsvorschrift.

507 Dient der Stärkung des Selbstbestimmungsrechts des Betreuten. Diesem ist das dem Betreuer zugestellte Dokument abschriftlich mitzuteilen ist. Es wird sichergestellt, dass der Betreute fortlaufend über Prozessgeschehen informiert wird. Es handelt sich bei § 170a Abs. 2 allerdings nur um eine Ordnungsvorschrift. Die Zustellung an den Betreuer ist daher auch dann wirksam, wenn die Mitteilung an den Betreuten versehentlich unterblieben ist.

zu seiner Information in adressatengerechter Weise statuiert worden. Die Aufgabe des Verfahrenspflegers wurde in § 276 FamFG deutlicher darauf ausgerichtet, einerseits den Betroffenen über das gerichtliche Verfahren zu informieren und andererseits die Wünsche oder ggf. den mutmaßlichen Willen des Betroffenen in das Verfahren einzubringen und so seine Mitwirkungsmöglichkeiten zur Stärkung seines Selbstbestimmungsrechts zu verbessern. Um das zu unterstützen, wurde bestimmt, dass als Verfahrenspfleger eine natürliche Person zu bestellen ist. Schließlich müssen die Wünsche des Betroffenen sowie die Betreuerauswahl nach § 278 FamFG nun ausdrücklich Gegenstand der gerichtlichen Anhörung sein. Ist ein Verfahrenspfleger bestellt, soll die persönliche Anhörung des Betroffenen in Anwesenheit des Verfahrenspflegers stattfinden.

332 Um die Bedeutung der Erforderlichkeit einer rechtlichen Betreuung zu betonen, wurde ein Vorrang der Feststellung des Regelungsbedarfs im Sozialbericht der Betreuungsbehörde gegenüber der Feststellung der medizinischen Voraussetzungen im ärztlichen Gutachten statuiert. Das soll sich im Verfahrensrecht dadurch spiegeln, dass in § 279 FamFG die Reihenfolge der Ermittlungen für den Regelfall vorgegeben wird: Der Sozialbericht soll vor dem Gutachten eingeholt werden. Nach § 280 FamFG soll sich das Gutachten dann auf die medizinischen Feststellungen in Bezug auf den festgestellten Unterstützungsbedarf beschränken. Im Übrigen wurden die in § 280 Abs. 3 FamFG geregelten Bereiche, auf welche sich das betreuungsrechtliche Sachverständigengutachten zu erstrecken hat, neu definiert.

333 Zukünftig soll auch bei der Bestellung eines Kontrollbetreuers nach § 1820 Abs. 3 iVm § 1815 Abs. 3 BGB nicht auf die Einholung eines Gutachtens nach § 280 FamFG verzichtet werden können. In bewusster Abweichung vom bisherigen Recht umfasst der für einen Kontrollbetreuer angeordnete Aufgabenbereich der Geltendmachung von Rechten des Betreuten gegenüber seinem Bevollmächtigten auch den Widerruf der Vollmacht. Der Widerruf einer Vorsorgevollmacht stellt jedoch eine erhebliche Einschränkung des grundrechtlich geschützten Selbstbestimmungsrechts des Betroffenen dar, wegen der auch ein besonderer Schutz der Rechte des Betroffenen im Verfahren geboten ist. Dem wird zum einen dadurch Rechnung getragen, dass die Bestellung eines Kontrollbetreuers ohne vorherige Einholung eines Gutachtens nach § 280 FamFG nicht mehr möglich ist. Zum anderen ist der Widerruf einer Vorsorgevollmacht künftig unter den Vorbehalt der gerichtlichen Genehmigung gestellt (§ 1820 Abs. 5 BGB), welche in die richterliche Zuständigkeit fällt (vgl. § 15 Abs. 1 RPflG).

334 Der bisherige § 285 FamFG wurde neu gefasst. Die Norm beschreibt nun die erforderlichen Ermittlungen in Bezug auf eventuell vorhandene Vorsorgeverfügungen und deren Herausgabe. Sie ordnet die grundsätzliche Pflicht an, vor der Bestellung eines Betreuers eine Auskunft beim Zentralen Vorsorgeregister der Bundesnotarkammer einzuholen, ob dort eine Vorsorgevollmacht oder eine Betreuungsverfügung des Betroffenen registriert ist. Dies ist Teil der gerichtlichen Prüfung, ob eine rechtliche Betreuung erforderlich ist, und welche Person ggf. als rechtlicher Betreuer zu bestellen ist, (§§ 1814 Abs. 3 S. 2 Nr. 1, 1816 Abs. 2 BGB). Die Betonung der Bedeutung der Ermittlung soll dazu beitragen, dass die Möglichkeit der Vorsorge in Form einer Vorsorgevollmacht oder einer Betreuungsverfügung einschließlich der Möglichkeit ihrer Registrierung im Zentralen Vorsorgeregister verstärkt genutzt wird. Durch die Formulierung als „Soll“-

Bestimmung kann im Einzelfall von der Einholung einer Auskunft beim Zentralen Vorsorgeregister abgesehen werden, etwa wenn ein rechtlicher Betreuer für eine Person bestellt werden soll, bei der behinderungsbedingt die wirksame Erteilung einer Vorsorgevollmacht von vornherein als ausgeschlossen erscheint. Bei Gefahr im Verzug kann von der Einholung der Auskunft abgesehen werden. Sie ist dann aber unverzüglich nachzuholen.

Das bisher in § 289 FamFG geregelte Verpflichtungsgespräch mit dem Betreuer wurde 335
als Teil der gerichtlichen Beratung und Aufsicht des Betreuers ins materielle Recht überführt, um es aufzuwerten (§ 1861 Abs. 2 BGB). Ein Anfangsgespräch mit dem Betreuten ist in § 1863 Abs. 2 BGB vorgesehen. Das Mitspracherecht des Betroffenen und die Kriterien bei der personellen Betreuerauswahl durch Verein oder Behörde wurden gestärkt (§ 291 FamFG).

Neu geregelt wurden in § 292 FamFG die Festsetzung von Aufwendungsersatz- und 336
Vergütungsansprüchen der Betreuer. Zur Entlastung der gerichtlichen Tätigkeit wurde ausdrücklich die Möglichkeit einer Dauervergütungsfestsetzung geschaffen.

Um unverhältnismäßigen Grundrechtseinschränkungen beim Betroffenen entgegenzu- 337
wirken, wurden bei gerichtlichen Entscheidungen gegen den erklärten Willen des Betroffenen die in § 295 FamFG geregelten Anforderungen an das Überprüfungsverfahren erhöht und die Überprüfungsfrist verkürzt.

Zur Verbesserung der Einbeziehung der Betroffenen in Genehmigungsverfahren wur- 338
den die Regelungen zur gerichtlichen Anhörung in § 299 FamFG neu normiert. Neu eingeführt wurde eine (richterliche) Anhörungspflicht in Genehmigungsverfahren zum Widerruf einer Vollmacht nach § 1820 Abs. 5 BGB.

Im Interesse der Betroffenen ist ein Austausch des Betreuungsgerichts mit der Betreu- 339
ungsbehörde über die Tätigkeit der Betreuer. Neu eingefügt wurden mit § 309a FamFG daher spezielle Mitteilungspflichten des Gerichts an die Betreuungsbehörde.

FamFG nF	FamFG aF
Buch 2. Verfahren in Familiensachen **Abschnitt 3. Verfahren in Kindschaftssachen**	
§ 151 Kindschaftssachen Kindschaftssachen sind die dem Familiengericht zugewiesenen Verfahren, die 1. die elterliche Sorge, 2. das Umgangsrecht und das Recht auf Auskunft über die persönlichen Verhältnisse des Kindes, 3. die Kindesherausgabe, 4. die Vormundschaft, 5. die Pflegschaft oder die gerichtliche Bestellung eines sonstigen Vertreters für einen Minderjährigen oder für ein bereits gezeugtes Kind,[508]	**§ 151 Kindschaftssachen** Kindschaftssachen sind die dem Familiengericht zugewiesenen Verfahren, die 1. die elterliche Sorge, 2. das Umgangsrecht und das Recht auf Auskunft über die persönlichen Verhältnisse des Kindes, 3. die Kindesherausgabe, 4. die Vormundschaft, 5. die Pflegschaft oder die gerichtliche Bestellung eines sonstigen Vertreters für einen Minderjährigen oder für eine Leibesfrucht, 6. die Genehmigung von freiheitsentziehender Unterbringung und freiheitsentziehenden

508 Redaktionelle Folgeänderung; Anpassung an die neue Terminologie des § 1810 BGB nF.

6. die Genehmigung von freiheitsentziehender Unterbringung und freiheitsentziehenden Maßnahmen nach § 1631b des Bürgerlichen Gesetzbuchs, auch in Verbindung mit den §§ 1795 Absatz 1 Satz 3 und 1813 Absatz 1 des Bürgerlichen Gesetzbuchs,[509] 7. die Genehmigung oder Anordnung einer freiheitsentziehenden Unterbringung, freiheitsentziehenden Maßnahme oder ärztlichen Zwangsmaßnahme bei einem Minderjährigen nach den Landesgesetzen über die Unterbringung psychisch Kranker oder 8. die Aufgaben nach dem Jugendgerichtsgesetz betreffen.	Maßnahmen nach § 1631b des Bürgerlichen Gesetzbuchs, auch in Verbindung mit den §§ 1800 und 1915 des Bürgerlichen Gesetzbuchs, 7. die Genehmigung oder Anordnung einer freiheitsentziehenden Unterbringung, freiheitsentziehenden Maßnahme oder ärztlichen Zwangsmaßnahme bei einem Minderjährigen nach den Landesgesetzen über die Unterbringung psychisch Kranker oder 8. die Aufgaben nach dem Jugendgerichtsgesetz betreffen.
§ 152 Örtliche Zuständigkeit (1) Während der Anhängigkeit einer Ehesache ist unter den deutschen Gerichten das Gericht, bei dem die Ehesache im ersten Rechtszug anhängig ist oder war, ausschließlich zuständig für Kindschaftssachen, sofern sie gemeinschaftliche Kinder der Ehegatten betreffen.	**§ 152 Örtliche Zuständigkeit** (1) Während der Anhängigkeit einer Ehesache ist unter den deutschen Gerichten das Gericht, bei dem die Ehesache im ersten Rechtszug anhängig ist oder war, ausschließlich zuständig für Kindschaftssachen, sofern sie gemeinschaftliche Kinder der Ehegatten betreffen.
(2) Ansonsten ist das Gericht zuständig, in dessen Bezirk das Kind seinen gewöhnlichen Aufenthalt hat.	(2) Ansonsten ist das Gericht zuständig, in dessen Bezirk das Kind seinen gewöhnlichen Aufenthalt hat.
(3) Ist die Zuständigkeit eines deutschen Gerichts nach den Absätzen 1 und 2 nicht gegeben, ist das Gericht zuständig, in dessen Bezirk das Bedürfnis der Fürsorge bekannt wird.	(3) Ist die Zuständigkeit eines deutschen Gerichts nach den Absätzen 1 und 2 nicht gegeben, ist das Gericht zuständig, in dessen Bezirk das Bedürfnis der Fürsorge bekannt wird.
(4) Für die in den §§ 1693 und 1802 Absatz 2 Satz 3 in Verbindung mit § 1867[510] des Bürgerlichen Gesetzbuchs und in Artikel 24 Abs. 3 des Einführungsgesetzes zum Bürgerlichen Gesetzbuche bezeichneten Maßnahmen ist auch das Gericht zuständig, in dessen Bezirk das Bedürfnis der Fürsorge bekannt wird. Es soll die angeordneten Maßnahmen dem Gericht mitteilen, bei dem eine Vormundschaft oder Pflegschaft anhängig ist.	(4) Für die in den §§ 1693 und 1846 des Bürgerlichen Gesetzbuchs und in Artikel 24 Abs. 3 des Einführungsgesetzes zum Bürgerlichen Gesetzbuche bezeichneten Maßnahmen ist auch das Gericht zuständig, in dessen Bezirk das Bedürfnis der Fürsorge bekannt wird. Es soll die angeordneten Maßnahmen dem Gericht mitteilen, bei dem eine Vormundschaft oder Pflegschaft anhängig ist.
§ 155a Verfahren zur Übertragung der gemeinsamen elterlichen Sorge (1) Die nachfolgenden Bestimmungen dieses Paragrafen gelten für das Verfahren nach § 1626a Absatz 2 des Bürgerlichen Gesetzbuchs. Im Antrag auf Übertragung der gemeinsamen Sorge sind Geburtsdatum und Geburtsort des Kindes anzugeben.	**§ 155a Verfahren zur Übertragung der gemeinsamen elterlichen Sorge** (1) Die nachfolgenden Bestimmungen dieses Paragrafen gelten für das Verfahren nach § 1626a Absatz 2 des Bürgerlichen Gesetzbuchs. Im Antrag auf Übertragung der gemeinsamen Sorge sind Geburtsdatum und Geburtsort des Kindes anzugeben.
(2) § 155 Absatz 1 ist entsprechend anwendbar. Das Gericht stellt dem anderen Elternteil den Antrag auf Übertragung der gemeinsamen Sorge	(2) § 155 Absatz 1 ist entsprechend anwendbar. Das Gericht stellt dem anderen Elternteil den Antrag auf Übertragung der gemeinsamen Sorge

509 Redaktionelle Folgeänderung; Anpassung an die neue Nummerierung.

510 Redaktionelle Folgeänderung wegen der neuen Paragrafennummerierung ohne inhaltliche Veränderungen. Die Bezugnahme auf Artikel 24 Abs. 3 EGBGB ist nicht länger erforderlich.

nach den §§ 166 bis 195 der Zivilprozessordnung zu und setzt ihm eine Frist zur Stellungnahme, die für die Mutter frühestens sechs Wochen nach der Geburt des Kindes endet.	nach den §§ 166 bis 195 der Zivilprozessordnung zu und setzt ihm eine Frist zur Stellungnahme, die für die Mutter frühestens sechs Wochen nach der Geburt des Kindes endet.
(3) In den Fällen des § 1626a Absatz 2 Satz 2 des Bürgerlichen Gesetzbuchs soll das Gericht im schriftlichen Verfahren ohne Anhörung des Jugendamts und ohne persönliche Anhörung der Eltern entscheiden. § 162 ist nicht anzuwenden. Das Gericht teilt dem nach § 87c Absatz 6 Satz 2 des Achten Buches Sozialgesetzbuch zuständigen Jugendamt seine Entscheidung unter Angabe des Geburtsdatums und des Geburtsorts des Kindes sowie des Namens, den das Kind zur Zeit der Beurkundung seiner Geburt geführt hat, zu den in § 58[511] des Achten Buches Sozialgesetzbuch genannten Zwecken formlos mit.	(3) In den Fällen des § 1626a Absatz 2 Satz 2 des Bürgerlichen Gesetzbuchs soll das Gericht im schriftlichen Verfahren ohne Anhörung des Jugendamts und ohne persönliche Anhörung der Eltern entscheiden. § 162 ist nicht anzuwenden. Das Gericht teilt dem nach § 87c Absatz 6 Satz 2 des Achten Buches Sozialgesetzbuch zuständigen Jugendamt seine Entscheidung unter Angabe des Geburtsdatums und des Geburtsorts des Kindes sowie des Namens, den das Kind zur Zeit der Beurkundung seiner Geburt geführt hat, zu den in § 58a des Achten Buches Sozialgesetzbuch genannten Zwecken formlos mit.
(4) Werden dem Gericht durch den Vortrag der Beteiligten oder auf sonstige Weise Gründe bekannt, die der gemeinsamen elterlichen Sorge entgegenstehen können, gilt § 155 Absatz 2 mit der Maßgabe entsprechend, dass der Termin nach Satz 2 spätestens einen Monat nach Bekanntwerden der Gründe stattfinden soll, jedoch nicht vor Ablauf der Stellungnahmefrist der Mutter nach Absatz 2 Satz 2. § 155 Absatz 3 und § 156 Absatz 1 gelten entsprechend.	(4) Werden dem Gericht durch den Vortrag der Beteiligten oder auf sonstige Weise Gründe bekannt, die der gemeinsamen elterlichen Sorge entgegenstehen können, gilt § 155 Absatz 2 mit der Maßgabe entsprechend, dass der Termin nach Satz 2 spätestens einen Monat nach Bekanntwerden der Gründe stattfinden soll, jedoch nicht vor Ablauf der Stellungnahmefrist der Mutter nach Absatz 2 Satz 2. § 155 Absatz 3 und § 156 Absatz 1 gelten entsprechend.
(5) Sorgeerklärungen und Zustimmungen des gesetzlichen Vertreters eines beschränkt geschäftsfähigen Elternteils können auch im Erörterungstermin zur Niederschrift des Gerichts erklärt werden. § 1626d Absatz 2 des Bürgerlichen Gesetzbuchs gilt entsprechend.	(5) Sorgeerklärungen und Zustimmungen des gesetzlichen Vertreters eines beschränkt geschäftsfähigen Elternteils können auch im Erörterungstermin zur Niederschrift des Gerichts erklärt werden. § 1626d Absatz 2 des Bürgerlichen Gesetzbuchs gilt entsprechend.
§ 158c Vergütung; Kosten (1) Führt der Verfahrensbeistand die Verfahrensbeistandschaft berufsmäßig, erhält er für die Wahrnehmung seiner Aufgaben in jedem Rechtszug jeweils eine einmalige Vergütung von 350 Euro. Im Fall der Übertragung von Aufgaben nach § 158b Absatz 2 erhöht sich die Vergütung auf 550 Euro. Die Vergütung deckt auch Ansprüche auf Ersatz anlässlich der Verfahrensbeistandschaft entstandener Aufwendungen ab.	**§ 158c Vergütung; Kosten** (1) Führt der Verfahrensbeistand die Verfahrensbeistandschaft berufsmäßig, erhält er für die Wahrnehmung seiner Aufgaben in jedem Rechtszug jeweils eine einmalige Vergütung von 350 Euro. Im Fall der Übertragung von Aufgaben nach § 158b Absatz 2 erhöht sich die Vergütung auf 550 Euro. Die Vergütung deckt auch Ansprüche auf Ersatz anlässlich der Verfahrensbeistandschaft entstandener Aufwendungen ab.
(2) Für den Ersatz von Aufwendungen des nicht berufsmäßigen Verfahrensbeistands ist § 277 Absatz 1 entsprechend anzuwenden.	(2) Für den Ersatz von Aufwendungen des nicht berufsmäßigen Verfahrensbeistands ist § 277 Absatz 1 entsprechend anzuwenden.
(3) Der Aufwendungsersatz und die Vergütung sind stets aus der Staatskasse zu zahlen. Im Übrigen gilt § 168 d in Verbindung mit § 292 Absatz 1 und 5 entsprechend.[512]	(3) Der Aufwendungsersatz und die Vergütung sind stets aus der Staatskasse zu zahlen. Im Übrigen gilt § 168 Absatz 1 entsprechend.

511 Redaktionelle Folgeänderung wegen der neuen Paragrafennummerierung ohne inhaltliche Veränderung.
512 Die Änderung im Vormundschaftsreformgesetz bezieht sich noch auf den inzwischen geänderten § 158 Abs. 7 S. 6 FamFG.

(4) Dem Verfahrensbeistand sind keine Kosten aufzuerlegen.	(4) Dem Verfahrensbeistand sind keine Kosten aufzuerlegen.
§ 168 Auswahl des Vormunds[513, 514] (1) Hat das Gericht einen Vormund zu bestellen, so soll es bei der Auswahl auch nahestehende Familienangehörige[515] sowie Personen des Vertrauens des betroffenen Kindes[516] anhören, wenn dies ohne erhebliche Verzögerungen möglich ist.[517]	**§ 1779 Auswahl durch das Familiengericht** (1)–(2) … (3) Das Familiengericht soll bei der Auswahl des Vormunds Verwandte oder Verschwägerte des Mündels hören, wenn dies ohne erhebliche Verzögerung und ohne unverhältnismäßige Kosten geschehen kann. Die Verwandten und Verschwägerten können von dem Mündel Ersatz ihrer Auslagen verlangen; der Betrag der Auslagen wird von dem Familiengericht festgesetzt.
(2) Vor der Bestellung einer Person als ehrenamtlicher Vormund oder als Berufsvormund, hat das Gericht eine Auskunft nach § 41 des Bundeszentralregistergesetzes einzuholen. Das Gericht überprüft in angemessenen Zeitabständen, spätestens alle zwei Jahre nach der Bestellung, durch Einholung einer Auskunft, ob die Eignung des Vormunds fortbesteht.[518]	
(3) Für ein Mündel, der das 14. Lebensjahr vollendet hat und nicht geschäftsunfähig ist, gilt § 291 entsprechend.[519]	
§ 168a Inhalt der Beschlussformel und Wirksamwerden der Beschlüsse (1) Die Beschlussformel[520] enthält im Fall der Bestellung eines Vormunds auch[521] 1. bei Bestellung eines Berufsvormunds die Bezeichnung als Berufsvormund; 2. bei Bestellung eines Vereinsvormunds die Bezeichnung als Vereinsvormund und die des Vormundschaftsvereins; 3. bei Bestellung des Jugendamtes die Bezeichnung des zuständigen Amtes;	

513 Der Regelungsgehalt von § 168 FamFG aF findet sich jetzt in §§ 292 f. FamFG.
514 Konkretisierung der Amtsermittlungspflicht.
515 Bewusste Abkehr vom Abstellen auf die Verwandtschaftsverhältnisse des Kindes. Das Gericht soll insbesondere berücksichtigen, ob eine Person aufgrund ihrer tatsächlichen Nähe oder ihrer besonderen persönlichen Beziehung zu dem betroffenen Kind auch Auskunft über die im Bestellungsverfahren maßgeblichen Fragen geben kann.
516 Personen, die – ohne dass ein familiäres Näheverhältnis besteht – eine vertrauensvolle Beziehung zu dem betroffenen Kind haben, aufgrund derer sie etwa über die Lebensumstände des Kindes, seinen Willen oder seine Bindungen, Aufschluss geben können.
517 Auf die in § 1779 Abs. 3 S. 2 BGB noch enthaltene Kostenregelung wurde verzichtet, da die Kosten für die von dem Familiengericht im Rahmen seiner Amtsermittlungspflicht durchgeführten Anhörungen richtigerweise als Teil der Gerichtskosten anzusehen sind.
518 Neue Nachprüfungspflicht, ob aufgrund einer zwischenzeitlich erfolgten strafrechtlichen Verurteilung die persönliche Eignung der Person als Vormund in Frage zu stellen ist.
519 Ziel: den Mündel mit seinen Rechten als Subjekt zu stärken. Deswegen soll der Mündel, der die Altersgrenze der Verfahrensfähigkeit erreicht hat, auch das Recht haben, die Auswahl der Person, der ein Verein oder das Jugendamt die Ausübung der Aufgaben als (vorläufiger) Vormund übertragen hat, gerichtlich überprüfen zu lassen.
520 Beachte: Bestellung aller Vormünder nur noch durch Beschluss!
521 Ergänzungen zu den Vorschriften des Allgemeinen Teils über den Inhalt von Endentscheidungen (§§ 38, 39 FamFG).

4. bei Bestellung eines Pflegers nach § 1776 oder § 1777 des Bürgerlichen Gesetzbuchs die Bezeichnung des Pflegers und die ihm übertragenen Angelegenheiten; 5. bei einer Bestellung nach § 1781 des Bürgerlichen Gesetzbuchs die Bezeichnung als vorläufiger Vormund.	
(2) Beschlüsse über Inhalt oder Bestand der Bestellung eines Vormunds werden mit Bekanntgabe an den Vormund wirksam.[522] § 287 Absatz 2 gilt entsprechend.[523]	**§ 1791a BGB Vereinsvormundschaft** (1) ... (2) Die Bestellung erfolgt durch Beschluss des Familiengerichts; die §§ 1789, 1791 sind nicht anzuwenden. (3)–(4) ... **§ 287 Wirksamwerden von Beschlüssen** (1) Beschlüsse über Umfang, Inhalt oder Bestand der Bestellung eines Betreuers, über die Anordnung eines Einwilligungsvorbehalts oder über den Erlass einer einstweiligen Anordnung nach § 300 werden mit der Bekanntgabe an den Betreuer wirksam. (2) Ist die Bekanntgabe an den Betreuer nicht möglich oder ist Gefahr im Verzug, kann das Gericht die sofortige Wirksamkeit des Beschlusses anordnen. In diesem Fall wird er wirksam, wenn der Beschluss und die Anordnung seiner sofortigen Wirksamkeit 1. dem Betroffenen oder dem Verfahrenspfleger bekannt gegeben werden oder 2. der Geschäftsstelle zum Zweck der Bekanntgabe nach Nummer 1 übergeben werden. Der Zeitpunkt der sofortigen Wirksamkeit ist auf dem Beschluss zu vermerken. (3) ...
§ 168b Bestellungsurkunde[524] (1) Der Vormund erhält eine Urkunde über seine Bestellung.[525] Die Urkunde soll enthalten: 1. die Bezeichnung des Mündels und des Vormunds; 2. in den Fällen des § 1776 oder § 1777 des Bürgerlichen Gesetzbuchs die Bezeichnung der dem Pfleger übertragenen Angelegenheiten;	**§ 1791 BGB Bestallungsurkunde** (1) Der Vormund erhält eine Bestallung. (2) Die Bestallung soll enthalten den Namen und die Zeit der Geburt des Mündels, die Namen des Vormunds, des Gegenvormunds und der Mitvormünder sowie im Falle der Teilung der Vormundschaft die Art der Teilung

522 Wegfall des Verpflichtungserfordernisses per Handschlag des § 1789 BGB.

523 In diesem Fall wird der Beschluss durch Bekanntgabe an das verfahrensfähige Kind oder den Verfahrenspfleger oder durch Übergabe an die Geschäftsstelle zum Zwecke der Bekanntgabe wirksam.

524 Wegen des verfahrensrechtlichen Gehalts Überführung ins FamFG.

525 Die Bestellungsurkunde dient dem Vormund als Bescheinigung seiner gesetzlichen Vertretungsmacht im Rechtsverkehr. Die Urkunde muss daher neben der genauen Bezeichnung von Mündel und Vormund auch Angaben über etwaige Einschränkungen seiner Vertretungsmacht enthalten, die sich aus einer Übertragung von Angelegenheiten auf einen Pfleger (§§ 1776, 1777 BGB) oder die Beschränkung seiner Vertretungsmacht nach § 1789 Absatz 2 Satz 3 BGB ergeben. Dementsprechend sollen sich auch etwaige Befreiungen des Vormunds aus der Bestellungsurkunde ergeben.

3. Angaben über die Beschränkungen der Vertretungsmacht gemäß § 1789 Absatz 2 Satz 3 des Bürgerlichen Gesetzbuchs; 4. Angaben über Befreiungen gemäß § 1801 des Bürgerlichen Gesetzbuchs.	
(2) Ist das Jugendamt nach § 1751 Absatz 1 Satz 2, § 1786 oder § 1787 des Bürgerlichen Gesetzbuchs Vormund geworden, hat das Gericht ihm unverzüglich eine Bescheinigung über den Eintritt der Vormundschaft zu erteilen.[526]	**§ 1791c BGB Gesetzliche Amtsvormundschaft des Jugendamts** (1)–(2) ... (3) Das Familiengericht hat dem Jugendamt unverzüglich eine Bescheinigung über den Eintritt der Vormundschaft zu erteilen; § 1791 ist nicht anzuwenden. **§ 190 FamFG Bescheinigung über den Eintritt der Vormundschaft** Ist das Jugendamt nach § 1751 Abs. 1 Satz 1 und 2 des Bürgerlichen Gesetzbuchs Vormund geworden, hat das Familiengericht ihm unverzüglich eine Bescheinigung über den Eintritt der Vormundschaft zu erteilen; § 1791 des Bürgerlichen Gesetzbuchs ist nicht anzuwenden.
(3) Nach Beendigung seines Amtes hat der Vormund die Bestellungsurkunde oder die Bescheinigung zurückzugeben.	**§ 1893 BGB Fortführung der Geschäfte nach Beendigung der Vormundschaft, Rückgabe von Urkunden** (1) ... (2) Der Vormund hat nach Beendigung seines Amts die Bestallung dem Familiengericht zurückzugeben. In den Fällen der §§ 1791a, 1791b ist der Beschluss des Familiengerichts, im Falle des § 1791c die Bescheinigung über den Eintritt der Vormundschaft zurückzugeben
§ 168c Anhörung in wichtigen Angelegenheiten Das Gericht soll vor Entscheidungen in wichtigen Angelegenheiten auch nahestehende Familienangehörige[527] des Mündels anhören, wenn dies ohne erhebliche Verzögerung geschehen kann.	**§ 1847 BGB Anhörung der Angehörigen** Das Familiengericht soll in wichtigen Angelegenheiten Verwandte oder Verschwägerte des Mündels hören, wenn dies ohne erhebliche Verzögerung und ohne unverhältnismäßige Kosten geschehen kann. § 1779 Abs. 3 Satz 2 gilt entsprechend
§ 168d Verfahren zur Festsetzung von Zahlungen Für das Verfahren zur Festsetzung von Zahlungen an den Vormund ist § 292 Absatz 1 und Absatz 3 bis 6 entsprechend anzuwenden.[528]	**§ 168 Beschluss über Zahlungen des Mündels** (1) Das Gericht setzt durch Beschluss fest, wenn der Vormund, Gegenvormund oder Mündel die gerichtliche Festsetzung beantragt oder das Gericht sie für angemessen hält: 1. Vorschuss, Ersatz von Aufwendungen, Aufwandsentschädigung, soweit der Vormund

526 Die Regelung erfasst jetzt auch die Fälle der Amtsvormundschaft bei vertraulicher Geburt.
527 Siehe die Erläuterung zu § 168 Abs. 1 FamFG.
528 Die Vorschrift verweist hinsichtlich der verfahrensrechtlichen Regelungen für Anträge auf Festsetzung von Vergütungen, Vorschusszahlungen oder Aufwendungsersatz auf § 292 Abs. 1 und Abs. 3 bis 6 FamFG. Damit wird auch im Verfahrensrecht die Regel fortgesetzt, dass das Vormundschaftsrecht auf Normen des Betreuungsrechts verweist, soweit vermögensrechtliche Angelegenheiten betroffen sind.

oder Gegenvormund sie aus der Staatskasse verlangen kann (§ 1835 Abs. 4 und § 1835a Abs. 3 des Bürgerlichen Gesetzbuchs) oder ihm nicht die Vermögenssorge übertragen wurde;

2. eine dem Vormund oder Gegenvormund zu bewilligende Vergütung oder Abschlagszahlung (§ 1836 des Bürgerlichen Gesetzbuchs).

Mit der Festsetzung bestimmt das Gericht Höhe und Zeitpunkt der Zahlungen, die der Mündel an die Staatskasse nach den §§ 1836c und 1836e des Bürgerlichen Gesetzbuchs zu leisten hat. Es kann die Zahlungen gesondert festsetzen, wenn dies zweckmäßig ist. Erfolgt keine Festsetzung nach Satz 1 und richten sich die in Satz 1 bezeichneten Ansprüche gegen die Staatskasse, gelten die Vorschriften über das Verfahren bei der Entschädigung von Zeugen hinsichtlich ihrer baren Auslagen sinngemäß.

(2) In dem Antrag sollen die persönlichen und wirtschaftlichen Verhältnisse des Mündels dargestellt werden. § 118 Abs. 2 Satz 1 und 2 sowie § 120 Absatz 2 und 3 sowie § 120a Absatz 1 Satz 1 bis 3 der Zivilprozessordnung sind entsprechend anzuwenden. Steht nach der freien Überzeugung des Gerichts der Aufwand zur Ermittlung der persönlichen und wirtschaftlichen Verhältnisse des Mündels außer Verhältnis zur Höhe des aus der Staatskasse zu begleichenden Anspruchs oder zur Höhe der voraussichtlich vom Mündel zu leistenden Zahlungen, kann das Gericht ohne weitere Prüfung den Anspruch festsetzen oder von einer Festsetzung der vom Mündel zu leistenden Zahlungen absehen.

(3) Nach dem Tode des Mündels bestimmt das Gericht Höhe und Zeitpunkt der Zahlungen, die der Erbe des Mündels nach § 1836e des Bürgerlichen Gesetzbuchs an die Staatskasse zu leisten hat. Der Erbe ist verpflichtet, dem Gericht über den Bestand des Nachlasses Auskunft zu erteilen. Er hat dem Gericht auf Verlangen ein Verzeichnis der zur Erbschaft gehörenden Gegenstände vorzulegen und an Eides statt zu versichern, dass er nach bestem Wissen und Gewissen den Bestand so vollständig angegeben habe, als er dazu imstande sei.

(4) Der Mündel ist zu hören, bevor nach Absatz 1 eine von ihm zu leistende Zahlung festgesetzt wird. Vor einer Entscheidung nach Absatz 3 ist der Erbe zu hören.

(5) Auf die Pflegschaft sind die Absätze 1 bis 4 entsprechend anzuwenden.

§ 168e Beendigung der Vormundschaft Bestehen Zweifel oder Uneinigkeit, ob und wann die Vormundschaft beendet ist, stellt das Gericht die Beendigung der Vormundschaft und den Zeitpunkt der Beendigung durch Beschluss fest.	*(Entspricht der bisherigen Rechtspraxis, die aber keine ausdrückliche Regelung der Materie kannte.)*
§ 168f Pflegschaft für Minderjährige Auf die Pflegschaft für Minderjährige sind die für die Vormundschaft geltenden Vorschriften entsprechend anzuwenden.[529] Die Beschlussformel und die Bestellungsurkunde enthalten die Bezeichnung des Pflegers und der ihm übertragenen Angelegenheiten.	*(ohne Vorbild im bisherigen Recht)*
§ 168g Mitteilungspflichten des Standesamts[530] (1) Wird dem Standesamt der Tod einer Person, die ein minderjähriges Kind hinterlassen hat, oder die Geburt eines Kindes nach dem Tod des Vaters oder das Auffinden eines Minderjährigen, dessen Familienstand nicht zu ermitteln ist, oder die Geburt eines Kindes im Wege der vertraulichen Geburt nach § 25 Absatz 1 des Schwangerschaftskonfliktgesetzes angezeigt, oder fehlt in den Fällen des § 45b Absatz 2 Satz 3 des Personenstandsgesetzes die Zustimmung des gesetzlichen Vertreters hat das Standesamt dies dem Familiengericht mitzuteilen.	**§ 168a Mitteilungspflichten des Standesamts** (1) Wird dem Standesamt der Tod einer Person, die ein minderjähriges Kind hinterlassen hat, oder die Geburt eines Kindes nach dem Tod des Vaters oder das Auffinden eines Minderjährigen, dessen Familienstand nicht zu ermitteln ist, oder die Geburt eines Kindes im Wege der vertraulichen Geburt nach § 25 Absatz 1 des Schwangerschaftskonfliktgesetzes angezeigt, oder fehlt in den Fällen des § 45b Absatz 2 Satz 3 des Personenstandsgesetzes die Zustimmung des gesetzlichen Vertreters hat das Standesamt dies dem Familiengericht mitzuteilen.
(2) Führen Eltern, die gemeinsam für ein Kind sorgeberechtigt sind, keinen Ehenamen und ist von ihnen binnen eines Monats nach der Geburt des Kindes der Geburtsname des Kindes nicht bestimmt worden, teilt das Standesamt dies dem Familiengericht mit.	(2) Führen Eltern, die gemeinsam für ein Kind sorgeberechtigt sind, keinen Ehenamen und ist von ihnen binnen eines Monats nach der Geburt des Kindes der Geburtsname des Kindes nicht bestimmt worden, teilt das Standesamt dies dem Familiengericht mit.
Abschnitt 5 Verfahren in Adoptionssachen	
(aufgehoben)	**§ 190 Bescheinigung über den Eintritt der Vormundschaft** Ist das Jugendamt nach § 1751 Abs. 1 Satz 1 und 2 des Bürgerlichen Gesetzbuchs Vormund geworden, hat das Familiengericht ihm unverzüglich eine Bescheinigung über den Eintritt der Vormundschaft zu erteilen; § 1791 des Bürgerlichen Gesetzbuchs ist nicht anzuwenden.

529 Verweisung erforderlich wegen der neuen Systematik des Betreuungs- und Vormundschaftsrechts.
530 Norm wurde nur verschoben, keine inhaltliche Änderung.

Buch 3 Verfahren in Betreuungs- und Unterbringungssachen Abschnitt 1 Verfahren in Betreuungssachen	
§ 271 Betreuungssachen Betreuungssachen sind 1. Verfahren zur Bestellung eines Betreuers und zur Aufhebung der Betreuung, 2. Verfahren zur Anordnung eines Einwilligungsvorbehalts sowie 3. sonstige Verfahren, die die rechtliche Betreuung eines Volljährigen (§§ 1814 bis 1881 des Bürgerlichen Gesetzbuchs)[531] betreffen, soweit es sich nicht um eine Unterbringungssache handelt.	**§ 271 Betreuungssachen** Betreuungssachen sind 1. Verfahren zur Bestellung eines Betreuers und zur Aufhebung der Betreuung, 2. Verfahren zur Anordnung eines Einwilligungsvorbehalts sowie 3. sonstige Verfahren, die die rechtliche Betreuung eines Volljährigen (§§ 1896 bis 1908i des Bürgerlichen Gesetzbuchs) betreffen, soweit es sich nicht um eine Unterbringungssache handelt.
§ 274 Beteiligte (1) Zu beteiligen sind 1. der Betroffene, 2. der Betreuer, sofern sein Aufgabenkreis betroffen ist, 3. der Bevollmächtigte im Sinne des § 1814 Absatz 3 Satz 2 Nummer 1 des Bürgerlichen Gesetzbuchs, sofern sein Aufgabenkreis betroffen ist.	**§ 274 Beteiligte** (1) Zu beteiligen sind 1. der Betroffene, 2. der Betreuer, sofern sein Aufgabenkreis betroffen ist, 3. der Bevollmächtigte im Sinne des § 1896 Abs. 2 Satz 2 des Bürgerlichen Gesetzbuchs,[532] sofern sein Aufgabenkreis betroffen ist.
(2) Der Verfahrenspfleger wird durch seine Bestellung als Beteiligter zum Verfahren hinzugezogen.	(2) Der Verfahrenspfleger wird durch seine Bestellung als Beteiligter zum Verfahren hinzugezogen.
(3) Die zuständige Behörde ist auf ihren Antrag als Beteiligte in Verfahren über 1. die Bestellung eines Betreuers oder die Anordnung eines Einwilligungsvorbehalts, 2. Umfang, Inhalt oder Bestand von Entscheidungen der in Nummer 1 genannten Art hinzuzuziehen.	(3) Die zuständige Behörde ist auf ihren Antrag als Beteiligte in Verfahren über 1. die Bestellung eines Betreuers oder die Anordnung eines Einwilligungsvorbehalts, 2. Umfang, Inhalt oder Bestand von Entscheidungen der in Nummer 1 genannten Art hinzuzuziehen.
(4) Beteiligt werden können 1. in den in Absatz 3 genannten Verfahren im Interesse des Betroffenen dessen Ehegatte oder Lebenspartner, wenn die Ehegatten oder Lebenspartner nicht dauernd getrennt leben, sowie dessen Eltern, Pflegeeltern, Großeltern, Abkömmlinge, Geschwister und eine Person seines Vertrauens, 2. der Vertreter der Staatskasse, soweit das Interesse der Staatskasse durch den Ausgang des Verfahrens betroffen sein kann.	(4) Beteiligt werden können 1. in den in Absatz 3 genannten Verfahren im Interesse des Betroffenen dessen Ehegatte oder Lebenspartner, wenn die Ehegatten oder Lebenspartner nicht dauernd getrennt leben, sowie dessen Eltern, Pflegeeltern, Großeltern, Abkömmlinge, Geschwister und eine Person seines Vertrauens, 2. der Vertreter der Staatskasse, soweit das Interesse der Staatskasse durch den Ausgang des Verfahrens betroffen sein kann.
§ 275 Stellung des Betroffenen im Verfahren (1) In Betreuungssachen ist der Betroffene ohne Rücksicht auf seine Geschäftsfähigkeit verfahrensfähig.	**§ 275 Verfahrensfähigkeit** In Betreuungssachen ist der Betroffene ohne Rücksicht auf seine Geschäftsfähigkeit verfahrensfähig.

531 Redaktionelle Neufassung zur Anpassung an die neue Nummerierung des Betreuungsrechts, keine inhaltliche Änderung.

532 Redaktionelle Neufassung zur Anpassung an die neue Nummerierung des Betreuungsrechts, keine inhaltliche Änderung.

(2) Das Gericht unterrichtet den Betroffenen bei Einleitung des Verfahrens in möglichst adressatengerechter Weise[533] über die Aufgaben eines Betreuers, den möglichen Verlauf des Verfahrens sowie die Kosten, die allgemein aus der Bestellung eines Betreuers folgen können.	*(ohne Vorbild im bisherigen Recht)*
§ 276 Verfahrenspfleger (1) Das Gericht hat dem Betroffenen einen geeigneten[534] Verfahrenspfleger zu bestellen, wenn dies zur Wahrnehmung der Interessen des Betroffenen erforderlich ist. Die Bestellung ist in der Regel erforderlich, wenn 1. von der persönlichen Anhörung des Betroffenen nach § 278 Abs. 4 in Verbindung mit § 34 Abs. 2 abgesehen werden soll oder 2. die Bestellung eines Betreuers oder die Anordnung eines Einwilligungsvorbehalts gegen den erklärten Willen des Betroffenen erfolgen soll.[535]	**§ 276 Verfahrenspfleger** (1) Das Gericht hat dem Betroffenen einen Verfahrenspfleger zu bestellen, wenn dies zur Wahrnehmung der Interessen des Betroffenen erforderlich ist. Die Bestellung ist in der Regel erforderlich, wenn 1. von der persönlichen Anhörung des Betroffenen nach § 278 Abs. 4 in Verbindung mit § 34 Abs. 2 abgesehen werden soll oder 2. Gegenstand des Verfahrens die Bestellung eines Betreuers zur Besorgung aller Angelegenheiten[536] des Betroffenen oder die Erweiterung des Aufgabenkreises hierauf ist; dies gilt auch, wenn der Gegenstand des Verfahrens die in § 1896 Abs. 4 und § 1905 des Bürgerlichen Gesetzbuchs bezeichneten Angelegenheiten nicht erfasst.
(2) Von der Bestellung kann in den Fällen des Absatzes 1 Satz 2 abgesehen werden, wenn ein Interesse des Betroffenen an der Bestellung des Verfahrenspflegers offensichtlich nicht besteht. Die Nichtbestellung ist zu begründen.	(2) Von der Bestellung kann in den Fällen des Absatzes 1 Satz 2 abgesehen werden, wenn ein Interesse des Betroffenen an der Bestellung des Verfahrenspflegers offensichtlich nicht besteht. Die Nichtbestellung ist zu begründen.

533 Die Unterrichtung soll möglichst in einer für die Betroffenen verständlichen Weise vorgenommen werden. Aus der Formulierung „möglichst" folgt aber bereits, dass eine ausnahmslose Pflicht zur adressatengerechten Unterrichtung nicht vorgesehen ist.

534 Klarstellung ohne Abweichung vom bisherigen Rechtszustand. Betont die Pflicht des Gerichts, bei der Auswahl des Verfahrenspflegers darauf abzustellen, ob die ausgewählte Person die fachliche und persönliche Eignung besitzt, ihre gesetzlichen Aufgaben zu erfüllen.

535 Folgt aus der Schwere des Grundrechtseingriffs.

536 Eine Betreuungsanordnung für „alle Angelegenheiten" findet in Zukunft nicht mehr statt, da gemäß § 1815 Abs. 1 BGB der Aufgabenkreis eines Betreuers aus einzelnen oder mehreren vom Betreuungsgericht im Einzelnen anzuordnenden Aufgabenbereichen besteht, was eine Betreuung zur „Besorgung aller Angelegenheiten des Betroffenen" ausschließt. Im Falle eines Verfahrens zur Bestellung eines Betreuers mit absehbar nahezu umfassenden Aufgabenbereichen wird die Bestellung eines Verfahrenspflegers aber unter den Voraussetzungen des Satzes 1 weiterhin häufig angezeigt sein.

(3) Der Verfahrenspfleger hat die Wünsche, hilfsweise den mutmaßlichen Willen des Betroffenen festzustellen und im gerichtlichen Verfahren zur Geltung zu bringen.[537] Er hat den Betroffenen über Gegenstand, Ablauf und möglichen Ausgang des Verfahrens in geeigneter Weise zu informieren und ihn bei Bedarf bei der Ausübung seiner Rechte im Verfahren zu unterstützen. Er ist nicht gesetzlicher Vertreter des Betroffenen.[538]	
(4)[539] Als Verfahrenspfleger ist eine natürliche Person zu bestellen.[540] Wer Verfahrenspflegschaften im Rahmen seiner Berufsausübung führt, soll nur dann zum Verfahrenspfleger bestellt werden, wenn keine andere geeignete Person zur Verfügung steht, die zur ehrenamtlichen Führung der Verfahrenspflegschaft bereit ist.	(3) Wer Verfahrenspflegschaften im Rahmen seiner Berufsausübung führt, soll nur dann zum Verfahrenspfleger bestellt werden, wenn keine andere geeignete Person zur Verfügung steht, die zur ehrenamtlichen Führung der Verfahrenspflegschaft bereit ist.
(5) Die Bestellung eines Verfahrenspflegers soll unterbleiben oder aufgehoben werden, wenn die Interessen des Betroffenen von einem Rechtsanwalt oder einem anderen geeigneten Verfahrensbevollmächtigten vertreten werden.	(4) Die Bestellung eines Verfahrenspflegers soll unterbleiben oder aufgehoben werden, wenn die Interessen des Betroffenen von einem Rechtsanwalt oder einem anderen geeigneten Verfahrensbevollmächtigten vertreten werden.
(6) Die Bestellung endet, sofern sie nicht vorher aufgehoben wird, mit der Rechtskraft der Endentscheidung oder mit dem sonstigen Abschluss des Verfahrens.	(5) Die Bestellung endet, sofern sie nicht vorher aufgehoben wird, mit der Rechtskraft der Endentscheidung oder mit dem sonstigen Abschluss des Verfahrens.
(7) Die Bestellung eines Verfahrenspflegers oder deren Aufhebung sowie die Ablehnung einer derartigen Maßnahme sind nicht selbständig anfechtbar.	(6) Die Bestellung eines Verfahrenspflegers oder deren Aufhebung sowie die Ablehnung einer derartigen Maßnahme sind nicht selbständig anfechtbar.
(8) Dem Verfahrenspfleger sind keine Kosten aufzuerlegen.	(7) Dem Verfahrenspfleger sind keine Kosten aufzuerlegen.
§ 277 Vergütung und Aufwendungsersatz des Verfahrenspflegers (1) Die Verfahrenspflegschaft wird unentgeltlich geführt.[541] Der Verfahrenspfleger erhält Ersatz seiner Aufwendungen nach § 1877 Absatz	**§ 277 Vergütung und Aufwendungsersatz des Verfahrenspflegers** (1) Der Verfahrenspfleger erhält Ersatz seiner Aufwendungen nach § 1835 Abs. 1 bis 2 des Bürgerlichen Gesetzbuchs. Vorschuss kann

537 Konkretisierung der gesetzlichen Aufgaben des Verfahrenspflegers in Betreuungssachen, ausgehend von der Aufgabenbeschreibung des Verfahrensbeistands in Kindschaftssachen (§ 158 Abs. 4 FamFG). Zu beachten sind aber die Unterschiede. Die Feststellung der Wünsche, hilfsweise des mutmaßlichen Willens des Betroffenen durch den Verfahrenspfleger und seine Pflicht, diese zur Geltung zu bringen, entspricht dem gesetzlichen Leitbild und den Vorgaben, wie sie in § 1821 Abs. 2 bis 4 BGB für die Aufgaben und Pflichten eines rechtlichen Betreuers normiert sind. Das objektive Wohl des Betroffenen tritt dahinter zurück.

538 Klarstellung in Parallele zum Kindschaftsverfahrensrecht.

539 Änderung der Absatznummerierung als Folge der Einfügung des Abs. 3.

540 Ausschluss von Betreuungsvereinen und Betreuungsbehörden.

541 Einer Regelung über eine Behörde oder einen Verein als Verfahrenspfleger bedarf es nicht mehr. Die Bestellung eines Betreuungsvereins oder einer Behörde als Verfahrenspfleger ist nach § 276 Abs. 4 S. 1 FamFG künftig ausgeschlossen, da als Verfahrenspfleger eine natürliche Person zu bestellen ist. Möglich bleibt dagegen die Bestellung eines Mitarbeiters eines Betreuungsvereins. Demgegenüber soll mit der Streichung der speziellen Regelung bezüglich der Vergütung eines als Verfahrenspfleger bestellten Bediensteten der Betreuungsbehörde in § 277 Abs. 4 S. 3 eine solche Bestellung in Zukunft verhindert werden, denn ein Abhängigkeitsverhältnis zur Betreuungsbehörde steht nicht im Einklang mit der von dem Gericht wie den weiteren Beteiligten und damit auch von der Betreuungsbehörde unabhängigen Stellung und Aufgabe des Verfahrenspflegers.

1 bis 2 und 4 Satz 1 des Bürgerlichen Gesetzbuchs. Vorschuss kann nicht verlangt werden.	nicht verlangt werden. Eine Behörde oder ein Verein erhält als Verfahrenspfleger keinen Aufwendungsersatz.
(2) Wird die Verfahrenspflegschaft ausnahmsweise berufsmäßig geführt, ist dies in der Bestellung festzustellen. Die Ansprüche des berufsmäßig tätigen Verfahrenspflegers auf Vergütung und Aufwendungsersatz richten sich nach § 2 Absatz 2 Satz 1 und den §§ 3 bis 5 des Vormünder- und Betreuervergütungsgesetzes.	(2) § 1836 Abs. 1 und 3 des Bürgerlichen Gesetzbuchs gilt entsprechend. Wird die Verfahrenspflegschaft ausnahmsweise berufsmäßig geführt, erhält der Verfahrenspfleger neben den Aufwendungen nach Absatz 1 eine Vergütung in entsprechender Anwendung der §§ 1, 2 und 3 Abs. 1 und 2 des Vormünder- und Betreuervergütungsgesetzes.
(3) Anstelle des Aufwendungsersatzes und der Vergütung nach Absatz 2[542] kann das Gericht dem Verfahrenspfleger eine Pauschale zubilligen, wenn die für die Führung der Pflegschaftsgeschäfte erforderliche Zeit vorhersehbar und ihre Ausschöpfung durch den Verfahrenspfleger gewährleistet ist. Bei der Bemessung des Geldbetrags ist die voraussichtlich erforderliche Zeit mit den in § 3 Absatz 1 des Vormünder- und Betreuervergütungsgesetzes bestimmten Stundensätzen zuzüglich einer Aufwandspauschale von 4 Euro je veranschlagter Stunde zu vergüten. In diesem Fall braucht der Verfahrenspfleger die von ihm aufgewandte Zeit und eingesetzten Mittel nicht nachzuweisen; weitergehende Aufwendungsersatz- und Vergütungsansprüche stehen ihm nicht zu.	(3) Anstelle des Aufwendungsersatzes und der Vergütung nach den Absätzen 1 und 2 kann das Gericht dem Verfahrenspfleger einen festen Geldbetrag zubilligen, wenn die für die Führung der Pflegschaftsgeschäfte erforderliche Zeit vorhersehbar und ihre Ausschöpfung durch den Verfahrenspfleger gewährleistet ist. Bei der Bemessung des Geldbetrags ist die voraussichtlich erforderliche Zeit mit den in § 3 Abs. 1 des Vormünder- und Betreuervergütungsgesetzes bestimmten Stundensätzen zuzüglich einer Aufwandspauschale von 4 Euro je veranschlagter Stunde zu vergüten. In diesem Fall braucht der Verfahrenspfleger die von ihm aufgewandte Zeit und eingesetzten Mittel nicht nachzuweisen; weitergehende Aufwendungsersatz- und Vergütungsansprüche stehen ihm nicht zu.
(weggefallen)	(4) Ist ein Mitarbeiter eines anerkannten Betreuungsvereins als Verfahrenspfleger bestellt, stehen der Aufwendungsersatz und die Vergütung nach den Absätzen 1 bis 3 dem Verein zu. § 7 Abs. 1 Satz 2 und Abs. 3 des Vormünder- und Betreuervergütungsgesetzes sowie § 1835 Abs. 5 Satz 2 des Bürgerlichen Gesetzbuchs gelten entsprechend.[543] Ist ein Bediensteter der Betreuungsbehörde als Verfahrenspfleger für das Verfahren bestellt, erhält die Betreuungsbehörde keinen Aufwendungsersatz und keine Vergütung.
(4) Der Aufwendungsersatz und die Vergütung des Verfahrenspflegers sind stets aus der Staatskasse zu zahlen. § 292 Absatz 1 und 5 ist entsprechend anzuwenden.	(5) Der Aufwendungsersatz und die Vergütung des Verfahrenspflegers sind stets aus der Staatskasse zu zahlen. Im Übrigen gilt § 168 Abs. 1 entsprechend.
§ 278 Persönliche[544] Anhörung des Betroffenen (1) Das Gericht hat den Betroffenen vor der Bestellung eines Betreuers oder der Anordnung	**§ 278 Anhörung des Betroffenen** (1) Das Gericht hat den Betroffenen vor der Bestellung eines Betreuers oder der Anordnung

542 Durch Streichung der Bezugnahme auf Abs. 1 ist klargestellt, dass die Möglichkeit, dem Verfahrenspfleger einen festen Geldbetrag anstelle des Aufwendungsersatzes und der Vergütung zuzubilligen, nur für den berufsmäßig tätigen Verfahrenspfleger gilt.

543 Nicht mehr erforderlich. Der Aufwendungsersatz und die Vergütung eines Mitarbeiters eines Betreuungsvereins als Verfahrenspfleger werden in Abs. 2 mitgeregelt. Die Möglichkeit, einen Mitarbeiter der Betreuungsbehörde als Verfahrenspfleger zu bestellen, wurde abgeschafft.

544 Betonung der Bedeutung der Anhörung.

eines Einwilligungsvorbehalts persönlich anzuhören und dessen Wünsche zu erfragen.[545] Es hat sich einen persönlichen Eindruck von dem Betroffenen zu verschaffen und dessen Wünsche zu erfragen.[546] Diesen persönlichen Eindruck soll sich das Gericht in dessen üblicher Umgebung verschaffen, wenn es der Betroffene verlangt oder wenn es der Sachaufklärung dient und der Betroffene nicht widerspricht.	eines Einwilligungsvorbehalts persönlich anzuhören. Es hat sich einen persönlichen Eindruck von dem Betroffenen zu verschaffen. Diesen persönlichen Eindruck soll sich das Gericht in dessen üblicher Umgebung verschaffen, wenn es der Betroffene verlangt oder wenn es der Sachaufklärung dient und der Betroffene nicht widerspricht.
(2) In der Anhörung erörtert das Gericht mit dem Betroffenen das Verfahren, das Ergebnis des übermittelten Gutachtens, die Person oder Stelle, die als Betreuer in Betracht kommt, den Umfang des Aufgabenkreises und den Zeitpunkt, bis zu dem das Gericht über eine Aufhebung oder Verlängerung der Betreuung oder der Anordnung eines Einwilligungsvorbehalts zu entscheiden hat.[547] In geeigneten Fällen hat es den Betroffenen auf die Möglichkeit der Vorsorgevollmacht, deren Inhalt sowie auf die Möglichkeit ihrer Registrierung bei dem zentralen Vorsorgeregister nach § 78a Absatz 2 der Bundesnotarordnung hinzuweisen. Hat das Gericht dem Betroffenen nach § 276 einen Verfahrenspfleger bestellt, soll die persönliche Anhörung in dessen Anwesenheit stattfinden.[548]	(2) Das Gericht unterrichtet den Betroffenen über den möglichen Verlauf des Verfahrens.[549] In geeigneten Fällen hat es den Betroffenen auf die Möglichkeit der Vorsorgevollmacht, deren Inhalt sowie auf die Möglichkeit ihrer Registrierung bei dem zentralen Vorsorgeregister nach § 78a Absatz 2 der Bundesnotarordnung hinzuweisen. Das Gericht hat den Umfang des Aufgabenkreises und die Frage, welche Person oder Stelle als Betreuer in Betracht kommt, mit dem Betroffenen zu erörtern.
(3) Verfahrenshandlungen nach Absatz 1 dürfen nur dann im Wege der Rechtshilfe erfolgen, wenn anzunehmen ist, dass die Entscheidung ohne eigenen Eindruck von dem Betroffenen getroffen werden kann.	(3) Verfahrenshandlungen nach Absatz 1 dürfen nur dann im Wege der Rechtshilfe erfolgen, wenn anzunehmen ist, dass die Entscheidung ohne eigenen Eindruck von dem Betroffenen getroffen werden kann.
(4) Soll eine persönliche Anhörung nach § 34 Abs. 2 unterbleiben, weil hiervon erhebliche Nachteile für die Gesundheit des Betroffenen zu besorgen sind, darf diese Entscheidung nur auf Grundlage eines ärztlichen Gutachtens getroffen werden. Unterbleibt aus diesem Grund die persönliche Anhörung, bedarf es auch keiner Verschaffung eines persönlichen Eindrucks.[550]	(4) Soll eine persönliche Anhörung nach § 34 Abs. 2 unterbleiben, weil hiervon erhebliche Nachteile für die Gesundheit des Betroffenen zu besorgen sind, darf diese Entscheidung nur auf Grundlage eines ärztlichen Gutachtens getroffen werden.

545 Betont im Einklang mit § 1821 BGB die besondere Bedeutung der Wünsche des Betroffenen.

546 Betonung der Autonomie des Betroffenen. Die neu geregelte Pflicht des Richters, bei der Anhörung des Betroffenen auch dessen Wünsche zu erfragen, ist Ausfluss der gerichtlichen Amtsermittlungspflicht (§ 26 FamFG) und entspricht der Wichtigkeit und Maßgeblichkeit der Wünsche des Betroffenen bei der Bestellung, der Auswahl und der Tätigkeit eines rechtlichen Betreuers (§§ 1814 Abs. 2, Abs. 4 S. 2; 1816 Abs. 2; 1821 Abs. 2 BGB.

547 Dient der Stärkung des Selbstbestimmungsrechts des Betroffenen. Durch das Erfordernis der Erörterung des Ergebnisses des „übermittelten" Gutachtens wird deutlich gemacht, dass dem Betroffenen rechtzeitig vor der Anhörung die Möglichkeit gewährt werden muss, persönlich Kenntnis von dem Sachverständigengutachten gemäß § 280 FamFG zu nehmen. Soweit die Entscheidung über die Betreuung gemäß §§ 281, 282 FamFG auf Grundlage eines ärztlichen Attests oder eines vorhandenen Gutachtens des Medizinischen Dienstes der Krankenversicherung erfolgt, gilt Entsprechendes für diese Dokumente.

548 Entspricht der Regelung in § 159 Abs. 4 S. 3 FamFG für die Kindesanhörung in Kindschaftssachen.

549 Der Unterrichtung über den möglichen Verlauf des Verfahrens (§ 278 Abs. 2 S. 1 FamFG aF) bedarf es nicht mehr, da diese nach § 275 Abs. 2 FamFG jetzt bereits bei Verfahrenseinleitung erfolgt und verfahrensrechtliche Fragen nach § 278 Abs. 2 S. 1 FamFG auch Teil der Erörterung mit dem Betroffenen sind.

550 Aufgrund der ausdrücklichen Regelung in § 278 Abs. 1 Satz 2 FamFG besteht im Hauptsacheverfahren aber weiterhin die Pflicht zur Verschaffung eines persönlichen Eindrucks, wenn das Gericht von der per-

(5) Das Gericht kann den Betroffenen durch die zuständige Behörde vorführen lassen, wenn er sich weigert, an Verfahrenshandlungen nach Absatz 1 mitzuwirken.	(5) Das Gericht kann den Betroffenen durch die zuständige Behörde vorführen lassen, wenn er sich weigert, an Verfahrenshandlungen nach Absatz 1 mitzuwirken.
(7) Die Wohnung des Betroffenen darf ohne dessen Einwilligung nur gewaltsam geöffnet, betreten und durchsucht werden, wenn das Gericht dies zu dessen Vorführung zur Anhörung ausdrücklich angeordnet hat. Bei Gefahr im Verzug kann die Anordnung nach Satz 1 durch die zuständige Behörde erfolgen. Durch diese Regelung wird das Grundrecht auf Unverletzlichkeit der Wohnung aus Artikel 13 Absatz 1 des Grundgesetzes eingeschränkt.	(7) Die Wohnung des Betroffenen darf ohne dessen Einwilligung nur gewaltsam geöffnet, betreten und durchsucht werden, wenn das Gericht dies zu dessen Vorführung zur Anhörung ausdrücklich angeordnet hat. Bei Gefahr im Verzug kann die Anordnung nach Satz 1 durch die zuständige Behörde erfolgen. Durch diese Regelung wird das Grundrecht auf Unverletzlichkeit der Wohnung aus Artikel 13 Absatz 1 des Grundgesetzes eingeschränkt.
§ 279 Anhörung der sonstigen Beteiligten, der Betreuungsbehörde und des gesetzlichen Vertreters (1) Das Gericht hat die sonstigen Beteiligten vor der Bestellung eines Betreuers oder der Anordnung eines Einwilligungsvorbehalts anzuhören.	**§ 279 Anhörung der sonstigen Beteiligten, der Betreuungsbehörde und des gesetzlichen Vertreters** (1) Das Gericht hat die sonstigen Beteiligten vor der Bestellung eines Betreuers oder der Anordnung eines Einwilligungsvorbehalts anzuhören.
(2) Das Gericht hat die zuständige Behörde vor der Bestellung eines Betreuers oder der Anordnung eines Einwilligungsvorbehalts anzuhören. Die Anhörung soll vor der Einholung eines Gutachtens nach § 280 erfolgen[551] und sich insbesondere auf folgende Kriterien beziehen: 1. persönliche, gesundheitliche und soziale Situation des Betroffenen, 2. Erforderlichkeit der Betreuung einschließlich geeigneter anderer Hilfen (§ 1814 Absatz 3 des Bürgerlichen Gesetzbuchs[552]), 3. Betreuerauswahl unter Berücksichtigung des Vorrangs der Ehrenamtlichkeit (§ 1816 des Bürgerlichen Gesetzbuchs[553]) und 4. diesbezügliche Sichtweise des Betroffenen.	(2) Das Gericht hat die zuständige Behörde vor der Bestellung eines Betreuers oder der Anordnung eines Einwilligungsvorbehalts anzuhören. Die Anhörung vor der Bestellung eines Betreuers soll sich insbesondere auf folgende Kriterien beziehen: 1. persönliche, gesundheitliche und soziale Situation des Betroffenen, 2. Erforderlichkeit der Betreuung einschließlich geeigneter anderer Hilfen (§ 1896 Absatz 2 des Bürgerlichen Gesetzbuchs), 3. Betreuerauswahl unter Berücksichtigung des Vorrangs der Ehrenamtlichkeit (§ 1897 des Bürgerlichen Gesetzbuchs) und 4. diesbezügliche Sichtweise des Betroffenen.
(3) Auf Verlangen des Betroffenen hat das Gericht eine ihm nahestehende Person anzuhören, wenn dies ohne erhebliche Verzögerung möglich ist.	(3) Auf Verlangen des Betroffenen hat das Gericht eine ihm nahestehende Person anzuhören, wenn dies ohne erhebliche Verzögerung möglich ist.
(4) Das Gericht hat im Fall einer Betreuerbestellung oder der Anordnung eines Einwilligungs-	(4) Das Gericht hat im Fall einer Betreuerbestellung oder der Anordnung eines Einwilligungs-

sönlichen Anhörung deshalb absieht, weil gemäß § 34 Abs. 2, 2. Alt. FamFG der Betroffene offensichtlich nicht in der Lage ist, seinen Willen kundzutun.

551 Neue Regelung: § 279 Abs. 2 S. 2 FamFG bestimmt jetzt ausdrücklich, dass die Anhörung der Betreuungsbehörde vor der Einholung eines Gutachtens nach § 280 FamFG erfolgen soll. Diese Reihenfolge ergab sich bisher nur mittelbar über § 280 Abs. 2 S. 2 FamFG, wonach der Sachverständige ein ihm vorliegendes Ergebnis einer Anhörung der Betreuungsbehörde zu berücksichtigen hat. Die neue Regelung soll die Einholung nicht erforderlicher Gutachten vermeiden. Außerdem soll es dem Sachverständigen ermöglicht werden, im Gutachten über die Notwendigkeit der Bestellung eines Betreuers oder der Anordnung eines Einwilligungsvorbehalts die Einschätzungen und Erkenntnisse der Betreuungsbehörde zu berücksichtigen. Die Fassung der Regelung als „Soll"-Bestimmung gewährleistet, dass Abweichungen im Einzelfall möglich sind etwa aufgrund besonderer Eilbedürftigkeit, wenn der maßgebliche Sachverhalt bereits weitgehend geklärt ist, oder wenn so eine erhebliche Verfahrensverzögerung vermieden werden kann.

552 Redaktionelle Folgeänderung ohne rechtliche Neuerungen wegen der neuen Paragrafenzählung.

553 Redaktionelle Folgeänderung ohne rechtliche Neuerungen wegen der neuen Paragrafenzählung.

vorbehalts für einen Minderjährigen (§ 1814 Absatz 5 und § 1825 Absatz 4 des Bürgerlichen Gesetzbuchs) den gesetzlichen Vertreter des Betroffenen anzuhören.	vorbehalts für einen Minderjährigen (§ 1908a des Bürgerlichen Gesetzbuchs) den gesetzlichen Vertreter des Betroffenen anzuhören.
§ 280 Einholung eines Gutachtens (1) Vor der Bestellung eines Betreuers oder der Anordnung eines Einwilligungsvorbehalts hat eine förmliche Beweisaufnahme durch Einholung eines Gutachtens über die Notwendigkeit der Maßnahme stattzufinden. Der Sachverständige soll Arzt für Psychiatrie oder Arzt mit Erfahrung auf dem Gebiet der Psychiatrie sein.	**§ 280 Einholung eines Gutachtens** (1) Vor der Bestellung eines Betreuers oder der Anordnung eines Einwilligungsvorbehalts hat eine förmliche Beweisaufnahme durch Einholung eines Gutachtens über die Notwendigkeit der Maßnahme stattzufinden. Der Sachverständige soll Arzt für Psychiatrie oder Arzt mit Erfahrung auf dem Gebiet der Psychiatrie sein.
(2) Der Sachverständige hat den Betroffenen vor der Erstattung des Gutachtens persönlich zu untersuchen oder zu befragen. Das Ergebnis einer Anhörung nach § 279 Absatz 2 Satz 2 hat der Sachverständige zu berücksichtigen, wenn es ihm bei Erstellung seines Gutachtens vorliegt.	(2) Der Sachverständige hat den Betroffenen v. der Erstattung des Gutachtens persönlich zu untersuchen oder zu befragen. Das Ergebnis einer Anhörung nach § 279 Absatz 2 Satz 2 hat der Sachverständige zu berücksichtigen, wenn es ihm bei Erstellung seines Gutachtens vorliegt.
(3) Das Gutachten hat sich auf folgende Bereiche zu erstrecken: 1. das Krankheits- oder Behinderungsbild[554] einschließlich dessen Entwicklung, 2. die durchgeführten Untersuchungen und die diesen zugrunde gelegten Forschungserkenntnisse, 3. den körperlichen und psychischen[555] Zustand des Betroffenen, 4. den aus medizinischer Sicht aufgrund der Krankheit oder Behinderung erforderlichen Unterstützungsbedarf[556] und 5. die voraussichtliche Dauer der Maßnahme.	(3) Das Gutachten hat sich auf folgende Bereiche zu erstrecken: 1. das Krankheitsbild einschließlich der Krankheitsentwicklung, 2. die durchgeführten Untersuchungen und die diesen zugrunde gelegten Forschungserkenntnisse, 3. den körperlichen und psychiatrischen Zustand des Betroffenen, 4. den Umfang des Aufgabenkreises und 5. die voraussichtliche Dauer der Maßnahme.
§ 281 Ärztliches Zeugnis; Entbehrlichkeit eines Gutachtens (1) Anstelle eines Sachverständigengutachtens nach § 280 genügt ein ärztliches Zeugnis, wenn der Betroffene die Bestellung eines Betreuers beantragt und auf die Begutachtung verzichtet hat und die Einholung des Gutachtens insbesondere im Hinblick auf den Umfang des Aufgabenkreises des Betreuers unverhältnismäßig wäre.[557]	**§ 281 Ärztliches Zeugnis; Entbehrlichkeit eines Gutachtens** (1) Anstelle der Einholung eines Sachverständigengutachtens nach § 280 genügt ein ärztliches Zeugnis, wenn 1. der Betroffene die Bestellung eines Betreuers beantragt und auf die Begutachtung verzichtet hat und die Einholung des Gutachtens insbesondere im Hinblick auf den

554 Auch eine Behinderung kann eine rechtliche Betreuung erforderlich machen (§ 1814 Abs. 1 BGB). Der bisherige, allein krankheitsbezogene, Gesetzeswortlaut des § 280 FamFG war daher zu eng gefasst. Das Gutachten muss sich deswegen jetzt auch auf ein Behinderungsbild und dessen Entwicklung erstrecken.

555 Der Begriff „psychisch“ erfasst besser als der Begriff „psychiatrisch“ die unterschiedlichen medizinischen Gründe für eine Betreuung und vermeidet eine Krankheitszuschreibung, mit der eine Stigmatisierung verbunden sein kann.

556 Die bisherige Nr. 4 war zu weit gefasst. Die neue Formulierung präzisiert die Regelung dahin gehend, dass vom Gutachter nur der aus medizinischer Sicht aufgrund der Krankheit oder Behinderung erforderliche Unterstützungsbedarf des Betroffenen darzulegen ist. Nur dies ist eine Beurteilung, die ein medizinischer Sachverständiger treffen kann. Die Frage, welche Aufgabenbereiche für einen Betreuer anzuordnen sind, ist hingegen eine rechtliche Entscheidung des Gerichts.

557 Zukünftig soll auch bei der Bestellung eines Kontrollbetreuers nach § 1820 Abs. 3 iVm § 1815 Abs. 3 BGB nicht auf die Einholung eines Gutachtens nach § 280 FamFG verzichtet werden können. In bewusster Abweichung vom bisherigen Recht umfasst der für einen Kontrollbetreuer angeordnete Aufgabenbereich der Geltendmachung von Rechten des Betreuten gegenüber seinem Bevollmächtigten auch den Widerruf der Vollmacht. Der Widerruf einer Vorsorgevollmacht stellt jedoch eine erhebliche Einschränkung des grund-

	Umfang des Aufgabenkreises des Betreuers unverhältnismäßig wäre oder 2. ein Betreuer nur zur Geltendmachung von Rechten des Betroffenen gegenüber seinem Bevollmächtigten bestellt wird.
(2) § 280 Abs. 2 gilt entsprechend.	(2) § 280 Abs. 2 gilt entsprechend.
§ 285 Ermittlung und Herausgabe einer Betreuungsverfügung oder einer Vorsorgevollmacht (1) Vor der Bestellung eines Betreuers soll das Gericht die Auskunft einholen, ob eine Vorsorgevollmacht oder eine Betreuungsverfügung des Betroffenen im Zentralen Vorsorgeregister registriert ist.[558] Hat das Gericht von der Einholung einer Auskunft nur wegen Gefahr in Verzug abgesehen, ist die Auskunft unverzüglich nachträglich einzuholen.	
(2) In den Fällen des § 1820 Absatz 1 Satz 2, Absatz 4 Satz 1 und 2, Absatz 5 Satz 3 des Bürgerlichen Gesetzbuchs erfolgt die Anordnung der Vorlage einer Abschrift des dort genannten Dokuments oder die Anordnung der Herausgabe der Vollmachtsurkunde durch Beschluss.[559]	**§ 285 Herausgabe einer Betreuungsverfügung oder der Abschrift einer Vorsorgevollmacht** In den Fällen des § 1901c des Bürgerlichen Gesetzbuchs erfolgt die Anordnung der Ablieferung oder Vorlage der dort genannten Schriftstücke durch Beschluss
§ 286 Inhalt der Beschlussformel (1) Die Beschlussformel enthält im Fall der Bestellung eines Betreuers auch 1. die Bezeichnung des Aufgabenkreises des Betreuers unter Benennung der einzelnen Aufgabenbereiche;[560] 2. bei Bestellung eines Vereinsbetreuers die Bezeichnung als Vereinsbetreuer und die des Vereins; 3. bei Bestellung eines Behördenbetreuers die Bezeichnung als Behördenbetreuer und die der Behörde; 4. bei Bestellung eines beruflichen Betreuers die Bezeichnung als beruflicher Betreuer.[561]	**§ 286 Inhalt der Beschlussformel** (1) Die Beschlussformel enthält im Fall der Bestellung eines Betreuers auch 1. die Bezeichnung des Aufgabenkreises des Betreuers; 2. bei Bestellung eines Vereinsbetreuers die Bezeichnung als Vereinsbetreuer und die des Vereins; 3. bei Bestellung eines Behördenbetreuers die Bezeichnung als Behördenbetreuer und die der Behörde; 4. bei Bestellung eines Berufsbetreuers die Bezeichnung als Berufsbetreuer.
(2) Die Beschlussformel enthält im Fall der Anordnung eines Einwilligungsvorbehalts die Be-	(2) Die Beschlussformel enthält im Fall der Anordnung eines Einwilligungsvorbehalts die Be-

rechtlich geschützten Selbstbestimmungsrechts des Betroffenen dar, wegen der auch ein besonderer Schutz der Rechte des Betroffenen im Verfahren geboten ist. Dem wird zum einen dadurch Rechnung getragen, dass die Bestellung eines Kontrollbetreuers ohne vorherige Einholung eines Gutachtens nach § 280 FamFG nicht mehr möglich ist. Zum anderen ist der Widerruf einer Vorsorgevollmacht künftig unter den Vorbehalt der gerichtlichen Genehmigung gestellt (§ 1820 Abs. 5 BGB), welche in die richterliche Zuständigkeit fällt (vgl. § 15 Abs. 1 RPflG).

558 Verschärfung der Anforderungen.

559 Entspricht inhaltlich der in § 285 FamFG aF enthaltenen Regelung, ist aber sprachlich und hinsichtlich der Verweise den neuen Bestimmungen im materiellen Recht angepasst worden.

560 Entspricht der in § 1815 Abs. 1 S. 1 und 2 BGB vorgenommenen Regelung über den Umfang der Betreuung.

561 Die Anforderungen an die Beschlussformel wurden den Änderungen des materiellen Rechts angepasst (Aufgabenbereiche, beruflicher Betreuer statt Berufsbetreuer). Beachte: Führt ein beruflicher Betreuer ausnahmsweise eine Betreuung ehrenamtlich, ist er im Beschluss auch nicht als beruflicher Betreuer zu bezeichnen.

zeichnung des Kreises der einwilligungsbedürftigen Willenserklärungen.	zeichnung des Kreises der einwilligungsbedürftigen Willenserklärungen.
(3) Der Zeitpunkt, bis zu dem das Gericht über die Aufhebung oder Verlängerung einer Maßnahme nach Absatz 1 oder Absatz 2 zu entscheiden hat, ist in der Beschlussformel zu bezeichnen.	(3) Der Zeitpunkt, bis zu dem das Gericht über die Aufhebung oder Verlängerung einer Maßnahme nach Absatz 1 oder Absatz 2 zu entscheiden hat, ist in der Beschlussformel zu bezeichnen.
§ 287 **Wirksamwerden von Beschlüssen** (1) Beschlüsse über Umfang, Inhalt oder Bestand der Bestellung eines Betreuers, über die Anordnung eines Einwilligungsvorbehalts oder über den Erlass einer einstweiligen Anordnung nach § 300 werden mit der Bekanntgabe an den Betreuer wirksam.	§ 287 **Wirksamwerden von Beschlüssen** (1) Beschlüsse über Umfang, Inhalt oder Bestand der Bestellung eines Betreuers, über die Anordnung eines Einwilligungsvorbehalts oder über den Erlass einer einstweiligen Anordnung nach § 300 werden mit der Bekanntgabe an den Betreuer wirksam.
(2) Ist die Bekanntgabe an den Betreuer nicht möglich oder ist Gefahr im Verzug, kann das Gericht die sofortige Wirksamkeit des Beschlusses anordnen. In diesem Fall wird er wirksam, wenn der Beschluss und die Anordnung seiner sofortigen Wirksamkeit 1. dem Betroffenen oder dem Verfahrenspfleger bekannt gegeben werden oder 2. der Geschäftsstelle zum Zweck der Bekanntgabe nach Nummer 1 übergeben werden. Der Zeitpunkt der sofortigen Wirksamkeit ist auf dem Beschluss zu vermerken.	(2) Ist die Bekanntgabe an den Betreuer nicht möglich oder ist Gefahr im Verzug, kann das Gericht die sofortige Wirksamkeit des Beschlusses anordnen. In diesem Fall wird er wirksam, wenn der Beschluss und die Anordnung seiner sofortigen Wirksamkeit 1. dem Betroffenen oder dem Verfahrenspfleger bekannt gegeben werden oder 2. der Geschäftsstelle zum Zweck der Bekanntgabe nach Nummer 1 übergeben werden. Der Zeitpunkt der sofortigen Wirksamkeit ist auf dem Beschluss zu vermerken.
(3) Ein Beschluss, der die Genehmigung nach § 1829 Absatz 2 des Bürgerlichen Gesetzbuchs[562] zum Gegenstand hat, wird erst zwei Wochen nach Bekanntgabe an den Betreuer oder Bevollmächtigten sowie an den Verfahrenspfleger wirksam.	(3) Ein Beschluss, der die Genehmigung nach § 1904 Absatz 2 des Bürgerlichen Gesetzbuchs zum Gegenstand hat, wird erst zwei Wochen nach Bekanntgabe an den Betreuer oder Bevollmächtigten sowie an den Verfahrenspfleger wirksam.
[weggefallen][563]	§ 289 **Verpflichtung des Betreuers** (1) Der Betreuer wird mündlich verpflichtet und über seine Aufgaben unterrichtet. Das gilt nicht für Vereinsbetreuer, Behördenbetreuer, Vereine, die zuständige Behörde und Personen, die die Betreuung im Rahmen ihrer Berufsausübung führen, sowie nicht für ehrenamtliche Betreuer, die mehr als eine Betreuung führen oder in den letzten zwei Jahren geführt haben. (2) In geeigneten Fällen führt das Gericht mit dem Betreuer und dem Betroffenen ein Einführungsgespräch.

562 Redaktionelle Folgeänderung ohne inhaltliche Konsequenzen wegen der neuen Paragrafennummerierung.

563 § 289 FamFG ist insgesamt aufgehoben worden, da die dort geregelten Inhalte ins materielle Recht verschoben wurden. Die Verpflichtung des ehrenamtlichen Betreuers (§ 289 Abs. 1 FamFG aF) ist zukünftig in § 1861 Abs. 2 BGB geregelt. Das Einführungsgespräch (§ 289 Abs. 2 FamFG) wird in der Praxis kaum genutzt. Dieses Instrument ist daher im materiellen Betreuungsrecht zum einen durch die Möglichkeit einer Erörterung des Anfangsberichts in einem persönlichen Gespräch mit dem Betreuten und dem beruflichen Betreuer (§ 1863 Abs. 1 S. 5 BGB) und zum anderen bei einer ehrenamtlich geführten Betreuung durch ein Anfangsgespräch des Gerichts mit dem Betroffenen und dem Betreuer nach § 1863 Abs. 2 S. 2 und 3 BGB ersetzt worden.

§ 290 Bestellungsurkunde (1) Der Betreuer erhält eine Urkunde über seine Bestellung. Die Urkunde soll enthalten: 1. die Bezeichnung des Betroffenen und des Betreuers; 2. bei Bestellung eines Vereinsbetreuers oder Behördenbetreuers diese Bezeichnung und die Bezeichnung des Vereins oder der Behörde; 3. den Aufgabenkreis des Betreuers unter Benennung der einzelnen Aufgabenbereiche;[564] 4. bei Anordnung eines Einwilligungsvorbehalts die Bezeichnung des Kreises der einwilligungsbedürftigen Willenserklärungen; 5. bei der Bestellung eines vorläufigen Betreuers durch einstweilige Anordnung das Ende der einstweiligen Maßnahme; 6. Angaben über eine Befreiung gemäß den §§ 1859 und 1860 des Bürgerlichen Gesetzbuchs.[565]	**§ 290 Bestellungsurkunde** Der Betreuer erhält eine Urkunde über seine Bestellung. Die Urkunde soll enthalten: 1. die Bezeichnung des Betroffenen und des Betreuers; 2. bei Bestellung eines Vereinsbetreuers oder Behördenbetreuers diese Bezeichnung und die Bezeichnung des Vereins oder der Behörde; 3. den Aufgabenkreis des Betreuers; 4. bei Anordnung eines Einwilligungsvorbehalts die Bezeichnung des Kreises der einwilligungsbedürftigen Willenserklärungen; 5. bei der Bestellung eines vorläufigen Betreuers durch einstweilige Anordnung das Ende der einstweiligen Maßnahme.
(2) Soweit dies zur Beachtung berechtigter Interessen des Betroffenen erforderlich ist und der Schutz des Rechtsverkehrs dem nicht entgegensteht, erstellt das Gericht auf Antrag des Betreuers eine weitere Urkunde, in welcher die Angaben zu den Aufgabenbereichen des Betreuers oder die Anordnung eines Einwilligungsvorbehalts nur eingeschränkt ausgewiesen werden.[566]	
(3) Der Betreuer hat dem Gericht nach Beendigung seines Amtes die Bestellungsurkunde und weitere Urkunden nach Absatz 2 zurückzugeben.	
§ 291 Überprüfung der Betreuerauswahl Der Betroffene kann verlangen, dass die Auswahl der Person, der ein Verein oder eine Behörde die Wahrnehmung der Betreuung übertragen hat, durch gerichtliche Entscheidung überprüft wird. Das Gericht kann dem Verein	**§ 291 Überprüfung der Betreuerauswahl** Der Betroffene kann verlangen, dass die Auswahl der Person, der ein Verein oder eine Behörde die Wahrnehmung der Betreuung übertragen hat, durch gerichtliche Entscheidung überprüft wird. Das Gericht kann dem Verein

564 Entsprechend der Regelung in § 1815 Abs. 1 S. 1und 2 BGB über den Umfang der Betreuung ist der Aufgabenkreis des Betreuers in der Bestellungsurkunde durch Benennung der einzelnen Aufgabenbereiche zu bezeichnen.

565 Mit der Einfügung einer neuen Nummer 6 wird erreicht, dass die Urkunde nunmehr auch Angaben zur Befreiung im Rahmen der Vermögenssorge (§§ 1859, 1860 BGB) zu enthalten hat. Das soll der Vereinfachung und Sicherheit des Rechtsverkehrs mit den Kreditinstituten dienen, die bisher meist erst aufwändig feststellen mussten, welche Befugnisse dem Betreuer bei der Geldanlage und -verwaltung zustehen.

566 Im neuen Abs. 2 regelt der Gesetzgeber die Möglichkeit der Erstellung einer weiteren Urkunde, in der die Angaben zu den Aufgabenbereichen des Betreuers oder die Anordnung eines Einwilligungsvorbehalts nur eingeschränkt ausgewiesen werden. Dadurch wird dem Interesse des Betroffenen auf Geheimhaltung bestimmter Daten, deren Offenlegung im Rechtsverkehr nicht zwingend ist, Rechnung getragen. Im Rechtsverkehr ist der Nachweis des Aufgabenkreises mit allen Aufgabenbereichen häufig nicht erforderlich. So gibt es keinen ersichtlichen Grund dafür, dass etwa eine Bank, ein Telefonanbieter oder ein Vermieter erfahren muss, dass die Betreuung neben der Vermögenssorge auch eine mit Freiheitsentziehung verbundene Unterbringung des Betreuten umfasst. Voraussetzung für die Erteilung einer weiteren Urkunde ist neben dem Antrag des Betreuers, dass dies zur Beachtung berechtigter Interessen des Betroffenen erforderlich ist und der Schutz des Rechtsverkehrs dem nicht entgegensteht.

oder der Behörde aufgeben, eine andere Person auszuwählen, wenn einem Vorschlag des Betroffenen, dem keine wichtigen Gründe entgegenstehen, nicht entsprochen wurde oder die ausgewählte Person zur Wahrnehmung dieser Betreuung nicht geeignet erscheint. § 35 ist nicht anzuwenden.[567]	oder der Behörde aufgeben, eine andere Person auszuwählen, wenn einem Vorschlag des Betroffenen, dem keine wichtigen Gründe entgegenstehen, nicht entsprochen wurde oder die bisherige Auswahl dem Wohl des Betroffenen zuwiderläuft. § 35 ist nicht anzuwenden.
§ 292 Zahlungen an den Betreuer; Verordnungsermächtigung (1) Das Gericht setzt auf Antrag des Betreuers oder des Betroffenen oder nach eigenem Ermessen durch Beschluss fest:[568] 1. einen dem Betreuer[569] zu zahlenden Vorschuss, den ihm zu leistenden Ersatz von Aufwendungen oder die Aufwandspauschale, soweit der Betreuer die Zahlungen aus der Staatskasse verlangen kann (§ 1879 des Bürgerlichen Gesetzbuchs) oder ihm die Vermögenssorge nicht übertragen wurde, 2. eine dem ehrenamtlichen Betreuer zu bewilligende Vergütung oder Abschlagszahlung (§ 1876 des Bürgerlichen Gesetzbuchs) oder 3. eine dem beruflichen Betreuer oder dem Betreuungsverein[570] zu bewilligende Vergütung nach dem Vormünder- und Betreuervergütungsgesetz.	**§ 292 Zahlungen an den Betreuer** (1) In Betreuungsverfahren gilt § 168 entsprechend.[571] **§ 168 Beschluss über Zahlungen des Mündels** (1) Das Gericht setzt durch Beschluss fest, wenn der Vormund, Gegenvormund oder Mündel die gerichtliche Festsetzung beantragt oder das Gericht sie für angemessen hält: 1. Vorschuss, Ersatz von Aufwendungen, Aufwandsentschädigung, soweit der Vormund oder Gegenvormund sie aus der Staatskasse verlangen kann (§ 1835 Abs. 4 und § 1835a Abs. 3 des Bürgerlichen Gesetzbuchs) oder ihm nicht die Vermögenssorge übertragen wurde; 2. eine dem Vormund oder Gegenvormund zu bewilligende Vergütung oder Abschlagszahlung (§ 1836 des Bürgerlichen Gesetzbuchs). Mit der Festsetzung bestimmt das Gericht Höhe und Zeitpunkt der Zahlungen, die der Mündel an die Staatskasse nach den §§ 1836c und 1836e des Bürgerlichen Gesetzbuchs zu leisten hat. Es kann die Zahlungen gesondert festsetzen, wenn dies zweckmäßig ist. Erfolgt keine Festsetzung nach Satz 1 und richten sich die in Satz 1 bezeichneten Ansprüche gegen die Staatskasse, gelten die Vorschriften über das Verfahren bei der Entschädigung von Zeugen hinsichtlich ihrer baren Auslagen sinngemäß.

567 Durch § 291 S. 2 FamFG werden die Voraussetzungen für die Entscheidung des Gerichts modifiziert, einem Betreuungsverein oder einer Betreuungsbehörde aufzugeben, eine andere Person für die Wahrnehmung der Betreuung auszuwählen. Es kommt nicht mehr darauf an, dass die bisherige Auswahl dem Wohl des Betroffenen zuwiderläuft, vielmehr hat das Betreuungsgericht dann einen Wechsel der die Betreuung wahrnehmenden Person anzuordnen, wenn die ausgewählte Person zur Wahrnehmung dieser Betreuung nicht oder nicht mehr geeignet erscheint. Durch die Bezugnahme auf die Eignung, die sich nach § 1816 Abs. 1 BGB richtet, wird klargestellt, dass es um die Besorgung der Angelegenheiten nach Maßgabe des § 1821 BGB geht und damit um die Berücksichtigung der Wünsche bzw. des mutmaßlichen Willens des Betroffenen.

568 Die §§ 292, 292a FamFG enthalten die Bestimmungen für das bisher in § 168 FamFG geregelte Verfahren für Zahlungen an den Betreuer. Dabei wird systematisch zwischen Zahlungsansprüchen des Betreuers (§ 292 FamFG) und Regressforderungen der Staatskasse gegen den Betroffenen oder dessen Erben (§ 292a FamFG) unterschieden.

569 Gegenvormund wegen dessen Abschaffung gestrichen.

570 Diese Ergänzung ist notwendig, da der Betreuungsverein nach der Definition des BtOG selbst nicht beruflicher Betreuer ist, jedoch nach der Aufhebung des Vergütungsverbotes für Vereine selbst einen Vergütungsanspruch geltend machen kann.

571 Die Neuregelung wiederholt die Bestimmungen des § 168 FamFG in leicht modifizierter Form.

(2) Das Gericht kann eine nach Absatz 1 Nummer 3 zu bewilligende Vergütung auf Antrag des Betreuers oder des Betreuungsvereins auch für zukünftige Zeiträume durch Beschluss festsetzen,[572] wenn die Voraussetzungen des § 15 Absatz 2 Satz 1 des Vormünder- und Betreuervergütungsgesetzes vorliegen.[573] Die Auszahlung der Vergütung erfolgt für die jeweils nach § 15 Absatz 1 Satz 1 des Vormünder- und Betreuervergütungsgesetzes maßgeblichen Zeiträume.[574] Die Festsetzung ist in regelmäßigen, im Voraus festzulegenden Abständen, die zwei Jahre nicht überschreiten dürfen, zu überprüfen.[575]	
(3) Im Antrag sollen die persönlichen und wirtschaftlichen Verhältnisse des Betroffenen dargestellt werden. § 118 Absatz 2 Satz 1 und 2, § 120 Absatz 2 und 3 sowie § 120a Absatz 1 Satz 1 und 3 der Zivilprozessordnung sind entsprechend anzuwenden. Steht nach der freien Überzeugung des Gerichts der Aufwand für die	**§ 292 Zahlungen an den Betreuer** (1) In Betreuungsverfahren gilt § 168 entsprechend. § 168 Beschluss über Zahlungen des Mündels

572 Abs. 2 ermöglicht es dem Gericht, aus Gründen der Verfahrenseffizienz eine dem beruflichen Betreuer oder dem Betreuungsverein nach dem VBVG zu bewilligende Vergütung auch für künftige Zeiträume festzusetzen. Dazu wird Bezug auf die in § 15 Abs. 2 VBVG eingeführte Antragsmöglichkeit genommen. Auf Antrag des beruflichen Betreuers oder des Betreuungsvereins kann das Gericht eine nach dem VBVG zu bewilligende Vergütung in Form einer Fallpauschale nunmehr rechtssicher auch für zukünftige Zeiträume festsetzen. Das Verfahren ist nicht auf mittellose Betreute beschränkt. Die Interessen von Betreuten, die nicht mittellos sind, werden durch ihre Anhörung (Abs. 4) vor der Festsetzung hinreichend gewahrt. Das Gericht hat auch bei der Festsetzung einer Vergütung für zukünftige Zeiträume grundsätzlich weiterhin die nach § 292 Abs. 1 Nr. 3 FamFG für die Bewilligung einer Vergütung maßgeblichen Kriterien, insbesondere zur Wohnform und zur Mittellosigkeit im Vergütungszeitraum festzustellen. Diese Kriterien können zwar grundsätzlich erst abschließend nach Ablauf des Vergütungszeitraums erfolgen, dies soll aber – anders als der Bundesgerichtshof dies für die bisherige Rechtslage festgestellt hat – eine Bewilligung der Vergütung auch für zukünftige Zeiträume nicht hindern. In dem neuen Verfahren tritt an die Stelle der nachträglichen Prüfung die Prognoseentscheidung zum Zeitpunkt der Festsetzung, dass sich die für die Vergütung relevanten Kriterien für den Festsetzungszeitraum nicht ändern werden. Das Abstellen auf die Prognoseentscheidung wird durch folgende Bestimmungen hinreichend abgesichert: Durch die Pflicht des Betreuers, dem Gericht bei einer Änderung der relevanten Kriterien sofort Mitteilung zu machen (§ 15 Abs. 2 S. 3 VBVG) und durch die in Satz 2 geregelte Pflicht des Gerichts, regelmäßig, spätestens alle zwei Jahre, die Festsetzung zu überprüfen. Schließlich bietet auch die in Abs. 4 vorgesehene Pflicht, den nicht vermögenslosen Betreuten vor der Festsetzung anzuhören, eine weitere Kontrolle. Es ist zu erwarten, dass in Fällen, in denen es voraussichtlich nicht zu einer Änderung der Vergütungshöhe kommt, die Möglichkeit der neu geschaffenen Festsetzungsform vielfach genutzt wird und es so zu einer wesentlichen Entlastung und Zeitersparnis des Rechtspflegers, wie auch der Antragsberechtigten kommen wird.

573 Abs. 2 S. 1 nennt die Voraussetzungen für die Festsetzung der Vergütung für zukünftige Zeiträume unter Verweisung auf § 15 Abs. 2 VBVG. Voraussetzungen sind der Antrag und die Prognose, dass eine Änderung der für die Vergütung maßgeblichen Kriterien des § 9 Abs. 1 Nr. 2 und 3 VBVG, nämlich des gewöhnlichen Aufenthaltsorts des Betreuten und seines Vermögensstatus, nicht zu erwarten ist. Bei dem neu eingeführten Verfahren handelt es sich um eine Sonderform der Festsetzungsmöglichkeit nach Absatz 1 Nummer 3. Die Kann-Regelung eröffnet dem Gericht bei entsprechendem Antrag des beruflichen Betreuers oder des Betreuungsvereins die Möglichkeit, die Vergütung auch für zukünftige Zeiträume festzusetzen, ohne das Gericht insoweit zu binden. Dem Gericht soll gerade bei Unsicherheiten im Hinblick auf die Prognoseentscheidung, die Zuverlässigkeit des Betreuers oder die Zweckmäßigkeit der Anwendung des Verfahrens im eigenen Arbeitsbereich ein Ermessenspielraum bleiben. Dem Betreuer steht daher kein Anspruch auf Festsetzung seiner Vergütung nach diesem Vergütungsmodell zu.

574 Abs. 2 S. 2 stellt durch die Verweisung auf § 15 Abs. 1 S. 1 VBVG klar, dass für die Auszahlung immer ein 3-Monats-Auszahlungszeitraum gilt, das heißt, dass unabhängig von der Geltendmachung und Festsetzung für künftige Zeiträume die tatsächliche Auszahlung immer nach Ablauf von jeweils drei Monaten erfolgt.

575 Abs. 2 S. 3 regelt, dass das Gericht die Zeiträume, nach deren Ablauf die Festsetzung der Vergütung für künftige Leistungen überprüft wird, im Voraus festzulegen hat, wobei diese zwei Jahre nicht überschreiten dürfen. Hierdurch bekommt das Gericht den notwendigen Spielraum, die Festsetzung einer Vergütung für künftige Zeiträume individuell an den jeweiligen Fall anzupassen und die Kontrolldichte zu bestimmen. Redaktionelle Folgeänderung.

Ermittlung der persönlichen und wirtschaftlichen Verhältnisse des Betroffenen außer Verhältnis zur Höhe des aus der Staatskasse zu begleichenden Anspruchs oder zur Höhe der vom Betroffenen voraussichtlich zu leistenden Zahlungen, so kann das Gericht ohne weitere Prüfung den zu leistenden Betrag festsetzen oder von einer Festsetzung der vom Betroffenen zu leistenden Zahlungen absehen.	(1) … (2) In dem Antrag sollen die persönlichen und wirtschaftlichen Verhältnisse des Mündels dargestellt werden. § 118 Abs. 2 Satz 1 und 2 sowie § 120 Absatz 2 und 3 sowie § 120a Absatz 1 Satz 1 bis 3 der Zivilprozessordnung sind entsprechend anzuwenden. Steht nach der freien Überzeugung des Gerichts der Aufwand zur Ermittlung der persönlichen und wirtschaftlichen Verhältnisse des Mündels außer Verhältnis zur Höhe des aus der Staatskasse zu begleichenden Anspruchs oder zur Höhe der voraussichtlich vom Mündel zu leistenden Zahlungen, kann das Gericht ohne weitere Prüfung den Anspruch festsetzen oder von einer Festsetzung der vom Mündel zu leistenden Zahlungen absehen. (3) Nach dem Tode des Mündels bestimmt das Gericht Höhe und Zeitpunkt der Zahlungen, die der Erbe des Mündels nach § 1836e des Bürgerlichen Gesetzbuchs an die Staatskasse zu leisten hat. Der Erbe ist verpflichtet, dem Gericht über den Bestand des Nachlasses Auskunft zu erteilen. Er hat dem Gericht auf Verlangen ein Verzeichnis der zur Erbschaft gehörenden Gegenstände vorzulegen und an Eides statt zu versichern, dass er nach bestem Wissen und Gewissen den Bestand so vollständig angegeben habe, als er dazu imstande sei.
(4) Der Betroffene ist vor der Festsetzung einer von ihm zu leistenden Zahlung anzuhören.	(4) Der Mündel ist zu hören, bevor nach Absatz 1 eine von ihm zu leistende Zahlung festgesetzt wird. Vor einer Entscheidung nach Absatz 3 ist der Erbe zu hören. (5) Auf die Pflegschaft sind die Absätze 1 bis 4 entsprechend anzuwenden.
(5) Ist eine Festsetzung nicht beantragt, so gelten für die Zahlungen, die aus der Staatskasse verlangt werden können, die Vorschriften über das Verfahren bei der Entschädigung von Zeugen hinsichtlich ihrer baren Auslagen sinngemäß.	**§ 168 Beschluss über Zahlungen des Mündels** (1) … Erfolgt keine Festsetzung nach Satz 1 und richten sich die in Satz 1 bezeichneten Ansprüche gegen die Staatskasse, gelten die Vorschriften über das Verfahren bei der Entschädigung von Zeugen hinsichtlich ihrer baren Auslagen sinngemäß.
(6) Die Landesregierungen werden ermächtigt, durch Rechtsverordnung für Anträge nach den Absätzen 1 und 2 Formulare einzuführen. Soweit Formulare eingeführt sind, muss der berufliche Betreuer oder der Betreuungsverein diese verwenden und sie, sofern sie hierzu bestimmt sind, als elektronisches Dokument einreichen. Andernfalls liegt keine ordnungsgemäße Geltendmachung im Sinne des § 1875 Absatz 2 des Bürgerlichen Gesetzbuchs in Verbindung mit dem Vormünder- und Betreuervergütungsgesetz vor. Die Landesregierungen können die Ermächtigung nach Satz 1 durch Rechtsverordnung auf die Landesjustizverwaltungen übertragen.	**§ 292 Zahlungen an den Betreuer** (1) … (2) Die Landesregierungen werden ermächtigt, durch Rechtsverordnung für Anträge und Erklärungen auf Ersatz von Aufwendungen und Bewilligung von Vergütung Formulare einzuführen. Soweit Formulare eingeführt sind, müssen sich Personen, die die Betreuung im Rahmen der Berufsausübung führen, ihrer bedienen und sie als elektronisches Dokument einreichen, wenn dieses für die automatische Bearbeitung durch das Gericht geeignet ist. Andernfalls liegt keine ordnungsgemäße Geltendmachung im Sinne von § 1836 Abs. 1 Satz 2 des Bürgerlichen

	Gesetzbuchs in Verbindung mit § 1 des Vormünder- und Betreuungsvergütungsgesetzes vor. Die Landesregierungen können die Ermächtigung nach Satz 1 durch Rechtsverordnung auf die Landesjustizverwaltungen übertragen.
§ 292a Zahlungen an die Staatskasse[576] (1) Mit der Festsetzung nach § 292 Absatz 1 legt das Gericht zugleich Höhe und Zeitpunkt der Zahlungen fest, die der Betroffene nach § 1880 Absatz 2 und § 1881 Satz 1 des Bürgerlichen Gesetzbuchs an die Staatskasse zu leisten hat. Das Gericht kann Höhe und Zeitpunkt der zu leistenden Zahlungen gesondert festsetzen, wenn dies zweckmäßig ist.	**§ 168 Beschluss über Zahlungen des Mündels** (1) ... Mit der Festsetzung bestimmt das Gericht Höhe und Zeitpunkt der Zahlungen, die der Mündel an die Staatskasse nach den §§ 1836c und 1836e des Bürgerlichen Gesetzbuchs zu leisten hat. Es kann die Zahlungen gesondert festsetzen, wenn dies zweckmäßig ist. ...
(2) Ist der Betroffene verstorben, so legt das Gericht Höhe und Zeitpunkt der Zahlungen fest, die der Erbe nach § 1881 Satz 2 des Bürgerlichen Gesetzbuchs an die Staatskasse zu leisten hat. Der Erbe ist verpflichtet, dem Gericht die hierfür notwendigen Auskünfte zu erteilen, insbesondere dem Gericht auf dessen Verlangen ein Verzeichnis der zur Erbschaft gehörenden Gegenstände vorzulegen und an Eides statt zu versichern, dass er den Bestand nach bestem Wissen und Gewissen so vollständig angegeben habe, wie er dazu imstande ist.	(3) Nach dem Tode des Mündels bestimmt das Gericht Höhe und Zeitpunkt der Zahlungen, die der Erbe des Mündels nach § 1836e des Bürgerlichen Gesetzbuchs an die Staatskasse zu leisten hat. Der Erbe ist verpflichtet, dem Gericht über den Bestand des Nachlasses Auskunft zu erteilen. Er hat dem Gericht auf Verlangen ein Verzeichnis der zur Erbschaft gehörenden Gegenstände vorzulegen und an Eides statt zu versichern, dass er nach bestem Wissen und Gewissen den Bestand so vollständig angegeben habe, als er dazu imstande sei.
(3) Vor einer Entscheidung ist der Betroffene oder der Erbe anzuhören.	(4) Der Mündel ist zu hören, bevor nach Absatz 1 eine von ihm zu leistende Zahlung festgesetzt wird. Vor einer Entscheidung nach Absatz 3 ist der Erbe zu hören.
§ 293 Erweiterung der Betreuung oder des Einwilligungsvorbehalts (1) Für die Erweiterung des Aufgabenkreises des Betreuers und die Erweiterung des Kreises der einwilligungsbedürftigen Willenserklärungen gelten die Vorschriften über die Anordnung dieser Maßnahmen entsprechend. Das Gericht hat die zuständige Behörde nur anzuhören, wenn es der Betroffene verlangt oder es zur Sachaufklärung erforderlich ist.	**§ 293 Erweiterung der Betreuung oder des Einwilligungsvorbehalts** (1) Für die Erweiterung des Aufgabenkreises des Betreuers und die Erweiterung des Kreises der einwilligungsbedürftigen Willenserklärungen gelten die Vorschriften über die Anordnung dieser Maßnahmen entsprechend. Das Gericht hat die zuständige Behörde nur anzuhören, wenn es der Betroffene verlangt oder es zur Sachaufklärung erforderlich ist.
(2) Einer persönlichen Anhörung nach § 278 Abs. 1 sowie der Einholung eines Gutachtens oder ärztlichen Zeugnisses (§§ 280 und 281) bedarf es nicht,	(2) Einer persönlichen Anhörung nach § 278 Abs. 1 sowie der Einholung eines Gutachtens oder ärztlichen Zeugnisses (§§ 280 und 281) bedarf es nicht,

576 § 292a FamFG wurde neu eingeführt. Er regelt das Verfahren für Zahlungen an die Staatskasse, das heißt bei Rückgriffsansprüchen der Staatskasse gegen den Betreuten (Abs. 1) oder dessen Erben (Abs. 2). Der Anspruch leitet sich aus §§ 1880 Abs. 2 und 1881 BGB ab. Bisher war das Verfahren zusammen mit dem Verfahren über Zahlungen von Aufwendungsersatz- und Vergütungsansprüchen in § 168 Abs. 1 S. 2 und 3 und Abs. 3 und 4 FamFG geregelt. Da der Rückgriff und die Zahlungsansprüche einen abweichenden Regelungsgehalt und auch einen anderen Normadressaten haben, wurde das Verfahren aus systematischen Gründen und zur besseren Abgrenzung und Übersichtlichkeit in einer eigenen Norm geregelt. Die Vorschriften sind aber inhaltlich unverändert.

1. wenn diese Verfahrenshandlungen nicht länger als sechs Monate zurückliegen oder 2. die beabsichtigte Erweiterung nach Absatz 1 nicht wesentlich ist. Eine wesentliche Erweiterung des Aufgabenkreises des Betreuers liegt insbesondere vor, wenn erstmals ganz oder teilweise die Personensorge oder eine der in § 1815 Abs. 2 oder in den §§ 1829 bis 1832 des Bürgerlichen Gesetzbuchs[577] genannten Aufgaben einbezogen wird.	1. wenn diese Verfahrenshandlungen nicht länger als sechs Monate zurückliegen oder 2. die beabsichtigte Erweiterung nach Absatz 1 nicht wesentlich ist. Eine wesentliche Erweiterung des Aufgabenkreises des Betreuers liegt insbesondere vor, wenn erstmals ganz oder teilweise die Personensorge oder eine der in § 1896 Abs. 4 oder den §§ 1904 bis 1906a des Bürgerlichen Gesetzbuchs genannten Aufgaben einbezogen wird.
(3) Unbeschadet des Absatzes 2 kann das Gericht von der Einholung eines Gutachtens oder eines ärztlichen Zeugnisses absehen, wenn der Aufgabenkreis des Betreuers nicht aufgrund einer Änderung des Krankheits- oder Behinderungsbildes des Betroffenen, sondern aufgrund der Änderung seiner Lebensumstände oder einer unzureichenden Wirkung anderer Hilfen erweitert werden soll.[578]	
(4) Ist mit der Bestellung eines weiteren Betreuers nach § 1817 des Bürgerlichen Gesetzbuchs[579] eine Erweiterung des Aufgabenkreises verbunden, gelten die Absätze 1 bis 3 entsprechend.	(3) Ist mit der Bestellung eines weiteren Betreuers nach § 1899 des Bürgerlichen Gesetzbuchs eine Erweiterung des Aufgabenkreises verbunden, gelten die Absätze 1 und 2 entsprechend.
§ 294 Aufhebung und Einschränkung der Betreuung oder des Einwilligungsvorbehalts	**§ 294 Aufhebung und Einschränkung der Betreuung oder des Einwilligungsvorbehalts**
(1) Für die Aufhebung der Betreuung oder der Anordnung eines Einwilligungsvorbehalts und für die Einschränkung des Aufgabenkreises des Betreuers oder des Kreises der einwilligungsbedürftigen Willenserklärungen gilt § 279 Absatz 1, 3 und 4 sowie § 288 Absatz 2 Satz 1 entsprechend. Das Gericht hat die zuständige Behörde nur anzuhören, wenn es der Betroffene verlangt oder es zur Sachaufklärung erforderlich ist.	(1) Für die Aufhebung der Betreuung oder der Anordnung eines Einwilligungsvorbehalts und für die Einschränkung des Aufgabenkreises des Betreuers oder des Kreises der einwilligungsbedürftigen Willenserklärungen gilt § 279 Absatz 1, 3 und 4 sowie § 288 Absatz 2 Satz 1 entsprechend. Das Gericht hat die zuständige Behörde nur anzuhören, wenn es der Betroffene verlangt oder es zur Sachaufklärung erforderlich ist
(2) Hat das Gericht nach § 281 Absatz 1[580] von der Einholung eines Gutachtens abgesehen, ist dies nachzuholen, wenn ein Antrag des Betroffenen auf Aufhebung der Betreuung oder Einschränkung des Aufgabenkreises erstmals abgelehnt werden soll.	(2) Hat das Gericht nach § 281 Abs. 1 Nr. 1 von der Einholung eines Gutachtens abgesehen, ist dies nachzuholen, wenn ein Antrag des Betroffenen auf Aufhebung der Betreuung oder Einschränkung des Aufgabenkreises erstmals abgelehnt werden soll.
(3) Über die Aufhebung der Betreuung oder des Einwilligungsvorbehalts hat das Gericht spätestens sieben Jahre nach der Anordnung dieser Maßnahmen zu entscheiden.	(3) Über die Aufhebung der Betreuung oder des Einwilligungsvorbehalts hat das Gericht spätestens sieben Jahre nach der Anordnung dieser Maßnahmen zu entscheiden.

577 Redaktionelle Folgeänderung.
578 Neue Fallgruppe.
579 Redaktionelle Folgeänderung.
580 Redaktionelle Folgeänderung wegen der neuen Paragrafennummerierung ohne rechtliche Relevanz.

§ 295 Verlängerung der Betreuung oder des Einwilligungsvorbehalts	§ 295 Verlängerung der Betreuung oder des Einwilligungsvorbehalts
(1) Für die Verlängerung der Bestellung eines Betreuers oder der Anordnung eines Einwilligungsvorbehalts gelten die Vorschriften über die erstmalige Anordnung dieser Maßnahmen entsprechend.[581] Von der erneuten Einholung eines Gutachtens kann abgesehen werden, wenn sich aus der persönlichen Anhörung des Betroffenen und einem ärztlichen Zeugnis ergibt, dass sich der Umfang der Betreuungsbedürftigkeit offensichtlich nicht verringert hat und eine Verlängerung dem erklärten Willen des Betroffenen nicht widerspricht.[582] Das Gericht hat die zuständige Behörde nur anzuhören, wenn es der Betroffene verlangt oder es zur Sachaufklärung erforderlich ist.	(1) Für die Verlängerung der Bestellung eines Betreuers oder der Anordnung eines Einwilligungsvorbehalts gelten die Vorschriften über die erstmalige Anordnung dieser Maßnahmen entsprechend. Von der erneuten Einholung eines Gutachtens kann abgesehen werden, wenn sich aus der persönlichen Anhörung des Betroffenen und einem ärztlichen Zeugnis ergibt, dass sich der Umfang der Betreuungsbedürftigkeit offensichtlich nicht verringert hat. Das Gericht hat die zuständige Behörde nur anzuhören, wenn es der Betroffene verlangt oder es zur Sachaufklärung erforderlich ist.
(2) Über die Verlängerung der Betreuung oder des Einwilligungsvorbehalts hat das Gericht spätestens sieben Jahre nach der Anordnung dieser Maßnahmen zu entscheiden.[583] Ist die Maßnahme gegen den erklärten Willen des Betroffenen angeordnet worden, ist über eine erstmalige Verlängerung spätestens nach drei Jahren zu entscheiden.[584]	(2) Über die Verlängerung der Betreuung oder des Einwilligungsvorbehalts hat das Gericht spätestens sieben Jahre nach der Anordnung dieser Maßnahmen zu entscheiden.

581 Da neben der Bestellung auch die Verlängerung einer rechtlichen Betreuung oder eines Einwilligungsvorbehalts gegen den erklärten Willen des Betroffenen in besonderem Maße in sein grundrechtlich geschütztes Selbstbestimmungsrecht eingreift, wurden für diese Fälle erhöhte Anforderungen normiert.

582 Ein Absehen von der Einholung eines Sachverständigengutachtens gem. § 280 FamFG ist nicht möglich. Teil der Prüfung im Sachverständigengutachten ist insbesondere die Frage, ob der Betroffene – weiterhin – keinen freien Willen hinsichtlich der Bestellung des Betreuers bzw. der Anordnung des Einwilligungsvorbehalts bilden kann. Anderenfalls wäre bei fortbestehender Ablehnung durch den Betroffenen nach § 1814 Abs. 2 BGB (§ 1896 Abs. 1a BGB aF) die Maßnahme aufzuheben und damit eine Verlängerung ausgeschlossen.

583 Die Entscheidung über die Überprüfungsfrist ist individuell aufgrund der prognostizierten Dauer der Erforderlichkeit zu treffen. Unter Berücksichtigung der langjährigen Hilfebedürftigkeit vieler Betroffener sowie den benötigten Ressourcen, soll eine Verkürzung der gesetzlich längst möglichen Überprüfungsfrist nur in den Fällen vorgenommen werden, in denen die gerichtliche Maßnahme mit den erklärten Wünschen des Betroffenen kollidiert und damit besonders in dessen Selbstbestimmungsrecht eingreift.

584 Über eine erstmalige Verlängerung einer rechtlichen Betreuung oder eines Einwilligungsvorbehalts, die gegen den erklärten Willen des Betroffenen angeordnet worden ist, ist bereits spätestens nach drei Jahren (nicht wie bei anderen Verlängerungen nach spätestens sieben Jahren) zu entscheiden. Die Verkürzung der Frist für die erstmalige Überprüfung beruht neben der besonderen Erheblichkeit der (andauernden) Grundrechtseinschränkung darauf, dass die angeordnete Maßnahme und ihre Verhältnismäßigkeit erstmals unter Berücksichtigung der Erkenntnisse aus der Betreuung danach überprüft werden kann, ob, in welcher Weise und in welchem Umfang es trotz des zumindest anfangs entgegenstehenden Willens möglich und erforderlich war und weiterhin ist, die Angelegenheiten der betreuten Person rechtlich zu besorgen. Hierbei ist auch zu berücksichtigen, ob und inwieweit während der bisherigen Betreuungsführung eine Kooperation und ein Einvernehmen mit dem Betroffenen erreicht werden konnte. Die Begrenzung der verkürzten Überprüfungsfrist auf die erstmalige Verlängerung beruht auf der Überlegung, dass die zusätzlichen Erkenntnisse in der weiteren Verlängerungsentscheidung berücksichtigt werden konnten und sich Veränderungen hinsichtlich der Dauer der weiteren Erforderlichkeit häufig im Laufe der ersten drei Betreuungsjahre ergeben. Sollte die Überprüfung nach drei Jahren ergeben, dass eine Betreuung auch gegen den erklärten Willen des Betroffenen weiterhin erforderlich ist, soll es dem Gericht möglich sein, jedenfalls dann, wenn nach den Ermittlungen, insbesondere dem Ergebnis des Sachverständigengutachtens, eine kurzfristige Änderung nicht zu erwarten ist, auch eine längere Überprüfungsfrist festzusetzen.

§ 296 Entlassung des Betreuers und Bestellung eines neuen Betreuers	**§ 296 Entlassung des Betreuers und Bestellung eines neuen Betreuers**
(1) Das Gericht hat den Betroffenen und den Betreuer persönlich anzuhören, wenn der Betroffene einer Entlassung des Betreuers (§ 1868 des Bürgerlichen Gesetzbuchs[585]) widerspricht.	(1) Das Gericht hat den Betroffenen und den Betreuer persönlich anzuhören, wenn der Betroffene einer Entlassung des Betreuers (§ 1908b des Bürgerlichen Gesetzbuchs) widerspricht.
(2) Vor der Bestellung eines neuen Betreuers (§ 1869 des Bürgerlichen Gesetzbuchs[586]) hat das Gericht den Betroffenen persönlich anzuhören. Das gilt nicht, wenn der Betroffene sein Einverständnis mit dem Betreuerwechsel erklärt hat. § 279 Absatz 1, 3 und 4 gilt entsprechend. Das Gericht hat die zuständige Behörde nur anzuhören, wenn es der Betroffene verlangt oder es zur Sachaufklärung erforderlich ist.[587]	(2) Vor der Bestellung eines neuen Betreuers (§ 1908c des Bürgerlichen Gesetzbuchs) hat das Gericht den Betroffenen persönlich anzuhören. Das gilt nicht, wenn der Betroffene sein Einverständnis mit dem Betreuerwechsel erklärt hat. § 279 gilt entsprechend.
§ 297 Sterilisation	**§ 297 Sterilisation**
(1) Das Gericht hat den Betroffenen vor der Genehmigung einer Einwilligung des Betreuers in eine Sterilisation (§ 1830 Abs. 2 des Bürgerlichen Gesetzbuchs[588]) persönlich anzuhören und sich einen persönlichen Eindruck von ihm zu verschaffen. Es hat den Betroffenen über den möglichen Verlauf des Verfahrens zu unterrichten.	(1) Das Gericht hat den Betroffenen vor der Genehmigung einer Einwilligung des Betreuers in eine Sterilisation (§ 1905 Abs. 2 des Bürgerlichen Gesetzbuchs) persönlich anzuhören und sich einen persönlichen Eindruck von ihm zu verschaffen. Es hat den Betroffenen über den möglichen Verlauf des Verfahrens zu unterrichten.
(2) Das Gericht hat die zuständige Behörde anzuhören, wenn es der Betroffene verlangt oder es der Sachaufklärung dient.	(2) Das Gericht hat die zuständige Behörde anzuhören, wenn es der Betroffene verlangt oder es der Sachaufklärung dient.
(3) Das Gericht hat die sonstigen Beteiligten anzuhören. Auf Verlangen des Betroffenen hat das Gericht eine ihm nahestehende Person anzuhören, wenn dies ohne erhebliche Verzögerung möglich ist.	(3) Das Gericht hat die sonstigen Beteiligten anzuhören. Auf Verlangen des Betroffenen hat das Gericht eine ihm nahestehende Person anzuhören, wenn dies ohne erhebliche Verzögerung möglich ist.
(4) Verfahrenshandlungen nach den Absätzen 1 bis 3 können nicht durch den ersuchten Richter vorgenommen werden.	(4) Verfahrenshandlungen nach den Absätzen 1 bis 3 können nicht durch den ersuchten Richter vorgenommen werden.
(5) Die Bestellung eines Verfahrenspflegers ist stets erforderlich, sofern sich der Betroffene nicht von einem Rechtsanwalt oder einem anderen geeigneten Verfahrensbevollmächtigten vertreten lässt.	(5) Die Bestellung eines Verfahrenspflegers ist stets erforderlich, sofern sich der Betroffene nicht von einem Rechtsanwalt oder einem anderen geeigneten Verfahrensbevollmächtigten vertreten lässt.

585 Redaktionelle Folgeänderung wegen der neuen Paragrafennummerierung ohne rechtliche Relevanz.

586 Redaktionelle Folgeänderung wegen der neuen Paragrafennummerierung ohne rechtliche Relevanz.

587 In § 296 Abs. 2 FamFG wird die Pflicht zur Anhörung der zuständigen Behörde bei einem Betreuerwechsel ausdrücklich auf die Fallkonstellationen beschränkt, wie sie nach § 295 Abs. 1 S. 3 FamFG auch für die Verlängerung einer Betreuung oder des Einwilligungsvorbehalts gelten. Hierdurch wird eine im bisher geltenden Recht bestehende Unklarheit beseitigt. In Abs. 2 S. 3 wird hierfür der Verweis auf die Anhörungsvorschrift des § 279 FamFG dahin gehend eingeschränkt, dass nicht mehr auf dessen Abs. 2 verwiesen wird, welcher die Pflicht zur Anhörung der zuständigen Behörde regelt, sondern nur noch auf die Abs. 1, 3 und 4. In dem neu eingefügten Abs. 2 S. 4 wird stattdessen bestimmt, dass die zuständige Behörde nur anzuhören ist, wenn es der Betroffene verlangt oder es zur Sachaufklärung erforderlich ist.

588 Redaktionelle Folgeänderung wegen der neuen Paragrafennummerierung ohne rechtliche Relevanz.

(6) Die Genehmigung darf erst erteilt werden, nachdem durch förmliche Beweisaufnahme Gutachten von Sachverständigen eingeholt sind, die sich auf die medizinischen, psychologischen, sozialen, sonderpädagogischen und sexualpädagogischen Gesichtspunkte erstrecken. Die Sachverständigen haben den Betroffenen vor Erstattung des Gutachtens persönlich zu untersuchen oder zu befragen. Sachverständiger und ausführender Arzt dürfen nicht personengleich sein.	(6) Die Genehmigung darf erst erteilt werden, nachdem durch förmliche Beweisaufnahme Gutachten von Sachverständigen eingeholt sind, die sich auf die medizinischen, psychologischen, sozialen, sonderpädagogischen und sexualpädagogischen Gesichtspunkte erstrecken. Die Sachverständigen haben den Betroffenen vor Erstattung des Gutachtens persönlich zu untersuchen oder zu befragen. Sachverständiger und ausführender Arzt dürfen nicht personengleich sein.
(7) Die Genehmigung wird wirksam mit der Bekanntgabe an den für die Entscheidung über die Einwilligung in die Sterilisation bestellten Betreuer und 1. an den Verfahrenspfleger oder 2. den Verfahrensbevollmächtigten, wenn ein Verfahrenspfleger nicht bestellt wurde.	(7) Die Genehmigung wird wirksam mit der Bekanntgabe an den für die Entscheidung über die Einwilligung in die Sterilisation bestellten Betreuer und 1. an den Verfahrenspfleger oder 2. den Verfahrensbevollmächtigten, wenn ein Verfahrenspfleger nicht bestellt wurde.
(8) Die Entscheidung über die Genehmigung ist dem Betroffenen stets selbst bekannt zu machen. Von der Bekanntgabe der Gründe an den Betroffenen kann nicht abgesehen werden. Der zuständigen Behörde ist die Entscheidung stets bekannt zu geben.	(8) Die Entscheidung über die Genehmigung ist dem Betroffenen stets selbst bekannt zu machen. Von der Bekanntgabe der Gründe an den Betroffenen kann nicht abgesehen werden. Der zuständigen Behörde ist die Entscheidung stets bekannt zu geben.
§ 298 Verfahren in Fällen des § 1829 des Bürgerlichen Gesetzbuchs[589] (1) Das Gericht darf die Einwilligung, die Nichteinwilligung oder den Widerruf einer Einwilligung eines Betreuers oder eines Bevollmächtigten (§ 1829 Absatz 1, 2 und 5 des Bürgerlichen Gesetzbuchs[590]) nur genehmigen, wenn es den Betroffenen zuvor persönlich angehört hat. Das Gericht soll die sonstigen Beteiligten anhören. Auf Verlangen des Betroffenen hat das Gericht eine ihm nahestehende Person anzuhören, wenn dies ohne erhebliche Verzögerung möglich ist.	**§ 298 Verfahren in Fällen des § 1904 des Bürgerlichen Gesetzbuchs** (1) Das Gericht darf die Einwilligung, die Nichteinwilligung oder den Widerruf einer Einwilligung eines Betreuers oder eines Bevollmächtigten (§ 1904 Absatz 1, 2 und 5 des Bürgerlichen Gesetzbuchs) nur genehmigen, wenn es den Betroffenen zuvor persönlich angehört hat. Das Gericht soll die sonstigen Beteiligten anhören. Auf Verlangen des Betroffenen hat das Gericht eine ihm nahestehende Person anzuhören, wenn dies ohne erhebliche Verzögerung möglich ist.
(2) Die Bestellung eines Verfahrenspflegers ist stets erforderlich, wenn Gegenstand des Verfahrens eine Genehmigung nach § 1829 Absatz 2 des Bürgerlichen Gesetzbuchs[591] ist.	(2) Die Bestellung eines Verfahrenspflegers ist stets erforderlich, wenn Gegenstand des Verfahrens eine Genehmigung nach § 1904 Absatz 2 des Bürgerlichen Gesetzbuchs ist.
(3) Vor der Genehmigung ist ein Sachverständigengutachten einzuholen. Der Sachverständige soll nicht auch der behandelnde Arzt sein.	(3) Vor der Genehmigung ist ein Sachverständigengutachten einzuholen. Der Sachverständige soll nicht auch der behandelnde Arzt sein.

589 Redaktionelle Folgeänderung wegen der neuen Paragrafennummerierung ohne rechtliche Relevanz.
590 Redaktionelle Folgeänderung wegen der neuen Paragrafennummerierung ohne rechtliche Relevanz.
591 Redaktionelle Folgeänderung wegen der neuen Paragrafennummerierung ohne rechtliche Relevanz.

§ 299 Persönliche Anhörung in anderen Genehmigungsverfahren[592]	**§ 299 Verfahren in anderen Entscheidungen**
Das Gericht hat den Betroffenen vor einer Entscheidung nach § 1833 Absatz 3 oder § 1820 Absatz 5 Satz 2 des Bürgerlichen Gesetzbuchs persönlich anzuhören.[593] Das Gericht soll den Betroffenen vor einer Entscheidung nach den §§ 1850 bis 1854 persönlich anhören.[594]	Das Gericht soll den Betroffenen vor einer Entscheidung nach § 1908i Abs. 1 Satz 1 in Verbindung mit den §§ 1821, 1822 Nr. 1 bis 4, 6 bis 13 sowie den §§ 1823 und 1825 des Bürgerlichen Gesetzbuchs persönlich anhören. Vor einer Entscheidung nach § 1907 Abs. 1 und 3 des Bürgerlichen Gesetzbuchs hat das Gericht den Betroffenen persönlich anzuhören.
§ 301 Einstweilige Anordnung bei gesteigerter Dringlichkeit	**§ 301 Einstweilige Anordnung bei gesteigerter Dringlichkeit**
(1) Bei Gefahr im Verzug kann das Gericht eine einstweilige Anordnung nach § 300 bereits vor der persönlichen[595] Anhörung des Betroffenen sowie vor der Anhörung und Bestellung des Verfahrenspflegers erlassen. Diese Verfahrenshandlungen sind unverzüglich nachzuholen.	(1) Bei Gefahr im Verzug kann das Gericht eine einstweilige Anordnung nach § 300 bereits vor Anhörung des Betroffenen sowie vor Anhörung und Bestellung des Verfahrenspflegers erlassen. Diese Verfahrenshandlungen sind unverzüglich nachzuholen.
(2) Das Gericht ist bei Gefahr im Verzug bei der Auswahl des Betreuers nicht an § 1816 Abs. 2 und 3 des Bürgerlichen Gesetzbuchs[596] gebunden.	(2) Das Gericht ist bei Gefahr im Verzug bei der Auswahl des Betreuers nicht an § 1897 Abs. 4 und 5 des Bürgerlichen Gesetzbuchs gebunden.
§ 304 Beschwerde der Staatskasse	**§ 304 Beschwerde der Staatskasse**
(1) Das Recht der Beschwerde steht dem Vertreter der Staatskasse zu, soweit die Interessen der Staatskasse durch den Beschluss betroffen sind. Hat der Vertreter der Staatskasse geltend gemacht, der Betreuer habe eine Abrechnung falsch erteilt oder der Betreute könne anstelle eines nach § 1816 Abs. 5 des Bürgerlichen Gesetzbuchs[597] bestellten Betreuers durch eine oder mehrere andere geeignete Personen außerhalb einer Berufsausübung betreut werden, steht ihm gegen einen die Entlassung des Betreuers ablehnenden Beschluss die Beschwerde zu.	(1) Das Recht der Beschwerde steht dem Vertreter der Staatskasse zu, soweit die Interessen der Staatskasse durch den Beschluss betroffen sind. Hat der Vertreter der Staatskasse geltend gemacht, der Betreuer habe eine Abrechnung falsch erteilt oder der Betreute könne anstelle eines nach § 1897 Abs. 6 des Bürgerlichen Gesetzbuchs bestellten Betreuers durch eine oder mehrere andere geeignete Personen außerhalb einer Berufsausübung betreut werden, steht ihm gegen einen die Entlassung des Betreuers ablehnenden Beschluss die Beschwerde zu.
(2) Die Frist zur Einlegung der Beschwerde durch den Vertreter der Staatskasse beträgt drei	(2) Die Frist zur Einlegung der Beschwerde durch den Vertreter der Staatskasse beträgt drei

592 Änderung verdeutlicht, dass nach den speziellen Regelungen zur Sterilisation und zu gefährlichen medizinischen Maßnahmen in § 299 FamFG die Verpflichtung zur persönlichen Anhörung des Betroffenen in weiteren Genehmigungsverfahren geregelt wird. Unterschieden werden Fälle, in denen die persönliche Anhörung zwingend erforderlich ist (Satz 1) und Fälle, in denen die persönliche Anhörung nur der Regelfall sein soll (Satz 2).

593 In diesen Fällen muss wegen der besonderen Bedeutung für den Betroffenen dessen persönliche Anhörung immer erfolgen. Die Anhörungspflicht gilt – wie bisher – in Genehmigungsverfahren zur Wohnungskündigung, wird aber jetzt auf alle in § 1833 Abs. 3 BGB genannten Fälle erweitert. Neu ist eine Anhörungspflicht in Genehmigungsverfahren zum Widerruf einer Vollmacht nach § 1820 Abs. 5 BGB eingeführt. Anders als bei den Verfahren nach § 1833 Abs. 3 BGB handelt es sich hier um eine richterliche Anhörung (vgl. § 15 Abs. 1 RPflG).

594 Satz 2 enthält alle Fälle, in welchen der Betroffene persönlich angehört werden soll und in denen damit nur im Ausnahmefall auf die für die Amtsermittlung wichtige persönliche Anhörung verzichtet werden kann.

595 Klarstellung, dass auch in diesen Fällen noch eine persönliche Anhörung stattfinden muss.

596 Redaktionelle Folgeänderung wegen der neuen Paragrafennummerierung ohne rechtliche Relevanz.

597 Redaktionelle Folgeänderung wegen der neuen Paragrafennummerierung ohne rechtliche Relevanz.

Monate und beginnt mit der formlosen Mitteilung (§ 15 Abs. 3) an ihn.	Monate und beginnt mit der formlosen Mitteilung (§ 15 Abs. 3) an ihn.
§ 307 Kosten in Betreuungssachen In Betreuungssachen kann das Gericht die Auslagen des Betroffenen, soweit sie zur zweckentsprechenden Rechtsverfolgung notwendig waren, ganz oder teilweise der Staatskasse auferlegen, wenn eine Betreuungsmaßnahme nach den §§ 1814 bis 1881 des Bürgerlichen Gesetzbuchs[598] abgelehnt, als ungerechtfertigt aufgehoben, eingeschränkt oder das Verfahren ohne Entscheidung über eine solche Maßnahme beendet wird.	**§ 307 Kosten in Betreuungssachen** In Betreuungssachen kann das Gericht die Auslagen des Betroffenen, soweit sie zur zweckentsprechenden Rechtsverfolgung notwendig waren, ganz oder teilweise der Staatskasse auferlegen, wenn eine Betreuungsmaßnahme nach den §§ 1896 bis 1908i des Bürgerlichen Gesetzbuchs abgelehnt, als ungerechtfertigt aufgehoben, eingeschränkt oder das Verfahren ohne Entscheidung über eine solche Maßnahme beendet wird.
§ 309 Mitteilungen an die Meldebehörde[599] Wird ein Einwilligungsvorbehalt angeordnet, der sich auf die Aufenthaltsbestimmung des Betroffenen erstreckt, so hat das Gericht dies der Meldebehörde unter Angabe des Betreuers mitzuteilen. Eine Mitteilung hat auch zu erfolgen, wenn der Einwilligungsvorbehalt nach Satz 1 aufgehoben wird oder ein Wechsel in der Person des Betreuers eintritt.	**§ 309 Besondere Mitteilungen** Wird ein Einwilligungsvorbehalt angeordnet, der sich auf die Aufenthaltsbestimmung des Betroffenen erstreckt, so hat das Gericht dies der Meldebehörde unter Angabe des Betreuers mitzuteilen. Eine Mitteilung hat auch zu erfolgen, wenn der Einwilligungsvorbehalt nach Satz 1 aufgehoben wird oder ein Wechsel in der Person des Betreuers eintritt.
§ 309a Mitteilungen an die Betreuungsbehörde[600] (1) Endet die Betreuung durch Tod des Betroffenen, so hat das Gericht dies der Betreuungsbehörde mitzuteilen.[601]	*(kein direktes Vorbild)*
(2) Das Gericht kann der Betreuungsbehörde Umstände mitteilen, die die Eignung oder Zuverlässigkeit des Betreuers betreffen. Das Gericht unterrichtet zugleich den Betreuer über die Mitteilung und deren Inhalt. Die Unterrichtung des Betreuers unterbleibt, solange der Zweck der Mitteilung hierdurch gefährdet würde. Sie ist nachzuholen, sobald die Gründe nach Satz 3 entfallen sind.[602]	

598 Redaktionelle Folgeänderung wegen der neuen Paragrafennummerierung ohne rechtliche Relevanz.

599 Änderung beschränkt sich auf die Überschrift.

600 § 309a FamFG ergänzt die in Betreuungssachen in § 308 FamFG geregelten Mitteilungspflichten um spezielle Mitteilungen an die Betreuungsbehörde. Es geht um solche Informationen, die für die Erfüllung der gesetzlichen Aufgaben der Betreuungsbehörde notwendig sind und von denen sie nicht bereits aufgrund ihrer verfahrensrechtlichen Stellung Kenntnis erhält.

601 Soll sicherstellen, dass die Betreuungsbehörde stets auch über die Beendigung einer Betreuung informiert ist und so einen Überblick über die in ihrem Bezirk geführten Betreuungen und die bestellten Betreuer hat. Durch die Mitteilung über den Tod kann unnötige Arbeit vermieden und der Betreuungsbehörde ermöglicht werden, den betreffenden Vorgang zeitnah abzuschließen.

602 Ermöglicht es dem Gericht, der Betreuungsbehörde solche Umstände mitzuteilen, welche die Eignung oder Zuverlässigkeit des Betreuers betreffen, wegen derer aber (noch) kein Beschluss über einen Wechsel des Betreuers ergangen ist. Gemeint sind solche Umstände, die für sich genommen noch nicht eine Entscheidung über einen Betreuerwechsel erfordern, aber gleichwohl Zweifel an der Eignung oder Zuverlässigkeit des Betreuers begründen können. Diese Kenntnis hilft der Betreuungsbehörde bei der Wahrnehmung ihrer Aufgaben. Dies betrifft die Gewinnung und den Vorschlag geeigneter Betreuer. Daneben ist die Kenntnis für die Betreuungsbehörde in ihrer Funktion als Stammbehörde für berufliche Betreuer wichtig, da sie so von Umständen erfährt, die Anlass geben können, gemäß § 27 Abs. 1 BtOG einen Widerruf der Registrierung des Berufsbetreuers zu prüfen. Für den Fall, dass die Betreuungsbehörde, die eine solche Mitteilung vom Gericht erhält, nicht gleichzeitig Stammbehörde für den beruflichen Betreuer ist, kann sie diese Mitteilung

Abschnitt 2 Verfahren in Unterbringungssachen	
§ 312 Unterbringungssachen Unterbringungssachen sind Verfahren, die die Genehmigung oder Anordnung einer 1. freiheitsentziehenden Unterbringung nach § 1831 Absatz 1 und 2 auch in Verbindung mit Absatz 5 des Bürgerlichen Gesetzbuchs,[603] 2. freiheitsentziehenden Maßnahme nach § 1831 Absatz 4 auch in Verbindung mit Absatz 5 des Bürgerlichen Gesetzbuchs,[604] 3. ärztlichen Zwangsmaßnahme, auch einschließlich einer Verbringung zu einem stationären Aufenthalt, nach § 1832 Absatz 1, 2 und 4 auch in Verbindung mit Absatz 5 des Bürgerlichen Gesetzbuchs[605] oder 4. freiheitsentziehenden Unterbringung, freiheitsentziehenden Maßnahme oder ärztlichen Zwangsmaßnahme bei Volljährigen nach den Landesgesetzen über die Unterbringung psychisch Kranker betreffen (Unterbringungsmaßnahme).	**§ 312 Unterbringungssachen** Unterbringungssachen sind Verfahren, die die Genehmigung oder Anordnung einer 1. freiheitsentziehenden Unterbringung nach § 1906 Absatz 1 und 2 auch in Verbindung mit Absatz 5 des Bürgerlichen Gesetzbuchs, 2. freiheitsentziehenden Maßnahme nach § 1906 Absatz 4 auch in Verbindung mit Absatz 5 des Bürgerlichen Gesetzbuchs, 3. ärztlichen Zwangsmaßnahme, auch einschließlich einer Verbringung zu einem stationären Aufenthalt, nach § 1906a Absatz 1, 2 und 4 auch in Verbindung mit Absatz 5 des Bürgerlichen Gesetzbuchs oder 4. freiheitsentziehenden Unterbringung, freiheitsentziehenden Maßnahme oder ärztlichen Zwangsmaßnahme bei Volljährigen nach den Landesgesetzen über die Unterbringung psychisch Kranker betreffen (Unterbringungsmaßnahme).
§ 315 Beteiligte (1) Zu beteiligen sind 1. der Betroffene, 2. der Betreuer, 3. der Bevollmächtigte im Sinne des § 1814 Absatz 3 Satz 2 Nummer 1 des Bürgerlichen Gesetzbuchs.	**§ 315 Beteiligte** (1) Zu beteiligen sind 1. der Betroffene, 2. der Betreuer, 3. der Bevollmächtigte im Sinne des § 1896 Abs. 2 Satz 2 des Bürgerlichen Gesetzbuchs.
(2) Der Verfahrenspfleger wird durch seine Bestellung als Beteiligter zum Verfahren hinzugezogen.	(2) Der Verfahrenspfleger wird durch seine Bestellung als Beteiligter zum Verfahren hinzugezogen.
(3) Die zuständige Behörde ist auf ihren Antrag als Beteiligte hinzuzuziehen.	(3) Die zuständige Behörde ist auf ihren Antrag als Beteiligte hinzuzuziehen.
(4) Beteiligt werden können im Interesse des Betroffenen 1. dessen Ehegatte oder Lebenspartner, wenn die Ehegatten oder Lebenspartner nicht dauernd getrennt leben, sowie dessen Eltern und Kinder, wenn der Betroffene bei diesen lebt oder bei Einleitung des Verfahrens gelebt hat, sowie die Pflegeeltern,	(4) Beteiligt werden können im Interesse des Betroffenen 1. dessen Ehegatte oder Lebenspartner, wenn die Ehegatten oder Lebenspartner nicht dauernd getrennt leben, sowie dessen Eltern und Kinder, wenn der Betroffene bei diesen lebt oder bei Einleitung des Verfahrens gelebt hat, sowie die Pflegeeltern,

der zuständigen Stammbehörde nach § 26 Abs. 4 BtOG weiterleiten. Aufgrund der Erheblichkeit einer solchen Mitteilung insbesondere für berufliche Betreuer, für die hiermit die Gefahr des Widerrufs ihrer Registrierung verbunden ist, ist in Satz 2 geregelt, dass zugleich auch der Betreuer über die Mitteilung an die Betreuungsbehörde und deren Inhalt unterrichtet wird. Nach Satz 3 und 4 darf von der Unterrichtung nur abgesehen werden, wenn und solange durch die Unterrichtung der Zweck der Mitteilung gefährdet würde. Im Einzelfall kann das etwa bei möglichen Gefährdungen des Vermögens des Betreuten durch den Betreuer gegeben sein.

603 Redaktionelle Folgeänderung wegen der neuen Paragrafennummerierung ohne rechtliche Relevanz.

604 Redaktionelle Folgeänderung wegen der neuen Paragrafennummerierung ohne rechtliche Relevanz.

605 Redaktionelle Folgeänderung wegen der neuen Paragrafennummerierung ohne rechtliche Relevanz.

2. eine von ihm benannte Person seines Vertrauens, 3. der Leiter der Einrichtung, in der der Betroffene lebt. Das Landesrecht kann vorsehen, dass weitere Personen und Stellen beteiligt werden können.	2. eine von ihm benannte Person seines Vertrauens, 3. der Leiter der Einrichtung, in der der Betroffene lebt. Das Landesrecht kann vorsehen, dass weitere Personen und Stellen beteiligt werden können.
§ 317 Verfahrenspfleger (1) Das Gericht hat dem Betroffenen einen geeigneten[606] Verfahrenspfleger zu bestellen, wenn dies zur Wahrnehmung der Interessen des Betroffenen erforderlich ist.[607] Die Bestellung ist insbesondere erforderlich, wenn von einer Anhörung des Betroffenen abgesehen werden soll. Bei der Genehmigung einer Einwilligung in eine ärztliche Zwangsmaßnahme oder deren Anordnung ist die Bestellung eines Verfahrenspflegers stets erforderlich.	**§ 317 Verfahrenspfleger** (1) Das Gericht hat dem Betroffenen einen Verfahrenspfleger zu bestellen, wenn dies zur Wahrnehmung der Interessen des Betroffenen erforderlich ist. Die Bestellung ist insbesondere erforderlich, wenn von einer Anhörung des Betroffenen abgesehen werden soll. Bei der Genehmigung einer Einwilligung in eine ärztliche Zwangsmaßnahme oder deren Anordnung ist die Bestellung eines Verfahrenspflegers stets erforderlich.
(2) Bestellt das Gericht dem Betroffenen keinen Verfahrenspfleger, ist dies in der Entscheidung, durch die eine Unterbringungsmaßnahme genehmigt oder angeordnet wird, zu begründen.	(2) Bestellt das Gericht dem Betroffenen keinen Verfahrenspfleger, ist dies in der Entscheidung, durch die eine Unterbringungsmaßnahme genehmigt oder angeordnet wird, zu begründen.
(3) Der Verfahrenspfleger hat die Wünsche, hilfsweise den mutmaßlichen Willen des Betroffenen festzustellen und im gerichtlichen Verfahren zur Geltung zu bringen. Er hat den Betroffenen über Gegenstand, Ablauf und möglichen Ausgang des Verfahrens in geeigneter Weise zu informieren und ihn bei Bedarf bei der Ausübung seiner Rechte im Verfahren zu unterstützen. Er ist nicht gesetzlicher Vertreter des Betroffenen.[608]	
(4)[609] Als Verfahrenspfleger ist eine natürliche Person zu bestellen. Wer Verfahrenspflegschaften im Rahmen seiner Berufsausübung führt, soll nur dann zum Verfahrenspfleger bestellt werden, wenn keine andere geeignete Person zur Verfügung steht, die zur ehrenamtlichen Führung der Verfahrenspflegschaft bereit ist.	(3) Wer Verfahrenspflegschaften im Rahmen seiner Berufsausübung führt, soll nur dann zum Verfahrenspfleger bestellt werden, wenn keine andere geeignete Person zur Verfügung steht, die zur ehrenamtlichen Führung der Verfahrenspflegschaft bereit ist.
(5) Die Bestellung eines Verfahrenspflegers soll unterbleiben oder aufgehoben werden, wenn die Interessen des Betroffenen von einem Rechtsanwalt oder einem anderen geeigneten Verfahrensbevollmächtigten vertreten werden.	(4) Die Bestellung eines Verfahrenspflegers soll unterbleiben oder aufgehoben werden, wenn die Interessen des Betroffenen von einem Rechtsanwalt oder einem anderen geeigneten Verfahrensbevollmächtigten vertreten werden.

606 Klarstellung, keine Änderung im Vergleich zur bisherigen Rechtslage.

607 Die Regelungen zur Verfahrenspflegschaft werden den Änderungen in § 276 Abs. 1 S. 1 und Abs. 3 FamFG angepasst. Die Ergänzungen sollen zu einer verfahrensübergreifenden Vereinheitlichung der Regelungen für den Verfahrenspfleger beitragen. Für die Bestellung eines Verfahrenspflegers in Unterbringungssachen gelten dieselben Grundsätze wie in Betreuungssachen. Insbesondere hat das Gericht auch in Unterbringungssachen eine geeignete Person zum Verfahrenspfleger zu bestellen.

608 Auch in diesen Verfahren besteht die Aufgabe des Verfahrenspflegers darin, die Wünsche des Betroffenen oder hilfsweise seinen mutmaßlichen Willen festzustellen und im gerichtlichen Verfahren zur Geltung zu bringen. Unabhängig von der Art des Verfahrens ist der Verfahrenspfleger nicht gesetzlicher Vertreter des Betroffenen.

609 Neue Absatzzählung wegen des Einschubs des neuen Abs. 3.

(6) Die Bestellung endet, sofern sie nicht vorher aufgehoben wird, mit der Rechtskraft der Endentscheidung oder mit dem sonstigen Abschluss des Verfahrens.	(5) Die Bestellung endet, sofern sie nicht vorher aufgehoben wird, mit der Rechtskraft der Endentscheidung oder mit dem sonstigen Abschluss des Verfahrens.
(7) Die Bestellung eines Verfahrenspflegers oder deren Aufhebung sowie die Ablehnung einer derartigen Maßnahme sind nicht selbständig anfechtbar.	(6) Die Bestellung eines Verfahrenspflegers oder deren Aufhebung sowie die Ablehnung einer derartigen Maßnahme sind nicht selbständig anfechtbar.
(8) Dem Verfahrenspfleger sind keine Kosten aufzuerlegen.	(7) Dem Verfahrenspfleger sind keine Kosten aufzuerlegen.
§ 319 Persönliche[610] Anhörung des Betroffenen[611]	**§ 319 Anhörung des Betroffenen**
(1) Das Gericht hat den Betroffenen vor einer Unterbringungsmaßnahme persönlich anzuhören und sich einen persönlichen Eindruck von ihm zu verschaffen. Den persönlichen Eindruck verschafft sich das Gericht, soweit dies erforderlich ist, in der üblichen Umgebung des Betroffenen.	(1) Das Gericht hat den Betroffenen vor einer Unterbringungsmaßnahme persönlich anzuhören und sich einen persönlichen Eindruck von ihm zu verschaffen. Den persönlichen Eindruck verschafft sich das Gericht, soweit dies erforderlich ist, in der üblichen Umgebung des Betroffenen.
(2) In der Anhörung erörtert das Gericht mit dem Betroffenen das Verfahren, das Ergebnis des übermittelten Gutachtens und die mögliche Dauer einer Unterbringung. Hat das Gericht dem Betroffenen nach § 317 einen Verfahrenspfleger bestellt, soll die persönliche Anhörung in dessen Anwesenheit stattfinden.	(2) Das Gericht unterrichtet den Betroffenen über den möglichen Verlauf des Verfahrens.
(3) Soll eine persönliche Anhörung nach § 34 Abs. 2 unterbleiben, weil hiervon erhebliche Nachteile für die Gesundheit des Betroffenen zu besorgen sind, darf diese Entscheidung nur auf Grundlage eines ärztlichen Gutachtens getroffen werden. Unterbleibt aus diesem Grund die persönliche Anhörung, so bedarf es auch keiner Verschaffung eines persönlichen Eindrucks.[612]	(3) Soll eine persönliche Anhörung nach § 34 Abs. 2 unterbleiben, weil hiervon erhebliche Nachteile für die Gesundheit des Betroffenen zu besorgen sind, darf diese Entscheidung nur auf Grundlage eines ärztlichen Gutachtens getroffen werden.
(4) Verfahrenshandlungen nach Absatz 1 sollen nicht im Wege der Rechtshilfe erfolgen.	(4) Verfahrenshandlungen nach Absatz 1 sollen nicht im Wege der Rechtshilfe erfolgen.
(5) Das Gericht kann den Betroffenen durch die zuständige Behörde vorführen lassen, wenn er sich weigert, an Verfahrenshandlungen nach Absatz 1 mitzuwirken.	(5) Das Gericht kann den Betroffenen durch die zuständige Behörde vorführen lassen, wenn er sich weigert, an Verfahrenshandlungen nach Absatz 1 mitzuwirken.
(6) Gewalt darf die Behörde nur anwenden, wenn das Gericht dies ausdrücklich angeordnet hat. Die zuständige Behörde ist befugt, erforder-	(6) Gewalt darf die Behörde nur anwenden, wenn das Gericht dies ausdrücklich angeordnet hat. Die zuständige Behörde ist befugt, erforder-

610 Klarstellung, dass eine persönliche Anhörung des Betroffenen erforderlich ist.

611 Die Änderungen bei der Anhörung des Betroffenen in Unterbringungssachen gem. § 319 FamFG entsprechen den Änderungen des § 278 FamFG für die Anhörung des Betroffenen in Betreuungssachen.

612 Klarstellung, dass für den Fall, dass auf Grundlage eines ärztlichen Gutachtens von der Anhörung des Betroffenen gem. § 34 Abs. 2, 1. Alt. FamFG abgesehen wird, weil hiervon erhebliche Nachteile für die Gesundheit des Betroffenen zu besorgen wären, auch keine Pflicht des Gerichts besteht, sich einen persönlichen Eindruck von dem Betroffenen zu verschaffen. Die Pflicht besteht dagegen weiter in Fällen, in denen das Gericht im Hauptsacheverfahren von der persönlichen Anhörung absieht, weil gem. § 34 Abs. 2, 2. Alt. FamFG der Betroffene offensichtlich nicht in der Lage ist, seinen Willen kundzutun.

lichenfalls um Unterstützung der polizeilichen Vollzugsorgane nachzusuchen.	lichenfalls um Unterstützung der polizeilichen Vollzugsorgane nachzusuchen.
(7) Die Wohnung des Betroffenen darf ohne dessen Einwilligung nur gewaltsam geöffnet, betreten und durchsucht werden, wenn das Gericht dies zu dessen Vorführung zur Anhörung ausdrücklich angeordnet hat. Bei Gefahr im Verzug kann die Anordnung nach Satz 1 durch die zuständige Behörde erfolgen. Durch diese Regelung wird das Grundrecht auf Unverletzlichkeit der Wohnung aus Artikel 13 Absatz 1 des Grundgesetzes eingeschränkt.	(7) Die Wohnung des Betroffenen darf ohne dessen Einwilligung nur gewaltsam geöffnet, betreten und durchsucht werden, wenn das Gericht dies zu dessen Vorführung zur Anhörung ausdrücklich angeordnet hat. Bei Gefahr im Verzug kann die Anordnung nach Satz 1 durch die zuständige Behörde erfolgen. Durch diese Regelung wird das Grundrecht auf Unverletzlichkeit der Wohnung aus Artikel 13 Absatz 1 des Grundgesetzes eingeschränkt.
§ 324 Wirksamwerden von Beschlüssen (1) Beschlüsse über die Genehmigung oder die Anordnung einer Unterbringungsmaßnahme werden mit Rechtskraft wirksam.	**§ 324 Wirksamwerden von Beschlüssen** (1) Beschlüsse über die Genehmigung oder die Anordnung einer Unterbringungsmaßnahme werden mit Rechtskraft wirksam.
(2) Das Gericht kann die sofortige Wirksamkeit des Beschlusses anordnen. In diesem Fall wird er wirksam, wenn der Beschluss und die Anordnung seiner sofortigen Wirksamkeit 1. dem Betroffenen, dem Verfahrenspfleger, dem Betreuer oder dem Bevollmächtigten im Sinne des § 1814 Absatz 3 Satz 2 Nummer 2 des Bürgerlichen Gesetzbuchs[613] bekannt gegeben werden, 2. einem Dritten zum Zweck des Vollzugs des Beschlusses mitgeteilt werden oder 3. der Geschäftsstelle des Gerichts zum Zweck der Bekanntgabe übergeben werden. Der Zeitpunkt der sofortigen Wirksamkeit ist auf dem Beschluss zu vermerken.	(2) Das Gericht kann die sofortige Wirksamkeit des Beschlusses anordnen. In diesem Fall wird er wirksam, wenn der Beschluss und die Anordnung seiner sofortigen Wirksamkeit 1. dem Betroffenen, dem Verfahrenspfleger, dem Betreuer oder dem Bevollmächtigten im Sinne des § 1896 Abs. 2 Satz 2 des Bürgerlichen Gesetzbuchs bekannt gegeben werden, 2. einem Dritten zum Zweck des Vollzugs des Beschlusses mitgeteilt werden oder 3. der Geschäftsstelle des Gerichts zum Zweck der Bekanntgabe übergeben werden. Der Zeitpunkt der sofortigen Wirksamkeit ist auf dem Beschluss zu vermerken.
§ 326 Zuführung zur Unterbringung; Verbringung zu einem stationären Aufenthalt (1) Die zuständige Behörde hat den Betreuer oder den Bevollmächtigten im Sinne des § 1814 Absatz 3 Satz 2 Nummer 1 des Bürgerlichen Gesetzbuchs[614] auf deren Wunsch bei der Zuführung zur Unterbringung nach § 312 Nr. 1 oder bei der Verbringung nach § 312 Nummer 3 zu unterstützen.	**§ 326 Zuführung zur Unterbringung; Verbringung zu einem stationären Aufenthalt** (1) Die zuständige Behörde hat den Betreuer oder den Bevollmächtigten im Sinne des § 1896 Abs. 2 Satz 2 des Bürgerlichen Gesetzbuchs auf deren Wunsch bei der Zuführung zur Unterbringung nach § 312 Nr. 1 oder bei der Verbringung nach § 312 Nummer 3 zu unterstützen.
(2) Gewalt darf die Behörde nur anwenden, wenn das Gericht dies ausdrücklich angeordnet hat. Die zuständige Behörde ist befugt, erforderlichenfalls die Unterstützung der polizeilichen Vollzugsorgane nachzusuchen.	(2) Gewalt darf die Behörde nur anwenden, wenn das Gericht dies ausdrücklich angeordnet hat. Die zuständige Behörde ist befugt, erforderlichenfalls die Unterstützung der polizeilichen Vollzugsorgane nachzusuchen.
(3) Die Wohnung des Betroffenen darf ohne dessen Einwilligung nur gewaltsam geöffnet, betreten und durchsucht werden, wenn das Gericht dies zu dessen Zuführung zur Unterbringung oder zu dessen Verbringung nach § 312 Nummer 3 ausdrücklich angeordnet hat. Vor der An-	(3) Die Wohnung des Betroffenen darf ohne dessen Einwilligung nur gewaltsam geöffnet, betreten und durchsucht werden, wenn das Gericht dies zu dessen Zuführung zur Unterbringung oder zu dessen Verbringung nach § 312 Nummer 3 ausdrücklich angeordnet hat. Vor der An-

613 Redaktionelle Folgeänderung wegen der neuen Paragrafennummerierung ohne rechtliche Relevanz.
614 Redaktionelle Folgeänderung wegen der neuen Paragrafennummerierung ohne rechtliche Relevanz.

ordnung ist der Betroffene persönlich anzuhören. Bei Gefahr im Verzug kann die Anordnung durch die zuständige Behörde ohne vorherige Anhörung des Betroffenen erfolgen. Durch diese Regelung wird das Grundrecht auf Unverletzlichkeit der Wohnung aus Artikel 13 Absatz 1 des Grundgesetzes eingeschränkt.	ordnung ist der Betroffene persönlich anzuhören. Bei Gefahr im Verzug kann die Anordnung durch die zuständige Behörde ohne vorherige Anhörung des Betroffenen erfolgen. Durch diese Regelung wird das Grundrecht auf Unverletzlichkeit der Wohnung aus Artikel 13 Absatz 1 des Grundgesetzes eingeschränkt.
§ 332 Einstweilige Anordnung bei gesteigerter Dringlichkeit Bei Gefahr im Verzug kann das Gericht eine einstweilige Anordnung nach § 331 bereits vor Anhörung des Betroffenen sowie vor der persönlichen[615] Anhörung und Bestellung des Verfahrenspflegers erlassen. Diese Verfahrenshandlungen sind unverzüglich nachzuholen.	**§ 332 Einstweilige Anordnung bei gesteigerter Dringlichkeit** Bei Gefahr im Verzug kann das Gericht eine einstweilige Anordnung nach § 331 bereits vor Anhörung des Betroffenen sowie vor Anhörung und Bestellung des Verfahrenspflegers erlassen. Diese Verfahrenshandlungen sind unverzüglich nachzuholen
§ 334 Einstweilige Maßregeln Die §§ 331, 332 und 333 gelten entsprechend, wenn nach § 1867 des Bürgerlichen Gesetzbuchs[616] eine Unterbringungsmaßnahme getroffen werden soll.	**§ 334 Einstweilige Maßregeln** Die §§ 331, 332 und 333 gelten entsprechend, wenn nach § 1846 des Bürgerlichen Gesetzbuchs eine Unterbringungsmaßnahme getroffen werden soll.
Abschnitt 3 Verfahren in betreuungsgerichtlichen Zuweisungssachen	
§ 340 Betreuungsgerichtliche Zuweisungssachen Betreuungsgerichtliche Zuweisungssachen sind 1. Verfahren, die die Pflegschaft mit Ausnahme der Pflegschaft für Minderjährige oder für ein bereits gezeugtes Kind betreffen, 2. Verfahren, die die gerichtliche Bestellung eines sonstigen Vertreters für einen Volljährigen betreffen, sowie 3. sonstige dem Betreuungsgericht zugewiesene Verfahren, soweit es sich nicht um Betreuungssachen oder Unterbringungssachen handelt.	**§ 340 Betreuungsgerichtliche Zuweisungssachen** Betreuungsgerichtliche Zuweisungssachen sind 1. Verfahren, die die Pflegschaft mit Ausnahme der Pflegschaft für Minderjährige oder für eine Leibesfrucht betreffen, 2. Verfahren, die die gerichtliche Bestellung eines sonstigen Vertreters für einen Volljährigen betreffen, sowie 3. sonstige dem Betreuungsgericht zugewiesene Verfahren, soweit es sich nicht um Betreuungssachen oder Unterbringungssachen handelt.
Buch 7 Verfahren in Freiheitsentziehungssachen	
§ 419 Verfahrenspfleger (1) Das Gericht hat dem Betroffenen einen geeigneten[617] Verfahrenspfleger zu bestellen, wenn dies zur Wahrnehmung seiner Interessen erforderlich ist. Die Bestellung ist insbesondere erforderlich, wenn von einer Anhörung des Betroffenen abgesehen werden soll.	**§ 419 Verfahrenspfleger** (1) Das Gericht hat dem Betroffenen einen Verfahrenspfleger zu bestellen, wenn dies zur Wahrnehmung seiner Interessen erforderlich ist. Die Bestellung ist insbesondere erforderlich, wenn von einer Anhörung des Betroffenen abgesehen werden soll.
(2) Der Verfahrenspfleger hat die Wünsche, hilfsweise den mutmaßlichen Willen des Betroffenen festzustellen und im gerichtlichen Verfahren zur Geltung zu bringen. Er hat den Betroffenen über Gegenstand, Ablauf und möglichen Ausgang des Verfahrens in geeigneter Weise	

615 Klarstellung. Die Präzisierung des Anhörungsbegriffs (§ 278 FamFG) wird auch für § 332 FamFG nachvollzogen.
616 Redaktionelle Folgeänderung wegen der neuen Paragrafennummerierung ohne rechtliche Relevanz.
617 Klarstellung, keine Änderung der Rechtslage. Anpassung an die Änderungen in § 276 FamFG.

zu informieren und ihn bei Bedarf bei der Ausübung seiner Rechte im Verfahren zu unterstützen. Er ist nicht gesetzlicher Vertreter des Betroffenen.	
(3)[618] Die Bestellung eines Verfahrenspflegers soll unterbleiben oder aufgehoben werden, wenn die Interessen des Betroffenen von einem Rechtsanwalt oder einem anderen geeigneten Verfahrensbevollmächtigten vertreten werden.	(2) Die Bestellung eines Verfahrenspflegers soll unterbleiben oder aufgehoben werden, wenn die Interessen des Betroffenen von einem Rechtsanwalt oder einem anderen geeigneten Verfahrensbevollmächtigten vertreten werden.
(4) Die Bestellung endet, wenn sie nicht vorher aufgehoben wird, mit der Rechtskraft des Beschlusses über die Freiheitsentziehung oder mit dem sonstigen Abschluss des Verfahrens.	(3) Die Bestellung endet, wenn sie nicht vorher aufgehoben wird, mit der Rechtskraft des Beschlusses über die Freiheitsentziehung oder mit dem sonstigen Abschluss des Verfahrens.
(5) Die Bestellung eines Verfahrenspflegers oder deren Aufhebung sowie die Ablehnung einer derartigen Maßnahme sind nicht selbständig anfechtbar.	(4) Die Bestellung eines Verfahrenspflegers oder deren Aufhebung sowie die Ablehnung einer derartigen Maßnahme sind nicht selbständig anfechtbar.
(6) Für die Vergütung und den Aufwendungsersatz des Verfahrenspflegers gilt § 277 entsprechend. Dem Verfahrenspfleger sind keine Kosten aufzuerlegen.	(5) Für die Vergütung und den Aufwendungsersatz des Verfahrenspflegers gilt § 277 entsprechend. Dem Verfahrenspfleger sind keine Kosten aufzuerlegen.

X. Änderungen des Betreuungsorganisationsrechts

Einführung

340 Das Gesetz zur Reform des Vormundschafts- und Betreuungsrechts strukturiert das Betreuungsorganisationsrecht vollkommen neu. Vor allem wird das mit dem Gesetz zur Reform des Rechts der Vormundschaft und Pflegschaft für Volljährige (Betreuungsgesetz) geschaffene Betreuungsbehördengesetz (BtBG), in dem Zuständigkeit und Aufgaben der Betreuungsbehörde geregelt sind, durch ein Betreuungsorganisationsgesetz (BtOG) ersetzt. In dieses Gesetz[619] haben diejenigen Regelungen Eingang gefunden, die die Rechtsstellung und Aufgaben der Betreuungsbehörden, der Betreuungsvereine und der rechtlichen Betreuer als wesentliche im Betreuungsrecht tätige Akteure näher ausgestalten (vor allem auch bereichsspezifische Datenschutzregelungen), die aber strukturell nicht zum Zivilrecht gehören, weil sie nicht die Regelung der Rechtsverhältnisse Privater untereinander betreffen, sondern das Rechtsverhältnis zwischen einem Betreuer als Träger eines staatlichen Amtes und einem Betreutem als Adressat staatlicher Fürsorge zum Gegenstand haben. Die Regelungen zum Betreuungsgericht als weiteren wesentlichen Akteur finden sich im FamFG.

341 Das BtOG umfasst die folgenden fünf Abschnitte:

- Abschnitt 1: Betreuungsbehörde
- Abschnitt 2: Anerkannte Betreuungsvereine
- Abschnitt 3: Rechtliche Betreuer
- Abschnitt 4: Offenbarungsbefugnisse für Geheimnisträger
- Abschnitt 5: Übergangsvorschriften.

618 Geänderte Absatzzählung wegen der Einfügung des neuen Abs. 2.
619 Beachte dazu auch denEntwurf einer AusführungsVO, abgedruckt am Ende dieses Abschnitts.

Im **„Abschnitt 1. Betreuungsbehörde"** finden sich zunächst die bisherigen Regelungsinhalte des BtBG wieder. Da das BtBG den zukünftigen Anforderungen in seiner derzeitigen Struktur nicht mehr gerecht wird, v.a. wegen der im Entwurf vorgesehenen Änderungen im Aufgabenbereich der Betreuungsbehörden, hat der Gesetzgeber die grundlegende Überarbeitung des Gesetzes auch in struktureller Hinsicht für sinnvoll gehalten. Neu eingeführt wurden in diesem Abschnitt zudem eine bereichsspezifische Regelung über die Zulässigkeit der Verarbeitung personenbezogener Daten durch die Betreuungsbehörden (§ 4 BtOG), das Instrument der „erweiterten Unterstützung" außerhalb und im gerichtlichen Verfahren (§ 8 Abs. 2 bis 4 BtOG und § 11 Abs. 3 bis 5 BtOG) sowie eine eigene Norm über den Betreuervorschlag (§ 12 BtOG). 342

In **„Abschnitt 2. Anerkannte Betreuungsvereine"** werden neben den im BtBG bereits bisher normierten Anerkennungsvoraussetzungen erstmalig auch die Aufgaben der anerkannten Betreuungsvereine sowie die finanzielle Ausstattung der anerkannten Betreuungsvereine mit öffentlichen Mitteln zur Wahrnehmung dieser Aufgaben geregelt. § 1908f BGB wird aus dem BGB ins BtOG überführt. Auch dieser Abschnitt wird durch eine Regelung über die Zulässigkeit der Verarbeitung personenbezogener Daten (durch Betreuungsvereine) vervollständigt. 343

Der **„Abschnitt 3. Rechtliche Betreuer"** enthält zunächst im „Titel 1 Allgemeine Vorschriften" eine Begriffsbestimmung der ehrenamtlichen und der beruflichen Betreuer sowie eine für alle rechtlichen Betreuer geltende bereichsspezifische Regelung der Zulässigkeit der Verarbeitung personenbezogener Daten. Titel 2 sieht erstmals organisatorische Regelungen für ehrenamtliche Betreuer vor: Er nennt als Voraussetzungen für die Führung einer Betreuung als ehrenamtlicher Betreuer die persönliche Eignung und Zuverlässigkeit. Darüber hinaus wird als neues Rechtsinstitut die „Vereinbarung über eine Begleitung und Unterstützung" mit einem anerkannten Betreuungsverein eingeführt. Diese abzuschließen steht zur Gewährleistung einer möglichst hohen Qualität der ehrenamtlichen Betreuungsführung künftig allen ehrenamtlichen Betreuern offen. Von solchen Personen, die keine familiäre Beziehung oder persönliche Bindung zum Betroffenen haben, wünscht sich der Gesetzgeber sogar den Abschluss einer derartigen Vereinbarung und ordnet deswegen an, dass sie abgeschlossen werden soll. 344

In **Abschnitt 3** über die rechtlichen Betreuer sind nach allgemeinen Vorschriften (Titel 1, §§ 19–20 BtOG) und den Vorschriften für ehrenamtliche Betreuer (Titel 2, §§ 21–22 BtOG) erstmals sämtliche die **beruflichen Betreuer** betreffenden organisatorischen Fragen zusammengefasst geregelt (Titel 3, §§ 23–30 BtOG). Hierzu gehören zum einen die mit den §§ 23 bis 28 BtOG neu eingeführten Regelungen über die Voraussetzungen der Registrierung als beruflicher Betreuer und das Registrierungsverfahren einschließlich der Regelung von Mitteilungspflichten und des Umgangs der Stammbehörde mit den für die Registrierung relevanten Daten. Zum anderen enthält dieser Titel in den §§ 29 und 30 BtOG allgemeine Regelungen zu Aufgaben und Pflichten von beruflichen Betreuern, die nicht ausschließlich die Ausführung einer konkreten Betreuung betreffen. Letztere sind weiterhin im BGB geregelt. 345

In **Abschnitt 4** wurde eine an § 4 des Gesetzes zur Kooperation und Information im Kinderschutz (KKG) angelehnte Vorschrift über **Offenbarungsbefugnisse für bestimmte Berufsgeheimnisträger** eingeführt werden. 346

347 Abschnitt 5 enthält schließlich die notwendigen **Übergangsvorschriften.**

Betreuungsorganisationsgesetz (BtOG)	BtBG

Abschnitt 1 Betreuungsbehörde

Einführung

348 Abschnitt 1 des BtOG enthält zunächst die bisherigen Regelungsinhalte des Betreuungsbehördengesetzes, die allerdings zum Teil neu strukturiert und an einigen Stellen konkretisiert werden. Neu eingeführt werden in diesem Abschnitt die „erweiterte Unterstützung" als neue Aufgabe der Betreuungsbehörde, eine Rechtsgrundlage für die Verarbeitung personenbezogener Daten sowie die örtliche Zuständigkeit der Betreuungsbehörde als Stammbehörde für berufliche Betreuer im Rahmen des in Abschnitt 3 Titel 3 geregelten Registrierungsverfahrens.

Titel I Allgemeine Vorschriften[620]	
§ 1 Sachliche Zuständigkeit und Durchführung überörtlicher Aufgaben[621] (1) Welche Behörde auf örtlicher Ebene in Betreuungsangelegenheiten sachlich zuständig ist, bestimmt sich nach Landesrecht. Diese Behörde ist auch in Unterbringungssachen nach § 312 Nummer 1 bis 3 des Gesetzes über das Verfahren in Familiensachen und in den Angelegenheiten der freiwilligen Gerichtsbarkeit zuständig.	**§ 1 BtBG** Welche Behörde auf örtlicher Ebene in Betreuungsangelegenheiten zuständig ist, bestimmt sich nach Landesrecht. Diese Behörde ist auch in Unterbringungsangelegenheiten im Sinne des § 312 Nummer 1 bis 3 des Gesetzes über das Verfahren in Familiensachen und in den Angelegenheiten der freiwilligen Gerichtsbarkeit zuständig.
(2) Zur Durchführung überörtlicher Aufgaben oder zur Erfüllung einzelner Aufgaben der örtlichen Behörde nach Absatz 1 können nach Landesrecht weitere Behörden vorgesehen werden.	**§ 2 BtBG** Zur Durchführung überörtlicher Aufgaben oder zur Erfüllung einzelner Aufgaben der örtlichen Behörde können nach Landesrecht weitere Behörden vorgesehen werden.
§ 2 Örtliche Zuständigkeit (1) Örtlich zuständig ist vorbehaltlich der Sätze 2 und 3 und des Absatzes 4 diejenige Behörde, in deren Bezirk der Betroffene seinen gewöhnlichen Aufenthalt hat. Hat der Betroffene im Geltungsbereich dieses Gesetzes keinen gewöhnlichen Aufenthalt, ist ein solcher nicht feststellbar oder betrifft die Maßnahme keine Einzelperson, so ist die Behörde zuständig, in deren Bezirk das Bedürfnis für die Maßnahme hervortritt. Gleiches gilt, wenn mit dem Aufschub einer Maßnahme Gefahr verbunden ist.	**§ 3 BtBG** (1) Örtlich zuständig ist diejenige Behörde, in deren Bezirk der Betroffene seinen gewöhnlichen Aufenthalt hat. Hat der Betroffene im Geltungsbereich dieses Gesetzes keinen gewöhnlichen Aufenthalt, ist ein solcher nicht feststellbar oder betrifft die Maßnahme keine Einzelperson, so ist die Behörde zuständig, in deren Bezirk das Bedürfnis für die Maßnahme hervortritt. Gleiches gilt, wenn mit dem Aufschub einer Maßnahme Gefahr verbunden ist.
(2) Ändern sich die für die örtliche Zuständigkeit nach Absatz 1 maßgebenden Umstände im Laufe eines gerichtlichen Betreuungs- oder Unterbringungsverfahrens, so bleibt für dieses Verfahren die zuletzt angehörte Behörde allein	(2) Ändern sich die für die örtliche Zuständigkeit nach Absatz 1 maßgebenden Umstände im Laufe eines gerichtlichen Betreuungs- oder Unterbringungsverfahrens, so bleibt für dieses Verfahren die zuletzt angehörte Behörde allein

620 In dem Titel I werden die in den bisherigen Abschnitten I (Behörden) und II (Örtliche Zuständigkeit) BtBG enthaltenen Vorschriften über die sachliche und örtliche Zuständigkeit und die Durchführung überörtlicher Aufgaben der Behörden zusammengefasst und um die Regelung über Fachkräfte (bisher § 9 BtBG) sowie eine neue Regelung zum Datenschutz ergänzt.

621 Die §§ 1 und 2 BtBG wurden ohne inhaltliche Änderungen in einem Paragrafen zusammengefasst.

zuständig, bis die nunmehr zuständige Behörde dem Gericht den Wechsel schriftlich anzeigt.	zuständig, bis die nunmehr zuständige Behörde dem Gericht den Wechsel schriftlich anzeigt.
(3) Beglaubigungen nach § 7 Absatz 1 Satz 1 kann abweichend von Absatz 1 jede nach Landesrecht in Betreuungsangelegenheiten zuständige Behörde vornehmen.[622]	*Neue Regelung ohne Vorbild im BtBG.*
(4) Für die Registrierung eines beruflichen Betreuers nach § 24 und die weiteren behördlichen Maßnahmen nach Abschnitt 3 Titel 3 ist diejenige nach Landesrecht in Betreuungsangelegenheiten zuständige Behörde örtlich zuständig, in deren Zuständigkeitsbereich sich der Sitz des beruflichen Betreuers befindet oder errichtet werden soll (Stammbehörde).[623] Ist ein Sitz des beruflichen Betreuers nicht vorhanden und soll ein solcher auch nicht errichtet werden, so richtet sich die örtliche Zuständigkeit nach dem Wohnsitz des beruflichen Betreuers. Für einen beruflichen Betreuer, der weder seinen Sitz noch seinen Wohnsitz im Geltungsbereich dieses Gesetzes hat, ist Stammbehörde diejenige Behörde, in deren Zuständigkeitsbereich der Schwerpunkt der beruflichen Tätigkeit des Betreuers liegt. Verlegt der berufliche Betreuer seinen Sitz oder Wohnsitz in den Zuständigkeitsbereich einer anderen Behörde, so wird diese zur neuen Stammbehörde. Verlegt der berufliche Betreuer seinen Sitz oder Wohnsitz ins Ausland, bleibt die bisherige Stammbehörde örtlich zuständig.	*Neue Regelung ohne Vorbild im BtBG.*
§ 3 Fachkräfte Zur Durchführung der Aufgaben der Behörde werden Personen beschäftigt, die sich hierfür nach ihrer Persönlichkeit eignen und die in der Regel entweder eine ihren Aufgaben entsprechende Ausbildung erhalten haben (Fachkräfte) oder über vergleichbare Erfahrungen verfügen.	**§ 9 BtBG** Zur Durchführung der Aufgaben werden Personen beschäftigt, die sich hierfür nach ihrer Persönlichkeit eignen und die in der Regel entweder eine ihren Aufgaben entsprechende Ausbildung erhalten haben (Fachkräfte) oder über vergleichbare Erfahrungen verfügen.

622 Sonderregelung der örtlichen Zuständigkeit für Beglaubigungen nach § 7 Abs. 1 S. 1 BtOG. Es wird jeder in Betreuungsangelegenheiten zuständigen Behörde eine Beglaubigung nach § 7 Abs. 1 S. 1 BtOG ermöglicht, unabhängig vom gewöhnlichen Aufenthalt des Betroffenen. Die beurkundende Betreuungsbehörde kann also künftig frei gewählt werden.

623 Durch die Bündelung der Zuständigkeit bei einer Stammbehörde soll dem in der Rechtspraxis teilweise zu beobachtenden Ausweichen von beruflich tätigen Betreuern in den Zuständigkeitsbereich einer anderen Betreuungsbehörde begegnet werden. So soll es in Zukunft nicht mehr möglich sein, dass berufliche Betreuer, die von einer Betreuungsbehörde für ungeeignet gehalten und deswegen nicht mehr vorgeschlagen werden, ihren Tätigkeitsbereich verlegen und die nunmehr zuständige Betreuungsbehörde von der Vorgeschichte keine Kenntnis hat oder erhält.

§ 4 Verarbeitung personenbezogener Daten durch die Behörde[624]	
(1) Die Verarbeitung personenbezogener Daten des Betroffenen und solcher Personen, auf die es bei der Aufgabenerfüllung ankommt, einschließlich besonderer Kategorien personenbezogener Daten nach Artikel 9 der Verordnung (EU) 2016/679 des Europäischen Parlaments und des Rates vom 27. April 2016 zum Schutz natürlicher Personen bei der Verarbeitung personenbezogener Daten, zum freien Datenverkehr und zur Aufhebung der Richtlinie 95/46/EG (Datenschutz-Grundverordnung) (ABl. L 119 vom 4.5.2016, S. 1; L 314 vom 22.11.2016, S. 72; L 127 vom 23.5.2018, S. 2) durch die Behörde ist zulässig, soweit sie zur Erfüllung der ihr nach Abschnitt 1 Titel 2 obliegenden Aufgaben erforderlich ist.[625] Die für diesen Zweck erforderlichen Daten sind grundsätzlich bei der betroffenen Person zu erheben. Ohne ihre Mitwirkung dürfen sie nur erhoben werden, wenn keine Anhaltspunkte dafür bestehen, dass überwiegende schutzwürdige Interessen der betroffenen Person beeinträchtigt werden, und 1. die von der Behörde nach Abschnitt 1 Titel 2 zu erfüllenden Aufgaben ihrer Art nach eine Erhebung bei Dritten erforderlich machen oder 2. die Erhebung bei der betroffenen Person einen unverhältnismäßigen Aufwand erfordern würde.	*Bisher keine umfassende Datenschutzregelung.*
(2) Die Pflicht zur Information der betroffenen Person gemäß Artikel 13 Absatz 1 bis 3 und Artikel 14 Absatz 1, 2 und 4 der Verordnung (EU) 2016/679 besteht ergänzend zu den in	

624 § 4 sieht erstmals im Betreuungsrecht eine bereichsspezifische Rechtsgrundlage für die Verarbeitung personenbezogener Daten durch die Behörde vor. Das Betreuungsrecht enthielt bisher nur vereinzelt Regelungen, die unmittelbar die Verarbeitung von personenbezogenen Daten durch die Betreuungsbehörde im Rahmen ihrer Aufgabenerfüllung zum Gegenstand hatten (vgl. § 7 BtBG und § 10 Abs. 3 VBVG). Darüber hinaus enthielt das bisher geltende Recht weder im BtBG noch in den Landesausführungsgesetzen zum BtBG (mit Ausnahme Hamburgs) bereichsspezifische Regelungen zur Datenverarbeitung durch die Betreuungsbehörden. Die Vorschriften des Zehnten Buches Sozialgesetzbuch (SGB X) sind insoweit nicht anwendbar. Mangels spezialgesetzlicher Datenschutzbestimmungen galten daher die Vorschriften der jeweiligen Landes-Datenschutzgesetze (vgl. § 1 Abs. 1 S. 1 Nr. 2 BDSG). Das genügt den Anforderungen der Datenschutz-GrundVO nicht. Es musste daher sichergestellt werden, dass für die Datenverarbeitung eine klare Rechtsgrundlage herangezogen werden kann.

625 In Abs. 1 ist für die Betreuungsbehörden eine betreuungsrechtliche Rechtsgrundlage geschaffen worden, aus der sich ergibt, zu welchem Zweck die Datenverarbeitung zulässig ist, und die darüber hinaus eine Regelung zum Direkterhebungsgrundsatz sowie zu den vom nationalen Gesetzgeber auf der Grundlage von Art. 23 DS-GVO zulässigerweise zu bestimmenden Ausnahmen von den Informationspflichten nach Art. 13 und 14 DS-GVO enthält. Danach ist die Verarbeitung personenbezogener Daten des Betroffenen und solcher Personen, auf die es bei der Aufgabenerfüllung ankommt, durch die Behörde zulässig, soweit sie zur Erfüllung der ihr nach Abschn. 1 Titel 2 des BtOG obliegenden Aufgaben erforderlich ist. Hierdurch ist eine datenschutzrechtliche Zweckbindung formuliert, die nach Art. 5 Abs. 1 lit. b und Art. 6 Abs. 3 S. 2 der DS-GVO erforderlich ist. Zu den nach Abschnitt 1 Titel 2 zu erfüllenden Aufgaben gehören vor allem die künftig in § 8 BtOG geregelten Aufgaben der Vermittlung und erweiterten Unterstützung außerhalb bzw. im Vorfeld eines gerichtlichen Betreuungsverfahrens sowie die in § 11 BtOG normierten Aufgaben im gerichtlichen Verfahren, hier insbesondere die Erstellung des Sozialberichts.

Artikel 13 Absatz 4 und Artikel 14 Absatz 5 der Verordnung (EU) 2016/679 genannten Ausnahmen nicht, 1. soweit die Erteilung der Information die ordnungsgemäße Erfüllung der der Behörde nach Abschnitt 1 Titel 2 obliegenden Aufgaben gefährden würde oder 2. soweit zum Schutz der betroffenen Person ein Absehen von der Informationserteilung erforderlich ist, was insbesondere dann der Fall ist, wenn hiervon erhebliche Nachteile für ihre Gesundheit zu besorgen sind oder die betroffene Person aufgrund einer Krankheit oder Behinderung offensichtlich nicht in der Lage ist, die Informationen zur Kenntnis zu nehmen.[626]	
Titel 2 Aufgaben der örtlichen Behörde	
§ 5 Informations- und Beratungspflichten (1) Die Behörde informiert und berät über allgemeine betreuungsrechtliche Fragen, über Vorsorgevollmachten und über andere Hilfen, bei denen kein gesetzlicher Vertreter bestellt wird.	**§ 4 BtBG** (1) Die Behörde informiert und berät über allgemeine betreuungsrechtliche Fragen, insbesondere über eine Vorsorgevollmacht und über andere Hilfen, bei denen kein Betreuer bestellt wird. (2) …
(2) Die Behörde berät und unterstützt Betreuer und Bevollmächtigte auf deren Wunsch bei der Wahrnehmung von deren Aufgaben. Sie unterstützt ehrenamtliche Betreuer beim Abschluss einer Vereinbarung über eine Begleitung und Unterstützung nach § 15 Absatz 1 Satz 1 Nummer 4 mit einem gemäß § 14 anerkannten Betreuungsverein. Die Behörde hat die Begleitung und Unterstützung des ehrenamtlichen Betreuers mittels einer Vereinbarung nach § 15 Absatz 1 Satz 1 Nummer 4 und Absatz 2 selbst zu gewährleisten, wenn in ihrem Zuständigkeitsbereich kein anerkannter Betreuungsverein zur Verfügung steht.[627]	(3) Die Behörde berät und unterstützt Betreuer und Bevollmächtigte auf deren Wunsch bei der Wahrnehmung von deren Aufgaben, die Betreuer insbesondere auch bei der Erstellung des Betreuungsplans.[628]
§ 6 Förderungsaufgaben (1) Die Behörde sorgt dafür, dass in ihrem Zuständigkeitsbereich ein ausreichendes Angebot zur Einführung der Betreuer und der Bevollmächtigten in ihre Aufgaben und zu ihrer Fortbildung vorhanden ist.	**§ 5 BtBG** Die Behörde sorgt dafür, daß in ihrem Bezirk ein ausreichendes Angebot zur Einführung der Betreuer und der Bevollmächtigten in ihre Aufgaben und zu ihrer Fortbildung vorhanden ist.
(2) Die Behörde regt die Tätigkeit einzelner Personen sowie von gemeinnützigen und freien Organisationen zugunsten Betreuungsbedürftiger an und fördert diese.	**§ 6 BtBG** (1) Zu den Aufgaben der Behörde gehört es auch, die Tätigkeit einzelner Personen sowie von gemeinnützigen und freien Organisatio-

626 Abs. 2 normiert über die bereits in Art. 13 Abs. 4 und Art. 14 Abs. 5 DS-GVO vorgesehenen Ausnahmen hinaus weitere Ausnahmen von der Pflicht zur Information der betroffenen Person gemäß Art. 13 Abs. 1 bis 3 und Art. 14 Abs. 1, 2 und 4 DS-GVO.

627 Neu eingeführt.

628 Die Pflicht der Betreuungsbehörde zur Beratung und Unterstützung von beruflichen Betreuern bei der Erstellung eines Betreuungsplans entfällt.

	nen zugunsten Betreuungsbedürftiger anzuregen und zu fördern.
(3) Die Behörde fördert die Aufklärung und Beratung über Vorsorgevollmachten, Betreuungsverfügungen und Patientenverfügungen.[629]	Weiterhin fördert sie die Aufklärung und Beratung über Vollmachten und Betreuungsverfügungen. (2) ...
§ 7 Öffentliche Beglaubigung; Verordnungsermächtigung (1) Die Urkundsperson bei der Behörde ist befugt, Unterschriften oder Handzeichen auf Betreuungsverfügungen und auf Vollmachten,[630] soweit sie von natürlichen Personen erteilt werden, öffentlich zu beglaubigen. Die Wirkung der Beglaubigung[631] endet bei einer Vollmacht mit dem Tod des Vollmachtgebers. Die Zuständigkeit der Notare, anderer Personen oder sonstiger Stellen für öffentliche Beurkundungen und Beglaubigungen bleibt unberührt. Die Behörde soll auf die Möglichkeit der Registrierung bei dem Zentralen Vorsorgeregister nach § 78a Absatz 2 der Bundesnotarordnung hinweisen, wenn sie eine Vollmacht oder eine Betreuungsverfügung nach Satz 1 beglaubigt hat.	**§ 6 BtBG** (1) ... (2) Die Urkundsperson bei der Betreuungsbehörde ist befugt, Unterschriften oder Handzeichen auf Vorsorgevollmachten oder Betreuungsverfügungen öffentlich zu beglaubigen. Dies gilt nicht für Unterschriften oder Handzeichen ohne dazugehörigen Text. Die Zuständigkeit der Notare, anderer Personen oder sonstiger Stellen für öffentliche Beurkundungen und Beglaubigungen bleibt unberührt.
(2) Die Urkundsperson bei der Behörde darf die Beglaubigung einer Vollmacht nach Absatz 1 Satz 1 nur vornehmen, wenn diese zu dem Zweck erteilt wird, die Bestellung eines Betreuers zu vermeiden. Sie darf eine Beglaubigung nicht vornehmen: 1. von Unterschriften oder Handzeichen ohne dazugehörigen Text oder 2. wenn ihr in der betreffenden Angelegenheit die Vertretung eines Beteiligten obliegt.	(3) Die Urkundsperson soll eine Beglaubigung nicht vornehmen, wenn ihr in der betreffenden Angelegenheit die Vertretung eines Beteiligten obliegt.
(3) Die Behörde hat geeignete Beamte und Angestellte zur Wahrnehmung der Aufgaben nach Absatz 1 Satz 1 zu ermächtigen. Die Länder können Näheres hinsichtlich der fachlichen Anforderungen an diese Personen regeln.	(4) Die Betreuungsbehörde hat geeignete Beamte und Angestellte zur Wahrnehmung der Aufgaben nach Absatz 2 zu ermächtigen. Die Länder können Näheres hinsichtlich der fachlichen Anforderungen an diese Personen regeln.
(4) Für jede Beglaubigung nach Absatz 1 Satz 1 wird eine Gebühr in Höhe von 10 Euro erhoben. Auslagen werden gesondert nicht erhoben. Aus Gründen der Billigkeit kann von der Erhebung der Gebühr im Einzelfall abgesehen werden.	(5) Für jede Beglaubigung nach Absatz 2 wird eine Gebühr von 10 Euro erhoben; Auslagen werden gesondert nicht erhoben. Aus Gründen der Billigkeit kann von der Erhebung der Gebühr im Einzelfall abgesehen werden.
(5) Die Landesregierungen werden ermächtigt, durch Rechtsverordnung die Gebühren und Auslagen für die Beglaubigung abweichend von Absatz 4 zu regeln. Die Landesregierungen können die Ermächtigung nach Satz 1 durch Rechtsverordnung auf die Landesjustizverwaltungen übertragen.	(6) Die Landesregierungen werden ermächtigt, durch Rechtsverordnung die Gebühren und Auslagen für die Beratung und Beglaubigung abweichend von Absatz 5 zu regeln. Die Landesregierungen können die Ermächtigung nach Satz 1 durch Rechtsverordnung auf die Landesjustizverwaltungen übertragen.

629 Erweiterung gegenüber dem bisherigen Rechtszustand.
630 Erweiterung der Kompetenz durch Einbeziehung aller Vollmachten.
631 Nicht aber die Wirkung der Vollmacht!

§ 8 Beratungs- und Unterstützungsangebot, Vermittlung geeigneter Hilfen und erweiterte Unterstützung (1) Wenn im Einzelfall Anhaltspunkte für einen Betreuungsbedarf nach § 1814 Absatz 1 des Bürgerlichen Gesetzbuchs bestehen, soll die Behörde dem Betroffenen zur Vermeidung der Bestellung eines Betreuers ein Beratungs- und Unterstützungsangebot unterbreiten. Die Beratung und Unterstützung umfasst auch die Pflicht, andere Hilfen nach § 5 Absatz 1, bei denen kein Betreuer bestellt wird, mit Zustimmung des Betroffenen zu vermitteln. Insbesondere ist ein Kontakt zwischen dem Betroffenen und dem Beratungs- und Unterstützungsangebot des sozialen Hilfesystems herzustellen. Bei antragsabhängigen Leistungen ist der Betroffene dabei zu unterstützen, die notwendigen Anträge selbst zu stellen.[632] Die Behörde arbeitet zur Vermittlung geeigneter Hilfen zur Betreuungsvermeidung mit den zuständigen Sozialleistungsträgern zusammen.	**§ 4 BtBG** (1) … (2) Wenn im Einzelfall Anhaltspunkte für einen Betreuungsbedarf nach § 1896 Absatz 1 des Bürgerlichen Gesetzbuchs bestehen, soll die Behörde der betroffenen Person ein Beratungsangebot unterbreiten. Diese Beratung umfasst auch die Pflicht, andere Hilfen, bei denen kein Betreuer bestellt wird, zu vermitteln. Dabei arbeitet die Behörde mit den zuständigen Sozialleistungsträgern zusammen. (3) …
(2) Die Beratung und Unterstützung der Behörde nach Absatz 1 kann darüber hinaus in geeigneten Fällen mit Zustimmung des Betroffenen im Wege einer erweiterten Unterstützung durchgeführt werden. Diese umfasst weitere, über Absatz 1 hinausgehende Maßnahmen, die geeignet sind, die Bestellung eines Betreuers zu vermeiden, und die keine rechtliche Vertretung des Betroffenen durch die Behörde erfordern.	
(3) Beratungs- und Unterstützungspflichten nach dem Sozialgesetzbuch bleiben unberührt.	
(4) Die Behörde kann mit der Wahrnehmung der erweiterten Unterstützung nach Absatz 2 auch einen anerkannten Betreuungsverein oder einen selbständigen beruflichen Betreuer beauftragen. Dabei ist sicherzustellen, dass die Durchführung durch einen für den konkreten Fall geeigneten Betreuer erfolgt. Die Beauftragung erfolgt durch einen Vertrag, der auch die Finanzierung der übertragenen Aufgaben regeln soll.	
§ 9 Mitteilungen an das Betreuungsgericht und die Stammbehörde (1) Die Behörde kann dem zuständigen Betreuungsgericht Umstände mitteilen, die die Bestellung eines Betreuers oder eine andere Maßnahme in Betreuungssachen erforderlich machen, soweit dies unter Beachtung der berechtigten Interessen des Betroffenen nach den Erkenntnissen der Behörde erforderlich ist, um eine erhebliche Gefahr im Sinne des § 1821 Absatz 3	**§ 7 BtBG** (1) Die Behörde kann dem Betreuungsgericht Umstände mitteilen, die die Bestellung eines Betreuers oder eine andere Maßnahme in Betreuungssachen erforderlich machen, soweit dies unter Beachtung berechtigter Interessen des Betroffenen nach den Erkenntnissen der Behörde erforderlich ist, um eine erhebliche Gefahr für das Wohl des Betroffenen abzuwenden.

632 Gesetzliche Konkretisierung des Vermittlungsauftrags.

Nummer 1 des Bürgerlichen Gesetzbuchs von dem Betroffenen abzuwenden.[633]	
(2) Hat die Behörde Kenntnis von Umständen, die an der Eignung eines Betreuers nach § 1816 Absatz 1 des Bürgerlichen Gesetzbuchs im Rahmen einer von ihm geführten Betreuung Zweifel aufkommen lassen, hat sie das für das Betreuungsverfahren zuständige Betreuungsgericht und die zuständige Stammbehörde hierüber zu informieren.[634] Die Behörde unterrichtet zugleich den Betreuer über die Mitteilung und deren Inhalt. Die Unterrichtung des Betreuers unterbleibt, solange der Zweck der Mitteilung hierdurch gefährdet würde. Sie ist nachzuholen, sobald die Gründe nach Satz 3 entfallen sind.	*Neu eingeführt ohne Vorbild.*
(3) Der Inhalt der Mitteilungen nach den Absätzen 1 und 2, die Art und Weise ihrer Übermittlung und der Empfänger sind aktenkundig zu machen.	(2) Der Inhalt der Mitteilung, die Art und Weise ihrer Übermittlung und der Empfänger sind aktenkundig zu machen.
§ 10 Mitteilung an Betreuungsvereine Die Behörde teilt Name und Anschrift der ehrenamtlichen Betreuer, von deren Bestellung sie durch die Bekanntgabe des Betreuungsgerichts nach § 288 Absatz 2 Satz 1 des Gesetzes über das Verfahren in Familiensachen und in den Angelegenheiten der freiwilligen Gerichtsbarkeit Kenntnis erlangt hat, unverzüglich einem am Wohnsitz des ehrenamtlichen Betreuers anerkannten Betreuungsverein mit, um dem Verein eine Kontaktaufnahme zu ermöglichen.[635] Dies	 *Kein direktes Vorbild.*

633 Anpassung an die Neuregelung in § 1821 Abs. 3 Nr. 1 BGB: Statt der Abwendung einer erheblichen Gefahr für das Wohl des Betroffenen ist nunmehr die Abwendung einer erheblichen Gefahr für die Person des Betroffenen oder dessen Vermögen maßgeblich, vorausgesetzt, der Betroffene kann diese Gefahr aufgrund seiner Krankheit oder Behinderung nicht erkennen oder nicht nach dieser Einsicht handeln.

634 Eine korrespondierende Regelung über Mitteilungen des Betreuungsgerichts an die Betreuungsbehörde von Umständen, die die Eignung oder Zuverlässigkeit des Betreuers betreffen, findet sich in § 309a Abs. 2 FamFG.

635 Die Vorschrift sieht eine Weitergabe der Kontaktdaten von bestellten ehrenamtlichen Betreuern durch die Betreuungsbehörde an einen örtlichen Betreuungsverein vor – allerdings nur soweit die Betreuer eine familiäre Beziehung oder sonstige persönliche Bindung zu dem Betroffenen haben. Das soll es dem Betreuungsverein ermöglichen, proaktiv mit dem ehrenamtlichen Betreuer in Kontakt zu treten und ihm konkrete Fortbildungs- und Unterstützungsangebote zu unterbreiten. Wie der Erstkontakt aufgenommen wird, soll dem einzelnen Betreuungsverein überlassen bleiben. Dies kann eine Art Antrittsbesuch des Betreuungsvereins, aber auch eine Einladung zu einer Einführungsveranstaltung sein. So sollen auch Familienangehörige und sonstige Vertrauenspersonen, denen nach § 22 Abs. 1 BtOG der Abschluss einer Vereinbarung mit einem Betreuungsverein freisteht, zu einer Begleitung durch einen Betreuungsverein angehalten werden. Ihnen kann von dem Betreuungsverein im Rahmen einer Kontaktaufnahme auch die Option des Abschlusses einer Vereinbarung nach § 15 Abs. 1 Nr. 4 und Abs. 2 BtOG erläutert und nahegebracht werden. Existieren am Wohnsitz des ehrenamtlichen Betreuers mehrere Betreuungsvereine, hat die Betreuungsbehörde ein Ermessen bei der Auswahl, das sachgerecht auszuüben ist. Dabei ist vorrangig zu prüfen, ob bestimmte Anhaltspunkte in der konkreten Betreuungskonstellation für einen bestimmten Betreuungsverein sprechen. Ist dies nicht der Fall, sollte eine gleichmäßige Verteilung der weitergegebenen Daten unter Berücksichtigung der Kapazität zwischen den betroffenen Betreuungsvereinen erfolgen, um eine nicht sachlich gerechtfertigte Privilegierung einzelner Vereine zu vermeiden. Wünscht der ehrenamtliche Betreuer einen bestimmten Betreuungsverein, liegt hierin eine Einwilligung in die Datenübermittlung an diesen Verein, so dass auf die Rechtsgrundlage des § 10 BtOG nicht zurückgegriffen werden muss. Die Mitteilung der Kontaktdaten soll nicht von einem Einverständnis des Betreuers abhängig gemacht werden, da gerade auch solche Betreuer erreicht werden sollen, die von sich aus keinen Kontakt zum Betreuungsverein suchen würden. Sollte ein

gilt nicht für ehrenamtliche Betreuer, die keine familiäre Beziehung oder persönliche Bindung zu dem Betroffenen haben.	
§ 11 Aufgaben im gerichtlichen Verfahren (1) Die Behörde unterstützt das Betreuungsgericht. Dies umfasst insbesondere folgende Maßnahmen: 1. die Erstellung eines Berichts im Rahmen der gerichtlichen Anhörung nach § 279 Absatz 2 des Gesetzes über das Verfahren in Familiensachen und in den Angelegenheiten der freiwilligen Gerichtsbarkeit (Sozialbericht),[636] 2. den Vorschlag eines geeigneten Betreuers,[637] 3. die Aufklärung, Mitteilung und gegebenenfalls fachliche Beurteilung des Sachverhalts im Rahmen sonstiger Anhörungen der Behörde durch das Betreuungsgericht[638] oder im Rahmen eines gerichtlichen Ersuchens um eine über Nummer 1 hinausgehende Sachverhaltsklärung, 4. die Prüfung der weiteren Erforderlichkeit der Betreuung in geeigneten Fällen, sobald die Behörde durch das Betreuungsgericht nach § 7 Absatz 4 Satz 1 des Gesetzes über das Verfahren in Familiensachen und in den Angelegenheiten der freiwilligen Gerichtsbarkeit über das Verfahren zur Verlänge-	**§ 8 BtBG** (1) Die Behörde unterstützt das Betreuungsgericht. Dies umfasst insbesondere folgende Maßnahmen: 1. die Erstellung eines Berichts im Rahmen der gerichtlichen Anhörung (§ 279 Absatz 2 des Gesetzes über das Verfahren in Familiensachen und in den Angelegenheiten der freiwilligen Gerichtsbarkeit),[640] 2. die Aufklärung und Mitteilung des Sachverhalts, den das Gericht über Nummer 1 hinaus für aufklärungsbedürftig hält, sowie 3. die Gewinnung geeigneter Betreuer. (2) Wenn die Behörde vom Betreuungsgericht dazu aufgefordert wird, schlägt sie eine Person vor, die sich im Einzelfall zum Betreuer oder Verfahrenspfleger eignet. Steht keine geeignete Person zur Verfügung, die zur ehrenamtlichen Führung der Betreuung bereit ist, schlägt die Behörde dem Betreuungsgericht eine Person für die berufsmäßige Führung der Betreuung vor und teilt gleichzeitig den Umfang der von dieser Person derzeit berufsmäßig geführten Betreuungen mit.

Betreuer im Vorfeld eine Weitergabe seiner Daten an einen Betreuungsverein aktiv ablehnen, hat die Betreuungsbehörde seine Eignung in besonderem Maße zu überprüfen. Die Befugnis der Betreuungsbehörde zur Weitergabe von Daten beschränkt sich auf den Namen und die Anschrift des ehrenamtlichen Betreuers und umfasst insbesondere nicht den Namen des Betreuten. Dessen Übermittlung erscheint nach dem Zweck der Vorschrift nicht erforderlich. Die Betreuungsbehörde hat gegenüber den ehrenamtlichen Betreuern, deren Name und Anschrift übermittelt werden, die Informationspflichten nach Art. 14 der Datenschutz-Grundverordnung zu erfüllen.

636 § 279 FamFG nF Anhörung der sonstigen Beteiligten, der Betreuungsbehörde und des gesetzlichen Vertreters
(1) ...
(2) Das Gericht hat die zuständige Behörde vor der Bestellung eines Betreuers oder der Anordnung eines Einwilligungsvorbehalts anzuhören. Die Anhörung soll vor der Einholung eines Gutachtens nach § 280 erfolgen und sich insbesondere auf folgende Kriterien beziehen:
1. persönliche, gesundheitliche und soziale Situation des Betroffenen,
2. Erforderlichkeit der Betreuung einschließlich geeigneter anderer Hilfen (§ 1814 Absatz 3 des Bürgerlichen Gesetzbuchs),
3. Betreuerauswahl unter Berücksichtigung des Vorrangs der Ehrenamtlichkeit (§ 1816 des Bürgerlichen Gesetzbuchs) und
4. diesbezügliche Sichtweise des Betroffenen.
(3)–(4)...

637 Neu eingeführte Pflicht. § 8 Abs. 2 BtBG hatte einen Betreuervorschlag bislang nur auf Aufforderung des Betreuungsgerichts vorgesehen.

638 Vor allem die Anhörungen im Rahmen der Entscheidung des Gerichts über eine Erweiterung des Aufgabenkreises der Betreuung oder des Einwilligungsvorbehalts nach § 293 Abs. 1 S. 2 FamFG, über die Aufhebung und Einschränkung des Aufgabenkreises der Betreuung oder des Einwilligungsvorbehalts nach § 294 Abs. 1 S. 2 FamFG, über die Verlängerung der Betreuung oder des Einwilligungsvorbehalts nach § 295 Abs. 1 S. 3 FamFG, über Unterbringungsmaßnahmen nach § 312 Nr. 1 und 2 FamFG (vgl. § 320 S. 2 FamFG) sowie über eine Genehmigung der Einwilligung des Betreuers in eine Sterilisation des Betreuten gemäß § 297 Abs. 2 FamFG.

rung einer Betreuung benachrichtigt worden ist,[639] und 5. auf Aufforderung des Betreuungsgerichts den Vorschlag eines geeigneten Verfahrenspflegers.	
(2) Der Sozialbericht soll sich insbesondere auf folgende Kriterien beziehen: 1. die persönliche, gesundheitliche und soziale Situation des Betroffenen, 2. die Erforderlichkeit der Betreuung einschließlich geeigneter anderer Hilfen (§ 1814 Absatz 3 Satz 2 Nummer 2 des Bürgerlichen Gesetzbuchs)[641] und 3. die diesbezügliche Sichtweise des Betroffenen.	
(3) Im Rahmen der Erstellung des Sozialberichts hat die Behörde zu prüfen, ob zur Vermeidung einer Betreuung eine erweiterte Unterstützung nach § 8 Absatz 2 in Betracht kommt.[642] In geeigneten Fällen hat die Behörde mit Zustimmung des Betroffenen eine erweiterte Unterstützung durchzuführen. Die Behörde hat das Betreuungsgericht über die Durchführung und die voraussichtliche Dauer von Maßnahmen nach § 8 Absatz 2 zu informieren. Während der Durchführung der erweiterten Unterstützung ist die Pflicht der Behörde zur Erstellung eines Sozialberichts ausgesetzt. Das Ergebnis der Prüfung nach Satz 1 und bei Durchführung einer erweiterten Unterstützung deren Ergebnis sind im Sozialbericht darzulegen.	*Ohne direktes Vorbild.*

639 Neu eingeführte Pflicht.

640 § 279 FamFG aF Anhörung der sonstigen Beteiligten, der Betreuungsbehörde und des gesetzlichen Vertreters
(1) Das Gericht hat die sonstigen Beteiligten vor der Bestellung eines Betreuers oder der Anordnung eines Einwilligungsvorbehalts anzuhören.
(2) Das Gericht hat die zuständige Behörde vor der Bestellung eines Betreuers oder der Anordnung eines Einwilligungsvorbehalts anzuhören. Die Anhörung vor der Bestellung eines Betreuers soll sich insbesondere auf folgende Kriterien beziehen:
1. persönliche, gesundheitliche und soziale Situation des Betroffenen,
2. Erforderlichkeit der Betreuung einschließlich geeigneter anderer Hilfen (§ 1896 Abs. 2 des Bürgerlichen Gesetzbuchs),
3. Betreuerauswahl unter Berücksichtigung des Vorrangs der Ehrenamtlichkeit (§ 1897 des Bürgerlichen Gesetzbuchs) und
4. diesbezügliche Sichtweise des Betroffenen.
(3)–(4) ...

641 Neu eingeführte Pflicht.

642 Es obliegt allein der Behörde, im Rahmen der Erstellung des Sozialberichts aufgrund ihrer hierbei vorzunehmenden Sachverhaltsermittlung und auf der Grundlage eines auf fachlicher Basis erstellten generellen Kriterienrasters diejenigen Fälle herauszufiltern, bei denen Aussicht besteht, durch eine erweiterte Unterstützung eine rechtliche Betreuung abwenden oder einschränken zu können.

(4) Auf Aufforderung des Betreuungsgerichts hat die Behörde auch unabhängig von der Erstellung eines Sozialberichts zu prüfen, ob die Durchführung einer erweiterten Unterstützung zur Vermeidung einer Betreuung führen kann.[643] Absatz 3 Satz 2, 3 und 5 gilt entsprechend.	
(5) Die Länder können durch Gesetz die Aufgabenzuweisung nach den Absätzen 3 und 4 im Rahmen von Modellprojekten auf einzelne Behörden innerhalb eines Landes beschränken.	
§ 12 Betreuervorschlag (1) Die Behörde schlägt mit dem Sozialbericht oder auf Anforderung des Betreuungsgerichts eine Person vor, die sich im konkreten Einzelfall zum Betreuer eignet.[644] Die Behörde soll diesen Vorschlag begründen und die diesbezügliche Sichtweise des Betroffenen darlegen.[645] Eine Person, die keine familiäre Beziehung oder persönliche Bindung zu dem Betroffenen hat, soll nur als ehrenamtlicher Betreuer vorgeschlagen werden, wenn sie sich zum Abschluss einer Vereinbarung über eine Begleitung und Unterstützung nach § 15 Absatz 1 Satz 1 Nummer 4 mit einem anerkannten Betreuungsverein oder einer Betreuungsbehörde nach § 5 Absatz 2 Satz 3 bereit erklärt. Steht keine geeignete Person für eine ehrenamtliche Betreuung zur Verfügung, schlägt die Behörde dem Betreuungsgericht einen beruflichen Betreuer vor. Unter den Voraussetzungen des § 1818 des Bürgerlichen Gesetzbuchs kann die Behörde auch einen anerkannten Betreuungsverein oder sich selbst als Betreuer vorschlagen.[646] Die Behörde soll in geeigneten Fällen einen weiteren Betreuer vorschlagen, der nach § 1817 Absatz 4 des Bürgerlichen Gesetzbuchs bestellt werden kann.	**§ 8 BtBG** (1) ... (2) Wenn die Behörde vom Betreuungsgericht dazu aufgefordert wird, schlägt sie eine Person vor, die sich im Einzelfall zum Betreuer oder Verfahrenspfleger eignet. Steht keine geeignete Person zur Verfügung, die zur ehrenamtlichen Führung der Betreuung bereit ist, schlägt die Behörde dem Betreuungsgericht eine Person für die berufsmäßige Führung der Betreuung vor und teilt gleichzeitig den Umfang der von dieser Person derzeit berufsmäßig geführten Betreuungen mit.
(2) Auf Wunsch des Betroffenen kann die Behörde ein persönliches Kennenlernen zwischen	*Neue Regelung ohne direktes Vorbild.*

643 Gemeint sind vor allem Fallgestaltungen nach der Bestellung eines Betreuers, in denen zu prüfen ist, ob die bestehende Betreuung aufgehoben oder eingeschränkt werden kann. In Betracht kommt dies vor allem im Rahmen der Vorbereitung von gerichtlichen Entscheidungen über die Aufhebung und Einschränkung des Aufgabenkreises einer Betreuung nach § 294 Abs. 1 FamFG oder über die Verlängerung einer Betreuung nach § 295 FamFG. In Betracht kommt auch, dass sich aus dem Jahresbericht oder einer Mitteilung des Betreuers nach § 1864 BGB ergibt, dass sich die Lebensverhältnisse des Betreuten geändert haben und nun gegebenenfalls eine solche erweiterte Unterstützung ausreicht, um die Betreuung aufzuheben oder den Aufgabenkreis einzuschränken.

644 Der Betreuervorschlag der Betreuungsbehörde erfolgt zukünftig nicht mehr nur auf Aufforderung durch das Betreuungsgericht, sondern obligatorisch gemeinsam mit dem Sozialbericht nach § 11 Abs. 1 S. 2 Nr. 2 BtOG.

645 Soll das Gericht in die Lage versetzen, den Betreuervorschlag nachzuvollziehen.

646 Abs. 1 S. 5 ermöglicht der Betreuungsbehörde unter den Voraussetzungen des § 1818 Abs. 1 und 4 BGB auch den Vorschlag eines anerkannten Betreuungsvereins bzw. der Betreuungsbehörde selbst. Sie hat gegenüber dem Gericht aber in diesem Fall zu begründen, warum der Betroffene durch eine oder mehrere natürliche Personen nicht hinreichend betreut werden kann oder woraus sich der Wunsch des Betroffenen ergibt.

dem Betroffenen und dem vorgesehenen Betreuer vermitteln.	
(3) Der Vorschlag nach Absatz 1 hat Angaben zur persönlichen Eignung zu enthalten. Bei einem ehrenamtlichen Betreuer hat die Behörde dem Betreuungsgericht das Ergebnis der Auskünfte nach § 21 Absatz 2 Satz 1 mitzuteilen. Bei einem beruflichen Betreuer sind die Anzahl und der Umfang der von ihm bereits zu führenden Betreuungen, die für ihn zuständige Stammbehörde sowie der zeitliche Gesamtumfang und die Organisationsstruktur seiner Betreuertätigkeit mitzuteilen.	
§ 13 Weitere Aufgaben Die Aufgaben, die der Behörde nach anderen Vorschriften obliegen, bleiben unberührt. Zuständige Behörde im Sinne dieser Vorschriften ist die örtliche Behörde.	**§ 10 BtBG** Die Aufgaben, die der Behörde nach anderen Vorschriften obliegen, bleiben unberührt. Zuständige Behörde im Sinne dieser Vorschriften ist die örtliche Behörde.

Abschnitt 2 Anerkannte Betreuungsvereine

Einführung

349 In „Abschnitt 2. Anerkannte Betreuungsvereine“ werden neben den im BtBG bereits bisher normierten Anerkennungsvoraussetzungen erstmalig auch die Aufgaben der anerkannten Betreuungsvereine sowie die finanzielle Ausstattung der anerkannten Betreuungsvereine mit öffentlichen Mitteln zur Wahrnehmung dieser Aufgaben geregelt. § 1908f BGB wird aus dem BGB ins BtOG überführt. Auch dieser Abschnitt wird durch eine Regelung über die Zulässigkeit der Verarbeitung personenbezogener Daten (durch Betreuungsvereine) vervollständigt.

350 Der Gesetzgeber hat die Betreuungsvereine als sind wichtige Akteure des Betreuungswesens gestärkt. Neben der Führung von Betreuungen gewährleisten sie die Wahrnehmung der Querschnittsarbeit. Auch in Zukunft soll diese Doppelzuständigkeit der Betreuungsvereine grundsätzlich erhalten bleiben. Wichtig war deswegen, eine auskömmliche und planungssichere Finanzierung der Querschnittsarbeit der Betreuungsvereine sicherzustellen. Dies obliegt allerdings den Ländern und den Gemeinden als den durch Landesrecht bestimmten Trägern der örtlichen Betreuungsbehörden. Der Bund kann lediglich die Rahmenbedingungen hinsichtlich der Aufgaben und der Anerkennung von Betreuungsvereinen festlegen. Das ist jetzt klar geschehen: § 14 BtOG regelt die Anerkennung von Betreuungsvereinen und aus § 15 BtOG ergeben sich deren Aufgaben.

351 Schließlich ist den Betreuungsvereinen auch dadurch eine stärkere Stellung im Betreuungssystem verliehen worden, dass ihre Bestellung als Betreuer nicht nur theoretisch möglich ist, sondern diese gesetzlich vorgesehene Möglichkeit durch die Aufhebung des Vergütungsverbots auch praktisch genutzt werden kann (§ 1875 Abs. 2 BGB, § 13 VBVG).[647] Anders als im bisher geltenden Recht ist dem Verein nach § 13 Abs. 1 VBVG künftig dann eine Vergütung zu bewilligen, wenn der Mitarbeiter, dem die Führung der Betreuung gemäß § 1818 Abs. 2 Satz 1 BGB übertragen worden ist, als beruflicher Betreuer registriert ist. Überträgt der Verein die Wahrnehmung der Betreuung nach § 1818 Abs. 2 BGB hingegen einer ehrenamtlich für den Verein tätigen Person, steht dem Verein weder eine Vergütung noch eine Aufwandspauschale zu. Letzteres ergibt sich aus dem fehlenden Verweis in § 13 Abs. 2 VBVG auf § 1878 BGB.

§ 14 Anerkennung (1) Ein rechtsfähiger Verein kann als Betreuungsverein anerkannt werden, wenn er gewährleistet, dass er	**§ 1908f Anerkennung als Betreuungsverein** (1) Ein rechtsfähiger Verein kann als Betreuungsverein anerkannt werden, wenn er gewährleistet, dass er

647 Das gilt jedenfalls in den engen Grenzen der § 1817 Abs. 4 und § 1818 Abs. 1 BGB.

1. die Aufgaben nach den §§ 15 und 16 wahrnehmen wird, 2. eine ausreichende Zahl geeigneter Mitarbeiter hat und diese beaufsichtigen, weiterbilden und gegen Schäden, die diese anderen im Rahmen ihrer Tätigkeit zufügen können, angemessen versichern wird, und 3. einen Erfahrungsaustausch zwischen den Mitarbeitern ermöglicht.	1. eine ausreichende Zahl geeigneter Mitarbeiter hat und diese beaufsichtigen, weiterbilden und gegen Schäden, die diese anderen im Rahmen ihrer Tätigkeit zufügen können, angemessen versichern wird, 2. sich planmäßig um die Gewinnung ehrenamtlicher Betreuer bemüht, diese in ihre Aufgaben einführt, sie fortbildet und sie sowie Bevollmächtigte bei der Wahrnehmung ihrer Aufgaben berät und unterstützt, 2a. planmäßig über Vorsorgevollmachten und Betreuungsverfügungen informiert,[648] 3. einen Erfahrungsaustausch zwischen den Mitarbeitern ermöglicht.
(2) Die Anerkennung gilt für das jeweilige Land; sie kann auf einzelne Landesteile beschränkt werden. Sie kann unter Auflagen erteilt werden und ist widerruflich.	(2) Die Anerkennung gilt für das jeweilige Land; sie kann auf einzelne Landesteile beschränkt werden. Sie ist widerruflich und kann unter Auflagen erteilt werden.
(3) Das Nähere regelt das Landesrecht. Es kann auch weitere Voraussetzungen für die Anerkennung vorsehen.	(3) Das Nähere regelt das Landesrecht. Es kann auch weitere Voraussetzungen für die Anerkennung vorsehen.
§ 15 Aufgaben kraft Gesetzes (1) Ein anerkannter Betreuungsverein hat 1. planmäßig über allgemeine betreuungsrechtliche Fragen, Vorsorgevollmachten, Betreuungsverfügungen und Patientenverfügungen zu informieren,[649] 2. sich planmäßig um die Gewinnung ehrenamtlicher Betreuer zu bemühen, 3. vom Betreuungsgericht bestellte ehrenamtliche Betreuer in ihre Aufgaben einzuführen, sie fortzubilden und sie bei der Wahrnehmung ihrer Aufgaben zu beraten und zu unterstützen, 4. mit ehrenamtlichen Betreuern eine Vereinbarung über eine Begleitung und Unterstützung im Sinne von Nummer 3 abzuschließen, sofern eine solche Vereinbarung nach § 22 Absatz 2 in Verbindung mit § 1816 Absatz 4 des Bürgerlichen Gesetzbuchs erforderlich ist oder von dem ehrenamtlichen Betreuer gewünscht wird,[650] und	**§ 1908f Anerkennung als Betreuungsverein** (1) Ein rechtsfähiger Verein kann als Betreuungsverein anerkannt werden, wenn er gewährleistet, dass er 1. eine ausreichende Zahl geeigneter Mitarbeiter hat und diese beaufsichtigen, weiterbilden und gegen Schäden, die diese anderen im Rahmen ihrer Tätigkeit zufügen können, angemessen versichern wird, 2. sich planmäßig um die Gewinnung ehrenamtlicher Betreuer bemüht, diese in ihre Aufgaben einführt, sie fortbildet und sie sowie Bevollmächtigte bei der Wahrnehmung ihrer Aufgaben berät und unterstützt, 2a. planmäßig über Vorsorgevollmachten und Betreuungsverfügungen informiert, 3. einen Erfahrungsaustausch zwischen den Mitarbeitern ermöglicht. (2)–(4) …

648 Jetzt § 15 Abs. 1 Nr. 1 BtOG.

649 Ausweitung der Pflicht zur planmäßigen Information über Vorsorgevollmachten und Betreuungsverfügungen auf Patientenverfügungen sowie allgemeine betreuungsrechtliche Fragen. Da die Betreuungsvereine auch die öffentlichen Träger, also die Betreuungsbehörden, entlasten sollen, erschien es dem Gesetzgeber sinnvoll, die Pflicht zur planmäßigen Beratung zu allgemeinen betreuungsrechtlichen Fragen an die in § 5 Abs. 1 BtOG geregelte Beratungspflicht der Behörde anzulehnen. Die planmäßige Information über Patientenverfügungen umfasst keine Aufklärung und Beratung über die bei der Erstellung von Patientenverfügungen zu berücksichtigenden medizinischen Fragen.

650 Neue Aufgabe. Der Abschluss einer solchen Vereinbarung soll zu einer regelmäßigeren Beratung und Unterstützung von ehrenamtlichen Betreuern führen, diese aber gleichzeitig verpflichten, bestimmte Angebote auch in Anspruch zu nehmen. Diese Vereinbarung soll die in § 15 Abs. 1 Nr. 3 BtOG genannte Fortbildung, Beratung und Unterstützung verstetigen und verbindlich machen. Der Mindestinhalt einer solchen Vereinbarung ist in § 15 Abs. 2 BtOG geregelt. Sie ist nach § 22 Abs. 2 BtOG iVm § 1816 Abs. 4 BGB grundsätzlich mit allen ehrenamtlichen Betreuern, die keine familiäre Beziehung oder persönliche Bindung

5. Bevollmächtigte bei der Wahrnehmung ihrer Aufgaben zu beraten und zu unterstützen.[651] Der Betreuungsverein erteilt dem ehrenamtlichen Betreuer auf dessen Aufforderung Nachweise über die Teilnahme an Einführungs- und Fortbildungsveranstaltungen nach Satz 1 Nummer 3.	
(2) Eine Vereinbarung nach Absatz 1 Satz 1 Nummer 4 hat mindestens zu umfassen:[652] 1. die Verpflichtung des ehrenamtlichen Betreuers zur Teilnahme an einer Einführung über die Grundlagen der Betreuungsführung, 2. die Verpflichtung des ehrenamtlichen Betreuers zur regelmäßigen Teilnahme an Fortbildungen, 3. die Benennung eines Mitarbeiters des Betreuungsvereins als festen Ansprechpartner und 4. die Erklärung der Bereitschaft des Betreuungsvereins zur Übernahme einer Verhinderungsbetreuung nach § 1817 Absatz 4 des Bürgerlichen Gesetzbuchs.	
(3) Anerkannte Betreuungsvereine können im Einzelfall Betroffene, Angehörige und sonstige Personen zu allgemeinen betreuungsrechtlichen Fragen, zu Vorsorgevollmachten und über andere Hilfen nach § 5 Absatz 1, bei denen kein Betreuer bestellt wird, beraten.[653] Dies umfasst auch eine Beratung bei der Errichtung einer Vorsorgevollmacht oder Betreuungsverfügung.	**§ 1908f Anerkennung als Betreuungsverein** (1)–(3) ... (4) Die anerkannten Betreuungsvereine können im Einzelfall Personen bei der Errichtung einer Vorsorgevollmacht beraten

zum Betreuten haben, abzuschließen, es sei denn, von dem Erfordernis einer solche Vereinbarung wird nach § 1816 Abs. 4 BGB ausnahmsweise abgesehen. Um aber auch allen anderen ehrenamtlichen Betreuern die Möglichkeit des Abschlusses einer Vereinbarung zur Unterstützung und Begleitung zu eröffnen, ist eine solche Vereinbarung auch dann abzuschließen, wenn dies von dem ehrenamtlichen Betreuer gewünscht wird.

651 Die bisher in § 1908f Abs. 1 Nr. 2 BGB aF als Anerkennungsvoraussetzungen enthaltenen Aufgaben der Betreuungsvereine werden jetzt in einer eigenen Vorschrift und getrennt von den Anerkennungsvoraussetzungen geregelt.

652 Zur Sicherstellung eines Mindestmaßes an betreuungsrechtlichen Kenntnissen hat der ehrenamtliche Betreuer sich zu verpflichten, an einer Einführungsschulung sowie in der Folge regelmäßig an einer Fortbildungsveranstaltung teilzunehmen (§ 15 Abs. 2 Nr. 1 und 2 BtOG), die der Betreuungsverein nach § 15 Abs. 1 Nr. 3 BtOG anzubieten hat. Für die kontinuierliche Beratung und Unterstützung, die der Verein nach § 15 Abs. 1 Nr. 3 BtOG zu leisten hat, bekommt er vom Verein einen festen Ansprechpartner benannt (§ 15 Abs. 2 Nr. 3 BtOG), der dadurch den Betreuer und das von diesem geführte Betreuungsverfahren kennt. Schließlich hat der Verein nach § 15 Abs. 2 Nr. 4 BtOG seine Bereitschaft zu erklären, die Verhinderungsbetreuung nach § 1817 Abs. 4 BGB zu übernehmen, damit – falls kein anderer Verhinderungsbetreuer zur Verfügung steht – die Vertretung des ehrenamtlichen Betreuers im Verhinderungsfall auf jeden Fall gewährleistet ist. Dies verpflichtet den Betreuungsverein gleichzeitig, gemäß § 1818 Abs. 1 S. 2 BGB die entsprechende Einwilligung gegenüber dem Betreuungsgericht zu erklären.

653 Die bisher in § 1908f Abs. 4 BGB enthaltene Befugnis zur Einzelfallberatung bei der Errichtung von Vorsorgevollmachten wurde übernommen und um weitere individuelle Beratungsbefugnisse erweitert.
Diese sollen sich zukünftig auch auf allgemeine betreuungsrechtliche Fragen und andere Hilfen nach § 5 Abs. 1 BtOG, bei denen kein Betreuer bestellt wird, beziehen können. Auch der Personenkreis, der sich im Einzelfall beraten lassen kann, wird ausgedehnt. Es können sich nun auch Betroffene, Angehörige und sonstige Personen, soweit sie ein Anliegen zu den genannten Fragen haben, beraten lassen.

§ 16 Aufgaben kraft gerichtlicher Bestellung Ein anerkannter Betreuungsverein ist verpflichtet, Mitarbeiter zu beschäftigen, die für die Übernahme von Betreuungen zur Verfügung stehen.[654]	*Kein direktes Vorbild.*
§ 17 Finanzielle Ausstattung Anerkannte Betreuungsvereine haben Anspruch auf eine bedarfsgerechte finanzielle Ausstattung mit öffentlichen Mitteln zur Wahrnehmung der ihnen nach § 15 Absatz 1 obliegenden Aufgaben. Das Nähere regelt das Landesrecht.	*Kein direktes Vorbild.*
§ 18 Verarbeitung personenbezogener Daten durch den Verein (1) Die Verarbeitung personenbezogener Daten einschließlich besonderer Kategorien personenbezogener Daten nach Artikel 9 der Verordnung (EU) 2016/679 durch den anerkannten Betreuungsverein ist zulässig, soweit sie zur Erfüllung der ihm nach § 15 Absatz 1 und § 16 obliegenden Aufgaben erforderlich ist.[655] (2) § 4 Absatz 1 Satz 2 und 3 sowie Absatz 2 gilt entsprechend.	*Kein direktes Vorbild.*

Abschnitt 3 Rechtliche Betreuer

Einführung

In Abschnitt 3 über die rechtlichen Betreuer sind nach allgemeinen Vorschriften (Titel 1, §§ 19–20 BtOG) und den Vorschriften für ehrenamtliche Betreuer (Titel 2, §§ 21–22 BtOG) erstmals sämtliche die beruflichen Betreuer betreffenden organisatorischen Fragen zusammengefasst geregelt (Titel 3, §§ 23–30 BtOG). Hierzu gehören zum einen die mit den §§ 23 bis 28 BtOG neu eingeführten Regelungen über die Voraussetzungen der Registrierung als beruflicher Betreuer und das Registrierungsverfahren einschließlich der Regelung von Mitteilungspflichten und des Umgangs der Stammbehörde mit den für die Registrierung relevanten Daten. Zum anderen enthält dieser Titel in den §§ 29 und 30 BtOG allgemeine Regelungen zu Aufgaben und Pflichten von beruflichen Betreuern, die nicht ausschließlich die Ausführung einer konkreten Betreuung betreffen. Letztere sind weiterhin im BGB geregelt. 352

Titel 1 Allgemeine Vorschriften

Einführung

Im „Titel 1 Allgemeine Vorschriften" findet sich eine Begriffsbestimmung der ehrenamtlichen und der beruflichen Betreuer (§ 19 BtOG) sowie eine für alle rechtlichen Betreuer geltende bereichsspezifische Regelung der Zulässigkeit der Verarbeitung personenbezogener Daten (§ 20 BtOG). 353

654 Es soll keine anerkannten Betreuungsvereine geben, in denen kein Mitarbeiter zur Führung einer Betreuung zur Verfügung steht, und dem Verein dadurch jegliche Erfahrungen aus der praktischen Betreuungstätigkeit fehlen. Es ist gerade das besondere Qualitätsmerkmal der Betreuungsvereine, dass Kenntnisse aus der konkreten Betreuungstätigkeit in die Beratung einfließen können.

655 Bereichsspezifische Rechtsgrundlage für die Verarbeitung von personenbezogenen Daten einschließlich besonderer Kategorien personenbezogener Daten nach Art. 9 der Datenschutz-Grundverordnung durch den anerkannten Betreuungsverein. Sie entspricht in Struktur und Ausgestaltung der Rechtsgrundlage für die Behörde in § 4 BtOG.

§ 19 Begriffsbestimmung (1) Ehrenamtliche Betreuer sind natürliche Personen, die außerhalb einer beruflichen Tätigkeit rechtliche Betreuungen führen.[656] Ehrenamtliche Betreuer können sowohl Personen, die familiäre Beziehungen oder persönliche Bindungen zum Betroffenen haben, als auch andere Personen sein.	*Kein direktes Vorbild.*
(2) Berufliche Betreuer sind natürliche Personen, die selbstständig oder als Mitarbeiter eines anerkannten Betreuungsvereins rechtliche Betreuungen führen und nach § 24 registriert sind oder nach § 32 Absatz 1 Satz 6 als vorläufig registriert gelten.[657]	*Bisher kein direktes Vorbild.*
§ 20 Verarbeitung personenbezogener Daten durch den Betreuer (1) Die Verarbeitung personenbezogener Daten einschließlich besonderer Kategorien personenbezogener Daten nach Artikel 9 der Verordnung (EU) 2016/679 durch den Betreuer ist zulässig, soweit sie zur Erfüllung seiner Aufgaben nach den §§ 1814 bis 1881 des Bürgerlichen Gesetzbuchs erforderlich ist.[658] (2) § 4 Absatz 1 Satz 2 und 3 sowie Absatz 2 gilt entsprechend. (3) Die Absätze 1 und 2 gelten auch für Personen, denen der anerkannte Betreuungsverein oder die Behörde die Wahrnehmung der Betreu-	*Keine direkte Vorgängerregelung. Heranziehung des BDSG.*

656 Die ehrenamtliche Betreuung soll ausschließlich durch natürliche Personen und außerhalb einer beruflichen Tätigkeit geführt werden. Es wird zwischen Betreuern mit einem persönlichen Näheverhältnis zum Betroffenen und ehrenamtlichen Betreuern, die außerhalb eines persönlichen Näheverhältnisses bestellt werden, differenziert, weil diesen Betreuungsarten unterschiedliche Qualitäten innewohnen, die in unterschiedliche Anforderungen und Voraussetzungen zur Wahrnehmung des Betreueramts münden müssen. Zur Gruppe der Betreuer mit einem persönlichen Näheverhältnis gehören Personen, die in einem Verwandtschafts- oder Angehörigenverhältnis zum Betreuten stehen, aber auch solche ehrenamtlichen Betreuer, die das Näheverhältnis durch eine Freundschaft oder längere Bekanntschaft, zum Beispiel als Lebensgefährten, Nachbarn etc, aufgebaut haben.

657 Nach dem bisher geltenden Recht wurde die Berufsmäßigkeit vom Betreuungsgericht bei der Bestellung des Betreuers nach § 1 Abs. 1 VBVG dann festgestellt, wenn dem Betreuer in einem solchen Umfang Betreuungen übertragen wurden, dass er sie nur im Rahmen seiner Berufsausübung führen kann, oder wenn eine solche Übertragung in absehbarer Zeit zu erwarten war. Diese Anknüpfung an ein einziges Kriterium, nämlich den Umfang der Betreuungen, wird aufgegeben. Stattdessen wird die Registrierung nach §§ 23 und 24 BtOG zum entscheidenden Kriterium für eine berufliche Tätigkeit. Dementsprechend werden berufliche Betreuer als natürliche Personen definiert, die nach diesen Vorschriften registriert sind oder nach § 32 Abs. 1 S. 6 BtOG als vorläufig registriert gelten. Unter diese Definition fallen solche Betreuer, die selbstständig oder als beruflich tätige Mitarbeiter eines anerkannten Betreuungsvereins rechtliche Betreuungen führen. Rechtsanwälte, die rechtliche Betreuungen führen, können künftig nur dann als berufliche Betreuer tätig sein, wenn sie durch die Betreuungsbehörde registriert sind. Nicht unter die Definition fallen Mitarbeiter von Betreuungsbehörden. Diese sind ein Betreuertyp sui generis. Die Registrierung einer Person als beruflicher Betreuer schließt es im Übrigen nicht aus, dass diese im Einzelfall eine Betreuung ehrenamtlich führt (zum Beispiel für einen Familienangehörigen), wenn dies im Sinne der Begriffsbestimmung in § 19 Abs. 1 BtOG außerhalb ihrer beruflichen Tätigkeit geschieht. Auf diese Betreuungsführung finden dann die Vorschriften über Vergütung und Aufwendungsersatz des ehrenamtlichen Betreuers gem. §§ 1876 ff. BGB Anwendung.

658 Bereichsspezifische Rechtsgrundlage für die Verarbeitung von personenbezogenen Daten einschließlich besonderer Kategorien personenbezogener Daten nach Art. 9 DS-GVO durch den rechtlichen Betreuer.

ung nach § 1818 Absatz 2 und 4 Satz 2 des Bürgerlichen Gesetzbuchs übertragen hat.	
Titel 2 Ehrenamtlicher Betreuer	
§ 21 Voraussetzung für eine ehrenamtliche Tätigkeit	
(1) Voraussetzung für die Führung einer Betreuung als ehrenamtlicher Betreuer ist die persönliche Eignung und Zuverlässigkeit.[659] § 23 Absatz 2 Nummer 1, 2 und 4 gilt entsprechend.[660]	*Kein direktes Vorbild.*
(2) Zur Feststellung seiner persönlichen Eignung und Zuverlässigkeit hat der ehrenamtliche Betreuer der zuständigen Behörde ein Führungszeugnis nach § 30 Absatz 5 des Bundeszentralregistergesetzes und eine Auskunft aus dem zentralen Schuldnerverzeichnis nach § 882b der Zivilprozessordnung, die jeweils nicht älter als drei Monate sein sollen, vorzulegen.[661] Dies gilt nicht, sofern er im Wege der einstweiligen Anordnung nach den §§ 300 und 301 des Gesetzes über das Verfahren in Familiensachen und in den Angelegenheiten der freiwilligen Gerichtsbarkeit zum vorläufigen Betreuer bestellt wird.	
§ 22 Abschluss einer Vereinbarung über Begleitung und Unterstützung	
(1) Ein ehrenamtlicher Betreuer kann eine Vereinbarung über eine Begleitung und Unterstützung nach § 15 Absatz 1 Satz 1 Nummer 4 mit einem anerkannten Betreuungsverein oder hilfs-	*Keine direkte Vorgängerregelung.*

659 Die Übernahme eines Betreueramtes setzt sowohl für den (beruflichen wie auch den) ehrenamtlichen Betreuer die persönliche Eignung und Zuverlässigkeit voraus. Die persönliche Eignung umfasst insbesondere auch die Bereitschaft des Betreuers, die Betreuungsführung nach den in § 1821 BGB bestimmten gesetzlichen Vorgaben auszurichten, insbesondere die Wünsche des Betreuten festzustellen und nach Maßgabe von § 1821 Abs. 2 bis 4 BGB umzusetzen sowie das Primat der Unterstützung vor einem stellvertretenden Handeln zu beachten. Besondere Fachkenntnisse oder betreuungsrechtliche Vorkenntnisse sind keine Voraussetzung für die Übernahme einer ehrenamtlichen Betreuung. Auch ein ehrenamtlicher Betreuer muss aber die Bereitschaft haben, sich hiermit vertraut zu machen, bei Bedarf auf Beratungs- und Fortbildungsangebote zurückzugreifen und mit den entsprechenden Akteuren zusammenzuarbeiten. Neben einer fachlichen Eignung ist die soziale Kompetenz des ehrenamtlichen Betreuers Voraussetzung einer persönlichen Eignung. Diese umfasst die Fähigkeit zur Selbstreflexion, Frustrationstoleranz, Wertschätzung, Konfliktfähigkeit, Rollenbewusstsein, Durchsetzungsvermögen, Empathie- und Kommunikationsfähigkeit und die Fähigkeit des Zuhörens sowie Kooperationsbereitschaft und die Fähigkeit zur kritischen Distanz zu sich selbst und anderen. Darüber hinaus sind an den ehrenamtlichen Betreuer minimale organisatorische Anforderungen, wie die Fähigkeit zum förmlichen Schriftverkehr und zu einer geordneten Dokumentenablage und die Einhaltung des Datenschutzes wie auch die Sicherstellung der persönlichen und telefonischen Erreichbarkeit, zu stellen.

660 Konkretisierung für die Zuverlässigkeitsprüfung.

661 Konkretisierung der vorzulegenden Unterlagen.

weise nach § 5 Absatz 2 Satz 3 mit der zuständigen Behörde abschließen.[662]	
(2) Eine Person, die ehrenamtlich Betreuungen führen möchte und keine familiäre Beziehung oder persönliche Bindung zum Betroffenen hat, soll vor ihrer ersten Bestellung als ehrenamtlicher Betreuer eine Vereinbarung nach Absatz 1 abschließen.[663]	

Titel 3 Berufliche Betreuer

Einführung

354 Im bisher geltenden Recht war der Begriff des beruflichen Betreuers im Gesetz nicht unmittelbar definiert. § 1897 Abs. 6 S. 1 BGB war jedoch zu entnehmen, dass es sich bei beruflichen Betreuern um natürliche Personen handelte, die Betreuungen im Rahmen ihrer Berufsausübung führen. Berufliche Betreuer waren zum einen Personen, die Betreuungen im Rahmen einer selbstständigen Tätigkeit ausübten. Zum anderen gehören zu den beruflichen Betreuern auch Vereinsbetreuer, die Betreuungen ebenfalls als Teil ihrer Berufstätigkeit führten, dies aber im Rahmen ihres Beschäftigungsverhältnisses bei einem Betreuungsverein.

355 Die Berufsmäßigkeit wurde nach dem bisher geltendem Recht vom Betreuungsgericht bei der Bestellung des Betreuers festgestellt und war Voraussetzung für eine entgeltliche Betreuungsführung (§ 1908i Abs. 1 S. 1 BGB aF iVm § 1836 Abs. 1 S. 2 BGB aF). Die Ausgestaltung der Feststellung der Berufsmäßigkeit und der Vergütungsbewilligung fand sich im VBVG. Nach § 1 Abs. 1 S. 2 Nr. 1 VBVG lag eine Berufsmäßigkeit im Regelfall vor, wenn der Betreuer mehr als zehn Betreuungen führte. Das Gesetz knüpfte also für die Berufsmäßigkeit an ein einziges Kriterium an, nämlich die Anzahl der geführten oder zu erwartenden Betreuungen. Diese Vorschrift normierte damit eine in erster Linie auf die Quantität der Betreuungen abstellende Fiktion der Berufsmäßigkeit. Die für eine einzelne Betreuung erforderlichen Fachkenntnisse oder besondere Qualifikationen eines Betreuers waren hin-

662 Eine qualitätvolle ehrenamtliche Betreuungsführung ist in erster Linie durch eine professionelle Beratung und Begleitung bei der Betreuungsausübung zu gewährleisten. Die Beratung und Begleitung ehrenamtlicher Betreuer ist den Betreuungsvereinen nach § 15 Abs. 1 S. 1 Nr. 4 BtOG als gesetzliche Aufgabe zugewiesen und darüber hinaus Anerkennungsvoraussetzung (§ 14 Abs. 1 Nr. 1 BtOG). Umgesetzt werden soll die verstärkte Anbindung durch den Abschluss einer Vereinbarung nach § 15 Abs. 2 BtOG über eine kontinuierliche Beratung, Fortbildung und Unterstützung zwischen dem potenziellen ehrenamtlichen Betreuer und einem Betreuungsverein. Die Beratung und Fortbildung kann im Rahmen eines Erstgesprächs, von Einführungskursen und Weiterbildungsveranstaltungen, aber auch in weitergehenden Beratungsgesprächen erfolgen. Ein durch den Verein zu benennender fester Ansprechpartner soll die Basis für eine vertrauensvolle Zusammenarbeit gewährleisten. Die Angebote sollen dabei Grundkenntnisse der Betreuungsführung, insbesondere auch hinsichtlich der Nutzung einer „unterstützten Entscheidungsfindung", dem Vorgehen bei Unterbringungsentscheidungen und zu Fragen der Abgrenzung der Angehörigenrolle von der Rolle als Betreuer vermitteln. Als Modell einer engeren Anbindung kommt auch die Führung der Betreuung durch eine ehrenamtlich für den Verein tätige Person nach § 1818 Abs. 2 BGB in Betracht. Ist regional kein Betreuungsverein vorhanden, kann die Vereinbarung auch mit der zuständigen Behörde abgeschlossen werden (§ 5 Abs. 2 S. 3 BtOG), der in jedem Fall die Unterstützung gegenüber dem Ehrenamtlichen beim Abschluss einer solchen Vereinbarung obliegt (§ 5 Abs. 2 S. 2 BtOG).

663 Alle ehrenamtlichen Betreuer können eine Vereinbarung mit einem Betreuungsverein oder der zuständigen Behörde abzuschließen. Für Betreuer, die in einem persönlichen Näheverhältnis zum Betreuten stehen, ist der Abschluss der Vereinbarung aber nicht verpflichtend vorgeschrieben worden. Um auch diesen ehrenamtlichen Betreuern gezielt Beratungs- und Unterstützungsangebote zu unterbreiten, soll, auch wenn von dem Angebot der Anbindung kein Gebrauch gemacht wird, eine Weitergabe personenbezogener Daten an den Betreuungsverein nach § 10 BtOG erfolgen. Zudem soll auch im Rahmen des Verpflichtungsgesprächs (§ 1861 Abs. 2 BGB) durch das Betreuungsgericht auf örtliche Beratungsangebote hingewiesen werden. Für Betreuer, die außerhalb des persönlichen Näheverhältnisses ehrenamtlich Betreuungen führen, wird eine laufende Beratung und Unterstützung durch eine Soll-Anbindung an einen Betreuungsverein sichergestellt. Die Regelung korrespondiert mit § 1816 Abs. 4 BGB, wonach nur ein Betreuer außerhalb des persönlichen Näheverhältnisses zum Betreuer bestellt werden soll, der eine entsprechende Vereinbarung abgeschlossen hat. Gleichzeitig lässt die Ausgestaltung eine Abweichung im Einzelfall zu, wenn besondere Gründe vorliegen, die eine entsprechende Vereinbarung entbehrlich machen. Dies kann zum Beispiel der Fall sein, wenn der jetzt ehrenamtlich tätige Betreuer aufgrund seiner vorherigen oder aktuellen beruflichen Tätigkeit eine besondere Sachkunde für die Führung der Betreuung aufweist.

gegen für die Feststellung der Berufsmäßigkeit keine maßgeblichen Kriterien. Das Vergütungsrecht sah in § 4 Abs. 2 VBVG deswegen auch die Möglichkeit vor, dass ein beruflicher Betreuer auch dann eine Vergütung erhielt, wenn er über keine besonderen Kenntnisse verfügte, die für die Führung der Betreuung nutzbar waren. Allerdings schloss die Regelung in § 1 Abs. 1 VBVG nach der Rechtsprechung nicht aus, dass im Einzelfall auch aus anderen, nicht im Umfang der betreuungsrechtlichen Geschäfte liegenden Gründen eine berufsmäßige Führung der Betreuung bejaht werden konnte. Dies konnte vor allem der Fall sein, wenn der Betreuer zwar nur wenige Betreuungen führte, aber gerade wegen seiner besonderen beruflichen Qualifikationen zum Betreuer bestellt worden war, zum Beispiel als Rechtsanwalt.

Eine berufliche Betreuertätigkeit setzte nach dem bisher geltenden Recht neben den oben genannten 356 Voraussetzungen für eine Berufsmäßigkeit auch die allgemeine Eignung voraus, in dem gerichtlich bestimmten Aufgabenkreis die Angelegenheiten des Betreuten rechtlich zu besorgen und ihn hierfür in dem notwendigen Umfang persönlich zu betreuen (§ 1897 Abs. 1 BGB aF). Das umfasste die generelle persönliche Eignung und die Eignung, für eine bestimmte Person als Betreuer bestellt zu werden.[664] Mangels einer näheren gesetzlichen Umschreibung, wann eine Person generell ungeeignet war, wurden lediglich die unter §§ 1780, 1781 Nr. 1 und 2 BGB aF fallenden Personen als per se ungeeignet angesehen. Weitere allgemeine bzw. spezifisch für berufliche Betreuer geltende Eignungs- oder Qualifikationsanforderungen sah das Gesetz nicht vor.

Zu der Frage der Eignung einer Person als beruflich tätiger Betreuer sollte das Gericht vor ihrer 357 erstmaligen Bestellung in dem Bezirk des Betreuungsgerichts die zuständige Behörde anhören, § 1897 Abs. 7 S. 1 BGB. Gemäß § 1897 Abs. 7 S. 2 BGB sollte die Behörde die Person zur Vorlage eines Führungszeugnisses nach § 30 Abs. 5 BZRG und einer Auskunft aus dem Schuldnerverzeichnis auffordern. Auch wenn dies formal nicht als Eignungskriterium ausgestaltet war, diente diese Vorschrift dazu, eine mangelnde Eignung des (künftigen) Berufsbetreuers insbesondere im Hinblick auf mögliche Vorstrafen oder nicht geordnete wirtschaftliche Verhältnisse festzustellen. Weder diese Vorschrift noch § 8 BtBG aF, der die Betreuungsbehörde verpflichtete, auf Verlangen des Gerichts einen Betreuervorschlag zu erstellen, berechtigten jedoch die Betreuungsbehörde, ein Zulassungsverfahren für Berufsbetreuer zu installieren und so die Gerichte in ihrer Auswahlentscheidung zu binden.

Ob das Kriterium des Umfangs der Betreuungen als alleinige Voraussetzung für eine Berufsmäßigkeit 358 geeignet ist, um eine ausreichende und angemessene Qualität der beruflichen Betreuung sicherzustellen, ist zweifelhaft. Auch aus dem unbestimmten Rechtsbegriff der Eignung zum Betreuer in § 1897 Abs. 1 BGB aF, die stets nur im Einzelfall vom Betreuungsgericht festgestellt wurde, ließ sich ebenfalls kein hinreichend präzises und wirksames Qualifikationskriterium für die fachliche Kompetenz von berufsmäßig tätigen Betreuern herleiten. Gerade das hohe Maß an Verantwortung der Betreuer für die Lebensführung der Betreuten gebietet aber die Festlegung von bestimmten Mindestqualifikationen und -anforderungen für berufliche Betreuer. Die bisher im Rahmen der Anhörung der im Gerichtsbezirk zuständigen Betreuungsbehörde vor der erstmaligen Bestellung eines Berufsbetreuers zur Eignung des Betreuers sowie zu den nach § 1 Abs. 1 S. 1 zweite Alternative VBVG zu treffenden Feststellungen (§ 1897 Abs. 7 S. 1 BGB aF) erscheinen vor diesem Hintergrund defizitär, weil sie eine einheitliche, transparente und faire Prüfung und Feststellung der generellen Eignung einer Person zur Ausübung der beruflichen Betreuung nicht gewährleisten konnten. Zum einen bestand keine Anhörungsverpflichtung. Vielmehr handelte es sich bei der Regelung in § 1897 Abs. 7 S. 1 BGB aF lediglich um eine Soll-Vorschrift. Zum anderen fehlte es an einheitlichen und transparenten Standards zur Beurteilung der Mindestanforderungen, die ein beruflicher Betreuer für die Aufnahme der Tätigkeit als Betreuer erfüllen musste. Regelungen für berufliche Betreuer sahen bislang keinerlei Anforderungen an die persönliche Eignung und Zuverlässigkeit sowie an eine mindestens zu erfüllende Sachkunde vor und blieben damit deutlich hinter den Anforderungen zurück, die beispielsweise in der Gewerbeordnung für andere berufliche Tätigkeiten verlangt werden.

Weder § 1897 Abs. 7 BGB aF noch § 8 BtBG aF, der die Betreuungsbehörde verpflichtete, auf Ver- 359 langen des Gerichts einen Betreuervorschlag zu erstellen, berechtigten nach bisheriger Rechtslage die Betreuungsbehörde, ein Zulassungsverfahren für Berufsbetreuer zu installieren und so den Gerichten eine Auswahl zwischen nachgewiesen qualifizierten und zuverlässigen Betreuern zu ermöglichen. Die insoweit von einigen Betreuungsbehörden entwickelten und praktizierten Prüfungsverfahren bewegten sich daher im rechtlichen „Graubereich“, die eine bundeseinheitliche, transparente und rechtssichere Feststellung der Eignung der „Bewerber“ für eine berufliche Betreuertätigkeit nicht zu gewähr-

664 Gilt generell unabhängig von der Berufsmäßigkeit.

leisten vermochten. Entsprechendes galt für die von vielen Betreuungsbehörden ohne gesetzliche Grundlage geführten Listen von aus ihrer Sicht geeigneten Berufsbetreuern, auf deren Grundlage die Betreuervorschläge erfolgten.

360 Im Reformgesetz wurden erstmals die Voraussetzungen dafür geschaffen, künftig eine einheitliche Qualität in der beruflichen Betreuung sicherzustellen. Die Einführung von Mindesteignungskriterien für berufliche Betreuer dient einem überragend wichtigen Gemeinschaftsgut, nämlich dem staatlichen Schutz von betreuungsbedürftigen – und damit besonders vulnerablen – Menschen vor unqualifizierten und unzuverlässigen beruflichen Betreuern. Die konkret aufgestellten Eignungskriterien sind geeignet, dieses Ziel zu erreichen. Ihre Einführung ist zudem auch zur Erreichung des genannten Ziels erforderlich und im engeren Sinne verhältnismäßig.

361 Mit der Neuregelung soll eine einheitliche Qualität der beruflichen Betreuung durch die Einführung von gesetzlich festgelegten Mindesteignungsanforderungen, bestehend aus der persönlichen Eignung und Zuverlässigkeit des beruflichen Betreuers und der fachlichen Eignung – durch Überprüfung von Mindestkenntnissen – sichergestellt werden. Die konkret aufgestellten Eignungskriterien setzen auf maßvolle Weise einen Mindestqualitätsstandard, der im Interesse der betreuten Menschen künftig von jedem beruflichen Betreuer erfüllt werden muss.

362 Da ein beruflicher Betreuer gegen Entgelt eine Mehrzahl von Betreuungen führt und für jede Betreuung eine pauschale Stundenvergütung erhält, wird er für jede einzelne Betreuung regelmäßig weniger Zeit aufbringen als ein ehrenamtlicher Betreuer, ein Angehörigen- oder sonstiges Näheverhältnis zum Betroffenen fehlt. Zum Schutz des Betroffenen müssen berufliche Betreuer daher strukturell weitergehende Voraussetzungen erfüllen als ehrenamtliche Betreuer. Ein beruflicher Betreuer muss im Sinne einer Professionalisierung seine Arbeit mit einem Mindestmaß an Fachkenntnissen, Kompetenzen und Effizienz durchführen können, um den qualitativen Ansprüchen an die Betreuung zu genügen. Je größer der Umfang der übertragenen Betreuungen ist, desto effizienter muss sich ein beruflicher Betreuer organisieren. Strukturell weisen die Führung einer einzigen Betreuung oder einer geringen Anzahl von Betreuungen als Ehrenamt und die berufliche Führung einer Vielzahl von Betreuungen derart substanzielle Unterschiede auf, dass auch eine differenzierte Aufstellung von Eignungsanforderungen gerechtfertigt werden kann.

363 Die besondere Qualität der ehrenamtlichen Betreuung liegt darin, dass sie auf einem familiären Näheverhältnis oder einer sonstigen persönlichen Bindung zwischen Betreuer und Betreutem gründet oder durch einen besonderen von Grund auf uneigennützigen persönlichen Einsatz für einen anderen Menschen motiviert ist, mit der Folge, dass in aller Regel mit ihrer Übernahme auch ein höheres Maß an persönlicher Zeit und Mühe im Interesse einer bestmöglichen Betreuung des hilfebedürftigen Erwachsenen eingesetzt wird. Dieser besondere Einsatz vermag auch den im konkreten Fall möglicherweise bestehenden Mangel an für die konkrete Betreuung unter Umständen relevanten Kenntnissen und Fähigkeiten durchaus zu kompensieren. Insoweit weisen beide Arten der Betreuung unterschiedliche Qualitäten auf.

364 Wie auch bei anderen beruflichen Betätigungen ist es durchaus möglich, Mindesteignungsanforderungen zu definieren, die jedenfalls in einer Vielzahl von unterschiedlichen Betreuungskonstellationen eine qualitativ gute Arbeit ermöglichen. Das Vorliegen dieser Kriterien wird zu Beginn der beruflichen Tätigkeit durch ein formales Registrierungsverfahren überprüft werden, in welchem bestimmte Nachweise zu erbringen sind (Behördenführungszeugnis, geordnete Vermögensverhältnisse, Vorliegen einer ausreichenden Haftpflichtversicherung, ausreichende Sachkunde). Zukünftig muss ein beruflicher Betreuer für alle Arten von Betreuungen eine fachliche Mindestqualifikation aufweisen. Die Eignung für die konkret zu führende Betreuung ist weiterhin im Einzelfall durch das Betreuungsgericht festzustellen. Abgeschafft wurde hingegen die bisher gesetzlich vorgesehene, aber als nicht sachgemäß angesehene Anknüpfung der Berufsmäßigkeit an die Anzahl der geführten bzw. in Aussicht genommenen Betreuungen.

365 Das Registrierungsverfahren ist als verwaltungsbehördliches Verfahren ausgestaltet worden. Gegen die Versagung des Zugangs bzw. den Widerruf oder die Rücknahme einer erfolgten Registrierung als Verwaltungsentscheidung ist gemäß § 40 Abs. 1 S. 1 VwGO der Verwaltungsrechtsweg gegeben. Um einen möglichst einheitlichen Qualitätsstandard bei beruflichen Betreuern sicherzustellen, gilt das Registrierungsverfahren für selbstständige Berufsbetreuer und für Vereinsbetreuer gleichermaßen. Ausgenommen hiervon sind Behördenbetreuer, hier wird über die Fachkräfteregelung in § 3 BtOG eine ausreichende Fachlichkeit vermutet.

366 Mit der Einführung des Registrierungsverfahrens wird künftig sichergestellt, dass die Grundentscheidung, ob ein Bewerber als beruflicher Betreuer tätig werden kann, nach einem bundeseinheitlichen,

transparenten und fairen Anforderungsprofil und in einem einheitlichen, transparenten und fairen Verfahren getroffen wird. Dabei verzichtet die Neuregelung bewusst auf die Ausgestaltung eines behördlichen Sachkundeprüfungs- und Aufsichtsverfahrens. Deshalb sind weder eine Durchführung eigener Sachkundeprüfungen noch ein mehrfach gestuftes Sanktionsverfahren vorgesehen. Vielmehr soll sich die Tätigkeit der Stammbehörde im Rahmen des Registrierungsverfahrens auf die Prüfung der Antragsunterlagen, die Registrierung und den Widerruf beschränken, wobei die Behörde im Widerrufsverfahren grundsätzlich nur anlassbezogen tätig wird. Während der laufenden Betreuertätigkeit hat die Stammbehörde zwar keine allgemeine Dienstaufsicht, sie soll sich aber die Zuverlässigkeit in regelmäßigen Abständen nachweisen lassen und als zentrale Stelle fungieren, bei der alle einen beruflichen Betreuer betreffenden Informationen gesammelt und vorgehalten werden. Die nach aktuellem Recht gegebene Fragmentierung der Zuständigkeiten, wenn ein Betreuer im Zuständigkeitsbereich mehrerer Betreuungsgerichte oder -behörden tätig ist, soll beseitigt und eine Gesamtsicht auf seine berufliche Praxis ermöglicht werden. Insbesondere soll vermieden werden, dass sich ein Betreuer durch einen Ortswechsel der bestehenden Aufsicht entziehen und Konflikten mit dem beaufsichtigenden Gericht bzw. der Betreuungsbehörde ausweichen kann.

§ 23 Registrierungsvoraussetzungen; Verordnungsermächtigung	
(1) Voraussetzungen für eine Registrierung als beruflicher Betreuer sind:[665] 1. die persönliche Eignung und Zuverlässigkeit,[666] 2. eine ausreichende Sachkunde für die Tätigkeit als beruflicher Betreuer[667] und 3. eine Berufshaftpflichtversicherung zur Deckung der sich aus der Berufstätigkeit ergebenden Haftpflichtgefahren mit einer Mindestversicherungssumme von 250 000 Euro für jeden Versicherungsfall.[668]	*Ohne direktes Vorbild.*

665 Die Vorschrift regelt zentral die kumulativen Voraussetzungen, die für die Registrierung von beruflichen Betreuern gelten. Die einzelnen Voraussetzungen ergeben sich insbesondere aus der Schutzbedürftigkeit von betreuten Personen. Diese sollen sich darauf verlassen können, dass berufliche Betreuungen nur von persönlich zuverlässigen, sachkundigen und gegen Pflichtverletzungen versicherten Personen geführt werden.

666 Zu prüfen ist die persönliche Integrität der Antragsteller. Die für und gegen die Person sprechenden Gründe müssen einzelfallbezogen gewichtet werden. Die Registrierung darf nur versagt werden, wenn objektiv nachvollziehbare Umstände erhebliche Zweifel an der ordnungsgemäßen Führung von Betreuungen begründen. Nicht jedes Fehlverhalten muss automatisch zur Versagung einer Registrierung führen. Der Rechtsbegriff der persönlichen Eignung ist aus dem Rechtsdienstleistungsgesetz bekannt. Der Begriff der Eignung wird etwa im Zusammenhang mit der öffentlichen Bestellung von Sachverständigen im Gewerberecht verwendet. Sie fehlt zum Beispiel bei eigener Betreuungsbedürftigkeit oder im Falle einer grundlegenden Interessenkollision. Letztere kann nicht bereits daraus geschlossen werden, dass ein Antragsteller einen zweiten Beruf ausübt. Auch die abstrakte Gefahr, dass bei der Ausübung zweier Tätigkeiten einzelne Fälle von Interessenkollisionen auftreten können, genügt nicht, da das Betreuungsgericht im konkreten Verfahren weiterhin zu prüfen hat, ob ein Betreuer im Einzelfall geeignet ist. Vielmehr muss es sich um eine mit der beruflichen Führung von Betreuungen generell unvereinbare anderweitige berufliche Tätigkeit handeln, durch die die Unabhängigkeit in der Berufsausübung grundsätzlich in Frage steht. Eine solche grundlegende, eine Registrierung ausschließende Interessenkollision kann insbesondere bei dem in § 1816 Abs. 6 S. 1 BGB bezeichneten Personenkreis in Betracht kommen. Der Begriff der Zuverlässigkeit ist ausschließlich berufsbezogen zu verstehen. Die Zuverlässigkeit ist nicht allgemein zu beurteilen, vielmehr dürfen im Hinblick auf den Schutzzweck des Registrierungsverfahrens nach dem BtOG (Schutz von Betreuten) bei Antragstellern keine Tatsachen erkennbar sein, die erhebliche Zweifel an der ordnungsgemäßen Führung von beruflichen Betreuungen begründen. Regelbeispiele für eine fehlende Zuverlässigkeit sind in § 23 Abs. 2 BtOG geregelt.

(2) Die nach Absatz 1 Nummer 1 erforderliche Zuverlässigkeit fehlt in der Regel, wenn 1. die Person hinsichtlich der Tätigkeit als beruflicher Betreuer einem Berufsverbot nach § 70 des Strafgesetzbuchs oder einem vorläufigen Berufsverbot nach § 132a der Strafprozessordnung unterliegt,[669] 2. die Person in den letzten drei Jahren vor Stellung des Registrierungsantrags wegen eines Verbrechens oder eines vorsätzlich begangenen, für die Führung einer Betreuung relevanten Vergehens rechtskräftig verurteilt worden ist,[670] 3. in den letzten drei Jahren vor der Antragstellung eine Registrierung nach § 27 widerrufen worden ist[671] oder	

667 Es ist zwingend notwendig, dass ein Betreuer, der beruflich Betreuungen führen möchte, über ein Mindestmaß an Sachkunde verfügt. Durch die im Registrierungsverfahren vorgenommene Feststellung des Vorhandenseins von betreuungsrelevanten Kenntnissen werden gleichzeitig die Gerichte von eigenen Feststellungen entlastet. Einzelheiten des erforderlichen Sachkundenachweises regeln § 23 Abs. 3 BtOG sowie die nach § 23 Abs. 5 BtOG erlassene Rechtsverordnung.

668 Schon nach dem bisher geltenden Recht konnte Betreuern nach §§ 1908i Abs. 1, 1837 Abs. 2 S. 3 BGB aF aufgegeben werden, eine Versicherung gegen Schäden einzugehen, die er dem Betreuten zufügte. Das galt allerdings bisher nur für den Einzelfall, wenn dies im Interesse des Betreuten geboten war. Die Mindestversicherungssumme von 250 000 EUR entspricht der nach § 51 Abs. 4 BRAO für Rechtsanwälte vorgesehenen Mindestversicherungssumme.

669 Zu berücksichtigen ist vor allem, wenn der Antragsteller bereits beruflich als Betreuer tätig war, aber gegen ihn ein Berufsverbot als Betreuer nach § 70 StGB oder § 132a StPO vorliegt. Ein solches Berufsverbot schließt die Tätigkeit als beruflicher Betreuer per se aus und führt gleichzeitig dazu, dass keine (neue) Registrierung vorgenommen werden darf.

670 § 23 Abs. 2 Nr. 2 BtOG nennt als Regelfall persönlicher Unzuverlässigkeit die rechtskräftige strafrechtliche Verurteilung. Aus der Tat muss eine berufsbezogene Unzuverlässigkeit gefolgert werden können. Im Hinblick auf den hohen Rang des Grundrechts der Berufsfreiheit und auf den Grundsatz der Verhältnismäßigkeit gilt dies regelmäßig nur für Verbrechen ohne Einschränkung. Die rechtskräftige Verurteilung wegen eines Vergehens kann eine Versagung der Registrierung in der Regel nur dann rechtfertigen, wenn das Delikt selbst berufsbezogen ist. Die Behörde muss im Rahmen ihrer Abwägung zu dem Ergebnis kommen, dass erhebliche Zweifel an der ordnungsgemäßen Führung von Betreuungen zum Nachteil betreuter Personen bestehen. Berufsbezogenheit bedeutet nicht, dass die Tat innerhalb der Berufsausübung begangen worden sein muss. Es kann ausreichen, dass sich das Vergehen gegen ein Rechtsgut richtet, das für die Berufsausübung von besonderer Bedeutung ist. Das sind im Rahmen der Betreuungsführung insbesondere Delikte, die den Schutz des Eigentums oder des Vermögens des Betreuten bezwecken, wie zum Beispiel Diebstahl und Unterschlagung, Betrug, Untreue, Urkundenfälschung oder Insolvenzstraftaten. In Betracht kommen aber auch Delikte gegen die körperliche Unversehrtheit von Schutzbefohlenen oder gegen die sexuelle Selbstbestimmung, wie zum Beispiel Körperverletzung, Misshandlung von Schutzbefohlenen oder sexueller Missbrauch. Art. 12 GG und das Verhältnismäßigkeitsprinzip gebieten dabei jedoch eine Abwägung im Einzelfall dergestalt, dass auch solche Delikte nicht pauschal der Registrierung entgegenstehen dürfen. Zum Beispiel kann ein einfacher Ladendiebstahl es nicht ohne Weiteres rechtfertigen, dass der Antrag auf Registrierung zurückgewiesen wird. Die Schwere der Tat und das Strafmaß sind ebenso zu berücksichtigen wie der Umstand, ob es sich um eine im privaten oder im beruflichen Zusammenhang begangene Straftat handelt. Dabei gilt der Grundsatz, dass bei einer leichten Straftat die Ablehnung der Registrierung umso eher in Betracht kommen wird, je enger die Straftat mit der Berufsausübung im Zusammenhang steht. Die gesetzliche Regelung der berufsbezogenen Unzuverlässigkeit lehnt sich damit an die Rechtsprechung zur Versagung der Zulassung zur Rechtsanwaltschaft wegen Unwürdigkeit nach § 7 Nr. 5 BRAO an. Zu berücksichtigen ist bei der Auslegung, dass registrierte Betreuer – anders als Rechtsanwälte – keine Organe der Rechtspflege sind. Verurteilungen, die länger als drei Jahre zurückliegen, dürfen nicht ohne Weiteres zulasten der Antragsteller gewertet werden. Die Dreijahresfrist entspricht der Frist nach § 34 Abs. 1 Nr. 1 BZRG, nach der Verurteilungen frühestens nicht mehr in ein Führungszeugnis aufzunehmen sind. Länger zurückliegende Verurteilungen, die noch in dem vom Antragsteller beizubringenden Führungszeugnis (vergleiche Begründung zu § 24 Abs. 1 Nr. 1 BtOG) enthalten sind, können nur nach besonderer Prüfung, ob die Unzuverlässigkeit noch andauert, zur Zurückweisung des Antrags auf Registrierung führen.

671 Im Rahmen der Zuverlässigkeitsprüfung ist auch zu berücksichtigen, wenn ein Antragsteller bereits als beruflicher Betreuer registriert war, diese Registrierung aber widerrufen wurde. Zur Wahrung des Grund-

4. die Vermögensverhältnisse der Person ungeordnet sind, was in der Regel der Fall ist, wenn über das Vermögen der Person das Insolvenzverfahren eröffnet worden oder sie in das vom zentralen Vollstreckungsgericht zu führende Schuldnerverzeichnis (§ 882b der Zivilprozessordnung) eingetragen ist.[672]	
(3) Die nach Absatz 1 Nummer 2 erforderliche Sachkunde ist gegenüber der Stammbehörde durch Unterlagen nachzuweisen.[673] Sie hat zu umfassen: 1. Kenntnisse des Betreuungs- und Unterbringungsrechts, des dazugehörigen Verfahrensrechts sowie auf den Gebieten der Personen- und Vermögenssorge,[674]	

rechts auf Berufsfreiheit und des Grundsatzes der Verhältnismäßigkeit erscheint es allerdings angezeigt, ist der Zugang zum Beruf regelmäßig nicht länger als drei Jahre versperrt. Bei der Antragstellung ist deshalb anzugeben, ob in den vergangenen drei Jahren ein Widerruf erfolgte.

672 Ungeordnete Vermögensverhältnisse stellen in Übereinstimmung mit den im Gewerberecht und in der BRAO bestehenden Regelungen ebenfalls einen Fall fehlender Zuverlässigkeit dar. Der Rechtsbegriff der ungeordneten Vermögensverhältnisse wird in § 23 Abs. 3 S. 2 BtOG in Anlehnung an vergleichbare Vorschriften der BRAO (§ 7 Nr. 9, § 14 Abs. 2 Nr. 7 BRAO), der GewO (§§ 34b Abs. 4 Nr. 2, 34c Abs. 2 Nr. 2 GewO) und des RDG (§ 12 Abs. 2 RDG) konkretisiert, um der Stammbehörde objektive Kriterien (Eröffnung des Insolvenzverfahrens, Eintragung in das Schuldnerverzeichnis) an die Hand zu geben. Dabei soll nicht zwischen einer auf privaten Ursachen beruhenden Verschuldung und einer im Zusammenhang mit der beruflichen Tätigkeit stehenden Verschuldung unterschieden werden.

673 § 23 Abs. 3 BtOG stellt ein Kernstück der Neuregelung dar und konkretisiert erstmals die Anforderungen an die von einem beruflichen Betreuer nachzuweisende Sachkunde. Es handelt sich um solche Fachkenntnisse, deren Vorhandensein für alle Betreuungsfälle erforderlich ist. Die Anforderungen an die Sachkunde im Einzelnen sollen in der nach § 23 Abs. 4 zu erlassenden Ausführungsverordnung geregelt werden. Eine Sachkundeprüfung durch die Stammbehörde oder eine andere Behörde ist nicht vorgesehen. Die Sachkunde soll künftig von dem Antragsteller durch Unterlagen, insbesondere durch Zeugnisse über erfolgreich abgelegte Studien- und Ausbildungsgänge sowie geeignete Lehrgänge nachgewiesen werden. Das entlastet die Stammbehörde, vereinfacht und verschlankt das Registrierungsverfahren und konzentriert die Prüfung bei Stellen, die eine entsprechende Sachnähe zu den Materien aufweisen. Die Stammbehörde muss im Registrierungsverfahren lediglich prüfen, ob die Unterlagen nach der Ausführungsverordnung ausreichen, um die geforderte Sachkunde zu belegen. Zur Vereinheitlichung und Vereinfachung dieser Prüfung sieht die Verordnungsermächtigung in § 23 Abs. 4 BtOG vor, Regelungen über die Anerkennung und Zertifizierung privater Anbieter zu schaffen. Die für den Berufszugang erforderliche Sachkunde ist durch Unterlagen nachzuweisen. Dieser Begriff ist weit auszulegen und umfasst insbesondere Zeugnisse, aber auch sonstige schriftlichen Dokumente. Damit sind alle in einem förmlich geregelten Berufszugangsverfahren erworbenen Lehr- und Prüfungszeugnisse gemeint, die eine Ausbildung abschließen und den unmittelbaren Berufszugang ermöglichen, wie zum Beispiel die erste juristische Prüfung, die Rechtspflegerprüfung oder sonstige Studienabschlüsse und Berufsqualifikationen. Dabei ist es unerheblich, ob die Stelle, die die Zeugnisse erteilt hat, staatlich oder privat ist. Können Antragsteller nachweisen, dass sie die Anforderungen eines Ausbildungsverlaufs ohne eine Abschlussprüfung absolviert haben, kann auch dies entsprechende Kenntnisse belegen (zum Beispiel Leistungsnachweise aus dem Jurastudium). Von dem Erfordernis einer praktischen Berufserfahrung wurde abgesehen, um den Berufseinstieg nicht zu erschweren.

674 Die von jedem beruflichen Betreuer zu fordernde Sachkunde hat in erster Linie vertiefte Kenntnisse des Betreuungs- und Unterbringungsrechts, des zugehörigen Verfahrensrechts sowie Kenntnisse auf den Gebieten der Personen- und Vermögenssorge zu umfassen. Kenntnisse des Betreuungsrechts umfassen die Vorschriften zu den Voraussetzungen, aber insbesondere auch zur Führung einer Betreuung. Dabei sind Kenntnisse sowohl der Pflichten gegenüber dem Betreuten, als auch der Pflichten gegenüber dem Gericht (Anzeige-, Genehmigungs- und Berichtspflichten) zu fordern. Ebenfalls erforderlich sind Kenntnisse über die Anordnung eines Einwilligungsvorbehalts. Das Unterbringungsrecht umfasst insbesondere die Voraussetzungen für die Anordnung einer freiheitsentziehenden Unterbringung nach Betreuungsrecht oder öffentlichem Recht, sonstiger freiheitsentziehender Maßnahmen sowie die Voraussetzung für die Einwilligung in eine ärztliche Zwangsbehandlung. Das zugehörige Verfahrensrecht beinhaltet im Wesentlichen die Vorschriften des FamFG, hier sind also Kenntnisse der einzelnen Verfahrensschritte und -anforderungen zu erwarten.
Kenntnisse auf dem Gebiet der Personensorge umfassen insbesondere die Aufgabenbereiche der Gesundheitssorge, der Aufenthaltsbestimmung sowie der Unterbringungsentscheidungen. Hierfür müssen medizi-

2. Kenntnisse des sozialrechtlichen Unterstützungssystems[675] und 3. Kenntnisse der Kommunikation mit Personen mit Erkrankungen und Behinderungen und von Methoden zur Unterstützung bei der Entscheidungsfindung.[676]	
(4) Das Bundesministerium der Justiz und für Verbraucherschutz bestimmt durch Rechtsverordnung mit Zustimmung des Bundesrates Einzelheiten zu den Voraussetzungen der Registrierung nach den Absätzen 1 bis 3, insbesondere die Anforderungen an die Sachkunde und ihren Nachweis einschließlich der Anerkennung und Zertifizierung privater Anbieter von Sachkundelehrgängen sowie an die Anerkennung ausländischer Berufsqualifikationen.[677]	

nische Grundkenntnisse über betreuungsrelevante Erkrankungen und Behinderungen, deren Auswirkungen, Gefahren und Behandlungsbedarf vorhanden sein. Zu verlangen sind auch Kenntnisse zu den Themen Patientenrechte, Einwilligungsfähigkeit und Patientenverfügung. Wichtig sind auch Kenntnisse über die Möglichkeiten der Vermeidung einer freiheitsentziehenden Unterbringung oder sonstiger freiheitsentziehender Maßnahmen. Kenntnisse auf dem Gebiet der Vermögenssorge sollen Grundlagen des Miet- und Haftungsrechts, der Rechtsgeschäftslehre sowie der Grundsätze der Vermögensverwaltung und -anlage umfassen. Sie sollen den Betreuer unter anderem in die Lage versetzen, die Genehmigungsbedürftigkeit einzelner Rechtsgeschäfte und das Erfordernis der Hinzuziehung eines Rechtsanwalts zu beurteilen. Vertiefte Kenntnisse sind auf diesen Kerngebieten zu verlangen, da es hier um eine berufliche Tätigkeit geht, die vom Betreuten bzw. dem Staat vergütet wird. Die Kenntnisse müssen daher über das hinausgehen, was von einem ehrenamtlichen Betreuer verlangt und erwartet wird, und eine qualitativ gute Betreuung sicherstellen. Insbesondere ist zu erwarten, dass es sich um aktive Kenntnisse handelt, die den Betreuer in verschiedenartigen Betreuungsfällen in die Lage versetzen, gegenüber dem Betreuten und dem Gericht kompetent zu handeln.

675 Kenntnisse des sozialrechtlichen Unterstützungssystems umfassen insbesondere Kenntnisse der Sozial- und Hilfestrukturen sowie der Durchsetzung von sozialrechtlichen Ansprüchen. Diese Kenntnisse sind erforderlich, um den Lebensunterhalt des Betreuten zu sichern, ihm die notwendige Unterstützung außerhalb der rechtlichen Betreuung zukommen zu lassen und idealerweise die Betreuung aufgrund ausreichender Hilfe des sozialrechtlichen Hilfesystems wieder überflüssig zu machen.

676 § 23 Abs. 3 Nr. 3 BtOG verlangt schließlich Kenntnisse der Kommunikation mit Personen mit Erkrankungen und Behinderungen und von Methoden zur Unterstützung bei der Entscheidungsfindung. Diese Kenntnisse sind erforderlich, da der Betreuer den Betreuten bei der Ausübung seiner rechtlichen Handlungsfähigkeit zu unterstützen hat (§ 1821 Abs. 1 BGB). Eine solche Unterstützung beinhaltet, den Betreuten zunächst bei der Findung einer eigenen Entscheidung und sodann bei deren Umsetzung zu unterstützen. Die sogenannte „unterstützte Entscheidungsfindung" ist kein Rechtsbegriff. Aus Art. 12 Abs. 3 UN-BRK ergibt sich aber die Pflicht des Betreuers, dem Betreuten die Unterstützung zu geben, die dieser bei der Ausübung seiner Rechts- und Handlungsfähigkeit gegebenenfalls benötigt. Hierzu gehört, dass der Betreuer den Betreuten bei dessen eigener Entscheidungsfindung unterstützt und auch bei der Entscheidungsumsetzung nur stellvertretend tätig wird, wenn ein bloß unterstützendes Handeln nicht ausreicht. Damit diese Vorgaben möglichst gut erfüllt werden können, sind insbesondere bestimmte Kommunikationskenntnisse erforderlich, die eine eigene Entscheidungsfindung des Betreuten ermöglichen und vermeiden, dass der Betreuer eine von ihm nach seinen eigenen Vorstellungen getroffene Entscheidung an die Stelle einer Entscheidung des Betreuten setzt. Darüber hinaus ist die Betreuung nach § 1821 Abs. 2 BGB so zu führen, dass der Betreute im Rahmen seiner Möglichkeiten sein Leben nach seinen Wünschen gestalten kann. Hierzu hat der Betreuer die Wünsche des Betreuten festzustellen. Da dies krankheits- oder behinderungsbedingt nicht immer einfach ist, sind auch insoweit entsprechende Kommunikationsfähigkeiten zu verlangen.

677 Abgedruckt ist der Regierungsentwurf am Ende dieses Abschnitts zum Betreuungsorganisationsrecht.

§ 24 Registrierungsverfahren; Verordnungsermächtigung	
(1) Die Registrierung erfolgt auf Antrag,[678] der bei der Stammbehörde zu stellen ist. Mit dem Antrag sind beizubringen:[679] 1. ein Führungszeugnis nach § 30 Absatz 5 des Bundeszentralregistergesetzes, das nicht älter als drei Monate sein soll, 2. eine Auskunft aus dem zentralen Schuldnerverzeichnis nach § 882b der Zivilprozessordnung, die nicht älter als drei Monate sein soll, 3. eine Erklärung, ob ein Insolvenz-, Ermittlungs- oder Strafverfahren anhängig ist, 4. eine Erklärung, ob in den letzten drei Jahren vor Antragstellung eine Registrierung als Berufsbetreuer versagt, zurückgenommen oder widerrufen wurde, und 5. geeignete Nachweise über den Erwerb der nach § 23 Absatz 1 Nummer 2 und Absatz 3 erforderlichen Sachkunde. Zudem hat der Antragsteller der Stammbehörde den beabsichtigten zeitlichen Gesamtumfang und die Organisationsstruktur seiner beruflichen Betreuertätigkeit mitzuteilen.[680]	*Ohne direktes Vorbild.*

678 Zur Einleitung des Registrierungsverfahrens hat der Betreuer einen Antrag bei der für ihn zuständigen Stammbehörde zu stellen. Diese prüft das Vorliegen der unter § 23 BtOG genannten Voraussetzungen.

679 § 24 Abs. 1 S. 2 BtOG listet die Unterlagen auf, die mit dem Registrierungsantrag vorgelegt werden müssen, weil sie entscheidungsrelevante Tatsachen enthalten. Insgesamt gilt der Grundsatz, dass der Antragsteller sämtliche Unterlagen beizubringen hat. Dies dient der Arbeitserleichterung der Stammbehörde als Registrierungsbehörde.

680 Der Antragsteller muss der Stammbehörde auch den beabsichtigten zeitlichen Gesamtumfang sowie die Organisationsstruktur seiner Betreuertätigkeit mitteilen. Da auch im Zuge der Neuregelung auf eine gesetzliche Höchstgrenze von Betreuungen, die durch einen beruflichen Betreuer geführt werden dürfen, verzichtet worden ist, dienen diese Angaben dazu, der Stammbehörde Anhaltspunkte für eine Einschätzung der Gesamtkapazität eines beruflichen Betreuers an die Hand zu geben. Die Angaben zum beabsichtigten zeitlichen Gesamtumfang der Betreuungsführung beziehen sich auf die Frage, ob die Betreuertätigkeit in Vollzeit oder als Nebentätigkeit ausgeübt wird und – im letzteren Fall – welcher zeitliche Umfang hierfür in etwa zur Verfügung steht. Hierzu gehören auch Angaben, ob und in welchem Umfang neben der beruflichen Betreuertätigkeit andere berufliche Tätigkeiten oder eine Ausbildung bzw. ein Studium absolviert werden. Die Angaben zur Organisationsstruktur beziehen sich auf die Frage, ob die Betreuertätigkeit vollständig alleine als Einzeltätigkeit ausgeübt wird, ob eine Tätigkeit in einer Bürogemeinschaft beabsichtigt ist oder ob ggf. weitere Hilfskräfte oder Mitarbeiter beschäftigt werden sollen, die dem Betreuer einen Teil der nicht zwingend von ihm selbst vorzunehmenden Tätigkeiten abnehmen. Diese Angaben sind wichtig, da anderenfalls die Zahl der geführten Betreuungen nicht bewertet werden kann. Ein Betreuer, der ohne Hilfskräfte in einem Einzelbüro beispielsweise 50 Betreuungen führt, ist anders belastet, als ein Betreuer, der in einer Bürogemeinschaft mit Mitarbeitern dieselbe Anzahl von Betreuungen führt. Wenn er dann auch noch einer weiteren Tätigkeit neben der Berufsbetreuung nachgeht, kann im Zweifel davon ausgegangen werden, dass er zu viele Betreuungen führt und die notwendige Qualität nicht sicherstellen kann. Diese Angaben müssen einmal zu Beginn einer Betreuung gemacht werden, in der Folge hat der berufliche Betreuer nach § 25 Abs. 1 BtOG die Verpflichtung, Änderungen dieser Angaben mitzuteilen. Da diese Angaben in den Betreuervorschlag nach § 12 Abs. 3 S. 3 BtOG aufgenommen werden müssen, müssen sie bei einer Behörde zentral vorliegen. Diese Aufgabe bekommt die Stammbehörde übertragen, die die Daten sodann ggf. der zuständigen Betreuungsbehörde mitteilen muss, sofern sie mit dieser nicht identisch ist.

(2) Zur Feststellung der persönlichen Eignung nach § 23 Absatz 1 Nummer 1 hat die Stammbehörde mit dem Antragsteller ein persönliches Gespräch zu führen.[681]	
(3) Über den Antrag ist innerhalb von drei Monaten durch Verwaltungsakt zu entscheiden. Die Frist beginnt mit Eingang der vollständigen Unterlagen. Sie kann einmal angemessen verlängert werden, wenn dies wegen der Schwierigkeit der Angelegenheit gerechtfertigt ist. Die Fristverlängerung ist zu begründen und dem Antragsteller rechtzeitig mitzuteilen. Wenn die Voraussetzungen des § 23 Absatz 1 Nummer 1 und 2 vorliegen,[682] fordert die Stammbehörde den Antragsteller vor Ablauf der Frist nach Satz 1 auf, den Nachweis über die Berufshaftpflichtversicherung nach § 23 Absatz 1 Nummer 3 zu erbringen. Sobald sämtliche Voraussetzungen nach § 23 Absatz 1 nachgewiesen sind, nimmt die Stammbehörde die Registrierung vor. Die Registrierung gilt bundesweit.	
(4) Das Bundesministerium der Justiz und für Verbraucherschutz bestimmt durch Rechtsverordnung mit Zustimmung des Bundesrates die Einzelheiten des Registrierungsverfahrens, darunter auch Aufbewahrungs- und Löschungsfristen.[683]	
§ 25 Mitteilungs- und Nachweispflichten beruflicher Betreuer (1) Der berufliche Betreuer teilt der Stammbehörde alle Änderungen im Bestand der von ihm geführten Betreuungen alle vier Monate sowie alle Änderungen, die sich auf die Registrierung auswirken können, unverzüglich mit. Mitzuteilen sind auch Änderungen des zeitlichen Gesamtumfangs und der Organisationsstruktur seiner beruflichen Betreuertätigkeit sowie der Wechsel des Sitzes oder Wohnsitzes des beruflichen Betreuers.[684]	

681 Zweck des Gesprächs zur Feststellung der persönlichen Eignung ist es, dass sich die Stammbehörde vor einer Registrierung einen persönlichen Eindruck von dem Bewerber verschafft. In diesem Rahmen können auch spezifische Interessenschwerpunkte und die Motivation eines Bewerbers erfragt werden.

682 Der Nachweis der Berufshaftpflichtversicherung ist erst zu erbringen, wenn die übrigen Voraussetzungen für die Registrierung vorliegen, die Behörde also grundsätzlich positiv im Sinn des Antrags entschieden hat. Sie fordert dann den Antragsteller auf, die Berufshaftpflichtversicherung nachzuweisen. Dieser Nachweis kann bei Vereinsbetreuern auch durch den Verweis auf die Versicherung durch den Betreuungsverein nach § 14 Abs. 1 BtOG erfolgen.

683 Abgedruckt ist der Regierungsentwurf am Ende des Abschnitts zum Betreuungsorganisationsrecht.

684 Die Vorschrift verpflichtet die beruflichen Betreuer, der Stammbehörde alle Änderungen im Bestand der von ihm geführten Betreuungen quartalsweise mitzuteilen (Übernahme neuer Betreuungen, aber auch die Abgabe oder die Beendigung laufender Betreuungen). Nicht erforderlich ist hingegen die Mitteilung von Erweiterungen oder Einschränkungen des Aufgabenkreises oder der Anordnung eines Einwilligungsvorbehalts, da diese nicht für die Registrierung von Bedeutung sind und Änderungen der registrierten Daten nicht erforderlich machen. Das Gleiche gilt für die Mitteilung der Bestellung zum Verhinderungsbetreuer, da diese wegen der nur zeitlich begrenzten Tätigkeit keinen relevanten Einfluss auf die Gesamtbelastung des Betreuers hat. Der Mitteilungspflicht wird genügt, indem der Betreuer das Aktenzeichen einschließlich der Bezeichnung des jeweiligen Gerichts übermittelt. Dabei ist zu beachten, dass keine personenbezogenen

(2) Der berufliche Betreuer hat der Stammbehörde ab der Registrierung alle drei Jahre unaufgefordert ein aktuelles Führungszeugnis nach § 30 Absatz 5 des Bundeszentralregistergesetzes und eine aktuelle Auskunft aus dem zentralen Schuldnerverzeichnis nach § 882b der Zivilprozessordnung vorzulegen sowie die Erklärung nach § 24 Absatz 1 Satz 2 Nummer 3 abzugeben.	
(3) Der berufliche Betreuer hat der Stammbehörde jährlich einen Nachweis über das Fortbestehen der Berufshaftpflichtversicherung nach § 23 Absatz 1 Nummer 3 einzureichen.	
(4) Der berufliche Betreuer teilt der Stammbehörde unaufgefordert das Ergebnis des Feststellungsverfahrens nach § 8 Absatz 3 des Vormünder- und Betreuervergütungsgesetzes mit.	
§ 26 Umgang mit den für die Registrierung relevanten Daten (1) Die Stammbehörde verarbeitet die bei der Durchführung ihrer Aufgaben nach diesem Titel erhaltenen Daten einschließlich personenbezogener Daten, soweit dies hierfür erforderlich ist.[685]	*Ohne direktes Vorbild.*
(2) Die Stammbehörde ist berechtigt und auf Verlangen des Betreuungsgerichts verpflichtet, diesem die bei ihr über einen beruflichen Betreuer vorhandenen Daten zu übermitteln, soweit dies für die Erfüllung der gesetzlichen Aufgaben des Betreuungsgerichts erforderlich ist.	
(3) Die Stammbehörde darf anderen Betreuungsbehörden Daten übermitteln, die sie bei der Durchführung ihrer Aufgaben nach diesem Titel erhalten hat, soweit die Kenntnis dieser Daten	

Daten des Betreuten sowie weiterer Personen mitgeteilt werden dürfen. Die Angaben des Betreuers dienen dazu, dass die Stammbehörde für jeden bei ihr registrierten Betreuer die Anzahl der aktuell geführten Betreuungen kennt. Die zuständige Betreuungsbehörde hat diese dem Betreuungsgericht mit dem Betreuervorschlag mitzuteilen (§ 12 Abs. 3 S. 3 BtOG). Sollte die Betreuungsbehörde nicht mit der Stammbehörde identisch sein, muss sie sich diese Angaben vor einem Betreuervorschlag von der Stammbehörde übermitteln lassen. Auch die Kenntnis der Gerichte, bei denen der berufliche Betreuer Betreuungen führt, ist für die Stammbehörde wichtig, da sie nur so ihrer Mitteilungspflicht nach § 26 Abs. 2 BtOG nachkommen kann. Zudem haben die beruflichen Betreuer der Stammbehörde unverzüglich alle Änderungen mitzuteilen, die sich auf die Registrierung auswirken können. Hierbei handelt es sich vor allem um nachträglich eintretende Umstände, die zur Anwendbarkeit einer der in § 23 Abs. 2 BtOG für die Zuverlässigkeit normierten Ausschlussgründe führen können. In Betracht kommt insbesondere eine rechtskräftige Verurteilung im Sinne des § 23 Abs. 2 Nr. 2 BtOG. Der zuständigen Stammbehörde mitzuteilen sind darüber hinaus Änderungen des zeitlichen Gesamtumfangs und der Organisationsstruktur der beruflichen Betreuertätigkeit sowie jede Änderung des Sitzes oder Wohnsitzes des beruflichen Betreuers. Daneben sind insbesondere Änderungen personenbezogener Daten mitzuteilen, wie etwa Veränderungen des Namens oder der Anschrift des beruflichen Betreuers. Diese Verpflichtung dient damit auch der Aktualität und Minimierung des bei der Stammbehörde vorgehaltenen Datenbestands. Bei erheblichen und beharrlichen Verstößen gegen die Pflicht zur Mitteilung von Änderungen liegt aufgrund der dadurch indizierten Unzuverlässigkeit des beruflichen Betreuers ein Widerrufsgrund vor.

685 Bereichsspezifische Rechtsgrundlage für die Verarbeitung der über berufliche Betreuer im Rahmen des Registrierungsverfahrens erlangten Daten einschließlich personenbezogener Daten durch die Stammbehörde sowie für die verschiedenen hierbei in Betracht kommenden Datenübermittlungen.

zur Erfüllung der Aufgaben der Behörde, an die die Daten übermittelt werden, erforderlich ist.	
(4) Gerichte und Behörden dürfen der Stammbehörde personenbezogene Daten übermitteln, soweit deren Kenntnis für die Registrierung oder die Rücknahme oder den Widerruf der Registrierung erforderlich ist. Satz 1 gilt nur, soweit durch die Übermittlung der Daten schutzwürdige Interessen der betroffenen Person nicht beeinträchtigt werden oder soweit das öffentliche Interesse das Geheimhaltungsinteresse der betroffenen Person überwiegt.	
§ 27 Widerruf, Rücknahme und Löschung der Registrierung (1) Die Stammbehörde widerruft die Registrierung[686] unbeschadet der landesrechtlichen Vorschriften, die § 49 des Verwaltungsverfahrensgesetzes entsprechen, wenn 1. begründete Tatsachen die Annahme rechtfertigen, dass der berufliche Betreuer die persönliche Eignung oder Zuverlässigkeit nicht mehr besitzt; dies ist in der Regel der Fall, wenn einer der in § 23 Absatz 2 genannten Gründe nachträglich eintritt, der berufliche Betreuer gegen das Verbot nach § 30 oder beharrlich gegen die Pflichten nach § 25 verstößt,[687] 2. der berufliche Betreuer keine Berufshaftpflichtversicherung nach § 23 Absatz 1 Nummer 3 mehr unterhält oder 3. begründete Tatsachen die Annahme rechtfertigen, dass der berufliche Betreuer die Be-	*Bisher kein direktes Vorbild.*

686 Die Regelung verpflichtet die zuständige Behörde, Registrierungen zu widerrufen, wenn während der beruflichen Betreuertätigkeit einer der genannten Widerrufsgründe festgestellt wird. Die Vorschrift tritt neben die allgemeinen Regelungen über den Widerruf eines rechtmäßigen Verwaltungsaktes nach den § 49 VwVfG entsprechenden landesrechtlichen Vorschriften. Die Widerrufsgründe sind zwingend. Die Betreuten müssen darauf vertrauen können, dass berufliche Betreuer nicht nur die notwendige Sachkunde haben, sondern auch persönlich und von ihrer Organisation her zuverlässig sind und ihre Tätigkeit auf rechtmäßige Weise ausüben. Die Behörde ist aber gehalten, wegen des durch den Widerruf erfolgenden Eingriffs in die Berufsfreiheit von beruflichen Betreuern die Widerrufsgründe in jedem Einzelfall besonders sorgfältig zu prüfen. Nach den Umständen des Einzelfalls muss die Annahme gerechtfertigt sein, dass der Schutz der Betreuten durch eine Fortsetzung der Betreuungsführung gefährdet wäre. Ein gestuftes, gesetzlich geregeltes Sanktionssystem, das neben dem Widerruf mildere Maßnahmen wie die förmliche Rüge oder die Verhängung von Ordnungsmitteln vorsieht, ist demgegenüber nicht eingeführt worden. Werden der Stammbehörde Umstände bekannt, die zu einem Widerruf der Registrierung führen können, hat sie den Widerruf der Registrierung zu prüfen. Innerhalb des Widerrufsverfahrens ist dem beruflichen Betreuer sodann nach den allgemeinen Grundsätzen des Verwaltungsrechts nicht nur rechtliches Gehör, sondern auch die Gelegenheit zu geben, das beanstandete Verhalten dauerhaft abzustellen und so den Grund für einen Widerruf zu beseitigen.

687 Widerrufsgrund ist v.a. die nachträglich eintretende mangelnde persönliche Eignung oder Zuverlässigkeit des beruflichen Betreuers. § 27 Abs. 1 Hs. 2 BtOG verweist hinsichtlich der Regelfälle persönlicher Unzuverlässigkeit auf § 23 Abs. 2 BtOG. Auch die erhebliche Verletzung der Mitteilungs- und Nachweispflicht nach § 25 BtOG indiziert die fehlende Zuverlässigkeit der registrierten Person und kann zum Widerruf der Registrierung führen. Dies wird aber nur in Ausnahmefällen gerechtfertigt sein, wenn etwa die registrierte Person ständig ihren Sitz verlagert, ohne dies anzuzeigen. Erforderlich für den Widerruf ist auch hier ein beharrlicher Verstoß, der erheblich ist und Nachteile für die Betreuten hat. Darüber hinaus kommt ein Widerruf auch bei einem Verstoß gegen das Verbot nach § 30 BtOG-E in Betracht.

treuungen dauerhaft unqualifiziert führt;[688] dies ist in der Regel der Fall, wenn der berufliche Betreuer mehrfach wegen fehlender Eignung aus dem Betreuerverhältnis entlassen worden ist.[689]	
(2) Hat der berufliche Betreuer im Registrierungsantrag in wesentlichen Punkten vorsätzlich unrichtige Angaben gemacht oder für die Registrierung relevante Umstände pflichtwidrig verschwiegen und beruht die Registrierung auf diesen Angaben, hat die Stammbehörde die Registrierung unbeschadet der landesrechtlichen Vorschriften, die § 48 des Verwaltungsverfahrensgesetzes entsprechen, zurückzunehmen.[690]	
(3) Auf Antrag des beruflichen Betreuers oder nach seinem Tod hat die Stammbehörde seine Registrierung zu löschen.	
(4) Der Widerruf, die Rücknahme oder die Löschung der Registrierung gelten bundesweit. Den Widerruf, die Rücknahme oder die Löschung der Registrierung hat die Stammbehörde sämtlichen Betreuungsgerichten, bei welchen der berufliche Betreuer Betreuungen führt, sowie den jeweils für den Gerichtsbezirk zuständigen Betreuungsbehörden mitzuteilen.	
§ 28 Wechsel des Sitzes oder Wohnsitzes (1) Ändert der berufliche Betreuer seinen Sitz oder Wohnsitz und ist deshalb eine andere Stammbehörde örtlich zuständig, hat er dies	 *Ohne direktes Vorbild.*

688 Nach dem Schutzzweck des Registrierungsverfahrens muss die Registrierung widerrufen werden, wenn die Behörde davon erfährt, dass ein beruflicher Betreuer die Betreuungen dauerhaft unqualifiziert führt. Der Verstoß muss erkennen lassen, dass der berufliche Betreuer ungeeignet zur beruflichen Führung von Betreuungen ist. Einmalige oder auch mehrere auf verschiedenen Ursachen beruhende Pflichtverletzungen im Rahmen der Führung einer Betreuung dürften regelmäßig noch nicht den Widerruf der Eintragung rechtfertigen. Bei diesem Tatbestand sind eine besonders vertiefte Abwägung und die Prüfung aller Umstände des Einzelfalls erforderlich. Die Stammbehörde kann jedoch mit dem Betreuer jederzeit ein Eignungsgespräch führen, wenn ihr Anhaltspunkte bekannt werden, die Zweifel an der Eignung begründen können. Unqualifiziert wird eine Betreuung insbesondere dann geführt, wenn der berufliche Betreuer wiederholt die Grundsätze des § 1821 BGB missachtet und hierdurch die Selbstbestimmung des Betreuten gefährdet wird.

689 § 27 Abs. 1 2. Hs. BtOG nennt ein Regelbeispiel für dauerhaft unqualifiziert geführte Betreuungen, nämlich dass der berufliche Betreuer mehrfach wegen fehlender Eignung aus einem Betreuerverhältnis entlassen worden ist. Dies kann jedoch nur ein Anhaltspunkt sein. Die Registrierung kann auch dann widerrufen werden, wenn die Stammbehörde auf andere Weise von regelmäßigen Pflichtverletzungen Kenntnis erhält. In jedem Fall können aber nur erhebliche Verstöße den Widerruf rechtfertigen. Nach dem Grundsatz der Verhältnismäßigkeit setzt ein Widerruf voraus, dass mildere Mittel, insbesondere Hinweise durch die Behörde oder Auflagen, nicht zum Erfolg führen.

690 Für von Anfang an rechtswidrige Registrierungen gelten grdstzl. die Vorschriften über die Rücknahme von Verwaltungsakten nach den § 28 VwVFG entsprechenden landesrechtlichen Vorschriften. § 27 Abs. 2 BtOG tritt neben diese allgemeinen Regeln. Die Norm stellt klar, wann die Rücknahme einer Registrierung vorzunehmen ist. Nicht jede unrichtige Angabe kann zu einer Rücknahme der Registrierung führen, sondern nur vorsätzlich falsch gemachte Angaben in wesentlichen Punkten, auf denen die Registrierung beruht. Versehentlich falsch vorgenommene Angaben in Punkten, die für die Entscheidung über eine Registrierung nicht wesentlich sind, können daher allein keine Rücknahme der Registrierung zur Folge haben. Es gilt der Grundsatz der Verhältnismäßigkeit.

der neuen Stammbehörde unverzüglich anzuzeigen.[691]	
(2) Die neue Stammbehörde hat den beruflichen Betreuer zu registrieren. Eine erneute Prüfung der Registrierungsvoraussetzungen findet anlässlich des Zuständigkeitswechsels nicht statt. Die bisher zuständige Stammbehörde hat sämtliche Unterlagen und Daten, die den beruflichen Betreuer betreffen, an die neue Stammbehörde zu übermitteln.[692]	
§ 29 Fortbildung Der berufliche Betreuer stellt in eigener Verantwortung seine regelmäßige berufsbezogene Fortbildung sicher.[693] Nachweise über die erfolgte Fortbildung sind der Stammbehörde vorzulegen.[694]	 *Bisher kein Vorbild.*
§ 30 Leistungen an berufliche Betreuer (1) Einem beruflichen Betreuer ist es untersagt, von dem von ihm Betreuten Geld oder geldwerte Leistungen anzunehmen.[695] Dies gilt auch für Zuwendungen im Rahmen einer Verfügung von Todes wegen. Die gesetzliche Betreuervergütung bleibt hiervon unberührt.	 *Bisher kein Vorbild.*
(2) Absatz 1 Satz 1 und 2 gilt nicht, wenn 1. andere als die mit der Betreuervergütung abgegoltenen Leistungen vergütet werden,	

691 § 28 Abs. 1 BtOG regelt die Anzeigepflicht des beruflichen Betreuers bei einer Änderung seines Sitzes oder Wohnsitzes, wenn aus diesem Grund eine andere Stammbehörde örtlich zuständig wird. Ändert sich bei Änderung des Sitzes oder Wohnsitzes hingegen nicht die Zuständigkeit der Stammbehörde, ergibt sich die Mitteilungspflicht aus § 25 Abs. 1 S. 2 BtOG.

692 Die neu zuständige Behörde hat den beruflichen Betreuer ohne erneute Prüfung der Registrierungsvoraussetzungen zu registrieren.

693 Im bisher geltenden Recht fehlte es nicht nur an gesetzlich festgelegten Qualifikations- oder Eignungskriterien für beruflich tätige Betreuer, sondern auch an Regelungen zur Qualitätssicherung durch regelmäßige Fortbildungen. Da die persönliche Eignung und das Vorhandensein der notwendigen Sachkunde bereits im Registrierungsverfahren überprüft werden, ist davon auszugehen, dass die beruflichen Betreuer in der Lage sind, ihre regelmäßige berufsbezogene Fortbildung in eigener Verantwortung sicherzustellen. Da der Fortbildungsbedarf bei den einzelnen beruflichen Betreuern sehr unterschiedlich sein kann, hat der Gesetzgeber davon abgesehen, den Inhalt von Fortbildungen gesetzlich vorzuschreiben.

694 Um der Stammbehörde als der Behörde, bei der alle Informationen über den beruflichen Betreuer zusammengeführt werden, einen Überblick über die Erfüllung der Fortbildungsverpflichtung zu verschaffen, hat der berufliche Betreuer ihr Nachweise über absolvierte Fortbildungen vorzulegen. Bei beruflichen Betreuern, die als Mitarbeiter eines anerkannten Betreuungsvereins Betreuungen führen, kann der Nachweis für diese auch durch den Verein vorgelegt werden.

695 Einem beruflichen Betreuer ist es untersagt, Geld oder geldwerte Leistungen von seinem Betreuten anzunehmen. Dies gilt sowohl für Schenkungen als auch für erbrechtliche Verfügungen. Mit der Neuregelung soll verhindert werden, dass die Hilf- oder Arglosigkeit von betreuungsbedürftigen Menschen durch ihre Betreuer in finanzieller Hinsicht ausgenutzt wird. Zudem soll verhindert werden, dass über die Gewährung von finanziellen Zusatzleistungen oder Zusatzversprechen eine unterschiedliche Behandlung von Betreuten eintritt und vermögende Betreute mehr Zuwendung erhalten als vermögenslose. Dieser Schutz ist auch deshalb notwendig, weil ein Betreuer aufgrund der speziellen Konstellation häufig erhebliche Einflussmöglichkeiten auf die finanziellen Belange, aber nicht selten auch auf die Entschlussfähigkeit des Betreuten hat. Zudem soll die Testierfreiheit des Betreuten durch die Vermeidung von unangemessener Einflussnahme gesichert werden. Die Vorschrift soll Betreute davor bewahren, dass ihr Recht auf freie Verfügung von Todes wegen durch offenen oder versteckten Druck faktisch eingeschränkt wird. Der Wortlaut der Vorschrift weicht bewusst von vergleichbaren Regelungen in den Heimgesetzen der Länder ab. Auch bei sogenannten „stillen" Testierungen darf der begünstigte Betreuer die Zuwendung nicht annehmen.

insbesondere durch die Zahlung von Aufwendungsersatz nach § 1877 Absatz 3 des Bürgerlichen Gesetzbuchs, oder 2. geringwertige Aufmerksamkeiten versprochen oder gewährt werden.[696]	
(3) Das Betreuungsgericht kann auf Antrag des Betreuers im Einzelfall Ausnahmen von dem Verbot des Absatzes 1 Satz 1 und 2 zulassen, soweit der Schutz des Betreuten dem nicht entgegensteht. Entscheidungen nach Satz 1 sind der für den beruflichen Betreuer zuständigen Stammbehörde mitzuteilen.[697]	
Abschnitt 4 Offenbarungsbefugnisse für Geheimnisträger	
§ 31 Beratung und Übermittlung von Informationen durch Geheimnisträger bei Gefährdung von Betreuten[698] (1) Werden 1. Ärzten oder Angehörigen eines anderen Heilberufes, der für die Berufsausübung oder die Führung der Berufsbezeichnung eine staatlich geregelte Ausbildung erfordert, 2. Berufspsychologen mit staatlich anerkannter wissenschaftlicher Abschlussprüfung, 3. Beratern für Suchtfragen in einer Beratungsstelle, die von einer Behörde oder Körperschaft, Anstalt oder Stiftung des öffentlichen Rechts anerkannt ist, oder 4. staatlich anerkannten Sozialarbeitern oder staatlich anerkannten Sozialpädagogen in Ausübung ihrer beruflichen Tätigkeit gewichtige Anhaltspunkte für eine Gefährdung der Person des Betreuten bekannt, so sollen sie dies mit diesem und dem Betreuer erörtern und, soweit erforderlich, auf die Inanspruchnahme von Hilfen hinwirken, soweit hierdurch der wirksame Schutz des Betreuten nicht in Frage gestellt wird.	*Bisher kein Vorbild.*
(2) Die in Absatz 1 Nummer 1 bis 4 genannten Personen haben gegenüber der Betreuungsbe-	

696 Von dem Annahmeverbot sind solche Leistungen ausgenommen, die nicht mit der gesetzlichen Betreuervergütung abgegolten sind, wie zum Beispiel die Zahlung von Aufwendungsersatz für solche Dienste des Betreuers, die zu seinem Gewerbe oder Beruf gehören (§ 1877 Abs. 3 BGB). Außerdem sind geringwertige Aufmerksamkeiten von diesem Verbot ausgenommen. Diese werden in der Regel aus Höflichkeit oder Anstand erbracht, ohne dass hieran besondere Erwartungen geknüpft werden. Es soll einem Betreuer nicht verboten sein, gelegentlich etwa eine Schachtel Pralinen oder Blumen von seinem Betreuten entgegenzunehmen, zumal es Betreuten manchmal ein Bedürfnis sein kann, sich mit solchen kleinen Aufmerksamkeiten erkenntlich zu zeigen.

697 Das Betreuungsgericht kann im Einzelfall prüfen, ob eine Ausnahme von dem Annahmeverbot des § 30 Abs. 1 S. 1 und 2 BtOG zugelassen werden kann etwa bei besonderen Konstellationen oder bei der Zuwendung besonderer einzelner Gegenstände mit Affektionsinteresse. Eine Genehmigung im Einzelfall kann nur dann erfolgen, wenn die Leistung noch nicht versprochen oder gewährt worden ist, denn nach dem Tod des Betreuten ist kaum noch festzustellen, ob dieser seine Leistung freiwillig und ohne Druck erbracht hat.

698 Die Vorschrift enthält eine neue bundeseinheitliche Regelung zur Beratung und Weitergabe von Informationen bei einer Gefährdung der Person des Betreuten durch bestimmte Geheimnisträger an die Betreuungsbehörde bzw. das Betreuungsgericht und sieht dabei ein mehrstufiges Verfahren vor. Die Regelung ist an § 4 des Gesetzes zur Kooperation und Information im Kinderschutz (KKG) angelehnt.

hörde zur Einschätzung einer Gefährdung der Person des Betreuten Anspruch auf Beratung durch eine Fachkraft. Sie sind zu diesem Zweck befugt, dieser Fachkraft die zur Einschätzung einer Gefährdung erforderlichen Daten zu übermitteln; vor der Übermittlung sind diese Daten zu pseudonymisieren.	
(3) Kann eine Gefährdung des Betreuten durch eine Erörterung nach Absatz 1 nicht abgewendet werden oder ist die Erörterung erfolglos geblieben und halten die in Absatz 1 Nummer 1 bis 4 genannten Personen ein Tätigwerden des Betreuungsgerichts für erforderlich, um eine Gefährdung der Person des Betreuten abzuwenden, so sind sie befugt, das Betreuungsgericht zu informieren. Auf die Möglichkeit einer solchen Information ist der Betreuer vorab hinzuweisen, es sei denn, dass damit der wirksame Schutz des Betreuten in Frage gestellt wird. Zum Zweck der Information des Betreuungsgerichts sind die in Absatz 1 Nummer 1 bis 4 genannten Personen befugt, diesem die erforderlichen Daten zu übermitteln.	

Abschnitt 5 Übergangsvorschriften

Einführung

367 Der 5. Abschnitt besteht nur aus der Regelung, wie die Registrierung von zum Zeitpunkt des Inkrafttretens des BtOG bereits berufsmäßig tätigen Betreuern, darunter auch die Vereinsbetreuer, zu erfolgen hat. Die Registrierung aller dieser Betreuer ist notwendig, da der Vergütungsanspruch nach § 7 VBVG hieran angeknüpft ist.

§ 32 Registrierung von bereits tätigen beruflichen Betreuern; vorläufige Registrierung (1) Betreuer, die bereits vor dem 1. Januar 2023 berufsmäßig Betreuungen geführt haben und weiterhin führen, werden auf ihren Antrag von der zuständigen Stammbehörde ohne Überprüfung der Voraussetzungen des § 23 Absatz 1 Nummer 1 und 2 registriert.[699] Zum Nachweis der berufsmäßigen Führung von Betreuungen ist dem Antrag ein Beschluss nach § 286 Absatz 1 Nummer 2 oder 4 des Gesetzes über das Ver-	

699 Alle Betreuer, die vor dem Inkrafttreten des BtOG berufsmäßig Betreuungen geführt haben, werden von der zuständigen Stammbehörde registriert und zwar zunächst ohne Überprüfung der Voraussetzungen des § 23 Abs. 1 Nr. 1 und 2 BtOG-E. Jeder berufliche Betreuer, dh auch die Vereinsbetreuer, hat selbst einen solchen Antrag zu stellen, da die Stammbehörde selbst keine verlässlichen Informationen über alle in ihrem Bezirk ansässigen berufsmäßig tätigen Betreuer hat. Der Betreuer hat mit seinem Antrag nachzuweisen, dass er aktuell mindestens eine Betreuung berufsmäßig führt. Dieser Nachweis ist durch die Übersendung eines aktuellen Bestellungsbeschlusses entweder als Vereins- oder als Berufsbetreuer nach § 286 Abs. 1 Nr. 2 oder 4 FamFG zu erbringen (§ 32 Abs. 1 S. 2 BtOG). Zwar erfolgt im Rahmen des Registrierungsverfahrens nach dieser Vorschrift keine vollständige Überprüfung der persönlichen Eignung und Zuverlässigkeit nach § 23 Abs. 1 Nr. 1 BtOG und § 24 Abs. 1 und 2 BtOG. Jedoch hat nach § 32 Abs. 1 S. 3 jeder berufliche Betreuer als Mindestvoraussetzung ein Behördenführungszeugnis und eine Auskunft aus dem Schuldnerverzeichnis beizubringen (§ 24 Abs. 1 Nr. 1 und 2 BtOG). Darüber hinaus hat nach § 32 Abs. 1 S. 3 BtOG jeder Antragsteller einen Nachweis über eine Berufshaftpflichtversicherung nach § 23 Abs. 1 Nr. 3 BtOG vorzulegen, da es zukünftig keinen Betreuer mehr geben soll, der ohne eine solche Versicherung beruflich tätig ist.

fahren in Familiensachen und in den Angelegenheiten der freiwilligen Gerichtsbarkeit über eine vom Antragsteller aktuell geführte Betreuung beizufügen. Mit dem Antrag sind außerdem ein Nachweis über eine Berufshaftpflichtversicherung nach § 23 Absatz 1 Nummer 3 sowie die Unterlagen nach § 24 Absatz 1 Nummer 1 und 2 beizubringen. Zudem sind der zeitliche Gesamtumfang, die Organisationsstruktur der beruflichen Betreuertätigkeit und die Aktenzeichen der gerichtlichen Betreuungsverfahren zu den aktuell geführten Betreuungen mitzuteilen.[700] Der Antrag ist innerhalb von sechs Monaten nach dem 1. Januar 2023 zu stellen. Bis zur Entscheidung gelten die in Absatz 1 Satz 1 genannten Betreuer als vorläufig registriert.[701]

(2) Ein nach Absatz 1 registrierter Betreuer kann jederzeit einen weiteren Registrierungsantrag nach den §§ 23 und 24 stellen.[702]

(3) Bei Personen, die zum 1. Januar 2023 bereits seit mindestens drei Jahren berufsmäßig Betreuungen geführt haben, ist davon auszugehen, dass sie über die nach § 23 Absatz 1 Nummer 2 erforderliche Sachkunde verfügen.[703] Alle übrigen bereits vor dem 1. Januar 2023 beruflich tätigen Betreuer haben bis zum 1. Januar 2024 ihre Sachkunde nach § 24 Absatz 1 Satz 2 Nummer 5 nachzuweisen. Erfolgt dieser Nachweis

700 Um der Stammbehörde eine Information über den Ist-Zustand hinsichtlich von Zahl und Umfang der von ihm beruflich geführten Betreuungen zu geben, hat jeder berufliche Betreuer dies bei der erstmaligen Registrierung mitzuteilen (§ 32 Abs. 1 S. 4 BtOG). Gleiches gilt für die Aktenzeichen der gerichtlichen Betreuungsverfahren der aktuell geführten Betreuungen einschließlich der jeweils zuständigen Betreuungsgerichte. Der Regelungsgehalt entspricht inhaltlich dem des § 1897 Abs. 8 BGB. Adressat ist demnächst aber nicht mehr das Betreuungsgericht, sondern die Stammbehörde. Das Betreuungsgericht wird zukünftig diese Angaben mit dem Betreuervorschlag (§ 12 Abs. 1 und 3 S. 3 BtOG) erhalten. Diese Mitteilungen stellen gleichzeitig die Ausgangslage für die nach § 25 Abs. 1 BtOG mitzuteilenden Änderungen dar.

701 Um den bereits berufsmäßig tätigen Betreuern ausreichend Zeit zu geben, die notwendigen Unterlagen zu beschaffen, aber auch die Stammbehörde nicht zu einem Stichtag mit allen Registrierungsanträgen zu belasten, ist der Registrierungsantrag innerhalb von 6 Monaten nach Inkrafttreten des BtOG am 1.1.2023 zu stellen. Bis zu der dann, folgenden Entscheidung der Stammbehörde gelten alle bereits berufsmäßig tätigen Betreuer vorläufig als registriert. Diese Fiktion ist erforderlich, um keine Lücke im Vergütungsanspruch entstehen zu lassen.

702 Klarstellung. In dem neuen Registrierungsverfahren hat der berufliche Betreuer alle dort genannten Voraussetzungen wie ein Betreuer, der seine Tätigkeit neu beginnt, nachzuweisen.

703 Für alle die Betreuer, die bei Inkrafttreten des Gesetzes bereits seit mindestens drei Jahren als berufliche Betreuer tätig sind, wird das Vorhandensein der erforderlichen Sachkunde vermutet wird. Diese Betreuer sollen einen Bestandsschutz erhalten, indem ihnen nicht die Erbringung von Sachkundenachweisen auferlegt wird. Dies wird jedoch daran gekoppelt, dass diese Betreuer nach § 19 Abs. 1 S. 2 VBVG im alten Vergütungssystem bleiben, also die Vergütung nach dem bisher geltenden § 4 VBVG aF erfolgt. Es wird vermutet, dass diese Betreuer entweder durch ihre Ausbildung, durch Weiterbildung oder Berufserfahrung die nach § 23 Abs. 3 BtOG notwendige Sachkunde erworben haben. Im Falle von dauerhaft unqualifiziert geführten Betreuungen verbleibt der Stammbehörde nach § 27 Abs. 1 Nr. 3 BtOG die Widerrufsmöglichkeit. Dadurch, dass Betreuer, die zum Zeitpunkt des Inkrafttretens des Gesetzes weniger als drei Jahre berufsmäßig tätig sind, von der Sachkundevermutung ausgenommen werden, sollen Mitnahmeeffekte vermieden werden. Es soll verhindert werden, dass jemand kurz vor Inkrafttreten des Gesetzes beginnt, berufsmäßig Betreuungen ohne entsprechende Sachkenntnisse zu führen und sodann für seine gesamte weitere Tätigkeit unter die Vermutung nach Abs. 2 S. 1 fällt. Diese Gruppe von Betreuern hat binnen einem Jahr nach Inkrafttreten des Gesetzes am 1.1.2023 ihre Sachkunde nach § 24 Abs. 1 S. 2 Nr. 5 BtOG genauso nachzuweisen wie ein Betreuer, der nach Inkrafttreten des Gesetzes erstmalig seine Registrierung beantragt. Als Sanktion bei Nichtbefolgung hat die Behörde die Registrierung entsprechend § 27 BtOG zu widerrufen.

nicht, hat die Behörde die Registrierung entsprechend § 27 zu widerrufen.	

Verordnungsentwurf des Bundesministeriums der Justiz

368 Verordnung über die Registrierung von beruflichen Betreuern (Betreuerregistrierungsverordnung – BtRegV)

vom 13. Juli 2022 (BGBl. I S. 1154)

Aufgrund des § 23 Absatz 4 und § 24 Absatz 4 des Betreuungsorganisationsgesetzes vom 4.5.2021 (BGBl. I S. 882, 917) in Verbindung mit § 1 Absatz 2 des Zuständigkeitsanpassungsgesetzes vom 16.8.2002 (BGBl. I S. 3165) und dem Organisationserlass vom 8.12.2021 (BGBl. I S. 5176) verordnet das Bundesministerium der Justiz:

§ 1 Anwendungsbereich

(1) Diese Verordnung dient der Sicherung der Qualität in der rechtlichen Betreuung und soll gewährleisten, dass berufliche Betreuer befähigt sind, ihre Aufgabe gegenüber den von ihnen betreuten Menschen verantwortungsvoll auszuüben.

(2) Diese Verordnung regelt die Einzelheiten

1. der nach § 23 Absatz 1 Nummer 1 des Betreuungsorganisationsgesetzes für die Registrierung als beruflicher Betreuer erforderlichen persönlichen Eignung,
2. der nach § 23 Absatz 1 Nummer 2 des Betreuungsorganisationsgesetzes für die Registrierung als beruflicher Betreuer erforderlichen Sachkunde sowie ihren Nachweis,
3. der Anforderungen an einen Sachkundelehrgang und dessen Anerkennung,
4. der Anerkennung ausländischer Berufsqualifikationen und
5. des Registrierungsverfahrens.

§ 2 Persönliche Eignung

Der Antragsteller muss die Gewähr dafür bieten, seine Aufgaben als rechtlicher Betreuer, insbesondere diejenigen, die sich aus § 1821 des Bürgerlichen Gesetzbuchs ergeben, erfüllen zu können.

§ 3 Sachkunde

(1) Die nach § 23 Absatz 3 Satz 2 Nummer 1 des Betreuungsorganisationsgesetzes erforderliche Sachkunde umfasst folgende Kenntnisse einschließlich der Fähigkeit zu ihrerpraktischen Anwendung:

1. Kenntnisse über die gesetzlichen Voraussetzungen der Betreuerbestellung und der Anordnung eines Einwilligungsvorbehalts, die rechtlichen Grundlagen der Betreuungsführung, insbesondere die Pflichten des Betreuers gegenüber dem Betreuten und dem Betreuungsgericht, sowie über die gesetzlichen Voraussetzungen für Freiheitsentziehungen und ärztliche Zwangsmaßnahmen, jeweils einschließlich des dazugehörigen Verfahrensrechts,
2. Kenntnisse auf dem Gebiet der Personensorge, insbesondere Grundkenntnisse über typische betreuungsrelevante Erkrankungen und Behinderungen, deren Auswirkungen, Gefahren und Behandlungsmöglichkeiten, Patientenrechte, Einwilligungsfähigkeit, Anforderungen an und Rechtsfolgen von Patientenverfügungen, Möglichkeiten der Vermeidung von Freiheitsentziehungen und ärztlichen Zwangsmaßnahmen und
3. Kenntnisse auf dem Gebiet der Vermögenssorge, insbesondere über die Grundlagen der Rechtsgeschäftslehre, des Miet- und Kaufvertragsrechts, der Haftung, der Vermögensverwaltung und der Schuldenregulierung.

(2) Die nach § 23 Absatz 3 Satz 2 Nummer 2 des Betreuungsorganisationsgesetzes erforderliche Sachkunde umfasst folgende Kenntnisse:

1. Kenntnisse des Sozialrechts, insbesondere zu
   a) Grundlagen und Umfang der Leistungen zur Sicherung des Lebensunterhalts einschließlich der Kosten der Unterkunft, vor allem nach dem Zweiten und Zwölften Buch Sozialgesetzbuch,
   b) Sozialleistungsansprüchen nach dem Fünften, Sechsten und Elften Buch Sozialgesetzbuch,
   c) Ermittlung, Geltendmachung und Durchsetzung von sozialrechtlichen Ansprüchen

   unter Beachtung sozialrechtlicher Mitwirkungspflichten und
2. Kenntnisse zu Sozial- und Hilfestrukturen in der Praxis, insbesondere zu
   a) Teilhabeleistungen vor allem nach dem Neunten Buch Sozialgesetzbuch,
   b) Pflegeleistungen in Kombination mit anderen Leistungen nach dem Sozialgesetzbuch und

c) Methoden zur fallbezogenen Erschließung und Nutzung von Sozial- und Hilfestrukturen sowie von Netzwerken.

(3) Die nach § 23 Absatz 3 Satz 2 Nummer 3 des Betreuungsorganisationsgesetzes erforderliche Sachkunde umfasst folgende Kenntnisse:

1. Grundlagen der Kommunikation und Umsetzung in der Praxis und
2. betreuungsspezifische Kommunikation und Methoden zur Unterstützung bei der Entscheidungsfindung.

(4) Die Einzelheiten der inhaltlichen Anforderungen an die Sachkunde nach den Absätzen 1 bis 3 ergeben sich aus den in der Anlage bestimmten Modulen.

§ 4 Nachweis der Sachkunde

Die erforderliche Sachkunde ist wie folgt nachzuweisen:

1. durch ein Zeugnis über den erfolgreichen Abschluss eines anerkannten Studien-, Aus- oder Weiterbildungsgangs nach § 5,
2. durch ein Zeugnis über den erfolgreichen Abschluss eines anerkannten Sachkundelehrgangs nach § 6 oder
3. durch anderweitige Nachweise nach § 7.

§ 5 Nachweis der Sachkunde durch betreuungsspezifische Studien-, Aus- oder Weiterbildungsgänge

(1) Die erforderliche Sachkunde kann durch ein Zeugnis über den erfolgreichen Abschluss eines nach Absatz 2 Satz 1 anerkannten Studiengangs nachgewiesen werden.

(2) Auf Antrag der Hochschule erteilt die nach Landesrecht zuständige Behörde für einen im jeweiligen Land von der Hochschule angebotenen Studiengang die Anerkennung, wenn dieser alle für den Nachweis der Sachkunde erforderlichen Kenntnisse nach § 3 Absatz 1 bis 3 vermittelt. Eine nach Satz 1 erteilte Anerkennung gilt bundesweit.

(3) Die Absätze 1 und 2 gelten entsprechend für Aus- und Weiterbildungsgänge, die von oder in Kooperation mit Hochschulen angeboten werden und die alle Kenntnisse nach § 3 einschließlich der in der Anlage konkretisierten Inhalte vermitteln.

§ 6 Nachweis der Sachkunde durch Sachkundelehrgang

(1) Die erforderliche Sachkunde kann durch ein Zeugnis über den erfolgreichen Abschluss eines nach § 8 Absatz 1 anerkannten Sachkundelehrgangs nachgewiesen werden.

(2) Ein Sachkundelehrgang besteht aus den in der Anlage bestimmten Modulen. Die Vermittlung der in den Modulen vorgesehenen Inhalte hat auch praktische Übungen zu umfassen. Der Umfang eines gesamten Sachkundelehrgangs beträgt mindestens 360 Unterrichtseinheiten zu je 45 Minuten. Die einzelnen Module müssen mindestens die in Spalte 3 der Anlage aufgeführten Unterrichtseinheiten umfassen.

(3) Jedes Modul endet mit einer Prüfung, deren Bestehen den erfolgreichen Abschluss des Moduls nachweist.

§ 7 Anderweitiger Nachweis der Sachkunde

(1) Die erforderliche Sachkunde kann auch durch Zeugnisse oder sonstige Leistungsnachweise über nicht nach § 5 Absatz 2 und 3 anerkannte Studien-, Aus- oder Weiterbildungsgänge nachgewiesen werden, wenn diese den Erwerb aller Kenntnisse nach § 3 beilegen. Zeugnisse und sonstige Leistungsnachweise können, soweit erforderlich, durch weitere Unterlagen ergänzt werden.

(2) Kann der Antragsteller Teilbereiche der Kenntnisse nach § 3 anderweitig nachweisen, hat er im Übrigen seine Sachkunde durch den erfolgreichen Abschluss eines oder mehrerer Module eines nach § 8 Absatz 1 anerkannten Sachkundelehrgangs oder eines nach § 5 anerkannten Studien-, Aus- oder Weiterbildungsgangs nachzuweisen.

(3) Ein anderweitiger Nachweis ist nur geführt, soweit die nachgewiesenen Kenntnisse nach Inhalt und Umfang den Anforderungen aus § 6 Absatz 2 einschließlich der Anlage im Wesentlichen gleichwertig sind.

(4) Auf Antrag entscheidet die Stammbehörde bereits vor Einleitung des Registrierungsverfahrens durch gesonderten Bescheid, ob der anderweitige Nachweis durch die vorgelegten Unterlagen erbracht werden kann.

(5) Antragsteller mit der Befähigung zum Richteramt müssen nur Kenntnisse nach den Modulen 4, 10 und 11 der Anlage nachweisen. Im Übrigen gilt die erforderliche Sachkunde als nachgewiesen.

(6) Antragsteller, die ein Studium der Sozialpädagogik oder der Sozialen Arbeit abgeschlossen haben, müssen nur Kenntnisse nach den Modulen 1 bis 7 der Anlage nachweisen. Im Übrigen gilt die erforderliche Sachkunde als nachgewiesen.

§ 8 Anerkennung von Sachkundelehrgängen

(1) Ein Sachkundelehrgang ist auf Antrag des Anbieters von der nach Landesrecht zuständigen Behörde anzuerkennen, wenn

1. der Sachkundelehrgang die Voraussetzungen des § 6 Absatz 2 erfüllt,
2. der Anbieter für die Vermittlung der in der Anlage vorgesehenen Inhalte Lehrkräfte einsetzt, die
   a) über einen Abschluss eines Hochschulstudiums oder einer Berufsausbildung verfügen und
   b) über die jeweils erforderlichen fachlichen Kenntnisse verfügen, um die in der Anlage aufgeführten Inhalte, für die sie jeweils eingesetzt werden, zu vermitteln,
3. der Anbieter die Gewähr für eine ordnungsgemäße Durchführung des Lehrbetriebs und des Prüfungsverfahrens bietet,
4. der Anbieter eine Prüfungsordnung zur Gewährleistung eines transparenten und nachprüfbaren Verfahrens für die Durchführung der Modulprüfungen nachweist,
5. der Anbieter eine Finanzierungsplanung vorlegt, die den Bestand des Lehrgangs für die Dauer der Anerkennung finanziell gesichert erscheinen lässt und
6. der Anbieter die teilnehmerbezogenen Lehrgangskosten nachvollziehbar darlegt.

Für die Anerkennung örtlich zuständig ist die nach Landesrecht bestimmte Behörde, in deren Zuständigkeitsbereich sich der Hauptsitz des Anbieters befindet.

(2) Die Anerkennung gilt bundesweit. Sie ist auf fünf Jahre befristet. Die Anerkennung kann auch nachträglich mit Nebenbestimmungen verbunden werden.

(3) Die Anerkennung ist unbeschadet der landesrechtlichen Vorschriften, die § 48 des Verwaltungsverfahrensgesetzes entsprechen, zurückzunehmen, wenn der Anbieter die Anerkennung wie folgt erwirkt hat:

1. durch arglistige Täuschung, Drohung oder Bestechung oder
2. vorsätzlich oder grob fahrlässig durch Angaben, die im Wesentlichen unrichtig oder unvollständig waren.

Die Rücknahme hat keine Auswirkungen auf vor ihrer Bestandskraft erteilte Abschlusszeugnisse.

(4) Die Anerkennung ist unbeschadet der landesrechtlichen Vorschriften, die § 49 des Verwaltungsverfahrensgesetzes entsprechen, zu widerrufen, wenn der Anbieter die nach Absatz 1 ganz oder teilweise nicht mehr erfüllt.

(5) Die Anerkennung wird auf Antrag um jeweils fünf Jahre verlängert, wenn die Voraussetzungen des Absatzes 1 weiter vorliegen.

(6) Die Absätze 1 bis 5 gelten entsprechend für die Anerkennung einzelner in der Anlage aufgeführter Module.

§ 9 [704]Anerkennung im Ausland erworbener Berufsqualifikationen

(1) Als Nachweis der erforderlichen Sachkunde werden im Ausland erworbene Abschlusszeugnisse oder sonstige Leistungsnachweise aus Studien-, Aus- oder Weiterbildungsgängen, falls notwendig auch in Verbindung mit weiteren Unterlagen, anerkannt, sofern

1. das im Ausland erworbene Abschlusszeugnis oder der sonstige Leistungsnachweis die Befähigung zu einer vergleichbaren beruflichen Tätigkeit belegt wie das entsprechende inländische Abschlusszeugnis oder der entsprechende inländische sonstige Leistungsnachweis,
2. im Fall einer im Ausbildungsstaat reglementierten beruflichen Tätigkeit der Antragsteller zur Ausübung dieser beruflichen Tätigkeit im Ausbildungsstaat berechtigt ist und
3. zwischen den nachgewiesenen ausländischen Berufsqualifikationen und der entsprechenden inländischen Berufsbildung keine wesentlichen Unterschiede bestehen.

---

704 § 9 dieser Verordnung dient der Umsetzung der Richtlinie 2005/36/EG v. 7.9.2005 über die Anerkennung von Berufsqualifikationen (ABl. 2005 L 255, 22;2007 L 271, 18; 2007 L 271, 18; 2008 L 93, 28; 2009 L 33, 49; 2014 L 305, 115), die zuletzt durch den Delegierten Beschluss (EU) 2021/2183 (ABl. 2021 L 444, 16) geändert worden ist.

(2) Unterscheiden sich die durch ausländische Berufsqualifikationen nachgewiesenen Kenntnisse hinsichtlich der zugrundeliegenden Sachgebiete nach Inhalt und Umfang wesentlich von den in § 6 Absatz 2 vorgesehenen Anforderungen an den Sachkundelehrgang, so ist die Registrierung als beruflicher Betreuer von der erfolgreichen Teilnahme an einer ergänzenden, diese Sachgebiete umfassenden Sachkundeprüfung (spezifische Sachkundeprüfung) abhängig.

§ 10 Berufshaftpflichtversicherung

(1) Von der Berufshaftpflichtversicherung nach § 23 Absatz 1 Nummer 3 des Betreuungsorganisationsgesetzes kann insbesondere die Haftung für Ersatzansprüche wegen wissentlicher Pflichtverletzung ausgeschlossen werden.

(2) Die Vereinbarung eines Selbstbehalts bis zu einem Prozent der Mindestversicherungssumme ist zulässig. Ein Selbstbehalt des Versicherungsnehmers kann dem Dritten nicht entgegengehalten und gegenüber einer mitversicherten Person nicht geltend gemacht werden.

(3) Im Versicherungsvertrag ist der Versicherer zu verpflichten, der für die Registrierung des Betreuers zuständigen Stammbehörde die Beendigung oder Kündigung des Versicherungsvertrages sowie jede Änderung des Versicherungsvertrages, die den vorgeschriebenen Versicherungsschutz beeinträchtigt, unverzüglich anzuzeigen. Die für die Registrierung des Betreuers zuständige Stammbehörde erteilt Dritten zur Geltendmachung von Schadensersatzansprüchen auf Antrag Auskunft über den Namen und die Adresse der Berufshaftpflichtversicherung des Betreuers sowie die Versicherungsnummer, soweit das Auskunftsinteresse das schutzwürdige Interesse des Betreuers an der Nichterteilung dieser Auskunft überwiegt. Die für die Registrierung des Betreuers zuständige Stammbehörde ist zuständige Stelle im Sinne des § 117 Absatz 2 des Versicherungsvertragsgesetzes.

(4) Der Mitarbeiter eines nach § 14 des Betreuungsorganisationsgesetzes anerkannten Betreuungsvereins kann die nach § 23 Absatz 1 Nummer 3 des Betreuungsorganisationsgesetzes erforderliche Berufshaftpflichtversicherung durch Vorlage einer dem anerkannten Betreuungsverein ausgestellten Bescheinigung nach § 113 Absatz 2 des Versicherungsvertragsgesetzes nachweisen, aus der sich das Bestehen eines den Anforderungen des § 23 Absatz 1 Nummer 3 des Betreuungsorganisationsgesetzes in Verbindung mit den Absätzen 1 bis 3 entsprechenden Versicherungsschutzes für diesen Mitarbeiter ergibt.

§ 11 Mitteilung der Organisationsstruktur

Die Mitteilung der beabsichtigten Organisationsstruktur der beruflichen Betreuertätigkeit nach § 24 Absatz 1 Satz 3 des Betreuungsorganisationsgesetzes hat mindestens folgende Angaben zu umfassen:

1. Vorhandensein, Anzahl und Beschäftigungsumfang von Mitarbeitern,
2. Art und Umfang der Räumlichkeiten, in denen die Tätigkeit ausgeübt wird, und
3. Art und Umfang der Erreichbarkeit.

§ 12 Gespräch zur Feststellung der persönlichen Eignung

(1) Die Stammbehörde soll das Gespräch mit dem Antragsteller zur Feststellung der persönlichen Eignung nach § 24 Absatz 2 des Betreuungsorganisationsgesetzes mit mindestens zwei Mitarbeitern der Stammbehörde führen, von denen mindestens einer über Berufserfahrung auf dem Gebiet der rechtlichen Betreuung verfügt. Die Stammbehörde kann anstelle eines eigenen Mitarbeiters auch einen Mitarbeiter einer anderen Behörde hinzuziehen.

(2) Das Gespräch ist zu protokollieren.

§ 13 Registrierungsverfahren

(1) Anträge nach § 24 Absatz 1 Satz 1 des Betreuungsorganisationsgesetzes sind in Textform zu stellen.

(2) Ist der Antragsteller oder der registrierte berufliche Betreuer Mitarbeiter eines nach § 14 des Betreuungsorganisationsgesetzes anerkannten Betreuungsvereins, teilt die Stammbehörde Entscheidungen, die diesen betreffen, auch dem Betreuungsverein mit. Der Betreuungsverein teilt der Stammbehörde das Ausscheiden eines als beruflicher Betreuer tätigen Mitarbeiters aus dem Beschäftigungsverhältnis unverzüglich mit.

(3) Von Zeugnissen und Nachweisen, die nicht in deutscher Sprache ausgestellt sind, kann die Vorlage einer Übersetzung in die deutsche Sprache verlangt werden.

§ 14 Aufbewahrungsfrist

Folgende Akten und elektronische Akten sind für einen Zeitraum von zehn Jahren nach der Beendigung des Verfahrens aufzubewahren:

1. Akten, in denen eine beantragte Registrierung bestandskräftig abgelehnt worden ist, und
2. Akten, in denen eine Registrierung bestandskräftig widerrufen oder zurückgenommen worden ist.

§ 15 Übergangsvorschrift

Abweichend von § 7 kann die Stammbehörde Antragsteller nach § 32 Absatz 2 Satz 2 des Betreuungsorganisationsgesetzes auch dann registrieren, wenn diese ihre Sachkunde durch die Vorlage von Unterlagen nachweisen können, die den Erwerb von Kenntnissen belegen, die nach Inhalt und Umfang den in § 6 Absatz 2 in Verbindung mit den in der Anlage vorgesehenen Modulen genannten Voraussetzungen des Sachkundelehrgangs im Wesentlichen entsprechen.

§ 16 Inkrafttreten

Diese Verordnung tritt am 1. Januar 2023 in Kraft.

Inhaltliche Anforderungen an die Sachkunde (Module)

Module zu § 3	Unterrichtsinhalte	Unterrichts-einheiten à 45 min
Vorbemerkung: Die Inhalte der Module werden in Unterrichtseinheiten (UE) zu je 45 Minuten vermittelt. Die UE sind grundsätzlich Lehrveranstaltungen, die in Präsenz oder online durchgeführt werden und praktische Übungen umfassen. Prüfungszeiten sind in den UE enthalten. Bis zu 15 Prozent der UE des jeweiligen Moduls mit Ausnahme der Module 10 und 11 können in Selbstlernphasen absolviert werden.		
Modul 1	Betreuerbestellung und Zusammenarbeit mit dem Betreuungsgericht	20
Zu Absatz 1 Nummer 1 1. und 3. Teil	Betreuerbestellung: Voraussetzungen, Verfahren, Sachverhaltsermittlung Anordnung eines Einwilligungsvorbehalts: Voraussetzungen, Grenzen, Verfahren Aufgabenbereiche Aufsicht durch das Betreuungsgericht Berichts-, Auskunfts- und Mitteilungspflichten Genehmigungsvorbehalte einschließlich Verfahren	
Modul 2	Betreuungsführung	40
Zu Abs. 1 Nr. 1 2.Teil	UN-BRK, insbesondere Artikel 12: Unterstützung bei der Ausübung der Rechts- und Handlungsfähigkeit, Bedeutung der Grundrechte Ermittlung der Wohn- und Lebenslage des Betreuten Erarbeitung der Betreuungsziele Vorrang der Unterstützung und Willensvorrang nach § 1821 BGB Wille, Wünsche, Präferenzen Erforderlichkeitsgrundsatz im Innenverhältnis Schutzpflichten	
Modul 3	Recht der Unterbringung und der ärztlichen Zwangsmaßnahmen	20
Zu Absatz 1 Nr. 1 4. Teil	Freiheitsentziehende Unterbringung und sonstige freiheitsentziehende Maßnahmen nach Betreuungsrecht und nach öffentlichem Recht: Voraussetzungen und Verfahren	

	Einwilligung in ärztliche Zwangsmaßnahmen: Voraussetzungen und Verfahren Aufgaben des Betreuers während des Vollzugs einer freiheitsentziehenden Unterbringung, sonstiger freiheitsentziehender Maßnahmen und ärztlicher Zwangsmaßnahmen	
Modul 4	Personensorge 1	20
Zu Abs. 1 Nr. 2	Grundkenntnisse über typische betreuungsrelevante Erkrankungen und Behinderungen, deren Auswirkungen, Gefahren und Behandlungsmöglichkeiten Möglichkeiten der Vermeidung einer freiheitsentziehenden Unterbringung, sonstiger freiheitsentziehender Maßnahmen und ärztlicher Zwangsmaßnahmen	
Modul 4	Personensorge 2	20
Zu Abs. 1 Nr. 2	Behandlungsvertragsrecht, Einwilligungsfähigkeit und Patientenrechte Behandlungswünsche, Patientenverfügung, Sterbewunsch Einwilligung des Betreuers bei gefährlichen ärztlichen Maßnahmen: Voraussetzungen und Verfahren Aufgabe von Wohnraum Umgangs- und Aufenthaltsbestimmung	
Modul 6	Vermögenssorge 1	20
Zu Abs. 1 Nr. 3	Grundkenntnisse über Geschäftsfähigkeit Recht der Stellvertretung allgemeines Schuldrecht einschließlich Haftungsfragen Kaufvertragsrecht Schuldenregulierung, Mahn- und Vollstreckungsbescheid, Zwangsvollstreckung, Insolvenzverfahren	
Modul 7	Vermögenssorge 2	20
Zu Abs. 1 Nr. 3	Vermögensverwaltung und Verfügungen über das Betreutenvermögen Vermögensverzeichnis, Rechnungslegung und Genehmigungsvorbehalte Betreuungsrelevante Aspekte des Miet- und Heimrechts Betreuungsrelevante Aspekte des Erb- und Familienrechts	
Modul 8	Sozialrecht 1: Grundkenntnisse des Sozialrechts	40
Zu Abs. 2 Nr. 1	Das SGB (Sozialrecht) im Überblick, insbesondere Leistungen zur Sicherung des Lebensunterhalts einschließlich der Kosten der Unterkunft, vor allem nach dem Zweiten und Zwölften Buch Sozialgesetzbuch Sozialleistungsansprüche nach dem Fünften, Sechsten und Elften Buch Sozialgesetzbuch Ermittlung, Geltendmachung und Durchsetzung von sozialrechtlichen Ansprüchen sowie sozialrechtliche Mitwirkungspflichten	
Modul 9	Sozialrecht 2: Sozial- und Hilfestrukturen in der Praxis	60

Zu Abs. 2 Nr. 2	Teilhabeleistungen vor allem nach SGB IX Teilhabe- und Gesamtplanverfahren Leistungsformen der Eingliederungshilfe (zB Teilhabe am Arbeitsleben, medizinische Rehabilitation, Teilhabe an Bildung und Leistungen zur sozialen Teilhabe) Besondere Wohnformen und ambulant betreute Wohngemeinschaften Pflegeleistungen in Kombination mit anderen SGB-Leistungen Leistungen der Pflegeversicherung Leistungen der Hilfe zur Pflege nach SGB XII Leistungen der Krankenversicherung im Pflegefall-Behandlungspflege Leistungen der Eingliederungshilfe im Pflegefall Methoden zur fallbezogenen Erschließung und Nutzung von Sozial- und Hilfestrukturen sowie von Netzwerken	
Modul 10	Grundlagen der Kommunikation und Praxistransfer	40
Zu Abs. 3	Theoretische Konzepte und Methoden der Kommunikation Grundhaltungen und Techniken der Kommunikation Diversitätssensible Kommunikation Ressourcenorientierte Kommunikation Konfliktmanagement in der Kommunikation Selbst- und Machtreflexion	
Modul 11	Betreuungsspezifische Kommunikation/ Methoden der unterstützten Entscheidungsfindung	60
Zu Abs. 3	Auswirkungen spezifischer krankheits- bzw. beeinträchtigungsbedingter Einschränkungen auf die Fähigkeit der Kommunikation und der Entscheidungsfindung Bedeutung sozialer und umweltbedingter Einflussfaktoren auf Autonomie und Entscheidungsfindung von betreuten Menschen Methoden zur kommunikativen Verhinderung von Ausschlussmechanismen Barrierefreie Kommunikation, leichte Sprache Drei- oder Mehrparteien-Interaktion mit betreuten Menschen Erkennen und Ermitteln von Wunsch, Wille und Präferenzen von betreuten Menschen in der Kommunikation einschließlich biographischer Aspekte und Werthaltungen Methoden der Unterstützung bei der Entscheidungsfindung betreuter Menschen und praktische Erprobung	

XI. Änderungen des Betreuervergütungsrechts – Vormünder- und Betreuervergütungsgesetz – VBVG

Einführung

Die bisherige Regelungstechnik des VBVG, wonach in Abschnitt 1 allgemeine Vorschriften enthalten waren, die über die Verweisungskette von §§ 1908i Abs. 1 S. 1, 1836 Abs. 1 S. 2 und 3 BGB auch für den beruflichen Betreuer galten, ist aufgegeben worden. Die Vorschriften über Vergütung und Aufwendungsersatz für Vormünder und Betreuer wurden regelungstechnisch getrennt (Abschnitt 1: Vormund, Abschnitt 2: Betreuer), da die neuen inhaltlichen Unterschiede eine gemeinsame Regelung nicht mehr angezeigt erscheinen lassen. 369

VBVG nF	VBVG/BGB aF

Abschnitt 1 Vergütung und Aufwendungsersatz des Vormunds

Einführung

Die Ansprüche des beruflichen Vormunds bemessen sich nach Maßgabe der nachstehenden Vorschriften des VBVG. Eine unmittelbare Anwendung der Aufwendungsersatzansprüche des BGB, das nur noch die Ansprüche der ehrenamtlichen Vormünder regelt, kommt für den berufsmäßigen Vormund entgegen der bisher geltenden Rechtslage nicht mehr in Betracht. Diese finden künftig über entsprechende Verweisungsnormen im VBVG, etwa § 4 VBVG, Anwendung. Dem Jugendamt steht wie im bisher geltenden Recht (§ 1836 Abs. 3 BGB aF) keine Vergütung zu (§ 6 Abs. 1 VBVG). 370

Das Familiengericht stellt die Berufsmäßigkeit im Sinne von § 1808 Abs. 3 BGB fest, wenn dem Vormund[705] in einem solchen Umfang Vormundschaften übertragen sind, dass er sie nur im Rahmen seiner Berufsausübung führen kann, oder wenn zu erwarten ist, dass ihm in absehbarer Zeit in einem solchen Umfang Vormundschaften übertragen sein werden. Berufsmäßigkeit liegt im Regelfall vor, wenn der Vormund mehr als zehn Vormundschaften führt oder für die Führung der Vormundschaft voraussichtlich mindestens 20 Wochenstunden erforderlich sind (§ 1 Abs. 1 VBVG). Unabhängig von den Voraussetzungen nach § 1 Abs. 1 VBVG liegt Berufsmäßigkeit vor, wenn ein Vereinsvormund oder das Jugendamt als Vormund oder ein Vormundschaftsverein oder das Jugendamt als vorläufiger Vormund bestellt wird (§ 1 Abs. 2 VBVG). 371

Die Ansprüche der berufsmäßig tätigen Vormünder auf Aufwendungsersatz finden sich jetzt zusammen mit einem Vergütungsanspruch für den Vormundschaftsverein und den Regelungen für das Jugendamt als Vormund in §§ 4–6 VBVG. 372

§ 1 Berufsmäßigkeit; Vergütung und Aufwendungsersatz	**§ 1836 BGB Vergütung des Vormunds**
(1) Das Familiengericht stellt die Berufsmäßigkeit im Sinne von § 1808 Absatz 3 des Bürgerlichen Gesetzbuchs fest, wenn dem Vormund in einem solchen Umfang Vormundschaften übertragen sind, dass er sie nur im Rahmen seiner Berufsausübung führen kann, oder wenn zu erwarten ist, dass ihm in absehbarer Zeit in einem solchen Umfang Vormundschaften übertragen sein werden.[706] Berufsmäßigkeit liegt im Regelfall vor, wenn der Vormund mehr als zehn Vormundschaften führt oder für die Führung der Vormundschaft voraussichtlich mindestens 20 Wochenstunden erforderlich sind.	(1) Die Vormundschaft wird unentgeltlich geführt. Sie wird ausnahmsweise entgeltlich geführt, wenn das Gericht bei der Bestellung des Vormunds feststellt, dass der Vormund die Vormundschaft berufsmäßig führt. Das Nähere regelt das Vormünder- und Betreuervergütungsgesetz. (2)–(3) … **§ 1 Feststellung der Berufsmäßigkeit und Vergütungsbewilligung** (1) Das Familiengericht hat die Feststellung der Berufsmäßigkeit gemäß § 1836 Abs. 1 Satz 2

705 Beachte: anders beim Betreuer!
706 Andere Rechtslage als beim Betreuer.

	des Bürgerlichen Gesetzbuchs zu treffen, wenn dem Vormund in einem solchen Umfang Vormundschaften übertragen sind, dass er sie nur im Rahmen seiner Berufsausübung führen kann, oder wenn zu erwarten ist, dass dem Vormund in absehbarer Zeit Vormundschaften in diesem Umfang übertragen sein werden. Berufsmäßigkeit liegt im Regelfall vor, wenn 1. der Vormund mehr als zehn Vormundschaften führt oder 2. die für die Führung der Vormundschaft erforderliche Zeit voraussichtlich 20 Wochenstunden nicht unterschreitet.
(2) Unabhängig von den Voraussetzungen nach Absatz 1 liegt Berufsmäßigkeit vor, wenn ein Vereinsvormund oder das Jugendamt als Vormund oder ein Vormundschaftsverein oder das Jugendamt als vorläufiger Vormund bestellt wird.[707]	
(3) Stellt das Familiengericht die Berufsmäßigkeit nach Absatz 1 Satz 1 fest oder liegt Berufsmäßigkeit gemäß Absatz 2 vor, kann der Vormund vom Mündel Vergütung und Aufwendungsersatz nach Maßgabe der nachstehenden Bestimmungen verlangen. Das Gericht hat die Zahlung zu bewilligen.	(2) Trifft das Familiengericht die Feststellung nach Absatz 1 Satz 1, so hat es dem Vormund oder dem Gegenvormund eine Vergütung zu bewilligen. Ist der Mündel mittellos im Sinne des § 1836d des Bürgerlichen Gesetzbuchs, so kann der Vormund die nach Satz 1 zu bewilligende Vergütung aus der Staatskasse verlangen.
§ 2 Zahlung aus der Staatskasse und Rückgriff, Erlöschen und Geltendmachung der Ansprüche (1) Ist der Mündel mittellos im Sinne von § 1880 des Bürgerlichen Gesetzbuchs, so kann der Vormund Vergütung sowie Vorschuss oder Ersatz der Aufwendungen aus der Staatskasse verlangen.[708]	**§ 1 Feststellung der Berufsmäßigkeit und Vergütungsbewilligung** (1) … (2)… Ist der Mündel mittellos im Sinne des § 1836d des Bürgerlichen Gesetzbuchs, so kann der Vormund die nach Satz 1 zu bewilligende Vergütung aus der Staatskasse verlangen.
(2) Die Ansprüche auf Vergütung und Aufwendungsersatz erlöschen, wenn sie nicht binnen 15 Monaten nach ihrer Entstehung gerichtlich geltend gemacht werden. § 1877 Absatz 4 Satz 2 und 3 sowie Absatz 5 des Bürgerlichen Gesetzbuchs gilt entsprechend.[709]	**§ 2 Erlöschen der Ansprüche** Der Vergütungsanspruch erlischt, wenn er nicht binnen 15 Monaten nach seiner Entstehung beim Familiengericht geltend gemacht wird; die Geltendmachung des Anspruchs beim Familiengericht gilt dabei auch als Geltendmachung gegenüber dem Mündel. § 1835 Abs. 1a des Bürgerlichen Gesetzbuchs gilt entsprechend.
§ 3 Stundensatz des Vormunds (1) Die dem Vormund nach § 1 Absatz 3 zu bewilligende Vergütung beträgt für jede Stunde der für die Führung der Vormundschaft aufge-	**§ 3 Stundensatz des Vormunds** (1) Die dem Vormund nach § 1 Abs. 2 zu bewilligende Vergütung beträgt für jede Stunde der für die Führung der Vormundschaft aufgewand-

707 Neue Regelung. Die Regelung definiert die Tätigkeit, wenn ein Vereinsvormund oder das Jugendamt als Vormund oder ein Vormundschaftsverein oder das Jugendamt als vorläufiger Vormund bestellt ist, als berufsmäßig. Damit folgt sie der neuen Systematik, wonach sich die Ansprüche aller im beruflichen Zusammenhang als Betreuer oder Vormund tätigen natürlichen oder juristischen Personen nach den Bestimmungen des VBVG richten und nicht mehr unmittelbar aus dem BGB folgen sollen.

708 Anders als beim Betreuten (§ 10 Abs. 2 VBVG) soll bei einem Mündel kein Rückgriff mehr möglich sein.

709 Redaktionelle Folgeänderung wegen geänderter Paragrafennummerierung.

wandten und erforderlichen Zeit 23 Euro. Verfügt der Vormund über besondere Kenntnisse, die für die Führung der Vormundschaft nutzbar sind, so erhöht sich der Stundensatz 1. auf 29,50 Euro, wenn diese Kenntnisse durch eine abgeschlossene Lehre oder eine vergleichbare abgeschlossene Ausbildung erworben sind; 2. auf 39 Euro, wenn diese Kenntnisse durch eine abgeschlossene Ausbildung an einer Hochschule oder durch eine vergleichbare abgeschlossene Ausbildung erworben sind. Eine auf die Vergütung anfallende Umsatzsteuer wird, soweit sie nicht nach § 19 Absatz 1 des Umsatzsteuergesetzes unerhoben bleibt, zusätzlich ersetzt.	ten und erforderlichen Zeit 23 Euro. Verfügt der Vormund über besondere Kenntnisse, die für die Führung der Vormundschaft nutzbar sind, so 1. auf 29,50 Euro, wenn diese Kenntnisse durch eine abgeschlossene Lehre oder eine vergleichbare abgeschlossene Ausbildung erworben sind; 2. auf 39 Euro, wenn diese Kenntnisse durch eine abgeschlossene Ausbildung an einer Hochschule oder durch eine vergleichbare abgeschlossene Ausbildung erworben sind. Eine auf die Vergütung anfallende Umsatzsteuer wird, soweit sie nicht nach § 19 Abs. 1 des Umsatzsteuergesetzes unerhoben bleibt, zusätzlich ersetzt.
(2) Bestellt das Familiengericht einen Vormund, der über besondere Kenntnisse verfügt, die für die Führung der Vormundschaft allgemein nutzbar und durch eine Ausbildung im Sinne des Absatzes 1 Satz 2 erworben sind, so wird vermutet, dass diese Kenntnisse auch für die Führung der dem Vormund übertragenen Vormundschaft nutzbar sind. Dies gilt nicht, wenn das Familiengericht aus besonderen Gründen bei der Bestellung des Vormunds etwas anderes bestimmt.	(2) Bestellt das Familiengericht einen Vormund, der über besondere Kenntnisse verfügt, die für die Führung der Vormundschaft allgemein nutzbar und durch eine Ausbildung im Sinne des Absatzes 1 Satz 2 erworben sind, so wird vermutet, dass diese Kenntnisse auch für die Führung der dem Vormund übertragenen Vormundschaft nutzbar sind. Dies gilt nicht, wenn das Familiengericht aus besonderen Gründen bei der Bestellung des Vormunds etwas anderes bestimmt.
(3) Soweit die besondere Schwierigkeit der vormundschaftlichen Angelegenheiten dies ausnahmsweise rechtfertigt, kann das Familiengericht einen höheren als den in Absatz 1 vorgesehenen Stundensatz der Vergütung bewilligen. Dies gilt nicht, wenn der Mündel mittellos ist.	(3) Soweit die besondere Schwierigkeit der vormundschaftlichen Geschäfte dies ausnahmsweise rechtfertigt, kann das Familiengericht einen höheren als den in Absatz 1 vorgesehenen Stundensatz der Vergütung bewilligen. Dies gilt nicht, wenn der Mündel mittellos ist.
(4) Der Vormund kann Abschlagszahlungen verlangen.	(4) Der Vormund kann Abschlagszahlungen verlangen
§ 4 Aufwendungsersatz des Vormunds[710] (1) Für seine anlässlich der Führung der Vormundschaft erforderlichen Aufwendungen kann der Berufsvormund Vorschuss oder Ersatz in entsprechender Anwendung des § 1877 Absatz 1[711] des Bürgerlichen Gesetzbuchs verlangen.[712]	**§ 1835 BGB Aufwendungsersatz** (1) Macht der Vormund zum Zwecke der Führung der Vormundschaft Aufwendungen, so kann er nach den für den Auftrag geltenden Vorschriften der §§ 669, 670 von dem Mündel Vorschuss oder Ersatz verlangen; für den Ersatz von Fahrtkosten gilt die in § 5 des Justizvergü-

710 Die Ansprüche der berufsmäßig tätigen Vormünder auf Aufwendungsersatz finden sich jetzt zusammen mit einem Vergütungsanspruch für den Vormundschaftsverein und den Regelungen für das Jugendamt als Vormund in §§ 4–6 VBVG.

711 § 1877 Aufwendungsersatz
(1) Macht der Betreuer zur Führung der Betreuung Aufwendungen, so kann er nach den für den Auftrag geltenden Vorschriften der §§ 669 und 670 vom Betreuten Vorschuss oder Ersatz verlangen. Für den Ersatz von Fahrtkosten des Betreuers gilt die in § 5 des Justizvergütungs- und -entschädigungsgesetzes für Sachverständige getroffene Regelung entsprechend.

712 Entspricht der bisher geltenden Rechtslage. Ein Anspruch auf Ersatz von Kosten einer angemessenen Versicherung gegen aus der Amtsführung herrührende Schäden für den Mündel ist schon bisher gem. § 1835 Abs. 2 S. 2 BGB für nach dem VBVG vergütete Vormünder ausgeschlossen. Deshalb ist § 1877 Abs. 2 BGB nicht in Bezug genommen.

	tungs- und -entschädigungsgesetzes für Sachverständige getroffene Regelung entsprechend … (1a)–(2) …
(2) Für solche Dienste, die zu seinem Gewerbe oder seinem Beruf gehören, kann der Berufsvormund anstelle der Vergütung nach § 1 Absatz 3 als Aufwendung Ersatz in entsprechender Anwendung des § 1877 Absatz 3[713] des Bürgerlichen Gesetzbuchs verlangen.[714]	(3) Als Aufwendungen gelten auch solche Dienste des Vormunds oder des Gegenvormunds, die zu seinem Gewerbe oder seinem Beruf gehören.
§ 5 Vergütung und Aufwendungsersatz für Vormundschaftsvereine (1) Ist ein Vereinsvormund bestellt oder führt der Verein eine Beistandschaft, so ist dem Verein eine Vergütung in entsprechender Anwendung von § 3 zu bewilligen. Ist der Verein als vorläufiger Vormund bestellt, ist ihm eine Vergütung nach § 3 Absatz 1 Nummer 2 zu bewilligen. Zusätzlich zu der Vergütung nach Satz 1 oder Satz 2 kann der Verein Vorschuss oder Ersatz der Aufwendungen in entsprechender Anwendung von § 1877 Absatz 1 des Bürgerlichen Gesetzbuchs verlangen;[715] § 4 Absatz 2 ist nicht anwendbar. Allgemeine Verwaltungskosten werden nicht ersetzt.	*Bisher kein Vorbild. Durch die Neuregelung wird der Vereinsvormund bzw. der Vormundschaftsverein wie eine zum Vormund bestellte natürliche Person behandelt.*
(2) Der Vereinsvormund selbst kann keine Vergütung und keinen Aufwendungsersatz geltend machen.	
§ 6 Vergütung und Aufwendungsersatz für das Jugendamt (1) Dem Jugendamt als Vormund steht keine Vergütung zu.	**§ 1836 BGB Vergütung des Vormunds** (1)–(2) … (3) Dem Jugendamt oder einem Verein kann keine Vergütung bewilligt werden.
(2) Für seine Aufwendungen kann das Jugendamt keinen Vorschuss verlangen. Es kann in entsprechender Anwendung von § 1877 Absatz 1 des Bürgerlichen Gesetzbuchs Ersatz nur insoweit verlangen, als der Mündel nicht mittellos im Sinne von § 1880 des Bürgerlichen Gesetz-	**§ 1835 BGB Aufwendungsersatz** (1)–(4) … (5) Das Jugendamt oder ein Verein kann als Vormund oder Gegenvormund für Aufwendungen keinen Vorschuss und Ersatz nur insoweit verlangen, als das einzusetzende Einkommen und Vermögen des Mündels ausreicht. Allgemeine

713 § 1877 Aufwendungsersatz
…
(3) Als Aufwendungen gelten auch solche Dienste des Betreuers, die zu seinem Gewerbe oder Beruf gehören ….

714 Beachte: Die Geltendmachung des Anspruchs auf Ersatz für berufsspezifische Dienste die Geltendmachung der für diese Dienste aufgewendeten Zeit als Vergütung nach § 3 VBVG aus (vgl. OLG Frankfurt FamRZ 2013, 894; FamRZ 2013,1160; FamRZ 2015, 1119). Der Vormund hat insoweit ein Wahlrecht, ob er für die aufgewendete Zeit Vergütung oder für die erbrachten Dienste Aufwendungsersatz in entsprechender Anwendung von § 1877 Abs. 3 BGB geltend macht. Er ist insofern anders zu behandeln als der berufliche Betreuer, der eine pauschalierte Vergütung erhält.

715 Aufwendungen für eine Haftpflichtversicherung nach § 1877 Abs. 2 BGB sind danach ausgeschlossen. Auch steht dem Verein kein Wahlrecht gemäß § 4 Abs. 2 VBVG zu, eine Anwendung von § 1877 Abs. 3 BGB kommt für den Verein nicht in Betracht. Damit entsprechen die Regelungen für den Vormundschaftsverein insoweit denjenigen für den Betreuungsverein (§ 13 Abs. 2 S. 2 VBVG). Allgemeine Verwaltungskosten werden nicht ersetzt. Dasselbe gilt, wenn der Verein eine Beistandschaft führt.

buchs ist. Allgemeine Verwaltungskosten werden nicht ersetzt.	Verwaltungskosten einschließlich der Kosten nach Absatz 2 werden nicht ersetzt.

Abschnitt 2 Vergütung und Aufwendungsersatz des Betreuers

Einführung

373 Die Frage der Vergütung für Betreuer ist jetzt selbstständig in §§ 7 ff. VBVG geregelt (mit § 7 VBVG als Anspruchsgrundlage). Der wichtigste Unterschied liegt darin, dass ein beruflicher Betreuer nur noch dann vergütet wird, wenn er vorher als beruflicher Betreuer registriert worden ist (nach §§ 23 ff. BtOG).

374 Das Vergütungssystem ändert sich (für neu registrierte Betreuer) insoweit, als die Höhe der Vergütung nicht mehr von der Art des Erwerbs der für die Betreuung nutzbaren Kenntnisse, sondern nur noch davon abhängt, ob überhaupt ein Studium oder eine Berufsausbildung abgeschlossen worden ist oder gar kein formaler Abschluss vorliegt. Eine bestimmte Fachrichtung bzw. die hierbei erlangten besonderen für die Führung einer Betreuung nutzbaren Kenntnisse sind künftig nicht mehr zwingende Voraussetzung für die Eingruppierung in die höchste Vergütungsstufe. Voraussetzung für die Vergütung ist aber das Vorliegen aller Registrierungsvoraussetzungen einschließlich des vorgesehenen Sachkundenachweises.

375 In Zukunft soll nach § 8 Abs. 3 VBVG der Vorstand des am Sitz oder hilfsweise am Wohnsitz des beruflichen Betreuers zuständigen Amtsgerichts die für alle Betreuungsverfahren des jeweiligen Betreuers zur Anwendung kommende Vergütungsstufe im Wege eines Justizverwaltungsaktes feststellen. Dementsprechend sind auch die Kriterien im neuen § 8 Abs. 2 VBVG dahin gehend geändert worden, dass es nicht mehr auf die Art des Erwerbs der nutzbaren Kenntnisse ankommt, sondern nur noch die formale Ausbildung entscheidend ist.

§ 7 Vergütung und Aufwendungsersatz des beruflichen Betreuers (1) Ein beruflicher Betreuer nach § 19 Absatz 2 des Betreuungsorganisationsgesetzes, der selbständig rechtliche Betreuungen führt,[716] kann vom Betreuten Vergütung und Aufwendungsersatz nach Maßgabe der §§ 8 bis 12, 15 und 16 verlangen.	**§ 1 Feststellung der Berufsmäßigkeit und Vergütungsbewilligung** (1) … (2) Trifft das Familiengericht die Feststellung nach Absatz 1 Satz 1, so hat es dem Vormund oder dem Gegenvormund eine Vergütung zu bewilligen. Ist der Mündel mittellos im Sinne des § 1836d des Bürgerlichen Gesetzbuchs, so kann der Vormund die nach Satz 1 zu bewilligende Vergütung aus der Staatskasse verlangen.
(2) Ist ein beruflicher Betreuer nach § 19 Absatz 2 des Betreuungsorganisationsgesetzes, der als Mitarbeiter eines anerkannten Betreuungsvereins rechtliche Betreuungen führt, als Vereinsbetreuer bestellt, kann der Betreuungsverein vom Betreuten Vergütung und Aufwendungsersatz nach Maßgabe der §§ 8 bis 12, 15 und 16 verlangen. Der Vereinsbetreuer selbst kann keine Vergütung und keinen Aufwendungsersatz geltend machen.	**§ 7 Vergütung und Aufwendungsersatz für Betreuungsvereine** (1) Ist ein Vereinsbetreuer bestellt, so ist dem Verein eine Vergütung und Aufwendungsersatz nach § 1 Abs. 2 in Verbindung mit den §§ 4 bis 5a zu bewilligen. § 1 Abs. 1 sowie § 1835 Abs. 3 des Bürgerlichen Gesetzbuchs finden keine Anwendung. (2) … (3) Der Vereinsbetreuer selbst kann keine Vergütung und keinen Aufwendungsersatz nach diesem Gesetz oder nach den §§ 1835 bis 1836 des Bürgerlichen Gesetzbuchs geltend machen.

716 § 7 Abs. 1 VBVG enthält nur eine Regelung für die beruflichen Betreuer, die selbstständig Betreuungen führen, also nicht als Vereins- oder Behördenbetreuer.

(3) Die Bewilligung der Zahlung erfolgt durch das Betreuungsgericht nach § 292 des Gesetzes über das Verfahren in Familiensachen und in den Angelegenheiten der freiwilligen Gerichtsbarkeit.[717]	**§ 1 Feststellung der Berufsmäßigkeit und Vergütungsbewilligung** (1) ... (2) Trifft das Familiengericht die Feststellung nach Absatz 1 Satz 1, so hat es dem Vormund oder dem Gegenvormund eine Vergütung zu bewilligen. Ist der Mündel mittellos im Sinne des § 1836d des Bürgerlichen Gesetzbuchs, so kann der Vormund die nach Satz 1 zu bewilligende Vergütung aus der Staatskasse verlangen.
§ 8 Höhe der Vergütung; Verordnungsermächtigung (1) Die dem beruflichen Betreuer nach § 7 zu bewilligende Vergütung bestimmt sich nach monatlichen Fallpauschalen, die in den Vergütungstabellen A bis C der Anlage festgelegt sind.	**§ 4 Vergütung des Betreuers** (1) Die dem Betreuer nach § 1 Absatz 2 zu bewilligende Vergütung bestimmt sich nach monatlichen Fallpauschalen, die in den Vergütungstabellen A bis C der Anlage festgelegt sind.

717 § 292 FamFG Zahlungen an den Betreuer; Verordnungsermächtigung
(1) Das Gericht setzt auf Antrag des Betreuers oder des Betroffenen oder nach eigenem Ermessen durch Beschluss fest:
1. einen dem Betreuer zu zahlenden Vorschuss, den ihm zu leistenden Ersatz von Aufwendungen oder die Aufwandspauschale, soweit der Betreuer die Zahlungen aus der Staatskasse verlangen kann (§ 1879 des Bürgerlichen Gesetzbuchs) oder ihm die Vermögenssorge nicht übertragen wurde,
2. eine dem ehrenamtlichen Betreuer zu bewilligende Vergütung oder Abschlagszahlung (§ 1876 des Bürgerlichen Gesetzbuchs) oder
3. eine dem beruflichen Betreuer oder dem Betreuungsverein zu bewilligende Vergütung nach dem Vormünder- und Betreuervergütungsgesetz.
(2) Das Gericht kann eine nach Absatz 1 Nummer 3 zu bewilligende Vergütung auf Antrag des Betreuers oder des Betreuungsvereins auch für zukünftige Zeiträume durch Beschluss festsetzen, wenn die Voraussetzungen des § 15 Absatz 2 Satz 1 des Vormünder- und Betreuervergütungsgesetzes vorliegen. Die Auszahlung der Vergütung erfolgt für die jeweils nach § 15 Absatz 1 Satz 1 des Vormünder- und Betreuervergütungsgesetzes maßgeblichen Zeiträume. Die Festsetzung ist in regelmäßigen, im Voraus festzulegenden Abständen, die zwei Jahre nicht überschreiten dürfen, zu überprüfen.
(3) Im Antrag sollen die persönlichen und wirtschaftlichen Verhältnisse des Betroffenen dargestellt werden. § 118 Absatz 2 Satz 1 und 2, § 120 Absatz 2 und 3 sowie § 120a Absatz 1 Satz 1 und 3 der Zivilprozessordnung sind entsprechend anzuwenden. Steht nach der freien Überzeugung des Gerichts der Aufwand für die Ermittlung der persönlichen und wirtschaftlichen Verhältnisse des Betroffenen außer Verhältnis zur Höhe des aus der Staatskasse zu begleichenden Anspruchs oder zur Höhe der vom Betroffenen voraussichtlich zu leistenden Zahlungen, so kann das Gericht ohne weitere Prüfung den zu leistenden Betrag festsetzen oder von einer Festsetzung der vom Betroffenen zu leistenden Zahlungen absehen.
(4) Der Betroffene ist vor der Festsetzung einer von ihm zu leistenden Zahlung anzuhören.
(5) Ist eine Festsetzung nicht beantragt, so gelten für die Zahlungen, die aus der Staatskasse verlangt werden können, die Vorschriften über das Verfahren bei der Entschädigung von Zeugen hinsichtlich ihrer baren Auslagen sinngemäß.
(6) Die Landesregierungen werden ermächtigt, durch Rechtsverordnung für Anträge nach den Absätzen 1 und 2 Formulare einzuführen. Soweit Formulare eingeführt sind, muss der berufliche Betreuer oder der Betreuungsverein diese verwenden und sie, sofern sie hierzu bestimmt sind, als elektronisches Dokument einreichen. Andernfalls liegt keine ordnungsgemäße Geltendmachung im Sinne des § 1875 Absatz 2 des Bürgerlichen Gesetzbuchs in Verbindung mit dem Vormünder- und Betreuervergütungsgesetz vor. Die Landesregierungen können die Ermächtigung nach Satz 1 durch Rechtsverordnung auf die Landesjustizverwaltungen übertragen.

(2) Die Vergütung des beruflichen Betreuers richtet sich nach 1. Vergütungstabelle A, sofern der Betreuer weder über eine abgeschlossene Lehre noch über eine abgeschlossene Ausbildung an einer Hochschule oder eine vergleichbare Ausbildung verfügt;[718] 2. Vergütungstabelle B, wenn der Betreuer über eine abgeschlossene Lehre oder eine vergleichbare abgeschlossene Ausbildung verfügt; 3. Vergütungstabelle C, wenn der Betreuer über eine abgeschlossene Ausbildung an einer Hochschule oder eine vergleichbare abgeschlossene Ausbildung verfügt.	(2) Die Vergütung des Betreuers richtet sich nach Vergütungstabelle A, sofern der Betreuer über keine besonderen Kenntnisse verfügt, die für die Führung der Betreuung nutzbar sind. (3) Verfügt der Betreuer über besondere Kenntnisse, die für die Führung der Betreuung nutzbar sind, so richtet sich die Vergütung 1. nach Vergütungstabelle B, wenn diese Kenntnisse durch eine abgeschlossene Lehre oder eine vergleichbare abgeschlossene Ausbildung erworben sind; 2. nach Vergütungstabelle C, wenn diese Kenntnisse durch eine abgeschlossene Ausbildung an einer Hochschule oder durch eine vergleichbare abgeschlossene Ausbildung erworben sind. (4) § 3 Absatz 2 gilt entsprechend. § 1 Absatz 1 Satz 2 Nummer 2 findet keine Anwendung
(3) Der Vorstand des am Sitz oder hilfsweise am Wohnsitz des beruflichen Betreuers zuständigen Amtsgerichts stellt auf Antrag des Betreuers nach dessen Registrierung fest, nach welcher Vergütungstabelle sich die von diesem zu beanspruchenden Vergütungen richten.[719] Die Feststellung nach Satz 1 gilt für das gerichtliche Verfahren zur Festsetzung der Vergütung bundesweit. Sie kann auf Antrag des beruflichen Betreuers geändert werden, wenn dieser eine Änderung der Voraussetzungen nach Absatz 2 nachweist. Die Feststellung oder Änderung wirkt auf den Zeitpunkt der Antragstellung zurück.	
(4) Die Landesregierungen werden ermächtigt, zur sachdienlichen Erledigung der Verfahren nach Absatz 3 durch Rechtsverordnung die Zuständigkeit anderer Gerichte abweichend von Absatz 3 Satz 1 festzulegen. Die Landesregierungen können die Ermächtigung nach Satz 1 auf die Landesjustizverwaltungen übertragen.	

718 Die Höhe der Vergütung hängt nicht mehr von der Art des Erwerbs der für die Betreuung nutzbaren Kenntnisse, sondern nur noch davon ab, ob überhaupt ein Studium oder eine Berufsausbildung abgeschlossen worden ist oder ob gar kein formaler Abschluss vorliegt. Eine bestimmte Fachrichtung bzw. die hierbei erlangten besonderen für die Führung einer Betreuung nutzbaren Kenntnisse sollen künftig nicht mehr zwingende Voraussetzung für die Eingruppierung in die höchste Vergütungsstufe sein.

719 Die anzuwendende Vergütungstabelle soll zukünftig nicht mehr von den Betreuungsgerichten in jedem einzelnen Verfahren festgestellt werden, sondern einmal zu Beginn der Betreuertätigkeit im Anschluss an das Registrierungsverfahren. Etwaige Unklarheiten über die Einstufung eines Betreuers können dann einmalig im Rechtsweg nach §§ 23 ff. EGGVG geklärt werden.

§ 9 Fallpauschalen (1) Die Höhe der Fallpauschalen[720] nach § 8 Absatz 1 richtet sich nach 1. der Dauer der Betreuung, 2. dem gewöhnlichen Aufenthaltsort des Betreuten und 3. dem Vermögensstatus des Betreuten.	**§ 5 Fallpauschalen** (1) Die Höhe der Fallpauschalen nach § 4 Absatz 1 richtet sich nach 1. der Dauer der Betreuung, 2. dem gewöhnlichen Aufenthaltsort des Betreuten und 3. dem Vermögensstatus des Betreuten.
(2) Hinsichtlich der Dauer der Betreuung wird bei der Berechnung der Fallpauschalen zwischen den Zeiträumen in den ersten drei Monaten der Betreuung, im vierten bis sechsten Monat, im siebten bis zwölften Monat, im 13. bis 24. Monat und ab dem 25. Monat unterschieden. Für die Berechnung der Monate gelten § 187 Absatz 1 und § 188 Absatz 2 des Bürgerlichen Gesetzbuchs entsprechend.	(2) Hinsichtlich der Dauer der Betreuung wird bei der Berechnung der Fallpauschalen zwischen den Zeiträumen in den ersten drei Monaten der Betreuung, im vierten bis sechsten Monat, im siebten bis zwölften Monat, im 13. bis 24. Monat und ab dem 25. Monat unterschieden. Für die Berechnung der Monate gelten § 187 Absatz 1 und § 188 Absatz 2 des Bürgerlichen Gesetzbuchs entsprechend. Ändern sich Umstände, die sich auf die Vergütung auswirken, vor Ablauf eines vollen Monats, so ist die Fallpauschale zeitanteilig nach Tagen zu berechnen; § 187 Absatz 1, § 188 Absatz 1 und § 191 des Bürgerlichen Gesetzbuchs gelten entsprechend.
(3) Hinsichtlich des gewöhnlichen Aufenthaltsortes des Betreuten ist zwischen stationären Einrichtungen und diesen nach Satz 3 gleichgestellten ambulant betreuten Wohnformen einerseits und anderen Wohnformen andererseits zu unterscheiden. Im Sinne dieses Gesetzes sind 1. stationäre Einrichtungen: Einrichtungen, die dem Zweck dienen, Volljährige aufzunehmen, ihnen Wohnraum zu überlassen, sowie tatsächliche Betreuung oder Pflege zur Verfügung zu stellen oder vorzuhalten, und die in ihrem Bestand von Wechsel und Zahl der Bewohner unabhängig sind und entgeltlich betrieben werden; 2. ambulant betreute Wohnformen: entgeltliche Angebote, die dem Zweck dienen, Volljährigen das Leben in einem gemeinsamen Haushalt oder einer Wohnung bei gleichzeitiger Inanspruchnahme extern angebotener entgeltlicher Leistungen tatsächlicher Betreuung oder Pflege zu ermöglichen. Ambulant betreute Wohnformen sind stationären Einrichtungen gleichgestellt, wenn die in der ambulant betreuten Wohnform extern angebotenen Leistungen tatsächlicher Betreuung oder Pflege als Rund-um-die-Uhr-Versorgung durch professionelle Betreuungs- oder Pflegekräfte zur Verfügung gestellt oder vorgehalten werden und der Anbieter der extern angebotenen Betreu-	(3) Hinsichtlich des gewöhnlichen Aufenthaltsortes des Betreuten ist zwischen stationären Einrichtungen und diesen nach Satz 3 gleichgestellten ambulant betreuten Wohnformen einerseits und anderen Wohnformen andererseits zu unterscheiden. Im Sinne dieses Gesetzes sind 1. stationäre Einrichtungen: Einrichtungen, die dem Zweck dienen, Volljährige aufzunehmen, ihnen Wohnraum zu überlassen sowie tatsächliche Betreuung oder Pflege zur Verfügung zu stellen oder vorzuhalten, und die in ihrem Bestand von Wechsel und Zahl der Bewohner unabhängig sind und entgeltlich betrieben werden; 2. ambulant betreute Wohnformen: entgeltliche Angebote, die dem Zweck dienen, Volljährigen das Leben in einem gemeinsamen Haushalt oder einer Wohnung bei gleichzeitiger Inanspruchnahme extern angebotener entgeltlicher Leistungen tatsächlicher Betreuung oder Pflege zu ermöglichen. Ambulant betreute Wohnformen sind stationären Einrichtungen gleichgestellt, wenn die in der ambulant betreuten Wohnform extern angebotenen Leistungen tatsächlicher Betreuung oder Pflege als Rund-um-die-Uhr-Versorgung durch professionelle Betreuungs- oder Pflegekräfte zur Verfügung gestellt oder vorgehalten werden und der Anbieter der extern angebotenen Betreu-

720 § 9 VBVG übernimmt im Wesentlichen § 5 VBVG in der Fassung durch das Gesetz zur Anpassung der Betreuer- und Vormündervergütung vom 22.6.2019. Hiernach werden die Vergütungspauschalen für Betreuer insbesondere nach der Dauer der Betreuung sowie nach dem gewöhnlichen Aufenthalt des Betreuten modifiziert.

ungs- und Pflegeleistungen nicht frei wählbar ist.	ungs- und Pflegeleistungen nicht frei wählbar ist.
(4) Hinsichtlich der Bestimmung des Vermögensstatus des Betreuten ist entscheidend, ob am Ende des Abrechnungsmonats Mittellosigkeit nach § 1880 des Bürgerlichen Gesetzbuchs vorliegt. Hinsichtlich der Bestimmung des gewöhnlichen Aufenthaltes nach Absatz 3 ist entscheidend, wo der gewöhnliche Aufenthalt am Ende des Abrechnungsmonats liegt.[721]	(4) Hinsichtlich der Bestimmung des Vermögensstatus des Betreuten ist entscheidend, ob am Ende des Abrechnungsmonats Mittellosigkeit nach § 1836d des Bürgerlichen Gesetzbuchs vorliegt.
Der bisherige § 5 Abs. 5 VBVG ist entsprechend der Systematik in Abschnitt 1 in eine eigene Vorschrift zum Aufwendungsersatz (§ 11 VBVG) überführt worden.	(5) Die Fallpauschalen gelten auch Ansprüche auf Ersatz anlässlich der Betreuung entstandener Aufwendungen ab. Die gesonderte Geltendmachung von Aufwendungen im Sinne des § 1835 Absatz 3 des Bürgerlichen Gesetzbuchs bleibt unberührt.
§ 10 Gesonderte Pauschalen[722] (1) Ist der Betreute nicht mittellos, wird der Betreuer mit einer zusätzlichen monatlichen Pauschale in Höhe von 30 Euro vergütet, wenn dieser die Verwaltung 1. von Geldvermögen in Höhe von mindestens 150 000 Euro, 2. von Wohnraum, der nicht vom Betreuten oder seinem Ehegatten genutzt wird, oder 3. eines Erwerbsgeschäfts des Betreuten zu besorgen hat. Die Pauschale kann geltend gemacht werden, wenn einer der Fälle des Satzes 1 an mindestens einem Tag im Abrechnungsmonat vorliegt.	**§ 5a Gesonderte Pauschalen** (1) Ist der Betreute nicht mittellos, wird der Betreuer mit einer zusätzlichen monatlichen Pauschale in Höhe von 30 Euro vergütet, wenn dieser die Verwaltung 1. von Geldvermögen in Höhe von mindestens 150 000 Euro, 2. von Wohnraum, der nicht vom Betreuten oder seinem Ehegatten genutzt wird, oder 3. eines Erwerbsgeschäfts des Betreuten zu besorgen hat. Die Pauschale kann geltend gemacht werden, wenn einer der Fälle des Satzes 1 an mindestens einem Tag im Abrechnungsmonat vorliegt.
(2) Findet ein Wechsel von einem ehrenamtlichen zu einem beruflichen Betreuer statt, ist der berufliche Betreuer mit einer einmaligen Pauschale in Höhe von 200 Euro zu vergüten.	(2) Findet ein Wechsel von einem ehrenamtlichen zu einem beruflichen Betreuer statt, ist der berufliche Betreuer mit einer einmaligen Pauschale in Höhe von 200 Euro zu vergüten.
(3) Findet ein Wechsel von einem beruflichen zu einem ehrenamtlichen Betreuer statt, ist der berufliche Betreuer mit einer einmaligen Pauschale in Höhe des 1,5-fachen der zum Zeitpunkt des Betreuerwechsels zu vergütenden Fallpauschale zu vergüten. Dies gilt auch dann, wenn zunächst neben dem beruflichen Betreuer ein ehrenamtlicher Betreuer bestellt war und dieser die Betreuung allein fortführt.	(3) Findet ein Wechsel von einem beruflichen zu einem ehrenamtlichen Betreuer statt, ist der berufliche Betreuer mit einer einmaligen Pauschale in Höhe des 1,5-fachen der zum Zeitpunkt des Betreuerwechsels zu vergütenden Fallpauschale zu vergüten. Dies gilt auch dann, wenn zunächst neben dem beruflichen Betreuer ein ehrenamtlicher Betreuer bestellt war und dieser die Betreuung allein fortführt.

721 § 9 Abs. 4 VBVG sieht vor, dass bei der Änderung von vergütungsrelevanten Umständen nunmehr generell auf die Umstände zum Ende des Abrechnungsmonats abzustellen ist. Während dies bisher nur für die Bestimmung des Vermögensstatus galt, wird durch die Einfügung eines neuen § 9 Abs. 4 S. 2 VBVG klargestellt, dass dies auch für die Bestimmung des gewöhnlichen Aufenthaltes gilt. Dies zielt auf eine Vereinfachung der Berechnung von Vergütungsansprüchen und soll dazu beitragen, die Betreuungsgerichte personell zu entlasten. Dementsprechend wird der bisherige § 5 Abs. 2 S. 3 VBVG aF gestrichen, der die taggenaue Berechnung von vergütungsrelevanten Umständen im Einzelnen regelt. Hingegen verbleibt es bei Beendigung der Betreuung, bei einem Betreuerwechsel oder bei Änderung der Vergütungstabelle bei der taggenauen Abrechnung.

722 Inhaltlich unverändert, die Änderungen sind nur redaktioneller Art (geänderte Paragrafennummerierung).

(4) Die Pauschalen nach den Absätzen 1 bis 3 können nur gemeinsam mit einem Vergütungsantrag nach den §§ 8 und 9 geltend gemacht werden.	(4) Die Pauschalen nach den Absätzen 1 bis 3 können nur gemeinsam mit einem Vergütungsantrag nach den §§ 4 und 5 geltend gemacht werden.
§ 11 Aufwendungsersatz Die Fallpauschalen nach § 9 gelten auch Ansprüche auf Ersatz anlässlich der Betreuung entstandener Aufwendungen ab. Die gesonderte Geltendmachung von Aufwendungen im Sinne des § 1877 Absatz 3 des Bürgerlichen Gesetzbuchs durch Betreuer nach § 7 Absatz 1 bleibt unberührt.	**§ 5 Fallpauschalen** (1)–(4) … (5) Die Fallpauschalen gelten auch Ansprüche auf Ersatz anlässlich der Betreuung entstandener Aufwendungen ab. Die gesonderte Geltendmachung von Aufwendungen im Sinne des § 1835 Absatz 3 des Bürgerlichen Gesetzbuchs bleibt unberührt.
§ 12 Sonderfälle der Betreuung (1) Dem Sterilisationsbetreuer nach § 1817 Absatz 2 des Bürgerlichen Gesetzbuchs und dem Ergänzungsbetreuer nach § 1817 Absatz 5 des Bürgerlichen Gesetzbuchs ist eine Vergütung nach § 3 zu bewilligen. Vorschuss oder Ersatz der Aufwendungen kann er in entsprechender Anwendung von § 1877 Absatz 1 des Bürgerlichen Gesetzbuchs verlangen; § 4 Absatz 2 gilt entsprechend. Allgemeine Verwaltungskosten werden nicht ersetzt.	**§ 6 Sonderfälle der Betreuung** In den Fällen des § 1899 Abs. 2 und 4 des Bürgerlichen Gesetzbuchs erhält der Betreuer eine Vergütung nach § 1 Abs. 2 in Verbindung mit § 3; für seine Aufwendungen kann er Vorschuss und Ersatz nach § 1835 des Bürgerlichen Gesetzbuchs mit Ausnahme der Aufwendungen im Sinne von § 1835 Abs. 2 des Bürgerlichen Gesetzbuchs beanspruchen.
(2) Dem Verhinderungsbetreuer nach § 1817 Absatz 4 des Bürgerlichen Gesetzbuchs sind die Vergütung nach § 8 in Verbindung mit § 9 sowie die Pauschale nach § 10 Absatz 1 zu bewilligen und im Fall des § 9 nach Tagen zu teilen; § 187 Absatz 1 und § 188 Absatz 1 des Bürgerlichen Gesetzbuchs gelten entsprechend.	Ist im Fall des § 1899 Absatz 4 des Bürgerlichen Gesetzbuchs die Verhinderung tatsächlicher Art, sind die Vergütung und der Aufwendungsersatz nach § 4 in Verbindung mit § 5 sowie die Pauschale nach § 5a Absatz 1 zu bewilligen und im Fall des § 5 nach Tagen zu teilen; § 187 Absatz 1 und § 188 Absatz 1 des Bürgerlichen Gesetzbuchs gelten entsprechend.
§ 13 Vergütung und Aufwendungsersatz für Betreuungsvereine[723] (1) Ist der Betreuungsverein nach § 1818 Absatz 1 des Bürgerlichen Gesetzbuchs als Betreuer bestellt, ist ihm eine Vergütung nach den §§ 8 bis 10 zu bewilligen, wenn der Mitarbeiter, dem die Führung der Betreuung gemäß § 1818 Absatz 2 Satz 1 des Bürgerlichen Gesetzbuchs übertragen worden ist, als beruflicher Betreuer registriert ist. Die Höhe der Vergütung richtet sich nach der aufgrund der Feststellung nach § 8 Absatz 3 für den Mitarbeiter anzuwendenden Vergütungstabelle. Eine Vergütung ist auch dann zu bewilligen, wenn der Mitarbeiter spätestens sechs Monate nach Beginn seiner Tätigkeit für den Betreuungsverein registriert ist.	**§ 7 Vergütung und Aufwendungsersatz für Betreuungsvereine** (1) Ist ein Vereinsbetreuer bestellt, so ist dem Verein eine Vergütung und Aufwendungsersatz nach § 1 Abs. 2 in Verbindung mit den §§ 4 bis 5a zu bewilligen. § 1 Abs. 1 sowie § 1835 Abs. 3 des Bürgerlichen Gesetzbuchs finden keine Anwendung.
(2) In den Fällen des § 1817 Absatz 4 und 5 des Bürgerlichen Gesetzbuchs sind dem Betreuungsverein nach Maßgabe des Absatzes 1 Vergütung und Aufwendungsersatz nach § 12 zu bewilli-	(2) § 6 gilt entsprechend; der Verein kann im Fall von § 6 Satz 1 Vorschuss und Ersatz der Aufwendungen nach § 1835 Abs. 1, 1a und 4 des Bürgerlichen Gesetzbuchs verlangen.

723 Neue Regelung über die Vergütung des Betreuungsvereins, wenn dieser selbst zum Betreuer bestellt ist. Das in § 1908i Abs. 1 S. 1 iVm § 1836 Abs. 3 BGB aF enthaltene Vergütungsverbot wurde aufgehoben.

gen.[724] Aufwendungen im Sinne von § 1877 Absatz 3 des Bürgerlichen Gesetzbuchs kann der Verein nicht geltend machen. Allgemeine Verwaltungskosten werden nicht ersetzt.	§ 1835 Abs. 5 Satz 2 des Bürgerlichen Gesetzbuchs gilt entsprechend.
	(3) Der Vereinsbetreuer selbst kann keine Vergütung und keinen Aufwendungsersatz nach diesem Gesetz oder nach den §§ 1835 bis 1836 des Bürgerlichen Gesetzbuchs geltend machen.
§ 14 Vergütung und Aufwendungsersatz für Behördenbetreuer und Betreuungsbehörde (1) Ist ein Behördenbetreuer bestellt, so kann der zuständigen Behörde nur unter den in § 1876 Satz 2 des Bürgerlichen Gesetzbuchs bestimmten Voraussetzungen eine Vergütung bewilligt werden. Für ihre Aufwendungen kann die Betreuungsbehörde keinen Vorschuss und in entsprechender Anwendung von § 1877 Absatz 1 des Bürgerlichen Gesetzbuchs Ersatz nur insoweit verlangen, als der Betreute nicht mittellos im Sinne des § 1880 des Bürgerlichen Gesetzbuchs ist. Allgemeine Verwaltungskosten werden nicht ersetzt.[725]	**§ 8 Vergütung und Aufwendungsersatz für Behördenbetreuer** (1) Ist ein Behördenbetreuer bestellt, so kann der zuständigen Behörde eine Vergütung nach § 1836 Abs. 2 des Bürgerlichen Gesetzbuchs bewilligt werden, soweit der Umfang oder die Schwierigkeit der Betreuungsgeschäfte dies rechtfertigen. Dies gilt nur, soweit eine Inanspruchnahme des Betreuten nach § 1836c des Bürgerlichen Gesetzbuchs zulässig ist. (2) Unabhängig von den Voraussetzungen nach Absatz 1 Satz 1 kann die Betreuungsbehörde Aufwendungsersatz nach § 1835 Abs. 1 Satz 1 und 2 in Verbindung mit Abs. 5 Satz 2 des Bürgerlichen Gesetzbuchs verlangen, soweit eine Inanspruchnahme des Betreuten nach § 1836c des Bürgerlichen Gesetzbuchs zulässig ist.
(2) Der Behördenbetreuer selbst kann keine Vergütung, keinen Vorschuss und keinen Aufwendungsersatz geltend machen.	(3) Für den Behördenbetreuer selbst gilt § 7 Abs. 3 entsprechend.
(3) Ist die Betreuungsbehörde nach § 1818 Absatz 4 des Bürgerlichen Gesetzbuchs als Betreuer bestellt, steht ihr keine Vergütung zu. Für die Aufwendungen der Betreuungsbehörde gilt Absatz 1 Satz 2 und 3 entsprechend.	(2) Unabhängig von den Voraussetzungen nach Absatz 1 Satz 1 kann die Betreuungsbehörde Aufwendungsersatz nach § 1835 Abs. 1 Satz 1 und 2 in Verbindung mit Abs. 5 Satz 2 des Bürgerlichen Gesetzbuchs verlangen, soweit eine Inanspruchnahme des Betreuten nach § 1836c des Bürgerlichen Gesetzbuchs zulässig ist.
(4) § 1877 Absatz 4 des Bürgerlichen Gesetzbuchs ist auf Ansprüche der Betreuungsbehörde nicht anzuwenden.	(4) § 2 ist nicht anwendbar.
§ 15 Abrechnungszeitraum für die Betreuungsvergütung (1) Die Vergütung kann nach Ablauf von jeweils drei Monaten für diesen Zeitraum geltend gemacht werden. Dies gilt nicht für die Geltendmachung von Vergütung und Aufwendungsersatz in den Fällen der §§ 12 und 13 Absatz 2.	**§ 9 Abrechnungszeitraum für die Betreuungsvergütung** Die Vergütung kann nach Ablauf von jeweils drei Monaten für diesen Zeitraum geltend gemacht werden. Dies gilt nicht für die Geltendmachung von Vergütung und Aufwendungsersatz in den Fällen des § 6.

724 Der Verein erhält nach § 12 Abs. 1 VBVG eine Vergütung nach § 3 S. 1 VBVG und Vorschuss oder Ersatz seiner Aufwendungen in entsprechender Anwendung von § 1877 Abs. 1 S. 2 BGB, wenn er selbst zum Ergänzungsbetreuer oder einer seiner Mitarbeiter als Vereinsbetreuer zum Ergänzungs- oder Sterilisationsbetreuer bestellt worden ist. Im Falle der Bestellung des Vereins oder eines seiner Mitarbeiter als Vereinsbetreuer zum Verhinderungsbetreuer greift § 12 Abs. 2 VBVG.

725 Rechtslage unverändert.

(2) Der Betreuer kann, wenn eine Veränderung der für die Höhe der Vergütung maßgeblichen Kriterien des § 9 Absatz 1 Nummer 2 und 3 nicht zu erwarten ist, die Festsetzung der Vergütung auch für zukünftige Zeiträume nach § 292 Absatz 2 Satz 1 des Gesetzes über das Verfahren in Familiensachen und in den Angelegenheiten der freiwilligen Gerichtsbarkeit beantragen.[726] Für die Dauer der Festsetzung nach § 292 Absatz 2 des Gesetzes über das Verfahren in Familiensachen und in den Angelegenheiten der freiwilligen Gerichtsbarkeit gelten die Vergütungsansprüche als geltend gemacht nach § 16 Absatz 3. Eine Änderung der Kriterien des § 9 Absatz 1 hat der Betreuer unverzüglich mitzuteilen.	*Ohne direktes Vorbild.*
§ 16 Zahlung aus der Staatskasse, Erlöschen und Geltendmachung der Ansprüche (1) Ist der Betreute mittellos im Sinne des § 1880 des Bürgerlichen Gesetzbuchs, so kann der Betreuer die Vergütung sowie Vorschuss oder Ersatz der Aufwendungen aus der Staatskasse verlangen.	**§ 1 Feststellung der Berufsmäßigkeit und Vergütungsbewilligung** (1) ... (2) ... Ist der Mündel mittellos im Sinne des § 1836d des Bürgerlichen Gesetzbuchs, so kann der Vormund die nach Satz 1 zu bewilligende Vergütung aus der Staatskasse verlangen.
(2) Soweit die Staatskasse den Betreuer befriedigt, gehen die Ansprüche des Betreuers nach Maßgabe des § 1881 des Bürgerlichen Gesetzbuchs auf die Staatskasse über.	**§ 1836e BGB Gesetzlicher Forderungsübergang** (1) Soweit die Staatskasse den Vormund oder Gegenvormund befriedigt, gehen Ansprüche des Vormundes oder Gegenvormunds gegen den Mündel auf die Staatskasse über...
(3) Die Ansprüche auf Vergütung und Aufwendungsersatz erlöschen, wenn sie nicht binnen 15 Monaten nach ihrer Entstehung gerichtlich geltend gemacht werden. § 1877 Absatz 4 Satz 2 und 3 sowie Absatz 5 des Bürgerlichen Gesetzbuchs gilt entsprechend.	**§ 2 VBVG Erlöschen der Ansprüche** Der Vergütungsanspruch erlischt, wenn er nicht binnen 15 Monaten nach seiner Entstehung beim Familiengericht geltend gemacht wird; die Geltendmachung des Anspruchs beim Familiengericht gilt dabei auch als Geltendmachung gegenüber dem Mündel. § 1835 Abs. 1a des Bürgerlichen Gesetzbuchs gilt entsprechend.
Abschnitt 3 Schlussvorschriften	
§ 17 Umschulung und Fortbildung von Berufsvormündern und beruflichen Betreuern (1) Durch Landesrecht kann bestimmt werden, dass es einer abgeschlossenen Lehre im Sinne des § 3 Absatz 1 Satz 2 Nummer 1 und § 4 Ab-	**§ 11 Umschulung und Fortbildung von Berufsvormündern** (1) Durch Landesrecht kann bestimmt werden, dass es einer abgeschlossenen Lehre im Sinne des § 3 Abs. 1 Satz 2 Nr. 1 und § 4 Absatz 3

726 Der Betreuer kann nun eine Festsetzung der Fallpauschalen auch für zukünftige Zeiträume beantragen, wenn eine Änderung der für die Höhe der Vergütung maßgeblichen Kriterien nicht zu erwarten ist. Anders als im geltenden Recht ist damit abweichend von Abs. 1 auch ein in die Zukunft gerichteter Dauervergütungsantrag zulässig. Das entsprechende gerichtliche Verfahren ist in § 292 Abs. 2 FamFG geregelt. Ob das Betreuungsgericht eine solche Dauervergütungsfestsetzung vornimmt, liegt in seinem Ermessen. Das Gericht hat grundsätzlich auch weiterhin nach § 292 Abs. 1 FamFG die für die Bewilligung einer Vergütung maßgeblichen Kriterien im Vergütungszeitraum festzustellen. Zwar sind abschließende Angaben insbesondere zur Wohnform und zur Mittellosigkeit des Betreuten im Vergütungszeitraum erst nach dessen Ablauf möglich, dies soll aber eine Bewilligung der Vergütung auch für zukünftige Zeiträume nicht hindern. Damit wird die gegenteilige Rechtsprechung des BGH (6.7.2016 – XII ZB 493/14) gegenstandslos.

satz 3 Nummer 1 des Vormünder- und Betreuervergütungsgesetzes vom 21. April 2005 (BGBl. I S. 1073, 1076), das zuletzt durch Artikel 1 des Gesetzes vom 22. Juni 2019 (BGBl. I S. 866) geändert worden ist, in der bis einschließlich 31. Dezember 2022 geltenden Fassung gleichsteht, wenn der Vormund oder Betreuer besondere Kenntnisse im Sinne dieser Vorschrift durch eine dem Abschluss einer Lehre vergleichbare Prüfung vor einer staatlichen oder staatlich anerkannten Stelle nachgewiesen hat. Zu einer solchen Prüfung darf nur zugelassen werden, wer 1. mindestens drei Jahre lang Vormundschaften oder Betreuungen berufsmäßig geführt und 2. an einer Umschulung oder Fortbildung teilgenommen hat, die besondere Kenntnisse im Sinne des § 3 Absatz 1 Satz 2 und § 4 Absatz 3 des Vormünder- und Betreuervergütungsgesetzes vom 21. April 2005 (BGBl. I S. 1073, 1076), das zuletzt durch Artikel 1 des Gesetzes vom 22. Juni 2019 (BGBl. I S. 866) geändert worden ist, in der bis zum 31. Dezember 2022 geltenden Fassung vermittelt, welche nach Art und Umfang den durch eine abgeschlossene Lehre vermittelten vergleichbar sind.	Nummer 1 gleichsteht, wenn der Vormund[727] oder Betreuer besondere Kenntnisse im Sinne dieser Vorschrift durch eine dem Abschluss einer Lehre vergleichbare Prüfung vor einer staatlichen oder staatlich anerkannten Stelle nachgewiesen hat. Zu einer solchen Prüfung darf nur zugelassen werden, wer 1. mindestens drei Jahre lang Vormundschaften oder Betreuungen berufsmäßig geführt und 2. an einer Umschulung oder Fortbildung teilgenommen hat, die besondere Kenntnisse im Sinne des § 3 Abs. 1 Satz 2 und § 4 Absatz 3 vermittelt, welche nach Art und Umfang den durch eine abgeschlossene Lehre vermittelten vergleichbar sind.
(2) Durch Landesrecht kann bestimmt werden, dass es einer abgeschlossenen Ausbildung an einer Hochschule im Sinne des § 3 Absatz 1 Satz 2 Nummer 2 und § 4 Absatz 3 Nummer 2 des Vormünder- und Betreuervergütungsgesetzes vom 21. April 2005 (BGBl. I S. 1073, 1076), das zuletzt durch Artikel 1 des Gesetzes vom 22. Juni 2019 (BGBl. I S. 866) geändert worden ist, in der bis einschließlich 31. Dezember 2022 geltenden Fassung gleichsteht, wenn der Vormund oder Betreuer Kenntnisse im Sinne dieser Vorschrift durch eine Prüfung vor einer staatlichen oder staatlich anerkannten Stelle nachgewiesen hat. Zu einer solchen Prüfung darf nur zugelassen werden, wer 1. mindestens fünf Jahre lang Vormundschaften oder Betreuungen berufsmäßig geführt und 2. an einer Umschulung oder Fortbildung teilgenommen hat, die besondere Kenntnisse im Sinne des § 3 Absatz 1 Satz 2 und § 4 Absatz 3 des Vormünder- und Betreuervergütungsgesetzes vom 21. April 2005 (BGBl. I S. 1073, 1076), das zuletzt durch Artikel 1 des Gesetzes vom 22. Juni 2019 (BGBl. I S. 866) geändert worden ist, in der bis einschließlich 31. Dezember 2022 geltenden Fassung vermittelt, welche nach Art	(2) Durch Landesrecht kann bestimmt werden, dass es einer abgeschlossenen Ausbildung an einer Hochschule im Sinne des § 3 Abs. 1 Satz 2 Nr. 2 und § 4 Absatz 3 Nummer 2 gleichsteht, wenn der Vormund oder Betreuer Kenntnisse im Sinne dieser Vorschrift durch eine Prüfung vor einer staatlichen oder staatlich anerkannten Stelle nachgewiesen hat. Zu einer solchen Prüfung darf nur zugelassen werden, wer 1. mindestens fünf Jahre lang Vormundschaften oder Betreuungen berufsmäßig geführt und 2. an einer Umschulung oder Fortbildung teilgenommen hat, die besondere Kenntnisse im Sinne des § 3 Abs. 1 Satz 2 und § 4 Absatz 3 vermittelt, welche nach Art und Umfang den durch eine abgeschlossene Ausbildung an einer Hochschule vermittelten vergleichbar sind.

727 Anwendung auf Betreuer nach § 1908i Abs. 1 BGB aF.

und Umfang den durch eine abgeschlossene Ausbildung an einer Hochschule vermittelten vergleichbar sind.	
(3) Das Landesrecht kann weitergehende Zulassungsvoraussetzungen aufstellen. Es regelt das Nähere über die an eine Umschulung oder Fortbildung im Sinne des Absatzes 1 Satz 2 Nummer 2 und des Absatzes 2 Satz 2 Nummer 2 zu stellenden Anforderungen, über Art und Umfang der zu erbringenden Prüfungsleistungen, über das Prüfungsverfahren und über die Zuständigkeiten. Das Landesrecht kann auch bestimmen, dass eine in einem anderen Land abgelegte Prüfung im Sinne dieser Vorschrift anerkannt wird.	(3) Das Landesrecht kann weitergehende Zulassungsvoraussetzungen aufstellen. Es regelt das Nähere über die an eine Umschulung oder Fortbildung im Sinne des Absatzes 1 Satz 2 Nr. 2, Absatzes 2 Satz 2 Nr. 2 zu stellenden Anforderungen, über Art und Umfang der zu erbringenden Prüfungsleistungen, über das Prüfungsverfahren und über die Zuständigkeiten. Das Landesrecht kann auch bestimmen, dass eine in einem anderen Land abgelegte Prüfung im Sinne dieser Vorschrift anerkannt wird.
Abschnitt 4 Übergangsregelungen	
§ 18 Übergangsregelung Auf Vergütungsansprüche von Betreuern, Vormündern, Pflegern und Verfahrenspflegern für Leistungen, die vor dem 1. Januar 2023 erbracht wurden, ist das Vormünder- und Betreuervergütungsgesetzes vom 21. April 2005 (BGBl. I S. 1073, 1076), das zuletzt durch Artikel 1 des Gesetzes vom 22. Juni 2019 (BGBl. I S. 866) geändert worden ist, bis zum Ende des angefangenen Abrechnungsmonats in seiner bis dahin geltenden Fassung anzuwenden.[728]	
§ 19 Ansprüche von Betreuern, die vor Inkrafttreten des Betreuungsorganisationsgesetzes bereits berufsmäßig Betreuungen geführt haben (1) Für berufliche Betreuer, die nach § 32 Absatz 1 des Betreuungsorganisationsgesetzes registriert worden sind, gilt § 4 Absatz 2 bis 4 des Vormünder- und Betreuervergütungsgesetzes vom 21. April 2005 (BGBl. I S. 1073, 1076), das zuletzt durch Artikel 1 des Gesetzes vom 22. Juni 2019 (BGBl. I S. 866) geändert worden ist, in der bis einschließlich 31. Dezember 2022 gültigen Fassung, es sei denn, sie haben sich auf ihren Antrag freiwillig nach den §§ 23 und 24 des Betreuungsorganisationsgesetzes registrieren lassen.[729] In diesem Fall gilt für sie, ebenso	

728 Die Vergütungsansprüche von Betreuern und Vormündern für Leistungen, die vor Inkrafttreten des Gesetzes erbracht wurden, richten sich nach dem VBVG in der bis dahin geltenden Fassung. Es kommt allein auf den Zeitpunkt an, zu welchem die Leistung erbracht wurde. Die Übergangsregelung nimmt keinen Einfluss auf die bisherigen Abrechnungszeiträume. Das Inkrafttreten der Neuregelung führt insbesondere nicht zum Beginn eines neuen Abrechnungsquartals im Sinne des § 15 VBVG.

729 Diese Vorschrift enthält Regelungen für die Vergütung derjenigen beruflichen Betreuer, die bereits vor Inkrafttreten des Betreuungsorganisationsgesetzes berufsmäßig Betreuungen geführt haben. Sie regelt die Verknüpfung zwischen einer vollständigen Registrierung einschließlich der Erbringung eines Sachkundenachweises und der Anwendbarkeit des neuen Vergütungssystems, einschließlich der Feststellung der Anwendung der jeweiligen Vergütungstabelle nach § 8 Abs. 3 VBVG. Für diejenigen Betreuer, die sich ohne Nachweis der Sachkunde lediglich formal nach § 32 Abs. 1 BtOG haben registrieren lassen, ist § 4 Abs. 2 bis 4 VBVG in der alten Fassung anzuwenden. Für diese Betreuer bleibt es grundsätzlich beim bisherigen

wie für die beruflichen Betreuer, die ihre Sachkunde nach § 32 Absatz 3 Satz 2 des Betreuungsorganisationsgesetzes gegenüber der Stammbehörde nachgewiesen haben, § 8 Absatz 2 und 3 in der ab dem 1. Januar 2023 gültigen Fassung.	
(2) Soweit durch Landesrecht auf der Grundlage von § 11 des Vormünder- und Betreuervergütungsgesetzes vom 21. April 2005 (BGBl. I S. 1073, 1076), das zuletzt durch Artikel 1 des Gesetzes vom 22. Juni 2019 (BGBl. I S. 866) geändert worden ist, in der einschließlich 31. Dezember 2022 geltenden Fassung oder von § 2 des Berufsvormündervergütungsgesetzes vom 25. Juni 1998 (BGBl. I S. 1580, 1586), das zuletzt durch Artikel 29 des Gesetzes vom 13. Dezember 2001 (BGBl. I s. 3574) geändert worden ist, in der bis einschließlich 30. Juni 2005 geltenden Fassung, Prüfungsleistungen mit Abschlüssen gleichgestellt sind, sind die Prüfungsleistungen bei der Feststellung, nach welcher Vergütungstabelle sich die Vergütung richtet, im Verfahren nach § 8 Absatz 2 und 3 entsprechend zu Grunde zu legen.	

Anlage zu § 8 Abs. 1 VBVG[730]

Vergütungstabelle A						
Nr.	**Dauer der Betreuung**	**Nr.**	**Gewöhnlicher Aufenthaltsort**	**Nr.**	**Vermögens-status**	**Monatliche Pauschale**
A1	In den ersten drei Monaten	A1.1	stationäre Einrichtung oder gleichgestellte ambulante Wohnform	A1.1.1	mittellos	194,00 EUR
				A1.1.2	nicht mittellos	200,00 EUR
		A1.2	andere Wohnform	A1.2.1	mittellos	208,00 EUR
				A1.2.2	nicht mittellos	298,00 EUR
A2	Im vierten bis sechsten Monat	A2.1	stationäre Einrichtung oder gleichgestellte ambulante Wohnform	A2.1.1	mittellos	129,00 EUR
				A2.1.2	nicht mittellos	158,00 EUR
		A2.2	andere Wohnform	A2.2.1	mittellos	170.00 EUR
				A2.2.2	nicht mittellos	208,00 EUR

System, wonach die Vergütungstabelle durch das Betreuungsgericht im Rahmen der jeweiligen Betreuungsverfahren je nach den hierfür nutzbaren Kenntnissen und der Art ihres Erwerbs festgestellt wird. Gleichzeitig können aber auch diese Betreuer nach § 32 Abs. 2 BtOG auf freiwilliger Basis eine vollständige Registrierung wie ein neuer Betreuer nach §§ 23 und 24 BtOG beantragen, einschließlich des dann erforderlichen Sachkundenachweises. In diesem Fall gilt für sie das VBVG in der neuen Fassung mit der Folge, dass auch diese Betreuer eine Feststellung der anwendbaren Vergütungstabelle nach § 8 Abs. 3 VBVG beantragen können. Das Gleiche gilt für die Betreuer, die nach § 32 Abs. 3 S. 2 BtOG ihre Sachkunde gegenüber der Stammbehörde nachgewiesen haben.

Vergütungstabelle A						
Nr.	Dauer der Betreuung	Nr.	Gewöhnlicher Aufenthaltsort	Nr.	Vermögens-status	Monatliche Pauschale
A3	Im siebten bis zwölften Monat	A3.1	stationäre Einrichtung oder gleichgestellte ambulante Wohnform	A3.1.1	mittellos	124,00 EUR
				A3.1.2	nicht mittellos	140,00 EUR
		A3.2	andere Wohnform	A3.2.1	mittellos	151,00 EUR
				A3.2.2	nicht mittellos	192,00 EUR
A4	Im 13. bis 24. Monat	A4.1	stationäre Einrichtung oder gleichgestellte ambulante Wohnform	A4.1.1	mittellos	87,00 EUR
				A4.1.2	nicht mittellos	91,00 EUR
		A4.2	andere Wohnform	A4.2.1	mittellos	122,00 EUR
				A4.2.2	nicht mittellos	158,00 EUR
A5	Ab dem 25. Monat	A5.1	stationäre Einrichtung oder gleichgestellte ambulante Wohnform	A5.1.1	mittellos	62,00 EUR
				A5.1.2	nicht mittellos	78,00 EUR
		A5.2	andere Wohnform	A5.2.1	mittellos	105,00 EUR
				A5.2.2	nicht mittellos	130,00 EUR

Vergütungstabelle B						
Nr.	Dauer der Betreuung	Nr.	Gewöhnlicher Aufenthaltsort	Nr.	Vermögens-status	Monatliche Pauschale
B1	In den ersten drei Monaten	B1.1	stationäre Einrichtung oder gleichgestellte ambulante Wohnform	B1.1.1	mittellos	241,00 EUR
				B1.1.2	nicht mittellos	249,00 EUR
		B1.2	andere Wohnform	B1.2.1	mittellos	258,00 EUR
				B1.2.2	nicht mittellos	370,00 EUR
B2	Im vierten bis sechsten Monat	B2.1	stationäre Einrichtung oder gleichgestellte ambulante Wohnform	B2.1.1	mittellos	158,00 EUR
				B2.1.2	nicht mittellos	196,00 EUR
		B2.2	andere Wohnform	B2.2.1	mittellos	211,00 EUR
				B2.2.2	nicht mittellos	258,00 EUR

730 Die Anlage ist unverändert.

Vergütungstabelle B						
Nr.	Dauer der Betreuung	Nr.	Gewöhnlicher Aufenthaltsort	Nr.	Vermögens-status	Monatliche Pauschale
B3	Im siebten bis zwölften Monat	B3.1	stationäre Einrichtung oder gleichgestellte ambulante Wohnform	B3.1.1	mittellos	154,00 EUR
				B3.1.2	nicht mittellos	174,00 EUR
		B3.2	andere Wohnform	B3.2.1	mittellos	188,00 EUR
				B3.2.2	nicht mittellos	238,00 EUR
B4	Im 13. bis 24. Monat	B4.1	stationäre Einrichtung oder gleichgestellte ambulante Wohnform	B4.1.1	mittellos	107,00 EUR
				B4.1.2	nicht mittellos	113,00 EUR
		B4.2	andere Wohnform	B4.2.1	mittellos	151,00 EUR
				B4.2.2	nicht mittellos	196,00 EUR
B5	Ab dem 25. Monat	B5.1	stationäre Einrichtung oder gleichgestellte ambulante Wohnform	B5.1.1	mittellos	78,00 EUR
				B5.1.2	nicht mittellos	96,00 EUR
		B5.2	andere Wohnform	B5.2.1	mittellos	130,00 EUR
				B5.2.2	nicht mittellos	161,00 EUR

Vergütungstabelle C						
Nr.	Dauer der Betreuung	Nr.	Gewöhnlicher Aufenthaltsort	Nr.	Vermögens-status	Monatliche Pauschale
C1	In den ersten drei Monaten	C1.1	stationäre Einrichtung oder gleichgestellte ambulante Wohnform	C1.1.1	mittellos	317,00 EUR
				C1.1.2	nicht mittellos	327,00 EUR
		C1.2	andere Wohnform	C1.2.1	mittellos	339,00 EUR
				C1.2.2	nicht mittellos	486,00 EUR
C2	Im vierten bis sechsten Monat	C2.1	stationäre Einrichtung oder gleichgestellte ambulante Wohnform	C2.1.1	mittellos	208,00 EUR
				C2.1.2	nicht mittellos	257,00 EUR
		C2.2	andere Wohnform	C2.2.1	mittellos	277,00 EUR
				C2.2.2	nicht mittellos	339,00 EUR

Vergütungstabelle C						
Nr.	Dauer der Betreuung	Nr.	Gewöhnlicher Aufenthaltsort	Nr.	Vermögens-status	Monatliche Pauschale
C3	Im siebten bis zwölften Monat	C3.1	stationäre Einrichtung oder gleichgestellte ambulante Wohnform	C3.1.1	mittellos	202,00 EUR
		C3.2		C3.1.2	nicht mittellos	229,00 EUR
			andere Wohnform	C3.2.1	mittellos	246,00 EUR
				C3.2.2	nicht mittellos	312,00 EUR
C4	Im 13. bis 24. Monat	C4.1	stationäre Einrichtung oder gleichgestellte ambulante Wohnform	C4.1.1	mittellos	141,00 EUR
				C4.1.2	nicht mittellos	149,00 EUR
		C4.2	andere Wohnform	C4.2.1	mittellos	198, 00 EUR
				C4.2.2	nicht mittellos	257,00 EUR
C5	Ab dem 25. Monat	C5.1	stationäre Einrichtung oder gleichgestellte ambulante Wohnform	C5.1.1	mittellos	102,00 EUR
				C5.1.2	nicht mittellos	127,00 EUR
		C5.2	andere Wohnform	C5.2.1	mittellos	171,00 EUR
				C5.2.2	nicht mittellos	211,00 EUR

XII. Änderungen des Sozialgesetzbuchs

Einführung

376 Änderungen des SGB betreffen die Bücher I, VIII, IX und X. Größtenteils handelt es sich um redaktionelle Folgeänderungen wegen der neuen Terminologie und der veränderten Paragrafenzählung.

377 Etwas anderes gilt nur für die Änderungen des SGB VIII: Dem Jugendamt ist die Unterstützung des Familiengerichts bei der Auswahl des besten Vormunds auferlegt worden (§ 53 SGB VIII), wobei die Pflicht des Jugendamts, einen Vormund vorzuschlagen, um eine Begründungspflicht erweitert wurde (§ 53 Abs. 2 SGB VIII). Die bisherigen Regelungen zur Subsidiarität des Jugendamts wurden zugunsten eines Vorrangs des ehrenamtlichen Vormunds aufgegeben, so dass das Jugendamt vom Familiengericht in seine Auswahlentscheidung grds. einzubeziehen ist (aber im Regelfall wegen des Vorrangs des ehrenamtlichen Vormunds zurückstehen muss). Für die Dauer der Vormundschaft werden dem Jugendamt die Beratung und Unterstützung von Vormündern und Pflegern übertragen (§ 53a SGB VIII); Mitteilungspflichten bestimmen das Verhältnis zum Familiengericht (§ 57 SGB VIII). Neu geregelt wurde die Anerkennung des Vormundschaftsvereins (§ 54 SGB VIII). Auch insoweit wurde die Tendenz zu einer Personalisierung der Vormundschaften verstärkt, denn bestellt werden soll nicht mehr der Verein als solcher, sondern ein konkreter Mitarbeiter des Vormundschaftsvereins.

1. SGB I 378

SGB I nF	SGB I aF
Zweiter Abschnitt. Einweisungsvorschriften Erster Titel. Allgemeines über Sozialleistungen und Sozialleistungsträger	
§ 17 Ausführung der Sozialleistungen	**§ 17 Ausführung der Sozialleistungen**
(1) Die Leistungsträger sind verpflichtet, darauf hinzuwirken, daß 1. jeder Berechtigte die ihm zustehenden Sozialleistungen in zeitgemäßer Weise, umfassend und zügig erhält, 2. die zur Ausführung von Sozialleistungen erforderlichen sozialen Dienste und Einrichtungen rechtzeitig und ausreichend zur Verfügung stehen, 3. der Zugang zu den Sozialleistungen möglichst einfach gestaltet wird, insbesondere durch Verwendung allgemein verständlicher Antragsvordrucke und 4. ihre Verwaltungs- und Dienstgebäude frei von Zugangs- und Kommunikationsbarrieren sind und Sozialleistungen in barrierefreien Räumen und Anlagen ausgeführt werden.	(1) Die Leistungsträger sind verpflichtet, darauf hinzuwirken, daß 1. jeder Berechtigte die ihm zustehenden Sozialleistungen in zeitgemäßer Weise, umfassend und zügig erhält, 2. die zur Ausführung von Sozialleistungen erforderlichen sozialen Dienste und Einrichtungen rechtzeitig und ausreichend zur Verfügung stehen, 3. der Zugang zu den Sozialleistungen möglichst einfach gestaltet wird, insbesondere durch Verwendung allgemein verständlicher Antragsvordrucke und 4. ihre Verwaltungs- und Dienstgebäude frei von Zugangs- und Kommunikationsbarrieren sind und Sozialleistungen in barrierefreien Räumen und Anlagen ausgeführt werden.
(2) Menschen mit Hörbehinderungen und Menschen mit Sprachbehinderungen haben das Recht, bei der Ausführung von Sozialleistungen, insbesondere auch bei ärztlichen Untersuchungen und Behandlungen, in Deutscher Gebärdensprache, mit lautsprachbegleitenden Gebärden oder über andere geeignete Kommunikationshilfen zu kommunizieren. Die für die Sozialleistung zuständigen Leistungsträger sind verpflichtet, die durch die Verwendung der Kommunikationshilfen entstehenden Kosten zu tragen. § 5 der Kommunikationshilfenverordnung in der jeweils geltenden Fassung gilt entsprechend.	(2) Menschen mit Hörbehinderungen und Menschen mit Sprachbehinderungen haben das Recht, bei der Ausführung von Sozialleistungen, insbesondere auch bei ärztlichen Untersuchungen und Behandlungen, in Deutscher Gebärdensprache, mit lautsprachbegleitenden Gebärden oder über andere geeignete Kommunikationshilfen zu kommunizieren. Die für die Sozialleistung zuständigen Leistungsträger sind verpflichtet, die durch die Verwendung der Kommunikationshilfen entstehenden Kosten zu tragen. § 5 der Kommunikationshilfenverordnung in der jeweils geltenden Fassung gilt entsprechend.
(2a) § 11 des Behindertengleichstellungsgesetzes gilt in seiner jeweils geltenden Fassung bei der Ausführung von Sozialleistungen entsprechend.	(2a) § 11 des Behindertengleichstellungsgesetzes gilt in seiner jeweils geltenden Fassung bei der Ausführung von Sozialleistungen entsprechend.
(3) In der Zusammenarbeit mit gemeinnützigen und freien Einrichtungen und Organisationen wirken die Leistungsträger darauf hin, daß sich ihre Tätigkeit und die der genannten Einrichtungen und Organisationen zum Wohl der Leistungsempfänger wirksam ergänzen. Sie haben dabei deren Selbständigkeit in Zielsetzung und Durchführung ihrer Aufgaben zu achten. Die Nachprüfung zweckentsprechender Verwendung bei der Inanspruchnahme öffentlicher Mittel bleibt unberührt. Im übrigen ergibt sich ihr Verhältnis zueinander aus den besonderen Teilen dieses Gesetzbuchs; § 97 Abs. 1 Satz 1	(3) In der Zusammenarbeit mit gemeinnützigen und freien Einrichtungen und Organisationen wirken die Leistungsträger darauf hin, daß sich ihre Tätigkeit und die der genannten Einrichtungen und Organisationen zum Wohl der Leistungsempfänger wirksam ergänzen. Sie haben dabei deren Selbständigkeit in Zielsetzung und Durchführung ihrer Aufgaben zu achten. Die Nachprüfung zweckentsprechender Verwendung bei der Inanspruchnahme öffentlicher Mittel bleibt unberührt. Im übrigen ergibt sich ihr Verhältnis zueinander aus den besonderen Teilen dieses Gesetzbuchs; § 97 Abs. 1 Satz 1

bis 4 und Abs. 2 des Zehnten Buches findet keine Anwendung.	bis 4 und Abs. 2 des Zehnten Buches findet keine Anwendung.
(4) Die Leistungsträger arbeiten mit den Betreuungsbehörden bei der Erfüllung ihrer Aufgaben zur Vermittlung geeigneter Hilfen zur Betreuungsvermeidung zusammen.[731] Soziale Rechte dürfen nicht deshalb abgelehnt, versagt oder eingeschränkt werden, weil ein rechtlicher Betreuer nach § 1814 Absatz 1 des Bürgerlichen Gesetzbuchs bestellt worden ist oder bestellt werden könnte.[732]	

2. SGB VIII

379

SGB VIII nF	SGB VIII aF
Erstes Kapitel. Allgemeine Vorschriften	
§ 2 Aufgaben der Jugendhilfe (1) Die Jugendhilfe umfasst Leistungen und andere Aufgaben zugunsten junger Menschen und Familien.	**§ 2 Aufgaben der Jugendhilfe** (1) Die Jugendhilfe umfasst Leistungen und andere Aufgaben zugunsten junger Menschen und Familien.
(2) Leistungen der Jugendhilfe sind: 1. Angebote der Jugendarbeit, der Jugendsozialarbeit, der Schulsozialarbeit und des erzieherischen Kinder- und Jugendschutzes (§§ 11 bis 14), 2. Angebote zur Förderung der Erziehung in der Familie (§§ 16 bis 21), 3. Angebote zur Förderung von Kindern in Tageseinrichtungen und in Kindertagespflege (§§ 22 bis 25), 4. Hilfe zur Erziehung und ergänzende Leistungen (§§ 27 bis 35, 36, 37, 39, 40), 5. Hilfe für seelisch behinderte Kinder und Jugendliche und ergänzende Leistungen (§§ 35a bis 37, 39, 40), 6. Hilfe für junge Volljährige und Nachbetreuung (den §§ 41 und 41a).	(2) Leistungen der Jugendhilfe sind: 1. Angebote der Jugendarbeit, der Jugendsozialarbeit, der Schulsozialarbeit und des erzieherischen Kinder- und Jugendschutzes (§§ 11 bis 14), 2. Angebote zur Förderung der Erziehung in der Familie (§§ 16 bis 21), 3. Angebote zur Förderung von Kindern in Tageseinrichtungen und in Kindertagespflege (§§ 22 bis 25), 4. Hilfe zur Erziehung und ergänzende Leistungen (§§ 27 bis 35, 36, 37, 39, 40), 5. Hilfe für seelisch behinderte Kinder und Jugendliche und ergänzende Leistungen (§§ 35a bis 37, 39, 40), 6. Hilfe für junge Volljährige und Nachbetreuung (den §§ 41 und 41a).
(3) Andere Aufgaben der Jugendhilfe sind 1. die Inobhutnahme von Kindern und Jugendlichen (§ 42), 2. die vorläufige Inobhutnahme von ausländischen Kindern und Jugendlichen nach unbegleiteter Einreise (§ 42a), 3. die Erteilung, der Widerruf und die Zurücknahme der Pflegeerlaubnis (§§ 43, 44), 4. die Erteilung, der Widerruf und die Zurücknahme der Erlaubnis für den Betrieb einer Einrichtung sowie die Erteilung	(3) Andere Aufgaben der Jugendhilfe sind 1. die Inobhutnahme von Kindern und Jugendlichen (§ 42), 2. die vorläufige Inobhutnahme von ausländischen Kindern und Jugendlichen nach unbegleiteter Einreise (§ 42a), 3. die Erteilung, der Widerruf und die Zurücknahme der Pflegeerlaubnis (§§ 43, 44), 4. die Erteilung, der Widerruf und die Zurücknahme der Erlaubnis für den Betrieb einer Einrichtung sowie die Erteilung

731 Neue Regelung spiegelbildlich zu der Regelung in § 8 Abs. 1 S. 5 BtOG.
732 Klarstellung, dass die Bestellung eines rechtlichen Betreuers bzw. die Möglichkeit der Betreuerbestellung die Wahrnehmung sozialer Rechte (§§ 2 ff. SGB I) nicht hindert.

nachträglicher Auflagen und die damit verbundenen Aufgaben (§§ 45 bis 47, 48a),	nachträglicher Auflagen und die damit verbundenen Aufgaben (§§ 45 bis 47, 48a),
5. die Tätigkeitsuntersagung (§§ 48, 48a),	5. die Tätigkeitsuntersagung (§§ 48, 48a),
6. die Mitwirkung in Verfahren vor den Familiengerichten (§ 50),	6. die Mitwirkung in Verfahren vor den Familiengerichten (§ 50),
7. die Beratung und Belehrung in Verfahren zur Annahme als Kind (§ 51),	7. die Beratung und Belehrung in Verfahren zur Annahme als Kind (§ 51),
8. die Mitwirkung in Verfahren nach dem Jugendgerichtsgesetz (§ 52),	8. die Mitwirkung in Verfahren nach dem Jugendgerichtsgesetz (§ 52),
9. die Beratung und Unterstützung von Müttern bei Vaterschaftsfeststellung und Geltendmachung von Unterhaltsansprüchen sowie von Pflegern und Vormündern (§§ 52a, 53a[733]),	9. die Beratung und Unterstützung von Müttern bei Vaterschaftsfeststellung und Geltendmachung von Unterhaltsansprüchen sowie von Pflegern und Vormündern (§§ 52a, 53),
10. die Erteilung, der Widerruf und die Zurücknahme der Anerkennung als Vormundschaftsverein (§ 54),[734]	10. die Erteilung, der Widerruf und die Zurücknahme der Erlaubnis zur Übernahme von Vereinsvormundschaften (§ 54),
11. Beistandschaft, Pflegschaft und Vormundschaft des Jugendamts (§§ 55 bis 57),[735]	11. Beistandschaft, Amtspflegschaft, Amtsvormundschaft und Gegenvormundschaft des Jugendamts (§§ 55 bis 58),
12. Beurkundung (§ 59),	12. Beurkundung (§ 59),
13. die Aufnahme von vollstreckbaren Urkunden (§ 60).	13. die Aufnahme von vollstreckbaren Urkunden (§ 60).

Drittes Kapitel. Andere Aufgaben der Jugendhilfe

Dritter Abschnitt. Mitwirkung in gerichtlichen Verfahren

§ 50 Mitwirkung in Verfahren vor den Familiengerichten	**§ 50 Mitwirkung in Verfahren vor den Familiengerichten**
(1) Das Jugendamt unterstützt das Familiengericht bei allen Maßnahmen, die die Sorge für die Person von Kindern und Jugendlichen betreffen. Es hat in folgenden Verfahren nach dem Gesetz über das Verfahren in Familiensachen und in den Angelegenheiten der freiwilligen Gerichtsbarkeit mitzuwirken:	(1) Das Jugendamt unterstützt das Familiengericht bei allen Maßnahmen, die die Sorge für die Person von Kindern und Jugendlichen betreffen. Es hat in folgenden Verfahren nach dem Gesetz über das Verfahren in Familiensachen und in den Angelegenheiten der freiwilligen Gerichtsbarkeit mitzuwirken:
1. Kindschaftssachen (§ 162 des Gesetzes über das Verfahren in Familiensachen und in den Angelegenheiten der freiwilligen Gerichtsbarkeit),	1. Kindschaftssachen (§ 162 des Gesetzes über das Verfahren in Familiensachen und in den Angelegenheiten der freiwilligen Gerichtsbarkeit),
2. Abstammungssachen (§ 176 des Gesetzes über das Verfahren in Familiensachen und in den Angelegenheiten der freiwilligen Gerichtsbarkeit),	2. Abstammungssachen (§ 176 des Gesetzes über das Verfahren in Familiensachen und in den Angelegenheiten der freiwilligen Gerichtsbarkeit),
3. Adoptionssachen (§ 188 Abs. 2, §§ 189, 194, 195 des Gesetzes über das Verfahren in Familiensachen und in den Angelegenheiten der freiwilligen Gerichtsbarkeit),	3. Adoptionssachen (§ 188 Abs. 2, §§ 189, 194, 195 des Gesetzes über das Verfahren in Familiensachen und in den Angelegenheiten der freiwilligen Gerichtsbarkeit),
4. Ehewohnungssachen (§ 204 Abs. 2, § 205 des Gesetzes über das Verfahren in Familiensachen und in den Angelegenheiten der freiwilligen Gerichtsbarkeit) und	4. Ehewohnungssachen (§ 204 Abs. 2, § 205 des Gesetzes über das Verfahren in Familiensachen und in den Angelegenheiten der freiwilligen Gerichtsbarkeit) und
5. Gewaltschutzsachen (§§ 212, 213 des Gesetzes über das Verfahren in Familiensachen	5. Gewaltschutzsachen (§§ 212, 213 des Gesetzes über das Verfahren in Familiensachen

733 Redaktionelle Folgeänderung wegen der Verschiebung des bisherigen § 53 Abs. 2 bis 4 SGB VIII in § 53a SGB VIII.

734 Redaktionelle Folgeänderung. Anpassung an den Wortlaut von § 54 SGB VIII.

735 Redaktionelle Folgeänderung, Aktualisierung der Verweisung.

und in den Angelegenheiten der freiwilligen Gerichtsbarkeit).	und in den Angelegenheiten der freiwilligen Gerichtsbarkeit).
(2) Das Jugendamt unterrichtet insbesondere über angebotene und erbrachte Leistungen, bringt erzieherische und soziale Gesichtspunkte zur Entwicklung des Kindes oder des Jugendlichen ein und weist auf weitere Möglichkeiten der Hilfe hin. In Verfahren nach den §§ 1631b, 1632 Absatz 4, den §§ 1666, 1666a und 1682 des Bürgerlichen Gesetzbuchs sowie in Verfahren, die die Abänderung, Verlängerung oder Aufhebung von nach diesen Vorschriften getroffenen Maßnahmen betreffen, legt das Jugendamt dem Familiengericht den Hilfeplan nach § 36 Absatz 2 Satz 2 vor. Dieses Dokument beinhaltet ausschließlich das Ergebnis der Bedarfsfeststellung, die vereinbarte Art der Hilfegewährung einschließlich der hiervon umfassten Leistungen sowie das Ergebnis etwaiger Überprüfungen dieser Feststellungen. In anderen die Person des Kindes betreffenden Kindschaftssachen legt das Jugendamt den Hilfeplan auf Anforderung des Familiengerichts vor. Das Jugendamt informiert das Familiengericht in dem Termin nach § 155 Absatz 2 des Gesetzes über das Verfahren in Familiensachen und in den Angelegenheiten der freiwilligen Gerichtsbarkeit über den Stand des Beratungsprozesses. § 64 Absatz 2 und § 65 Absatz 1 Satz 1 Nummer 1 und 2 bleiben unberührt.	(2) Das Jugendamt unterrichtet insbesondere über angebotene und erbrachte Leistungen, bringt erzieherische und soziale Gesichtspunkte zur Entwicklung des Kindes oder des Jugendlichen ein und weist auf weitere Möglichkeiten der Hilfe hin. In Verfahren nach den §§ 1631b, 1632 Absatz 4, den §§ 1666, 1666a und 1682 des Bürgerlichen Gesetzbuchs sowie in Verfahren, die die Abänderung, Verlängerung oder Aufhebung von nach diesen Vorschriften getroffenen Maßnahmen betreffen, legt das Jugendamt dem Familiengericht den Hilfeplan nach § 36 Absatz 2 Satz 2 vor. Dieses Dokument beinhaltet ausschließlich das Ergebnis der Bedarfsfeststellung, die vereinbarte Art der Hilfegewährung einschließlich der hiervon umfassten Leistungen sowie das Ergebnis etwaiger Überprüfungen dieser Feststellungen. In anderen die Person des Kindes betreffenden Kindschaftssachen legt das Jugendamt den Hilfeplan auf Anforderung des Familiengerichts vor. Das Jugendamt informiert das Familiengericht in dem Termin nach § 155 Absatz 2 des Gesetzes über das Verfahren in Familiensachen und in den Angelegenheiten der freiwilligen Gerichtsbarkeit über den Stand des Beratungsprozesses. § 64 Absatz 2 und § 65 Absatz 1 Satz 1 Nummer 1 und 2 bleiben unberührt.
(3) Das Jugendamt, das in Verfahren zur Übertragung der gemeinsamen Sorge nach § 155a Absatz 4 Satz 1 und § 162 des Gesetzes über das Verfahren in Familiensachen und in den Angelegenheiten der freiwilligen Gerichtsbarkeit angehört wird, teilt 1. rechtskräftige gerichtliche Entscheidungen, aufgrund derer die Sorge gemäß § 1626a Absatz 2 Satz 1 des Bürgerlichen Gesetzbuchs den Eltern ganz oder zum Teil gemeinsam übertragen wird oder 2. rechtskräftige gerichtliche Entscheidungen, die die elterliche Sorge ganz oder zum Teil der Mutter entziehen oder auf den Vater allein übertragen, dem nach § 87c Absatz 6 Satz 2 zuständigen Jugendamt zu den in § 58[736] genannten Zwecken unverzüglich mit. Mitzuteilen sind auch das Geburtsdatum und der Geburtsort des Kindes oder des Jugendlichen sowie der Name, den das Kind oder der Jugendliche zur Zeit der Beurkundung seiner Geburt geführt hat.	(3) Das Jugendamt, das in Verfahren zur Übertragung der gemeinsamen Sorge nach § 155a Absatz 4 Satz 1 und § 162 des Gesetzes über das Verfahren in Familiensachen und in den Angelegenheiten der freiwilligen Gerichtsbarkeit angehört wird, teilt 1. rechtskräftige gerichtliche Entscheidungen, aufgrund derer die Sorge gemäß § 1626a Absatz 2 Satz 1 des Bürgerlichen Gesetzbuchs den Eltern ganz oder zum Teil gemeinsam übertragen wird oder 2. rechtskräftige gerichtliche Entscheidungen, die die elterliche Sorge ganz oder zum Teil der Mutter entziehen oder auf den Vater allein übertragen, dem nach § 87c Absatz 6 Satz 2 zuständigen Jugendamt zu den in § 58a genannten Zwecken unverzüglich mit. Mitzuteilen sind auch das Geburtsdatum und der Geburtsort des Kindes oder des Jugendlichen sowie der Name, den das Kind oder der Jugendliche zur Zeit der Beurkundung seiner Geburt geführt hat.

736 Redaktionelle Folgeänderung wegen Änderung der Nummerierung der in Bezug genommenen Norm.

Vierter Abschnitt. Beistandschaft, Pflegschaft und Vormundschaft für Kinder und Jugendliche, Auskunft über Nichtabgabe von Sorgeerklärungen	
§ 53 Mitwirkung bei der Auswahl von Vormündern und Pflegern durch das Familiengericht (1) Das Jugendamt hat dem Familiengericht Personen vorzuschlagen, die sich im Einzelfall zur Bestellung als Vormund eignen.	**§ 53 Beratung und Unterstützung von Pflegern und Vormündern** (1) Das Jugendamt hat dem Familiengericht Personen und Vereine vorzuschlagen, die sich im Einzelfall zum Pfleger oder Vormund eignen. (2)–(4) …
(2) Das Jugendamt hat seinen Vorschlag zu begründen.[737] Es hat dem Familiengericht darzulegen, 1. welche Maßnahmen es zur Ermittlung des für den Mündel am besten geeigneten Vormunds unternommen hat und 2. wenn es einen Vormund gemäß § 1774 Absatz 1 Nummer 2 bis 4 des Bürgerlichen Gesetzbuchs vorschlägt, dass eine Person, die geeignet und bereit ist, die Vormundschaft ehrenamtlich zu führen, nicht gefunden werden konnte.	
(3) Für die Pflegschaft für Minderjährige gelten die Absätze 1 und 2 entsprechend.	
§ 53a Beratung und Unterstützung von Vormündern und Pflegern[738] (1) Vormünder haben Anspruch auf regelmäßige und dem jeweiligen erzieherischen Bedarf des Mündels entsprechende Beratung und Unterstützung durch das Jugendamt.[739]	**§ 53 Beratung und Unterstützung von Pflegern und Vormündern** (1) … (2) Pfleger und Vormünder haben Anspruch auf regelmäßige und dem jeweiligen erzieherischen Bedarf des Mündels entsprechende Beratung und Unterstützung.
(2) Das Jugendamt hat darauf zu achten, dass die Vormünder für die Person der Mündel, insbesondere ihre Erziehung und Pflege, Sorge tragen. Es hat beratend darauf hinzuwirken, dass festgestellte Mängel im Einvernehmen mit dem Vormund behoben werden.	(3) Das Jugendamt hat darauf zu achten, dass die Vormünder und Pfleger für die Person der Mündel, insbesondere ihre Erziehung und Pflege, Sorge tragen. Es hat beratend darauf hinzuwirken, dass festgestellte Mängel im Einvernehmen mit dem Vormund oder dem Pfleger behoben werden. Soweit eine Behebung der Mängel nicht erfolgt, hat es dies dem Familiengericht mitzuteilen. Es hat dem Familiengericht über das persönliche Ergehen und die Entwicklung eines Mündels Auskunft zu erteilen. Erlangt das Jugendamt Kenntnis von der Gefährdung des Vermögens eines Mündels, so hat es dies dem Familiengericht anzuzeigen.[740]

737 Neue Anforderung.

738 Aufspaltung von § 53 SGB VIII in § 53 SGB VIII, der die Mitwirkung des Jugendamts bei der Auswahl von Vormündern und Pflegern durch das Familiengericht regelt und § 53a SGB VIII, der die Beratung und Unterstützung von Vormündern und Pflegern durch das Jugendamt übernimmt.

739 Anpassung an § 1774 BGB, weil heute neben dem Jugendamt nur noch natürliche Personen zum Vormund bestellt werden können.

740 § 53 Abs. 2 S. 3, 4 und 5 wurden in § 57 Abs. 3 SGB VIII übernommen.

(3) Ist ein Vormundschaftsverein als vorläufiger Vormund oder ein Vereinsvormund als Vormund bestellt, so ist Absatz 2 nicht anzuwenden.	(4) Für die Gegenvormundschaft gelten die Absätze 1 und 2 entsprechend. Ist ein Verein Vormund, so findet Absatz 3 keine Anwendung.
(4) Für die Pflegschaft für Minderjährige gelten die Absätze 1 bis 3 entsprechend.	
§ 54 Anerkennung als Vormundschaftsverein (1) Ein rechtsfähiger Verein kann von dem überörtlichen Träger der Jugendhilfe als Vormundschaftsverein anerkannt werden, wenn er gewährleistet, dass 1. er eine ausreichende Zahl von als Pfleger oder Vormund geeigneten Mitarbeitern hat und diese beaufsichtigen, weiterbilden und gegen Schäden, die diese anderen im Rahmen ihrer Tätigkeit zufügen können, angemessen versichern wird, 2. die als Vereinspfleger oder Vereinsvormund bestellten Mitarbeiter höchstens 50[741] und bei gleichzeitiger Wahrnehmung anderer Aufgaben entsprechend weniger Pflegschaften oder Vormundschaften führen, 3. er sich planmäßig um die Gewinnung von ehrenamtlichen Pflegern und Vormündern bemüht und sie in ihre Aufgaben einführt, fortbildet und berät, 4. er einen Erfahrungsaustausch zwischen den Mitarbeitern ermöglicht.	**§ 54 Erlaubnis zur Übernahme von Vereinsvormundschaften** (1) Ein rechtsfähiger Verein kann Pflegschaften oder Vormundschaften übernehmen, wenn ihm das Landesjugendamt dazu eine Erlaubnis erteilt hat. Er kann eine Beistandschaft übernehmen, soweit Landesrecht dies vorsieht. (2) Die Erlaubnis ist zu erteilen, wenn der Verein gewährleistet, dass er 1. eine ausreichende Zahl geeigneter Mitarbeiter hat und diese beaufsichtigen, weiterbilden und gegen Schäden, die diese anderen im Rahmen ihrer Tätigkeit zufügen können, angemessen versichern wird, 2. sich planmäßig um die Gewinnung von Einzelvormündern und Einzelpflegern bemüht und sie in ihre Aufgaben einführt, fortbildet und berät, 3. einen Erfahrungsaustausch zwischen den Mitarbeitern ermöglicht. (3)–(4) …
(2) Die Anerkennung gilt für das jeweilige Bundesland, in dem der Verein seinen Sitz hat. Sie kann auf den Bereich eines Landesjugendamts beschränkt werden.	**§ 54 Erlaubnis zur Übernahme von Vereinsvormundschaften** (1)–(2) … (3) Die Erlaubnis gilt für das jeweilige Bundesland, in dem der Verein seinen Sitz hat. Sie kann auf den Bereich eines Landesjugendamts beschränkt werden. (4) …
(3) Der nach Absatz 1 anerkannte Vormundschaftsverein kann eine Beistandschaft übernehmen, soweit Landesrecht dies vorsieht.	**§ 54 Erlaubnis zur Übernahme von Vereinsvormundschaften** (1) Ein rechtsfähiger Verein kann Pflegschaften oder Vormundschaften übernehmen, wenn ihm das Landesjugendamt dazu eine Erlaubnis erteilt hat. Er kann eine Beistandschaft übernehmen, soweit Landesrecht dies vorsieht. (2)–(3) …
(4) Das Nähere regelt das Landesrecht. Es kann auch weitere Voraussetzungen für die Erteilung der Anerkennung vorsehen.	(4) Das Nähere regelt das Landesrecht. Es kann auch weitere Voraussetzungen für die Erteilung der Erlaubnis vorsehen.
(5) Eine bei Ablauf des 31. Dezember 2022 erteilte Erlaubnis zur Übernahme von Vereinsvor-	

741 Vgl. auch § 55 Abs. 2 S. 4 SGB VIII aF (entspricht § 55 Abs. 3 SGB VIII nF).

mundschaften gilt als Anerkennung als Vormundschaftsverein fort.	
§ 55 Beistandschaft, Pflegschaft und Vormundschaft des Jugendamts (1) Das Jugendamt wird Beistand, Pfleger oder Vormund in den durch das Bürgerliche Gesetzbuch vorgesehenen Fällen (Beistandschaft, Amtspflegschaft, vorläufige Amtspflegschaft, Amtsvormundschaft, vorläufige Amtsvormundschaft).	(1) Das Jugendamt wird Beistand, Pfleger oder Vormund in den durch das Bürgerliche Gesetzbuch vorgesehenen Fällen (Beistandschaft, Amtspflegschaft, Amtsvormundschaft).
(2) Das Jugendamt überträgt die Ausübung der Aufgaben des Beistands, des Pflegers oder des Vormunds einzelnen seiner Bediensteten. Bei der Übertragung sind die Grundsätze für die Auswahl durch das Familiengericht zu beachten.[742] Vor der Übertragung der Aufgaben des Pflegers oder des Vormunds hat das Jugendamt das Kind oder den Jugendlichen zur Auswahl des Bediensteten mündlich anzuhören, soweit dies nach Alter und Entwicklungsstand des Kindes oder Jugendlichen möglich ist. Eine ausnahmsweise vor der Übertragung unterbliebene Anhörung ist unverzüglich nachzuholen. Wird das Jugendamt als vorläufiger Pfleger oder vorläufiger Vormund bestellt, so sind die Sätze 2 bis 4 nicht anzuwenden; § 1784 des Bürgerlichen Gesetzbuchs gilt entsprechend.	(2) Das Jugendamt überträgt die Ausübung der Aufgaben des Beistands, des Amtspflegers oder des Amtsvormunds einzelnen seiner Beamten oder Angestellten. Vor der Übertragung der Aufgaben des Amtspflegers oder des Amtsvormunds soll das Jugendamt das Kind oder den Jugendlichen zur Auswahl des Beamten oder Angestellten mündlich anhören, soweit dies nach Alter und Entwicklungsstand des Kindes oder Jugendlichen möglich ist. Eine ausnahmsweise vor der Übertragung unterbliebene Anhörung ist unverzüglich nachzuholen.
(3) Ein vollzeitbeschäftigter Bediensteter, der nur mit der Führung von Pflegschaften oder Vormundschaften betraut ist, soll höchstens 50 und bei gleichzeitiger Wahrnehmung anderer Aufgaben entsprechend weniger Pflegschaften oder Vormundschaften führen.	... Ein vollzeitbeschäftigter Beamter oder Angestellter, der nur mit der Führung von Vormundschaften oder Pflegschaften betraut ist, soll höchstens 50 und bei gleichzeitiger Wahrnehmung anderer Aufgaben entsprechend weniger Vormundschaften oder Pflegschaften führen.
(4) Die Übertragung gehört zu den Angelegenheiten der laufenden Verwaltung. In dem durch die Übertragung umschriebenen Rahmen ist der Bedienstete gesetzlicher Vertreter des Kindes oder Jugendlichen. Er hat den persönlichen Kontakt zu diesem nach Maßgabe des § 1790 Absatz 3 des Bürgerlichen Gesetzbuchs zu halten sowie dessen Pflege und Erziehung nach Maßgabe des § 1790 Absatz 1 und 2 und des § 1795 Absatz 1 des Bürgerlichen Gesetzbuchs persönlich zu fördern und zu gewährleisten.	(3) Die Übertragung gehört zu den Angelegenheiten der laufenden Verwaltung. In dem durch die Übertragung umschriebenen Rahmen ist der Beamte oder Angestellte gesetzlicher Vertreter des Kindes oder Jugendlichen. Amtspfleger und Amtsvormund haben den persönlichen Kontakt zu diesem zu halten sowie dessen Pflege und Erziehung nach Maßgabe des § 1793 Absatz 1a und § 1800 des Bürgerlichen Gesetzbuchs persönlich zu fördern und zu gewährleisten.
(5) Die Aufgaben der Pflegschaft und Vormundschaft sind funktionell, organisatorisch und personell von den übrigen Aufgaben des Jugendamts zu trennen[743].	

742 Dient der Klarstellung.
743 Gebot der funktionellen, organisatorischen und personellen Trennung zwischen der Amtsvormundschaft und den übrigen Aufgaben des Jugendamts.

§ 56 Führung der Beistandschaft, der Pflegschaft und der Vormundschaft durch das Jugendamt (1) Auf die Führung der Beistandschaft, der Pflegschaft und der Vormundschaft durch das Jugendamt sind die Bestimmungen des Bürgerlichen Gesetzbuchs anzuwenden, soweit dieses Gesetz nicht etwas anderes bestimmt.	**§ 56 Führung der Beistandschaft, der Amtspflegschaft und der Amtsvormundschaft** (1) Auf die Führung der Beistandschaft, der Amtspflegschaft und der Amtsvormundschaft sind die Bestimmungen des Bürgerlichen Gesetzbuchs anzuwenden, soweit dieses Gesetz nicht etwas anderes bestimmt.
(2) Gegenüber dem Jugendamt als Pfleger oder Vormund werden § 1835 Absatz 5 und § 1844 jeweils in Verbindung mit § 1798 Absatz 2 des Bürgerlichen Gesetzbuchs nicht angewandt. In den Fällen des § 1848 in Verbindung mit § 1799 Absatz 1 und des § 1795 Absatz 2 Nummer 1 und 2 des Bürgerlichen Gesetzbuchs ist eine Genehmigung des Familiengerichts nicht erforderlich. Landesrecht kann für das Jugendamt als Pfleger oder Vormund weitergehende Ausnahmen nach § 1862 Absatz 4 in Verbindung mit § 1802 Absatz 2 des Bürgerlichen Gesetzbuchs vorsehen.	(2) Gegenüber dem Jugendamt als Amtsvormund und Amtspfleger werden die Vorschriften des § 1802 Absatz 3 und des § 1818 des Bürgerlichen Gesetzbuchs nicht angewandt. In den Fällen des § 1803 Absatz 2, des § 1811 und des § 1822 Nummer 6 und 7 des Bürgerlichen Gesetzbuchs ist eine Genehmigung des Familiengerichts nicht erforderlich. Landesrecht kann für das Jugendamt als Amtspfleger oder als Amtsvormund weitergehende Ausnahmen von der Anwendung der Bestimmungen des Bürgerlichen Gesetzbuchs über die Vormundschaft über Minderjährige (§§ 1773 bis 1895) vorsehen, die die Aufsicht des Familiengerichts in vermögensrechtlicher Hinsicht sowie beim Abschluss von Lehr- und Arbeitsverträgen betreffen
(3) Mündelgeld kann mit Genehmigung des Familiengerichts auf Sammelkonten des Jugendamts bereitgehalten und angelegt werden, wenn es den Interessen des Mündels dient und sofern die sichere Verwaltung, Trennbarkeit und Rechnungslegung des Geldes einschließlich der Zinsen jederzeit gewährleistet ist; Landesrecht kann bestimmen, dass eine Genehmigung des Familiengerichts nicht erforderlich ist. Die Anlegung von Mündelgeld ist auch bei der Körperschaft zulässig, die das Jugendamt errichtet hat.	(3) Mündelgeld kann mit Genehmigung des Familiengerichts auf Sammelkonten des Jugendamts bereitgehalten und angelegt werden, wenn es den Interessen des Mündels dient und sofern die sichere Verwaltung, Trennbarkeit und Rechnungslegung des Geldes einschließlich der Zinsen jederzeit gewährleistet ist; Landesrecht kann bestimmen, dass eine Genehmigung des Familiengerichts nicht erforderlich ist. Die Anlegung von Mündelgeld gemäß § 1807 des Bürgerlichen Gesetzbuchs ist auch bei der Körperschaft zulässig, die das Jugendamt errichtet hat.
§ 57 Mitteilungspflichten des Jugendamts (1) Das Jugendamt hat dem Familiengericht unverzüglich den Eintritt einer Vormundschaft sowie den Wegfall der Voraussetzungen der Vormundschaft mitzuteilen.	**§ 57 Mitteilungspflicht des Jugendamts** Das Jugendamt hat dem Familiengericht unverzüglich den Eintritt einer Vormundschaft mitzuteilen.
(2) Das Jugendamt hat dem Familiengericht vor seiner Bestellung zum Vormund mitzuteilen, welchem seiner Bediensteten es die Aufgaben der Amtsvormundschaft übertragen wird. Wird das Jugendamt zum vorläufigen Vormund bestellt, so hat es dem Familiengericht alsbald, spätestens binnen zwei Wochen nach seiner Bestellung mitzuteilen, welchem Bediensteten die Aufgaben des vorläufigen Vormunds übertragen worden sind.	

(3) Das Jugendamt hat dem Familiengericht über das persönliche Ergehen und die Entwicklung eines Mündels Auskunft zu erteilen. Soweit eine Behebung der Mängel in der Personensorge trotz Beratung und Unterstützung nach § 53a Absatz 2 nicht erfolgt, hat es dies dem Familiengericht mitzuteilen. Erlangt das Jugendamt Kenntnis von der Gefährdung des Vermögens eines Mündels, so hat es dies dem Familiengericht mitzuteilen. Ist ein Vormundschaftsverein als vorläufiger Vormund oder ein Vereinsvormund als Vormund bestellt, so sind die Sätze 1 bis 3 nicht anzuwenden.	**§ 53 Beratung und Unterstützung von Pflegern und Vormündern** (1)–(2) … (3) … Es hat dem Familiengericht über das persönliche Ergehen und die Entwicklung eines Mündels Auskunft zu erteilen. Erlangt das Jugendamt Kenntnis von der Gefährdung des Vermögens eines Mündels, so hat es dies dem Familiengericht anzuzeigen. (4) …
(4) Das Jugendamt hat in der Regel jährlich zu prüfen, ob im Interesse des Kindes oder des Jugendlichen seine Entlassung als Vormund und die Bestellung einer natürlichen Person, die die Vormundschaft ehrenamtlich führt, angezeigt ist, und dies dem Familiengericht mitzuteilen. Dasselbe gilt, wenn dem Jugendamt sonst Umstände bekannt werden, aus denen sich ergibt, dass die Vormundschaft nunmehr ehrenamtlich geführt werden kann.	**§ 56 Führung der Beistandschaft, der Amtspflegschaft und der Amtsvormundschaft** (1)–(3) … (4) Das Jugendamt hat in der Regel jährlich zu prüfen, ob im Interesse des Kindes oder des Jugendlichen seine Entlassung als Amtspfleger oder Amtsvormund und die Bestellung einer Einzelperson oder eines Vereins angezeigt ist, und dies dem Familiengericht mitzuteilen.
(5) Das Jugendamt des bisherigen gewöhnlichen Aufenthalts des Mündels hat dem Jugendamt des neuen gewöhnlichen Aufenthalts eine Verlegung des gewöhnlichen Aufenthalts des Mündels in den Bezirk eines anderen Jugendamts mitzuteilen. Ist ein Vormundschaftsverein als vorläufiger Vormund oder ein Vereinsvormund als Vormund bestellt, so ist Satz 1 nicht anzuwenden.	**§ 1851 BGB Mitteilungspflichten** (1) … (2) Wird der gewöhnliche Aufenthalt eines Mündels in den Bezirk eines anderen Jugendamts verlegt, so hat der Vormund dem Jugendamt des bisherigen gewöhnlichen Aufenthalts und dieses dem Jugendamt des neuen gewöhnlichen Aufenthalts die Verlegung mitzuteilen. (3) …
(6) Für die Pflegschaft für Minderjährige gelten die Absätze 1 bis 5 entsprechend.	
Entfällt wegen der Abschaffung der Gegenvormundschaft.	**§ 58 Gegenvormundschaft des Jugendamts** Für die Tätigkeit des Jugendamts als Gegenvormund gelten die §§ 55 und 56 entsprechend.
§ 58 Auskunft über Alleinsorge aus dem Sorgeregister[744] (1) Zum Zwecke der Erteilung der schriftlichen Auskunft nach Absatz 2 wird für Kinder nicht miteinander verheirateter Eltern bei dem nach § 87c Absatz 6 Satz 2 zuständigen Jugendamt ein Sorgeregister geführt. In das Sorgeregister erfolgt jeweils eine Eintragung, wenn 1. Sorgeerklärungen nach § 1626a Absatz 1 Nummer 1 des Bürgerlichen Gesetzbuchs abgegeben werden, 2. aufgrund einer rechtskräftigen gerichtlichen Entscheidung die elterliche Sorge den	**§ 58a Auskunft über Alleinsorge aus dem Sorgeregister** (1) Zum Zwecke der Erteilung der schriftlichen Auskunft nach Absatz 2 wird für Kinder nicht miteinander verheirateter Eltern bei dem nach § 87c Absatz 6 Satz 2 zuständigen Jugendamt ein Sorgeregister geführt. In das Sorgeregister erfolgt jeweils eine Eintragung, wenn 1. Sorgeerklärungen nach § 1626a Absatz 1 Nummer 1 des Bürgerlichen Gesetzbuchs abgegeben werden, 2. aufgrund einer rechtskräftigen gerichtlichen Entscheidung die elterliche Sorge den

744 Neue Nummerierung wegen des Wegfalls von § 58 SGB VIII. Keine inhaltlichen Änderungen.

Eltern ganz oder zum Teil gemeinsam übertragen worden ist oder 3. die elterliche Sorge aufgrund einer rechtskräftigen gerichtlichen Entscheidung ganz oder zum Teil der Mutter entzogen oder auf den Vater allein übertragen worden ist.	Eltern ganz oder zum Teil gemeinsam übertragen worden ist oder 3. die elterliche Sorge aufgrund einer rechtskräftigen gerichtlichen Entscheidung ganz oder zum Teil der Mutter entzogen oder auf den Vater allein übertragen worden ist.
(2) Liegen keine Eintragungen im Sorgeregister vor, so erhält die mit dem Vater des Kindes nicht verheiratete Mutter auf Antrag hierüber eine schriftliche Auskunft von dem nach § 87c Absatz 6 Satz 1 zuständigen Jugendamt. Die Mutter hat dafür Geburtsdatum und Geburtsort des Kindes oder des Jugendlichen anzugeben sowie den Namen, den das Kind oder der Jugendliche zur Zeit der Beurkundung seiner Geburt geführt hat. Bezieht sich die gerichtliche Entscheidung nach Absatz 1 Satz 2 Nummer 2 oder Nummer 3 nur auf Teile der elterlichen Sorge, so erhält die mit dem Vater des Kindes nicht verheiratete Mutter auf Antrag eine schriftliche Auskunft darüber, dass Eintragungen nur in Bezug auf die durch die Entscheidung betroffenen Teile der elterlichen Sorge vorliegen. Satz 2 gilt entsprechend.	(2) Liegen keine Eintragungen im Sorgeregister vor, so erhält die mit dem Vater des Kindes nicht verheiratete Mutter auf Antrag hierüber eine schriftliche Auskunft von dem nach § 87c Absatz 6 Satz 1 zuständigen Jugendamt. Die Mutter hat dafür Geburtsdatum und Geburtsort des Kindes oder des Jugendlichen anzugeben sowie den Namen, den das Kind oder der Jugendliche zur Zeit der Beurkundung seiner Geburt geführt hat. Bezieht sich die gerichtliche Entscheidung nach Absatz 1 Satz 2 Nummer 2 oder Nummer 3 nur auf Teile der elterlichen Sorge, so erhält die mit dem Vater des Kindes nicht verheiratete Mutter auf Antrag eine schriftliche Auskunft darüber, dass Eintragungen nur in Bezug auf die durch die Entscheidung betroffenen Teile der elterlichen Sorge vorliegen. Satz 2 gilt entsprechend.
Fünftes Kapitel. Träger der Jugendhilfe, Zusammenarbeit, Gesamtverantwortung **Erster Abschnitt. Träger der öffentlichen Jugendhilfe**	
§ 72a Tätigkeitsausschluss einschlägig vorbestrafter Personen (1) Die Träger der öffentlichen Jugendhilfe dürfen für die Wahrnehmung der Aufgaben in der Kinder- und Jugendhilfe keine Person beschäftigen oder vermitteln, die rechtskräftig wegen einer Straftat nach den §§ 171, 174 bis 174c, 176 bis 180a, 181a, 182 bis 184g, 184i, 184j, 184k, 184l, 201a Absatz 3, den §§ 225, 232 bis 233a, 234, 235 oder 236 des Strafgesetzbuchs verurteilt worden ist. Zu diesem Zweck sollen sie sich bei der Einstellung oder Vermittlung und in regelmäßigen Abständen von den betroffenen Personen ein Führungszeugnis nach § 30 Absatz 5 und § 30a Absatz 1 des Bundeszentralregistergesetzes vorlegen lassen.	**§ 72a Tätigkeitsausschluss einschlägig vorbestrafter Personen** (1) Die Träger der öffentlichen Jugendhilfe dürfen für die Wahrnehmung der Aufgaben in der Kinder- und Jugendhilfe keine Person beschäftigen oder vermitteln, die rechtskräftig wegen einer Straftat nach den §§ 171, 174 bis 174c, 176 bis 180a, 181a, 182 bis 184g, 184i, 184j, 184k, 184l, 201a Absatz 3, den §§ 225, 232 bis 233a, 234, 235 oder 236 des Strafgesetzbuchs verurteilt worden ist. Zu diesem Zweck sollen sie sich bei der Einstellung oder Vermittlung und in regelmäßigen Abständen von den betroffenen Personen ein Führungszeugnis nach § 30 Absatz 5 und § 30a Absatz 1 des Bundeszentralregistergesetzes vorlegen lassen.
(2) Die Träger der öffentlichen Jugendhilfe sollen durch Vereinbarungen mit den Trägern der freien Jugendhilfe sowie mit Vereinen im Sinne des § 54sicherstellen, dass diese keine Person, die wegen einer Straftat nach Absatz 1 Satz 1 rechtskräftig verurteilt worden ist, hauptamtlich beschäftigen.[745]	(2) Die Träger der öffentlichen Jugendhilfe sollen durch Vereinbarungen mit den Trägern der freien Jugendhilfe sicherstellen, dass diese keine Person, die wegen einer Straftat nach Absatz 1 Satz 1 rechtskräftig verurteilt worden ist, beschäftigen.
(3) Die Träger der öffentlichen Jugendhilfe sollen sicherstellen, dass unter ihrer Verantwor-	(3) Die Träger der öffentlichen Jugendhilfe sollen sicherstellen, dass unter ihrer Verantwor-

745 Das war bislang nur für neben oder ehrenamtlich tätige Personen in § 72a Abs. 4 S. 1 SGB VIII aF geregelt und wurde nun auf hauptamtlich Tätige erstreckt. Wenn schon für den Ehren- oder Nebenamtler eine Vereinbarung notwendig ist, dann erst recht für den Hauptamtler.

tung keine neben- oder ehrenamtlich tätige Person, die wegen einer Straftat nach Absatz 1 Satz 1 rechtskräftig verurteilt worden ist, in Wahrnehmung von Aufgaben der Kinder- und Jugendhilfe Kinder oder Jugendliche beaufsichtigt, betreut, erzieht oder ausbildet oder einen vergleichbaren Kontakt hat. Hierzu sollen die Träger der öffentlichen Jugendhilfe über die Tätigkeiten entscheiden, die von den in Satz 1 genannten Personen auf Grund von Art, Intensität und Dauer des Kontakts dieser Personen mit Kindern und Jugendlichen nur nach Einsichtnahme in das Führungszeugnis nach Absatz 1 Satz 2 wahrgenommen werden dürfen.	tung keine neben- oder ehrenamtlich tätige Person, die wegen einer Straftat nach Absatz 1 Satz 1 rechtskräftig verurteilt worden ist, in Wahrnehmung von Aufgaben der Kinder- und Jugendhilfe Kinder oder Jugendliche beaufsichtigt, betreut, erzieht oder ausbildet oder einen vergleichbaren Kontakt hat. Hierzu sollen die Träger der öffentlichen Jugendhilfe über die Tätigkeiten entscheiden, die von den in Satz 1 genannten Personen auf Grund von Art, Intensität und Dauer des Kontakts dieser Personen mit Kindern und Jugendlichen nur nach Einsichtnahme in das Führungszeugnis nach Absatz 1 Satz 2 wahrgenommen werden dürfen.
(4) Die Träger der öffentlichen Jugendhilfe sollen durch Vereinbarungen mit den Trägern der freien Jugendhilfe sowie mit Vereinen im Sinne des § 54 sicherstellen, dass unter deren Verantwortung keine neben- oder ehrenamtlich tätige Person, die wegen einer Straftat nach Absatz 1 Satz 1 rechtskräftig verurteilt worden ist, in Wahrnehmung von Aufgaben der Kinder- und Jugendhilfe Kinder oder Jugendliche beaufsichtigt, betreut, erzieht oder ausbildet oder einen vergleichbaren Kontakt hat. Hierzu sollen die Träger der öffentlichen Jugendhilfe mit den Trägern der freien Jugendhilfe Vereinbarungen über die Tätigkeiten schließen, die von den in Satz 1 genannten Personen auf Grund von Art, Intensität und Dauer des Kontakts dieser Personen mit Kindern und Jugendlichen nur nach Einsichtnahme in das Führungszeugnis nach Absatz 1 Satz 2 wahrgenommen werden dürfen.	(4) Die Träger der öffentlichen Jugendhilfe sollen durch Vereinbarungen mit den Trägern der freien Jugendhilfe sowie mit Vereinen im Sinne des § 54 sicherstellen, dass unter deren Verantwortung keine neben- oder ehrenamtlich tätige Person, die wegen einer Straftat nach Absatz 1 Satz 1 rechtskräftig verurteilt worden ist, in Wahrnehmung von Aufgaben der Kinder- und Jugendhilfe Kinder oder Jugendliche beaufsichtigt, betreut, erzieht oder ausbildet oder einen vergleichbaren Kontakt hat. Hierzu sollen die Träger der öffentlichen Jugendhilfe mit den Trägern der freien Jugendhilfe Vereinbarungen über die Tätigkeiten schließen, die von den in Satz 1 genannten Personen auf Grund von Art, Intensität und Dauer des Kontakts dieser Personen mit Kindern und Jugendlichen nur nach Einsichtnahme in das Führungszeugnis nach Absatz 1 Satz 2 wahrgenommen werden dürfen.
(5) Die Träger der öffentlichen und freien Jugendhilfe dürfen von den nach den Absätzen 3 und 4 eingesehenen Daten nur folgende Daten erheben und speichern: 1. den Umstand der Einsichtnahme, 2. das Datum des Führungszeugnisses und 3. die Information, ob die das Führungszeugnis betreffende Person wegen einer in Absatz 1 Satz 1 genannten Straftat rechtskräftig verurteilt worden ist. Die Träger der öffentlichen und freien Jugendhilfe dürfen die gespeicherten Daten nur verarbeiten, soweit dies erforderlich ist, um die Eignung einer Person für die Tätigkeit, die Anlass zu der Einsichtnahme in das Führungszeugnis gewesen ist, zu prüfen. Die Daten sind vor dem Zugriff Unbefugter zu schützen. Sie sind unverzüglich zu löschen, wenn im Anschluss an die Einsichtnahme keine Tätigkeit nach Absatz 3 Satz 2 oder Absatz 4 Satz 2 wahrgenommen wird. Andernfalls sind die Daten spätestens sechs Monate nach Beendigung einer solchen Tätigkeit zu löschen.	(5) Die Träger der öffentlichen und freien Jugendhilfe dürfen von den nach den Absätzen 3 und 4 eingesehenen Daten nur folgende Daten erheben und speichern: 1. den Umstand der Einsichtnahme, 2. das Datum des Führungszeugnisses und 3. die Information, ob die das Führungszeugnis betreffende Person wegen einer in Absatz 1 Satz 1 genannten Straftat rechtskräftig verurteilt worden ist. Die Träger der öffentlichen und freien Jugendhilfe dürfen die gespeicherten Daten nur verarbeiten, soweit dies erforderlich ist, um die Eignung einer Person für die Tätigkeit, die Anlass zu der Einsichtnahme in das Führungszeugnis gewesen ist, zu prüfen. Die Daten sind vor dem Zugriff Unbefugter zu schützen. Sie sind unverzüglich zu löschen, wenn im Anschluss an die Einsichtnahme keine Tätigkeit nach Absatz 3 Satz 2 oder Absatz 4 Satz 2 wahrgenommen wird. Andernfalls sind die Daten spätestens sechs Monate nach Beendigung einer solchen Tätigkeit zu löschen.

Zweiter Abschnitt. Zusammenarbeit mit der freien Jugendhilfe, ehrenamtliche Tätigkeit	
§ 76 Beteiligung anerkannter Träger der freien Jugendhilfe an der Wahrnehmung anderer Aufgaben	**§ 76 Beteiligung anerkannter Träger der freien Jugendhilfe an der Wahrnehmung anderer Aufgaben**
(1) Die Träger der öffentlichen Jugendhilfe können anerkannte Träger der freien Jugendhilfe an der Durchführung ihrer Aufgaben nach den §§ 42, 42a, 43, 50 bis 52a und 53a[746] beteiligen oder ihnen diese Aufgaben zur Ausführung übertragen.	(1) Die Träger der öffentlichen Jugendhilfe können anerkannte Träger der freien Jugendhilfe an der Durchführung ihrer Aufgaben nach den §§ 42, 42a, 43, 50 bis 52a und 53 Abs. 2 bis 4 beteiligen oder ihnen diese Aufgaben zur Ausführung übertragen.
(2) Die Träger der öffentlichen Jugendhilfe bleiben für die Erfüllung der Aufgaben verantwortlich.	(2) Die Träger der öffentlichen Jugendhilfe bleiben für die Erfüllung der Aufgaben verantwortlich.
Siebtes Kapitel. Zuständigkeit, Kostenerstattung **Erster Abschnitt. Sachliche Zuständigkeit**	
§ 85 Sachliche Zuständigkeit	**§ 85 Sachliche Zuständigkeit**
(1) Für die Gewährung von Leistungen und die Erfüllung anderer Aufgaben nach diesem Buch ist der örtliche Träger sachlich zuständig, soweit nicht der überörtliche Träger sachlich zuständig ist.	(1) Für die Gewährung von Leistungen und die Erfüllung anderer Aufgaben nach diesem Buch ist der örtliche Träger sachlich zuständig, soweit nicht der überörtliche Träger sachlich zuständig ist.
(2) Der überörtliche Träger ist sachlich zuständig für 1. die Beratung der örtlichen Träger und die Entwicklung von Empfehlungen zur Erfüllung der Aufgaben nach diesem Buch, 2. die Förderung der Zusammenarbeit zwischen den örtlichen Trägern und den anerkannten Trägern der freien Jugendhilfe, insbesondere bei der Planung und Sicherstellung eines bedarfsgerechten Angebots an Hilfen zur Erziehung, Eingliederungshilfen für seelisch behinderte Kinder und Jugendliche und Hilfen für junge Volljährige, 3. die Anregung und Förderung von Einrichtungen, Diensten und Veranstaltungen sowie deren Schaffung und Betrieb, soweit sie den örtlichen Bedarf übersteigen; dazu gehören insbesondere Einrichtungen, die eine Schul- oder Berufsausbildung anbieten, sowie Jugendbildungsstätten, 4. die Planung, Anregung, Förderung und Durchführung von Modellvorhaben zur Weiterentwicklung der Jugendhilfe, 5. die Beratung der örtlichen Träger bei der Gewährung von Hilfe nach den §§ 32 bis 35a, insbesondere bei der Auswahl einer Einrichtung oder der Vermittlung einer Pflegeperson in schwierigen Einzelfällen,	(2) Der überörtliche Träger ist sachlich zuständig für 1. die Beratung der örtlichen Träger und die Entwicklung von Empfehlungen zur Erfüllung der Aufgaben nach diesem Buch, 2. die Förderung der Zusammenarbeit zwischen den örtlichen Trägern und den anerkannten Trägern der freien Jugendhilfe, insbesondere bei der Planung und Sicherstellung eines bedarfsgerechten Angebots an Hilfen zur Erziehung, Eingliederungshilfen für seelisch behinderte Kinder und Jugendliche und Hilfen für junge Volljährige, 3. die Anregung und Förderung von Einrichtungen, Diensten und Veranstaltungen sowie deren Schaffung und Betrieb, soweit sie den örtlichen Bedarf übersteigen; dazu gehören insbesondere Einrichtungen, die eine Schul- oder Berufsausbildung anbieten, sowie Jugendbildungsstätten, 4. die Planung, Anregung, Förderung und Durchführung von Modellvorhaben zur Weiterentwicklung der Jugendhilfe, 5. die Beratung der örtlichen Träger bei der Gewährung von Hilfe nach den §§ 32 bis 35a, insbesondere bei der Auswahl einer Einrichtung oder der Vermittlung einer Pflegeperson in schwierigen Einzelfällen,

746 Redaktionelle Folgeänderung ohne inhaltliche Änderungen.

6. die Wahrnehmung der Aufgaben zum Schutz von Kindern und Jugendlichen in Einrichtungen (§§ 45 bis 48a), 7. die Beratung der Träger von Einrichtungen während der Planung und Betriebsführung, 8. die Fortbildung von Mitarbeitern in der Jugendhilfe, 9. die Gewährung von Leistungen an Deutsche im Ausland (§ 6 Abs. 3), soweit es sich nicht um die Fortsetzung einer bereits im Inland gewährten Leistung handelt, 10. die Anerkennung als Vormundschaftsverein (§ 54).[747]	6. die Wahrnehmung der Aufgaben zum Schutz von Kindern und Jugendlichen in Einrichtungen (§§ 45 bis 48a), 7. die Beratung der Träger von Einrichtungen während der Planung und Betriebsführung, 8. die Fortbildung von Mitarbeitern in der Jugendhilfe, 9. die Gewährung von Leistungen an Deutsche im Ausland (§ 6 Abs. 3), soweit es sich nicht um die Fortsetzung einer bereits im Inland gewährten Leistung handelt, 10. die Erteilung der Erlaubnis zur Übernahme von Pflegschaften oder Vormundschaften durch einen rechtsfähigen Verein (§ 54).
(3) Für den örtlichen Bereich können die Aufgaben nach Absatz 2 Nr. 3, 4, 7 und 8 auch vom örtlichen Träger wahrgenommen werden.	(3) Für den örtlichen Bereich können die Aufgaben nach Absatz 2 Nr. 3, 4, 7 und 8 auch vom örtlichen Träger wahrgenommen werden.
(4) Unberührt bleiben die am Tage des Inkrafttretens dieses Gesetzes geltenden landesrechtlichen Regelungen, die die in den §§ 45 bis 48a bestimmten Aufgaben einschließlich der damit verbundenen Aufgaben nach Absatz 2 Nr. 2 bis 5 und 7 mittleren Landesbehörden oder, soweit sie sich auf Kindergärten und andere Tageseinrichtungen für Kinder beziehen, unteren Landesbehörden zuweisen.	(4) Unberührt bleiben die am Tage des Inkrafttretens dieses Gesetzes geltenden landesrechtlichen Regelungen, die die in den §§ 45 bis 48a bestimmten Aufgaben einschließlich der damit verbundenen Aufgaben nach Absatz 2 Nr. 2 bis 5 und 7 mittleren Landesbehörden oder, soweit sie sich auf Kindergärten und andere Tageseinrichtungen für Kinder beziehen, unteren Landesbehörden zuweisen.
(5) Ist das Land überörtlicher Träger, so können durch Landesrecht bis zum 30. Juni 1993 einzelne seiner Aufgaben auf andere Körperschaften des öffentlichen Rechts, die nicht Träger der öffentlichen Jugendhilfe sind, übertragen werden.	(5) Ist das Land überörtlicher Träger, so können durch Landesrecht bis zum 30. Juni 1993 einzelne seiner Aufgaben auf andere Körperschaften des öffentlichen Rechts, die nicht Träger der öffentlichen Jugendhilfe sind, übertragen werden.
Zweiter Abschnitt. Örtliche Zuständigkeit **Zweiter Unterabschnitt. Örtliche Zuständigkeit für andere Aufgaben**	
§ 87c Örtliche Zuständigkeit für die Beistandschaft, die Pflegschaft, die Vormundschaft und die Bescheinigung nach § 58	**§ 87c Örtliche Zuständigkeit für die Beistandschaft, die Amtspflegschaft, die Amtsvormundschaft und die schriftliche Auskunft nach § 58a**
(1) Für die Vormundschaft nach § 1786[748] des Bürgerlichen Gesetzbuchs ist das Jugendamt zuständig, in dessen Bereich die Mutter ihren gewöhnlichen Aufenthalt hat. Wurde die Vaterschaft nach § 1592 Nr. 1 oder 2 des Bürgerlichen Gesetzbuchs durch Anfechtung beseitigt, so ist der gewöhnliche Aufenthalt der Mutter zu dem Zeitpunkt maßgeblich, zu dem die Entscheidung rechtskräftig wird. Ist ein gewöhnlicher Aufenthalt der Mutter nicht festzustellen, so richtet sich die örtliche Zuständigkeit nach ihrem tatsächlichen Aufenthalt.	(1) Für die Vormundschaft nach § 1791c des Bürgerlichen Gesetzbuchs ist das Jugendamt zuständig, in dessen Bereich die Mutter ihren gewöhnlichen Aufenthalt hat. Wurde die Vaterschaft nach § 1592 Nr. 1 oder 2 des Bürgerlichen Gesetzbuchs durch Anfechtung beseitigt, so ist der gewöhnliche Aufenthalt der Mutter zu dem Zeitpunkt maßgeblich, zu dem die Entscheidung rechtskräftig wird. Ist ein gewöhnlicher Aufenthalt der Mutter nicht festzustellen, so richtet sich die örtliche Zuständigkeit nach ihrem tatsächlichen Aufenthalt.

747 Redaktionelle Änderung wegen der geänderten Terminologie.

748 Redaktionelle Änderung wegen der neuen Nummerierung der Paragrafen, die die Vormundschaft betreffen.

(2) Sobald die Mutter ihren gewöhnlichen Aufenthalt im Bereich eines anderen Jugendamts nimmt, hat das die Amtsvormundschaft führende Jugendamt bei dem Jugendamt des anderen Bereichs die Weiterführung der Amtsvormundschaft zu beantragen; der Antrag kann auch von dem anderen Jugendamt, von jedem Elternteil und von jedem, der ein berechtigtes Interesse des Kindes oder des Jugendlichen geltend macht, bei dem die Amtsvormundschaft führenden Jugendamt gestellt werden. Die Vormundschaft geht mit der Erklärung des anderen Jugendamts auf dieses über. Das abgebende Jugendamt hat den Übergang dem Familiengericht und jedem Elternteil unverzüglich mitzuteilen. Gegen die Ablehnung des Antrags kann das Familiengericht angerufen werden.	(2) Sobald die Mutter ihren gewöhnlichen Aufenthalt im Bereich eines anderen Jugendamts nimmt, hat das die Amtsvormundschaft führende Jugendamt bei dem Jugendamt des anderen Bereichs die Weiterführung der Amtsvormundschaft zu beantragen; der Antrag kann auch von dem anderen Jugendamt, von jedem Elternteil und von jedem, der ein berechtigtes Interesse des Kindes oder des Jugendlichen geltend macht, bei dem die Amtsvormundschaft führenden Jugendamt gestellt werden. Die Vormundschaft geht mit der Erklärung des anderen Jugendamts auf dieses über. Das abgebende Jugendamt hat den Übergang dem Familiengericht und jedem Elternteil unverzüglich mitzuteilen. Gegen die Ablehnung des Antrags kann das Familiengericht angerufen werden.
(2a) Für die Vormundschaft nach § 1787 des Bürgerlichen Gesetzbuchs ist das Jugendamt zuständig, in dessen Bereich der Geburtsort des Kindes liegt. (3) Für die Pflegschaft oder Vormundschaft, die durch Bestellung des Familiengerichts eintritt, ist das Jugendamt zuständig, in dessen Bereich das Kind oder der Jugendliche zum Zeitpunkt der Bestellung[749] seinen gewöhnlichen Aufenthalt hat. Hat das Kind oder der Jugendliche keinen gewöhnlichen Aufenthalt, so richtet sich die Zuständigkeit nach seinem tatsächlichen Aufenthalt zum Zeitpunkt der Bestellung. Sobald das Kind oder der Jugendliche seinen gewöhnlichen Aufenthalt nimmt oder wechselt, hat das Jugendamt beim Familiengericht einen Antrag auf Entlassung zu stellen.	(3) Für die Pflegschaft oder Vormundschaft, die durch Bestellung des Familiengerichts eintritt, ist das Jugendamt zuständig, in dessen Bereich das Kind oder der Jugendliche seinen gewöhnlichen Aufenthalt hat. Hat das Kind oder der Jugendliche keinen gewöhnlichen Aufenthalt, so richtet sich die Zuständigkeit nach seinem tatsächlichen Aufenthalt zum Zeitpunkt der Bestellung. Sobald das Kind oder der Jugendliche seinen gewöhnlichen Aufenthalt wechselt oder im Fall des Satzes 2 das Wohl des Kindes oder Jugendlichen es erfordert, hat das Jugendamt beim Familiengericht einen Antrag auf Entlassung zu stellen. Die Sätze 1 bis 3 gelten für die Gegenvormundschaft des Jugendamts entsprechend.
(4) Für die Vormundschaft, die im Rahmen des Verfahrens zur Annahme als Kind eintritt, ist das Jugendamt zuständig, in dessen Bereich die annehmende Person ihren gewöhnlichen Aufenthalt hat.	(4) Für die Vormundschaft, die im Rahmen des Verfahrens zur Annahme als Kind eintritt, ist das Jugendamt zuständig, in dessen Bereich die annehmende Person ihren gewöhnlichen Aufenthalt hat.
(5) Für die Beratung und Unterstützung nach § 52a sowie für die Beistandschaft gilt Absatz 1 Satz 1 und 3 entsprechend. Sobald der allein sorgeberechtigte Elternteil seinen gewöhnlichen Aufenthalt im Bereich eines anderen Jugendamts nimmt, hat das die Beistandschaft führende Jugendamt bei dem Jugendamt des anderen Bereichs die Weiterführung der Beistandschaft zu beantragen; Absatz 2 Satz 2 und § 86c gelten entsprechend.	(5) Für die Beratung und Unterstützung nach § 52a sowie für die Beistandschaft gilt Absatz 1 Satz 1 und 3 entsprechend. Sobald der allein sorgeberechtigte Elternteil seinen gewöhnlichen Aufenthalt im Bereich eines anderen Jugendamts nimmt, hat das die Beistandschaft führende Jugendamt bei dem Jugendamt des anderen Bereichs die Weiterführung der Beistandschaft zu beantragen; Absatz 2 Satz 2 und § 86c gelten entsprechend.

749 Mit der Einfügung der Angabe „zum Zeitpunkt der Bestellung“ in Satz 1 soll klargestellt werden, dass bei einem Wechsel des gewöhnlichen Aufenthalts des Mündels das Gericht bei seiner Entscheidung über die Entlassung des Jugendamts des bisherigen gewöhnlichen Aufenthalts nach § 1804 Abs. 3 BGB nicht an die Zuständigkeit gebunden ist, sondern aus Gründen des Mündelwohls auch ein Verbleiben der Amtsvormundschaft bei dem bisherigen Jugendamt möglich ist.

(6) Für die Erteilung der schriftlichen Auskunft nach § 58 Absatz 2[750] gilt Absatz 1 entsprechend. Die Mitteilungen nach § 1626d Absatz 2 des Bürgerlichen Gesetzbuchs, die Mitteilungen nach § 155a Absatz 3 Satz 3 und Absatz 5 Satz 2 des Gesetzes über das Verfahren in Familiensachen und in den Angelegenheiten der freiwilligen Gerichtsbarkeit sowie die Mitteilungen nach § 50 Absatz 3 sind an das für den Geburtsort des Kindes oder des Jugendlichen zuständige Jugendamt zu richten; § 88 Absatz 1 Satz 2 gilt entsprechend. Das nach Satz 2 zuständige Jugendamt teilt dem nach Satz 1 zuständigen Jugendamt auf dessen Ersuchen mit, ob ihm Mitteilungen nach § 1626d Absatz 2 des Bürgerlichen Gesetzbuchs, Mitteilungen nach § 155a Absatz 3 Satz 3 oder Absatz 5 Satz 2 des Gesetzes über das Verfahren in Familiensachen und in den Angelegenheiten der freiwilligen Gerichtsbarkeit oder Mitteilungen nach § 50 Absatz 3 vorliegen. Betrifft die gerichtliche Entscheidung nur Teile der elterlichen Sorge, so enthalten die Mitteilungen auch die Angabe, in welchen Bereichen die elterliche Sorge der Mutter entzogen wurde, den Eltern gemeinsam übertragen wurde oder dem Vater allein übertragen wurde.	(6) Für die Erteilung der schriftlichen Auskunft nach § 58a Absatz 2 gilt Absatz 1 entsprechend. Die Mitteilungen nach § 1626d Absatz 2 des Bürgerlichen Gesetzbuchs, die Mitteilungen nach § 155a Absatz 3 Satz 3 und Absatz 5 Satz 2 des Gesetzes über das Verfahren in Familiensachen und in den Angelegenheiten der freiwilligen Gerichtsbarkeit sowie die Mitteilungen nach § 50 Absatz 3 sind an das für den Geburtsort des Kindes oder des Jugendlichen zuständige Jugendamt zu richten; § 88 Absatz 1 Satz 2 gilt entsprechend. Das nach Satz 2 zuständige Jugendamt teilt dem nach Satz 1 zuständigen Jugendamt auf dessen Ersuchen mit, ob ihm Mitteilungen nach § 1626d Absatz 2 des Bürgerlichen Gesetzbuchs, Mitteilungen nach § 155a Absatz 3 Satz 3 oder Absatz 5 Satz 2 des Gesetzes über das Verfahren in Familiensachen und in den Angelegenheiten der freiwilligen Gerichtsbarkeit oder Mitteilungen nach § 50 Absatz 3 vorliegen. Betrifft die gerichtliche Entscheidung nur Teile der elterlichen Sorge, so enthalten die Mitteilungen auch die Angabe, in welchen Bereichen die elterliche Sorge der Mutter entzogen wurde, den Eltern gemeinsam übertragen wurde oder dem Vater allein übertragen wurde.
§ 87d Örtliche Zuständigkeit für weitere Aufgaben im Vormundschaftswesen (1) Für die Wahrnehmung der Aufgaben nach den Paragrafen 53 und 53a[751] ist der örtliche Träger zuständig, in dessen Bereich der Pfleger oder Vormund seinen gewöhnlichen Aufenthalt hat.	**§ 87d Örtliche Zuständigkeit für weitere Aufgaben im Vormundschaftswesen** (1) Für die Wahrnehmung der Aufgaben nach § 53 ist der örtliche Träger zuständig, in dessen Bereich der Pfleger oder Vormund seinen gewöhnlichen Aufenthalt hat.
(2) Für die Anerkennung als Vormundschaftsverein (§ 54) ist der überörtliche Träger zuständig, in dessen Bereich der Verein seinen Sitz hat.[752]	(2) Für die Erteilung der Erlaubnis zur Übernahme von Pflegschaften oder Vormundschaften durch einen rechtsfähigen Verein (§ 54) ist der überörtliche Träger zuständig, in dessen Bereich der Verein seinen Sitz hat.

3. SGB IX

380

SGB IX nF	SGB IX aF
Teil 1. Regelungen für behinderte und von Behinderung bedrohte Menschen **Kapitel 3. Gemeinsame Servicestellen**	
§ 22 Einbeziehung anderer öffentlicher Stellen (1) Der für die Durchführung des Teilhabeplanverfahrens verantwortliche Rehabilitationsträger bezieht unter Berücksichtigung der Interes-	**§ 22 Einbeziehung anderer öffentlicher Stellen** (1) Der für die Durchführung des Teilhabeplanverfahrens verantwortliche Rehabilitationsträger bezieht unter Berücksichtigung der Interes-

750 Redaktionelle Änderung ohne inhaltliche Auswirkungen.
751 Redaktionelle Folgeänderung ohne inhaltliche Veränderung. Grund: Aufspaltung des § 53 SGB VIII aF in zwei Paragrafen.
752 Redaktionelle Folgeänderung ohne inhaltliche Veränderung.

sen der Leistungsberechtigten andere öffentliche Stellen in die Erstellung des Teilhabeplans in geeigneter Art und Weise ein, soweit dies zur Feststellung des Rehabilitationsbedarfs erforderlich ist.	sen der Leistungsberechtigten andere öffentliche Stellen in die Erstellung des Teilhabeplans in geeigneter Art und Weise ein, soweit dies zur Feststellung des Rehabilitationsbedarfs erforderlich ist.
(2) Bestehen im Einzelfall Anhaltspunkte für eine Pflegebedürftigkeit nach dem Elften Buch, wird die zuständige Pflegekasse mit Zustimmung des Leistungsberechtigten vom für die Durchführung des Teilhabeplanverfahrens verantwortlichen Rehabilitationsträger informiert und muss am Teilhabeplanverfahren beratend teilnehmen, soweit dies für den Rehabilitationsträger zur Feststellung des Rehabilitationsbedarfs erforderlich und nach den für die zuständige Pflegekasse geltenden Grundsätzen der Datenverwendung zulässig ist. Die §§ 18a und 31 des Elften Buches bleiben unberührt.	(2) Bestehen im Einzelfall Anhaltspunkte für eine Pflegebedürftigkeit nach dem Elften Buch, wird die zuständige Pflegekasse mit Zustimmung des Leistungsberechtigten vom für die Durchführung des Teilhabeplanverfahrens verantwortlichen Rehabilitationsträger informiert und muss am Teilhabeplanverfahren beratend teilnehmen, soweit dies für den Rehabilitationsträger zur Feststellung des Rehabilitationsbedarfs erforderlich und nach den für die zuständige Pflegekasse geltenden Grundsätzen der Datenverwendung zulässig ist. Die §§ 18a und 31 des Elften Buches bleiben unberührt.
(3) Die Integrationsämter sind bei der Durchführung des Teilhabeplanverfahrens zu beteiligen, soweit sie Leistungen für schwerbehinderte Menschen nach Teil 3 erbringen. Das zuständige Integrationsamt kann das Teilhabeplanverfahren nach § 19 Absatz 5 anstelle des leistenden Rehabilitationsträgers durchführen, wenn die Rehabilitationsträger und das Integrationsamt sowie das nach § 19 Absatz 1 Satz 2 zu beteiligende Jobcenter dies in Abstimmung mit den Leistungsberechtigten vereinbaren.	(3) Die Integrationsämter sind bei der Durchführung des Teilhabeplanverfahrens zu beteiligen, soweit sie Leistungen für schwerbehinderte Menschen nach Teil 3 erbringen. Das zuständige Integrationsamt kann das Teilhabeplanverfahren nach § 19 Absatz 5 anstelle des leistenden Rehabilitationsträgers durchführen, wenn die Rehabilitationsträger und das Integrationsamt sowie das nach § 19 Absatz 1 Satz 2 zu beteiligende Jobcenter dies in Abstimmung mit den Leistungsberechtigten vereinbaren.
(4) Bestehen im Einzelfall Anhaltspunkte für einen Betreuungsbedarf nach § 1896 Absatz 1 des Bürgerlichen Gesetzbuches, informiert der für die Durchführung des Teilhabeplanverfahrens verantwortliche Rehabilitationsträger mit Zustimmung der Leistungsberechtigten die zuständige Betreuungsbehörde über die Erstellung des Teilhabeplans, soweit dies zur Vermittlung anderer Hilfen, bei denen kein Betreuer bestellt wird, erforderlich ist.[753]	(4) Bestehen im Einzelfall Anhaltspunkte für einen Betreuungsbedarf nach § 1896 Absatz 1 des Bürgerlichen Gesetzbuches, informiert der für die Durchführung des Teilhabeplanverfahrens verantwortliche Rehabilitationsträger mit Zustimmung der Leistungsberechtigten die zuständige Betreuungsbehörde über die Erstellung des Teilhabeplans, soweit dies zur Vermittlung anderer Hilfen, bei denen kein Betreuer bestellt wird, erforderlich ist.
(5) Bestehen im Einzelfall Anhaltspunkte für einen Betreuungsbedarf nach § 1814 Absatz 1 des Bürgerlichen Gesetzbuchs, wird die zuständige Betreuungsbehörde mit Zustimmung des Leistungsberechtigten vom für die Durchführung des Teilhabeplanverfahrens verantwortlichen Rehabilitationsträger informiert. Der Betreuungsbehörde werden in diesen Fällen die Ergebnisse der bisherigen Ermittlungen und Gutachten mit dem Zweck mitgeteilt, dass diese dem Leistungsberechtigten andere Hilfen, bei denen kein Betreuer bestellt wird, vermitteln kann. Auf Vorschlag der Betreuungsbehörde kann sie mit Zustimmung der Leistungsberech-	

753 Konkretisierung der Beteiligung der Betreuungsbehörde am Teilhabeplanverfahren mit dem Ziel der Vermittlung anderer Unterstützung zur Vermeidung rechtlicher Betreuungen.

tigten am Teilhabeplanverfahren beratend teilnehmen.	

4. SGB X

381

SGB X nF	SGB X aF
Erstes Kapitel. Verwaltungsverfahren **Zweiter Abschnitt. Allgemeine Vorschriften für das Verwaltungsverfahren** **Erster Titel. Verfahrensgrundsätze**	
§ 11 Vornahme von Verfahrenshandlungen (1) Fähig zur Vornahme von Verfahrenshandlungen sind 1. natürliche Personen, die nach bürgerlichem Recht geschäftsfähig sind, 2. natürliche Personen, die nach bürgerlichem Recht in der Geschäftsfähigkeit beschränkt sind, soweit sie für den Gegenstand des Verfahrens durch Vorschriften des bürgerlichen Rechts als geschäftsfähig oder durch Vorschriften des öffentlichen Rechts als handlungsfähig anerkannt sind, 3. juristische Personen und Vereinigungen (§ 10 Nr. 2) durch ihre gesetzlichen Vertreter oder durch besonders Beauftragte, 4. Behörden durch ihre Leiter, deren Vertreter oder Beauftragte.	**§ 11 Vornahme von Verfahrenshandlungen** (1) Fähig zur Vornahme von Verfahrenshandlungen sind 1. natürliche Personen, die nach bürgerlichem Recht geschäftsfähig sind, 2. natürliche Personen, die nach bürgerlichem Recht in der Geschäftsfähigkeit beschränkt sind, soweit sie für den Gegenstand des Verfahrens durch Vorschriften des bürgerlichen Rechts als geschäftsfähig oder durch Vorschriften des öffentlichen Rechts als handlungsfähig anerkannt sind, 3. juristische Personen und Vereinigungen (§ 10 Nr. 2) durch ihre gesetzlichen Vertreter oder durch besonders Beauftragte, 4. Behörden durch ihre Leiter, deren Vertreter oder Beauftragte.
(2) Betrifft ein Einwilligungsvorbehalt nach § 1825 des Bürgerlichen Gesetzbuches[754] den Gegenstand des Verfahrens, so ist ein geschäftsfähiger Betreuter nur insoweit zur Vornahme von Verfahrenshandlungen fähig, als er nach den Vorschriften des bürgerlichen Rechts ohne Einwilligung des Betreuers handeln kann oder durch Vorschriften des öffentlichen Rechts als handlungsfähig anerkannt ist.	(2) Betrifft ein Einwilligungsvorbehalt nach § 1903 des Bürgerlichen Gesetzbuches den Gegenstand des Verfahrens, so ist ein geschäftsfähiger Betreuter nur insoweit zur Vornahme von Verfahrenshandlungen fähig, als er nach den Vorschriften des bürgerlichen Rechts ohne Einwilligung des Betreuers handeln kann oder durch Vorschriften des öffentlichen Rechts als handlungsfähig anerkannt ist.
(3) Die §§ 53 und 55 der Zivilprozessordnung gelten entsprechend.	(3) Die §§ 53 und 55 der Zivilprozessordnung gelten entsprechend.
§ 15 Bestellung eines Vertreters von Amts wegen (1) Ist ein Vertreter nicht vorhanden, hat das Gericht auf Ersuchen der Behörde einen geeigneten Vertreter zu bestellen 1. für einen Beteiligten, dessen Person unbekannt ist, 2. für einen abwesenden Beteiligten, dessen Aufenthalt unbekannt ist oder der an der Besorgung seiner Angelegenheiten verhindert ist, 3. für einen Beteiligten ohne Aufenthalt im Inland, wenn er der Aufforderung der Behörde, einen Vertreter zu bestellen, innerhalb	**§ 15 Bestellung eines Vertreters von Amts wegen** (1) Ist ein Vertreter nicht vorhanden, hat das Gericht auf Ersuchen der Behörde einen geeigneten Vertreter zu bestellen 1. für einen Beteiligten, dessen Person unbekannt ist, 2. für einen abwesenden Beteiligten, dessen Aufenthalt unbekannt ist oder der an der Besorgung seiner Angelegenheiten verhindert ist, 3. für einen Beteiligten ohne Aufenthalt im Inland, wenn er der Aufforderung der Behörde, einen Vertreter zu bestellen, innerhalb

754 Redaktionelle Folgeänderung wegen der neuen Nummerierung der Paragrafen.

der ihm gesetzten Frist nicht nachgekommen ist, 4. für einen Beteiligten, der infolge einer psychischen Krankheit oder körperlichen, geistigen oder seelischen Behinderung nicht in der Lage ist, in dem Verwaltungsverfahren selbst tätig zu werden.	der ihm gesetzten Frist nicht nachgekommen ist, 4. für einen Beteiligten, der infolge einer psychischen Krankheit oder körperlichen, geistigen oder seelischen Behinderung nicht in der Lage ist, in dem Verwaltungsverfahren selbst tätig zu werden.
(2) Für die Bestellung des Vertreters ist in den Fällen des Absatzes 1 Nr. 4 das Betreuungsgericht zuständig, in dessen Bezirk der Beteiligte seinen gewöhnlichen Aufenthalt hat; im Übrigen ist das Betreuungsgericht zuständig, in dessen Bezirk die ersuchende Behörde ihren Sitz hat. Ist der Beteiligte minderjährig, tritt an die Stelle des Betreuungsgerichts das Familiengericht.	(2) Für die Bestellung des Vertreters ist in den Fällen des Absatzes 1 Nr. 4 das Betreuungsgericht zuständig, in dessen Bezirk der Beteiligte seinen gewöhnlichen Aufenthalt hat; im Übrigen ist das Betreuungsgericht zuständig, in dessen Bezirk die ersuchende Behörde ihren Sitz hat. Ist der Beteiligte minderjährig, tritt an die Stelle des Betreuungsgerichts das Familiengericht.
(3) Der Vertreter hat gegen den Rechtsträger der Behörde, die um seine Bestellung ersucht hat, Anspruch auf eine angemessene Vergütung und auf die Erstattung seiner baren Auslagen. Die Behörde kann von dem Vertretenen Ersatz ihrer Aufwendungen verlangen. Sie bestimmt die Vergütung und stellt die Auslagen und Aufwendungen fest.	(3) Der Vertreter hat gegen den Rechtsträger der Behörde, die um seine Bestellung ersucht hat, Anspruch auf eine angemessene Vergütung und auf die Erstattung seiner baren Auslagen. Die Behörde kann von dem Vertretenen Ersatz ihrer Aufwendungen verlangen. Sie bestimmt die Vergütung und stellt die Auslagen und Aufwendungen fest.
(4) Im Übrigen gelten für die Bestellung und für das Amt des Vertreters in den Fällen des Absatzes 1 Nr. 4 die Vorschriften über die Betreuung, in den übrigen Fällen die Vorschriften über die sonstige Pflegschaft[755] entsprechend.	(4) Im Übrigen gelten für die Bestellung und für das Amt des Vertreters in den Fällen des Absatzes 1 Nr. 4 die Vorschriften über die Betreuung, in den übrigen Fällen die Vorschriften über die Pflegschaft entsprechend.
Zweites Kapitel. Schutz der Sozialdaten **Zweiter Abschnitt. Datenerhebung, -verarbeitung und Nutzung**	
§ 71 Übermittlung für die Erfüllung besonderer gesetzlicher Pflichten und Mitteilungsbefugnisse	**§ 71 Übermittlung für die Erfüllung besonderer gesetzlicher Pflichten und Mitteilungsbefugnisse**
(1) Eine Übermittlung von Sozialdaten ist zulässig, soweit sie erforderlich ist für die Erfüllung der gesetzlichen Mitteilungspflichten 1. zur Abwendung geplanter Straftaten nach § 138 des Strafgesetzbuches, 2. zum Schutz der öffentlichen Gesundheit nach § 8 des Infektionsschutzgesetzes, 3. zur Sicherung des Steueraufkommens nach § 22a des Einkommensteuergesetzes und den §§ 93, 97, 105, 111 Absatz 1 und 5, § 116 der Abgabenordnung und § 32b Absatz 3 des Einkommensteuergesetzes, soweit diese Vorschriften unmittelbar anwendbar sind, und zur Mitteilung von Daten der ausländischen Unternehmen, die auf Grund bilateraler Regierungsvereinbarungen über die Beschäftigung von Arbeitnehmern zur Ausführung von	(1) Eine Übermittlung von Sozialdaten ist zulässig, soweit sie erforderlich ist für die Erfüllung der gesetzlichen Mitteilungspflichten 1. zur Abwendung geplanter Straftaten nach § 138 des Strafgesetzbuches, 2. zum Schutz der öffentlichen Gesundheit nach § 8 des Infektionsschutzgesetzes, 3. zur Sicherung des Steueraufkommens nach § 22a des Einkommensteuergesetzes und den §§ 93, 97, 105, 111 Absatz 1 und 5, § 116 der Abgabenordnung und § 32b Absatz 3 des Einkommensteuergesetzes, soweit diese Vorschriften unmittelbar anwendbar sind, und zur Mitteilung von Daten der ausländischen Unternehmen, die auf Grund bilateraler Regierungsvereinbarungen über die Beschäftigung von Arbeitnehmern zur Ausführung von

755 Redaktionelle Folgeänderung zur Anpassung an die neue Terminologie.

Werkverträgen tätig werden, nach § 93a der Abgabenordnung,
4. zur Gewährung und Prüfung des Sonderausgabenabzugs nach § 10 des Einkommensteuergesetzes,
5. zur Überprüfung der Voraussetzungen für die Einziehung der Ausgleichszahlungen und für die Leistung von Wohngeld nach § 33 des Wohngeldgesetzes,
6. zur Bekämpfung von Schwarzarbeit und illegaler Beschäftigung nach dem Schwarzarbeitsbekämpfungsgesetz,
7. zur Mitteilung in das Gewerbezentralregister und das Wettbewerbsregister einzutragender Tatsachen an die Registerbehörde,
8. zur Erfüllung der Aufgaben der statistischen Ämter der Länder und des Statistischen Bundesamtes gemäß § 3 Absatz 1 des Statistikregistergesetzes zum Aufbau und zur Führung des Statistikregisters,
9. zur Aktualisierung des Betriebsregisters nach § 97 Absatz 5 des Agrarstatistikgesetzes,
10. zur Erfüllung der Aufgaben der Deutschen Rentenversicherung Bund als zentraler Stelle nach § 22a und § 91 Absatz 1 Satz 1 des Einkommensteuergesetzes,
11. zur Erfüllung der Aufgaben der Deutschen Rentenversicherung Knappschaft-Bahn-See, soweit sie bei geringfügig Beschäftigten Aufgaben nach dem Einkommensteuergesetz durchführt,
12. zur Erfüllung der Aufgaben des Statistischen Bundesamtes nach § 5a Absatz 1 in Verbindung mit Absatz 3 des Bundesstatistikgesetzes sowie nach § 7 des Registerzensuserprobungsgesetzes zum Zwecke der Entwicklung von Verfahren für die zuverlässige Zuordnung von Personendatensätzen aus ihren Datenbeständen und von Verfahren der Qualitätssicherung eines Registerzensus,
13. nach § 69a des Erneuerbare-Energien-Gesetzes zur Berechnung der Bruttowertschöpfung im Verfahren zur Begrenzung der EEG-Umlage,
14. nach § 6 Absatz 3 des Wohnungslosenberichterstattungsgesetzes für die Erhebung über wohnungslose Personen,
15. nach § 4 des Sozialdienstleister-Einsatzgesetzes für die Feststellung des nachträglichen Erstattungsanspruchs oder
16. nach § 5 Absatz 1 des Rentenübersichtsgesetzes zur Erfüllung der Aufgaben der Zentralen Stelle für die Digitale Rentenübersicht.

Erklärungspflichten als Drittschuldner, welche das Vollstreckungsrecht vorsieht, werden durch Bestimmungen dieses Gesetzbuches nicht be-

Werkverträgen tätig werden, nach § 93a der Abgabenordnung,
4. zur Gewährung und Prüfung des Sonderausgabenabzugs nach § 10 des Einkommensteuergesetzes,
5. zur Überprüfung der Voraussetzungen für die Einziehung der Ausgleichszahlungen und für die Leistung von Wohngeld nach § 33 des Wohngeldgesetzes,
6. zur Bekämpfung von Schwarzarbeit und illegaler Beschäftigung nach dem Schwarzarbeitsbekämpfungsgesetz,
7. zur Mitteilung in das Gewerbezentralregister und das Wettbewerbsregister einzutragender Tatsachen an die Registerbehörde,
8. zur Erfüllung der Aufgaben der statistischen Ämter der Länder und des Statistischen Bundesamtes gemäß § 3 Absatz 1 des Statistikregistergesetzes zum Aufbau und zur Führung des Statistikregisters,
9. zur Aktualisierung des Betriebsregisters nach § 97 Absatz 5 des Agrarstatistikgesetzes,
10. zur Erfüllung der Aufgaben der Deutschen Rentenversicherung Bund als zentraler Stelle nach § 22a und § 91 Absatz 1 Satz 1 des Einkommensteuergesetzes,
11. zur Erfüllung der Aufgaben der Deutschen Rentenversicherung Knappschaft-Bahn-See, soweit sie bei geringfügig Beschäftigten Aufgaben nach dem Einkommensteuergesetz durchführt,
12. zur Erfüllung der Aufgaben des Statistischen Bundesamtes nach § 5a Absatz 1 in Verbindung mit Absatz 3 des Bundesstatistikgesetzes sowie nach § 7 des Registerzensuserprobungsgesetzes zum Zwecke der Entwicklung von Verfahren für die zuverlässige Zuordnung von Personendatensätzen aus ihren Datenbeständen und von Verfahren der Qualitätssicherung eines Registerzensus,
13. nach § 69a des Erneuerbare-Energien-Gesetzes zur Berechnung der Bruttowertschöpfung im Verfahren zur Begrenzung der EEG-Umlage,
14. nach § 6 Absatz 3 des Wohnungslosenberichterstattungsgesetzes für die Erhebung über wohnungslose Personen,
15. nach § 4 des Sozialdienstleister-Einsatzgesetzes für die Feststellung des nachträglichen Erstattungsanspruchs oder
16. nach § 5 Absatz 1 des Rentenübersichtsgesetzes zur Erfüllung der Aufgaben der Zentralen Stelle für die Digitale Rentenübersicht.

Erklärungspflichten als Drittschuldner, welche das Vollstreckungsrecht vorsieht, werden durch Bestimmungen dieses Gesetzbuches nicht be-

rührt. Eine Übermittlung von Sozialdaten ist zulässig, soweit sie erforderlich ist für die Erfüllung der gesetzlichen Pflichten zur Sicherung und Nutzung von Archivgut des Bundes nach § 1 Nummer 8 und 9, § 3 Absatz 4, nach den §§ 5 bis 7 sowie nach den §§ 10 bis 13 des Bundesarchivgesetzes oder nach entsprechenden gesetzlichen Vorschriften der Länder, die die Schutzfristen dieses Gesetzes nicht unterschreiten. Eine Übermittlung von Sozialdaten ist auch zulässig, soweit sie erforderlich ist, Meldebehörden nach § 6 Absatz 2 des Bundesmeldegesetzes über konkrete Anhaltspunkte für die Unrichtigkeit oder Unvollständigkeit von diesen auf Grund Melderechts übermittelter Daten zu unterrichten. Zur Überprüfung des Anspruchs auf Kindergeld ist die Übermittlung von Sozialdaten gemäß § 68 Absatz 7 des Einkommensteuergesetzes an die Familienkassen zulässig. Eine Übermittlung von Sozialdaten ist auch zulässig, soweit sie zum Schutz des Kindeswohls nach § 4 Absatz 1 und 5 des Gesetzes zur Kooperation und Information im Kinderschutz erforderlich ist.	rührt. Eine Übermittlung von Sozialdaten ist zulässig, soweit sie erforderlich ist für die Erfüllung der gesetzlichen Pflichten zur Sicherung und Nutzung von Archivgut des Bundes nach § 1 Nummer 8 und 9, § 3 Absatz 4, nach den §§ 5 bis 7 sowie nach den §§ 10 bis 13 des Bundesarchivgesetzes oder nach entsprechenden gesetzlichen Vorschriften der Länder, die die Schutzfristen dieses Gesetzes nicht unterschreiten. Eine Übermittlung von Sozialdaten ist auch zulässig, soweit sie erforderlich ist, Meldebehörden nach § 6 Absatz 2 des Bundesmeldegesetzes über konkrete Anhaltspunkte für die Unrichtigkeit oder Unvollständigkeit von diesen auf Grund Melderechts übermittelter Daten zu unterrichten. Zur Überprüfung des Anspruchs auf Kindergeld ist die Übermittlung von Sozialdaten gemäß § 68 Absatz 7 des Einkommensteuergesetzes an die Familienkassen zulässig. Eine Übermittlung von Sozialdaten ist auch zulässig, soweit sie zum Schutz des Kindeswohls nach § 4 Absatz 1 und 5 des Gesetzes zur Kooperation und Information im Kinderschutz erforderlich ist.
(2) Eine Übermittlung von Sozialdaten eines Ausländers ist auch zulässig, soweit sie erforderlich ist 1. im Einzelfall auf Ersuchen der mit der Ausführung des Aufenthaltsgesetzes betrauten Behörden nach § 87 Absatz 1 des Aufenthaltsgesetzes mit der Maßgabe, dass über die Angaben nach § 68 hinaus nur mitgeteilt werden können a) für die Entscheidung über den Aufenthalt des Ausländers oder eines Familienangehörigen des Ausländers Daten über die Gewährung oder Nichtgewährung von Leistungen, Daten über frühere und bestehende Versicherungen und das Nichtbestehen einer Versicherung, b) für die Entscheidung über den Aufenthalt oder über die ausländerrechtliche Zulassung oder Beschränkung einer Erwerbstätigkeit des Ausländers Daten über die Zustimmung nach § 4a Absatz 2 Satz 1, § 16a Absatz 1 Satz 1 und § 18 Absatz 2 Nummer 2 des Aufenthaltsgesetzes, c) für eine Entscheidung über den Aufenthalt des Ausländers Angaben darüber, ob die in § 54 Absatz 2 Nummer 4 des Aufenthaltsgesetzes bezeichneten Voraussetzungen vorliegen, und d) durch die Jugendämter für die Entscheidung über den weiteren Aufenthalt oder die Beendigung des Aufenthalts eines Ausländers, bei dem ein Ausweisungsgrund nach den §§ 53	(2) Eine Übermittlung von Sozialdaten eines Ausländers ist auch zulässig, soweit sie erforderlich ist 1. im Einzelfall auf Ersuchen der mit der Ausführung des Aufenthaltsgesetzes betrauten Behörden nach § 87 Absatz 1 des Aufenthaltsgesetzes mit der Maßgabe, dass über die Angaben nach § 68 hinaus nur mitgeteilt werden können a) für die Entscheidung über den Aufenthalt des Ausländers oder eines Familienangehörigen des Ausländers Daten über die Gewährung oder Nichtgewährung von Leistungen, Daten über frühere und bestehende Versicherungen und das Nichtbestehen einer Versicherung, b) für die Entscheidung über den Aufenthalt oder über die ausländerrechtliche Zulassung oder Beschränkung einer Erwerbstätigkeit des Ausländers Daten über die Zustimmung nach § 4a Absatz 2 Satz 1, § 16a Absatz 1 Satz 1 und § 18 Absatz 2 Nummer 2 des Aufenthaltsgesetzes, c) für eine Entscheidung über den Aufenthalt des Ausländers Angaben darüber, ob die in § 54 Absatz 2 Nummer 4 des Aufenthaltsgesetzes bezeichneten Voraussetzungen vorliegen, und d) durch die Jugendämter für die Entscheidung über den weiteren Aufenthalt oder die Beendigung des Aufenthalts eines Ausländers, bei dem ein Ausweisungsgrund nach den §§ 53

bis 56 des Aufenthaltsgesetzes vorliegt, Angaben über das zu erwartende soziale Verhalten, 2. für die Erfüllung der in § 87 Absatz 2 des Aufenthaltsgesetzes bezeichneten Mitteilungspflichten, 3. für die Erfüllung der in § 99 Absatz 1 Nummer 14 Buchstabe d, f und j des Aufenthaltsgesetzes bezeichneten Mitteilungspflichten, wenn die Mitteilung die Erteilung, den Widerruf oder Beschränkungen der Zustimmung nach § 4 Absatz 2 Satz 1, § 16a Absatz 1 Satz 1 und § 18 Absatz 2 Nummer 2 des Aufenthaltsgesetzes oder eines Versicherungsschutzes oder die Gewährung von Leistungen zur Sicherung des Lebensunterhalts nach dem Zweiten Buch betrifft, 4. für die Erfüllung der in § 6 Absatz 1 Nummer 8 in Verbindung mit Absatz 2 Nummer 6 des Gesetzes über das Ausländerzentralregister bezeichneten Mitteilungspflichten, 5. für die Erfüllung der in § 32 Absatz 1 Satz 1 und 2 des Staatsangehörigkeitsgesetzes bezeichneten Mitteilungspflichten oder 6. für die Erfüllung der nach § 8 Absatz 1c des Asylgesetzes bezeichneten Mitteilungspflichten der Träger der Grundsicherung für Arbeitsuchende. Daten über die Gesundheit eines Ausländers dürfen nur übermittelt werden, 1. wenn der Ausländer die öffentliche Gesundheit gefährdet und besondere Schutzmaßnahmen zum Ausschluss der Gefährdung nicht möglich sind oder von dem Ausländer nicht eingehalten werden oder 2. soweit sie für die Feststellung erforderlich sind, ob die Voraussetzungen des § 54 Absatz 2 Nummer 4 des Aufenthaltsgesetzes vorliegen.	bis 56 des Aufenthaltsgesetzes vorliegt, Angaben über das zu erwartende soziale Verhalten, 2. für die Erfüllung der in § 87 Absatz 2 des Aufenthaltsgesetzes bezeichneten Mitteilungspflichten, 3. für die Erfüllung der in § 99 Absatz 1 Nummer 14 Buchstabe d, f und j des Aufenthaltsgesetzes bezeichneten Mitteilungspflichten, wenn die Mitteilung die Erteilung, den Widerruf oder Beschränkungen der Zustimmung nach § 4 Absatz 2 Satz 1, § 16a Absatz 1 Satz 1 und § 18 Absatz 2 Nummer 2 des Aufenthaltsgesetzes oder eines Versicherungsschutzes oder die Gewährung von Leistungen zur Sicherung des Lebensunterhalts nach dem Zweiten Buch betrifft, 4. für die Erfüllung der in § 6 Absatz 1 Nummer 8 in Verbindung mit Absatz 2 Nummer 6 des Gesetzes über das Ausländerzentralregister bezeichneten Mitteilungspflichten, 5. für die Erfüllung der in § 32 Absatz 1 Satz 1 und 2 des Staatsangehörigkeitsgesetzes bezeichneten Mitteilungspflichten oder 6. für die Erfüllung der nach § 8 Absatz 1c des Asylgesetzes bezeichneten Mitteilungspflichten der Träger der Grundsicherung für Arbeitsuchende. Daten über die Gesundheit eines Ausländers dürfen nur übermittelt werden, 1. wenn der Ausländer die öffentliche Gesundheit gefährdet und besondere Schutzmaßnahmen zum Ausschluss der Gefährdung nicht möglich sind oder von dem Ausländer nicht eingehalten werden oder 2. soweit sie für die Feststellung erforderlich sind, ob die Voraussetzungen des § 54 Absatz 2 Nummer 4 des Aufenthaltsgesetzes vorliegen.
(2a) Eine Übermittlung personenbezogener Daten eines Leistungsberechtigten nach § 1 des Asylbewerberleistungsgesetzes ist zulässig, soweit sie für die Durchführung des Asylbewerberleistungsgesetzes erforderlich ist.	(2a) Eine Übermittlung personenbezogener Daten eines Leistungsberechtigten nach § 1 des Asylbewerberleistungsgesetzes ist zulässig, soweit sie für die Durchführung des Asylbewerberleistungsgesetzes erforderlich ist.
(3) Eine Übermittlung von Sozialdaten ist zulässig, soweit es nach pflichtgemäßem Ermessen eines Leistungsträgers erforderlich ist, dem Betreuungsgericht die Bestellung eines Betreuers oder eine andere Maßnahme in Betreuungssachen zu ermöglichen. § 9 des Betreuungsorganisationsgesetzes gilt entsprechend.[756] Eine Übermittlung von Sozialdaten ist auch zulässig,	(3) Eine Übermittlung von Sozialdaten ist auch zulässig, soweit es nach pflichtgemäßem Ermessen eines Leistungsträgers erforderlich ist, dem Betreuungsgericht die Bestellung eines Betreuers oder eine andere Maßnahme in Betreuungssachen zu ermöglichen. § 7 des Betreuungsbehördengesetzes gilt entsprechend.

756 Es handelt sich um eine bereichsspezifische Regelung zur Datenverarbeitung gemäß Art. 6 Abs. 1 UAbs. 1 lit. c und e in Verbindung mit Abs. 2 und Abs. 3 S. 1 lit. b, S. 2 VO (EU) 2016/679. Die Verarbeitung be-

soweit sie im Einzelfall für die Erfüllung der Aufgaben der Betreuungsbehörden nach § 8 des Betreuungsorganisationsgesetzes erforderlich ist.	
(4) Eine Übermittlung von Sozialdaten ist außerdem zulässig, soweit sie im Einzelfall für die rechtmäßige Erfüllung der in der Zuständigkeit der Zentralstelle für Finanztransaktionsuntersuchungen liegenden Aufgaben nach § 28 Absatz 1 Satz 2 Nummer 2 des Geldwäschegesetzes erforderlich ist. Die Übermittlung ist auf Angaben über Name, Vorname sowie früher geführte Namen, Geburtsdatum, Geburtsort, derzeitige und frühere Anschriften der betroffenen Person sowie Namen und Anschriften seiner derzeitigen und früheren Arbeitgeber beschränkt.	(4) Eine Übermittlung von Sozialdaten ist außerdem zulässig, soweit sie im Einzelfall für die rechtmäßige Erfüllung der in der Zuständigkeit der Zentralstelle für Finanztransaktionsuntersuchungen liegenden Aufgaben nach § 28 Absatz 1 Satz 2 Nummer 2 des Geldwäschegesetzes erforderlich ist. Die Übermittlung ist auf Angaben über Name, Vorname sowie früher geführte Namen, Geburtsdatum, Geburtsort, derzeitige und frühere Anschriften der betroffenen Person sowie Namen und Anschriften seiner derzeitigen und früheren Arbeitgeber beschränkt.

XIII. Folgeänderungen in anderen Gesetzen ohne direkte materiellrechtliche Konsequenzen[757]

382
- In § 79 Abs. 2 und § 171 Abs. 11 S. 2 **AO** wurde jeweils die Angabe „§ 1903“ durch die Angabe „§ 1825“ ersetzt.
- In § 76 Abs. 3 S. 2 Nr. 1 und § 100 Abs. 1 S. 2 des **Aktiengesetzes** vom 6.9.1965 (BGBl.1965 I 1089) wurde jeweils die Angabe „§ 1903“ durch die Angabe „§ 1825“ ersetzt.
- In § 60 Abs. 1 Nr. 9 des **Bundeszentralregistergesetzes** wurde die Angabe „§ 1837 Abs. 4“ durch die Wörter „§ 1802 Absatz 2 Satz 3“ ersetzt.
- Das **Erwachsenenschutzübereinkommen-Ausführungsgesetz** vom 17.3.2007 (BGBl. 2007 I 314; 2009 II 39) wurde wie folgt geändert: In § 8 Abs. 2 S. 1 wird die Angabe „§ 1904“ durch die Angabe „§ 1829“ ersetzt. § 12 wird wie folgt geändert: In Abs. 2 in dem Satzteil vor Nr. 1 wurden die Angabe „§ 1906“ durch die Angabe „§ 1831“ ersetzt “ und die Angabe „§ 1906a“ durch die Angabe „§ 1832“ ersetzt. In Abs. 6 werden die Wörter „§§ 316, 317 Abs. 1 Satz 1, Abs. 4, 5, §§ 318, 325 Abs. 1 und § 338“ durch die Wörter „§§ 316, 317 Absatz 1 Satz 1, Absatz 5, 6, die §§ 318, 325 Absatz 1 und § 338“ ersetzt.
- In § 3 Nr. 26b in dem Satzteil vor S. 2 **EstG** wurden die Wörter Aufwandsentschädigungen nach § 1835a“ durch die Wörter „Aufwandspauschalen nach § 1878“ ersetzt.
- Anlage 1 (Kostenverzeichnis) **FamGKG**, wurde wie folgt geändert:. In Vorbemerkung 1.3.1 Abs. 1 Nr. 1 wurden die Wörter „Pflegschaft für eine Leibesfrucht“ durch die Wörter „Pflegschaft für ein bereits gezeugtes Kind“ ersetzt. In Nr. 2013 wird im Gebührentatbestand die Angabe „des § 1836c“ durch die Wörter „des § 1808 Abs. 2 Satz 1 und des § 1880 Abs. 2“ ersetzt.
- In § 58 Abs. 3 **FinGO** wurde die Angabe „§ 1903“ durch die Angabe „§ 1825“ ersetzt.

---

sonderer Kategorien personenbezogener Daten ist gem. Art. 9 Abs. 2 lit. b und h der VO (EU) 2016/679 erfasst.

757 Hinweis: die betroffenen Gesetze sind (anders als im BGBl.) alphabetisch sortiert.

- In § 6 Abs. 2 S. 2 Nr. 4 und § 30 Abs. 2 S. 2 Nr. 4 der **Flugsicherungspersonalausbildungsverordnung** vom 10.10.2008 (BGBl. 2008 I 1931) wurde jeweils die Angabe „§§ 1896 ff." durch die Angabe „§§ 1814 bis 1881" ersetzt.
- In § 6 Abs. 2 S. 2 Nr. 1 **GmbHG** in der im BGBl. III, Gliederungsnr. 4123–1, veröffentlichten bereinigten Fassung wurde die Angabe „§ 1903" durch die Angabe „§ 1825" ersetzt.
- In § 14 Abs. 3 S. 3, § 15 Abs. 4 S. 3 und § 17 Abs. 3 S. 3 des **Gendiagnostikgesetzes** vom 1.7.2009 (BGBl. 2009 I 2529, 3672), wurde jeweils die Angabe „1901 Abs. 2 und 3" durch die Wörter „1821 Absatz 2 bis 4" ersetzt.
- Anlage 1 (Kostenverzeichnis) zum **Gerichts- und Notarkostengesetz** vom 23.7.2013 (BGBl. I S. 2586) wurde wie folgt geändert: In Vorbemerkung 2.2.1.1 Abs. 1 Nr. 4 wird die Angabe „§§ 1828 und 1829" durch die Angabe „§§ 1855 und 1856" ersetzt. In Nr. 26003 Nr. 3 wurde die Angabe „§ 1897 Abs. 4 BGB" durch die Wörter „§ 1816 Abs. 2 BGB betreffend die Person eines Betreuers" ersetzt. In Nr. 31015 wurde in der Anmerkung die Angabe „§ 1836c" durch die Angabe „§ 1880 Abs. 2" ersetzt.
- In § 3 Abs. 1 des **GewSchG** wurden nach dem Wort „Pflegschaft" die Wörter „für Minderjährige" eingefügt.
- § 34 Abs. 3 **JGG** wurde wie folgt geändert: Nr. 1 wird wie folgt gefasst: „1. die Unterstützung der Eltern, des Vormunds und des Pflegers durch geeignete Maßnahmen (§ 1631 Absatz 3, § 1802 Absatz 1 Satz 1, § 1813 Absatz 1 des Bürgerlichen Gesetzbuchs),". In Nr. 2 wurde die Angabe „1837 Abs. 4, § 1915" durch die Wörter „auch in Verbindung mit § 1802 Absatz 2 Satz 3 und § 1813 Absatz 1" ersetzt.
- In § 1 Abs. 1 Nr. 4b des **Justizbeitreibungsgesetzes** in der Fassung der Bekanntmachung vom 27.6.2017 (BGBl. 2017 I 1926) wurden die Wörter „§§ 168 und 292 Absatz 1" durch die Angabe „§§ 168d, 292 und 292a" ersetzt.
- In Anlage 1 zum **Justizvergütungs- und -entschädigungsgesetz** vom 5.5.2004 (BGBl. 2004 I 718, 776) wurden in Honorargruppe M 1 Nr. 2 und Honorargruppe M 2 Nr. 6 jeweils in der Spalte „Gegenstand medizinischer oder psychologischer Gutachten" die Angabe „§ 1903" durch die Angabe „§ 1825" ersetzt. In Honorargruppe M 3 Nr. 13 wird in der Spalte „Gegenstand medizinischer oder psychologischer Gutachten" die Angabe „§§ 1904 und 1905" durch die Angabe „§§ 1829 und 1830" ersetzt.
- In Vorbemerkung 1.1.3 der Anlage (Kostenverzeichnis) zum **Justizverwaltungskostengesetz** vom 23.7.2013 (BGBl. 2013 I 2586, 2655) wurden nach dem Wort „Ausübung" die Wörter „einer ehrenamtlichen Betreuung (§ 19 Abs. 1, § 21 BtOG) oder" eingefügt.
- In § 30 Abs. 4 S. 2 des **Kohlendioxid-Speicherungsgesetzes** vom 17.8.2012 (BGBl. 2012 I 1726), wurde die Angabe „des § 1807" durch die Wörter „des § 1841 Absatz 2 und des § 1842" ersetzt.
- In § 18 Abs. 2 S. 1 Nr. 4 der **Verordnung über Luftfahrtpersonal** in der Fassung der Bekanntmachung vom 13.2.1984 (BGBl. 1984 I 265) wurde die Angabe „§§ 1896 ff." durch die Angabe „§§ 1814 bis 1881" ersetzt.

- In § 2 Abs. 1 S. 2 des **Namensänderungsgesetzes** in der im BGBl. III, Gliederungsnr. 401–1, veröffentlichten bereinigten Fassung wurde die Angabe „§ 1903" durch die Angabe „§ 1825" ersetzt.
- In § 98 Abs. 2 S. 1 des Gesetzes über **Rechte an Luftfahrzeugen** in der im BGBl. III, Gliederungsnr. 403–9, veröffentlichten bereinigten Fassung wurde die Angabe „§ 1795 Abs. 1 Nr. 2" durch die Wörter „§ 1824 Absatz 1 Nummer 2" ersetzt.
- Das Gesetz über die **religiöse Kindererziehung** in der im BGBl. III, Gliederungsnr. 404–9, veröffentlichten bereinigten Fassung wurde wie folgt geändert: § 2 Abs. 3 S. 4 und § 3 Abs. 2 S. 4 wurden aufgehoben.
- In § 1 Abs. 2 S. 3 **RVG** wurden die Wörter „§ 1835 Abs. 3 des Bürgerlichen Gesetzbuchs bleibt" durch die Wörter „§ 1877 Absatz 3 des Bürgerlichen Gesetzbuchs und § 4 Absatz 2 des Vormünder- und Betreuervergütungsgesetzes bleiben" ersetzt.
- In § 17 Abs. 3 S. 4 des **Sachenrechtsbereinigungsgesetzes** vom 21.9.1994 (BGBl. 1994 I 2457), wurde die Angabe „§ 1821" durch die Angabe „§ 1850" ersetzt.
- In § 291a Abs. 3 S. 1 Nr. 9 **SGB V – Gesetzliche Krankenversicherung –** (Art. 1 des Gesetzes vom 20.12.1988, BGBl. 1988 I 2477, 2482) wurde die Angabe „§ 1901a" durch die Angabe „§ 1827" ersetzt.
- In § 126a Abs. 4 **StPO** wurde die Angabe „§ 1906 Abs. 5" durch die Wörter „§ 1831 Absatz 5 und des § 1820 Absatz 2 Nummer 2" ersetzt.
- Im **Transplantationsgesetz** wurden in § 8a S. 2 die Wörter „§ 1629 Abs. 2 Satz 3 in Verbindung mit § 1796" durch die Wörter „§ 1629 Absatz 2 Satz 3 in Verbindung mit § 1789 Absatz 2 Satz 3 und 4" ersetzt. In § 8c Abs. 2 S. 2 wurden die Wörter „1901 Abs. 2 und 3 sowie § 1904" durch die Wörter „1821 Absatz 2 bis 4 sowie § 1829" ersetzt.
- In § 17 Abs. 3 der **Unternehmensrückgabeverordnung** vom 13.7.1991 (BGBl. 1991 I 1542) wurde die Angabe „§§ 1911, 1913" durch die Angabe „§§ 1882 und 1884" ersetzt.
- § 4 **UstG** wurde wie folgt geändert: in Nr. 16 lit. k wurde die Angabe „§ 1896 Absatz 1" durch die Angabe „§ 1814 Absatz 1" und wurden die Wörter „§ 1908i Absatz 1 in Verbindung mit § 1835 Absatz 3" durch die Angabe „§ 1877 Absatz 3" ersetzt. In Nr. 25 S. 3 lit. c wurde die Angabe „§ 1909" durch die Angabe „§ 1809" und die Angabe „§ 1835 Absatz 3" durch die Angabe „§ 1877 Absatz 3" ersetzt.
- In § 11b Abs. 1 S. 5 des **Vermögensgesetzes** in der Fassung der Bekanntmachung vom 9.2.2005 (BGBl. 2005 I 205) wurde die Angabe „§§ 1785, 1786, 1821 und 1837" durch die Wörter „§§ 1819, 1850, 1862 Absatz 1 Satz 1 und Absatz 3" ersetzt.
- In § 62 Abs. 2 **VwGO** wurde die Angabe „§ 1903" durch die Angabe „§ 1825" ersetzt.
- In § 12 Abs. 2 **VwVfG** in der Fassung der Bekanntmachung vom 23.1.2003 (BGBl. 2003 I 102) wurde die Angabe „§ 1903" durch die Angabe „§ 1825" ersetzt.
- Dem § 6 Abs. 1 des **Verwaltungszustellungsgesetzes** vom 12.8.2005 (BGBl. 2005 I 2354) wurde folgender Satz angefügt: „Das zugestellte Dokument ist der betreuten

Person nach Wahl der Behörde abschriftlich mitzuteilen oder elektronisch zu übermitteln."

- In § 25 Abs. 2 Nr. 2 des **Verwertungsgesellschaftengesetzes** vom 24.5.2016 (BGBl. 2016 I 1190) wurden die Wörter „in den in § 1807 Absatz 1 des Bürgerlichen Gesetzbuchs genannten Anlageformen" durch die Wörter „der Rechtsverordnung nach § 240a Absatz 1 Nummer 2 des Bürgerlichen Gesetzbuchs entsprechend" und die Wörter „§ 1811 Satz 2 des Bürgerlichen Gesetzbuchs" durch die Wörter „§ 1798 Absatz 1 Satz 1 des Bürgerlichen Gesetzbuchs" ersetzt.
- In § 20 Abs. 6 S. 1 der **Wirtschaftsprüferordnung** in der Fassung der Bekanntmachung vom 5.11.1975 (BGBl. 1975 I 2803) wurde die Angabe „§§ 1896 ff." durch die Angabe „§§ 1814 bis 1881" ersetzt.

Stichwortverzeichnis

Die Fundstellen beziehen sich auf den reformierten Gesetzestext, wie er unter D (ausführliche Gegenüberstellung nF - aF) zu finden ist, oder auf die Randnummern des Buchs.